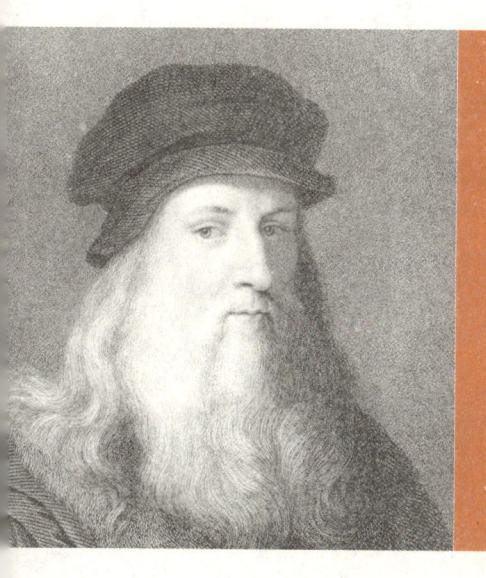

中外人物

大讲堂
双色
图文版

刘凤珍◎主编　崔雪娇◎编著

中国华侨出版社
北京

图书在版编目（CIP）数据

中外人物大讲堂 / 崔雪娇编著 .—北京：中国华侨出版社，2016.12
（中侨大讲堂 / 刘凤珍主编）
ISBN 978-7-5113-6546-0

Ⅰ.①中… Ⅱ.①崔… Ⅲ.①名人—生平事迹—世界—通俗读物
Ⅳ.① K811-49

中国版本图书馆 CIP 数据核字（2016）第 292765 号

中外人物大讲堂

编　　著	崔雪娇
出 版 人	刘凤珍
责任编辑	馨　宁
责任校对	王京燕
经　　销	新华书店
开　　本	787 毫米 × 1092 毫米　1/16　印张 /24　字数 /483 千字
印　　刷	三河市华润印刷有限公司
版　　次	2018 年 3 月第 1 版　2018 年 3 月第 1 次印刷
书　　号	ISBN 978-7-5113-6546-0
定　　价	48.00 元

中国华侨出版社　北京市朝阳区静安里 26 号通成达大厦 3 层　邮编：100028
法律顾问：陈鹰律师事务所
编辑部：（010）64443056　　64443979
发行部：（010）64443051　　传真：（010）64439708
网　　址：www.oveaschin.com
E-mail：oveaschin@sina.com

前 言
Preface

  名人是一个国家、一个民族、一个时代的代表人物，他们在各自的国度、民族、领域里占有举足轻重的地位。他们的成败得失早已铭刻在青史上，千百年来接受人们的赞赏与批判。科学巨人阿基米德说："给我一个支点，我将撬动地球。" 拿破仑曾说："一切都是可以改变的，不可能只有庸人的词典里才有。"名人的成就让我们深感他们的伟大，名人的人生经历给我们启迪，让我们产生探求和学习名人的热望，因为每个人都渴望成才、成功。

  名人之所以成名，被历史所铭记，自有其与众不同的天资、机遇或鲜为人知的原因。阅读名人，解析名人，在一定意义上便是在阅读一个国家、了解一个民族、认识一种文化。《中外人物大讲堂》为广大读者提供了一条在很短的时间内就能全面了解和掌握中外名人的捷径。

  这是一部帮助读者快速了解中外名人的必备工具书，遴选古今中外名气最大、影响最深远的约200位名人，他们分别来自哲学、科学、政治、宗教、史学、文学、艺术、军事等领域，几乎涵盖了人类历史上各个时期、各个领域有影响、具有代表性的风云人物。全书将众多名人按照其生活的年代顺序进行编排，简明科学的体例更直观地体现出他们对历史发展的重大影响。在内容的选择上，根据不同人物的特点，简述名人生活的时代背景、人生经历、奋斗历程和贡献成就；重点总结他们的成功经验，剖析他们的失败原因。本书在体例设计上加入了现代的时尚流行元素，让读者在方便快捷地了解中外名人的同时，获得更广阔的文化视野。为此，本书精心编排了"名人档案""名言佳句""名人逸事""名人作品欣赏"等专栏和约200幅珍贵的文物图片、遗址旧照、人物画像，为读者构筑了一座宏大、壮丽的中外名人展览馆；全方位、多角度地解析名人，使读者看到一位位鲜活丰满的历史人物，并轻松走进他们的内心世界，了解他们成名成"家"

的真正原因。

读《中外人物大讲堂》，就是在读一部世界简史，无论是名垂青史的杰出英雄，还是臭名昭著的千古罪人，都对人类历史的发展产生过不可替代的深远影响；读《中外人物大讲堂》，就是在读一部简明中外名人传记大全，能使读者在最短时间内从他们的成名之路中获得珍贵的经验和教训，汲取奋斗的力量和拼搏的勇气，产生不竭动力；从名人的成败得失中获取成功的密码，少走弯路，顺利获取成功。

目录

上编　中国名人

华夏始祖——黄帝 ………… 2
过门不入的治水英雄——大禹 …… 3
建立八百年天下——周武王 ……… 5
礼仪之邦的建制人——周公旦 …… 7
中国最早的经济改革家——管仲 … 9
道家学派创始人——老子 ……… 11
万世师表的至圣先师——孔子 …… 14
百世兵家之祖——孙武 ………… 16
中国土木工匠的祖师——鲁班 …… 18
主张兼爱非攻的哲学家——墨子 … 19
锐意变法的政治家——商鞅 …… 21
伟大的爱国诗人——屈原 ……… 23
巧夺天工的水利专家——李冰 …… 26
法家学说的集大成者——韩非 …… 28
千古一帝——秦始皇嬴政 ……… 30
大汉王朝的缔造者——汉高祖刘邦 … 32
力拔山兮气盖世——项羽 ……… 34
中国历史上杰出的军事家——韩信 … 35
创立三纲五常的伦理学家
　　——董仲舒 ………………… 37
雄才大略盛世主——汉武帝刘彻 … 38
"凿空"西域的探险家——张骞 … 40
通古今之变，成一家之言
　　——司马迁 ………………… 42

匈奴未灭，何以家为——霍去病 … 44
汉匈和平使者——王昭君 ……… 46
中兴大汉的伟大政治家
　　——光武帝刘秀 …………… 48
第一个疑古问孔的唯物思想家
　　——王充 …………………… 49
投笔从戎，深入虎穴——班超 …… 51
造纸术的发明人——蔡伦 ……… 52
道教之祖——张道陵 …………… 54
东汉文化巨人——张衡 ………… 55
中华"医圣"——张仲景 ……… 56
忠义武勇的化身——关羽 ……… 58
智慧与忠诚的化身——诸葛亮 …… 60
针灸学理论第一人——皇甫谧 …… 62
中国"书圣"——王羲之 ……… 63
虎头"三绝"——顾恺之 ……… 65
古今隐逸诗人之宗——陶渊明 …… 66
通才科学家——祖冲之 ………… 68
古代著名地理学家——郦道元 …… 69
杰出的少数民族改革家
　　——北魏孝文帝 …………… 72
隋唐盛世的奠基人
　　——隋文帝杨坚 …………… 74
百世贤相的表率——魏徵 ……… 75

四海独尊的天可汗
　　——唐太宗李世民............77
西天取真经——玄奘............78
中国唯一的女皇帝——武则天....80
中国佛教禅宗六祖——慧能......81
再造大唐的老将——郭子仪......83
横空出世的"诗仙"——李白....84
以诗传史的"诗圣"——杜甫....86
唐宋散文八大家之首——韩愈....88
发明活字印刷术——毕昇........90
创编年通史的历史学家
　　——司马光..................92
北宋杰出的改革家——王安石....93
中国古代科学的坐标——沈括....95
全才文坛领袖，一代文章之宗
　　——苏轼....................96
精忠报国的抗金英雄——岳飞....97
理学的集大成者——朱熹........99
一代天骄——成吉思汗..........101
缔造大元的雄主
　　——元世祖忽必烈............103
大元科学第一人——郭守敬......104
留取丹心照汗青——文天祥......105
棉纺新技术的推广者
　　——黄道婆..................106
万国来朝的永乐大帝
　　——明成祖朱棣..............108
七下西洋的航海家——郑和......110
江南第一风流才子——唐寅......111
心学大师——王阳明............113
卓越的药物学家——李时珍......114
抗倭御侮的民族英雄
　　——戚继光..................116
中西文化交流的桥梁
　　——徐光启..................117
晚明伟大的地理学家
　　——徐霞客..................118

明代卓越的科学家——宋应星....120
以天下兴亡为己任的思想家
　　——顾炎武..................122
收复台湾的民族英雄——郑成功....124
宏图远略的一代名君
　　——清圣祖康熙..............125
质朴率真，博采众长——郑板桥....127
清代盛世之主——清高宗乾隆....129
中国古典文学巨匠——曹雪芹....130
睁眼看世界的禁烟英雄
　　——林则徐..................132
清帝国的"中兴名臣"
　　——曾国藩..................134
太平天国的领袖——洪秀全......135
兴办洋务、创立近代工业的
　　北洋大臣——李鸿章........137
垂帘听政的"无冕女皇"
　　——慈禧太后................138
清末维新运动的发起者
　　——康有为..................139
中国人的光荣——詹天佑........141
结束帝制的革命先行者
　　——孙中山..................143
兼容并包、开一代新风的教育家
　　——蔡元培..................144
近代著名的启蒙思想家
　　——梁启超..................146
新文化运动的健将——陈独秀....148
中国无产阶级革命文学的旗手
　　——鲁迅....................150
第一个举起社会主义大旗者
　　——李大钊..................151
"光被四表"的地质学家
　　——李四光..................153
中国近代气象事业的奠基人
　　——竺可桢..................155
资产阶级改良主义思想家

——胡适 157
杰出的诗人、作家、历史学家
　　——郭沫若 158
中国著名教育家——叶圣陶 160
著名的京剧大师——梅兰芳 162
现代著名画家——徐悲鸿 164
爱书如命的一代文学大家
　　——朱自清 166

中国现代著名数学家
　　——华罗庚 168
"两弹一星"元勋——钱学森 170
乐坛"拼命三郎"——聂耳 172
中国的"居里夫人"
　　——吴健雄 173
中国"原子弹之父"
　　——钱三强 175

下编　外国名人

最伟大的史诗作家——荷马 178
佛教创始人——释迦牟尼 179
古希腊最伟大的政治家
　　——伯里克利 181
西方政治哲学的起点
　　——柏拉图 183
古代伟大的哲学家和科学家
　　——亚里士多德 185
古代世界最著名的征服者
　　——亚历山大大帝 186
不朽的科学巨人——阿基米德 ... 187
古罗马至高无上的统治者——恺撒 ... 189
基督教的创始者——耶稣 190
编纂《罗马法典》的中兴霸王
　　——查士丁尼 193
第一个向西方介绍中国的人
　　——马可·波罗 194
文艺复兴的旗手、划时代的诗人
　　——但丁 195
美洲大陆的发现者——哥伦布 ... 197
文艺复兴时期的艺术巨匠
　　——达·芬奇 198
政治学之父——马基雅维利 200
"日心说"的创立者——哥白尼 .. 201

文艺复兴时代伟大的艺术家
　　——米开朗琪罗 202
第一个环球航行的人——麦哲伦 ... 204
英国黄金时代的著名女王
　　——伊丽莎白一世 205
英国杰出的哲学家——培根 207
英国最伟大的诗人和剧作家
　　——莎士比亚 209
意大利伟大的科学家——伽利略 ... 213
最伟大、最有影响力的科学家
　　——牛顿 215
使俄罗斯走上扩张之路的沙皇
　　——彼得大帝 216
法国启蒙运动的先驱和巨擘
　　——伏尔泰 217
集科学家与政治家于一身的巨星
　　——富兰克林 220
现代经济学理论之父
　　——亚当·斯密 222
纵览宇宙和人生的先哲——康德 .. 223
美国的国父——华盛顿 224
蒸汽机的发明者——瓦特 227
《独立宣言》的起草者
　　——杰弗逊 228

德国文学的旗帜——歌德........231
维也纳音乐之神——莫扎特......233
《人口原理》的作者——马尔萨斯 235
横扫欧洲的法兰西传奇皇帝
　　——拿破仑..............236
最伟大的作曲家——贝多芬.....238
德国古典哲学集大成者
　　——黑格尔..............240
出身贫寒的"数学王子"
　　——高斯................243
"南美洲的华盛顿"
　　——玻利瓦尔............245
在民间文学中锻造出来的童话大王
　　——格林兄弟............246
现代电气工业的奠基人
　　——法拉第..............248
音乐史上的"歌曲王子"
　　——舒伯特..............249
法国现实主义文学的里程碑
　　——巴尔扎克............251
法国浪漫主义文学领袖
　　——雨果................253
童话世界的国王——安徒生.....258
维护国家统一的黑奴解放者
　　——林肯................260
伟大的盲文发明者
　　——布莱叶..............262
生物进化论的开创者
　　——达尔文..............264
波兰伟大的爱国主义音乐家
　　——肖邦................266
在磨砺中成长起来的大文学家
　　——狄更斯..............267
震撼世界的无产阶级革命导师
　　——马克思..............269
美国现代诗歌之父——惠特曼...272

现代护理学的开创者
　　——南丁格尔............274
微生物学之父——巴斯德......276
"圆舞曲之王"——施特劳斯....277
现代戏剧之父——易卜生......279
俄国文学的不朽丰碑
　　——列夫·托尔斯泰......281
世界近代电磁学之父
　　——麦克斯韦............283
设立诺贝尔奖的炸药大王
　　——诺贝尔..............285
元素周期律的发现者
　　——门捷列夫............286
自学成才的短篇小说大师
　　——马克·吐温..........288
弹奏命运强音的音乐天才
　　——柴科夫斯基..........291
批判现实主义文学大师——左拉...292
法国雕塑大师——罗丹........294
X射线的发现者——伦琴.......296
发明大王——爱迪生..........297
世界生理学"无冕之王"
　　——巴甫洛夫............298
世界短篇小说巨匠——莫泊桑...300
天才画家——凡·高..........302
精神分析学的奠基人
　　——弗洛伊德............304
量子论的奠基者——普朗克.....305
印度文学巨匠——泰戈尔......307
美国汽车大王——福特........309
现代奥林匹克运动的创始人
　　——顾拜旦..............310
为小人物歌哭的作家——契诃夫...312
飞机的发明者——莱特兄弟.....314
献身科学的伟大女性
　　——居里夫人............316

无产阶级文学的杰出代表
　　——高尔基 317
印度圣雄——甘地 320
国际共产主义运动的领袖
　　——列宁 323
第二次世界大战时期的英国首相
　　——丘吉尔 325
现代舞的创始人——邓肯 327
20世纪最伟大的科学家
　　——爱因斯坦 329
用毅力之光驱散黑暗
　　——海伦·凯勒 331
"大陆漂移"学说的伟大创立者
　　——魏格纳 334
青霉素的发现者——弗莱明 336
现代艺术大师——毕加索 337
美国历史上任职时间最长的总统
　　——罗斯福 338
电影喜剧大师——卓别林 341
永不言败的硬汉作家
　　——海明威 343
东方美的现代探索者
　　——川端康成 345

"迪斯尼"世界的创造者
　　——迪斯尼 347
"原子弹之父"——奥本海默 348
钢铁是这样炼成的
　　——奥斯特洛夫斯基 350
开创结晶学新时代
　　——霍奇金夫人 352
世界著名的火箭专家
　　——布劳恩 353
物理学大师——费曼 355
白手起家的传奇时装家
　　——皮尔·卡丹 357
现代基因学的奠基人
　　——保罗·伯格 358
为种族尊严呐喊的伟人
　　——马丁·路德·金 360
从赤脚踢球到"一代球王"
　　——贝利 362
打不败的拳王——阿里 364
轮椅上的旷世奇才——霍金 365
微软公司的创始人
　　——比尔·盖茨 367

上编

中国名人

华夏始祖——黄帝

名人简介

黄帝是传说中中华民族的始祖。姓公孙，居轩辕之丘，故号轩辕氏。国于有熊，亦称有熊氏。黄帝头脑灵活，能说会道，道德情操高尚，被拥为西北游牧部族的首领。他联合炎帝，打败蚩尤率领的九黎部族，成为中原部落联盟的首领，称为"黄帝"。

名人档案	
姓　名	姓公孙／号轩辕氏
生卒年	不详
祖　籍	姬水
身　份	中华民族始祖

公元前26世纪左右，中原有两大部落联盟，其首领分别为炎帝和黄帝，据传都是少典氏后裔。炎帝长于姜水（渭水支流，今陕西岐山东），以姜为姓。其族沿黄河流域向东发展进入中原，成为黄河中游地区的强大部落联盟。黄帝长于姬水（即岐水，今陕西境），以姬为姓，东进中原后，居于轩辕之丘（今河南新郑西），称轩辕氏（又称缙云氏、帝鸿氏、有熊氏）。通过与其他部落的联合，形成包括姬姓12部落的部落联盟。黄帝经常进攻附近不肯归附的部落，势力迅速扩大。炎帝也在不断扩大自己的势力，两大联盟终于爆发冲突。黄帝率领以熊、罴、貔、貅、虎、雕、鹖、鹰、鸢等为图腾的各部落，在阪泉之野与炎帝各部落交战。经三次激烈战斗，黄帝部落联盟终于获胜，初步建立了对中原地区的领导地位。

黄帝战胜炎帝之后，在中原地区初步取得领导权。但这个时候，活动于今河北南部及山东等地的以蚩尤和少昊为首的两个部落联盟也逐渐发展壮大。蚩尤部落联盟，相传由81个氏族和9个部族组成，史称"九黎"。为争夺生存空间和领导地位，蚩尤集团不断向中原地区扩展，与主要活动于黄河以北的炎帝部落联盟首先发生冲突，并将其击败。炎帝向黄帝求援，炎、黄两大部落联盟遂联合起来与蚩尤部落联盟进行斗争。经多次战争，最后在涿鹿之野展开决战，蚩尤战败被杀。"九黎"残余一部退向南方，一部归并于少昊部落联盟。此后，黄帝继续进行征服中原各族的战争，"凡五十二战而天下咸服"。

黄帝不仅在中华民族的联合统一上有功，而且在中华民族文明发展的许多方面都功绩显赫。是他叫史官仓颉创造文字，改变了过去结绳记事的笨拙办法。还叫臣子大挠创作甲子，就是用甲、乙、丙、丁、戊、己、庚、辛、壬、癸十个天干和子、丑、寅、卯、辰、巳、午、未、申、酉、戌、亥十二个地支相配，来记录年、月、日、时。又命令一个叫伶伦的乐师，用竹子做成三寸九分长的能发十二个音的律吕，校

名言佳句

天性，人也；人心，机也；立天之道以定人也。

无多言，多言多败；无多事，多事多患。

> **黄帝与中医起源**
>
> 《黄帝内经》是我国现存最早的一部中医理论专著，相传是黄帝与岐伯、雷官等六臣讨论医学的论述。《黄帝内经》将阴阳五行等哲学思想用于解释人体之生理、病理，形成了人与自然紧密关联的基本认识。在解释具体问题时，以脏腑、经脉为主要依据；在治疗方面，针灸多于方药。《黄帝内经》在中医史上，以其不可替代的四个最早（最早建立医学理论体系，最早研究和描述人体的解剖结构，对人体血液循环有最早认识，最早总结针灸、经络的理论和实践），为中医发展做出了杰出的贡献。

正各种乐器的声音，以便和谐地演奏。这样，天文、历法、文字、音乐都得以确立。

黄帝是中国氏族社会时一个部落的首领，是中国历史上最早的军事家，是中华民族共同的祖先。他加速了各部族的融合，为华夏文化的形成奠定了基础。因而黄帝被后人尊崇为中华民族的共同祖先，中国人也称自己为"炎黄子孙"。

名人逸事

传说黄帝和蚩尤作战3年，进行了72次交锋，都未能取得胜利。在一次大战中，蚩尤在眼看就要失败的时候，请来风伯、雨师，呼风唤雨，给黄帝军队的进攻造成困难。黄帝也急忙请来天上一位名叫旱魃的女神，施展法术，制止了风雨，才使军队得以继续前进。这时诡计多端的蚩尤又放出大雾，雾时四野弥漫，使黄帝的军队迷失前进的方向。黄帝十分着急，只好命令军队停止进攻，原地不动。黄帝根据北斗星斗转而柄不转的原理，制作了指南车。军队根据指南车上的假人来辨别方向，从此，再也不怕蚩尤施放的大雾了。

指南车复原模型

过门不入的治水英雄——大禹

名人简介

禹是黄帝的玄孙，姓姒，名文命。禹的父亲叫鲧，鲧的父亲叫颛顼，颛顼的父亲叫昌意，昌意的父亲就是黄帝。从黄帝到禹，共五世：黄帝为有熊氏，

名人档案	
姓　名	姓姒氏／名文命／号禹
生卒年	不详
祖　籍	汶山石纽地区（今四川北川）
身　份	著名的治水英雄／夏朝的开创者

颛顼为高阳氏，帝喾为高辛氏，帝尧为陶唐氏，帝舜为有虞氏，帝禹为夏后氏。

禹的父亲鲧被封在汶山石纽地区（今四川北川），娶有莘氏之女为妻，她名叫女志，也叫女嬉。一天傍晚，女嬉到河边提水，见流水潺潺，彩霞满天，心里非常高兴。在与同伴嬉戏玩耍中，拾得一枚野生的薏苡果，像珠子一般艳丽可爱，

名言佳句

劳身焦思，居外十三年，过家门不敢入。

禹之王天下也，身执耒臿以为民先，股无胈，胫不生毛，虽臣虏之劳，不苦于此矣。

便含在嘴里。不料那薏苡果光滑如卵，一不小心就被咽入腹中，女嬉就有了身孕。怀胎14个月，却生不下来，只好剖腹生儿，这就是禹。

禹幼年便随鲧东迁，来到中原。其父鲧被帝尧封于崇（即中岳嵩山），叫崇伯，实际上是一个封国国君。当时中原闹水灾，尧便命令鲧治水，鲧用"障水法"来治理，历时9年未能平息水患。在治水过程中，鲧的地位和权势迅速上升。尧看到了这种威胁，便命舜以"治水无状"为罪名，把鲧处死于羽山。

各部落首领就推荐鲧的儿子禹去领导民众治理洪水。禹总结了其父治水失败的教训，改以疏导为主，利用水向低处流的自然趋势，疏通了九河。禹亲自率领老百姓风餐露宿，整天泡在泥水里疏通河道，把平地的积水导入江河，再引入海洋。经过了十几年治理，终于取得了成功，消除了水患。

人们很感激和爱戴禹，尤其是在治水的十几年中，他三次到过自己的家乡，和他一起治水的人们都劝他回家去看看，但是他只是朝家门方向望望就又带领民众治理洪水去了。禹三过家门而不入的事迹传遍了各地，人们听了都深受感动，更增强了治水信心。人们为了表达对禹的感激之情，尊称他为"大禹"，即伟大的禹。

大禹虽然只是一个封国国君，却很受舜的宠信，舜每有要事都要请他去商量。每逢舜当众表扬他的功绩，他总说是舜领导得好，指挥得好，运筹得好，是舜的德行、仁政、风范感动了民众，民众拥戴舜的结果；或者说舜慧眼识人，善于用人，把功劳都记在其他几位大臣的账上。舜于是越发觉得大禹仁厚可靠。后来，干脆让大禹摄政，把国家大事全都托付给大禹，让大禹替自己管理了16年国家政事。

通过16年的观察，舜觉得大禹可以当自己的接班人，就当着众位大臣说要把帝王之位禅让给大禹。大禹多次推辞，并竭力推举舜的儿子商均嗣位。不久，舜突然病逝。大禹为了避免与舜的儿子商均发生冲突，就躲避到夏地的一个小邑阳城去，一躲就是三年。三年中，天下诸侯不去朝见商均，却来朝见大禹。大禹看到了自己的威望和实力，于是在舜死后的第三年，返回故都，南面天下，登天子之位，并以自己的封国"夏"为天下之号，宣告夏王朝正式建立。

大禹是为中华民族的历史发展做出了巨大贡献的伟大的历史人物。他的重大功绩不仅在于治理了洪水，发展了生产，使人民安居乐业，更重要的是结束了中

地理学著作《禹贡》

《禹贡》托名大禹，作于战国时代，作者不详。它是中国历史上出现较早、影响很大的一部自然地理考察著作和原始的经济地理著作。

书中假托大禹治水经过，把中国东部按自然条件中的河流、山川和大海等分界，划分为九州，同时分别叙述每州的山脉、河流、薮泽、土壤、物产、交通、田赋、民族等情况。书中还有"导山"和"导水"两部分，对于山系和水系的描述明了、准确，对当时以黄河为中心的水系网络记述得井井有条，是宝贵的历史资料。

国原始社会部落联盟的社会组织形态，创造了"国家"这一新型的社会政治形态。大禹完成了国家的建立，用阶级社会代替了原始社会，以文明时代代替了野蛮时代，推动了历史的发展。

名人逸事

传说，大禹在建立夏朝以后，用天下九牧所贡之金铸成九鼎，象征九州。商代时，对代表贵族身份的鼎，曾有严格的规定：士用一鼎或三鼎，大夫用五鼎，而天子才能用九鼎，祭祀天地祖先时行九鼎大礼，因此鼎很自然地成了国家政权的象征，进而成为传国的宝器。据说，秦灭周后第二年即把周王室的九鼎西迁咸阳。但到秦始皇灭六国，统一天下时，九鼎已不知下落。有人说九鼎沉没在泗水彭城，所以秦始皇出巡此地时，曾派人潜水打捞，结果徒劳无功。

建立八百年天下——周武王

名人简介

周武王姬发是西周王朝的开国之君，是文王的次子。因其兄伯邑考被商纣王残杀，故得以继位。

文王在位50年，做了许多灭商的准备，他改革内政，发展生产，励精图治，以德治国，礼贤下士，使周繁荣兴盛起来。姬发继位后，对内重用贤良，继续以姜太公为军师，并用弟弟姬旦为太宰，召公、毕公、康叔、丹季等良臣均各当其位，人才荟萃，政治蒸蒸日上。对外争取联合更多诸侯国，孤立商王朝，壮大自己力量。

此时，商朝在暴君纣王统治下，政治上虽已十分腐败，但军事上仍有较强实力。武王审时度

周武王像

势，积极为灭商准备条件，等待时机。他即位后，为便于进攻商都朝歌（今河南境内），将都城由丰（今陕西西安西南沣水西岸）迁至镐（今陕西西安西南沣水东岸），随后举行了历史上有名的"孟津观兵"。

这次观兵实际上是一次为灭商做准备的军事演习。他率大军先西行至毕原（今陕西长安附近）文王陵墓祭奠，然后转而东行向朝歌前进。

大军抵达黄河南岸的孟津（今河南孟津东北），有800名诸侯闻讯赶来参加。人心向周，商纣王孤立无援的形势已形成，各路诸侯均力劝武王立即向朝歌进军。武王和姜太公则认为时机还不成熟，在军队渡过黄河后又下令全军返回，并

名言佳句

天视自我民视，天听自我民听。

> **华夏族形成**
>
> 华夏族是汉族的前身。西周时才开始用夏作为中原之民的族称,春秋时改以华称之。华与夏连称则是汉代以后才出现的。夏、商、周三族都是古老的部族,三族先后兴起建立了夏、商、周三朝,后面的朝代比前一个朝代的疆域更加广大,将前朝的土地和人民都加以囊括。这三代一千多年的历史中,夏、商、周三族之间的关系既有冲突和征服,也有联合和归附,这都促进了部族的融合。在融合的过程中,三族逐渐产生了民族认同的意识,他们在祭祀的时候,不仅上推到本族的先王和先公,还把本族的来源和黄帝族联系起来,都自认为是黄帝的后裔。西周推行的分封制,不仅封本族贵族,同时还分封了黄帝、尧、舜和夏、商之后,这也增进了各部族的团结。这样,到了西周末期,终于形成了统一的华夏族。

以"诸位不知天命"告诫大家不要操之过急。

又过了两年,武王探知纣王更加昏庸暴虐。良臣比干、箕子忠言进谏,一个被杀,一个被囚。武王同姜尚研究,认为灭商条件已完全成熟,果断决定发兵伐商,通告各诸侯国向朝歌进军。

名人档案	
姓　名	姓姬／名发
生卒年	不详
祖　籍	岐山周原(今陕西岐山)
身　份	周朝开国君主

出发前,太史卜了一卦,得兆象大凶。见此不吉之兆,百官大惊失色。武王决心已定,不迷信鬼神,毅然率兵车300乘、近卫武士3000人、甲士四五万人向朝歌进发。纣王闻知周兵已到,调集都中士兵,再把囚犯、奴隶、战俘武装起来,共起兵17万相迎。双方开始了历史上著名的牧野之战。决战开始后,周军士气高涨,奋勇冲杀。商纣的军队在周军凌厉攻势下一触即溃。那些被迫参战的奴隶、囚徒不愿为纣王卖命,反把武王看作救星,倒转矛头引导周军杀入朝歌。纣王见大势已去,登上鹿台,自焚身死。商朝由此灭亡。

武王灭商后,为了收服人心,巩固新建的政权,在政治上采取了许多政策和措施。首先,采取了以殷治殷,分而治之的办法,安抚殷商遗民;其次,采取封邦建国的方略,实行对全国的统治,在当时起到了巩固和加强全国统治的作用。

武王为了巩固全国政权,日夜思虑,睡不好觉。他还同周公旦讨论过在当时被认为地处天下之中的洛邑(今河南洛阳市内)营建东都,以便于加强对东方的控制。可惜他未能实现这个计划,在灭商两年后即逝世。周武王建立新王朝代替腐朽的旧王朝,成为历史上屈指可数的名王之一,受到后人称颂。后世儒者将他列入圣人行列,成为帝王的楷模。

名人逸事

周武王建立周朝以后,四面八方的小国都来朝拜,并且带来许多地方特产和珍贵礼物。当时,有个西戎国,送给周武王一条犬。这条西戎犬身高四尺,尾大毛丰,很是珍奇,周武王高兴地收下了。

担任太保的召公,唯恐周武王玩物丧志。一天,他面见周武王,对他说:"现在,西方都归附你,无论远近国家,都把自己的好东西贡献给你,这固然是你的圣德。但是，玩赏之物是不分贵贱的，关键是人的德行。没有德，物也不值钱；有德，物才显得珍贵。犬马之类的畜牲不是本地所产，不该豢养它；珍禽异兽对人的衣食住行没有什么用途，也不必饲养它；别国的珍宝没有什么实用价值，也不要稀罕它。四方贡献的东西，最好是分封赏赐给同姓的国家，用来表示信诚之意。"周武王听了召公的劝谏，从此更加专心治理朝政，满朝文武也都尽心尽职地报效国家。

礼仪之邦的建制人——周公旦

名人简介

周公姓姬名旦，是周文王的儿子，周武王的弟弟，鲁国的始祖。因为他原来的封地是周地，所以世人称他为周公。周公一生历经文王、武王、成王三代，在武王灭商建立周王朝的过程中，立下了不朽的功勋。武王去世后，因成王年幼，周公没有到鲁国就封，而是留在镐京代替成王执掌朝政，成了周王朝实际上的最高统治者。

周公代替成王执掌政权，引起了朝廷中很多人的不满，还引发了负责监视纣王之子武庚的管叔、蔡叔和霍叔与武庚联合发动的"三监之乱"，周公陷入内忧外患的境地。

值得庆幸的是，周公对周王朝的忠诚很快感动了成王及大臣们，得到了成王及大臣们的信任和支持。内部问题解决以后，周公就开始着手平定叛乱。他收买了一些殷商的旧贵族，分化了反叛势力。然后，又亲自领兵东征，经过三年苦战，终于平定了"三监之乱"，一举消灭了参加叛乱的17个东方小国。

平定"三监之乱"后，周朝的统治更加巩固了，疆域不断扩大。当时的周王朝东到海滨，南到淮水，西到甘肃，北到河北、辽西，成为一个泱泱大国。

为了加强对东方各国以及殷商贵族的控制，周公建议成王营建东都洛邑，把殷商贵族迁徙到那里。同时，周公归政成王，自己退居辅臣地位，留居东都洛邑，帮成王管理东方各国。

周公具有卓越的政治远见，他大力推行和完善了分封制，在各个战略要地和经济文化中心封邦建国，派姬姓王族的子弟或者功臣贵族去统治，实现了对东方各国以及殷商贵族的有效管理。周公还确立了同姓诸侯和周天子的宗法关系，异姓诸侯和周天子的姻亲关系。同姓诸侯是周天子的叔伯兄弟，异姓诸侯是周天子的甥舅表亲。周公确立的以血缘关系为基础的宗法制度和以封邦建国为基础的国家机构，使得周王朝的政令畅通，大大加强了周天子对各地的统治。

周公像

名人档案
- 姓　名　姓姬／名旦／被称为周公
- 生卒年　不详
- 祖　籍　周原（今陕西岐山）
- 身　份　西周初年政治家／礼乐制度的创始人

"以德配天""天命无常"是周公维护周朝统治的基本思想，他用这些思想解释周朝为什么能够替代原来受天之命的商朝，使周王朝的统治具有不可侵犯的神圣地位。周公对周朝的统治者也提出警戒，既然天命无常，便不可拥有永久的统治，只有"以德配天""敬天保民"，励精图治，才能保证统治的长久。周公的思想成为历代封建帝王统治思想的基础，对后世产生了深远的影响。

周公还建立了一套完整的礼乐制度，"刑不上大夫，礼不下庶人"就是在周朝开始形成的。他严格区分君臣、父子、兄弟、夫妻，以及亲疏、尊卑、贵贱的礼仪，以确保周天子至高无上的地位，平衡统治阶级内部的权力分配。

在周公的辅佐下，周成王开创了"成康之治"的盛世景象，使周朝成为当时世界上少有的文明大国。

周公晚年是在周族的发祥地度过的。周公死后，成王以最隆重的天子之礼将他安葬，还特许鲁国用祭祀天子的礼乐来祭祀周公。

名人逸事

武王驾崩以后，成王非常年少，周公于是就替成王摄政。成王长大后，周公就还政成王，非常谨慎恭敬地侍奉成王，生怕犯什么错误。不过由于周公的权力很大，成王自己又刚刚掌握政权，这时又有人说周公的坏话，成王就对周公产生了怀疑。

为表明心迹，周公写了一首诗，名叫《鸱鸮》。在诗中，周公一面表示对周室、成王的忠贞；一面把那些散布流言的人比作"鸱鸮"，警告他们"无毁我室"。

周公将这首诗送给成王，成王读了诗，还是不相信周公。周公没有办法，只好逃亡到了楚国。由于成王怀疑周公，引发了天怒。这一年的秋天，在庄稼成熟还未收获的时候，天突然刮起大风，雷电交加，田里的庄稼全部被吹倒，连大树都被连根拔起，全国上下一片恐慌。

但是成王却认为天发怒，是由于天下人事关系的异常引起的。那些制造流言的家伙，这时又在成王耳边说："天变是不是警告您，要防止周公篡权？不然，怎么这么厉害呢？"听了流言，成王觉得很有道理。于是，他决定打开收藏中

周礼

周代的社会道德规范统称为"礼"，在举行礼仪活动时，常常歌舞相伴。相传西周的礼乐是由周公制定的。周公对以前的礼乐进行了加工和改造，就成为了"周礼"。周礼分为五礼：吉礼，用于各种祭祀活动；凶礼，用于丧葬和哀吊各种灾祸；宾礼，用于诸侯朝见天子；军礼，用于军事和相关的领域；嘉礼，用于各种吉庆的活动，包括饮食、婚冠、宴享、贺庆等。在《仪礼》中记载的具体的礼仪，则有士冠礼、士婚礼、乡饮酒礼、燕礼、聘礼、士丧礼等，名目极为繁细。周代的礼乐主要通行于士和士以上的贵族阶层，天子用以约束贵族的行为，明确他们之间的尊卑关系。对于下层人民而言，则以刑罚治之，礼乐是不适用的，所以说"刑不上大夫，礼不下庶人"。

央文书的金匮，希望从中找到对付周公篡权的方法。

但在金匮中，成王却意外地发现了周公的一个祈祷册文，当初成王年幼的时候，生了非常严重的病，周公就剪下自己的指甲沉入河中，向神祝告说："现在的成王年幼没有主张，冒犯神的是我姬旦，如果神要惩罚的话，就惩罚我吧。"后来成王之病果然痊愈。成王这才知道，周公对王室的忠诚是丝毫不用怀疑的。他请来周公，诚恳地说："叔父，你一直尽心勤劳王室。我年幼无知，听信流言，以致引起了天怒，请叔父原谅我。"

名言佳句

舜之为政，好生而恶杀；汤开三面之网，泽及禽兽。

中国最早的经济改革家——管仲

名人简介

管仲出身于没落贵族，青年时是一名寒士。他从小就熟读《诗》《书》，通晓礼乐，还练就了高超的射箭、驾车的本领。

齐襄公残暴荒淫，晚年被大臣所杀，齐国内乱。朝中大臣分头去迎接避祸在外的公子纠和公子小白回国即位。

名人档案

- 姓　名　名夷吾／字仲／亦称管敬仲
- 生卒年　？～公元前645年
- 祖　籍　颍上（今安徽颍上）
- 身　份　卓越的政治家／思想家

当时追随公子纠的管仲，为阻止小白归国，在小白归途中伏击，小白假装中箭，骗过管仲，然后迅速归齐即位，是为齐桓公。在平定内乱后，齐桓公让鲍叔牙任相，而鲍叔牙则推荐那位向齐桓公行刺的管仲。齐桓公不计前嫌，任管仲为相。管仲感激桓公的知遇之恩，施展其经世治国之才，尽心辅佐齐桓公开创了一番霸业，他自己也成为春秋第一名相。

管仲当政以后，先集中精力整顿内政，发展经济。他采取了许多"富民"的经济政策：放弃公田制度，分田到户；废除劳役地租，按照土地的好坏，分等级征收实物地租；规定盐铁官营，设立"轻重九府"，由政府掌握铸币权；并根据每年的收成，收购或抛售谷物，既可以平抑粮价，又能够从中得利；重视商业贸易，尤其是境外贸易，以免税的方法来进行鼓励；发挥齐国临海的地理优势，大兴渔盐之利。

管仲还改革行政组织，实行"叁其国而伍其鄙"。行政区划规定好了之后，管仲下令禁止随意迁徙，禁止杂处改业，使人们各定其居，各守其业，加强了对人民的控制。接着，他又推行兵民合一的军事制度，按照行政组织来设立军事组织，人们平时生产，战时从军，这一举措不但扩大了兵源，还增强了战斗力。为了解决齐国军备缺乏的问题，管仲实行了用兵器或者铜铁赎罪的政策，就连一般的民事诉讼，也可以用箭作为诉讼费。经过这一系列的改革整顿之后，齐国迅速强大起来。

平王东迁以后，周天子地位一落千丈，许多诸侯不把周王放在眼里，各诸侯为争夺权力，纷纷起来争当霸主。内政的改革整顿完毕，管仲开始谋划协助齐桓公取得霸主地位。为了得到诸侯的认同，管仲为桓公筹划了"尊王攘夷"的策略。所谓"尊王攘夷"也就是名义上仍拥戴周天子为天下共主，打着天子的旗号，称霸天下，号令诸侯共同对抗北方戎狄部落的侵扰。桓公听从了管仲的建议，取得周天子的信任和授权后，开始了争霸战争。

在管仲的建议下，齐桓公先后出兵灭掉谭国、遂国，然后与鲁、宋、陈、蔡、邾结盟。公元前680年，齐桓公征服背弃盟约的宋国后，再次接受管仲建议，在鄄城大会诸侯，周天子也派使臣参加，齐国成了事实上的诸侯霸主。公元前678年，周惠王正式任命齐桓公为"侯伯"，齐桓公得到了真正的霸主地位。公元前656年春，齐桓公和管仲统领中原八国的联军，挥师南下，与楚国在召陵会盟，楚国不敢再兴兵北犯；桓公还听从管仲攘夷的建议，号令诸侯，存邢救卫，阻止了北方戎狄对中原的侵扰，对保护黄河流域先进的农耕文化，起了重要的作用。公元前649年，齐桓公又派管仲到周天子的京城，平定了周襄王的弟弟叔带的叛乱。

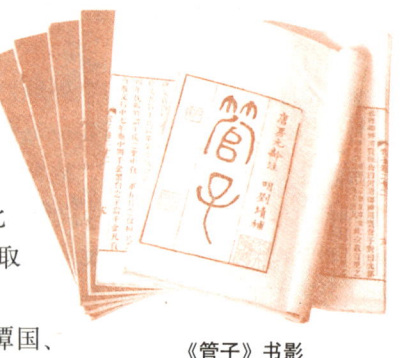

《管子》书影

相传为管仲所著，大部分为战国齐国稷下学者采拾管仲言行推其旨义而成。共二十四卷，分为八类：《经言》九篇，《外言》八篇，《内言》七篇，《短篇》十七篇，《区言》五篇，《杂篇》十篇，《管子解》四篇，《管子轻重》十六篇。内容庞杂，包含有法、道、名等家思想，以及天文、历数、地理、农业和经济等方面的知识，是我们了解春秋早期社会经济状况及管仲政治经济思想的重要文献。

在管仲的辅佐下，桓公先后主持了三次武装会盟，六次和平会盟，还帮助周天子平定了一次叛乱，这就是历史书上所说的"九合诸侯，一匡天下"。

公元前645年，管仲临死时向齐桓公推荐宽厚仁慈的隰朋，希望齐桓公能重用隰朋，并建议齐桓公斥逐易牙、竖刁和卫公子开方这三个小人。但是齐桓公没有听从管仲的话，三年后，齐桓公被易牙等人饿死宫中，尸体直到60多天后才被收殓埋葬，齐国的霸业就此终结。

管仲死后，他的著作被收录到《管子》中流传后世。

名人逸事

管仲出身于没落贵族，后来家道中落，也就成了一名寒士，几次求仕，都不成功。管仲有一好友，名叫鲍叔牙，经常接济他，但管仲并不感谢他。鲍叔牙非常理解管仲，他常说："管仲是为了年迈的母亲，才不惜遭人嘲笑，保全性命。

女闾

管仲在位时不但推行一系列改革措施，还设置"女闾"。所谓"女闾"，就是妓院。也就是说，管仲是第一个设置官方妓院的人。管仲于公元前685年被封为"卿"，死于公元前645年，因此设"女闾"制应该是在公元前685年至公元前645年之间。这比梭伦创立雅典国家妓院（公元前594年）至少还要早50年以上。因此有人说管仲是"世界官妓之父"。

管仲之所以苟且偷生，不为公子纠死节，是因为他有更远大的志向，为了富民强国他会成就一番大业。"他知道管仲有经世治国的大志，所以才不拘小节。正是因为鲍叔牙的推荐，管仲才得到齐桓公重用，成为春秋第一名相。

管仲曾感慨地说："生我者父母，知我者鲍子也。"管鲍之交成为一段流传千古的佳话。

道家学派创始人——老子

名人简介

老子曾做过周朝"守藏室之史"，就是管理"藏室"的史官。老子一向只注意研究学问，不在意个人得失荣辱，虽然学识渊博，却一直过着默默无闻的生活。公元前516年，在周王室内部的权力争斗中，贵族王子朝失败，带着所有典籍逃走。老子再无"藏室"可管，于是骑着青牛，离开东周来到函谷关，在镇守函谷关的周大夫尹喜的盛情邀请下，写成了共有5000字的《老子》上、下两篇。老子写完书后，重新骑上青牛，出函谷关，从此不知去向。

《老子》以"道，可道，非常道"开篇，提出了一个最高的哲学概念"道"，老子哲学就是由"道"推演出来的，他也因此成为道家的始祖。

老子把天、地、人等宇宙万物连贯成为一个整体，突破了古代哲学以政治和伦理为轴心的局限。老子认为"道"是先于天地生成的，是天地万物之源，宇宙间的一切，包括人在内，都是天地万物的一部分，"人法地，地法天，天法道，道法自然"。老子这种思想实际上就是中国古代最早的一种"天人合一"思想，这一思想为后来的庄子所继承和发展。这种"天人合一"的整体观念，对中国古代的各个领域都产生了深远的影响。

老子思想中最大的闪光点是他的朴素辩证法思想。老子观察到宇宙间的万事万物都存在着互相矛盾的两个对立面，"有无相生，难易相成，长短相形"，世间万物有阴阳、刚柔、强弱、兴废等分别。他还发现对立的事物能够向其相反的方向转化，如"物壮则老""兵强则灭""木强则折""祸兮福之所倚，福兮祸之所伏"。为了防止物极必反，导致衰落，老子主张"去甚去奢去泰"，就是要去掉那些极端的、过分的举动，始终保持着像"道"那样冲虚而不盈满的状态。

老子的朴素辩证法思想表现在军事战略方面就是"善为士者不武，善战者不怒，善胜敌者不与"，同时还要注意"将欲弱之，必固强之""将欲夺之，必固与之"。他还提出了以柔弱胜刚强的指导思想，比如，天下没有比水更柔弱的东西，但以水攻坚，没有攻不下的，以此来说明柔弱能胜刚强。

老子认为道的本性是自然的，他提出了天道自然的观念。他认为天地的运行是自然而然、不假外力的。人也应该和万物一样，是自然的，人生必须消除主观和外在的干涉，使其自然发展。

老子的思想对后世的影响

《老子》对中国乃至世界的影响是无与伦比的。它对中国传统文化有着巨大的影响,对中国思想史有不可替代的作用。春秋战国时期,儒家的孔子、道家的庄子、法家的韩非都受到过《老子》的影响。汉初,黄老之学盛行,并渗入到政治生活中,名相萧何、曹参在治国时,"镇以无为,从民之欲而不扰乱"(《汉书·刑法志》)。东汉末年,道教奉老子为教主,视《道德经》为经典。魏晋时期,玄学昌盛,在朝的玄学家注重《老子》的无为而治,在野的玄学家提倡《老子》的"自然"之说,《老子》的思想成为抒发政治主张、抨击现实的武器。大唐盛世,帝王自称为老子后裔,为之立庙,唐太宗以"无为而治"为兴国方针,唐高宗封老子为"太上玄元皇帝",唐玄宗将《老子》列为贡举策试的经典之一,并亲身为它作注。宋代帝王对道教情有独钟,宋真宗加封老子为"太上老君混元上德皇帝",宋徽宗把《老子》列为太学及地方学校的课本。这一时期,《老子》的思想对理学也有所渗透,并影响甚大。在中国几千年的历史里,每个朝代在其鼎盛时期,无一例外地采用"内用黄老,外示儒术"的治国理念,即内在的、起领导作用的是中国传统文化中的道家理想。

《老子》的影响不仅时间久,历史长,而且领域广、方面多。在宗教上,它是道教的开山之作;在修身方面,"功成身退"是文人入世的信条;在军事方面,"以柔克刚"成为军事家奉行的准则;在管理方面,老子的"以人为本"是日本企业最基本的信条;在艺术方面,"道法自然"成为书法家、绘画家、诗人遵循的理念;在文学方面,《老子》精警凝练,处处闪烁着哲人的智慧,妙语巧喻、格言警句比比皆是,蕴含人生哲理。

名人档案
- 姓　名　姓李／名耳／字伯阳
- 生卒年　不详
- 祖　籍　苦县(今河南鹿邑)后乡曲仁里
- 身　份　中国古代伟大的思想家／道家学派的创始人

在自然人性论的基础上,老子提出了"无为而治"的政治论。老子把人民的饥荒、贫困看作是多欲的统治者横征暴敛的结果。人民起来为"盗",轻生冒死,其责任完全在于统治者。老子主张用"天之道"来取代"人之道","损有余以补不足",这样就能够解决社会所存在的一切弊端。

老子提倡的"无为"而治,是对统治阶级的"有为"进行的揭露和抨击。老子提倡这种"无为"之治的目标是建立一个"小国寡民"的社会,也就是"使民复结绳而用之,甘其食,美其服,安其居,乐其俗。邻国相望,鸡犬之声相闻,民至老死不相往来"。

千百年来,老子的思想深刻地影响着中国的哲学、伦理道德、政治、文化甚至是中国人的思维,他的思想为战国时代的庄子等人所继承,形成了道家学派。《老子》也被奉为道教的三大经典之一,被尊称为《道德经》。老子还受到西方的推崇,《老子》的英译本达40多种。老子的影响是极为深远的,可以说没有老子,中国乃至世界文化史将是不完整的。

《老子》一书共81章,上篇称为《道经》,下篇称为《德经》,总称《道德经》。无论在中国的哲学、政治、军事、管理、宗教、文学、伦理等诸多领域,此书都可称得上经典名作。它的主要内容有三个方面:

第一,宇宙。《老子》在第一章开宗明义说:"道,可道,非常道;名,可名,

名言佳句

道生一,一生二,二生三,三生万物。
人法地,地法天,天法道,道法自然。
有无相生,难易相成,长短相形。
祸兮福之所倚,福兮祸之所伏。
物壮则老,兵强则灭,木强则折。

非常名。无,名天地之始;有,名万物之母。"老子心目中的宇宙就是"道",道无所不在,周行不止;道是万物的根本;道是视之不见、听之不闻、搏之不得的无形物。他的这一思想,冲破天帝造众生的神论观点,在中国哲学史和文化史上都是一个首创。

第二,人生。老子的人生观有两个基本点:一是贵身自养,摄生修行;二是柔弱不争,致虚守静。前者在第十三章有精彩的论述:"贵以身为天下,若可寄天下;爱以身为天下,若可托天下"。既然身体能与天下并重,那么怎样贵身爱身呢?老子认为,应先摈除五色、五音、五味这些物欲享乐,然后注意摄生,见朴抱素,加强个人修养。后者是老子反复强调的处理人际关系的原则,体现了一种以退为进、以静制动的人生哲学。

第三,政治。老子最著名的政治主张就是"无为",这是他认为的治理天下的最高原则。他倡导顺应民心,符合天道,处无为之事,行不言之教,"治大国,若烹小鲜",消除一己之心,使民众安居乐业,实现无为而治,达到"小国寡民"的理想境界。

此外,《老子》还有许多战争论述,深合兵家之要,是很多军事家奉行的准则。

《老子》不仅在中国,在世界上,它也备受关注和推崇。被译成多种文字的《老子》在海外发行量居中国传统文化经典之首。老子的思想影响了诸如托尔斯泰、奥尼尔、海德格尔、爱因斯坦、汤川秀树等世界级的文学家、思想家和科学家。

名人逸事

相传孔子到东周王都时,曾向老子问礼。老子对他说:"你所说的礼,只是制礼者言论。君子就应该适时出仕,适时隐居。善做生意者,深藏货物,看上去却像什么都没有;德行高尚的君子,看上去却如愚钝之人一般。深藏雍容华贵的风度和过高的志向,对你会大有好处的。"孔子一生为了恢复周礼,明知不可为而为之,对这一点,老子委婉地提出了批评。

临别时老子赠言指出了孔子的一些毛病,就是看问题太深刻,讲话太尖锐,伤害了一些有地位的人,会给自己带来很大的危险。

孔子对老子佩服得五体投地,他对弟子们说:"鸟能飞,我可以用箭去射它;鱼能游,我可

老子骑牛出关图　明

以用线去钓它；兽能跑，我可以用网罩住它。龙是乘着风云上天的，我就无法知道了。老子大概就像一条龙吧！"

万世师表的至圣先师——孔子

名人简介

孔子自幼受到良好的教育，曾在鲁国任委吏、乘田等小吏。30岁左右，孔子成为知名的学者，奉诏开始办私学，广收门徒。公元前515年，答齐宣王问政时提出"君君、臣臣、父父、子子"的主张，未得重用。公元前500年左右，孔子开始为推行其政治思想奔走各国，备受冷遇。公元前484年，孔子返回鲁国，晚年一直致力于文化教育事业，整理古代文化典籍。公元前479年病故。

名人档案

- 姓　　名　姓孔／名丘／字仲尼
- 生卒年　公元前551～公元前479年
- 祖　　籍　陬邑（今山东曲阜）
- 身　　份　中国古代思想家／教育家／儒家学派创始人

孔子是我国春秋时期最伟大的思想家、政治家、教育家，他以仁爱、礼义为本，建立了影响中国社会两千多年的儒家学派。孔子提出"克己复礼为仁，一日克己复礼，天下归仁焉"。"仁"是孔子学说的核心和主导精神，体现在孔子思想的各个方面。孔子又提出"仁者爱人"，仁者要对世人有同情心，能设身处地地为他人着想。孔子非常重视个人的道德修养，他认为一个人能否成为有德之人，主要在自己的主观努力，为人应该严于律己，宽以待人，自己有德行，就不必担心别人是否赏识和理解自己。君子要安贫乐道，舍生取义。孔子还提倡自我反省式的修身养性之法。

在政治上，他提出"君君、臣臣、父父、子子"，他的理想是要恢复周礼，建立一个严格有序的社会。孔子反对暴政，反对滥用民力，希望君主能够"惠民""爱民"。孔子主张在政治生活中也要贯彻道德的原则，使政治行为道德化。在他看来，刑罚可以使人畏惧而不敢犯法，但并不能从根本上消除犯罪动机。只有用德和礼对人民进行感化和引导，提高人民的道德意识，才能使社会长期稳定。而以德治国的根本保证是统治者必须成为道德的楷模，以自己的道德风范来影响和教育人民。

在教育上，孔子以道德教育为中心，把自己的政治思想与教育思想有机地联系在一起。他认为教育的根本目的就是教人做人，而做人的关键是要具备爱心，要做到己所不欲，勿施于人。孔子提出"有教无类"的办学宗旨，在教学中，他自拟教学内容，自创教学方法，因材施教，并且强调学习与思考结合，启发式的教学和弟子积极领悟结合。他还很注重教学与实践相结合，教学与社会现象相结合。在教学过程中，

孔子像

— 014 —

他以诗、书、礼、乐、射、御、数为具体的教学内容，这些又与文、行、忠、信相辅而行。

孔子在典籍整理方面也取得了很大的成就，他首次提出"文献"一词，并结合史实和旧有文献资料编订了《易》《书》《礼》《乐》《诗》《春秋》等著作。他死后，他的弟子遵照他的遗嘱，将他的言行、语录编辑成书，定名为《论语》。

名言佳句
学而时习之，不亦说乎？
己所不欲，勿施于人。
三人行，必有我师焉。
人无远虑，必有近忧。

孔子的一生是奋力治学、执着追求、不计荣辱得失、为国为民的一生，他是中国古代最伟大的文化圣人，他对中国2000多年的社会和思想都产生了巨大而深刻的影响。虽然他的政治主张无法实现，但是他那种明知"不可为而为之"的坚毅和博大让后人感动。汉平帝追封他为哀成宣尼公，唐玄宗追谥他为文宣王，元成宗加封他为大成至圣文宣王。他的学说在西汉武帝时代就被定为享有独尊地位的正统思想，清圣祖为他亲笔题书："万世师表"。

名人逸事

孔子周游列国时，在去晋国的路上，遇见一个7岁的孩子拦路，要他回答两个问题才让路。其一是：鹅的叫声为什么大？孔子答道：鹅的脖子长，所以叫声大。孩子说：青蛙的脖子很短，为什么叫声也很大呢？孔子无言以对。他惭愧地对学生说：我不如他，他可以做我的老师啊！

名人作品欣赏

子曰："学而时习之，不亦说乎？有朋自远方来，不亦乐乎？人不知而不愠，不亦君子乎？"（《论语·学而》）

子曰："温故而知新，可以为师矣。"（《论语·为政》）

子曰："学而不思则罔，思而不学则殆。"（《论语·为政》）

子贡问曰："孔文子何以谓之'文'也？"子曰："敏而好学，不耻下问，是以谓之'文'也。"（《论语·公冶长》）

子曰："默而识之，学而不厌，诲人不倦，何有于我哉？"（《论语·述而》）

子曰："三人行，必有我师焉；择其善者而从之，其不善者而改之。"（《论语·述而》）

儒家学派

孔子是儒家的创始人，他提出维护宗法等级制度的"礼"，缓和暴政的"仁"。儒家学说在发展过程中不断有所变化，重要代表人物有孟子、荀子、董仲舒、程颢、程颐、朱熹、王守仁等。孟子在主张实行"仁政"的同时，提出"民贵君轻"说，他还提出"劳心者治人，劳力者治于人"的等级分工观点。荀子提出"化性起伪"的人性改造论，通过学习和积累，人人可以成为圣人。董仲舒将儒学神学化，倒退到仍以宗法等级制为主干，同时吸收各家学说和各种统治经验，使儒学成为西汉以后封建统治的主导思想。程颢、程颐、朱熹、王守仁等历代学者均各自从时代的需要出发，发展改造了儒学思想而为宋明理学、心学。

百世兵家之祖——孙武

名人简介

孙武，世俗尊称其为孙子或孙武子。孙子的祖先本姓田，是齐国王族。其祖父田书颇有军事指挥才能，齐国国君就赏他一块封邑，获赐孙姓。父亲孙冯，做过齐国的卿相。孙氏家族后因无法忍受齐国内部激烈的权力纷争，去了吴国。在吴国，孙武一边耕田，一边写作兵书。后得好友伍子胥的七次推荐，被吴王拜为大将，孙武很快就为吴国训练出一支纪律严明、能征善战的军队来。

孙武像

孙武不愧为一个有战略思想的伟大军事家，在他的努力下，吴国不但很快从一个贫弱小国，发展为实力强大的诸侯国，还实现了吴王阖闾称霸诸侯的梦想。公元前506年，在柏举之战中，孙武仅以3万兵力就击溃了楚国20万大军，攻占了楚国的都城。吴王阖闾死后，夫差即位，孙武又辅佐夫差征服越国、讨伐齐国、与晋国争霸，使得吴国的国势达到了顶峰，吴王也成为春秋时代又一个霸主。司马迁曾这样评价孙武：吴国的胜利是和孙武分不开的，正是在孙武的指挥下，吴军才能击败强大的楚国，威震齐晋，名扬诸侯。

孙武的主要思想都集中在《孙子兵法》中。《孙子兵法》共计13篇，有《计篇》《作战篇》《谋攻篇》《军形篇》《兵势篇》《虚实篇》《军争篇》《九变篇》《行军篇》《地形篇》《九地篇》《火攻篇》《用间篇》。《孙子兵法》是一部研究战略思想的军事学术著作，全书7000余字，文字简约，内容丰富，涉及了战略学、战术学、军制学、后勤学、军事地形学、侦察学等诸多领域。

孙武的军事战略思想包括以下几个方面：首先，是与政治融为一体的战争观，"知己知彼，百战不殆""不战而屈人之兵，善之善者也。故上兵伐谋，其次伐交，其次伐兵"。"凡用兵之法，全国为上，破国次之"是孙武心目中战争的最高境界。他认为战争是关系军民生死、国家存亡的大事，发动战争应该谨慎，决定战争胜败的关键是政治而非军事，统治者应顺应民心，采取措施使得百姓安居乐业，与君主同心同德。其次，是以野战为主的进攻战略，他认为在战争过程中自始至终要掌握主动权，要先发制人、主动出击、出奇制胜、因敌制胜。孙武一贯主张速战速决，"兵贵速，不贵久""出其不意，攻其不备"。再次，是集中优势兵力

名人档案

- **姓　名**　孙武／字长卿／世称孙子
- **生卒年**　不详
- **祖　籍**　乐安（今山东惠民）
- **身　份**　古代第一个形成战略思想的伟大军事家

的作战原则,"用兵之法,十则围之,五则攻之,倍则分之,敌则能战之,少则能逃之,不若则能避之""我专为一,敌分为十,是以十攻其一也,则我众而敌寡",这也是《孙子兵法》中最精彩的内容之一。此外,他还提出要回避攻城作战,"攻城则力屈""攻城之法为不得已"。

> **名言佳句**
> 知己知彼,百战不殆。
> 出其不意,攻其不备。
> 不战而屈人之兵,善之善者也。故上兵伐谋,其次伐交,其次伐兵,其下攻城。
> 凡用兵之法,全国为上,破国次之。

《孙子兵法》的内容非常丰富,在统帅的基本素质和才能,战争的准备和进程,军队的组织和训练,临阵的战术技巧等方面,都有独到的见解。

孙武的战略思想对后世产生了巨大的影响,"世俗所称师旅,皆到孙子十三篇",孙膑、吴起的兵书吸收了很多孙武的思想。曹操亲自为《孙子兵法》做过注释。唐太宗曾赞曰:"观诸兵书,无出孙武。"宋神宗颁定《孙子兵法》为《武经七书》之首。

孙武以及他的《孙子兵法》在国际上也很有影响,唐代传到日本,1772年,《孙子兵法》被译成法文版本,英国的汉学家称《孙子兵法》为"世界最古的兵书",美国人则盛赞孙子是"古代第一个形成战略思想的伟大人物"。孙武的确堪称"百世兵家之祖"。

孙武的军事思想还被广泛地应用于政治、外交、经济、科技、体育竞赛等社会生活的各个方面,《孙子兵法》在现代企业经营管理和商业竞争中也具有不可估量的指导意义。

名人逸事

吴王看了孙武的兵书后,称赞孙武著的兵法精妙绝伦,并请孙武当场演练。于是,孙武就地挑选了180名宫女作为训练对象,把她们分为两队,并且安排最受吴王宠爱的两位美人担任队长。稍后,他反复申明军法,并明示了操练的规范,同时指派自己的车夫负责执行军法,将执法的大斧立在场边,以震慑队伍。

宫女们也像士卒一样,顶盔贯甲,装备齐整,手持盾牌刀剑,站在演武场上。

兵书

"三代"(夏、商、西周)时,文字的普遍使用和战争经验的积累,是军事思想产生最原初的客观条件。甲骨金文及早期典籍(如《尚书》《易经》《诗经》)对军事问题均有不同程度的探讨,专门性的军事典籍如《军政》等更是为传统兵学的形成奠定了基础。及至秦汉,兵学的发展开始重视军队建设和国防建设,并趋向于理论的整合,也出现了兵书整理和兵学流派分类。《汉书·艺文志·兵书略》更是以汉成帝时期的整理成果为基础,对中国兵书进行了大规模的著录和分类,它共分为兵权谋家、兵形势家、兵阴阳家、兵技巧家四大类,这基本上构架了兵学的理论范畴与层次,规范了兵学发展的方向。除了名垂千古的《孙子兵法》之外,还有一些兵书,如彗星划过,在久远的时空中有过耀目的划痕。它们是中华军事文化的结晶,整个中华文明史也自有它们的地位。

这时，孙武命击鼓，以示队伍向右行进。可是，宫女们从来没有见过这样的阵势，只是觉得好玩，一个个嘻嘻哈哈，根本不听号令。孙武又耐心地把练兵规范和军法讲述一遍，还特别训示两个队长，要她们带头服从号令，管好队伍。然后，孙武再次命令宫女们向左行进，可是队伍再次大乱。孙武作色道："……现在已经三令五申，仍然不服从，罪在吏士……"于是不顾吴王说情，下令处死两名队长。此后，宫女们再也不敢放肆，前后左右，进退回旋，全都合乎规矩，阵形十分严整。

中国土木工匠的祖师——鲁班

名人简介

鲁班出生在鲁国一个世代以工匠为生的家庭。家庭的影响和熏陶，使他从小就喜欢上机械制造、手工工艺、土木建筑等古代工匠所从事的工作。小时候他跟随家人参加许多土木建筑工程劳动，在劳动中，他虚心向有经验的老师傅和家人请教，学习他们的先进技术和经验，并细心观察他们在各项劳动中高超的操作技巧。长期的生产实践和他本人不断的努力，使鲁班逐渐掌握了多方面技能，积累了非常丰富的实践经验，成为有名的能工巧匠。

鲁班像

有一次，鲁班接受了一项建筑一座巨大宫殿的任务。这座宫殿需要很多木料，鲁班就让徒弟们上山砍伐树木。由于当时还没有锯子，他的徒弟们只好用斧头砍伐，但这样做效率非常低，累得筋疲力尽，也砍伐不了多少树木，使工程进度一拖再拖。为此，他决定亲自上山察看砍伐树木的情况。上山的时候，无意中抓了一把山上生长的一种野草，一下子将手划破了。鲁班很奇怪：一根小草为什么这样锋利？于是他摘下了一片叶子来细心观察，发现叶子两边长着许多小细齿，用手轻轻一摸，感到这些小细齿非常锋利。他明白了，他的手就是被这些小细齿划破的。

鲁班受到很大启发，于是他立即下山，制作了带有小锯齿的铁片，然后到山上继续实践。鲁班和徒弟各拉一端，在一棵树上拉了起来，只见他俩一来一往，不一会儿就把树锯断了，又快又省力，锯就这样被发明出来了。

鲁班还是一位杰出的机械发明家，发明创造了多种简单机械装置。如鲁班曾对古代的锁进行了重大改进。锁在我国奴隶社会的周代就已经出现，其形状像一条鱼，构造简单，安全性较差，经过鲁班改进后，其形状、结构均有较大变化，锁

名人档案

- 姓　名　原名公输般／姓公输／名般／又称公输子／公输盘／班输／公输般
- 生卒年　公元前507～？
- 祖　籍　春秋时鲁国人
- 身　份　建筑工匠祖师

的机关设在里面，外表不露痕迹，只有借助配好的钥匙才能打开，具有很强的安全性和实用性，能够代替人看守家门。史书还记载，鲁班曾用竹子做成一只鸟，

> **名言佳句**
> 木匠手里无废料。

能够借助风力飞上高空，三天不落地，在当时引起很大震动。还有一种传说，说鲁班曾制成机器驱动的木车马，这辆木车马由"木人"驾驶，装有各种机关，能够在路上自动行走，一直到汉代还在流传。

鲁班最重要的发明，当数攻城器械云梯了。它的出现是军事技术史上的重大进步，大大提高了军队攻打坚固城池的能力。

鲁班创造了前无古人的奇迹，是中国当之无愧的科技发明之父。

名人逸事

公元前450年以后，鲁班从鲁国来到楚国，帮助楚国制作兵器。他曾创制了威力较大的攻城器械云梯，并准备以此来进攻宋国。为此他与著名学者墨子发生了辩论，俩人展开了一场攻城与守城的演习，鲁班想尽各种办法进行攻城，都被墨子一一化解。墨子主张制造实用的生产工具，以造福老百姓，反对为战争制造武器。鲁班接受了墨子的这种思想，于是便把精力投入到木工工具、机械等各种实用技术上，埋头从事各种发明创造。

主张兼爱非攻的哲学家——墨子

名人简介

墨子出身平民，精通手工技艺。他自称是"鄙人"，有人称他为"布衣之士"。墨子曾经做过宋国的大夫，是一个同情下层人民的士人。他早年学习过孔子的学说，非常欣赏儒家所说的大同社会，重点学习《诗》《书》《春秋》等儒家典籍。但

> **名人档案**
> - 姓　名　姓墨／名翟
> - 生卒年　约公元前480～公元前400年
> - 祖　籍　春秋战国之际的邾国（今山东滕州境内）
> - 身　份　墨家学派的创始人

后来他渐渐对儒家所崇尚的烦琐礼乐感到厌烦，最终放弃了儒家学说，著书立说，自成墨家一派。

在法家学派兴起之前，墨家学派是先秦和儒家相对立的最大的一个学派，被列为"显学"。墨家学派是一个组织严密、纪律严格的团体，最高的领袖被称为"巨子"。墨家的成员都称为"墨者"，必须服从巨子的领导，听从指挥。为宣传自己的主张，墨子广收门徒，亲信的弟子达数百人之多，形成了声势浩大的墨家学派。墨子的行迹很广，东到齐、鲁，西到郑、卫，南到楚、越。他还曾和公输般论战，成功制止了楚国准备对宋国发动的侵略战争。

墨家

> 墨子认为，世界上一切不合理的事情，都原于人与人的不相亲爱，因此提倡"兼爱"，力主"非攻"，认为当时各国之间进行的战争是最不正义的。墨子反对孔子提倡礼乐的主张，认为儒家倡导的那一套礼乐制度纯属劳民伤财，不利于生产和生活，人们应当"非乐"和"节葬"。在治国方面，墨子的主张主要有两点：一是尚贤。官无常贵，民无常贱，不管是什么人，只要有才能，就应该选拔出来做官，管理国家事务；二是尚同。一个国家必须要有天子，来统一人们的思想，以防天下混乱。和其他各家的思想相比，墨子的思想是典型的下层庶民的思想。

墨子的思想和事迹主要体现在《墨子》一书中。西汉时的刘向把墨子及墨家学派的著作整理成71篇，但以后逐渐散失。现在所传的《墨子》共33篇，是墨翟和他的弟子共同著述的，也包括后期墨家的一些著述，是现在研究墨家学派的重要史料。

墨子的思想共有十项主张：兼爱、非攻、尚贤、尚同、节用、节葬、非乐、天志、明鬼、非命，其中以兼爱为核心，以节用、尚贤为基本点。

墨子思想的根本精神是自苦利人。他倡导"兼相爱，交相利"的思想，认为为别人谋利才是"义"，损人利己则是不"义"的行为，就是以是否有利于人民作为衡量是非的重要标准。他的非攻、非乐、节用、节葬等主张，都体现了这一精神。他要求人们学习大禹治水不怕艰苦为人民谋福利的精神，在个人物质生活方面，只取最低的标准。所以孟子说他是"墨子兼爱，摩顶放踵，利天下为之"。

在政治上墨子主张"尚贤""尚同"的思想。"尚贤"是主张突破贵族世袭制度，要求选拔有能力的人，罢斥无能者，反映了小生产者要求在政治上平等的思想。"尚同"则认为国家的职能在于统一全国思想，要求百姓与官吏逐级与上级官长保持一致，最后达到与君主的思想保持一致，实际上就是以君主的是非标准来判断是非，表现出专制主义的倾向。

墨子哲学思想的主要贡献是在认识论方面。他认为"耳目之实"的直接感觉经验才是认识的唯一来源，他认为，判断事物的有与无，不能凭个人的臆想，而要以大家所看到的和所听到的为依据。

墨子思想包含有深刻的矛盾。他自苦利人，精神崇高，但带有若干空想成分，难于为多数人接受；他要求平等的政治权利，却又有着专制主义倾向。这些都反映出小生产者思想的特点。总的说来，中国古代逻辑思想不够发达，而《墨子》所阐述的逻辑思想，则已达到相当高的水平。《墨子》是了解中国古代逻辑思想的一部重要著作。

名言佳句

听吾言，用我道。

仁人之所以为事者，必兴天下之利，除去天下之害，以此为事者也。

原浊者流不清，行不信者名必耗。

天下之人皆相爱，强不执弱，众不劫寡，富不侮贫，贵不傲贱，诈不欺愚。

名人逸事

墨子有个学生叫子禽，有一次他问墨子："老师，您认为多说话有好处吗？"墨子回答说："你看那蛤蟆、青蛙，还有逐臭不已的苍蝇，它们不分白昼黑夜，总是叫个不停，以此来显示自己的存在。可是，它们即使叫得口干舌燥、疲惫不堪，也没有谁会去注意它们到底在叫些什么。现在你再来看看这司晨的雄鸡，它只是在每天黎明到来的时候按时啼叫，然而，雄鸡一唱天下白，天地都要为之震动，人人闻鸡起舞，纷纷开始新一天的劳作。两相对比，你以为多说话能有什么好处呢？"

名人作品欣赏

公输般为楚造云梯之械，成，将以攻宋。子墨子闻之，起于鲁，行十日十夜而至于郢，见公输般。

公输般曰："夫子何命焉为？"

子墨子曰："北方有侮臣者，愿借子杀之。"

公输般不说。

子墨子曰："请献十金。"

公输般曰："吾义固不杀人。"

子墨子起，再拜，曰："请说之。吾从北方闻子为梯，将以攻宋。宋何罪之有？荆国有余于地而不足于民，杀所不足而争所有余，不可谓智；宋无罪而攻之，不可谓仁；知而不争，不可谓忠；争而不得，不可谓强；义不杀少而杀众，不可谓知类。"

公输般服。

——《墨子·公输》（节选）

锐意变法的政治家——商鞅

名人简介

商鞅本是战国中期卫国人，出生于没落的宗室贵族的家庭，名公孙鞅或卫鞅。入秦后因变法有功，被秦王封为"商君"，因而被称为"商鞅"。

商鞅年轻时好刑名之学，在魏相公叔痤下任中庶子，掌卿大夫家族事务。公叔痤虽很赏识他的才华和抱负，但是却直到临死时才向魏惠王推荐商鞅，让商鞅接任国相之职。可是他同时还对魏惠王说："如若不用，一定要杀了他，以绝后患。"可是，魏惠王并不赏识商鞅，拒绝接纳商鞅为国

商鞅像

相，商鞅在魏国施展抱负的理想化为了泡影。公元前361年，正在商鞅郁郁不得志时，秦国刚刚即位的秦孝公决心继承父亲秦献公未竟的事业，颁布求贤令，准备变法革新。商鞅认为这是自己施展才华的好机会，决定离开魏国西行入秦。

到了秦国，商鞅向秦孝公进言"强国之术"，提出了一些变法建议，得到秦王的

名人档案

- 姓　名　公孙氏／名鞅／亦称卫鞅
- 生卒年　公元前390～公元前338
- 祖　籍　战国中期的卫国
- 身　份　政治改革家

赏识和重用。公元前359年，秦孝公封商鞅为左庶长，鼓励并支持商鞅变法。公元前352年，秦孝公又封商鞅为大良造，支持他进行第二次变法。

商鞅两次自上而下的成功变法，奠定了秦国富强的基础。商鞅变法概括起来有六个方面：废除旧贵族的世袭特权，实行军功爵制，奖励军功，禁止私斗；实行编户制和连坐法，以控制农户和征收赋税；重农抑商，奖励耕织，发展生产；废井田，开阡陌，承认土地私有，允许买卖；废除分封，实行县制，建立封建中央集权的政治制度；统一度量衡。

商鞅的第一次变法削弱了旧贵族的势力，发展了经济，使得当时落后的秦国，在政治、军事、经济各方面超过了六国，成为头等强国。第二次变法使秦国更加国富民强，称雄于天下，为后来的秦始皇统一中国奠定了坚实的基础。李斯曾评价商鞅的变法："孝公用商鞅之法，移风易俗，民以殷富，国以富强，百姓乐用，诸侯亲附。"

商鞅的法令对后世产生了巨大而深远的影响。他统一的度量衡成为秦始皇统一天下度量衡的基础和标准；他推行的编户制和什伍制，成为后世保甲制度的依据；他制定的郡县制后来被秦始皇推向全国，也被以后的历代王朝所沿用。正是因为这些，梁启超才将商鞅誉为"中国六大政治家"之一。

然而，但凡革新变法必定要触及旧贵族的利益，为了推行新法，商鞅严惩了大批权贵，其中包括太子的师傅公子虔和公孙贾，也因此得罪了太子驷（秦惠王），以致在秦孝公死后惨遭车裂之祸。

名人逸事

商鞅颁布新法时，为了取信于民，他在都城南门外立了一根三丈长的木杆，并张贴布告，"谁能把木杆搬到北门，赏金十两"。

老百姓看了布告都不敢相信，不知商鞅葫芦里卖的什么药，谁也不动。

商鞅又下令，"把木杆搬到北门者，赏金五十两"。

这回有人动心了，真的把木杆从南门搬到了北门。商鞅当众赏了这人五十两金，得到了老百姓的信任。商鞅此举意在昭示新法的严肃性，使得百姓不敢怠慢新法。

李悝变法

战国初期的魏文侯（公元前424～公元前396年在位）是位有作为的君主。他任用李悝（公元前445～公元前395年）为相，在国内推行变法。变法的主要措施有：一，鼓励农民勤谨耕作。李悝认为农民的劳作态度直接关系到土地的收成高低。二，实行"平籴法"，丰年由国家以平价购进粮食，灾年则平价出售，使粮价保持平衡。三，依据"食有劳而禄有功"的原则，授予有功劳的人以身份和爵禄，取消那些无功于国而又过着奢华生活的人的世袭特权。四，编集《法经》，分为盗、贼、囚、捕、杂、具六篇，目的是为了保护地主阶级的生命和财产安全，维护新兴封建国家的统治秩序。李悝变法巩固了地主阶级的政权，发展了封建经济，使魏国在战国初期首先强盛起来。

公元前340年，商鞅率军攻魏，双方势均力敌，秦难以速胜。商鞅采用兵谋诈术，写信给魏公子，约魏公子饮酒，假意言旧。魏公子丝毫不疑，如约而至，中了埋伏，魏军大败，只好归还秦国的河西之地。此一役，解除了魏对秦的威胁，商鞅也因此被封为商君，得到15个城邑的封地。

> **名言佳句**
>
> 治世不一道，便国不法古。
> 彼王不能用君之言任臣，又安能用君之言杀臣乎？

伟大的爱国诗人——屈原

名人简介

公元前278年，一位楚国贵族孤独地徘徊在汨罗江边。他是这样的憔悴，因为无数的打击已使他身心交瘁；他是这样的忧伤，因为他的国家还在遭受着屈辱，人民还在遭受着苦难；他又是这样的骄傲，因为他有高贵的灵魂和不朽的诗篇。然而他知道，一切都已经结束了——所有的暗淡与辉煌、光荣与流浪。他纵身跳进了汨罗江的滔滔江水中。时至今日，每年的农历五月初五，人们依然用同样的方式悼念这个伟大的名字——屈原。

屈原故里

屈原故里即乐平里，位于湖北秭归县城东北30千米的屈坪。

屈原出生在公元前340年的寅月寅日。生于硝烟弥漫的乱世，空负绝世才华和救世之志，却只能感叹报国无门，在一次次的打击和流放中体味忧世、忧生、忧民的精神之痛，这就是屈原悲剧的一生。这出悲剧从公元前318年，22岁的屈原出任楚国左徒之职揭开了序幕。为挽救楚国的危亡，屈原提出了内修弊政，改革图强，外联齐国，抗秦图存的"美政"纲领。然而，在旧贵族的造谣中伤、陷害诋毁之下，他很快便遭到疏远，并在5年后遭受了人生中的第一次沉重打击，被流放到汉北。然而他绝不肯就此放弃。公元前292年，已回到楚国宫廷的屈原，因不懈坚持"美政"路线，而被放逐江南。黯淡的云、灰色的郢、凄苦的路、忧伤的心伴着屈原踏上流放的途程。诗人沿着江夏东行，到洞庭湖；又沿沅水至溆浦，浪游沅湘一带；公元前283年，辗转北上至夏浦。公元前278年，楚国国都被秦国攻破，一直支持着屈原人生的精神支

> **名人档案**
>
> ■ 姓　名　名平／字原
> ■ 生卒年　约公元前340～公元前278年
> ■ 祖　籍　湖北秭归
> ■ 身　份　诗人／政治家

柱——国家，就此坍塌了，屈原内心的孤愤随着国破山河碎而彻底泯灭。怀着绝望的心情他走向汨罗，投江自尽，以身明志，以死殉国！

屈原的人生之痛，造就了中国文学之幸。从《九歌》到《九章》，从《哀郢》到《离骚》，从《橘颂》到《天问》，屈原所有的痛苦、愤怒、哀怨、孤独都通过与楚地民歌相结合，而化为响彻天地的吟唱，回荡在时间的尽头。这就是"楚辞"——一种在香草美人的意象中寄寓理想，在上天入地的境界中探索真理，在不拘一格的言语中抒写忧伤的崭新文体。由屈原"自铸伟词"所开创的楚辞的天空一经产生便是群星璀璨，而《离骚》则是所有星座中最灿烂的一颗。《离骚》全长373句，2490字，是中国文学史上第一首由诗人自觉创作、独立完成的长篇抒情诗。诗人以自身为原型，从多方面树立了一个具有高尚品格和出众才华的抒情者光彩照人的形象。他自豪地宣称，他有着"帝高阳之苗裔"的高贵身份，降生在"庚寅"的祥瑞时辰，被赐以"正则""灵均"的美好名字，又有着"内美"与"修能"的卓越天赋。在此基础上，诗人进一步叙述自己坚持不懈地磨炼自己的才干，希望有朝一日实现"美政"的理想，通过"举贤而授能兮，循绳墨而不颇"令楚国振兴，使楚王成为"三后"和"尧舜"一样的圣明君主。他坚持所谓"举贤授能"，就是不分贵贱，把真正有才能的人选拔上来治理国家，反对世卿世禄，限制旧贵族对权位的垄断。总之，在诗人倾注满腔心血所塑造的这个能够把楚国引向康庄大道的主人公身上，体现着诗人自己的主体意识、情感、理想和人格。这是中国文学史上的第一个光辉照人的抒情主人公。

然而，屈原"举贤授能"的美好愿望却因为得罪了那些昏聩无能的"党人"，而在现实中处处碰壁。"惟夫党人之偷乐兮，路幽昧以险隘"，这些结党营私的小人只顾着自己的享乐，而不顾国家安危，使得楚国的前景变得危险而狭隘。由于诗人的受到重用、实施改革而威胁了他们的利益，他们便"内恕己以量人，各兴心而嫉妒"，纷纷诬蔑诗人是淫邪小人。在正邪两种势力的对抗中，能够决定双方成败并由此决定楚国命运的楚王，却是昏庸糊涂，忠奸不辨。他虽然也一度信任和重用诗人，最终却受了"党人"的蒙骗，进而背弃了与诗人的"成言"，"悔遁而有他"，由此导致了诗

饮酒读《离骚》图　明　陈洪绶

《离骚》历来为忧愤之士所爱，图为一位士人坐于兽皮褥上正饮酒读《离骚》，一副激愤而又无可奈何之状，大有击碎酒杯一展悲吟之意。

人的失败和楚国的衰危。诗人的理想受到了沉重的打击，甚至他亲手培养的人才也纷纷转向，他处在完全孤立的境地。然而他决不因此放弃自己的理想，与污浊的世俗妥协。"亦余心之所善兮，虽九死其犹未悔！""伏清白以死直兮，固前圣之所厚！"他宁死也不肯丝毫改变自己的人格，他依然佩戴着香草芝兰，头顶着高高的帽子，身穿着奇装异服，把自己与溷浊的世道区分开来。诗歌的前半部分，展示了品质高洁的主人公坚守信念、坚持理想、不懈追求的光辉形象。

由于在现实世界中郁郁不得志，诗人从黑暗的现实中脱身而出，到一个虚拟的神话世界中探索真理。"路曼曼其修远兮，吾将上下而求索。"他到底应该走一条什么样的道路呢？《离骚》的后半部分展示了他探索未来道路的历程。首先，"女媭"劝他不要"博謇好修"，而是要明哲保身。但是诗人通过向古代的圣君舜的陈词，分析历代兴亡，证明自己的选择的正确，否定了这种消极逃避的道路。而后诗人来到天界扣求帝阍，然而天帝的守门人却闭门不理。这表明重新获得楚王信任的道路已彻底阻塞。他又降临地上求佚女，请求她们为上帝通报，却依然吃了闭门羹。这样，他找到能够理解和帮助自己的知音的理想也彻底破灭了。

那么，出路到底在哪里呢？诗人转而请巫者灵氛占卜、巫咸降神，请他们指示出路。灵氛认为楚国已毫无希望，劝他出国远游，另寻施展才华的地方；巫咸劝他暂时留下，等待机会。在现实中所遭遇的一切使诗人清楚地认识到，留在黑暗的楚国是没有希望的，时不待人，不如离开吧。于是，诗人驾飞龙，乘瑶车，扬云霓，鸣玉鸾，自由遨游在一片广大而明丽的天空中。然而，这一行动与他心中的爱国情结是格格不入的。正当他升腾远逝之时，却看见了祖国的大地："忽临睨夫旧乡。仆夫怀余心悲兮，边马顾而不行。"他发现自己根本无法离开故土。既不能改变楚国，又不能改变自己，而且也离不开楚国，那么，除了以死殉自己的理想，他还能有什么选择呢？"既莫足与为美政兮，吾将从彭咸之所居！"诗人最终选择了他唯一能选择的道路：以死来坚持理想、完善人格，与黑暗现实对抗到底的道路。

整篇《离骚》闪耀着理想主义的光辉异彩。通过对诗人一生不懈的追求与探索，作品展现了一个伟大灵魂深挚热烈的爱国情怀、光辉的人格和不屈不挠的精神。《离骚》是现实主义的，诗人真实而深刻地揭示了在战国末年楚国政治舞台上两种势力的尖锐斗争；《离骚》又是浪漫主义的，那火样的激情，飞腾的想象，奇幻的意境和绚丽的文采，形成了一个幻彩纷呈的艺术世界。

屈原是中国文学史上第一个伟大的爱国主义诗人。从他开始，中国诗歌进入个人独创的新时代。而由他独立开创的新诗体——楚辞，已经大大地突破了《诗经》以四言为主的表现形式和以抒情言志为主的现实主义风格，极大地丰富了诗歌的表现力。后人也因此将《诗经》与《楚辞》并称为"风、骚"，这就是中国诗歌现实主义和浪漫主义传统的两大源头。

名人逸事

端午节是专门纪念屈原的节日，在这一天家家户户都要吃粽子，还要举办赛

名言佳句

路曼曼其修远兮，吾将上下而求索。

吾不能变心而从俗兮，固将愁苦而终穷。

龙舟的游戏。有史记载，屈原于农历五月初五投汨罗江自尽，楚国百姓为哀悼他们热爱的屈原，每到这一天，就把米装到竹筒中投入江中，让鱼虾吃，以免它们啃咬屈原。但是有一天，屈原给人们托梦说，投到水中的食物都被蛟龙给抢去了，蛟龙害怕五色丝和竹叶。后来人们就用竹叶把米包成粽子，再用五色丝把粽子捆起来。这就是端午节吃粽子的由来。

端午节"赛龙舟"也和屈原有关。相传渔夫见屈原投江，欲乘舟救他，留下了赛龙舟的习俗。

名人作品欣赏

帝高阳之苗裔兮，朕皇考曰伯庸。摄提贞于孟陬兮，惟庚寅吾以降。皇览揆余初度兮，肇锡余以嘉名。名余曰正则兮，字余曰灵均。纷吾既有此内美兮，又重之以修能。扈江离与辟芷兮，纫秋兰以为佩。汩余若将不及兮，恐年岁之不吾与。朝搴阰之木兰兮，夕揽洲之宿莽。日月忽其不淹兮，春与秋其代序。惟草木之零落兮，恐美人之迟暮。不抚壮而弃秽兮，何不改此度？乘骐骥以驰骋兮，来吾道夫先路。

——《离骚》（节选）

巧夺天工的水利专家——李冰

名人简介

李冰是中国战国时期杰出的水利工程学家，都江堰的设计者和兴建的组织者。大约在秦昭襄王五十一年（公元前256年），李冰被任命为蜀郡守。他到任以后，看到当地严重的自然灾情，就着手开始进行大规模的治水工作，设计并组织兴建了都江堰。整个工程是由分水堰、飞沙堰和宝瓶口三个主要工程组成的，规模宏大，地点适宜，布局合理，同时有防洪、灌溉、航行三种作用，充分体现了李冰和劳动人民的智慧，在世界水利工程史上也是罕见的奇迹。

李冰父子塑像

李冰和他的儿子二郎首先对岷江的两岸的地势进行了实地考察，仔细地记录了水情。根据具体情况，制定了治理岷江的合理方案，开始了都江堰工程。他先是在岷江的上游打开了一个20米宽的口子，

名人档案

- 姓　名　李冰
- 生卒年　不详
- 祖　籍　不详
- 身　份　中国古代著名水利学家

叫它"宝瓶口"，形状就好像是大石堆，这就是后人称作的"离堆"。在江心，采取了构筑分水堰的办法，把江水分作两支，强迫其中的一支流进宝瓶口。为了实现在江心的建筑，他另辟新路，吩咐竹工们编成长三丈、宽二尺的大竹笼，装满鹅卵石，然后一个一个地沉入江底，终于战胜了急流的江水，筑成了分水大堤。这样，岷江汹涌而来的江水被分成东西两股。西面的叫作外江，是岷江的正流；东面的一股叫作内江，是灌溉渠系的总干渠。渠道的头上就是宝瓶口，在经过这个地方的时候再分成许多河道，组成一个纵横交错的扇形水网，灌溉成都平原的千里农田。灌溉面积达20多万公顷（300多万亩）。飞沙堰高度适中，具有分洪和减少宝瓶口泥沙的功用。从此以后，岷江水开始为民所用。以后，他又多次对都江堰进行改进，彻底保证了都江堰对水患的遏制作用。

李冰在治水的过程中，排除了种种迷信的阻挠，坚决用科学的方法来治理水患，而且他成功地解决了秦王的亲戚华阳侯因妒忌而制造的一系列的谣言和中伤事件，及时地处理了工程当中的问题和紧急状况。但是华阳侯的险恶用心还是让李冰受到了革职的处罚。温柔娴熟的李夫人甘当人质，为李冰赢得了宝贵的治水的机会，工程才取得了最后成功。百姓们对李冰感恩戴德，但李夫人却病死在咸阳。以后，他又多次对都江堰进行改进，有效地遏制了都江堰水患的发生。

除了都江堰，李冰在蜀郡还兴建了许多有益于民的水利工程，他在成都市建了7座桥，修了石犀溪，对沫水（又名青衣水）进行了治理。他组织百姓开凿河心中的山岩，整理水道，便利了航行。李冰还对管江、汶井江、洛水进行过疏导，又引水到资中一带灌溉稻田。李冰还在蜀郡修筑桥梁，在广都主持开凿了盐井，为开发成都平原，发展农业生产做出了重大贡献。

成都平原能够如此富饶，被人们称为"天府"乐土，从根本上说，是李冰创建都江堰的结果。如《史记》所载，都江堰建成，使成都平原"水旱从人，不知饥馑，时无荒年，天下谓之'天府'也"。

李冰作为第一个治理都江堰的人，筚路蓝缕，功不可没，千百年来一直受到四川人民的崇敬，被尊称为"川主"，在许多地方修有"川主祠"，来表达对他的怀念。

名人逸事

供奉李冰父子的二王庙，坐落在都江堰市（原灌县）西侧的玉垒山麓，距市区1千米。这里原为望帝祠，祭祀蜀王杜宇。南齐明帝时，益州刺史刘季连将望帝祠迁往他处，原地改供李冰，易名"崇德祠"，专门祭祀李冰。宋以后，李冰父子相继被敕封为王，祠内又增塑李二郎像，故又称其为"二王庙"。现存庙宇为1936年所建。

二王庙依山取势，高低错落，游人沿着曲折山道迤逦而上，层层攀登，只见飞檐翘角，雕梁画栋，掩映在参天的绿树之中。每当黄昏晚霞四起，二王庙如在烟波云海之中，远望宛如海市蜃楼，人称"玉垒蓬莱"。人们游览二王庙，势必从山门而进，迂回盘旋，如赴天宫仙阙，故又有"玉垒仙都"之誉。山门上"二王庙"三个金字，为爱国将领冯玉祥手笔。二王庙主体建筑由李冰殿（前殿）和二郎殿（后殿）组成。前殿内塑有李冰坐像，身穿秦代袍服，右手持治水绢画，凝穆沉思，仪态从容，仿佛在思考制定治水修堰的方案，俨然一派治水专家的形象。后殿塑有二郎立像，身着便服，足穿草鞋，手持铁钎，雄姿英发，展现出一副开山修堰的决心和无畏的气势，是治水先锋的形象。

法家学说的集大成者——韩非

名人简介

韩非是出生于战国末期的韩国贵族，自幼聪明过人，与李斯一同师承荀子。他长于写作，却不善言辞。韩非曾多次上书韩王，提出富国强兵的建议，主张修明法度、任用贤能、赏罚分明。但是韩王不为所动，韩非只好退而发愤著书立说，写成包括《孤愤》《五蠹》《内外储》《说林》《说难》等55篇作品、10余万字的《韩非子》。他的书流传到秦国，秦王嬴政读罢，拍案叫绝。为了得到韩非，秦王于公元前234年发兵韩国，昏庸无能的韩王只好交出韩非，以保得自己的一时平安。可是韩非在秦国还不到一年，就被李斯等人陷害致死。

韩非像

韩非是中国古代卓越的思想家，也是一个顺应时代潮流的政治理论家。他的思想涉及广泛，包括政治、法律、哲学、社会、财经、军事、教育、文艺各个领域，为秦始皇实施中央集权、统一中国、建立大一统的封建专制主义国家提供了有力的理论依据。

韩非的法治思想来源于荀子、商鞅、申不害和慎到，是法家的集大成者。他把战国前期的"法""术""势"三家思想结合起来，第一次明确地阐述了三者之间统一的、不可分割的联系，建立了一套完整的法制思想体系。他认为只有实行法制才可以顺利地推行地主阶级的政治改革；只有统治者掌握了政治上的权势，才能推行法制；有法有势而无术的话，统治者就会大权旁落，利益受到损害；有术无法就不能有效地推行政令，国家就不会富强。

韩非的思想体现在政治上主要有以下几点：他主张统治者应根据形势的变化而采取相应的措施，不可因袭旧法，墨守成规；他还主张论功行赏，提倡"耕战"。他认为国家富足要靠农民，抵抗敌人要靠军队，耕战

名人档案
- 姓　名　韩非
- 生卒年　约公元前280～公元前233年
- 祖　籍　战国末期的韩国
- 身　份　哲学家／思想家

政策是国富兵强的根本；他认为君权集中的指导思想是法家思想，要求定法家于一尊。他激烈地批判和攻击法家以外的其他学派，特别是当时影响最大的儒家和墨家。

名言佳句

奉法者强则国强，奉法者弱则国弱。
刑过不避大夫，赏善不遗匹夫。
严家无悍虏，而慈母有败子。

韩非对人与人之间的关系，也有独到的见解。他认为君臣的关系是当时社会最重要的一对矛盾，处理好这对矛盾是关系政权安危的头等大事，而国君和人民的关系也是对立的矛盾。他抛弃仁义，主张国君对人民必须实行强制，用刑罚镇压人民是最有效的手段；他还认为由于利害的不同，君臣、父子、夫妻、兄弟、君民，等等，不管是哪种人群，和对立的一方都存在着矛盾。

通过《韩非子》，我们能看出韩非也是一位语言文学大师，他用恢宏的气势、透彻的说理、华美的文采，记载了大量的历史人物、历史事件、寓言故事和民间传说等，客观、翔实、丰富地反映了先秦时代的社会面貌。他的著作堪称先秦的散文巨著之一，是我国宝贵的文学遗产。

名人逸事

韩非的著作传到了秦国，得到秦王嬴政的赞赏，他感叹地说："如果能让我与他（韩非）交游，就是死了也没有什么遗憾了！"

当时，李斯正在秦国为秦王效力，为了讨好秦王，他告诉秦王，文章是韩国的韩非所著。秦王为了夺得这位才子，立刻派兵进攻韩国。韩王无奈，只好交出韩非。

韩非的到来却让李斯坐立不安，他知道自己的才能比不上韩非，恐怕自己被秦王冷落，于是，嫉贤妒能的李斯伙同大臣姚贾在秦王面前诽谤韩非，对秦王说："韩非，韩之诸公子也。今王欲并诸侯，非终为韩，不为秦，此人之情也。今王不用，久留而归之，此自遗患也，不如以过法诛之。"秦王听信李斯谗言，将韩非投入狱中。

李斯为除后患，不但阻止韩非面见秦王辩解，还强迫韩非服毒自杀。等到秦王后悔，要赦免韩非时，韩非早已死在云阳狱中了。

名人作品欣赏

扁鹊见蔡桓公，立有间，扁鹊曰："君有疾在腠理，不治将恐深。"桓侯曰："寡人无疾。"扁鹊出，桓侯曰："医之好治不病以为功！"居十日，扁鹊复见，曰："君之病在肌肤，不治将益深。"桓侯不应。扁鹊出，桓侯又不悦。居十日，扁鹊复见，曰："君之病在肠胃，不治将益深。"桓侯又不应。扁鹊出，桓侯又不悦。居十日，扁鹊望桓侯而还走。桓侯故使人问之，扁鹊曰："疾在腠理，汤熨之所及也；在肌肤，针石之所及也；在肠胃，火齐之所及也；在骨髓，司命之所属，无奈何也。今在骨髓，臣是以无请也。"居五日，桓侯体痛，使人索扁鹊，已逃秦矣。桓侯遂死。

——《韩非子·扁鹊见蔡桓公》

千古一帝——秦始皇嬴政

名人简介

秦始皇，姓嬴名政，公元前259年，生于赵国邯郸。当时秦赵两国正在交战，他的父亲异人作为人质被扣押在赵国，他们的处境相当危险。公元前257年，赵国战败，赵王想杀掉异人，异人在富甲天下的吕不韦的帮助下逃回秦国。赵王盛怒，要杀赵姬母子，赵姬怀抱嬴政藏了起来。风声过后，母子俩悄悄地回到了秦国。

在吕不韦的资助下，异人回国后当上了太子，后又继承了王位，是为庄襄王。可是好景不长，公元前247年，即位不到三年的异人因病不治，早早归西。年仅13岁的太子嬴政顺理成章地成为秦王政。吕不韦被尊为相国，主持朝政。大权落入太后赵姬、吕不韦和假宦官嫪毐手中。

秦始皇像

公元前239年，也就是嬴政亲政的前一年，吕不韦和嫪毐不甘心放弃自己的权力，采取种种手段，力图保住自己的地位。同样，富有谋略的嬴政也不甘心听任吕不韦和嫪毐的摆布，一场激烈的政治斗争开始了。公元前238年，嬴政下令发兵镇压嫪毐叛乱，车裂嫪毐。因为嫪毐是吕不韦一手引荐的，嬴政也借机免除了他相国的身份。同年，秦王政加冠亲政，独掌大权。

秦王嬴政安定了国内形势之后，开始进行统一六国的战争。他接受军事家魏缭的建议，用贿赂、离间等手段，采取分化瓦解、各个击破的策略，破坏了六国联合攻秦的计谋，为横扫天下做好了准备。从公元前230年灭韩，到公元前221年灭齐，嬴政用了10年时间，横扫六合，一统天下。

统一全国后，嬴政开始着手建立中央集权的政治体制。他认为自己兼有三皇五帝的功勋，于是就定尊号为"皇帝"，自称"始皇帝"，他的子孙依次称为"二世""三世"以至于"万万世"。此外，秦始皇还命令博士制定了一套尊君抑臣的朝堂礼仪和文书制度，确立了皇帝的无上权威和最高意志。

为了加强帝国的统一和稳固，秦始皇对官制也进行了调整和扩充，建立了一整套从中央到地方的新的政府机构，创立了一套中央集权的制度。他在中央设立三公九卿的统治机构，在地方，废除了分封制，在全国实行郡县制，把全国分为36个郡，由中央直接管辖。这套制度一直沿用了2000多年，对中

名人档案
- 姓　名　姓嬴／名政
- 生卒年　公元前259～公元前210年
- 祖　籍　战国的秦国
- 身　份　中国历史上第一个皇帝

国历史产生了重大影响。

秦始皇还统一了货币和度量衡。规定全国统一使用两种货币，一种是黄金铸造的上币，重二十两；另一种是铜铸的下币——圆形方孔钱，半两一枚。他还颁布诏书，废除六国旧制，把商鞅变法时订立的秦国度量衡标准推向全国。秦始皇还统一了地亩、衣冠建制，以及历法，这都促进了经济文化的发展，加强和维护了全国的统一。

中原地区稳定以后，秦始皇又着手巩固北部和南部的边防。公元前215年，秦始皇派蒙恬统兵北击匈奴，收复了河套地区，解除了北部边境的威胁。随后，秦始皇还把秦、赵、燕三国修筑的长城连接起来，建成了西起临洮，东至辽东的万里长城。秦始皇还在收复地区设置九原郡，移民实边，北部边防更加稳固。

在南方，秦始皇征服了百越，设立了会稽郡。公元前214年，又发兵攻占南越，设立桂林、象、南海三郡，从中原移民50万人前去驻守，中原的先进文化和生产技术由此传播到南方，大大推动了南方经济文化的发展。

秦始皇是一个卓越的政治家，对历史的发展做出了巨大的贡献，堪称千古一帝。但是，在他12年的统治中，也充分暴露了他狂妄自大、专制暴虐、穷奢极欲的本性，严刑苛法、租役繁重、大兴土木、常年用兵，给人民带来了深重的苦难。此外，他焚书坑儒的举动严重地摧残了中国的文化。

名人逸事

秦始皇统一六国以后，采取了一系列的措施，以便加强中央集权。在完成政治上的诸多加强控制的举措之后，秦始皇便开始了精神上的控制。公元前213年，秦始皇在咸阳宫为群臣及众多的儒生大排酒宴。在宴会上，围绕着是否实行分封制，众多儒生之间发生了激烈的争论。丞相王绾、博士生淳于越等人主张实行分封，而丞相李斯等则赞同郡县制，并指责淳于越等"不师今而学古""道古以害今"。最后秦始皇支持李斯的观点，并采用、实施李斯的"焚书"建议，下令除了秦纪（秦国史书）、医药、卜筮、农书，以及国家博士所藏《诗》、《书》、百家语以外，凡列国史籍、私人所藏的儒家作品、诸子百家著作和其他典籍，统统按时交官焚毁。同时，禁止谈及《诗》《书》和"以古非今"，违者定当严惩乃至判其死罪。百姓如想学一些法令，可拜官吏为师。从这一点来看，焚书的举动秦始皇肯定做过。

秦始皇称帝以后，力求长生不老，迷恋仙道，不惜动用重金，先后派徐福、韩众、侯生、卢生等人寻求仙药。侯生与卢生当初是秦始皇身边的方士，由于长期为秦始皇求仙人和仙药，却始终没有找到，而心急如焚，忐忑不安。依照秦国的法律，求不到仙药就会被处死。因此他们深发感慨：像这样靠凶狠残暴而建立威势并且贪婪权势的人，不值得给他求仙药。于是，侯生、卢生悄悄地远走他乡。

这件事使秦始皇十分恼怒，于是他下令，对所有在咸阳的方士进行审查讯问，欲查出造谣惑众的侯生、卢生两人。方士们为保全自己的性命，只得相互告发，秦始皇最后把圈定的460余人，都在咸阳挖坑活埋。

秦始皇的"坑儒"是"焚书"的继续。至于坑杀的人究竟是方士还是儒生，学术界各持己见。从分析"坑儒"事件的起因看，秦始皇所坑杀的人应该是方士；但从长子扶苏的进谏"众儒生都学习孔子的学说"来看，秦始皇所坑杀的又好像是儒生。

而且东汉卫宏在《诏定古文官书序》中记载，秦始皇在骊山温谷挖坑用以种瓜，以冬季瓜熟的奇异现象为由，诱惑博士诸生集于骊山观看。当众儒生争论不休、各抒己见时，秦始皇趁机下令秘杀填土而埋之，700多名儒生全部被活埋在山谷里。于是有人便根据这一点而偏向于传统的说法，认为秦始皇确实有过"坑儒"的行为。

但有人研究诸史籍，认为"焚书"有之，"坑儒"则无，实是"坑方士"之讹。"坑方士"事见始皇三十五年，因为侯、卢二人求仙药不成，他们惧"秦法不得兼方，不验辄死"，骂了秦始皇一番后逃走。既然事端由方士引起，那么就只能是"坑方士"，当然不能说被杀的460余人中没有儒生，而全是方士，但是由其代表人物可推知，被杀的主体应该是方士，而被杀的原因更与儒家的政治主张和学派观点无关。所以即使被杀者有儒生，也并非因其为儒生而得罪，而是与方士们有某种牵连之故。直到今天，秦始皇究竟有没有"坑儒"这一谜团还是没有解开。

大汉王朝的缔造者——汉高祖刘邦

名人简介

公元前256年，刘邦出生于一个普通的农户家。刘邦年轻时很有些无赖习气，生活上有失检点。但他性格豪放豁达，乐善好施，颇有志向，曾经当过沛县泗水地方的亭长。

名人档案
- 姓　名　刘邦／字季
- 生卒年　公元前256～公元前195年
- 祖　籍　沛县（今江苏沛县）
- 身　份　西汉开国皇帝

秦二世元年（公元前209年），陈胜、吴广的起义爆发，刘邦在沛县（今江苏沛县）起兵响应，自称沛公。他曾依附于项梁，后来成为反秦主力军之一。陈胜、吴广失败后，刘邦和项羽继续斗争。巨鹿之战后，他和项羽兵分两路，进攻关中。公元前206年，刘邦率军攻破咸阳，推翻了秦朝统治。进入关中后，刘邦废除了秦的严刑酷法，并与关中父老约法三章。同年，项羽入关。项羽的大谋士范增认为刘邦是项羽争夺天下的最大对手，设下鸿门宴，想除去刘邦。但由于项羽的优柔寡断、张良与樊哙的机智勇敢，刘邦成功地逃脱出来。之后，项羽依仗强大势力，背弃"先入关中者王之"的约定，大封诸侯，封刘邦为汉王。由于实力悬殊，刘邦忍气吞声，退出关中，接受了汉王的封号。

公元前206年到公元前202年，刘邦与项羽展开了长达4年的楚汉战争。公元前202年，刘邦大会诸军，在垓下消灭项羽主力，项羽本人也于乌江自刎。同年，他在定陶称帝，建立汉朝，后来又定都长安，史称西汉，刘邦就是汉高祖。

西汉建立之初，刘邦采取了一系列措施，巩固统治，发展生产。

> **名言佳句**
> 大风起兮云飞扬，威加海内兮归故乡，安得猛士兮守四方!

为了削弱地方势力，加强中央集权，汉高祖秉承秦制，在中央设立三公九卿，在地方设立郡县制和20等爵位制，还在秦律基础上增订而成汉朝的法律《九章律》，并派秦博士叔孙通以秦仪为蓝本制定出汉代的礼仪制度。同时，高祖接纳娄敬建议，实行"强本弱末之术"，将六国君主的后裔和地方上的豪族大户迁到关中。汉高祖在位期间还亲自率兵相继平定了燕王臧荼、韩王信、梁王彭越、淮南王英布等异姓诸侯王的叛乱。

为了发展生产，恢复经济，汉高祖实行休养生息政策，让大批士兵退伍回家，减免他们的徭役，还释放一些因饥饿卖身为奴的人为平民；汉高祖执行轻徭薄赋的政策，田赋十五税一，算赋，也就是人头税，每个成年人每年120钱；他还实行了压抑商贾的政策，抑制侵害农业的商人势力。这一系列举措增加了劳动力，为恢复生产、发展农业奠定了基础。

汉高祖刘邦虽是平民出身，但他雄才大略，知人善用，不拘一格选拔人才，开创了历史上第一个布衣将相之局。高祖自己曾说："运筹帷幄之中，决胜千里之外，我不如张良；镇守国家，安抚百姓，供给军饷，我不如萧何；统领百万军队，战无不胜，攻无不克，我不如韩信。这三个人都是人中之杰，我能重用他们，所以才能取得天下。"他的文臣武将大多出身低微，这一点也是他对历史的特殊贡献，是他结束了上古几千年的世卿世禄制度，后世的选官制度也是源于汉高祖的这一社会变革。

公元前195年4月，汉高祖因讨伐英布时所受箭伤不治，病逝于长乐宫。

名人逸事

人无志不立。年少时的刘邦就有大志，但不张狂，而是从一点一滴做起，礼贤下士，注意笼络人才，积蓄力量，最终完成了大业。

汉高祖刘邦以自己的实际行动印证了陈胜、吴广"王侯将相，宁有种乎"的诘问。这给后人留下一个深刻的启示：出身卑微，不能成为事业无成的借口。

汉高祖刘邦留给后人的一份重要的精神财富就是他的知人善用，以及开创了布衣将相局面。一次，汉高祖刘邦与韩信谈起带兵的问题。高祖问韩信："你认为我能指挥多少军队？"韩信说："陛下领兵不过10万。"高祖问："那你呢？"韩信胸有成竹地说："多多益善。"高祖笑道："既然如此，那你为什么反被我擒住了呢？"韩信答道："陛下虽不善将兵，却善于将将，所以我才被陛下擒住。"由此可见，汉高祖刘邦确实是一代知人善用、颇具雄才大略的大汉天子。正因为如此，他才开创了历史上第一个布衣将相的局面。

力拔山兮气盖世——项羽

名人简介

项羽的祖父是战国末年楚国名将项燕，项燕在与秦军交战时，兵败自杀。随后，楚国灭亡，叔父项梁带着他隐姓埋名。项羽从小就不愿读书，但却颇有志向，他说："读书、写字、剑术都不值得学习，要学就学兵法，因为兵法能够抵挡千军万马。"项羽膂力过人，气概非凡，才干超群，小小年纪就成了吴中子弟的领袖。

公元前209年，秦末农民起义爆发，项羽跟随叔叔项梁在吴起义响应，自称楚军，成为反秦主力军。

公元前207年12月，25岁的项羽率领数万楚军渡过滔滔漳水，向北岸的秦军营地进发，来到巨鹿城下，楚军几乎陷入绝境，前面是如狼似虎的几十万秦军主力，后面是波涛汹涌的漳水。项羽知道楚军只有全力以赴，击败秦军，才能绝处逢生。他断然下令，凿沉所有船只，砸碎全部炊具，烧毁军营，每人只带三天的粮食，立即出发。楚军将士明白项羽用意，人人奋勇争先，以迅雷不及掩耳之势冲向秦军阵地，经过9次激烈的战斗，俘虏秦将王离，摧毁秦军主力，为义军西进关中、推翻秦朝统治打下了良好的基础。

在这一战役中，项羽的坚决果敢和无所畏惧赢得了各路诸侯的敬佩，他也成了楚军和各路义军的统帅，威震四方。

巨鹿之战后，项羽继续南下，进攻章邯率领的秦军主力。两军对峙数月后，章邯投降，秦军主力部队被歼灭，反秦战争取得了决定性的胜利。公元前206年10月，刘邦率军攻入咸阳，秦王子婴投降，秦朝灭亡。虽然刘邦先入关中，但是推翻秦朝的首功却要归于项羽。

秦亡后，项羽自立为西楚霸王，建都彭城，封刘邦为汉王，另外还封了17个诸侯，自称为诸侯盟主。由于项羽的分封不公平，也不合历史潮流，诸侯之间的争战随即爆发了。在夺取关中地区后，刘邦杀出函谷关，直逼项羽的国都彭城，长达4年的楚汉战争开始了。开始，楚汉双方数度激战，互有胜负，公元前204年，刘邦与项羽订立合约，以荥阳城东的鸿沟为界，中分天下。不久，刘邦便背盟弃约，趁项羽征战东方之时，出兵攻击项羽。

公元前202年12月，项羽被困垓下，内无粮草，外无救兵，士气低落。此时，韩信布下十面埋伏，张良又施四面楚歌之计，项羽以为楚地尽归刘邦，肝胆俱裂，跨上乌骓马，率领800名精壮骑士连夜突围。渡过淮河之后，项羽手下只剩下了100多人。在逃亡途中陷入沼泽地，结果被汉军追上。项羽退到乌江边，乌江亭长已经把船靠在岸边，等他上船，希望项羽能重整旗鼓，卷土再来。项羽感慨万分，说道："既然天要亡我，我还渡江做什么？当年我带八千江东子弟渡江西进，如今八千子弟无一生还，纵使江东父老怜爱我，尊我为王，我又有什么脸面去见他们呢？"说罢，横剑自刎。西楚霸王项羽就这样悲壮地死在乌江之畔。

名人档案	
姓　名	项羽／名籍／字羽
生卒年	公元前232～公元前202年
祖　籍	下相（今江苏宿迁）
身　份	秦末乱世中的霸主

项羽的悲剧可以说是由于他自己的原因造成的，首先，是他太过自负，不把刘邦放在眼里，不听谋臣范增的劝告，坐失鸿门宴杀掉刘邦的大好时机，以致酿成乌江悲剧。其次，是他目光短浅，头脑简单，生性多疑，是非不明。他杀死秦王子婴后，有人建议他建都关中，但他却说："富贵不回故乡，如锦衣夜行，谁会知道呢？"再次，他在战争中烧杀抢掠，荼毒百姓，不得民心，最终兵败身死，成了楚汉战争中的输家。

名人逸事

鸿门宴上，范增一再给项羽使眼色，并多次举起胸前佩挂的玉瑗做暗示，要项羽下决心杀掉刘邦。项羽默不作声，好像没看见一样。范增急了，找个借口走出营门。他把项羽的堂兄弟项庄找来，交代他说："项王心肠太软，你到席上敬酒，然后舞剑助兴，趁机杀了刘邦。"项伯见项庄在宴席前不怀好意地舞起剑来，害怕刚结的亲家刘邦吃亏，也拔出宝剑说："一个人舞剑没有两个人来劲。"就用身子护着刘邦，与项庄对舞起来，项庄没机会对刘邦下手。

中国历史上杰出的军事家——韩信

名人简介

韩信是中国古代著名的军事家，秦末淮阴人，自幼丧父，家境穷困。他酷爱武艺，善于用兵，一生战功赫赫，功勋卓著，为刘邦夺取天下立下了汗马功劳。

起初，刘邦并未发现韩信的才能，只让他当一个管粮草的小官。后来经萧何极力推荐，汉王刘邦才设坛备礼，拜韩信为大将。

拜将之后，韩信给刘邦分析了形势，他建议刘邦出兵关中，把关中作为根据地，然后出关夺取天下。他说："大王入关中时曾约法三章，对关中百姓秋毫无犯，关中百姓都盼望您回去做关中王，大王的部下又大都是关东人，可以借此契机，依靠关东人东征，定会取胜。"韩信的一番高论，令刘邦相见恨晚。

韩信像

"明修栈道，暗度陈仓"是韩信为占领关中用的一个策略。刘邦入汉中时，为了表明不再东出争夺天下，也为了防止关中三王的袭击，烧毁了关中到汉中的栈道。韩信派出人马去修复栈道，好像要从这里进军关中，他自己却率军迂回绕

名人档案
- 姓　名　韩信
- 生卒年　？～公元前196年
- 祖　籍　淮阴
- 身　份　中国古代的大军事家

到陈仓，从那里突发攻击，一举大败章邯等三王，占领了关中。

第二年，韩信又挥师东出函谷关，打败项羽的4个王，大军直逼项羽老巢彭城，成功阻止了项羽西进，同时还占领了大片土地。

虽然韩信成功阻止了项羽西进，但是先前归降的诸侯又都背叛了刘邦，被任命为左丞相的韩信又奉命平定诸王之乱。

韩信仅用一个月的时间，就平定了魏地，俘虏了魏王豹。

讨平魏国之后，韩信又奉命去讨伐赵国。赵国在地势险峻的井陉口屯集大军，严阵以待。这时，韩信的精锐部队已经被刘邦调走，兵微将寡，敌人又占据有利地势，形势对韩信非常不利。于是，他将计就计，先派一支人马出井陉口，背水布阵。赵军统帅陈余见韩信背水列阵，犯了兵法的大忌，以为消灭汉军、活捉韩信的机会来了，就下令赵军全部出动，向汉军掩杀过去。汉军背水一战，果然是"陷之死地而后生，置之亡地而后存"，将士个个勇猛顽强，拼命冲杀。这时，韩信预先埋伏在山上的2000名精锐轻骑，趁赵军倾巢出动之际，火速冲进赵军营地，拔掉赵军的旗帜，换上汉军的军旗。混战中的赵军看到自己的营垒里全是汉军的旗帜，以为主帅被擒，营地已经陷落，一下子乱了阵脚。汉军两面夹击，打得赵军落花流水。

平定诸王叛乱、占领齐国之后，韩信向刘邦请立为假齐王。刘邦为了让他守住齐国，封他为齐王，但同时却调走了韩信的许多军队。

即便如此，此时的韩信对楚汉的胜负仍起着举足轻重的作用，项羽派人拉拢他，韩信不为所动。公元前202年，得到封地的韩信挥师南下，与刘邦会合，在垓下消灭了项羽最后的力量。可是，战争一结束，刘邦就夺了韩信的军权，让他到下邳就封，改封为楚王。

公元前201年和公元前196年，韩信先后两次被人告发谋反，第一次刘邦采纳陈平之计，伪游云梦，趁机捆了韩信，但还是赦免了他，把他降为淮阴侯。第二次有人告发韩信和叛臣陈豨联合谋反，吕后和萧何设计擒杀了韩信，夷灭其三族。

作为军事家，韩信著有兵法三篇，并参与整理了先秦以来的兵书，还收集补定了军中律法，奠定了中国军事学术研究的科学基础。

名人逸事

母亲去世后，少年韩信整天游手好闲，极为落魄，靠讨饭度日，淮阴的纨绔子弟很看不起韩信。有一天，一群无赖少年拦住韩信，羞辱他。为首的一个无赖叉开两腿挡在韩信面前，骄横地说："有胆量，就一剑杀了我；怕死，就从我胯下钻过去。"韩信一言不发地看着那个人，然后俯身从那个少年的胯下

名言佳句

吾闻之，乘人之车者载人之患，衣人之衣者怀人之忧，食人之食者死人之事。

果若人言，狡兔死，良狗烹；高鸟尽，良弓藏；敌国破，谋臣亡。天下已定，我固当烹。

钻了过去。周围的人发出刺耳的哄笑，韩信站起身，头也不回地往前走去。

谁也没想到，这忍受胯下之辱的青年，后来竟成了一代名将，拜将封王，彪炳史册。

创立三纲五常的伦理学家——董仲舒

名人简介

董仲舒出身大地主家庭，从小刻苦好学，"三年不窥园"，以悉心研究《春秋公羊传》而出名。

董仲舒少年时与公孙弘一同师承于胡毋生，汉景帝元年与胡毋生一起被立为博士。

名人档案	
姓　名	董仲舒
生卒年	公元前179～公元前104年
祖　籍	广汉郡（今河北景县）
身　份	西汉杰出的思想家／哲学家

汉武帝即位之后，董仲舒以"天人三策"上书，他提出"罢黜百家，独尊儒术"，兴办太学，求贤养士，实行"量材而授官"的主张，得到汉武帝的赏识和采纳。但董仲舒的仕途并不顺利，任江都相辅佐易王刘非时，受牵连被废为中大夫；任中大夫期间，董仲舒写成《灾异之记》草稿，被妒忌他的主父偃窃走并上奏给朝廷，汉武帝发现其中有讽刺时政的文字，便把董仲舒下了大狱；出狱后，又因公孙弘的妒忌，被打发到恣意放纵的胶西王那儿做丞相，因为董仲舒是个很有德行的大儒，胶西王也还善待他。董仲舒生怕相处日久会得罪他，就称病辞去了胶西王相之职。

董仲舒是汉朝最有才华的思想家和哲学家，著有《春秋繁露》及《董子文集》。他的哲学主张和政治主张，在中华民族的思想史上占有重要地位。他复兴了被扼杀达百余年之久的儒家文化，融会贯通先秦时期各家各派的思想，并把它们整合为一个崭新的思想体系。

董仲舒提出"罢黜百家，独尊儒术"，他认为"大一统"是"天地之常经"，天意是要大一统的，汉朝的皇帝是受命于天来进行统治的。各封国的王侯又受命于皇帝，大臣受命于国君。家庭关系上，儿子受命于父亲，妻子受命于丈夫，这一层层的统治关系，都合乎天的意志。他还提出"三纲五常"，即"君为臣纲，父为子纲，夫为妻纲"等，这是董仲舒的道德哲学。他的目的就是要把一切秩序化、合理化。他的政治思想成为汉朝统治者以及历代封建王朝巩固中央集权制、维护统治的重要工具。

他的政治思想是建立在他的哲学观基础之上的。董仲舒的基本哲学观是"天人感应""天人合一"。他认为天是至高无上的，有意志的，天生万物是有目的的，人与天是相合的。他还认为"道"源出于天，"天不变，道亦不变"，即是说"三纲五常""大一统"等维护统治秩序的"道"是永远不变的。他认为人的一切活动都受命于天，包括认识活动。人认识的目的就是了解天意，人通过内省可以判断是非，达到"知天"的目的，通过对阴阳五行的观察，能了解天意、天道。他还认为人与神相沟通是通过祭祀来达到的，这一活动能使人知道天命鬼神，看到日常见不到的东西。由此可见，"天人感应"和神学是分不开的，他是正宗神学的奠基者。

对于皇位的更换和改朝换代等现象，他也做了很好的解释，他提出了"谴告"与"改制"之说，谴责、警告统治者：如果为政有过失，天就出现灾害；如果不知悔改，就出现怪异和惊骇；若是还不知畏惧，大祸就会临头，历史是按照必然的顺序循环不已的。

董仲舒在人性论上主张性三品说：性是由天决定的，天生质朴，但是却要"待外教然后能善"，即人性善是教育的结果，君王对人民的教化也要顺乎天意。

董仲舒是思想家、哲学家、神学家，也是著名的经济学家，他提出"限民名田""盐铁皆归民""去奴婢""薄赋敛、省徭役"等改良主张，在当时具有进步意义。

名人逸事

董仲舒墓也叫下马陵。董仲舒去世后，汉武帝亲自为他选择安葬之地，并在陵前修建董子祠。出于对董仲舒的尊敬，汉武帝每次经过他的陵园时，在30丈之外，便下马步行，随从臣子照例这样做。从此后便形成了一条不成文的规矩：上至达官显贵，下至平民百姓，骑马者，乘轿者，凡经过董仲舒的墓前，都要下来步行。下马陵由此得名。关中方言"下马"也称作"蛤蟆"，故而又叫"蛤蟆陵"。

据说，明朝初年，朱元璋的儿子重建长安城时，曾下令把下马陵拒之城外，谁知修了整整10年的长安城建好后，下马陵不知怎么的仍在城内。他十分恼怒，三番下令北移南城墙，还专门修了一条又宽又深的护城河，用以阻隔。可是，下马陵最终还在城里，长安城的南大街却越来越短。

雄才大略盛世主——汉武帝刘彻

名人简介

汉武帝刘彻16岁登基，71岁去世，在位54年，他的雄才大略造就了西汉盛世。

公元前156年7月7日，刘彻出生。他4岁时被封为胶东王，7岁时，景帝改立刘彻为太子。在德高望重、多才多艺的卫绾的精心培养下，刘彻能文能武、有胆有识、思想活跃、心境开阔，具备了成为一代盛世君主的各项条件。

公元前141年，景帝驾崩，刘彻登基，是为汉武帝。武帝登基之时年仅16岁，国家政事决于太后。公元前135年，窦太后死，汉武帝亲政。他以董仲舒提出的"天人合一"的理论、"大一统"的思想和"罢黜百家，独尊儒术"的主张为依据，变通政治，进行改革。

汉武帝首先进行用人制度的改革，建立健全了一套文官选拔制度，其中包括察举、征召、太学养士等。采取这一系列措施后，汉初的军功贵族政府转变成文官政府，这是中国政治制度的一大进步。武帝不拘一格，招贤任能，使得这一时

名人档案
- 姓　　名　刘彻
- 生卒年　公元前156～公元前87年
- 祖　　籍　长安（今西安）
- 身　　份　西汉盛世皇帝

期人才辈出，如大文学家司马相如，大史学家司马迁，大经学家董仲舒，大政治家公孙弘，大军事家卫青、霍去病，大探险家张骞，大农学家赵过和大理财家桑弘羊，正是这些人的文才武略，帮助武帝开创了辉煌的西汉盛世。

为了进一步集中权力，确立自己的绝对威严，武帝先削弱相权，后又打击藩国。他采纳主父偃的建议，颁布"推恩令"，缩小诸侯的封地，削弱他们的政治军事实力。武帝还颁布了"左官之律""附益之法"，以及"阿党法"，限制诸侯网罗人才，结党谋逆。

武帝还采取了改革监察制度、制定法律、任用酷吏严惩违法官员、加强军备等措施，以维护改革成果，加强对地方的控制，增强中央政府对外作战和对内镇压的力量。

在经济改革方面，汉武帝以重农抑商为原则，推行"算缗法""告缗法""均输法"，统一货币，统一物价，将冶铁、煮盐、酿酒等归由国家垄断经营。在农业方面，推广代田法和耧车，大修水利，治理黄河等。这一系列措施促进了农业生产，增加了政府收入，为汉帝国的强大奠定了经济基础。

为了消除边患，开疆扩土，武帝15次对匈奴用兵，两次派张骞出使西域，两次派李广利远征大宛，平定闽越和南越叛乱，开发西南夷，设立郡县，发兵东北征服高句丽等部，使大汉雄风，扬威万里。

武帝晚年时极其迷信神鬼。有一次，武帝梦见数千个木人来打他，醒来后就病倒了。武帝立即怀疑有人以巫蛊诅咒他，就派江充去调查，江充无中生有，先后害死了包括武帝两个女儿和丞相公孙贺父子在内的数万人。后又诬陷太子，太子无奈假传圣旨捕杀江充，兵发长安，结果太子兵败自杀，皇后卫子夫也自杀而死。贰师将军李广利也被指控以巫蛊诅咒皇帝，迫使李广利投降了匈奴，致使7万汉军全军覆没。这次失败使武帝受到极大震动，他醒悟过来，诛灭了江充全家，为太子昭雪，建思子宫与归来望思之台，纪念太子。

"巫蛊之祸"促使武帝开始检讨自己的过失。公元前89年，武帝东巡途中祭祀泰山明堂时，对天地神灵和文武百官深切忏悔，同年6月，武帝下轮台罪己之诏，说："增加赋税以为军费，驻军轮台都是'扰劳天下'的行为，朕不忍为之，现在当务之急是禁除苛政，减少赋税，与民休息。"

汉武帝的文治武功、雄才大略不仅巩固了中国封建社会大一统的中央集权制度，确立了以汉族为主体的统一的多民族国家，促进了全国各族人民

汉武帝刘彻像

的团结，加强了中西方的交流，形成了著名的"丝绸之路"，而且还扩大了中国的版图，奠定了中国地大物博的基础以及今日中国之版图。汉武帝缔造了汉帝国的鼎盛之世，在历史上，西汉和唐朝并称"汉唐盛世"，均为世界强国。

名人逸事

公元前139年，汉武帝刘彻便在他母亲的原籍——汉代的槐里县茂乡，为自己兴建陵园，并改茂乡为茂陵邑。筑陵工程长达53年，始建时栽种的幼树，到武帝寿终正寝下葬时，已经长得合抱参天了。修建时从全国各地征调一流的建筑工匠、艺术大师约3000多人，动用全国赋税总额的1/3。工程规模之浩大，令人瞠目结舌。陵墓全部夯筑，形似覆斗，庄严稳重，是汉代帝王陵墓中规模最大的一座，现存高度46.5米。其实，西汉王朝的皇帝陵寝制度对陵墓的形状、规格均有统一而严格的规定。其他皇帝陵墓都遵循制度，覆斗形墓冢都在30米左右，唯独茂陵超出这一高度，这正是汉武帝好大喜功性格的自然表现。仰望茂陵，高峻巍峨，这覆斗形墓陵如同削平顶端的金字塔，因此有人称之为"中国金字塔"。

"凿空"西域的探险家——张骞

名人简介

张骞两次出使西域，开辟了丝绸之路，加强了中原与西域少数民族的联系，促进了西汉王朝和中西亚各国经济、文化的交流和发展。张骞"凿空"西域，在中国历史、亚洲历史以及东西方交通史上都有深远的意义和巨大影响。

西汉时期，北方的游牧民族匈奴一直是西汉王朝的最大威胁。他们不断地南下，掠夺人口、牲畜和财物，侵扰汉朝的北部边境。有一次甚至逼近了长安附近的甘泉宫。汉朝虽想进行军事反击，但由于汉初实力不够，而无法实现，因此，一直以和亲的

张骞像

方式来羁縻匈奴。到了汉武帝的时候，汉朝进入全盛时期，国富兵强，武帝开始筹划反击匈奴。

恰逢匈奴单于杀死游牧民族大月氏人的王，继位者很想报杀父之仇。汉武帝探知这一消息后，决定利用这一大好时机，派人去联络大月氏，夹击匈奴。公元前139年，在武帝身边担任郎官的张骸毛遂自荐，带领随从100多人，第一次出使西域。

张骞此行充满了危险。当时匈奴的势力已经延伸到西域，控制了天山一

带和塔里木盆地的东北部以及河西走廊地区。河西走廊是通往大月氏的唯一的一条路，张骞一行刚一进入，就遇见匈奴骑兵，结果全部被俘，被扣留了10年之久。但他不忘使命，在公元前129年，抛下妻儿，逃离匈奴，继续西行，终于到达了大月氏。可是西迁的大月氏征服了富饶的大夏以后，已不想再与匈奴交战了。张骞在大夏地区考察了一年多，起程回汉。归途中虽然改走天山南路，但还是再次被匈奴俘获，又被扣留了一年多。直到公元前126年，张骞等人才趁着匈奴内乱，带着妻子和儿子，逃了出来，回到长安。

名人档案	
姓　名	张骞
生卒年	？～公元前114年
祖　籍	汉中成固（今陕西成固）
身　份	探险家

张骞第一次出使西域，虽然没有完成使命，却开辟了举世闻名的丝绸之路，为进一步发展汉族和西域各少数民族之间的友好关系，促进国际间的经济、文化交流，做出了不可磨灭的巨大贡献。

丝绸之路的开辟，使得西域的葡萄、苜蓿、胡桃、芝麻、石榴、黄瓜、大蒜、胡萝卜、蚕豆等在中原地区生根落户；西方的毛皮、毛织品、玻璃以及名马、骆驼、狮子、鸵鸟等珍禽异兽也都源源东来；中原地区的丝绸、铁器、农产品、铸铁技术、井渠灌溉方法等也相继传到了西域、波斯、印度等地。这种频繁的经济、文化交流，促进了西域的进步，也极大地丰富了中原人民的物质文化生活。

公元前122年，张骞在汉武帝的支持下，连续派出了十几批使者试图打通去往身毒（今印度）的道路，继续寻找前往西方的道路。这一举动虽然没有达到预期效果，却恢复了内地和西南的交通，加强了汉族和西南各少数民族之间的友好关系，为后来汉朝经营开发西南地区奠定了基础。

汉朝取得对匈奴战争的胜利后，为了进一步发展汉朝和西域各族的友好关系，加强和中亚、西亚各国的联系，孤立、打击匈奴在西域的残存势力，公元前119年，张骞建议武帝联合乌孙，共同对付匈奴。汉武帝采纳了他的建议，再次派他出使西域。由于乌孙的内乱，汉乌联合之事被搁置下来。张骞只好派部属分别前往大宛、康居、大月氏、大夏、安息等地访问考察。公元前115年，张骞归汉，第二年就去世了。

后来，汉朝不仅和乌孙结成了同盟，还在西域设置了行政机构西域都护府，

丝绸之路

西汉初年，河西走廊先后被西域的乌孙、月氏、匈奴所占据，汉与西方的交通受到了阻隔。张骞通西域以后，汉朝在从敦煌至盐泽的通道上修筑了很多的烽火亭障，以防止匈奴南侵。从此，汉朝的使节和商人源源不断地向西行进，大量的丝绸锦绣输入了西方；西域各国的奇珍异物也向东输入中国。这条路被后世称为"丝绸之路"。两汉时期的丝绸之路东起长安，经过河西走廊，到了敦煌后分为南北两道：南道向西南出阳关至楼兰，然后沿塔克拉玛干沙漠的南缘西行，经鄯善、且末、于阗、莎车，越葱岭过大月氏、身毒、安息、条支，最后抵达大秦帝国（东罗马帝国）；北道向西北出玉门关，经楼兰沿孔雀河经渠犁、乌垒、轮台、龟兹、姑墨、疏勒，越葱岭过大宛、康居至安息（今伊朗），再西至大秦。丝绸之路的开辟，对加强东西的文化交流起了巨大的作用。

对西域地区进行管辖。汉朝和西方各国也建立起友好的关系。

张骞是一位卓越的探险家、一位英勇的将军。在汉匈战争中,他凭借自己对西域的经验,寻找水源和草地,指点行军路线,为汉军的胜利屡立大功,被封为博望侯。

名人逸事

第一次出使西域时,张骞一行出陇西,过敦煌,进入匈奴地界不久,就被匈奴兵俘获。匈奴兵要夺张骞的旌旗,张骞义正词严地说:"旌旗是我出国的凭证,你们胆敢侮辱我?!"匈奴兵无奈,只好把他押去见单于。单于扣下张骞、堂邑父以及所带财物,把他的随行人员分到各个部落去当奴隶。单于不断地提审盘问张骞,却一无所得。单于又软硬兼施,下令把张骞和堂邑父押送到匈奴西边的游牧地区,表面上以礼相待,暗地里则严加看管,还指派一名美女给张骞当妻子。

元朔三年(公元前126年),单于病逝,匈奴发生内讧,张骞乘机逃出虎口,携妻儿回归长安。

通古今之变,成一家之言——司马迁

名人简介

司马迁20岁开始壮游大江南北,"网罗天下放失旧闻"。公元前111年,他开始步入仕途,任郎中之职,奉使西南夷设郡置吏。汉武帝元封三年(公元前108年),38岁的司马迁继父职,任太史令。太初元年(公元前104年),司马迁奉汉武帝之命主持改革历法。经过精密的推算晦朔弦望,他主持完成了汉历改旧历的十月岁首为正月岁首工作。又依金、木、水、火、土五行,以汉为土德,把皇帝的衣服颜色改为黄色。

任太史令期间,他一方面对朝廷的史籍和收集的百年之间的遗文古事、各种典籍进行整理;另一方面访问朋友或根据实地调查对材料重新加以订正和补充。他阅读国家藏书,研究各种史料,经过4年的积累,到他42岁时,著史工作已基本具备条件。

可是,万万没想到,就在司马迁潜心著史时,他由于替李陵辩解,惨遭腐刑,痛不欲生。出狱后,司马迁任中书令,他为了完成父亲的遗愿,忍辱负重,发愤完成了所著史籍,人称其书为《太史公书》,后称《史记》。

司马迁广泛的游历和残酷的命运使他对社会有了深刻的了解,在此基础上,

《史记》书影

名人档案
- 姓　名　司马迁／字子长
- 生卒年　公元前 146～公元前 86 年
- 祖　籍　夏阳（今陕西韩城南）
- 身　份　西汉史学家／文学家

他又继承了先秦的史官传统和诸子文化，确立了不屈服于君主淫威的相对独立和具有批判性的写作立场，因此，他著述的《史记》可以说是一部伟大的著作，是一座伟大的丰碑。《史记》是中国古代第一部由个人独立完成、规模最大、具有完整体系的著作。

《史记》是一部百科全书式的通史著作，开创了纪传体文学的先河。它上起黄帝，下迄汉武帝太初年间，空间包括整个汉王朝版图以及作者能够了解到的所有地域。全书 130 篇，50 多万字，由本纪、书、表、世家、列传 5 种体例构成，通过这 5 种不同体例相互配合、相互补充，构成了完整的史书体系。它以大量的个人传记，组合成一部宏伟的历史，用一系列栩栩如生的故事再现历史上的场景和人物活动。它把中国文学塑造人物形象的艺术提高到一个新的高度。《史记》塑造的人物形象组成了一条丰富多彩的人物画廊，给人们以丰富的人生启迪。

作为一个史学家，司马迁著述《史记》表现出了他严肃的、客观的史学态度。他认为历史是连续的、发展的、变化的，并明确提出了以史为镜的思想。尤其是对汉王朝的历史，对武帝时代的政治，司马迁始终保持冷峻的眼光。他对时政的揭露与批判，是真实的史实记录。

《史记》被列为中国第一部"正史"，它不仅是中国古代政治、经济、文化等各方面历史的总结，也是通贯古今的人类史、世界史，它不是单纯的史实记录，在史学上、文学上以及哲学上，也都有极高的成就和影响。鲁迅先生曾高度评价它："史家之绝唱，无韵之离骚。"

名人逸事

天汉三年（公元前 98 年），汉武帝兴兵讨伐匈奴，命令李陵率弓箭手和步兵 5000 人在居延北部钳制匈奴的军队。李陵率军出征，不意在陵稽山与匈奴 8 万军队遭遇，一场血战，他的 5000 名将士死伤大半。李陵在走投无路的情况下，投降了匈奴。

《平准书》

《平准书》为《史记》八书之一。主要介绍自西汉开国以来直到汉武帝即位时的经济状况，以推求社会演变与相应的国家制度和社会风气的变化情形。西汉初年国家经济十分困窘，经过几代的积累，到武帝初年时国力已很强盛。而数十年休养生息所积累的财富，几乎在武帝一朝就消耗干净。司马迁对汉武帝时的财政政策做了严厉的批评，并且表达了他自己的经济理论。他肯定人类追求物质财富的本性与权利，强调国家经济发展的重要，批判物质不公的社会现实，明确指出经济发展在国家富强中的基础作用。他主张农、工、商、渔四者并重，反对秦朝的抑商政策。《平准书》关于经济问题的研究，在中国历史上是第一次，对于《汉书·食货志》有重要的影响。司马迁的自由市场的思想，在今天看来是非常可贵的。继《史记·平准书》之后，西汉桓宽有《盐铁论》，为西汉另一部经济方面的专著。

名言佳句

安危在出令，存之在所任。

人固有一死，或重于泰山，或轻于鸿毛。

汉武帝听到李陵投降的消息，大为震怒，朝臣也纷纷附和斥骂李陵，无人为李陵辩解。司马迁与李陵虽素无交往，但他认为李陵为人宽厚仁慈、恭谦礼让，有国士风范。他为李陵辩解说："他投降未必是真心，一定会找机会报答陛下的。"汉武帝大怒，把他投进了监狱。

不久，汉武帝后悔没有给李陵救援，派公孙敖去救李陵。公孙敖不查实俘虏的口供，把为单于训练军队的塞外都尉李绪说成是李陵。汉武帝大怒，把李陵的家人统统杀光，还迁怒于司马迁，把司马迁处以宫刑。

司马迁遭受奇耻大辱，痛不欲生。但他想到草创未就的《史记》，想到父亲苍凉的遗言，忍辱发愤，活了下来，并完成了这部不朽的史学著作。

名人作品欣赏

屈平疾王听之不聪也，谗谄之蔽明也，邪曲之害公也，方正之不容也，故忧愁幽思而作《离骚》。离骚者，犹离忧也。夫天者，人之始也；父母者，人之本也。人穷则反本，故劳苦倦极，未尝不呼天也；疾痛惨怛，未尝不呼父母也。屈平正道直行，竭忠尽智以事其君，谗人间之，可谓穷矣！信而见疑，忠而被谤，能无怨乎？屈平之作《离骚》，盖自怨生也。《国风》好色而不淫，《小雅》怨诽而不乱；若《离骚》者，可谓兼之矣。上称帝喾，下道齐桓，中述汤、武，以刺世事。明道德之广崇，治乱之条贯，靡不毕见。其文约，其辞微，其志洁，其行廉。其称文小而其指极大，举类迩而见义远。其志洁，故其称物芳；其行廉，故死而不容。自疏濯淖汙泥之中，蝉蜕于浊秽，以浮游尘埃之外，不获世之滋垢，皭然泥而不滓者也。推此志也，虽与日月争光，可也。

——《屈原列传》（节选）

匈奴未灭，何以家为——霍去病

名人简介

少年时的霍去病就胸怀大志，并且勤奋好学，小小年纪就练就了骑射、击刺等武艺。公元前123年春，汉武帝对匈奴用兵。

名人档案

- 姓　　名　霍去病
- 生卒年　　公元前140～公元前117年
- 祖　　籍　河东平阳（今山西临汾西南）
- 身　　份　骠骑将军／大司马

是年，霍去病仅18岁。他听说舅舅卫青又要率军出征，便急不可耐地向汉武帝请战。开始，汉武帝说他年幼气盛，又缺乏战斗经验，没有同意。但他不依不饶，在那里软磨硬泡。汉武帝被说动了，觉得他会一些武艺，估计不会出什么大问题，就答应了他的请求，命他为骠姚校尉。同时，他告诫卫青要仔细照顾霍去病，卫青挑选了800名骁勇善战的骑兵交给霍去病指挥，以考验他的组织领导能力。

霍去病率领800名骁骑随大军一往无前地向北开进。匈奴听到汉军大批人马来进攻,立即往后撤退。卫青派出4路人马分头搜寻匈奴部队,结果都没有找到匈奴的主力,有的杀了几十个散兵游勇,有的连一个敌人也没有找到,空着手回来了。霍去病是第一次出来打仗,血气方刚。但茫茫草原,天高地阔,哪里有匈奴兵呢?他只觉得浑身的能耐没有办法施展,心里很不是滋味。

不知不觉地,他和部下已经前进了几百里,深入匈奴腹地。时近黄昏,天空中时不时地飞过一群萤火虫,草丛中的野兽有时"倏!"地一声蹿了出去。士兵中有人心里开始发慌了,但霍去病自始至终镇定自若。他不知道什么是害怕,他只有建功立业的雄心壮志。他认真搜寻着潜藏的敌人,忽然发现前方不远处有一片疏疏落落的黑点。霍去病凭直觉判断这是匈奴人的营帐,立即命令部下人衔枚、马勒口,悄然逼近。

"马踏匈奴"石雕
这是霍去病墓前众多石雕之一,是汉武帝为表彰霍去病出征匈奴的战功而建立的纪念碑。

他们逐渐接近这些黑点,黑点逐渐变大,果然是匈奴人的军帐。待到近前,还发现里面人影晃动,时而传出喝酒划拳之声。霍去病和部下800名骑兵都异常兴奋。但霍去病很快冷静下来,他以手势示意大家要保持肃静,以免引起敌人的警觉。当他们离匈奴营帐的门口还有几十步远的时候,霍去病抽出马刀往前一挥,一道寒光划破夜空。他随之大喝一声"杀",一马当先冲向匈奴营帐。守门的卫兵还不知道怎么回事,就已经成了霍去病刀下之鬼。

800名骑兵随着霍去病一起杀进营帐。匈奴兵根本没料到汉军会这么快杀来,顿时乱成一团。霍去病和部下挥舞战刀,逢人便杀。匈奴营帐中顿时血肉横飞,尸横遍野,哭喊声和呻吟声连成一片。但机警的霍去病很快发现,匈奴兵经过短暂的混乱,渐渐恢复了秩序,少数人已经拿起武器开始反抗,另外一些人则有意识地向一个衣着华丽的匈奴长者围拢,分明是想保护他。霍去病明白了,那一定是一个匈奴贵族。

霍去病手起刀落,将其砍翻在地。其他的匈奴兵一见首领已死,很快丧失了斗志,逃跑的逃跑,投降的投降。霍去病率800名骑兵很快消灭了负隅顽抗者,收缴了投降者的武器。这次战役,霍去病杀死、俘虏匈奴兵2000余人,并杀了一个匈奴王爷,大获全胜。

霍去病在实战中不断成长,逐渐从一个身先士卒、骁勇善战的急先锋转变成一位能够深谋远虑、统筹全局的统帅。公元前121年,汉武帝任命霍去病为骠骑将军,让他率领1万精锐骑兵,从陇西(今甘肃临洮)出发,攻击匈奴。霍

名言佳句
匈奴未灭,何以家为!

去病指挥汉军，长驱直入，越过焉支山（今甘肃山丹境内）1000多里，在皋兰山（今兰州黄河西）与匈奴兵发生激战。战斗中，霍去病勇猛异常，接连斩杀匈奴的折兰王、卢侯王，活捉了匈奴浑邪王的儿子及相国、都尉等，歼敌8900人。汉武帝非常高兴，下令加封霍去病食邑2000户。

同年，汉武帝决定乘势扫除匈奴在河西地区的势力，打通进入西域的道路。霍去病与公孙敖率领数万骑兵，从北地郡（在今甘肃环县）出发，攻击匈奴。公孙敖中途迷失方向，未能参加战斗。霍去病孤军深入，穿过小月氏部落，抵达祁连山，痛击匈奴。这次战役，霍去病俘虏匈奴单于阏氏、相国、将军、都尉等100多人，歼敌3万余人。汉武帝加封霍去病食邑5400户。自此，霍去病声望愈加显赫，地位蒸蒸日上，几乎与舅舅卫青不相上下。

汉匈和平使者——王昭君

名人简介

王昭君是中国历史上的四大美女之一。晋朝的时候为了避讳司马昭，称为明妃。她出生在南郡秭归县，这是一个风光秀丽的地方，也是浪漫主义诗人屈原的故乡。她和屈原是同乡，同样的，她也和屈原一样具有忧国忧民之心。

名人档案	
姓 名	王嫱／号昭君
生卒年	公元前52－公元前19年
祖 籍	南郡秭归县宝坪村（今湖北省兴山一带）
身 份	西汉宫女／后嫁匈奴单于为阏氏

王昭君天生丽质，聪慧异常，擅弹琵琶，琴棋书画，无所不精。昭君的绝世才貌，顺着香溪水传遍南郡，传至京城。公元前36年，汉元帝昭示天下，遍选秀女，王昭君为南郡首选。可惜的是她被选入宫以后，由于自己太有个性，倔强耿直，不肯贿赂给宫女画像的毛延寿，结果当看到王昭君的带有"丧夫掉泪痣"的画像的时候，汉元帝当下否决了她。这样，她在汉宫中一直是一个默默无闻的小角色。这种境况一直持续了3年。在这期间，她利用有利的条件，刻苦学习，丰富自己。本来就是秀外慧中，这3年的修养更成就了她的美丽和高雅。

公元前33年，在汉朝的帮助下巩固了自己的统治地位的匈奴王呼韩邪来到中

和亲乌孙

乌孙是西域最强大的国家，武帝试图联合乌孙抗击匈奴。公元前105年，武帝把江都王的女儿细君作为公主嫁给乌孙王。细君到乌孙后广与乌孙贵人联系。乌孙王死后，她嫁给新王军须靡，不久病死。公元前101年，武帝把楚王的孙女解忧公主续嫁给军须靡。军须靡不久病死，解忧公主又嫁给肥王。他们共同努力，与汉军联合击败了匈奴。肥王死后，狂王又娶解忧公主。狂王残暴无比，并且与公主不和。解忧公主便和汉使魏和意合谋在酒宴中刺杀狂王，因剑刺斜，狂王幸免于难，狂王的儿子起兵包围公主。公主后在汉军援助下脱围。公元前51年，解忧公主将近70岁时，带着3个孙子、孙女回到长安。

原，请求和亲。汉元帝让那些后宫没有被临幸的妃嫔们自愿报名。王昭君主动请缨被录取。汉朝一般来讲都是皇帝把王公大臣的女儿冒充公主嫁给匈奴，而王昭君是第一个以平民女子的身份担任和亲大使的。后来，汉元帝看到王昭君真容，后悔不已，但又不好反悔，在嫁出王昭君后就把毛延寿杀了。

王昭君带着自己的心愿和一丝丝的怨恨，离开了中原地区，前往茫茫的草原。这就是历史上有名的"昭君出塞"。传说王昭君出塞的时候，非常悲伤，自然而然在马背上弹起了琵琶。凄凄惨惨的曲调，空谷幽兰的她，就连南飞的大雁都为之倾倒，甚至都放弃了飞行，落在王昭君的周围。这就是"沉鱼落雁"典故中的"落雁"由来。

昭君出塞图　明　仇英

昭君出塞的故事在唐宋两代主要出现于诗词里，从北宋中期开始，成为常见的绘画题材，元、明、清三代，更是频繁出现于各种文学艺术作品和手工制品当中。

告别了长安的王昭君战胜了重重困难，经过了一年多的时间，终于到达漠北。匈奴举行了盛大的欢迎仪式。呼韩邪单于封她为宁胡阏氏（亦即安宁胡地的皇后），对她疼爱有加。

昭君出塞以后，汉朝和匈奴不再征战，而是和睦相处，边境保持了60多年的和平。她还把中原文化传给匈奴。她与她的子孙后代和她的姻亲们对胡汉两族人民和睦亲善与团结都做出了贡献。后来呼韩邪死了，她又听从汉成帝的意见，随胡族的风俗，嫁给了呼韩邪的长子。王昭君在塞北住了16年。

王昭君死后，匈奴人用厚礼把她葬在沙漠中，在今天的呼和浩特市南郊，她的墓依大青山、傍着黄河水。后人称之为"青冢"。

"青冢"名副其实。每到秋来，塞上北风卷地，百草皆白，独有昭君墓上依然是郁郁青青。名不虚传的昭君墓是一个高高的土堆，相传王昭君死后，从四面八方赶来的匈奴人，用袍襟携来黄土，含着热泪，把昭君埋葬在这里。土堆占地1.3公顷，墓高33米，显得气势非凡。墓前有平台及阶梯相连，与中原地区汉代帝王陵墓的形状规制颇为相近。第二层平台及墓顶各建有一亭，是典型的中原建筑。伫立墓顶，极目远眺，阴山逶迤峥嵘，平畴阡陌纵横，令人有心旷神怡之感。昭君墓周围景色宜人，加上晨曦或晚霞的映照，墓地的景色时时都有变化。民间传说昭君墓一日三变，"晨如峰，午如钟，酉如枞"，大概不是妄谈。从远处看，在一片翠郁青葱的丛林掩映下，兀立平原的青冢显出"黛色朦胧，若泼浓墨"的景象，这便是著称于世的奇观"青冢拥黛"了。

名人逸事

蒙古包里的王昭君并不幸福，最初的语言不通，随后的奇风异俗都令王昭君分外的寂寞。尽管呼韩邪单于对她十分体贴，但她对中原的思念始终没有停止过，而且愈到晚年，归情愈切。煎熬中的王昭君只有面向中原、长久凝望。晚年的王昭君曾派女儿回中原探望朝廷中的亲眷，但此时汉室宫廷早已物是人非，女儿带回来的消息已不能给王昭君丝毫慰藉了。后世的人们如果设身处地去探询王昭君心灵的话，会更加认同杜甫感叹昭君出塞的诗："群山万壑赴荆门，生长明妃尚有村。一去紫台连朔漠，独留青冢向黄昏。画图省识春风面，环佩空归月夜魂。千载琵琶作胡语，分明怨恨曲中论。"

中兴大汉的伟大政治家——光武帝刘秀

名人简介

王莽末年农民起义爆发后，南阳大地主出身的刘秀和其兄刘縯以复兴汉室为名，加入绿林起义军，拥立刘玄建立更始政权，开始了反抗王莽的大业。刘縯被任命为大司徒，刘秀为太常偏将军。在与王莽军队作战中，年仅29岁的刘秀表现出卓越的军事才能和超人的胆识，在他的指挥下，汉军取得了具有决定意义的昆阳战役的大捷。随后，汉军攻陷长安和洛阳，推翻了新莽政权。

光武帝刘秀像

23年，刘秀借出使河北之机，开始为建立帝业做准备。他把河北作为自己的根据地，废除了王莽的苛政，整顿吏治，安抚百姓，得到百姓的拥护。刘秀凭借自己的声望和政治手段，在巩固壮大了自己在河北的势力后，又统一了黄河以北的地区，彻底与更始政权决裂。25年，刘秀举行登基大典，改元为建武元年。称帝之后，刘秀派兵迅速击溃更始帝刘玄的军队，占领洛阳，并把洛阳定为都城。为了和刘邦建立的西汉区别，历史上把刘秀重建的汉王朝称为东汉，刘秀就是汉光武帝。随后，他又用了10年时间，消灭了各地的割据势力，36年，刘秀完成了统一天下的大业。

面对天下疲敝、民不聊生的状况，刘秀采取恩威并施的手段，缓和阶级矛盾，在治理国家方面取得了辉煌的成就。为了加强中央集权，维护自己的统治，刘秀首先扩大尚书的权力。尚书台成为中央政府的重要机构，使得三公有职无权，尚书有权无职，大权全部集中到皇帝一个人身上。在地方，刘秀裁并了400多个县，精简了大批冗官，节省了国家的财政开支，也减轻了人民的负担。

为发展生产，恢复经济，刘秀采取了一系列措施：他规定凡是因为家贫被卖或是战乱时被掠为奴婢的，都可以离开主人，各自

名人档案

- 姓　名　刘秀／字文叔
- 生卒年　公元前6～57年
- 祖　籍　南阳蔡阳（今湖北枣阳西南）
- 身　份　东汉开国皇帝

回家，恢复平民的身份。禁止伤害奴婢，保护奴婢的生命安全。他下令清查全国的土地和户口，抑制豪强地主对土地的兼并。他一方面严惩贪赃枉法的官吏，一方面追捕那些抗拒政府法令的豪强地主，将他们迁往他乡。刘秀还采用移民垦边和准许内地垦荒的方法解决农民对土地的需求。他还将赋税从十税一恢复到西汉初年的三十税一的旧制，减少了农民的负担。他还让地方上的兵士一律退伍回乡，从事生产。这些法令增加了社会劳动力，削弱了地方豪强的势力，对社会的安定和生产的恢复发展，起到了巨大的推进作用。

刘秀还很注意整顿吏治，对地方官严加督察，赏罚分明。对于开国功勋，刘秀让那些善征战、不善治国的不再参与国事，坐享荣华富贵，以终天年；而让那些有杰出政治才干的参议朝政，帮助他治理天下。

刘秀在太学里读过书，接受过正统的儒家思想教育，他非常注意文化事业的发展，他下令搜集整理古代典籍，在京师建立太学，在地方修建书馆，培养人才。在刘秀的重视和提倡下，东汉初年就出现了"四海之内，学校如林"的局面。在思想上，刘秀宣扬君权神授，提倡谶纬之学和迷信鬼神，给学术和思想的发展带来了不利的影响。

刘秀统治期间，东汉经济迅速恢复发展，社会安定，百姓过上了安居乐业的日子，出现了欣欣向荣的"光武中兴"的景象。东汉成为继西汉之后又一个文明强盛的国家。

第一个疑古问孔的唯物思想家——王充

名人简介

王充是东汉时期杰出的唯物主义思想家。祖父、父亲在钱塘"以贾贩为事"。王充自幼聪明好学，青年时期曾到京师洛阳入太学，拜班彪为师。"家贫无书，常游洛阳市肆，阅所卖书，一见辄能诵忆，遂博通众流百家之言。"

名人档案	
姓　名	王充／字仲任
生卒年	27～约97年
祖　籍	会稽上虞（今浙江上虞）
身　份	东汉著名思想家

王充一生在政治上很不得志，相传曾做过几任州、县的官吏，但都没什么实权，多系幕僚性质。他嫉恨俗恶的社会风气，常常因为和权贵发生矛盾而自动辞职。因此，每次仕进都为期极短。他把毕生的精力投入著书立说，居贫贱而不倦。他一生撰写了《论衡》《政务》和《养性》等著作，其中《论衡》一书流传至今。

王充的著述活动也不是一帆风顺的，经常遭到社会舆论的非难。以致他的学说一经问世，便被视为异端邪说，甚至遭到禁锢。王充冲破种种阻力，坚持著述。他在《论衡》一书中系统地清算和批判了神秘主义的思想体系，确立了唯物主义思想，难能可贵。

汉代的唯心主义神学，鼓吹天是至高无上的神，像人一样具有感情和意志，大肆宣传君权神授和"天人相与"的天人感应说。宣扬"天子受命于天""承天意以从事"；天神能赏善惩恶；君主的喜怒，操行好坏和政治得失都会感动天神做出相应的报答，而自然界的变异和灾害就是天神对君主的警告和惩罚。王充针锋相对地指出：天是自然，而不是神。他说，天和地一样，是客观存在的平正无边的物质实体，它有自己的运行规律。日月星辰也都是自然物质，"系于天，随天四时转行"。天和人不一样，没有口眼，没有欲望，没有意识。

在王充生活的时代，各种鬼神迷信泛滥。王充在《论衡》中对各种迷信活动及其禁忌，尤其是对"人死为鬼"的谬论进行了深刻的批判。他很风趣地说：从古到今，死者亿万，大大超过了现在活着的人，如果人死为鬼，那么，道路之上岂不一步一鬼吗？王充认为人是由阴阳之气构成的，"阴气主为骨肉，阳气主为精神""精神本以血气为主，血气常附形体"，二者不可分离。他指出："天下无独燃之火，世间安得有无体独知之精！"也就是说，精神不能离开人的形体而存在，世间根本不存在死人的灵魂。

王充塑像

名言佳句

人死血脉竭，竭而精气灭，灭而形体朽，朽而成灰土，何用为鬼？

死人不为鬼，无知，不能害人。

人，物也，万物之中有智慧者耳。

王充在《论衡》一书中还否定了圣人"神而先知""圣贤所言皆无非"。为了适应封建专制主义中央集权的统治需要，汉代的唯心主义神学极力推崇古代的圣人，说圣人是天生的，"能知天地鬼神""人事成败"和"古往今来"。王充虽然也承认孔子是圣人，并且也不反对孔子所提倡的封建伦理道德。但他批判了认为圣人"前知千岁，后知万岁"，有独见之明，不学自知的唯心主义先验论。他认为圣人只不过是比一般人聪明一些，而聪明又是来自于学习。

《论衡》极具战斗性，涉及自然科学、哲学、伦理学、宗教和社会生活等诸多方面，阐明了以唯物主义为基本特征的世界观。全书共85篇（现存84篇），分30卷，约30万字。《论衡》是王充从33岁开始，前后用了30多年的时间，直到临终才写成的，是他毕生心血的凝结，是中国传统文化中的宝贵财富。

名人逸事

王充曾辛辣地讽刺汉高祖刘邦是其母与龙交配生出来的龙子的谎言。他说动物之间，只有同类的东西才能相互成为配偶。牡马见雌牛，雄雀见牝鸡，是绝不会交配的，因为它们不同类。天地之间，异类之物相与交接，这是从未有过的事情。龙和人不同类，怎能相感而生出后代来呢？如果汉高祖真是龙的儿子，那么，子性类父，龙会腾云驾雾，难道汉高祖也有这种本事吗？作为龙的儿子，汉高祖的模样也应该和龙一样，但事情并不如此。

投笔从戎，深入虎穴——班超

名人简介

班超出身史学世家，但他的志向却是建功边塞。73年，班超投笔从戎，以代理司马之职，随窦固大军，大败匈奴呼衍王，一直追击匈奴军队到蒲类海，并占领了伊吾庐（今新疆哈密）。在这次战役中，班超机智勇敢，深得窦固的赏识。同年，为了联合西域各国，共同抗击匈奴，窦固把出使西域的重任交给他。

名人档案	
姓　名	班超／字仲升
生卒年	32～102年
祖　籍	扶风安陵
身　份	东汉著名外交家／军事家

班超一行首先到达塔里木盆地东部的鄯善。鄯善王开始礼敬有加，后来匈奴使者来到鄯善，鄯善王受到匈奴使者的要挟，开始怠慢班超。问明了情况后，班超果断行动，当夜发动突袭，利用火攻，一举歼灭匈奴使者。鄯善王见班超不动声色就杀了匈奴使者，心中畏服，就答应归附汉朝，并把儿子送往汉朝做人质。

窦固将班超的事迹上报朝廷，汉明帝提升班超为司马，派他继续向西域腹地进发。班超西出玉门关，先后收复于阗、疏勒、车师国以及一些西域小国，天山南路基本打通，北路的两端也被汉朝控制。汉朝重新设置西域都护府和两校尉，派兵驻守西域，汉朝和西域各国的交流重新频繁起来。

可是，75年，匈奴军队卷土重来，占领车师，西域诸国又纷纷背叛汉朝。班超和疏勒王死守橐城，坚持一年多，汉章帝下令放弃西域，重闭玉门关，撤销西域都护府和两校尉，命班超回朝。但是，班超为了西域人民和自己未竟的事业，毅然留在西域。他以疏勒为根据地，联合附近各国，攻占姑墨，重新打开了局面。

80年，汉章帝对班超的作为非常满意，同意他联合乌孙，牵制匈奴，重新控制西域的主张，先后派两支队伍支援班超。

班超开始重新经营西域。他的第一个目标就是打通南路，最大障碍是大国莎车。班超用调虎离山之计，和大月氏重修旧好，从此，大月氏年年向汉朝贡献方物，西域天山南路已经基本打通。

为了彻底消除边患，汉朝决定再度对匈奴用兵。89年到91年，汉朝多次对匈奴发动大规模进攻，匈奴被迫西迁，对汉朝和西域的威胁基本解除了。西域大局已定，汉朝重新设置西域都护府，任命班超为都护，统辖西域各国。

班超的最后一个目标是征服曾经攻杀西域都护陈睦的焉耆、危须、尉离三国。班超借召集三国国王会面之机，杀死焉耆、尉离两王，危须王逃跑。班超为三国重立国王，稳定了局势。至此，西域50多个大小国都归附了汉朝，班超完成了开通西域的大业。

95年，汉和帝为了嘉奖班超，封班超为定远侯，后人遂称他为班定远。102年8月，班超回到了洛阳，同年9月病逝。

班超在西域征战经营长达31年之久，他用毕生的精力，为开发西域、保障"丝绸之路"的畅通、加强汉族和西北少数民族的交流往来，以及我国陆路交通的发展做出了重要而巨大的贡献。

名人逸事

班超出使西域，先到达鄯善。鄯善王一开始礼敬有加，可是没过几天，忽然冷淡下来。经过了解，班超才知道原来匈奴使者带领百余人来到了鄯善，鄯善王是受到了匈奴使者的要挟。

名言佳句

不入虎穴，焉得虎子。
臣不敢望到酒泉郡，但愿生入玉门关。

班超开始考虑对策。当时，他手下只有36人。他把随员召集来喝酒，酒酣之际，班超故意借鄯善王之事激怒大家，众人都表示愿意听从他的吩咐。班超听了大家的表态，就斩钉截铁地说："不入虎穴，焉得虎子。如今我们已经没有退路了，只有一举歼灭匈奴使者，威慑鄯善王，才能绝处逢生。"

到了夜里，恰好刮起了大风，班超带领部下趁着夜色奔向匈奴使者的营地，利用火攻，使得匈奴人全军覆没。

第二天，班超把匈奴使者的人头放在鄯善王面前，并劝他归附汉朝。鄯善王大惊，就答应归附汉朝，并把儿子送往汉朝做人质。

造纸术的发明人——蔡伦

名人简介

蔡伦发明的造纸术和火药、指南针、印刷术一起，是中国古代科技史上的四大发明，是中国人对世界文明的巨大贡献。蔡伦出生于农家，从小家境贫寒，为了生计，于东汉明帝永平末年入宫做了太监。进宫之后，蔡伦从小黄门做起，小心谨慎，不敢有半点马虎。到了汉和帝年间，蔡伦升任中常侍，参与国家机密大事。后来又加官尚方令，掌管宫廷手工作坊，监督御用品的制造。89年，蔡伦开始负责监管刀剑武器和其他器械的制造工作。蔡伦监督制造的器械，全都精工坚密，世人争相仿效。

名人档案
- 姓　名　蔡伦／字敬仲
- 生卒年　？～121年
- 祖　籍　桂阳（今湖南郴州）
- 身　份　东汉宦官／造纸术的发明者

当然，他最杰出的贡献是发明了造纸术。进宫之前，蔡伦就对造纸感兴趣，曾经用破旧的废物糅合在一起，做过许多加工试验，虽然不是很成功，却对造纸用的材料有了很深的了解，为他后来成功改进造纸术奠定了基础。

他认真总结西汉以来用麻质纤维造纸的经验，经过长期的实验，对造纸的原料和造纸工艺都进行了改革，引发了书写材料的革命。他把树皮、麻头、破布和旧渔网等作为造纸的原料，不但扩大了原料的来源，还降低了造纸的成本；在传统流程的基础上，增加了用石灰进行碱液蒸煮的工序，使植物纤维分解速度加快、分解分布得更加均匀细致；经过切断、捣碎、沤煮、化浆、定型、风干等一整套工艺流程，纸张的质量大大提高，书写起来极为方便。

蔡伦像

105年，蔡伦将他监造的优质纸张进献给汉和帝，因造纸有功，被封龙亭侯。之后，植物纤维造纸开始代替竹简、缣帛，成为广泛使用的书写材料，蔡伦也被后世奉为造纸祖师。

经过蔡伦改革之后，造纸业开始成为一个独立的手工行业，在全国各地发展起来。纸的推广使用，为保存文献、记载历史、交流思想、积累传播文化、促进科学技术的发展做出了巨大的贡献。后来，蔡伦的造纸术陆续传到朝鲜、越南、日本、阿拉伯，以及非洲和欧洲，到19世纪，又传到澳洲，被世界普遍接受。

蔡伦不仅被中国的造纸工人奉为造纸鼻祖"纸神"，还被日本等国的造纸工人尊为祖师，历代奉祀。我国大部分的产纸地区，都有为祭祀蔡伦而建造的庙宇。每年的阴历三月十六日是蔡伦的祭祀纪念日。元朝政府曾经在他的故乡耒阳重修蔡伦庙，蔡伦的墓地所在地陕西洋县也有他的祠庙。

蔡伦发明的纸和造纸术，具有划时代的伟大意义，为人类文明与进步做出了巨大的贡献。它充分显示了中华民族古老悠久的历史和灿烂辉煌的古代科技成就，是中华民族的骄傲。

名人逸事

为了纪念蔡伦，人们在其墓不远处修建了蔡侯祠。今天的蔡伦纪念馆就是在原蔡侯祠基础上建立的，1987年正式开放展出。它由4个展室和有关蔡伦的文物等几部分组成，占地总面积1.6万平方米。

展室设在蔡侯祠内，展出内容包括蔡伦生平，蔡伦发明造纸、纸的发明和蔡伦遗迹4个部分。

纪念馆有关蔡伦的文物有：

蔡侯祠，原为蔡伦故居，虽经风雨侵蚀、洪水泛滥，蔡侯祠历代有人修建，一直保存至今，今祠是清代重建。祠为砖木结构，分前、中、后三栋。

蔡子池，位于蔡侯祠前，长180米、宽57米，是当年蔡伦用来浸泡纸浆的池子。

蔡伦墓，位于蔡侯祠西南百余米处，1981年重修，墓室高2米、长4米、宽2米余，外有圆形封土堆，墓碑为郭沫若先生手书。

道教之祖——张道陵

名人简介

张道陵是张良的八世孙，东汉光武帝建武十年（34年）生于临安於潜镇南的生仙山（一说为西天目山）。据说生仙山上有一座道观，称为生仙宫，又名集真宫、天师宫，为张道陵故宅。据传，张道陵生得高大魁梧，身高九尺二寸，庞首广额，朱顶绿睛，高鼻方脸，英气逼人。不仅相异，且聪明绝顶。到了7岁，就已上知天文，下知地理，尤其精通《道德经》以及河图洛书等。后来被地方推荐，在明帝永平年间，做了江州县令。但他虽然身在官场，却一心钻研修炼的奥秘。不久，便辞官隐居于天目山。

东汉和帝永元年间，张道陵到了洛阳的北邙山炼丹。后来，他又到了鄱阳湖，上龙虎山，修炼成了九天神丹，并长期居住于龙虎山，因而龙虎山就成了道教圣地。在这里他创建了正一道，即天师道。天师道是张道陵创立并由其子孙世袭相传，以老子为教主，道为最高信仰，符箓斋醮为手段，

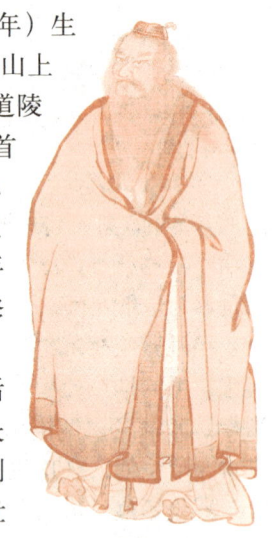

张道陵像

以追求长生不死和成仙为最高境界的一种宗教组织。张道陵开始炼丹修道于龙虎山，于是龙虎山可称为中国道教第一山。张道陵是中国道教创始人，他是道教祖天师，又称第一代天师。

张道陵在龙虎山用3年时间炼成九天神丹后，已60余岁，吃了神丹容貌益少，"返老还童"，像30岁左右的人。接着又在龙虎山东北边的西仙源壁鲁洞，得神虎秘文，并建立天师草堂，广传弟子，为人治病。张道陵在龙虎山炼丹修道讲课时间长达30余年，这里有他留下的"炼丹池""濯鼎池""习升台""天师草堂"等遗址，壁鲁洞中的石灶石床石几俱存。葛洪在《神仙传》中说："陵初入龙虎山，合丹斗剂，虽未冲举，已成地仙。"可见他那时的道学功底已经相当深厚了。

张道陵第二次携弟子经嵩山入巴蜀已过九十高龄。为什么耄耋之年的他还要入蜀，一是"闻蜀人多纯厚，易于激化，且多名山"，对创教有利；二是"闻巴蜀疹气危害人体，百姓为病疫灾厄所困"，他要继续用符、丹为人治病，佐国佑民。入川后，他先居阳平山，后住鹤鸣山，还到了西城山、葛溃山、秦中山、昌利山、涌泉山、真都山、北平山、青城山，足迹遍及巴蜀、陕西等地。除游历治病救人外，他还精思炼志，著作道书24篇。他收徒设教，建立道教基层组织，规定凡入道者须出信米五斗（汉时一斗等于

名人档案

- 姓　　名　初名陵／后名道陵／字辅汉
- 生卒年　34～156年
- 祖　　籍　东汉沛国丰县（今江苏丰县）
- 身　　份　道教创始人

现在二升，五斗即等于现在一斗），"付天仓"以备饥荒和做"义舍"之用，因此，他创立的道教又叫"五斗米教"。

东汉桓帝永寿二年（156年），张道陵123岁，是年九月九日，将诸秘箓、斩邪二剑、玉册、玉印授长子衡，乃与夫人雍氏登云台峰，白日升化。

自"祖天师正一道"创立以后，时人尊张道陵为人天之师，又称天师道。宋元以后，三山符箓统归龙虎山，遂统称为正一道，以区别金元之际在北方兴起的全真道。

> **名言佳句**
>
> 太始者万物之始。
>
> 所谓无为者不先物为也；所谓无不为者因物之所为。

东汉文化巨人——张衡

名人简介

78年，张衡出生于一个官僚家庭。他熟读儒家经典，十六七岁时就开始到外地游学，"游于三辅，因入京师，观太学，遂通五经，贯六艺"，终成一代文化伟人。

> **名人档案**
> - 姓　名　张衡／字平子
> - 生卒年　78～139年
> - 祖　籍　河南南阳
> - 身　份　东汉时期著名科学家

张衡一生为官清廉公正，不与权奸同流合污，所以仕途并不顺利。他曾因上书建议裁抑宦官权臣，而遭到奸佞联合弹劾，被贬为河间太守。111年，张衡被调回京师担任尚书一职，他因此接触到更多的黑暗与腐败，对社会深感悲愤与失望。于是，他专心致志，从事科学研究，取得了累累硕果。

张衡最杰出的成就是在天文方面，他继承和发展了浑天说，撰写了两部重要的天文学著作《灵宪》和《浑天仪图注》，在论著中他首次提出宇宙无限的观点，阐述了天地的形成、结构和日月星辰的运动本质，对月亮的盈缺和月食做出了科学的解释。117年，张衡根据浑天学说制成了世界上最早使用水力转动的浑天仪。张衡创制的浑天仪是世界上第一架能够比较准确地观测天象的浑天仪，是划时代的伟大创造，推动了中国天文事业的发展。1092年，苏颂和韩公廉在他的启发下，创制了世界上最早的天文钟，这是中国古代最雄伟、最复杂的水运仪象台。

在地震学上，张衡发明了世界第一台地震仪——候风地动仪，这是张衡在浑天仪之外的另一个不朽的创造。地动仪全由青铜铸成，像一个大酒坛。周围铸有8条龙，头下尾上，按照东、南、西、北、东南、东北、西南、西北的方向排列着。龙头和仪器内部的机关相连，每条龙嘴里都含着一颗铜球。8个龙头下，蹲着8只张着嘴的铜蟾蜍。地动仪内部有一根大铜柱，叫作都柱，都柱上粗下细，能够摇摆。都柱旁有8条通道，通道内安有机关，叫作牙机。一旦发生地震，都柱就会向地震的方向倾斜，触动通道中的牙机，而那个方向的龙头，就会张开嘴巴，吐出铜球，落在下面的蟾蜍嘴中，发出声响。据此，人们就可以知道地震的时间和方位。138年，张衡利用地动仪准确测出发生在距洛阳千里外甘南地区发生的地震，证实了地动仪的科学性。

张衡的地动仪，在当时是一项遥遥领先于世界的伟大发明，直到1700年后，欧洲才制造出原理基本相似的地震仪器。

在气象领域，张衡还发明了类似国外的风信鸡的气象仪器——候风仪，比西方的风信鸡要早1000多年。

除了天文，在其他很多领域张衡都颇有建树，他发明过指南车、会飞的木雕、水力推动的活动日历等机械仪器；写过一部数学专著《算罔论》，还计算出圆周率是3.1622，在1800年前，能有这样精密的计算，着实让人惊叹；张衡还研究过地理学，他绘制的地图流传了几百年；他还是东汉六大画家之一；在文学领域，他创作的《二京赋》把汉大赋推向了一个高峰，被誉为"长编之极轨"，在中国文学史上占有重要地位。他写的抒情小赋《温泉赋》《归田赋》等也极富文采。张衡的新体七言诗《四愁诗》，也是脍炙人口的传世之作。

中国科学院第一任院长郭沫若先生评价张衡："如此全面发展之人物，在世界史中亦所罕见。""万祀千龄，令人景仰。"

中华"医圣"——张仲景

名人简介

张仲景是中国东汉时期著名的医学家。他出身贵族家庭，从小聪明伶俐，非常好学，尤其爱读《史记》。书中《扁鹊仓公列传》所记神医妙手回春的故事，让他产生了学习医学的兴趣。从此他开始阅读各种医籍，拜访名师，终成良医。

名人档案
- 姓　名　名机/字仲景
- 生卒年　150～219年
- 祖　籍　东汉南阳（今河南南阳）
- 身　份　中国古代著名医学家

张仲景的父母希望张仲景走仕途。他16岁时，父亲带他去拜访一位归隐乡里的名士。通过交谈，名士发现张仲景不但有英俊谦和的气质，还有才思敏捷的灵性，便说：你好好努力，将来一定能成为一个名医。名士的预测，更坚定了仲景从医的志向。父母也就顺从他的意思，顺其自然了。

东汉时期，医生这个身份是很受人歧视的。然而为了实现崇高的理想，张仲景不顾环境的恶劣和世俗的鄙视，刻苦钻研，投身医学。他的几位老师，无不是有感于他专心致志、虚心求教的精神，才将自己家传的秘技、秘方传授予他的。史书记载，当时张仲景在内科医技上已颇负盛名，听说襄阳有位姓王的外科医生，治疗疮痈达背有绝招，人称"王神仙"。于是他立即肩背行囊，跋涉数百里，前往拜师。如此良苦用心，加上恭敬的态度，恳切的言辞，使得"王神仙"终于不再怀疑张仲景的动机，把自己的医学知识都教给了他。

东汉末年，战祸连年，疫病流行。南阳地区当时也接连发生大规模的瘟疫，

中国传统医学——中医

在中国传统医学中，中医的历史最悠久，实践经验和理论认识最丰富。在西方医学传入中国以前，"医学"两字前并未冠以"中"或"汉"字。在19世纪西方医学传入中国并普及以后，汉族医学才有"中医"之称，以此有别于西方医学。中医发源于古代中国黄河流域，其学术体系建立甚早，秦汉时代成书的《黄帝内经》和东汉末年张仲景所著《伤寒杂病论》奠定了中医的理论和临床基础，一直指导着中医的实践。以后在中医学科卓有建树者代不乏人，涌现出像孙思邈、李时珍这样的名医，像《千金方》《本草纲目》这样的医学名著。中医的理论系统是对人体生命活动和疾病变化规律的理论概括，是临床医疗和保健防病的指导思想。它主要包括阴阳、五行、运气、脏象、经络等学说，以及病因、病机、诊法、辨证、治则治法、预防、养生等内容。在临床诊治上，中医的诊治原则主要是辨证论治，即在辨证的基础上制定治疗方针，并进而选择具体的药物或非药物疗法。而在辨证之前的深入了解病情，依靠的是望、闻、问、切四种疗法。

名言佳句

君疾可愈，国病难医。
人之伤于寒也，则为病热。
夫热病者，皆伤寒之类也。
上以疗君亲之疾，下以救贫贱之厄，中以保身长全，以养其生。

许多人因此丧失了宝贵的生命。张仲景的家本是大族，有200多口人。然而不到10年，有2/3的人因为染上瘟疫而死亡，其中很多人是因为患上了伤寒病而死的。在这种情况下，张仲景下定决心要研究出治疗伤寒病的方法，来解救病痛中的人民。经过数十年含辛茹苦的努力，张仲景终于写成了《伤寒杂病论》这一不朽之作。这是继《黄帝内经》之后，中国又一部光辉的医学典籍。

《伤寒杂病论》集秦汉以来医药理论之大成，是中国医学史上影响最大的古典医著之一，也是我国第一部临床治疗学方面的巨著。值得一提的是《伤寒杂病论》失而复得的两个关键人物：一是晋朝太医令王叔和。当时世面上流传的都是断简残章，王叔和全力搜集各种抄本，并加以整理，命名为《伤寒论》。他不仅整理了医书，而且还留下了关于张仲景的文字记载。二是宋仁宗时翰林学士王洙。他无意间在翰林院书库里发现了一本虫蛀的竹简，书名为《金匮玉函要略方论》，发现与《伤寒论》相似。后经名医林亿、孙奇等人校订，更名为《金匮要略》刊行于世。这部医典当中体现出来的"辨证论治"的重要医学思想，对后世中医学发展起到了绝对的主宰作用。书中的113个处方，也都是颇具奇效的经典配方，被后人称作"经方"，在治疗一些疑难病症方面常有奇效，因此，《伤寒杂病论》也被称为"医方之祖"。

张仲景将毕生的精力奉献给医学事业，因其医德高尚、医术高超，救人无数，被后人奉为"医圣"。历代注释《伤寒杂病论》的著作非常多，在继承发扬张仲景医学理论的基础上，形成了长盛不衰的"伤寒学派"。不仅如此，他的影响还越出

《伤寒论》《金匮要略》书影

张仲景著《伤寒杂病论》，被后人整理成《伤寒论》和《金匮要略》两书行世。

了国界,对亚洲各国,如日本、朝鲜等的医学影响巨大。张仲景是中国医学的骄傲。

名人逸事

相传张仲景在长沙做太守的时候,时刻不忘自己作为一个医生的职责。但他毕竟是个大官,在封建时代,做官的不能轻入民宅,又不能随便接近普通老百姓。于是他想出了一个办法,就是在每月初一和十五两天,让病人到衙门来看病。他就坐在大堂之上,给病人把脉施治。后来每逢初一、十五的日子,他的衙门前就聚集了许多来自各方的病人等候看病。为纪念张仲景,后来人们就把坐在药铺里给病人看病的医生,通称"坐堂",那医生就叫"坐堂医生"。

忠义武勇的化身——关羽

名人简介

关羽出生农家,初名长生,后改为羽,取字云长,青少年时期在家习文练武兼做农事。因其熟读《左传》,长须飘飘,人称美髯公。中平元年(184年),关羽在家乡路见不平,杀死郡豪,逃亡到涿郡。时逢刘备在招兵买马,与

名人档案
- 姓 名　关羽/字云长/本字长生
- 生卒年　? ~ 219年
- 祖 籍　河东解县(今山西运城)
- 身 份　汉末著名将领

其相谈,甚为投机,便投到了刘备的旗下。后辅佐刘备成就大业,曾大破曹军,威震一时,为刘备"五虎上将"之首,官历前将军,被封"汉寿亭侯",驻守荆州时为吴将吕蒙所杀。谥壮缪侯。因其为人忠直仁义,广受民间崇祀,尊其为"关公""关夫子",亦称为"关帝""关圣",与孔子并称为"文武二圣"。

建安四年(199年),曹操出兵亲征刘备。刘备惨败,北投袁绍,困守下邳(今江苏睢宁西北)的关羽被俘。曹操十分爱惜关羽的勇猛,拜为偏将军,礼遇优渥,但关羽丝毫不为之所动。曹操也觉察到关羽没有久留之意,于是特地派关羽的好友张辽前去试探。关羽坦率地表达了自己的心迹:"吾极知曹公待我厚,然吾受刘将军厚恩,誓以共死,不可背之,吾终不留,吾要当立效以报曹公乃去。"后袁绍与曹操交战,关羽策马奋勇当先,在万军之中力斩袁绍的两员大将颜良、文丑,解白马之围。曹操上表封关羽为汉寿亭侯,并重加赏赐。关羽却分毫未取,封金挂印,留下书信拜谢曹操,骑坐赤兔马,提一口青龙偃月刀,千里走单骑,过五关斩六将,赴袁绍营中寻找刘备。

赤壁战后,孙刘结盟已成鼎足之势,刘备攻取江南诸郡,关羽功劳最多,拜为襄阳太守,加号荡寇将军,驻防江北。刘备入蜀,留关羽、诸葛亮等守荆州。刘备取益州,诸葛亮、张飞、赵云等都被召入蜀,关羽独当重任,成为刘备集团中举足轻重的人物。

建安二十四年(219年),关羽统大军北伐,向曹仁镇守的樊城进攻。曹操大将

于禁赴襄樊前线增援。八月,大雨滂沱,汉水猛涨,把城外于禁的营地淹没了,于禁只带了少数将士躲避到高处,当关羽乘大船赶到时,遂束手就擒。将军庞德力战被俘,不屈而死。当此之时,关羽威名,中原为之震动,于是"遂有北向争天下之志"。曹操闻讯后甚为恐慌,准备从许昌迁都洛阳以避关羽。

关羽得志于荆襄,东吴的孙权却沉不住气了,他时时提防着关羽,但表面上给关羽频送秋波。孙权还派人提亲,要与关羽结为儿女亲家。骄狂的关羽不识大体,极为藐视孙权,怒斥东吴使者,"虎女岂能嫁犬子"。后来,孙权派遣吕蒙率领大军白衣渡江,攻下荆州。关羽向上庸的蜀兵呼救,不料那里的守将刘封、孟达两人与关羽正闹矛盾,坐视不救。这一来关羽陷入了四面楚歌的境地,一路上将士逃散,溃不成军。关羽眼见大势已去,没有认真交战,就退走麦城,向上庸方向撤退。最后在突围中被吴将潘璋所擒。孙权杀了关羽,把首级送给了曹操。

华佗为关羽刮骨疗毒图

名人逸事

关庙相传是名将关羽首级埋葬之地。庙前建筑古色古香,为祭祀关羽唱戏的舞楼,舞楼对面就是大门,门前一对汉白玉石狮,两扇朱红大门上镶嵌着81个金色乳钉,其装饰规格完全按照帝王的等级来设计。清慈禧题匾"威扬六合"四个大字在门额高悬,意为关羽威慑天下。门左为"关圣帝君画",传说出自南宋名将岳飞之手;门右则是碑刻"关帝诗竹画",由竹叶组成的五绝诗一首:"不谢东君意,丹青独留名。莫嫌孤叶淡,终究不凋零。"该诗既道志向,又融书法、雕刻等艺术为一体,历来为世人称道。一条长长的甬道衔接着仪门,两侧石栏上雕刻的石狮,各具情态、惟妙惟肖,甬道东西两侧还有钟鼓二楼和缠龙华表两柱。甬道直通拜殿,是过去祭祀关羽时文武百官拜谒的场所。殿门上悬一巨匾"声灵于铄",为清乾隆皇帝手书。作为关林的主殿,大殿檐下斗拱斑斓。前壁则透雕画一组,一一再现关羽"桃园结义""单刀赴会"的历史传说。殿内正对的关羽坐像,金面凤眼,帝冠威然。上方高悬"光昭日月"匾的是二殿,殿内也塑有关羽坐像一尊,但为戏装,纶巾羽扇,战袍生风,怒目圆睁,逼视东南——也即古吴国所在。三殿有关羽夜读《春秋》像,还附有一睡像。其后就是埋有关羽首级和沉香木的关羽墓冢。冢墙正中,有石门一道,额上题有"钟灵处"三字。冢前的八角亭,有一座石碑,正面刻着关羽的最高封号。冢前还有石坊两座,上面刻有题记。

纵观历史,关羽这位出身微贱的一代名将是幸运的。其生前身份仅是个将军,"汉寿亭侯",一个"乡镇级"待遇的赐封。但他死后却声名鹊起,封号不断升级,奇迹般地跨越了时代历史，最终达到了登峰造极的地步，成为千百年来世人尊崇的偶像。历代封建统治者尊崇关羽自不必说，就是李自成、洪秀全等农民起义领袖，也把关羽奉为膜拜的对象。不仅如此，在日本、东南亚以及海外华侨中，对关羽的膜拜之风也历久不衰。人们在历史的长河之中，不断地把自己的理想寄托在关羽身上，把他从一个有血有肉的武将，塑造成一个"神中之神"，成为战神、财神、武神、农神，为历代统治者和百姓万民，华夏神州与东瀛海外，中外同奉，上下共仰。

智慧与忠诚的化身——诸葛亮

名人简介

董卓之乱爆发后，关东诸侯起兵讨伐董卓，从此天下分裂，军阀割据，战乱不休。诸葛亮少年时期就是在这样动荡不安的社会环境中度过的。他10岁时父母双亡，15岁时家乡遭受兵乱，一家人生活十分艰难。他17岁时担起了一家人的生活重担，在襄阳城西的隆中山里过着隐居的生活。诸葛亮很有抱负，常自比管仲、乐毅，他的政治理想就是要辅佐贤君，扫平六合，统一天下。由于他才华超群，相貌不凡，被人称为"卧龙"。

名人档案
- 姓　名　诸葛亮／字孔明
- 生卒年　181～234年
- 祖　籍　琅琊阳都（今山东沂南）
- 身　份　杰出的政治家／军事家

被曹操称为"人中豪杰"的刘备此时势力单薄，四处寻访贤才，招揽名士。他听说诸葛亮是个英雄俊杰，就冒着严寒，去拜访诸葛亮。诸葛亮对刘备的政治主张非常赞同，又被他三顾茅庐的真诚感动，于是他给刘备分析了形势，替他筹划了建立蜀汉政权的策略，并答应出山帮助刘备实现隆中对策的各项计划。

曹操统一北方后，一直对荆州虎视眈眈。他趁刘表病重，荆州内乱之际，发兵南下，夺取了荆州。依附于刘表的刘备只好退出荆州，在去往江陵的路上，刘备和诸葛亮不忍抛下百姓，行进缓慢，被曹操大军追上，双方一场大战，刘备全军所剩无几，只好退守夏口。

面对强大的曹操，诸葛亮出使东吴，力劝孙权，组成孙刘联军，共抗曹操。208年，孙刘联军通过赤壁之战，大败曹操。在诸葛亮的帮助下，刘备趁机占领荆州，并相继夺取益州、汉中两地。

221年，刘备称帝，建立蜀汉，任命诸葛亮为丞相，天下三分之势终于形成。

因在荆州归属问题上的严重分歧，以及关羽的处事不当，219年，孙权派吕蒙夺取荆州，杀死关羽。刘备为了夺回荆州，替关羽报仇，于222年发兵讨伐东吴，结果被陆逊火烧联营八百

诸葛亮像

诸葛亮与武侯祠

诸葛亮毕生兢兢业业，把全部智慧和精力奉献给了刘家天下，"鞠躬尽瘁，死而后已"。他在民间受到的尊崇更是非同一般，这一点从各地修建的众多武侯祠就能看出来。因诸葛亮生前被封为武乡侯，死后谥号为忠武侯，故又名武侯祠。

现存武侯祠系清康熙十一年（1672年）重建，占地56亩，布局严整，古朴端庄。刘备殿是武侯祠中最高大的一座建筑，体现出一派帝王气象。正殿中，有刘备及其孙刘谌塑像。唐代祠内曾有其子刘禅塑像，因是乐不思蜀的昏君，不久就被人毁掉了。东偏殿有关羽及其子关兴、关平，部将周仓、张苞塑像；西偏殿有张飞及其子张苞、其孙张遵塑像。诸葛亮殿的规模要比刘备殿小得多。规模小，位置又在刘备殿之后，这种布局充分反映出君臣之间的主从关系。殿正中为诸葛亮贴金塑像，羽扇纶巾，儒雅端重。古代文人武将一旦遇到有明主赏识重用，往往鞠躬尽瘁以报知遇之恩，诸葛亮之于刘备，可谓其中典型。而君臣合祠的武侯祠，正是这种君臣相得的表现。

名言佳句

非淡泊无以明志，非宁静无以致远。

怒不犯无罪之人，喜不从可戮之士。

屋漏在下，止之在上；上漏不止，下不可居。

里，大败而归。

刘备一病不起，临终托孤，17岁的刘禅登基做了蜀国皇帝。刘禅遵父命，封诸葛亮为武乡侯，领益州牧，万事都请他做主。

诸葛亮身受隆恩，更是殚精竭虑，帮刘禅治理国家。他先派人出使东吴，缓和吴蜀关系。之后，他集中精力，治理蜀汉，对抗魏国。

诸葛亮采取了一系列积极的措施治理蜀汉，他严肃法纪，赏罚分明，做到"无恶不惩，无善不赏"，自己也以身作则，为蜀汉官员树立廉洁奉公、勤政爱民的榜样。诸葛亮还很注意收罗人才，他任人唯贤，知人善任，巴蜀一带的有志之士，纷纷前来投靠效力。在经济上，积极推行休养生息，发展生产的政策。要求各级地方官奖励农业，减轻赋税，抑制豪强兼并土地；注意水利建设，派士兵保护水利工程都江堰，设立堰官；出征的间隙，让士兵参加农业生产，进行屯田，以保证军粮供应，减轻人民负担；大力发展手工业，使蜀国的经济力量得到了很大的增强。诸葛亮自己有很多发明创造，如木牛、流马对于运输工具的改进以及山地运输的发展，都有很大的贡献。

诸葛亮在发展生产的同时，还加紧整顿军队。

可是，西南的一些少数民族因不愿接受蜀国的统治，不断地起兵反抗。诸葛亮通过七擒七放南中统帅孟获，降服了南中和其他少数民族。任用少数民族的首领为官，治理西南，西南少数民族地区终于稳定下来。他还把少数民族中骁勇善战的青羌1万多家迁到四川，编成五部"飞军"，大大增强了蜀国的兵力，为出师北伐做好了准备。

经过诸葛亮多年呕心沥血的经营，蜀国发展壮大起来。227年，诸葛亮向后主刘禅上《出师表》，请求统帅三军征伐魏国，北定中原，恢复汉室。

诸葛亮率兵六出祁山，却没有成效。54岁时因积劳成疾，病逝于五丈原，临终遗命撤军。

针灸学理论第一人——皇甫谧

名人简介

皇甫谧出身官僚世家。其曾祖父皇甫嵩是东汉时期的一位名将，官拜太尉侯。但到了他父亲这一代家境已经衰落，生活相当窘迫。皇甫谧的叔父没有子嗣，皇甫谧的父亲就把他过继给叔父。不久，皇甫谧随叔父迁居新安，并受到叔父的过度溺爱。

在叔父的娇惯、宠爱之下，少年时代的皇甫谧沾染上了当时官宦子弟的恶习，整日东游西逛、吃喝嫖赌，不肯用功读书。据《晋书》记载，皇甫谧到了17岁还目不识丁，以至人们认为他天生痴傻。

有一年，由于家中的田产、商铺经营不善，再加上皇甫谧挥霍无度，叔父家的家产变卖一空。叔母对依旧我行我素的皇甫谧非常气愤，也为他的前途忧虑。但不管她怎么说，怎么劝，皇甫谧都只把她的话当作耳旁风。

一天，怒不可遏的叔母把贪玩好色的皇甫谧赶出家门，想以此来惩戒他。不料，他到了外边市井上弄来一些香瓜、甜果之类的东西，洋洋得意地献给叔母。他以为这样"孝顺"叔母一番，便可以平息叔母的盛怒，谁知叔母更加气愤。她接过瓜果，狠狠地摔在地上，流着泪说："你都快20岁了，还是这样'志不存教，心不入道'。你要是想真心孝顺父母，就静下心来学习。否则，我再也不要见到你。"这件事使他深受触动。自此，他与先前的狐朋狗友断绝来往，拜乡里有名的学者席坦为师，刻苦学习儒学经典。

皇甫谧改邪归正，发愤读书之际，家境每况愈下，最后竟至无钱买书的地步。为了学习，他到处借书抄阅，有的时候为借阅一本书要长途跋涉数十里、数百里，借来之后赶紧抄阅，然后按期归还。同时，因为家中生计无着，他每天必须耕田劳动。于是，他每天带书下田，等别人在田埂休息时，就取出书来读上几页。晚上回到家里，别人呼呼大睡，皇甫谧却以冷水浇脸，然后就着微弱的灯光读书。就这样，他通读了诸子百家的著作，做了大量的读书笔记，使自己的学识很快有了不小的长进。

当皇甫谧在经学上有所成就的时候，年仅42岁的他却患上了风痹病：半边身子像针刺似的疼痛，有时痛得起不了身，又无药可治。病痛袭来，全身像被千万只蚂蚁咬一样难受，浑身上下颤抖得像筛糠。病痛暂时过去后，他必然大汗淋漓，有时候竟把身子下边的书籍浸湿一大片。尽管如此，他仍强忍着病痛，继续研究经史。看着他疾病发作时痛苦的样子，家人和朋友都劝他："别这样没命地干了，事已至此，再多的学问又

名人档案

- 姓　名　名静／字士安
- 生卒年　215～282年
- 祖　籍　安定朝那（今甘肃灵台朝那）
- 身　份　医学家／文学家

有什么用呢？还不如在有生之年抓紧时间享乐一会儿值得。"皇甫谧却说："早晨起来学到知识，傍晚就死掉也没有什么遗憾的。"从此，他把精力转到对传统医学的研究上。皇甫谧凭着顽强的毅力自学了《内经》《针经》和《明堂孔穴针灸治要》等医学典籍之后，就在自己身上扎针做实验。由于行动不便，有些穴位刺不到，他就叫儿子进针。时间一长，他的肋下和大腿的肌肉都被刺遍了，皮肤表面生了厚厚的一层茧。有一次，他为了找准小腹部的一个穴位，几次进针，不小心刺伤了脏器。要不是有人在旁边看护，及时解救，他可能就一命呜呼了。

> **名言佳句**
> 一物不知，深以为耻；遭人而问，少有宁日。

功夫不负有心人。他靠着针刺、拔火罐、按摩等治疗手法，奇迹般地治好了自己的风痹病。从此，他更加努力钻研，决心效法古人整理医学典籍，把自己的医术传承下来。

随着研究的深入，皇甫谧发现以前的针灸学书籍既晦涩难懂又错误百出，不便于阅读和学习。他仔细研读比对了周代的《足臂十一脉灸经》和《阴阳十一脉灸经》、战国时的《黄帝内经》等著作，对针灸学知识进行了系统总结。单这些书是不够的。他通过各种渠道搜求涉及针灸学的书籍，但普通人把这些书视为奇珍异宝，不轻易外借。

正在他为难之际，当时的晋武帝见他品格高尚、学识丰富，同时为了表示自己"礼贤下士"，居然送了一批医书给他。皇甫谧喜不自胜，日夜攻读。

他感到当时的针灸书籍"其义深奥，文多重复，错互非一"，不容易学习更不易流传。因此，他以《素问》《针经》《明堂孔穴针灸治要》三书中有关针灸内容为依据，总结秦汉三国以来针灸学成就，结合自己的临床经验，终于写出一部堪称针灸学典范的巨著——《针灸甲乙经》，这是我国现存最早的一部系统针灸学专著。他把针灸治疗和祖国医学的脏腑经络的生理、病理紧密结合起来，对腧穴的部位以及针灸操作方法、临床治疗等方面都做了系统的论述，确立了针灸学的完整理论体系，为针灸学成为临床的独立学科奠定了基础。

中国"书圣"——王羲之

名人简介

> **名人档案**
> - 姓　名　王羲之／字逸少
> - 生卒年　321～379 年
> - 祖　籍　琅琊（今属山东）
> - 身　份　书法家

王羲之出身贵族，他的伯父王敦、王导都是东晋显赫的权贵。王羲之入仕之后，做到了右军将军、会稽内史，人们都称他为"王右军"。王羲之生性正直，对当时的政治腐败极为痛恨。他怒斥当朝官员，认为他们应该自贬官职向百姓谢罪。王羲之的率真难免要得罪权贵，后来就是因为与上司不合称病辞官，隐居于会稽山阴，直到去世。

在父亲王旷的启蒙下，王羲之幼年时就开始学习书法，并且很是痴迷。少年时又跟随当时著名的女书法家卫夫人学习，卫夫人夸奖王羲之将来的成就一定会大大超过自己，成为著名的大书法家。

王羲之为后世留下了许多苦练书法的典故。他隐居山中专心致志地临摹钟繇和张芝等人的楷书、草书作品时，用了无数的竹叶、树枝、木片、山石，纸张绢帛更是不可胜数；他走路、休息时也在揣摩字的结构、间架、笔法，在自己身上比画练习，连衣服都戳破了；王羲之门前有一个水池，他每天练完字之后，就到水池中冲洗笔砚，天长日久，水池竟然变成了"墨池"。

功夫不负有心人，王羲之的书法终于自成一家。他吸取了汉魏时期书法家的精华，对楷书、草书、行书三种书体，以及用笔、结字、章法、布白等方面都有大胆的创造，他的书法作品"飘若浮云，矫若惊龙"，称得上是绝世佳品。

王羲之的行书，以《兰亭集序》最为著名，被誉为"天下第一行书"，对后世的书法家产生了不可估量的巨大影响。《兰亭集序》写于353年春，全篇28行，328字，字字"遒媚劲健，绝代所无"，其中的20个"之"字、7个"不"字，更是情态各异，绝不雷同，可谓别开生面。

王羲之不仅行书独步天下，他的楷书也是一绝。他在学习钟繇的基础上，改革创新，青出于蓝，并变文字的楷书为书法的楷书。《乐毅论》《黄庭经》《孝女曹娥碑》等最为有名，至今仍在流传。

王羲之还改革了草书，并使其走向成熟。他的草书洒脱自然，如同"龙跳天门，虎卧凤阁"，代表了晋代草书的最高成就，流传后世的《十七帖》堪称草书艺术中的绝世之作。

王羲之的书法名扬天下，被世人推崇为"书圣"。千百年来，学习他的书法的人不可胜数。自隋朝至清，人们创作行书作品时多受《兰亭集序》的影响，大书法家欧阳询、颜真卿、褚遂良、苏轼、黄庭坚等更是以他为宗师。王羲之所创造的那种空灵蕴藉的气韵，从古到今都是书法艺术家追求的最高境界。

名人逸事

太尉郗鉴听说太傅王导家的子侄都是少年才俊，就派了一个门生到王导家求亲。王导听明来意后，就让门生自己去东厢房里随意挑选。王家的公子果然个个眉清目秀，英姿勃发。诸位公子也听说了郗太尉选婿之事，于是个个收拾齐整，在屋子里正襟危坐。只有王羲之一个人袒腹躺在东床上，不把选婿之事放在心上。

门生回去之后对太尉说了王家诸位公子的情况，太尉听后高兴地说道："那个袒腹东床的公子，就是我的好女婿了。"于是，郗鉴就把女儿嫁给了王羲之。

名人作品欣赏

永和九年，岁在癸丑，暮春之初，会于会稽山阴之兰亭，修禊事也。群贤毕至，少长咸集。此地有崇山峻岭，茂林修竹；又有清流激湍，映带左右。引以为流觞曲水，列坐其次，虽无丝竹管弦之盛，一觞一咏，亦足以畅叙幽情。是日也，天朗气清，惠风和畅。仰观宇宙之大，俯察品类之盛，所以游目骋怀，足以极视听之娱，信可乐也。

　　夫人之相与，俯仰一世。或取诸怀抱，悟言一室之内；或因寄所托，放浪形骸之外。虽趣舍万殊，静躁不同，当其欣于所遇，暂得于己，快然自足，不知老之将至；及其所之既倦，情随事迁，感慨系之矣。向之所欣，俯仰之间，已为陈迹，犹不能不以之兴怀；况修短随化，终期于尽。古人云："死生亦大矣。"岂不痛哉！

　　每览昔人兴感之由，若合一契，未尝不临文嗟悼，不能喻之于怀。固知一死生为虚诞，齐彭殇为妄作。后之视今，亦犹今之视昔。悲夫！故列叙时人，录其所述。虽世殊事异，所以兴怀，其致一也。后之览者，亦将有感于斯文。

——《兰亭集序》

虎头"三绝"——顾恺之

名人简介

　　顾恺之是东晋著名的画家，他博学且富有才气，诗赋、书法、绘画都很有一手，被当时的人们称为"才绝、画绝、痴绝"，虎头三绝的名称即由此而来。他的父亲顾悦之，曾经担任过无锡的县令、扬州别驾，最高官至尚书右丞。所以，出生在江东名门望族的顾恺之从小就受到良好的教育。虽然出身门阀士族，他并没有成为一个大官，而是在盛行"玄谈清议"的时代中做了一位并不富有的"清客"（即幕僚或食客）。

　　他以卫协作为自己的老师，并且接受了汉代画像石的影响。他的作品大多是关于人物的，其他主体的作品，像关于山水、花草虫鱼、野兽猛虎，也是各有各的特点，各有自己的精妙之处。他刻画的人物，突破了汉魏时期的古拙风气，着重刻画人物神情心态。画人物的时候，注重画龙点睛之笔。按照他自己的话说就是"传神写照，正在阿堵中"。他作画时笔迹周密，紧劲连绵如春蚕吐丝。他和陆探微并称"顾陆"，他的画风号为"密体"，同南朝梁张僧繇、唐吴道子的"疏体"相区别。顾恺之传世作品有文献可考的达60余件。现存《女史箴图》《洛神赋图》《列女仁智图》均为唐宋人摹本。《女史箴图》在清光绪二十六年（1900年）被八国联军掠走，现收藏在英国伦敦不列颠博物馆。他是中国绘画史上第一个有绘画遗迹可考的大画家和最早的绘画理论家。人们之所以说他是一位伟大的画家而不是一个高明的画匠，就是因为他不但有高超的绘画技法，而且还有先进的绘画理论。

　　作为一代宗师，顾恺之对中国古代的绘画产生了深远的影响。他继承了秦汉以来的传统画法，集中地体现了魏晋的画风及时代特色，并开启了隋唐绘画高潮，是一个承前启后的人物。南朝宋时著名画家陆探微就学习他的画法，此后六朝的

名人档案

姓　名	顾恺之／字长康
生卒年	348～409年
祖　籍	晋陵无锡（今江苏无锡）
身　份	著名书画家

名言佳句

传神写照,正在阿堵中。
声如震雷破山,泪如倾河注海。

张僧繇、郑法士、董伯仁、展子虔,甚至到了唐代的阎立本、吴道子等大名鼎鼎的画家也都临摹顾恺之的画,研习他的技法。他极大极深地影响了中国古代绘画的发展。

多才多艺的顾恺之非常自信。他曾经拿自己的《筝赋》与鼎鼎大名的嵇康的《琴赋》做比,认为自己毫不逊色。这是他的才绝的特点——自负。顾恺之很有幽默感,而且活泼,率真,洒脱。他的画曾经被人偷走了,他不但不生气,反而得意扬扬地说,他的画太灵通了,化成神仙飞上天了。他甚至还天真地相信一些骗人的小把戏,"痴绝"的雅称由此而来。桓温常常说顾恺之身上是痴黠各半。其实,他的痴呆是假的,他的狡猾是真的。这是魏晋的名人超脱凡事的表现,更是他在权贵之间周旋中得到的一条真理,一条明哲保身的真理。顾恺之的画自然就不用多说了,"画绝"的美誉实在是不为过的。

他曾能够集"三绝"于一身,而且淡泊名利,倾心于艺术,这种献身艺术的精神才是超人的。如今,他的画已远传欧美及日本,成为人类共同拥有的艺术珍宝,这不仅是中国绘画史上的骄傲,而且是人类艺术史上的光荣。

他先后成为大司马桓温和荆州都督殷仲堪的参军,后来又成为桓玄的门客。他的一生基本上就是在当时的豪贵名流之间周旋,只是到了晚年才得到了一个闲职,任职没有多长时间就去世了,终年62岁。

名人逸事

顾恺之非常爱吃甘蔗。他每次吃甘蔗,都是先从甘蔗的尾巴开始吃起,慢慢才吃到甘蔗头。这正好和一般人的吃法相反。有人问他为什么这样吃,顾恺之回答说:"这样吃才能渐至佳境呀!"这里的"渐至佳境",是指"越来越有味道"。我们现在常常用"倒吃甘蔗"来形容事物"渐渐进入美好的状况",就是从顾恺之这件趣事开始的。

古今隐逸诗人之宗——陶渊明

名人简介

陶渊明的曾祖陶侃是东晋初年名将,都督八州军事,封长沙郡公,声威显赫一时,死后追赠大司马。祖父陶茂官至太守,父亲亦曾出仕。陶氏地位虽不如南下名族高贵,也是浔阳的大族。到了陶渊明这一支,因父早逝,家道中落。直至孝武帝太元十七年(392年),陶渊明均在家读书,料理家务。

陶渊明一生几次出仕,几次辞官。29岁时,经亲友推荐任江州祭酒,因不堪吏职,很快辞归,不久州上又招他去做主簿,他拒绝了;36岁时,在江陵桓玄幕府任职,因母丧辞官还乡；40岁始任军职，任镇军将军参军，第二年改任建威将军参军，八月为彭泽县令，到十一月，还是因为无法面对政治纷争和黑暗现实，最后一次弃官，选择了归隐。

仕途失意的陶渊明，在文学创作方面取得了辉煌的成就，在中国诗歌发展史上做出了重要贡献。他开创了田园诗派，首次将大量的农家生活和劳动写入诗歌，扩大了诗的创作内容。在陶渊明笔下，田园变成了痛苦世界中的一座精神避难所。《归园田居五首》《饮酒二十首》《劝农》《荣木》等是他田园诗的代表作。在这些诗歌中，陶渊明描绘了清新优美的田园风光，歌唱了亲自参加劳动的感受。凡此种种，都表现出他对隐居的热爱，对安宁闲静生活的追求，展示了一种随遇而安、淡泊平和以及安贫乐道的旷达胸怀。

除田园诗外，陶渊明还写过一些咏史诗，如《咏荆轲》《咏二疏》和《咏三良》等，读这些诗，我们能感受到陶渊明的政治抱负以及他激烈、慷慨、豪放的一面。

通过他的《杂诗十二首》，可以看出诗人孤独、寂寞、惆怅之情。陶渊明毕竟是饱读经史的文人，济世之志无法实现，仅仅共道桑麻是不能满足他的精神需要的。这些诗与其散淡的田园诗，恰好合成一个整体，完整地反映出陶渊明的精神境界。

陶渊明在散文方面也有不小的成就，虽然数量不多，却也清新，富有情致，《桃花源记》《五柳先生传》《归去来兮辞》等，都是脍炙人口的名篇。

《归去来兮辞》是他归隐后的第一篇作品。文中作者虚拟了"木欣欣以向荣""农人告余以春及，将有事于西畴"的景象，表现出陶渊明对乡居生活充满了浪漫的情怀，这种情怀既表现出作者对乡居生活的热爱，也表现出对黑暗现实的痛心疾首。

陶渊明在《桃花源记》中，只用了300多字，就描绘了一幅清新淡雅的桃源图景，勾勒出了一幅理想社会的生活场景，它既是作者依据自己的理想所做的美好想象，也代表了那个动乱时代的广大民众对太平社会的向往。《五柳先生传》也是一篇奇文，是仿史传体写的一篇人物传记，全篇只百余字，以一个"不"字贯通始终，体现出了作者"自然"的人生哲学。

陶渊明晚年生活贫困，时常要靠朋友接济，有时几天饿着肚子，甚至到了乞食的地步。但无论境况怎样恶劣，他始终不愿再为生存去求官求禄。

427年秋天，贫病交加的陶渊明预感到就要离开人世了，就给自己写了《挽歌诗》3首，《自祭文》1篇，他为自己写道："向来相送人，各自还其家。亲戚或余悲，他人亦已歌。"

同年十一月，陶渊明去世，享年63岁。

名人档案

- 姓　名　名潜／字元亮
- 生卒年　365～427年
- 祖　籍　浔阳柴桑（今江西九江）
- 身　份　田园诗派创始人

陶渊明像

名人作品欣赏

归去来兮，田园将芜，胡不归？既自以心为形役，奚惆怅而独悲？悟已往之不谏，知来者之可追。实迷途其未远，觉今是而昨非。舟遥遥以轻飏，风飘飘而吹衣。问征夫以前路，恨晨光之熹微。

乃瞻衡宇，载欣载奔。僮仆欢迎，稚子候门。三径就荒，松菊犹存。携幼入室，有酒盈樽。引壶觞以自酌，眄庭柯以怡颜。倚南窗以寄傲，审容膝之易安。园日涉以成趣，门虽设而常关。策扶老以流憩，时矫首而遐观。云无心以出岫，鸟倦飞而知还。景翳翳以将入，抚孤松而盘桓。

归去来兮，请息交以绝游。世与我而相违，复驾言兮焉求？悦亲戚之情话，乐琴书以消忧。农人告余以春及，将有事于西畴。或命巾车，或棹孤舟。既窈窕以寻壑，亦崎岖而经丘。木欣欣以向荣，泉涓涓而始流。善万物之得时，感吾生之行休。

已矣乎！寓形宇内复几时？曷不委心任去留？胡为乎遑遑兮欲何之？富贵非吾愿，帝乡不可期。怀良辰以孤往，或植杖而耘耔。登东皋以舒啸，临清流而赋诗。聊乘化以归尽，乐夫天命复奚疑？

——《归去来兮辞》

通才科学家——祖冲之

名人档案
- 姓　名　祖冲之／字文远
- 生卒年　429～500年
- 祖　籍　范阳（今河北涞水北）
- 身　份　中国古代伟大的科学家

名人简介

429年，祖冲之出生在建康（今江苏南京）。祖冲之的祖籍是河北范阳，西晋末年迁居到江南。南朝刘宋王朝时，祖冲之做过徐州刺史刘子鸾的从事，后来又担任他府中的公府参军，刘子鸾被杀后，祖冲之被调到娄县去做了县令。刘宋孝武帝时，祖冲之曾在华林学省学习，在这里，他进行了很多科学研究。南齐发生内乱时，祖冲之在给齐明帝的上书《安边论》中建议朝廷开垦荒地，发展农业，安定民生，巩固边防。齐明帝深受震动，并打算派祖冲之前往各地巡查，但还未成行时，祖冲之就去世了。

祖冲之一生对仕途并不热衷，他的主要兴趣是在学问研究上，不论是自然科学、文学还是哲学，他都很喜欢，对数学、天文和机械制造尤其钟爱。在数学领域，祖冲之最光辉的成就是精确推算了圆周率，他推算出圆周率的值在3.1415926和3.1415927之间。它的"约率"为22/7，"密率"为355/113。这是当时世界上最精确的圆周率值。直到1357年，欧洲才有一个德国数学家推算出这个数值。所以，圆周率值也被称为"祖率"。他的数学专著《缀术》，影响极大，一直到唐朝还是官办学校必修的数学课程，考试题目也大多出自其中，可惜这部书到北宋中期竟然失传了。

在天文历法方面，祖冲之经过长期的观察研究，取得了一些创造性的成就。首先是改革闰法，中国历法采用阴阳合历，阴历与阳历年的时间并不相等，为改变这一现状，古人采用在阴历年置闰的方法解决。祖冲之时代，历法为17年9闰，并不准确。祖冲之通过研究，提出每391年应该有144个闰年，这种方法更为精确，也是最先进的。祖冲之还推算出岁差是每45年11个月后退1度，而且在制定历法时，使用了岁差理论，这在天文历法史上是一个创举。他根据自

名言佳句

愿闻显据，以核理实，浮辞虚贬，窃非所惧。

亲量圭尺，躬察仪漏，目尽毫厘，心穷筹策。

己的研究成果编制了当时最科学、最进步的历法——《大明历》，但是这部历法在祖冲之去世10年后才被正式使用。祖冲之还发明制造了水碓磨、指南车、欹器等，有的发明至今还被人们使用。在哲学领域，他曾著有《易义》《老子义》，还注释过《论语》《孝经》《楚辞·九章》等。

祖冲之"搜炼古今"，但是绝不"虚推古人"。在吸取古籍文献中精华的同时，他对前人的研究成果中的错误和不足也予以纠正补充。他坚持科学真理，成就斐然，成为后世科学家的光辉榜样。

祖冲之的辉煌成就，为他博得了极高的声誉，我国紫金山天文台发现的一颗小行星就是用他的名字命名的；法国巴黎科学博物馆"发现宫"的墙上列有世界著名科学家的名字，祖冲之的名字也在其中；俄罗斯莫斯科大学的大礼堂走廊上，有祖冲之的彩色塑像；祖冲之的名字还被用来命名月球上的环形山。

名人逸事

有一天，祖父对祖冲之说："爷爷带你去见一个人。"祖冲之问："谁呀？"祖父很神秘地说："到那里你就知道了。"

祖孙的马车在一座豪宅前停了下来。祖父催促祖冲之说："已经到了！下车吧！"原来，祖父带祖冲之拜访的人，是当时著名的天文学家何承天。

何承天热情招待爷孙二人。他听说祖冲之对天文学很感兴趣，就问祖冲之："孩子！你为什么要研究天文呢？"祖冲之高声回答："我要弄清楚天地间的秘密。"

何承天听了哈哈大笑，说："好，有出息！真是人小志大啊！"

古代著名地理学家——郦道元

名人简介

郦道元字善长，我国古代著名地理学家。他出生在范阳郡涿县（今河北涿州）的一个官宦人家，从小就与水结缘。离他家不远有一条小溪，小道元经常带着邻居家的孩子到溪里去玩耍。他们在水里逮泥鳅、打水仗、扎猛子，玩得非常开心。每天回家的时候，他们一个个身上都湿漉漉的。

郦道元在青少年时代随父亲在山东生活，对当

郦道元像

名人档案

- 姓　名　郦道元
- 生卒年　466～527年
- 祖　籍　范阳涿县（今河北涿州）
- 身　份　古代地理学家

地的风土人情深入了解后，逐渐对地理考察产生了兴趣。由于父亲在青州留驻的时间较长，他对那里的地形、地貌进行了翔实的考察和记录。其中对营丘的考察是他从事野外考察成果的一个典型。营丘在战国时就是一个很出名的地方，但古籍中却连它的位置都弄错了。郦道元利用在青州时对营丘做了详细考察。他发现所谓的营丘不过是一小土岗，它"周围300步，最高处高九丈，北侧高度为七丈半"，而且就在当时临淄城中。他把这些都详细地做了记录。营丘只是一个小土岗，郦道元却肯下如此大的功夫去进行考察，可见他在野外考察时是非常细致踏实的。

有一次，他在黄河南岸的陕县考察黄河河道的情况，当地的老百姓告诉他，秦朝时铸的两尊镇河铁牛掉进了河里，所以这一段黄河水流湍急，浪头经常高达数十丈。

郦道元觉得这种说法不可靠，就带了几个朋友到水急浪高的黄河边实地勘查。他发现，该河段两岸都是陡峭的石壁，河中央有两座石头堆成的小岛，它们把河水分成三股。郦道元由此分析说："这里水急浪高根本不是什么铁牛造成的，而是两岸石壁崩落的石块堵塞了河道，才使水流变得湍急，有时还激起很高的浪头。"人们听了他的分析，无不点头称是。

在野外考察的过程中，郦道元绝不是走马观花地随便浏览，而是一边走，一边不断地与地图、文献对照，发现其中的问题。有时他还住下来与当地的农民交谈，共同探讨当地的地理、人文历史。

刚开始的时候，人们对他的工作不理解。老百姓们看他出身官家，又是官府的人，以为他这儿量那儿看，肯定是为租赋的事而来，因此总是有意回避他。实在推不过，回答他的话时也是支支吾吾。他觉得这样肯定要影响考察的效果，于是主动拉近与老百姓的距离。郦道元出门的时候，也穿上一身粗布衣衫，脚下蹬一双草鞋，而且见到老百姓总是主动跟人家打招呼。有时候，老百姓家里有什么小困难，他还前去帮忙。久而久之，大家觉得他和蔼可亲，于是开始主动配合他的工作。

有了老百姓的支持，郦道元的工作开展得更顺利了。神龟元年（518年），郦道元被免职回到洛阳。在这期间，他感觉以往的地理著作如《山海经》《禹贡》《汉书·地理志》都太过简略，《水经》只有纲领而不详尽。于是，他花费大量心血，广泛参考各类书籍，亲自考查了许多河流的源流和支流，流经地区的地貌、物产，以及相关的历史事件等情况，终于写成了重要地理学著作——《水经注》。

在著书的过程中，郦道元选取了《水经》一书作为蓝本，采取了为《水经》作注的形式，因此取书名为《水经注》。但是，他并不是图省力，走捷径，简单地为《水经》作注释，而是花了一番工夫和气力。

《水经》一书记载的河流仅137条，文字总共只有1万多字。郦道元在《水经注》中补充了许多河流，数量比《水经》增加了近10倍，达1252条，其中有些

名言佳句

脉其支流之吐纳，诊其沿路之所缠，访渎搜渠，缉而缀之。

还是独立流入大海的重要河流。《水经注》共计40卷，约30万字。仅从这些就可以看到，郦道元的《水经注》是一部内容远远超过《水经》一书的再创作，书中凝聚着郦道元大量的辛勤劳动，是他多年心血的结晶。

《水经注》是一部杰出的地理学巨著，它是对北魏以前的地理学的一次全面总结，为后世地理研究提供了非常详尽的参考文献。

《水经注》书影

名人逸事

郦道元小时候是个有心的孩子，他常常在玩的时候思考一些问题。一次，小道元望着东去的溪水发呆。他问母亲："这么多的水，都流到哪里去了呢？"母亲告诉他："河神把水都吞进肚子里了，然后不一定什么时候又吐出来淹没村庄和庄稼。"郦道元更不解了，说："那为什么不惩治它呢？"父亲在一旁说："还敢惩治，供奉还来不及呢，你没见乡亲们都忙着置办酒肉，往河里扔。"小道元显出很气愤的样子，说："难道河神真的那么灵验吗？"父亲捻着胡须说："根本就不是那么回事，我给你讲讲西门豹的故事吧。"

说着，父亲讲起了西门豹治邺的故事：战国时候，邺县经常发大水。人们为了讨河神的欢心，每年要把一个漂亮女子丢进河中，说是给河神娶亲。新到任的邺县县令西门豹调查得知，这全是巫婆和地方官搞的鬼把戏，借以敲诈百姓的钱财。在这年的"河神娶亲"时，西门豹对巫婆说："河神那边怎么连个回信也没有，你下去催催吧。"说着，他让手下人把那个巫婆扔下水。其他参与组织"河神娶亲"的人吓得面如土色，连忙跪地求饶。之后，西门豹领导百姓疏浚河道，兴修水利，消除了水患，庄稼获得大丰收。

郦道元听完西门豹的故事，高兴地说："西门豹真伟大，我长大了也要做西门豹那样的人。"父亲抚摸着小道元的头说："孩子呀，这可不能停留在口头上，得认真观察、思考才行。"听了父亲的话，郦道元每次随父亲外出，都对野外的景物做细心的观察。

名人作品欣赏

江水又东径西陵峡，《宜都记》曰：自黄牛滩东入西陵界，至峡口百许里，山水纡曲，而两岸高山重障，非日中夜半，不见日月，绝壁或千许丈，其石彩色，形容多所像类。林木高茂，略尽冬春。猿鸣至清，山谷传响，泠泠不绝。所谓三峡，此其一也。山松言：常闻峡中水疾，书记及口传，悉以临惧相戒，曾无称有山水之美也。及余来践跻此境，既至欣然，始信耳闻之不如亲见矣。其叠崿秀峰，奇构异形，固难以辞叙。林木萧森，离离蔚蔚，乃在霞气之表。仰瞩俯映，弥习弥佳。流连信宿，不觉忘返，目所履历，未尝有也。既自欣得此奇观，山水有灵，亦当惊知己于千古矣。

——《水经注》节选

杰出的少数民族改革家——北魏孝文帝

名人简介

鲜卑族是继匈奴之后兴起的一个少数民族。386 年,拓跋珪称代王,建国号为魏(史称北魏),迁都平城,在河套地区屯田,迁汉族和其他各族人到平城居住,鲜卑族从一个游牧民族转变成定居的农耕民族。拓跋珪结束了五胡十六国的割据局面,统一了北方,成为与南朝对峙的政权。

拓跋宏,也就是孝文帝,是拓跋珪之后的第 6 位国君,471 年即位,当时只有 5 岁。因沿用"立其子杀其母"的旧法,年幼的拓跋宏由祖母、太皇太后冯氏抚养,朝政也一直由冯太后把持。

冯太后对拓跋宏进行了极为严格的教育,她请汉族士人做拓跋宏的老师,教他儒家经典。拓跋宏深受汉族文化的熏陶,从中学习了许多汉族封建统治的经验。

490 年,冯太后去世,24 岁的拓跋宏开始亲政,他大刀阔斧地进行了汉化改革。

在改革之前,拓跋宏决定迁都洛阳。关于迁都,他做过周密的考虑,一方面,北魏定都平城以后,历经百年,社会情况发生了很大的变化,平城作为都城已经不合适了。另一方面,洛阳地处农业生产发达的中原地区,交通方便,一直是汉族的政治、经济、文化中心,也没有军事上的危险。更重要的一点是,拓跋宏认为平城是鲜卑贵族的老窝,保守派势力很大,如果想彻底改革,就必须摆脱这些旧势力的束缚。494 年,孝文帝冲破重重阻挠,正式迁都洛阳。

迁都洛阳之后,孝文帝全面推行汉化改革。

首先,孝文帝进行了用人方面的改革。他不仅重用主持改革、提倡汉化的鲜卑贵族,还重用许多有才干的汉族人,为改革奠定了人才基础。

其次,孝文帝又进行了改变鲜卑旧俗、学习汉族的生活方式和典章制度等方面的改革。他下令禁止穿胡服,一律改穿汉服;禁止讲鲜卑语,一律改说汉语;改变鲜卑贵族的姓氏为汉姓,皇族姓氏拓跋被改为元,其他大族姓氏也都改为汉姓;改变鲜卑人的祖籍,凡是迁到洛阳的鲜卑人就是洛阳人,死后不许归葬塞北。孝文帝的这些强制性的政策,对减少民族差异和民族隔阂起到了很大的作用。

为了拉拢汉族地主,扩大统治基础,孝文帝还主张同汉族通婚,把汉族地主和鲜卑贵族的利益联系在一起,壮大了北魏的统治力量,血统的交融,也加速了鲜卑的汉化,促进了北方各民族之间的融合。

孝文帝还废除了鲜卑族原来的政治制度,重新制定一套官制礼仪;他还派人修订了法律,改革了官职名称;沿用汉族的门阀制度,把鲜卑贵族和汉族地主按

名人档案
- 姓　名　原名拓跋宏／因改汉姓为元／故亦称元宏
- 生卒年　466～499 年
- 民　族　鲜卑族
- 身　份　北魏皇帝／少数民族杰出的政治家

孝文帝像

魏孝文帝最大的功绩，是对鲜卑族的政治、经济、文化进行根本性的改革。他的改革是西北各族陆续进入中原后民族融合的一次总结，对多民族国家的形成和发展起了积极的作用。

门第分成4等，并按照门第等级来确定官职的高低。

孝文帝对自己民族的落后有着清醒的认识，他积极创办学校，传播文化知识，搜集整理天下书籍，使因战乱而衰落的北方文化开始复兴。他大力提倡佛教，推动了佛教艺术的发展，中国三大石窟之一的洛阳龙门石窟就是孝文帝正式迁都洛阳那一年开始开凿的。龙门石窟的壁画和雕塑艺术成就极高，其中宾阳洞中原有的两幅浮雕《帝后礼佛图》，更是艺术精品，是北魏风格的代表。

通过改革，鲜卑族的经济文化得到了迅速发展。但是，孝文帝激烈的改革措施，也引起保守的鲜卑贵族的阻挠和反对。496年，太子拓跋恂趁孝文帝到嵩山巡视之机，发动叛乱。孝文帝返回洛阳后，将拓跋恂废为庶人，并派士卒严加看守。后来，孝文帝又派人毒死了拓跋恂。同年冬天，鲜卑贵族穆泰又联络党羽，阴谋起兵叛乱。孝文帝亲自出征，平定了叛乱。

497年，孝文帝本想趁南齐内乱，一举灭掉南齐。但是由于北魏内部发生变故，孝文帝只得撤兵北归。孝文帝途中患病，第二年正月才回到洛阳。三月，孝文帝又亲自南征，由于奔波劳累，再次病倒，还没有回到洛阳就去世了，年仅33岁。

名人逸事

493年，拓跋宏召集满朝文武商议政事，他提出要动员北魏所有军力，出征南方的齐国。这一提议，无疑是一石激起千重浪，马上就招来了众多大臣的反对。任城王拓跋澄是孝文帝的叔父，在朝廷里有很高的威望。他从国家利益出发，坚决反对此次南征。孝文帝见没有人支持他的建议，非常生气，宣布退朝。

散朝之后，孝文帝在后殿对任城王拓跋澄交了底，他说："你以为我真要南征吗？老实告诉你，我不过是拿它做幌子罢了。我真正的意图是想迁都到洛阳去。我们这里不是用武的地方，不适应改革政治。现在我要移风易俗，非得迁

均田制

均田制是北魏孝文帝改革时采取的一项重要措施。孝文帝太和九年（485年）十月，均田令颁布施行。其内容包括：一、关于受田的种类和数量，规定编户齐民所受土地包括露田、桑田和麻田，奴婢和平民一样受露田和桑田，数量多少不等。二、关于土地的还受、买卖和继承，受田者年满70岁或死亡，露田交还国家，桑田则可以世代相传。三、土地紧缺地方的民户可以迁往地广人稀处受田，并有一定的优惠政策。四、各地官吏就近受给公田，刺史15顷，太守10亩，治中、别驾、县令、郡丞多少不等，离职时须移交下任，不得买卖。在当时的历史条件下，均田制并不能完全做到平均土地，但是它对土地兼并的现象起到了抑制作用，并以法律形式确认劳动者对于土地的占有权和使用权，是中国历史上比较完备的土地制度，有其历史的进步意义。

都不可。所以我就想出这个主意，让它生米煮成熟饭再说。"拓跋澄这才恍然大悟，他佩服孝文帝的英明果断，当即赞成孝文帝的决策。

隋唐盛世的奠基人——隋文帝杨坚

名人简介

杨坚生于北周时期，他相貌奇特，性情矜持、深沉。他凭借深厚的家族根基和关陇集团中稳固的政治联姻，成为北周上层统治集团的一名重臣。周武帝即位后，他又晋位大将军，袭爵随国公，后因屡立战功，历官定州、亳州总管。攻灭北齐后，进位柱国。大象元年（579年），周宣帝暴卒，杨坚以国丈之亲，入朝摄政，掌握了北周军政大权。581年2月，杨坚迫使周静帝退位，自立为帝，改国号为隋，年号开皇，建都长安，史称隋文帝。

名人档案	
姓　名	杨坚／即隋文帝
生卒年	541～604年
祖　籍	弘农华阴（今属陕西）
身　份	政治家／隋朝的开创者

隋文帝称帝之后，从政治、经济、军事几方面入手，进行了大力改革。

在政治上，隋文帝首先改革了政权机构。在中央，他设立内史、门下、尚书三省，作为最高政务机构，分别负责决策、审议和执行；在地方，他实行州县两级体制，撤除冗赘州县，节省了政府开支，提高了行政效率；他还规定六品以下官员也由吏部选授，地方官吏不得自辟僚佐，从而使中央对地方的控制能力得到极大加强。其次，隋文帝大力整顿吏治。由吏部每年定期考核地方官吏的政绩；州县佐官三年一换，不得再任；地方官全部选用外地人，严防各地豪强势力为恶。

在废止九品中正制以后，他多次下诏选求贤良，选拔门第寒微却有才能的士人充任高官。隋文帝还完善了法制，颁行并修订了《开皇律》。

在经济上，隋文帝颁布了均田和租调的新令，减轻了百姓的负担，使农民有更多的时间从事农业生产。为解决汉末以来豪强庇民户为私属、侵夺朝廷户口的积弊，隋文帝实行"大索貌阅"和"输籍之法"，从而检括出大量隐漏户口，扩大了政府的收入来源。隋文帝还十分重视水利的兴修和仓廪的建置，以发展农业生产和交通运输，并备灾年赈济之用，成为保障社会生产的有力措施。

对于强悍的突厥骑兵的侵扰，隋文帝采取积极的防御策略，远交近攻、离强合弱，稳定了北方边庭。

开皇前期的改革取得了显著成效，隋朝逐渐强大起来。开皇九年（589年），隋文帝攻灭陈朝，结束了近300年的南北分裂局面，创立了统一天下的大业。

名言佳句

国家事大，不限常礼。

开皇十年（590年）隋文帝又着手改革府兵制度，把府兵制与均田制紧密结合起来，使得"兵农合一"，有效地防止了府兵将领拥兵跋扈，从而适应了民

> **《开皇律》**
>
> 　　隋文帝即位以后,命人修订刑律,编成《开皇律》。《开皇律》分为《名例》《卫禁》《职制》《户婚》《贼盗》《斗讼》《捕亡》《断狱》等12篇,一共500条。这部法律的刑名分为死(绞、斩)、流(1000里、1500里、2000里)、徒(一年、一年半、二年、二年半、三年)、杖(60、70、80、90、100)、笞(10、20、30、40、50)五等,重罪有"十恶":谋反、谋大逆、谋叛、恶逆、不道、大不敬、不孝、不睦、不义、内乱。《开皇律》废除了前代实行的许多酷刑,如枭首、宫刑、孥戮、车裂等,减掉了81条死罪和154条流罪。从历史的角度来看,《开皇律》意在维护封建统治秩序,同时它也体现了一种文明和进步的精神。

族融合、国家统一和社会生产发展的要求。

　　隋文帝统治后期,社会繁荣,国力富足,武功强盛,达到了中古时代罕见的鼎盛时期,被称为"开皇之治"。作为隋朝的开国皇帝,隋文帝杨坚以其辉煌的文治武功而为后世所称道。

名人逸事

　　隋文帝晚年时和皇后独孤氏把周围的人,包括他的儿子,或杀或贬,或做出其他安排,最后只剩下他们宠爱的杨广,即后来的隋炀帝。

　　仁寿四年(604年)七月,隋文帝病情加重,大臣杨素、柳述入侍,太子杨广入居大宝殿。杨广与杨素密谋夺位,私下交法,其密札被宫人鬼使神差地误送到文帝面前。文帝此时才如梦方醒,击床大呼:"畜生何足付大事,独孤氏误我!"即刻召杨勇进见。杨广与杨素抢先下手,调东宫卫士代替御林宿卫,并控制宫门,命心腹大臣张衡入寝殿侍疾,并把后宫宫人全部赶到别室。顷刻之间,文帝驾崩,一时间,朝野上下议论纷纷,文帝被杀的真相遂成为千古之谜。

百世贤相的表率——魏徵

名人简介

　　因为父亲去世比较早,魏徵少年时的生活一直很困苦,但是他从小就胸怀大志,希望将来能有所作为。他虽然身陷窘境,却勤奋好学,很快就成为颇有名气的文人。

　　隋末农民起义爆发后,魏徵为了避乱,出家做了道士。李密领导的瓦岗军攻占河南大部分地区后,把魏徵请去,让他主管全军的文书。李密失败后,魏徵也随他一起归顺了唐朝,被李渊任命为秘书丞。在魏徵被派往山东劝服李密旧部归降时,被另一支起义军领袖窦建德俘虏,还被任命为起居舍人。不久,窦建德被李世民击败,魏徵再次投降唐朝,不被重用。太子李建成听说魏徵很有才干,就招他做

魏徵像

太子洗马。失意之时得到太子知遇，魏徵感激不尽，从此对李建成忠心耿耿。

名人档案
姓　名　魏徵／字玄成
生卒年　580～643年
祖　籍　河北巨鹿
身　份　唐太宗重臣／杰出政治家

当时，太子李建成和秦王李世民争夺皇位继承权的斗争越来越激烈。李建成虽有太子身份，却没有多少功绩，太子之位很不稳固。这时，窦建德的旧部刘黑闼起兵反唐，魏徵就建议太子主动请战。622年，魏徵随李建成征讨刘黑闼。李建成采纳魏徵建议，运用攻心战术，瓦解了刘黑闼的队伍。

在太子与秦王的斗争中，魏徵一直为李建成出谋划策，算计李世民。

玄武门之变后，当上太子的李世民非常赏识他，不计前嫌，任命他为詹事主簿，掌管文书。李世民即位后，又提升魏徵为谏议大夫，专门负责给皇帝提意见，后来又兼任尚书右丞。唐太宗事事都要向他垂询，有时甚至把他召到卧室里，单独征求他的意见。魏徵非常感激唐太宗的知遇之恩，尽心竭力地辅佐太宗。

魏徵多次劝诫唐太宗要居安思危，吸取隋亡的教训，最著名的是《谏太宗十思疏》和《谏太宗十不克终疏》。在《谏太宗十思疏》中，魏徵列举了知足自戒、谦虚谨慎、虚心纳谏等十个问题，请太宗三思而后行。在《谏太宗十不克终疏》中，他指出太宗不能善始善终的十个方面，提醒太宗警惕，劝他保持贞观初年那种节俭、谨慎、朴实的作风。唐太宗看过后，不但承认自己的过失，还把魏徵的奏疏放在身边，以便随时提醒自己。

作为一个杰出的政治家，魏徵有胆有识，敢于直言进谏，指责皇帝和朝廷的错误过失。从贞观初年到十七年病故，魏徵先后进谏200多次，涉及政治、经济、文化、外交乃至皇帝私生活等各个方面。魏徵"耻君不及尧舜，以谏诤为己任"，堪称唐太宗的得力助手。

魏徵的忠贞耿直，使得唐太宗把他当作自己检讨过失的一面镜子。643年，魏徵病逝，唐太宗痛惜不已，他感叹地对朝臣说："以铜为镜，可以正衣冠；以古为镜，可以知兴替；以人为镜，可以明得失。朕持此三镜，以防己过。今魏徵殂逝，遂亡一镜矣！"

魏徵还主持编撰了周、隋、陈、齐诸史，并著有《隋书》的绪论，《梁书》《陈书》《齐书》的总论，主编有《群书纪要》《魏郑公诗集》《魏郑公文集》等，推进了唐代史书编修工作。

名言佳句

兼听则明，偏信则暗。
居安思危，戒奢以俭。
慎始而敬终。
虚心以纳下。
爱而知其恶，憎而知其善。
自满者，人损之；自谦者，人益之。

名人逸事

魏徵直言进谏，唐太宗对他非常敬畏。有人进贡给唐太宗一只鹞子，唐太宗非常喜爱，没事就逗鹞子玩儿。有一天，唐太宗正在把玩鹞子时，魏徵来了，唐太宗怕被魏徵批评，急忙把鹞子藏在怀里，等到魏徵奏完事离开，那只鹞子早已经被闷死了。

还有一次，唐太宗准备好车驾想出去游玩，可是忽然又放弃了。魏徵问："陛下，怎么突然又不去了？"唐太宗笑道："本来想去，可是怕惹你生气。"

四海独尊的天可汗——唐太宗李世民

名人简介

李世民出身极其显赫的关陇士族家庭。他的曾祖父李虎是北周的开国元勋、八大柱国之一，受封为唐国公；他的祖父袭封唐国公，曾任隋朝的安州总管；他的父亲李渊是隋文帝杨坚的姨甥，7岁就继承了唐国公的封号，后来还做了太原留守。

名人档案	
姓　名	李世民
生卒年	599～649年
祖　籍	陇西成纪
身　份	杰出政治家／唐朝皇帝

少年时的李世民聪慧过人，极有胆识，从小就受到很好的教育，骑射征战、文韬武略样样精通，很受李渊的喜爱。615年，参加屯卫将军云定兴的勤王军队，受到云将军的夸奖。第二年，李世民随父参加镇压农民军的战争。

隋炀帝骄奢残暴的统治，引发了各地农民起义。在农民起义的打击下，隋军土崩瓦解，隋炀帝困守江都。就在隋朝的统治危在旦夕之时，深谋远虑的李世民积极鼓动父亲拥兵自立，起兵反隋。617年5月，李渊在晋阳起兵，11月攻占长安。618年，隋炀帝在江都被杀，隋朝灭亡。5月，李渊在长安称帝，建国号为唐。李世民因功被封为秦王，他的哥哥李建成以嫡长子身份，被立为皇太子，弟弟李元吉被封为齐王。

唐王朝建立后，刚刚24岁的秦王李世民担负起统一天下的任务。618年，李世民挂帅出征，先后讨平瓦岗军、河北窦建德、江淮杜伏威，以及李轨、薛举、刘武周、王世充等割据势力，到623年，李世民仅用了4年零1个月时间就统一了全国，成为李唐王朝的大功臣。李世民卓越的军事才能和超群的胆识，使他的威望越来越高，权力也越来越大。他不仅统领三军，掌握兵权，还担任尚书令，位居宰相。

李世民显赫的政治、军事地位，引起了他的哥哥太子李建成和弟弟齐王李元吉的嫉恨。李氏兄弟开始了权力之争，而且愈演愈烈，最终酿成玄武门之变。武德九年（626年）六月，李世民在玄武门设下伏兵，趁太子建成和齐王元吉入朝的时候，突然发动兵变，亲手射死了哥哥李建成，他的弟弟李元吉也被尉迟敬德杀死。然后李世民又杀死了李建成和李元吉所有的儿子，李渊只得改立李世民为皇太子。两个月后，李渊被迫退位，改称太上皇。李世民即皇帝位，第二年，改年号贞观。

唐太宗吸取隋朝二世而亡的深刻教训，采取了很多有效措施，恢复发展生产，稳定社会秩序，使中国的封建社会再次走向繁荣。

唐太宗积极推行轻徭薄赋，休养生息的政策，大力推行均田制，满足了农民对土地的要求，调动了农民的生产积极性。为了保障农民的劳动时间，唐太宗还实行了租庸调制，允许以绢布代替徭役，还尽量减少徭役的征发。

> **名言佳句**
> 民，水也；君，舟也。水可载舟，亦可覆舟。
> 国以人为本，人以衣食为本，凡营衣食，以不失时为本。
> 为主贪，必丧其国；为臣贪，必亡其身。

唐太宗既有识人之能，又有用人之量，他不论出身高低，唯才是举。他重用了一大批原来李建成和李元吉的亲信，其中最著名的就是魏徵。为了选拔人才，唐太宗还完善了隋朝的科举制，使更多的有才之士，尤其是中下层的地主阶级知识分子，能够参加到政权中来。当国内形势好转之后，唐太宗开始经略边疆，他首先消灭了东突厥，控制了南起阴山、北到大漠的广大地区。

消灭了东突厥之后，唐太宗开始进攻西域，先后降服了吐谷浑、高昌、西突厥，恢复了中西商路，远近40多个国家的使节来到长安，与唐朝通好。唐朝和各国发生了密切联系，成为当时世界上最强大的国家之一。

唐太宗还和青藏高原上的吐蕃建立了友好的关系，将文成公主嫁给了松赞干布，开创了汉族和吐蕃人民交往的新篇章。

从626年登基到649年去世，唐太宗在位共23年，他在位时期，政治开明，经济发展迅速，社会也比较安定，后人称为"贞观之治"。

名人逸事

唐太宗李世民为了纪念他当年驰骋沙场所立下的赫赫战功，贞观十年（636年）命令："朕所乘戎马，济朕于难者，刊名镌为真形，置为左右。"贞观十一年（637年）将曾与他一同征战的六匹战马，由唐代著名画家阎立本亲自绘稿，选派当时的优秀雕刻家精心雕刻成六块浮雕，置于昭陵北司马门内东西两廊，是为"昭陵六骏"。

西天取真经——玄奘

名人简介

玄奘从小聪明颖悟，对佛学非常感兴趣。父亲去世后，经常跟着在洛阳净土寺出家的哥哥去听高僧说法，逐渐有了出家的念头。玄奘13岁时，在净土寺剃度为僧，开始学习佛法。18岁时，玄奘为了躲避战乱辗转到了成都。5

名人档案	
姓　名	本名陈祎／亦称唐僧
生卒年	602～664年
祖　籍	洛州缑氏（今河南偃师）
身　份	一代高僧／翻译家

年后，东出剑门、三峡，开始到各地访求良师益友。10年后，玄奘已经精通许多佛教典籍。627年，玄奘为了彻底解决对佛教教义的疑问，在没有拿到通关令的情况下，孤身一人踏上了西去印度求取佛法和真经的万里征程。

玄奘西行，先后经过凉州、瓜州、玉门关、伊吾、高昌、焉耆、屈支、素叶、铁门关、吐火罗国，一路上，风餐露宿，翻山越岭，穿越戈壁滩、大沙漠，最后

终于到达了北印度边境。

当时的印度分为东、西、南、北、中五部分，玄奘先到北印度的佛教圣地犍陀罗国，又长途跋涉来到小乘佛教的发源地迦湿弥罗国。玄奘在王城的阇耶因陀罗寺住了两年，向一位年近古稀的高僧学习小乘经典、声明学（语言文字学）和因明学（逻辑学），并遍读寺中的佛经。离开迦湿弥罗国后，玄奘途经中印度大国摩揭陀国的国都曲女城，最后到达印度最大的佛教寺院、印度佛教的最高学府、学术文化的中心——那烂陀寺。在这里，玄奘拜寺院德高望重的主持戒贤法师为师，潜心研究佛法，学习《瑜伽论》。遍读所有的经论后，玄奘辞别戒贤法师到各地去游学。640年，玄奘回到那烂陀寺，戒贤法师让他主持全寺的讲席，玄奘博学多才的名声盛传于印度各地。玄奘的名字在印度几乎家喻户晓。

玄奘像

641年，玄奘踏上归途。645年，终于回到了阔别10多年的长安，并在弘福寺开始了大规模的佛教翻译事业。玄奘不仅精通佛教教义，而且通晓梵文。他遵循"既须求真，又须喻俗"的翻译原则，用了19年时间，主持翻译了佛教经论74部，1300多万字，是中国翻译史上翻译佛教典籍最多的一个人，开启了中国翻译史的新时代。玄奘翻译的佛经不仅丰富了中国的文化宝库，还为印度保存了许多珍贵资料，他将印度本土已经失传的《大乘起信论》由中文翻译成梵文，再传回印度，并应印度迦摩缕波国王之请，将中国古代的哲学巨著《老子》译成梵文，传到印度。玄奘的译著成为中印两大民族的共同遗产。

玄奘的《大唐西域记》记载了他亲身游历过的110个国家和他听说的28个国家的山川形势、地理位置、历史沿革、风土人情、宗教物产等，是研究中亚、南亚等国古代历史地理的重要文献。书中奇异惊险的故事成为作家们创作的素材，他们据此创作出许多文学作品，如《唐三藏西天取经》、明代吴承恩的《西游记》等。近代的考古学者还曾经依据《大唐西域记》的记载，发掘出王舍城、那烂陀寺等遗迹。

鉴真东渡

鉴真是唐代著名的高僧，俗姓淳于，扬州人，精于佛教律宗。当时日本的佛教还不够完备，日僧荣和普照随遣唐使入唐邀请高僧到日本传授戒律，访求十年找到了鉴真。天宝元年（742年），鉴真不顾弟子的劝阻和地方官的阻挠，发愿东渡传法。前四次都未能成行，第五次漂流到了海南岛，荣病死，鉴真双目失明。但是他不改初衷，第六次搭乘日本遣唐使团的船只东渡，终于在天宝十三年（754年）到达日本，被日本人称为"过海大师""唐大和尚"。他在日本传播佛教和先进的唐文化，后来被日本天皇任命为大僧都，成为日本律宗的始祖。公元763年，鉴真在日本圆寂。他对中日文化交流做出了巨大贡献，1000多年来一直受到日本人民的敬仰。

玄奘毕生致力于佛教教义的研究和佛经翻译事业，为中国以及世界佛教的发展做出了巨大贡献。中国的法相宗就是在他的影响下出现的，而日韩等国的法相宗也深受他的影响。

中国唯一的女皇帝——武则天

名人简介

武则天自幼才貌出众，机敏过人。637年，14岁的武则天被太宗召进宫，立为才人，赐号"武媚"。虽得太宗宠爱，但又移情太子李治。武媚天性刚强，心肠狠毒，加之时有"唐三世之后，有女主武王取代帝王"的传言，因而太宗对武媚心生防备，再未加封。649年，太宗驾崩，武则天和所有嫔妃削发出宫入长安感业寺为尼。

名人档案
- 姓　名　本名媚娘／自名曌
- 生卒年　624～705年
- 祖　籍　并州文水（今山西文水）
- 身　份　封建时代杰出的女政治家

武则天虽为女流，心计却非同一般。654年，武则天借力王皇后，重又进宫，被封为昭仪。从此，她就开始运用谋略，先得皇后之位，再夺李唐江山。这期间，她使尽种种手段，掐死亲生女儿，嫁祸王皇后，迫使高宗废掉皇后。而后，又逼死长孙无忌，处决上官仪等反对自己的士族官僚官员。660年，受高宗委托处理朝政，后又垂帘听政，与高宗并称"二圣"。大权在手，她仍不满足，罢免异己，毒死亲生儿子李弘，几次废立太子，最后，终于达到自己的心愿，改唐为周，建都洛阳，自称圣神皇帝。真是权力欲不让须眉。

武则天天资聪颖，文史皆通，颇具政治才能。她采取了很多措施，不但巩固了自己的地位，还维持了社会安定，海内富庶，使得唐朝进一步走向繁荣。

她善用刑赏大权，用酷吏剪除异己，大杀唐宗室皇亲国戚以及大臣，巩固自己的地位。后为收买人心，又杀酷吏。她还设置告密制度，使得满朝文武诚惶诚恐。武则天虽然心狠手辣，但也虚心纳谏，颇有太宗之风。她还善用人才，以各种方式选拔，如自举、试官、贡士殿试、设员外官、武举等。武则天虽然爱用俸禄收买人心，但她统治期间，也确实选用了大批有才能的大臣，文臣杜景俭、狄仁杰、张柬之、姚崇、宋璟等，武将娄师德、唐休璟、郭元振等，都是能治国安边的人才。

名言佳句

夫礼缘人情而立，制因时事而为。以色事人不能久之。

父子不信，则家道不睦；君子虽殒，善名不灭；朋友不信，则交易绝。

在经济方面，武则天也颇有见地。673年，她在《建言十二事》施政纲领中提出革新政见，主张"劝农桑、薄赋徭"，注意兴修水利，奖励农业生产，还在边远地区屯田，所积军粮可用数十年。

武则天的军事才能体现在防御外敌

上，她采取积极防御的措施，抵制了突厥、吐蕃、契丹等外族的掠夺和骚扰。692年，还收复了失去20年之久的安西四镇，设置安西、北庭都护府，使碎叶河流域等大片土地重归大唐。这些措施对防御外患，开通中外交流，密切各民族交往起到了积极的作用。

晚年的武则天奢豪专断，弊政颇多。705年，也就是神龙元年，五王在张柬之的带动下发动宫廷政变，逼迫武则天还政中宗。这一年冬天，武则天辞世，遗诏"令去帝号，称则天大圣皇后"。中国历史上唯一一位女皇帝回归女位，享受李氏子孙的香火。

名人逸事

武则天作威作福，唐高宗一举一动都受她约束。唐高宗很不满，就秘密把大臣上官仪找来，让他起草废武后的诏书。消息传到武则天那里，武则天怒气冲冲地去见唐高宗。她厉声问高宗说："这是怎么回事？"唐高宗十分害怕，没了主意，就结结巴巴地说："我本来没有这个意思，都是上官仪教我这么干的。"武则天立刻命人杀掉上官仪等人。从此大小政事，都由武则天一人定夺。

中国佛教禅宗六祖——慧能

名人简介

由于家境贫寒，慧能小时候没有读过书，但是很有慧根。有一天，他偶尔听见有人在朗诵《金刚经》，感触很深，就立志拜师学习。672年，他到黄梅东山，拜见五祖弘忍。弘忍开口就问他："你是哪里人，来我这里想干什么？"慧能老老实实地回答说："我是岭南人，来到这里就有一个目的'作佛'。"为了试探他的慧根，弘忍摆出一副不屑一顾的样子，讽刺他说："你从新州来，是南蛮，怎么能成佛呢？"慧能当即尖锐地反击说："人的确是有南北的分别，但是佛性没有，我的形体虽然和你的不同，但我们的佛性是没有差别的。"弘忍一听就把他留下来。但是让他在寺庙里做苦工——碓房舂米。后来，弘忍就亲自教导他，让他完全继承了自己的衣钵。为了避难和潜心修行，他在岭南隐居了15年以后，才正式向世人宣布自己禅宗六祖的身份，并且开始收弟子讲经。

六祖慧能铜像
此像塑于宋代，乃是按照六祖慧能肉身像铸造，法像庄严，神态生动，工艺精致，为佛门珍物。今供奉在广州六榕寺六祖堂内。

中国禅宗从达摩开始，100余年间用的都是《楞伽经》，所以也叫楞伽宗。达摩的三传弟子道信开始把《金刚经》等也作为经典，到了慧能的时候，就用文句

名人档案
- 姓　名　慧能／本姓卢
- 生卒年　638～713年
- 祖　籍　范阳／生在南海新兴
- 身　份　禅宗六祖／宗教改革家

简单的《金刚经》代替了《楞伽经》，说白了就是把佛经通俗化。他希望能够摆脱烦琐的思想束缚，比较简单地求得开悟。

在长期习悟佛法及讲法的过程中，慧能大师形成了自己的一套思想，这些圆融高深的智慧都记载在《坛经》中。

《坛经》大概可以分为性净说和顿悟说两部分。一是性净说。他认为人的心的范畴里面包含了本心和妄心这两个层次的对立。心即是一个客观存在，也是指人们的用心。人们在用心的时候可以分成善心和恶心两类。《坛经》中说："世人性本自净……思量一切恶事，即行于恶；思量一切善事，便修于善行。"慧能比以往任何禅师更加强调净心就在妄心之中，也就是说各种心的结构、层次虽然不同，但它们是一体的。修行的人不应该离开他们的不好的妄心去求真，而是应该"即妄求真"。慧能的看法中还认为，人们的本性不是恶的，这样就突破了以往禅学中的人性善恶二元论，强调了人的修行作用。

二是顿悟说。在修行的实践上，慧能强调"以定惠（慧）为本"，认为定就是慧，慧就是定，突出智慧在修行中的决定作用。"本觉"指一般人先天具有的佛家的智慧，就是他的"慧根"，"超越三世"就是顿悟，如果这个先天的条件具备了，有了坐禅、念佛、守心等一系列禅修的方法，就只剩下观念的转变了。这就是顿悟说的基础。慧能的顿悟法门展现为"无念、无相、无住"三个方面，认为是"无念为宗，无相为体，无住为本"。他说："心量广大，遍周法界，去来自由，心体无滞，即是般若。一切般若智，皆从自性而生，不从外入。若识自性，一悟即至佛地。"

慧能的弟子很多，最著名的有青原行思、南岳怀让、菏泽神会、南阳慧忠、永嘉玄觉五人。他们得法以后，都自成一家。慧能和神秀都是弘忍的大弟子，但是因为对禅的看法不同，后来分为南北两宗。慧能这一派受到人们的仰慕和统治者的重视。中唐以来，慧能的曹溪法门成为修行的人普遍奉行的规则。

名言佳句
菩提本无树，明镜亦非台。本来无一物，何处惹尘埃！

名人逸事

弘忍在送慧能到南方避难，要渡过长江的时候，弘忍和慧能争着要划船，弘忍说："应该是我来渡你过河！"慧能立马回答说："迷的时候，是师父渡我，悟了以后，是我渡自己。"弘忍听了以后，知道自己没有看错人，就放心地走了。

慧能出山以后，到广州法性寺访问。当时印度的宗法师在讲《涅槃经》，有两个僧人辩论风幡，一个说是风动，一个说是幡动，争得面红耳赤，就连印度的宗法师也是无言以对。慧能插口说："不是风动，也不是幡动，是你们的心动！"大家听了非常诧异，对他佩服不已，宗法师也请他上座。

再造大唐的老将——郭子仪

名人简介

郭子仪从小习武，研读兵书，年轻时以武举进入仕途，官至天德军使兼九原太守。郭子仪凭借杰出的军事才能立下了赫赫战功，为恢复唐朝中央政权，安定社会，稳定边境，交好少数民族，做出了重要的贡献。

755年，安史之乱爆发，叛军很快攻破洛阳，直逼长安。唐玄宗避祸四川，太子李亨在灵武即位，是为唐肃宗。国事危难，肃宗任命郭子仪为朔方节度使，担负收复洛阳、长安两京，抗击安史叛军的重任。郭子仪先在恒阳城下大败史思明以及安禄山的援军，夺取了潼关，然后他又率领唐朝15万人马以及从回纥借来的5000精锐骑兵，分三路直取长安。这时，安禄山被他的儿子安庆绪杀死，郭子仪趁叛军内乱，一举收复了被叛军占领1年4个月的京师长安。随后又在新店击败安庆绪，收复洛阳。

郭子仪像

收复洛阳之后，肃宗对郭子仪赞誉有加，称其为大唐的再造者，并封郭子仪为司徒、代国公。

758年10月，郭子仪等9个节度使又率兵进攻退守相州的安庆绪，安庆绪走投无路，向史思明求援。由于监军太监鱼朝恩不懂军事，贻误战机，唐军大败。肃宗听信鱼朝恩的谗言，把相州失败的责任推到郭子仪一个人的身上，免去他的官职，召他回京，命李光弼接替他的职务。

史思明听说郭子仪被解职，立即带领大军进犯洛阳，洛阳再次失守。河东一带的节度使驻军听说洛阳失守，都骚动起来。肃宗只得起用郭子仪，任命他为河北诸州的节度使行营及兴平等军副元帅，并封他为汾阳郡王，出镇绛州，肃宗临死时把河东的一切军政大权都交给了郭子仪。郭子仪一到任，就杀了40多个为首作乱的人，稳定了河东的局势。

名人档案
- 本　名　郭子仪
- 生卒年　697～781年
- 祖　籍　华州郑县（今陕西华县）
- 身　份　唐朝著名军事家

史思明死后，他的儿子史朝义继续盘踞在洛阳。即位的代宗任命郭子仪为副帅，出兵讨伐史朝义。郭子仪认为单凭唐军的力量，难以消灭叛军，于是向回纥借来10万精兵，一举攻占了洛阳。史朝义逃往莫州，763年，众叛亲离的史朝义自杀，为祸8年的安史之乱终于被郭子仪平定了。

安史之乱平定后，郭子仪又多次平定节度使仆固怀恩等人的叛乱，并多次击退吐蕃军队的进犯，保证了关中和长安的安全。

郭子仪戎马一生，为唐朝立下了汗马功劳，累官至兵部尚书、太尉兼中书令，声望极高。德宗即位，尊为尚父，罢兵权。781年，郭子仪病逝，德宗下令将郭子仪陪葬肃宗建陵，并破例将他的坟墓加高一丈，以示表彰。

名人逸事

765年，仆固怀恩再次勾结吐蕃、回纥和吐谷浑，10万人的军队，进犯长安，包围了郭子仪镇守的泾阳。当时只有2万人马的郭子仪深知在这种情况下只能智取，不能力敌。郭子仪了解到仆固怀恩已经在行军途中暴病而死，敌军发生内讧，他决定单枪匹马去见回纥王。

他的儿子不愿让父亲以身涉险，拦住郭子仪的马头。郭子仪果断地说："如果两军此时开战，大唐的江山就危险了，到那时我们还有容身之处吗？深入虎穴同回纥王谈判，总比坐以待毙好得多。万一失败，为国捐躯，也遂了我平生大志。"说完跃马出了军营。

郭子仪让军士大喊："郭令公来了！郭令公来了！"回纥兵听到这呼喝声十分吃惊，自动放下了武器。郭子仪来到敌军营前，摘盔卸甲，放下兵器，从容地向敌营走去。"真的是郭令公！"回纥兵惊讶地向统帅药葛罗回报。药葛罗也放下弓箭，前来迎接。郭子仪义正词严地对药葛罗说："回纥替唐朝立下不少功劳，唐朝待你们也算不错，你们为什么不惜同唐朝结怨，而要帮助仆固怀恩呢？我只身前来，就是希望你们能诚心诚意地和唐朝交好，马上退兵。否则，我必将你们杀得片甲不留。"药葛罗连说："我们是受了仆固怀恩的欺骗，他骗我们说郭令公已经阵亡，我们才敢来进犯的。现在我们亲眼见到了郭令公，哪还敢同唐朝作对啊！"郭子仪大喜，他还趁机说服了回纥帮助唐朝去进攻吐蕃。

横空出世的"诗仙"——李白

名人简介

李白是中国文学史上继屈原之后最伟大的浪漫主义诗人。他的诗充满了发兴无端的澎湃激情以及气势浩荡、变幻莫测的壮观奇景，同时，又不失风神情韵而自然天成的明丽意境，堪称中国诗歌史上的一座高峰。

名人档案
- 姓　名　字太白／号青莲居士／又称"谪仙人"
- 生卒年　701～762年
- 祖　籍　陇西成纪／出生于中亚的碎叶城
- 身　份　唐朝伟大的浪漫主义诗人／唐代诗歌的代表人物

李白幼年时随父迁居绵州昌隆，他自幼勤奋好学，而且广为涉猎，"五岁诵六甲，十岁观百家"，书法、骑射、剑术、弄刀、胡舞、胡乐、琴、棋等，可谓样样精通。25岁时，李白带着"申管晏之谈，谋帝王之术，奋其智能，愿为辅弼，使寰区大定，海县清一"的人生信念离川，仗剑去国，辞亲远游。26岁时，李白与在唐高宗朝当过宰相的许圉师的孙女结婚。此后十年，他仍经常外出漫游。十年漫游十年诗，所到之处，形诸吟咏，诗名远播，震动朝野，被唐玄宗征召入京，待以厚礼，"降辇步迎，如见绮皓；以七宝床赐食，御手调羹以饭之"，命李白供奉翰林。

"仰天大笑出门去，我辈岂是蓬蒿人！"初入京时，李白也曾踌躇满志，要做一番大事回报天子的知遇之恩。但由于他高自期许、藐视权贵，遭到谗毁，以至于玄宗数次对李白的任命都被杨贵妃和高力士阻止，最后还被逐出长安。

李白离开长安后，至洛阳与杜甫相识，过了一段饮酒论文、追鹰逐兔的放逸生活。

安史之乱爆发后，李白避地东南，来往于宣城、当涂、金陵、溧阳一带，后隐居于庐山。当玄宗之子永王以复兴大业的名义请李白出山时，李白满怀热忱毅然从戎。可是，因为肃宗的猜忌，永王盛怒之下一举攻占丹阳，后因图谋割据、反叛朝廷的罪名被镇压。李白也受累入狱，被流放夜郎。溯江西上，至巫山时遇朝廷大赦放还。

太白醉酒图　清　改琦

唐代大诗人杜甫于唐玄宗天宝五年（746年）初至长安，分咏当时八位著名酒徒的个人性情和艺术成就。其中有这样的诗句："李白斗酒诗百篇，长安市上酒家眠。天子呼来不上船，自称臣是酒中仙。"淋漓尽致地描绘了李白作为"诗仙"的狂妄和放逸不拘。此图是清代著名画家改琦为这一诗句所作的人物画，再现了李白的洒脱和轻狂。

李白的晚年辗转于宣城、金陵一带，漂泊困苦，穷愁潦倒，生活十分凄凉。61岁时，史朝义围宋州，东南地区告急，李白壮心不已，准备参加李光弼的平叛军队，途中因病折回。762年，李白病死于当涂。

李白一生创作了900多首不朽的诗篇，其中最为杰出的有《蜀道难》《静夜思》《望天门山》《梦游天姥吟留别》《黄鹤楼送孟浩然之广陵》《将进酒》《望庐山瀑布》等，达到盛唐诗歌艺术的巅峰。除了诗歌，李白也以散文名世，现存的文章有书、表、记、赞等60多篇，如《与韩荆州书》《春夜宴诸从弟桃李园序》等，都是历代文人学习的楷范。

名人逸事

相传李白在峨眉山隐居时，两三年后，想念家人及山中的一切，虽未学成，他仍决定下山，离开峨眉山。在他经过一条小溪时，突然看见溪旁有个老婆婆拿着铁杵在石头上来回磨着。他好奇地问："老婆婆，您在做什么？"得到的答案是："我要把这根铁杵磨成绣花针。"李白十分惊讶地说："怎么可能？"老婆婆答道："只要功夫深，铁杵磨成绣花针。"李白深受感动，决心折回山中，发愤读书。

力士脱靴

李白在长安时，名声大噪，产生了许多关于他的优美动听的传说，如龙巾拭吐、御手调羹、贵妃捧砚、力士脱靴等。相传，一天玄宗与贵妃在沉香亭赏菊花，歌舞急需新词，就命人找李白。而李白在一家酒楼已醉得不省人事。宦官高力士派人将他抬到宫中，玄宗扶李白躺于玉床，贵妃亲调醒酒汤。酒醉中的李白将脚伸给站在身旁的高力士，高力士就单腿跪地为李白脱靴。李白酒醒后，挥笔写成"云想衣裳花想容，春风拂槛露华浓"（《清平调三章》），玄宗看后非常高兴。

名人作品欣赏

噫吁嚱，危乎高哉！蜀道之难，难于上青天！蚕丛及鱼凫，开国何茫然！尔来四万八千岁，不与秦塞通人烟。西当太白有鸟道，可以横绝峨眉巅。地崩山摧壮士死，然后天梯石栈相钩连。上有六龙回日之高标，下有冲波逆折之回川。黄鹤之飞尚不得过，猿猱欲度愁攀援。青泥何盘盘，百步九折萦岩峦。扪参历井仰胁息，以手抚膺坐长叹。问君西游何时还？畏途巉岩不可攀。但见悲鸟号古木，雄飞雌从绕林间。又闻子规啼夜月，愁空山。蜀道之难，难于上青天，使人听此凋朱颜！连峰去天不盈尺，枯松倒挂倚绝壁。飞湍瀑流争喧豗，砯崖转石万壑雷。其险也如此，嗟尔远道之人，胡为乎来哉！剑阁峥嵘而崔嵬，一夫当关，万夫莫开。所守或匪亲，化为狼与豺，朝避猛虎，夕避长蛇，磨牙吮血，杀人如麻。锦城虽云乐，不如早还家。蜀道之难，难于上青天，侧身西望长咨嗟！

——《蜀道难》

以诗传史的"诗圣"——杜甫

名人简介

杜甫，生于712年，自幼好学，知识渊博，十四五岁时便"出游翰墨场"，与文士交游酬唱。受正统的儒家文化教养和家庭影响，仕途事业和不朽的诗名成为杜甫的最大追求。24岁时，杜甫赴洛阳考试，未能及第。

名人档案
- 姓　名　字子美
- 生卒年　712～770年
- 祖　籍　河南巩县
- 身　份　唐朝杰出的现实主义诗人

33岁时，杜甫与李白相识，在梁、宋一带侠游。35岁时，杜甫来到长安求取功名，滞留10年却一无所得。后因父亲去世，他的生活变得贫困起来。44岁时，也就是安史之乱的前夕，杜甫得右卫率府胄曹参军的官职。11月安史之乱爆发，杜甫又被抛入流离的生活。叛军攻下洛阳后，杜甫抱着匡复社稷振兴王朝的愿望只身北上，往肃宗所在地灵武为国效力。不料半途被叛军俘虏，押往长安。至德二年（757年），肃宗到凤翔，杜甫逃离长安，"麻鞋见天子，衣袖露两肘"，投奔驻在凤翔的唐肃宗，被任命为左拾遗。这是杜甫仅有的一次在中央任职的经历。但杜甫不久又触怒肃宗，于乾元初被贬斥为华州司功参军。由于战乱、饥荒和对仕途的失望，乾元二年（759年），杜甫弃官，携家眷到了成都，在朋友的帮助下建了一座草堂。后来，杜甫的故交严武出任剑南东西川节度使，表荐杜甫担任了节度参谋、检校工部员外郎（后世因此称他为"杜工部"）。永泰元年（765年），严武去世，蜀中大乱，杜甫在成都失去凭依，只好带着家小出川，过起流浪逃难的生活。在云安居住了一段时间后，又在夔州居住了近两年。57岁时，杜甫终于乘舟出三峡，在湖北、湖南一带的水路上漂泊。59岁时，杜甫在耒阳附近客死旅舟，结束了凄凉漂泊的一生。

杜甫草堂
草堂位于四川成都，杜甫曾在此生活三年。

杜甫与李白被视为唐诗的两座并峙的高峰，杜甫诗歌的风格，是在安史之乱的前夕开始形成，在安史之乱以后数十年天下瓦解、遍地哀号的苦难之中发展的。因此，到了杜甫时期，那种充满自信、富于浪漫色彩的诗歌情调戛然而止，一转而为对于国家和民族命运的沉重的使命感。由于本身经历而产生的创作意识，使杜甫形成了独有的深入社会、关切政治和民生疾苦、重视写实的诗歌风格。他在诗歌创作中采用的语言表现形式不仅标志了唐诗内容与风格的重大转折，也对中唐以后直至宋代诗歌的发展，造成了深刻的影响。杜甫诗歌的特征就是"沉郁顿挫"，主要表现为意境开阔壮大、感情深沉苍凉；语言和韵律曲折有力，而不是平滑流利或任情奔放。形成这种特点的根本原因，是杜甫诗歌所要表达的人生情感非常强烈，而同时这种情感又受到理性的节制。

杜甫年轻时过的是游侠生活，加之当时正处于盛唐帝国的繁盛时期，受时代风气的影响，这一时期杜甫的诗篇意气风发和蓬勃进取，充满了自信、带有英雄主义的倾向。"所向无空阔""万里可横行""何当击凡鸟，毛血洒平芜""会当凌绝顶，一览众山小"等等，都体现了杜甫非凡的气概。

安史之乱后，也就是杜甫入川、离川这段时期，是杜甫诗歌创作的重要时期，这一时期他留下的作品有1000余首，占《杜工部集》存诗总数的2/3以上。当时，整个国家处在剧烈的震荡中，王朝倾危，人民处在水深火热之中，杜甫本人的生活也充满危险和艰难。杜甫对国家的前途更觉失望，他后期的诗歌，情绪甚至比安史之乱中更显得沉重，他对军阀、官僚的横暴、腐败，态度变得更为尖锐严峻，在浸满忧患的诗中记录了时代的苦难以及焦虑和愤怒的心情。这一时期他的诗歌创作达到了巅峰状态,《春望》《月夜》《悲陈陶》《悲青坂》《北征》《羌村》、"三吏"、"三别"、《闻官军收河南河北》、《又呈吴郎》、《秋兴》、《诸将》、《咏怀古迹》、《旅夜书怀》等，都是这一时期的创作的传世名篇。这一时期，虽然像《兵车行》那样细致描述的作品不多，但以高度概括的诗歌语言所揭示的事实，却别有一种震撼人心的力量。

名人作品欣赏

车辚辚，马萧萧，行人弓箭各在腰。耶娘妻子走相送，尘埃不见咸阳桥。牵衣顿足拦道哭，哭声直上干云霄！道旁过者问行人，行人但云点行频。或从十五北防河，便至四十西营田。去时里正与裹头，归来头白还戍边！边庭流血成海水，武皇开边意未已。

君不闻汉家山东二百州，千村万落生荆杞！纵有健妇把锄犁，禾生陇亩无东西。况复秦兵耐苦战，被驱不异犬与鸡。长者虽有问，役夫敢申恨？且如今年冬，未休关西卒。县官急索租，租税从何出？信知生男恶，反是生女好。

生女犹得嫁比邻，生男埋没随百草！君不见，青海头，古来白骨无人收。新鬼烦冤旧鬼哭，天阴雨湿声啾啾！

——《兵车行》

唐宋散文八大家之首——韩愈

名人简介

韩愈出生于一个官宦家庭，从小父母双亡，由长兄抚养长大。13岁时，长兄又病死，只好随嫂子郑氏回了老家。虽然家世艰难，但韩愈却奋发好学，颇有志向。他7岁开始读书，13岁便能写文章。"念昔始读书，志欲干霸王""前古之兴亡，未尝不经于心也；当今之得失，未尝不留于意也"，在这些诗句中体现了他关心国家兴亡的政治抱负。

名人档案
- 姓　名　韩愈／字退之／世称韩昌黎
- 生卒年　768～824年
- 祖　籍　河南河阳（今河南孟州）
- 身　份　唐代杰出文学家／文坛领袖

然而，韩愈的科考之路却不顺利，19岁时，他到长安参加进士考试，连考3次都名落孙山。后来，在梁肃的推荐下，才得中进士。韩愈又连续3次参加吏部举行的考试，均未中选。贞元十二年(796年)，也就是韩愈29岁时，被荐为观察推官的小官。贞元十七年(803年)，韩愈到京师听候调选。先后任四门博士、监察御史。可是，贞元二十年(804年)，他又被贬到广东阳山做县令。贞元二十一年(805年)正月，德宗死，顺宗即位，韩愈被调到郴州待命。元和元年(806年)，他被召拜国子博士。又经过几次调迁、升降，终于在元和八年(813年)，被任为吏部郎中史馆

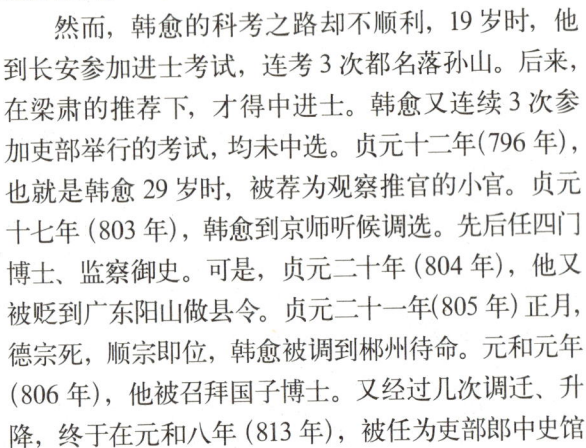

韩愈像

修撰，职掌编写国史。元和九年（814年）十二月，任考功郎中知制法，负责为皇帝撰写百官任免的命令，进入了统治集团的上层。

韩愈一生经历了唐朝代宗、德宗、顺宗、宪宗、穆宗5朝。为官期间，韩愈不怕得罪皇上，坚决排斥佛教，以免其在思想、道德领域对儒家的正统地位构成巨大威胁；在藩镇问题上，他旗帜鲜明地反对分裂，坚决维护国家统一；唐宪宗时，韩愈积极协助宰相裴度，任行军司马，参与了朝廷平定淮西节度使吴元济叛乱的军事行动。

穆宗长庆四年（824年）十二月初二，57岁的韩愈病故于首都长安，赠礼部尚书，世称韩文公。

韩愈是中国古代继司马迁以后最杰出的散文大家，又是唐代著名的诗人和政治家，他与柳宗元同为古文运动的倡导者，在文学革新事业上卓有建树。他在文学上打出了复古明道的旗帜，以恢复儒家道统为己任。韩愈将文章体制的革新与恢复儒家思想的正统地位结合起来，既学古文，又学古道，把文统与道统的延续统一起来，强调文学的社会教化功能和作家平时道德修养的重要性。韩愈的《原道》《原性》《师说》等名篇，乃至《昌黎先生集》都显示了古文运动的实绩，他的散文，纵横捭阖，豪迈奔放，具有长江大河一泻千里的气势，呈现出一种刚健的美。他的散文，绝大多数都是紧密贴切生活现实，有感而发，极富批判精神的。他的论说文，针对现实生活中种种弊端，说理透彻，逻辑严整，具有不容置辩的说服力。其记叙文，也有不少谴责了存在于社会各领域的不公平现象。

韩愈把中国古代散文提高到一个崭新的水平，对中国古典文学的发展，产生了深远的影响。他在创作中摈弃陈规、独辟蹊径。他驾驭语言的能力极高，具有很强的表现力、概括力和感染力，善于熔炼古人的语言，铸造新的词语，创造了大量新的语句和词汇，丰富了祖国的语言宝库。由于韩愈在古文运动中的巨大作用和出色的创作，后人称他为唐宋八大家之首。

韩愈还是一位卓越的诗人，中唐韩孟诗派的领袖，与元白诗派相对立。他一生留下了400多首诗篇，对后世尤其是宋代的诗坛产生了深远的影响。

名人逸事

穆宗长庆元年（821年），朝廷派往镇州的节度使田弘正被兵马使王廷凑杀掉。穆宗为此调发大军前往讨伐，但迟迟攻打不下，反而被王廷凑围困了河北重镇深州。第二年二月，穆宗派遣韩愈去"宣慰"，

名言佳句

不塞不流，不止不行。

事修而谤兴，德高而毁来。

我心如冰剑如雪，不能刺谗夫，使我心腐剑锋折。

业精于勤而荒于嬉，行成于思而毁于随。

实则为斡旋调停。此时的韩愈，已是55岁的老人。穆宗为此诏谕韩愈可以见机行事，不一定亲自身入叛军，韩愈却说："哪有接受了君命而顾惜自身犹豫不前的道理！"于是策马疾驰入深州。面对杀气腾腾的叛军，韩愈义正词严，晓以利害，又巧妙利用叛军的内部矛盾，终于迫使王廷凑解除深州之围。

古文运动

六朝以来,骈偶文风盛行,文章的写作越来越表现出严重的弊端,对于文章形式的过度讲究,使其抒情、叙事、说理的功能大为削弱。初唐时期的陈子昂就提出了改变这种文风的主张,要求恢复先秦两汉时期单行散句、没有固定形式的"古文"。中唐时,韩愈、柳宗元等人积极倡导"古文运动",讲求"文从字顺",强调要"文以载道"。这场运动直接目的是要改革文体,而改革文体有两个方面的好处:一方面,古文家以此来复兴儒道,恢复散文宣扬正统思想的功能;另一方面,"古文"可以更好地表达个人的真情实感。在他们的倡导之下,古文运动声势逐渐壮大起来,有一大批文人学士聚集在他们周围,推动了散文创作的发展,到唐末,散文已经基本上代替了骈文的地位。

名人作品欣赏

世有伯乐,然后有千里马;千里马常有,而伯乐不常有。故虽有名马,只辱于奴隶人之手,骈死于槽枥之间,不以千里称也。

马之千里者,一食或尽粟一石。食马者,不知其能千里而食也。是马也,虽有千里之能,食不饱,力不足,才美不外见,且欲与常马等不可得,安求其能千里也?

策之不以其道,食之不能尽其才,鸣之而不能通其意,执策而临之,曰:"天下无马!"呜呼!其真无马邪?其真不知马也!

——《马说》

发明活字印刷术——毕昇

名人简介

毕昇发明的活字印刷术是印刷史上划时代的伟大创造,它不仅促进了中国文化事业的传播发展,而且也推动了世界各国各民族之间的科学文化的交流,为世界文化的发展做出了不可磨灭的贡献。北宋大科学家沈括的《梦溪笔谈》中比较完整地记录了毕昇创造活字印刷的事迹。

名人档案
- 姓　名　毕昇
- 生卒年　? ~ 1051年
- 祖　籍　安徽徽州
- 身　份　活字印刷术的发明者

在毕昇发明活字印刷术之前,中国一直在使用雕版印刷术。雕版印刷虽然比用手抄写进步了许多,但是仍然极为不便。一部卷帙繁多的著作往往要雕刻几年,甚至更长的时间,而且雕版耗费原材料极多,又不能在印刷不同的著作时重复使用,还不易修改和存放。雕版印刷越来越不能适应科学文化迅速发展的需要,人们开始寻求一种更加简便的印刷方法。

毕昇认真总结前人的经验,反复琢磨研究,先后试验过多种制作活字的材料。他曾经制成木活字,可是木头的纹理疏密不同,沾水之后,就会膨胀,使版面高低不平。木活字还容易被印刷用的蜡和松香等粘在一起,不便拿取,而且印刷次数一多,字的笔画就容易膨胀模糊。毕昇经过多次实验,不断改进,终于发明了胶泥活字印刷术，使印刷技术发生了重大突破。这种胶泥活字印刷术，比起以前的雕版印刷，制版迅速，印刷质量好，还可以重复多次使用，节约了大量的人力物力，加快了印刷周期，是印刷史上划时代的技术突破。

　　毕昇的伟大发明，虽然并没有引起当时政府和社会的重视，但是却开了后世一系列其他材料活字的先河。后来，元代的王祯用木活字进行印刷，那时还出现了锡活字。明朝时又出现了铜活字和铅活字。清代康熙年间，山东徐志定还用瓷活字印刷《周易说略》。这些活字都是在毕昇的胶泥活字印刷基础上进行的改进。

　　活字印刷术不仅推动了中国印刷事业的发展，还传往世界各地，在世界范围内产生了巨大的影响。13世纪，印刷术从中国传入日本、朝鲜、越南、菲律宾等地，并经过丝绸之路，向西经由波斯和阿拉伯，传入埃及和欧洲各国。欧洲在14世纪末年出现了雕版印刷，在此基础上，德国的古登堡在1440～1480年之间，发明了铅活字印刷，并制成了一种简单的印刷机械，开创了近代机械印刷的先河。但他发明的活字却比毕昇晚了400多年。

　　活字印刷术的发明，给人类文化知识的传播开辟了广阔的道路，对推动中国和世界文明的发展起了极大的作用，对中国乃至世界的历史产生了深刻巨大而且久远的影响。

名人逸事

　　听说师兄毕昇发明了活字印刷，印刷效率一下子提高了几十倍，师弟们纷纷向师兄取经。

　　一位小师弟说："《大藏经》5000多卷，雕了13万块木板，一间屋子都装不下，花了多少年心血！如果用师兄的办法，几个月就能完成。师兄，你是怎么想出这个办法的？"

　　"是我的两个儿子教我的！"毕昇说。

　　"你儿子？"

　　"对！"毕昇笑着说，"去年清明前，我带着妻儿回乡祭祖。有一天，两个儿子玩过家家，用泥做成了锅、碗、桌、椅、猪、人，随心所欲地排来排去。我的眼前忽然一亮，当时我就想，我何不用泥刻成单字印章，不就可以随意排列，排成文章吗？"

　　师兄弟们听了大笑起来。

　　"但是为什么偏偏只有你发明了活字印刷呢？"还是那位小师弟问道。

　　过了好一会儿，师傅开口说："那是因为毕昇有心，他早就在琢磨提高工效的新方法了，冰冻三尺非一日之寒啊。"

中国印刷博物馆展出的转轮排字盘模型

元大德元年（1297年），王祯于旌德县亲自设计制木活字3万多个，排印了《旌德县志》。他还设计了转轮排字盘。所著《农书》中，有《造活字印书法》一篇，记载了他的木活字工艺。

创编年通史的历史学家——司马光

名人简介

司马光自幼好学,"手不释书,至不知饥渴寒暑",虽然"幼时患记诵不如人",但他能加倍用功,用心精读,博览群书,勤学不倦。司马光20岁中进士甲第,次年任华州判官。31岁时,得其父好友、枢密使庞籍荐引,被召为试馆校勘。后又升殿中丞、集贤校书。36岁时,与王安石同任群牧司判官。宋仁宗嘉祐三年(1058年),40岁的司马光回到京城,先后任度支员外郎、天章阁待制、龙图阁直学士。英宗即位后,司马光进呈《历年图》5卷,后又扩充为《稽古录》20卷。又修《通志》8卷及《历代君臣事迹》等,并奏请刘恕等参与其事,为编修《资治通鉴》奠定了基础。治平四年(1067年)英宗逝世,宋神宗即位。司马光、王安石先后任翰林学士兼侍读学士。

名人档案
- 姓　名　司马光／字君实
- 生卒年　1019～1086年
- 祖　籍　陕西夏县
- 身　份　北宋史学家／政治家

嘉祐七年(1062年)七月,继王安石长达万言的《上仁宗皇帝言事书》之后,司马光也向宋仁宗奏进了长达5000余言的《论财利疏》,坚决反对王安石的变法。他针对国家财力不足的状况,比较系统地阐述了自己的改革主张。虽然司马光和王安石一样,都主张通过改革解决社会积弊,消除宋朝的统治危机,但两人的思想方法却存在着很大的差异。司马光思想倾向保守持重、偏执,创新精神不足;王安石则活跃激进、勇于标新立异。王安石主张以法治国;司马光则强调传统的"仁政"思想。王安石主张改弦更张,创立新制;司马光却主张改良,认为关键"在于择人,不在立法"。

因为宋神宗渴望实现富国强兵,王安石的改革主张赢得了他的极大赞赏。司马光见自己在朝廷上不可能有所作为,便决心远离政务,埋头著书。

在王安石变法的时候,司马光避居洛阳长达15年,期间,他组织人员集中精力编撰《资治通鉴》。

《资治通鉴》上起战国,下止五代,共1362年,294卷,外加《目录》《考异》各30卷。在编写过程中,司马光先写提纲,他的助手们根据提纲排比材料,修成"长编",最后由司马光修订、润色、定稿。从宋英宗治平二年(1065年)开始,至宋神宗元丰七年(1084年)成书为止,司马光遍阅旧史,旁采小说,编写《资治通鉴》前后耗时19年。

元丰八年三月,宋神宗病逝,不满10岁的宋哲宗即位,太皇太后高氏垂帘听政。向来反对变法的高太后先诏封司马光为门下侍郎(即副宰相),后又拜他为尚书左仆射兼门下侍郎。司马光以保守偏颇主观的思想方法,在高太后的支持下对新法进行了全盘否定。"进一人则曰此熙丰之所退也,退一人则曰此熙丰之

名言佳句

表曲者景必邪,源清者流必结。
家贫思良妻,国乱思良相。
省吏不如省官,省官不如省事。
由俭入奢易,由奢入俭难。

所进也,兴一法则曰此熙丰之所革也,革一法则曰此熙丰之所兴也。"司马光的做法,不仅遭到了原来的变法派的极力反对,就连原来反对变法的人也不赞同。然而,顽固的司马光一意孤行,在入朝执政仅一年多的时间,就把宋神宗时期实行达16年之久的新法,包括保甲法、方田均税法、免行法、保马法、免役法、青苗法等几乎完全废除。

元祐元年(1086年)九月,为相8个月的司马光病逝,享年68岁。赠太师,追封温国公,谥号文正。

名人逸事

司马光小时候与一群小伙伴在院子里捉迷藏,有一个小孩一不小心从假山上掉到一个大水缸里了,很多孩子吓得逃走,剩下的孩子对这个比他们自己还高许多的大水缸也毫无办法。司马光灵机一动,用大石头把缸击破,水流出来,这个孩子才得救。这就是有名的"司马光砸缸"的故事。

北宋杰出的改革家——王安石

名人简介

王安石出生于官僚家庭,书香门第。父亲去世后,家境艰难,有时要靠野菜充饥。他从小就酷爱读书,记忆力超群,过目不忘。王安石年轻时就有经世治国的远大志向,22岁中进士,被派往扬州,在韩琦幕下做官。1047年,王安石出任鄞县县令,任满后又做了十几年的地方官。1059年和1061年,他还先后做过中央三司度支判官和知制诰。

王安石是一个伟大的政治家、改革家,在他年轻时就立志成为商朝伊尹那样的经纶之才,像后稷和契那样造福社会人民。王安石担任中央三司度支判官和知制诰期间,曾两次给仁宗皇帝上书,在《上仁宗皇帝言事书》和《上时政疏》中,他提出整顿吏治,改革法度,培养人才的主张,都没有什么结果。

王安石像

1067年,20岁的神宗皇帝即位,王安石有了施展才华和报国的机会。一心富国强兵的神宗皇帝一即位,就着手准备改革,他对王安石的《上仁宗皇帝言事书》和《上时政疏》非常认同,认为"除了王安石没有谁能为朕推行新法"。于是,他先任命王安石知江宁府,又任命他为翰林学士。神宗还打破常规,特召王安石入殿商讨国事。1069年,神宗不顾反对和阻挠,将王安石提升为参知政事(副相),

名人档案
- 姓　名　王安石／字介甫／号半山
- 生卒年　1021～1086年
- 祖　籍　抚州临川
- 身　份　伟大的政治家／文学家

第二年又提升为同中书门下平章事（正相）。

在神宗的支持下，王安石开始了持续16年之久的熙丰变法运动，他陆续推行了理财富国的青苗法、均输法、农田水利法、募役法、市易法、方田均税法等；整军强兵的将兵法、保甲法、保马法等；整顿吏治、更贡举、兴学校等法令。这一系列新法在农业上抑制了土地兼并，免除了农民繁重的差役负担，保证了农业生产，推动了农业生产的发展，还使原来偷税漏税的土地按照实际数目缴纳赋税，且大大增加了政府的收入。在商业上，打击了垄断市场的富商兼并势力和不法商人囤积居奇、牟取暴利，还使城市商贩有利可图。熙丰变法还使军队指挥不灵的局面大为改观，大大增强了军队的战斗力，也为国家节省了巨额的军费开支。

王安石主持的熙丰变法收到了很好的成效，到元丰年间，中外府库无不充盈，可以支撑20年的财政开支。而边境防御上，熙宁年间，北宋收复了幅员2000多里的领土，使唐朝中期以后就失守的旧疆域重新回归，这也是北宋历史上仅有的一次。

为了顺利推进改革，王安石还建议神宗进行官僚机构和科举制度的改革。王安石创建了制置三司条例司，整顿了台谏机构，提拔了一批有才学的年轻官员，罢黜了一些反对改革的谏官，选择力主改革的官吏充实台谏机构，使下情能够通达到中央政府，为改革充当耳目；在科举制度改革方面，王安石不但重新设立了以经义、策论取进士的考试科目，还整顿学校，改组了太学，增加太学生的名额，并先后设立武学、医学等专科学校。王安石还亲自编订各级学校的统一教材，他重新为《诗经》《尚书》《周礼》三部儒家经书做注，统称为《三经新义》，将它推行到从太学到县学的各级学校，作为科举考试的唯一标准。

由于熙丰变法触动了大官僚、大地主、大商人的利益，遭到了以太后为首的保守势力的激烈反对和阻挠，新政推行迭遭阻碍。1076年，王安石奏请告老还乡，神宗只得让他以使相身份兼判江宁府。1079年，被封为荆国公后，王安石退隐金陵，直到1086年去世。神宗去世后，熙丰变法宣告失败。

"不知几百年，方有如此人物"，王安石被梁启超誉为中国六大政治家之一。列宁也称之为中国11世纪的改革家。王安石还是一个伟大的文学家，他在文学方面对后世的影响也非同一般，后人将他列为"唐宋八大家"之一，北宋文坛领袖欧阳

王安石的诗歌成就

在我国文学史上，王安石在诗、词、文方面都取得了极高的成就，为"唐宋八大家"之一。现存他的诗歌1500多首，以退居江宁为界，分为前后两期。前期学习杜甫关心时政，同情人民疾苦。到了后期，由于他生活上的经历，诗风发生了很大的变化，作了大量的写景诗，创立了为后人所标举的"王荆公体"。王安石的散文眼光犀利，见高识远，主要为一些有关学术、政治的理论性文章。他强调文学的社会作用，认为其应该"有补于世"，同时也应"以雕绘语句为精新"。总之，他对宋诗独特风貌的形成和发展起了较大的作用。

修有诗赞曰:"翰林风月三千首,吏部文章二百年。老去自怜心尚在,后来谁与子争先?"

中国古代科学的坐标——沈括

名人简介

1031年,沈括出生于浙江钱塘的一个封建官僚家庭。1063年,考中进士后,被推荐到昭文阁编辑校对书籍,沈括对天文、历算的研究就是从这时开始的。这期间,沈括写成了《南郊式》,对朝廷祭祀天地的郊祭典礼进行了修改和简化,他的主张很快就被采用。他还被提升为太史令兼提举司天监,负责掌管图书资料、天文历法。后来又升任太常丞,掌管礼乐。

《梦溪笔谈》书影

博学多才的沈括堪称中国古代科学的坐标。他在天文、地理、数学、物理、化学、生物、医药、水利、文学、音乐甚至军事方面,都取得了令人叹为观止的卓越成就,将中国的科学技术水平推向新的高峰。沈括的成就对后世产生了巨大的影响。他发明了隙积法,成为垛积术的创始人;沈括在世界上第一次发现了地磁偏角;他总结的指南针装置方法,为后世航海指南做出了巨大贡献;他编制的《十二气历》为后世的历法改革提供了新的理念;他的地质学理论和研究方法,至今仍为科学工作者广泛使用;他的著作《梦溪笔谈》除了记载他一生科学研究成果,也记载了大量的中国古代的科学资料,其中就包括毕昇创造活字印刷的事迹,《梦溪笔谈》被誉为"中国科学史上的里程碑"。

沈括不仅是一个科学家,他还是王安石变法的积极拥护者和参加者。在新旧两派关于变法问题的政治斗争中,沈括一直坚定地站在进步的王安石一边,变法失败后,沈括仍对王安石保持着诚挚的敬意和深切的怀念。

沈括还是一个出色的外交家和军事家。在北宋与契丹的边界争端上,沈括和契丹丞相一共进行了6次会谈,最后凯旋而归,不但维护了国家的领土完整和民族尊严,也震慑了契丹,使契丹从此不敢再轻视宋朝。在抵抗西夏的侵犯上,他先后出任延安州官和鄜延路经略安抚使。他不但注意整顿军纪,还改进兵器和阵法,增强了军队的战斗力,加强了军事防务。1081年,西夏大举进犯北宋边境,沈括率领大军迎敌,大败西夏7万大军。

第二年,西夏又以30万大军围攻西北要塞永乐,以8万军队进攻绥德。只有1万

名人档案
- 姓　名　沈括/字存中
- 生卒年　1031～1095年
- 祖　籍　浙江钱塘
- 身　份　北宋博学多才的伟大科学家

士兵的沈括奉命力保绥德，无法解救永乐。结果永乐失陷，2.3 万多名宋军全军覆没。因为沈括曾经支持新法，永乐失陷成了守旧派的官僚借机报复沈括的理由，他们污蔑他"抗敌不力""处理不当"，将他贬为均州团练。

1088 年，58 岁的沈括辞官归隐，回到润州自己的梦溪园，集中精力创作《梦溪笔谈》。1095 年，沈括病逝。

全才文坛领袖，一代文章之宗——苏轼

名人简介

苏轼从小研读经史，受儒学影响较深。他 22 岁考取进士，嘉祐六年（1061 年）应直言极谏策问，授大理寺评事签书凤翔府节度判官厅公事。在嘉祐六年的对策中，他发表过改革弊政的议论，其后又在《思治论》中提出"丰财""强兵""择吏"的建议。他希望改革能通过社会各阶层的自觉调整与道德完善来改变社会的衰败。

名人档案
- 姓　名　苏轼／字子瞻／号东坡居士
- 生卒年　1037 ～ 1101 年
- 祖　籍　眉山
- 身　份　北宋杰出的文学家／文坛领袖

神宗时，苏轼因反对王安石推行的新法而卷入上层政治冲突，主动要求外放，先通判杭州，后又做过密州、徐州、湖州等地知州。45 岁时，因"乌台诗案"入狱，出狱后被贬为黄州（今湖北黄冈）团练副使。元丰八年（1085 年），神宗去世，哲宗即位，高太后垂帘听政，苏轼被召入京，任起居舍人、中书舍人、翰林学士知制诰等职。由于苏轼不同意司马光等人一味"以彼易此"的做法，与当权者发生冲突，又自求调离京城，出知杭州，后又辗转就任于颖州、扬州、定州的地方官。哲宗亲政后，宣布继承神宗的一套，起用自称维护新法的官僚，打击"旧党"。苏轼也被列入惩处之列，一贬再贬，最后贬到岭南、海南岛。苏轼确实是"一肚皮不合时宜"，无论旧党还是新党上台，他都不讨好。直到元符三年（1100 年）宋徽宗即位，大赦元祐旧党，他才北归，次年到达常州。但是长期流放，加上跋涉的艰辛，他从此一病不起，最后死于常州，追谥文忠。

苏轼具有坚定执着的品格，他敢于坚持自己的意见，不盲从，不徇私，表里如一。在地方官任上，他也始终关心民间疾苦，努力兴利除弊。

多年的宦海挫折使苏轼感到极其无奈，他只能从老庄哲学、佛禅玄理中追求超越与解脱，求得个人心灵的平静。虽屡遭贬谪，依然豁达大度、洒脱随缘、乐观豪放，写出了无数千古绝唱，在诗、词、文、书法、绘画各方面都取得了极高的成就，成为中国文学史上一位天才巨匠。

苏轼的诗题材广阔，富含哲理，富于变化，挥洒自如，自然奔放。他把古诗中常见的题材提升到很高的层次，使得诗的内涵更为深厚。同时在跌宕起伏中把他旷逸豁达的人生态度表现得淋漓尽致。这些特点在《东坡七集》中有很深刻的体现。其中最有影响力和感染力的是他的言志抒怀诗和对自然风光的吟咏。"人似秋鸿来有信,事如春梦了无痕。""此生此夜不长好,明月明年何处看。""横看成岭侧成峰,远近高低各不同。不识庐山真面目,只缘身在此山中。"他的抒情写景小诗,笔触诙谐幽默,极富生活情趣和哲理,令人回味无穷。

苏轼代表着北宋文学变革的最高成就,他的创作体现了这场文学变革所追求的文化理想、审美趋向,他的作品已成为中国文学的宝贵财富。

名人逸事

苏轼不仅会喝酒,而且会酿酒,有人称他为"酿酒专家"。他在黄州酿蜜酒,以少量蜂蜜掺了蒸面发酵,以米和米饭为主料做成米酒。在定州酿过松酒,这种酒甜中带点苦味。在广东惠州酿过桂酒,用生姜、肉桂做配料酿成。这种酒温中利肝,轻身健骨,养神发色,常服可延年益寿,苏轼称这种酒是天神的甘露。在海南酿过"真一酒"。真一酒是上等好酒,用白面、糯米、清水三物酿成,呈玉色,酒性温和,饮之可解渴而不易醉。与王驸马所酿碧玉香完全一样。苏轼特为此酒写过《真一酒歌》和《真一酒诗》。

名人作品欣赏

大江东去,浪淘尽,千古风流人物。故垒西边,人道是,三国周郎赤壁。乱石穿空,惊涛拍岸,卷起千堆雪。江山如画,一时多少豪杰!

遥想公瑾当年,小乔初嫁了,雄姿英发。羽扇纶巾,谈笑间,樯橹灰飞烟灭。故国神游,多情应笑我,早生华发。人生如梦,一樽还酹江月。

——《念奴娇·赤壁怀古》

精忠报国的抗金英雄——岳飞

名人简介

岳飞,字鹏举,1103年生于相州汤阴。因为家境清贫,从小就干一些打柴、割草、耕作的活计。岳飞非常喜欢读书,《左传》《孙子兵法》和《吴起兵法》等是他最爱读的书,读书生活培养了岳飞忠君爱国的思想以及统兵打仗的军事才能。此外,岳飞还拜周同和陈广为师傅学武,刀枪剑戟样样精通,练就了一身武艺。1126年,为了救援被金军包围的都城汴梁,岳飞毅然参军,开始了戎马生涯。

在解救都城汴梁的过程中,岳飞随副元帅宗泽虽多次击溃金军,却没能挽救北宋的命运,1127年,汴梁失陷,徽、钦二帝被掳,北宋灭亡。同年5月,赵构做了

名人档案

- 姓　名　岳飞／字鹏举
- 生卒年　1103～1142年
- 祖　籍　相州汤阴
- 身　份　杰出军事家／抗金英雄

皇帝，是为宋高宗，开始了南宋王朝。

宋高宗一即位就采取了逃跑政策，岳飞不顾身份低下，上书高宗，要求他回驾汴梁，主持北伐，结果触怒了投降派，被削夺了军职。岳飞又辗转投奔到守卫汴梁的将领宗泽帐下，屡立战功。宗泽病逝后，岳飞发誓要继承宗泽遗愿，收复故土，迎接徽、钦二帝还朝。

1129年，兀术带领金军大举南侵。岳飞率军在广德截击金军，六战六胜，获得了辉煌的战果。1130年，岳飞收复建康，被高宗任命为通泰镇抚使。此后，岳飞北抗金军，南平叛乱，屡立奇功，队伍不断扩大，很快发展到4万人，岳家军的威名传遍了大江南北。为了奖励岳飞，宋高宗赐给一面军旗，上面绣着他手书的"精忠岳飞"四个大字。

粉彩精忠报国图　瓷版画

1134年，金军和伪齐政权联合攻占了襄阳等地，严重威胁着南宋的统治。岳飞认为襄阳六郡是收复中原的根本，上书请求率兵收复襄阳，进取中原。1135年5月，岳飞奉命率兵从江州出发，一举攻克郢州、襄州，仅两个月时间，就收复了伪齐政权在河南的6个州，击溃了伪齐的主力部队。

虽然苟且偷安的宋高宗没有让岳飞乘胜北伐，收复更多失地，但此次抗金的胜利，不仅保卫了长江中下游地区，使南宋的东南和西北连成一片，而且增强了南宋军民抗击金军的勇气和信心，岳飞也因此被升为清远军节度使。

1136年，宋高宗在抗金的呼声中，不得不同意岳飞、韩世忠等诸路出师北伐。岳飞出镇襄阳，声东击西，命牛皋佯攻，自己亲自率主力向西北进发，五战五捷，收复伊阳、洛阳、商州、虢州，进图陈、蔡，沉重地打击了敌人，抗金形势一片大好。不久，岳飞发现其他各路人马都按兵不动，只有自己孤军深入，况且内无粮草，外无援兵，只好下令退兵。岳飞退兵后，南宋和金国订约，南宋称臣纳贡，双方以淮河为界。但是，金国强硬派兀术掌握军政大权后，撕毁合约，于1140年5月再次向南宋大举进攻，宋高宗慌忙命岳飞等出兵反击。

岳家军攻城夺地，势如破竹。在河南郾城，岳飞指挥战斗，大破兀术精骑"拐子马"，取得了郾城大捷。后连克颖昌、陈州、洛阳，又在朱仙镇大破金军主力，兵锋直指汴梁。金国在中原的统治摇摇欲坠。可是正当岳飞准备"直捣黄龙府，与诸君痛饮耳"之时，高宗却连发12道金牌"班师诏"，勒令岳飞火速撤兵。岳飞悲愤交加，仰天长叹："十年之力，毁于一旦！所得州郡，一朝全休！社稷江山，难以中兴！乾坤世界，无由再复！"

岳飞一回到临安，宋高宗和秦桧就剥夺了岳飞的军权，把他关进大牢，以"莫须有"的罪名将岳飞毒死在风波亭。临刑前，岳飞在秦桧等炮制的供状上，写

> **杭州岳王庙**
>
> 　　岳飞一生精忠报国，却被秦桧等人以"莫须有"之罪名害死在风波亭。他的故事千百年来广为流传，一直受到人们的敬重。埋葬着岳飞尸骨的杭州岳王庙就成为人们缅怀、凭吊他的地方。
> 　　岳王庙大体上可以分为两大部分：祠堂和墓园。祠堂由门楼、忠烈祠、启忠祠、南枝巢、正义轩、精忠柏亭等组成。门楼是岳王庙的大门，悬挂着一块绘有龙凤图案的黑底竖匾，上写"岳王庙"三个金色大字。门内有12根大立柱，柱头雕刻着岳飞一生的主要经历。人们熟知的四座白铁塑像就在墓园的门内两侧，四尊铁人就是陷害岳飞的秦桧、秦桧的妻子王氏、万俟卨、张俊。他们反绑着手，面向岳飞坟跪了千年，受到人们的唾弃。靠近石像的石柱上，写了这样一副对联："青山有幸埋忠骨，白铁无辜铸佞臣"。

下了"天日昭昭！天日昭昭！"八个大字。

　　作为杰出的军事家，岳飞训练了一支军纪严明、英勇善战的军队，攻无不克，战无不胜，令金军发出了"撼山易，撼岳家军难"的哀号。

　　岳飞在15年的戎马生涯中指挥了126次战役，从未失败，堪称常胜将军。他的精忠报国的爱国思想、光明磊落的浩然正气，给后世留下了宝贵的精神财富。

名人作品欣赏

　　怒发冲冠，凭栏处、潇潇雨歇。抬望眼，仰天长啸，壮怀激烈。三十功名尘与土，八千里路云和月。莫等闲，白了少年头，空悲切！

　　靖康耻，犹未雪；臣子恨，何时灭？驾长车，踏破贺兰山缺。壮志饥餐胡虏肉，笑谈渴饮匈奴血。待从头，收拾旧山河，朝天阙！

——《满江红》

理学的集大成者——朱熹

名人简介

　　朱熹19岁登进士第，赐同进士出身。22岁授泉州同安县主簿。24岁求师于李侗，树立了儒家思想的坚定信念。南宋绍兴三十二年（1162年），孝宗即位，朱熹上书陈事，第二年得孝宗召见，朱熹面奏三札，不被皇帝采纳，后因主张抗金，与主和派首领、宰相洪适意见不和，辞职而归，差监南岳庙。屡次上谏被拒后，朱熹致力于授徒讲学，潜心学术，形成了完整的理学体系。15年后，又先后任南康军、直秘阁修撰。在任上他勤勉为民，深得百姓爱戴。后被推荐为焕章阁待制兼侍讲，给宁宗皇帝讲授《大学》。可是没多久，就因激烈党争而被罢免，从此绝意于官场。

　　庆元三年（1197年），朱熹被定为"伪学之首"，史称"庆元党禁"，还被编

名人档案

- 姓　名　字元晦／号晦庵／别称紫阳
- 生卒年　1130～1200年
- 祖　籍　徽州婺源
- 身　份　伟大的思想家／哲学家／教育家

造了十大罪状。两年后，朱熹病逝。9年后，宁宗皇帝诏赠他"遗表恩泽"并赠谥号为"文"，追赠中大夫，还特赠学士等头衔。20年后，理宗亲题"考亭书院"，赠朱熹为太师，追封信国公，从祀孔庙。

朱熹是一位伟大的思想家、哲学家、教育家，他平生致力于著书立说、创办书院、讲学传道，是中国继孔孟之后的一代宗师。

朱熹对后世影响最大的是他的学术思想。在哲学思想上，他从二程关于理气关系的学说出发，集理学之大成，发展成为一个完整的客观唯心主义的理学体系，世称程朱学派，又称闽学、考亭学派。他认为"理在先，气在后"，但其宇宙形成说却能接受古代科学成果，主张阴阳二气的演化论等。在人性论上，朱熹学说的核心是"存天理而灭人欲"，他把封建伦常、忠孝仁义抽象为先天至高的"天理"，要求人们摒除私欲、摒除物质世界的一切诱惑，通过真心诚意、克己复礼，使人性纯化而归复"天理"。其社会历史观，又主张恢复三代之治，愿"周孔之道常在"。他的理学被后世帝王改造为统治思想的基础，在明清两代被奉为儒学正宗的地位，他得以与孔子相提并论。清康熙帝把他的牌位抬入孔庙，列于十哲之次。他的哲学观点影响中国封建社会末期长达600多年之久。

朱熹的学术著作很多，对哲学、经学、经济、政治、史学、文学、佛学、乐律、道学、伦理、逻辑乃至自然科学中许多内容都有专门的论述和涉及，如《四书集注》《太极图说解》《通书解说》《周易读本》《楚辞集注》等，后人辑有《朱子大全》《朱子集语象》等。所著之书被元、明、清三朝定为开科取士的必读之书，他的《四书集注》及朱子学的经学注释在元仁宗时就成为钦定的教科书和科举考试的标准。明初所修的《四书大全》《五经大全》《性理大全》，朱熹的著作是主要内容。

朱熹也是颇具文学修养的理学家，但是他对前人多有抨击，尤其是对唐宋古文家，在一定程度上阻碍了文学的发展。

名人逸事

朱熹在南康任职期间，看到曾与岳麓、睢阳、石鼓并称"天下四大书院"的白鹿洞书院栋宇不存，已成一片废墟，极为伤心。于是便再三向朝廷请求重兴白鹿洞书院，并得到孝宗皇帝的批准。书院落成之日，他饮酒赋诗，并作《白鹿洞成告先圣文》，还屡次请求孝宗皇帝为白鹿洞书院题匾、赐太上皇帝御书石经、监等九经流注疏。

他还亲自制定《白鹿洞书院教规》，以"父子有亲，君臣有义，夫妇有别，长幼有序，朋友有信"为教育目的；以"博学之，审问之，慎思之，

名言佳句

问渠哪得清如许？为有源头活水来。
等闲识得东风面，万紫千红总是春。
民富，则君不至独贫；民贫，则君不能独富。

> **朱熹学派遭禁锢**
>
> 朱熹学派在南宋时被诬为"伪学",遭到禁锢。宋孝宗时,朱熹上书批判贪官唐仲友,而他是宰相王淮的亲戚。王淮就使孝宗斥责朱熹学说欺世盗名。宁宗即位后,朱熹上书宁宗提防大臣窃权。宰相由此怀恨在心,不断对宁宗挑拨,发布朱熹的十罪状,使理学书籍遭到焚毁。后有人公然上书要求处死朱熹。宁宗又公布了朱熹伪学逆党名单,致使朱熹的门徒不敢露面。朱熹病逝后,宁宗下诏只许他的门徒参加葬礼。9年后,宁宗定朱熹谥号为"文",称他为朱文公。这时,朱熹学说才得到政府的肯定。

明辨之,笃行之"为学之序;以"言忠信,行笃敬,惩愤窒欲,迁善改过"为修身之要;以"正其谊,不谋其利;明其道,不计其功"为处事之要;以"己所不欲,勿施于人;行有不得,反求诸己"为待人接物之道;以"循序渐进"为学习的方法;以"熟读精思"为学习原则。

当时,白鹿洞书院的规模和教学质量均为全国之冠。

一代天骄——成吉思汗

名人简介

1162年,铁木真出生在蒙古草原尼伦部贵族孛儿只斤氏家里。铁木真的父亲也速该因为作战英勇,被推举为尼伦诸部的领袖,后来在部落的仇杀中丧命,孛儿只斤家族败落,铁木真一家陷入困境。

青少年时的铁木真武艺超群,才智过人,远近闻名。为了重振家业,铁木真去找父亲的安答(结义兄弟)、克烈部首领王罕。在王罕的庇护下,铁木真开始积聚力量,势力迅速壮大。

名人档案	
姓　名	名铁木真/即元太祖
生卒年	1162~1227年
祖　籍	蒙古高原斡难河畔(今鄂嫩河/蒙古国东北边境)
身　份	开创蒙古帝国的大汗/杰出的军事家/政治家

1196年,铁木真联合王罕,配合金国军队,在斡里札河围歼了反叛金国的塔塔儿部,杀死了他们的首领,报了父祖之仇。战后,金国封王罕为王,任命铁木真为招讨使,铁木真名声大振。此后,他又战胜了篾儿乞等部,攻取呼伦贝尔草原。1202年,铁木真彻底歼灭塔塔儿部,占领了西起斡难河,东到兴安岭的广大地区。1203年,王罕与铁木真反目,大战于合兰真沙陀,铁木真大败。随后,铁木真重整旗鼓,发动突然袭击,大败蒙古族最强大的克烈部,王罕父子逃亡后被杀。

1204年,铁木真征服蒙古草原上唯一能和自己对抗的乃蛮部的首领太阳罕。1206年,统一了西起阿尔泰山,东到兴安岭的整个蒙古草原。各部贵族在斡难河源头举行盛大集会,铁木真被尊称为"成吉思汗",国号大蒙古,建立了强大的蒙古帝国。

成吉思汗的黄金家族是蒙古国的最高统治集团,拥有全部的土地和百姓。成吉思汗推广了千户制度,将全蒙古的百姓划分为95千户,任命蒙古的开国功臣以及原来的各部贵族担任那颜(意为千户长),世袭管领。为了维护自己的至高无上的统治地位，成吉思汗还建立了一支由大汗直接控制的人数达1万人的常备护卫军。这支强大的护卫军成为巩固蒙古帝国、进行对外战争的有力工具。

名言佳句

天上只有一个太阳，地上怎么能有两个主人？

只要有草原在，蒙古人就能生存！

成吉思汗还根据畏兀儿文字创造了蒙古文字，用这种畏兀儿蒙古文发布命令，登记户口，编订法律，大大加强了统治，推进了蒙古文化的发展。

成吉思汗又任命自己的养子失吉忽秃忽为大断事官，负责分配民户，后来又让他掌管审讯刑狱等司法事务。他还制定了蒙古法律"大札撒"，作为蒙古人必须遵守的准则。法律的制定，对于安定社会，加强蒙古政权的统治起到了积极的作用。

蒙古帝国建立之后，成吉思汗开始向外扩张。他先后三次入侵西夏，迫使西夏称臣纳贡，并随同蒙古一同进攻金国。1211年，成吉思汗南下进攻金国，1215年，攻占了中都燕京。

1219年，成吉思汗踏上征讨花剌子模的万里西征之路。1221年，成吉思汗占领花剌子模全境以及中亚的许多地区。1220年，成吉思汗连破花剌子模的要塞不花剌、撒麻耳干等城，花剌子模逃往里海一带，成吉思汗命大将哲别和速不台穷追不舍。1222年，血洗花剌子模中心城市玉龙杰赤后，派军深入巴基斯坦、印度追击逃敌。之后，大军继续西进，征服了阿塞拜疆，横扫伊拉克，并于1223年跨过高加索山，随后长驱直入，一直打到克里米亚半岛、伏尔加河流域、多瑙河流域。他将征服的广大国土分给三个儿子，建立了金帐汗国、察合台汗国和窝阔台汗国。1222年，成吉思汗决定东归，1225年，回到蒙古，这场持续7年的西征终于结束。成吉思汗的西征，创造了世界历史上的奇迹。

1226年，成吉思汗再次进攻西夏。1227年7月，成吉思汗病死军中。同月，西夏灭亡。成吉思汗死后，他的子孙们继续他未竟的事业，攻灭西夏、金国、南宋，建立起一个空前庞大的大帝国。元朝建立后，成吉思汗被追尊为元太祖。

成吉思汗的辉煌战绩在世界战争史上是无与伦比的，因此被尊称为"一代天骄"。

名人逸事

1203年，和铁木真以父子相称的王罕开始进攻铁木真。铁木真与王罕大战于合兰真沙陀，这是铁木真生平最艰苦的一次战斗。结果大败，只带领19人落荒而逃。逃亡途中经过班朱尼河

骑射图　蒙古

此图描绘箭在弦上蓄势待发的瞬间，表现出蒙古人的矫健，很有"弯弓射大雕"之势。

时，铁木真和伙伴们饮河水立誓："如果我建立大业，一定和追随我到此的兄弟同甘共苦，如果违背誓言，就像这河水一样。"这就是蒙古历史上著名的班朱尼河之誓。后来，同饮班朱尼河水的人都被封为功臣。

缔造大元的雄主——元世祖忽必烈

名人简介

忽必烈生于1215年，蒙哥汗（宪宗）之弟。年轻时的忽必烈就有"大有为于天下"的远大抱负，深得成吉思汗的赏识。他不仅弓马娴熟，能征善战，而且对汉族的文化也很了解，是蒙古王公中少见的能文之人。

名人档案
- 姓　名　忽必烈／亦作呼必赉
- 生卒年　1215～1294年
- 祖　籍　蒙古高原斡难河畔
- 身　份　创建大元王朝的卓越政治家

忽必烈的大哥蒙哥即大汗位后，委托忽必烈全权管理大漠以南汉族地区的军事行政。

1259年，蒙哥战死，忽必烈和阿里不哥为争夺汗位，展开激战。1260年，忽必烈夺取了蒙古帝国的汗位，年号"中统"。1264年，忽必烈又定燕京（今北京）为中都。1267年，忽必烈开始营建燕京新都，历时10年才完工。1271年，忽必烈废除蒙古国号，改国号为大元。1272年，元世祖忽必烈改中都为大都，正式迁都燕京（今北京）。

忽必烈稳定了自己在蒙古的统治之后，开始南下攻宋。他先取襄阳、樊城，使得南宋门户大开。经多年讨伐，1279年，南宋灭亡。随后，他又将西藏、云南、新疆、东北、台湾等地都纳入自己的统治之下。经过多年的经营，元世祖终于结束了长达300多年的分裂割据局面，建立起一个统一的多民族的大帝国，实现了中国历史上空前的统一。元朝疆域十分辽阔，"北逾阴山，西极流沙，东尽辽左，南越海表"，超过了汉唐最兴盛的时期。元朝的统一，促进了国内的民族融合和中外经济、文化的交流。

为了维护统一，巩固汗位，元世祖忽必烈采取了一系列的措施。他首先废除蒙古族传统的分土立国的方法和忽里勒台大会制度，重新建设国家机构和职官制度，加强中央集权。元世祖在中央设立中书省掌管全国行政，又设枢密院负责军事，设御史台负责监察百官，最后大权都集中到大汗的手中。在地方，则设立行中书省，简称行省，还设置行枢密院和行御史台，行省下设路、府、州、县等行政机构。元世祖还改革了军事制度，实行军政和民政分开，成立了26队亲兵，由自己亲自控制，把军权集中在自己手里。

在经济方面，元世祖奖励农桑、减少赋税、节省徭役，大力恢复发展生产；在中央设立了劝农司，向全国各地派出劝农使；限制牧场侵占农田，禁止牲畜践踏庄稼，大力推行屯田政策，兴修水利；整顿驿站制度，修筑驿道，开凿运河，打通了水路运输线，沟通了海河、黄河、淮河、长江、钱塘江五大水系；在全国各水陆交通线上设置驿站,用来传递公文,保护商旅;还设置了急递铺,传递紧急公文;在泉州、广州等地设立市舶提举司,管理海上贸易。

元世祖还大力提倡以儒学为主的汉族传统文化,重建孔庙,确立儒家的统治地位。他极力拉拢汉族地主阶级知识分子,免除儒生的徭役。元世祖大力兴办学校,在中央设立了国子监,培养了许多人才。他选派名儒,编修国史,翻译经书。他让藏族高僧八思巴创造了蒙古文字,又将一批汉族典籍翻译成蒙古文,供蒙古贵族子弟学习。元世祖对佛教、道教、景教都加以提倡,在中央设置专门机构进行管理。

但是,元世祖的变革也有很多不彻底的地方,不但没有彻底废除分封采邑的制度,还增加了许多宗王的食邑。元世祖还保留了蒙古贵族蓄养奴隶的制度和斡脱制度,严重阻碍了工商业的发展,破坏了社会经济。

元世祖还发动了多次对外战争,如两次大举进攻日本,以失败告终,两次攻击越南,无功而返。

元世祖晚年逐渐趋于保守,甚至顽固僵化,元朝的统治也开始衰落。1294年,元世祖病死。

大元科学第一人——郭守敬

名人简介

郭守敬的祖父是金元之际学者,精通五经,熟知天文历算,擅长水利工程。在祖父熏陶下,郭守敬从小就对科学有着浓厚的兴趣。他是13世纪世界上有突出成就和发明创造最多的科学家之一,他不仅在天文、历算和水利工程方面成绩卓著,在地理、数学和机械工程方面也有重要的贡献。他的名字被国际天文学会用来命名月球上的一座环形山,所以,著名科学家茅以升说:"郭守敬不仅在地上闻名,而且还在天上闻名。"

名人档案	
姓　名	郭守敬/字若思
生卒年	1231～1316年
祖　籍	顺德邢台
身　份	元代著名科学家

1276年,元世祖灭南宋迁都大都后,决定改旧历,颁行元代自己的历法,郭守敬参加了修订新历的工作。在准备工作中,郭守敬重新创制一套精密的仪器,他改进了圭表,解决了观测困难,减少了观测结果的误差。他还改变了浑天仪的基本结构,使它比原来的浑天仪简单且实用,所以叫作简仪。它可以同时测量天体的地平方位和高度。他创造的简仪等天文仪器比西方类似的发明早了几个世纪,不仅在当时是最先进的,而且一直沿用到明清时期,对中国天文历法的发展做出了卓越的贡献。郭守敬用他创造的简仪对黄道和赤道交角、黄道和二十八宿的距度进行了精密测定,这两项观测成果,对编订新历有重大的意义。

1278年,郭守敬在大都设计建造了太史院和观天台,还主持了东起朝鲜半岛,西至四川、云南和河西走廊,南及南中国海,北尽西伯利亚,南北跨度5000多公里，东西行程 2500 多公里的大规模的"四海测量"活动。郭守敬精密的天文测量，为创定新历提供了精确的天文实测数据。1281 年，《授时历》在全国颁行。《授时历》所定一年周期为 365.2425 天，与现行公历几乎相同，但却比西方现行的公历早了几百年。《授时历》一直使用到明朝末年，还东传到日本和朝鲜。

　　在水利方面，郭守敬也取得了很大的成就。1260 年，郭守敬帮助大名路长官张文谦到各地勘测地形，筹划水利工程。1262 年，经张文谦推荐，郭守敬向元世祖忽必烈提出了 6 条水利方面的建议，被元世祖任命为提举诸路河渠，后来又提升为银符副河渠使。1264 年，郭守敬在西夏修复水利工程，9 万多公顷的良田得到了灌溉。完成修渠工程后，郭守敬又去探求黄河的发源地，是中国历史上第一个以科学考察为目的，探求黄河源头的人。为了解决大都的粮食供应，沟通南方与北方的经济交流，元世祖决定疏通淤塞已久的大运河，并开凿从天津到大都的水上通道，由郭守敬负责设计督修。1291 年，郭守敬提出把昌平神山（今凤凰山）的白浮泉水引入瓮山泊（今昆明湖的前身），并沿途拦截所有从西向东流入清河、沙河的泉水，汇合到积水潭，作为运河的水源。1292 年 8 月的一天，在郭守敬的主持下，开河工程正式动工了。1293 年秋天，这条从神山一直到通州高丽庄，全程 80 多千米的运河工程全部竣工。

　　郭守敬设计主持的水利工程，促进了南北航运，改善了农业灌溉，不仅在当时起了促进生产贸易的作用，而且惠及后世。特别是通惠河的开通，使京杭大运河畅通无阻，大大加强了南北物资的交流。当时的大都城商船云集，是当时世界上最繁华的大都市。他的水利设计的先进思想和措施，对后人也有很大的启发。

　　元政府从郭守敬这里开了一个先例，以后的太史令和其他负责天文的官员，一律不许退休。郭守敬一直留任到他 86 岁去世。

留取丹心照汗青——文天祥

名人简介

　　文天祥出生的时候，"暖风熏得游人醉，直把杭州作汴州"的南宋朝廷，已经是岌岌可危了。南宋末年，文天祥已是朝廷重臣，在危难之中，虽想力挽狂澜，却终究是无力回天。虽然他没有延续南宋朝廷的寿命，但这丝毫没有影响他的光辉形象。

　　文天祥高中状元出来做官时，正值蒙古贵族向南宋发起大举进攻，朝廷上下大都不想抵抗，宦官董宋臣更是主张迁都逃跑，文天祥大胆上书，驳斥董宋臣的主张，并提出政治、军事改革方案，最后虽未迁都，但是文天祥的主张也没有被采纳。

　　1274 年，元朝开始发动了声势浩大的灭亡宋朝的战争，国家危在旦夕。1275 年，文天祥在赣州组织起一支 3 万多人的军队，开到临安"勤王"。当时，4 岁的赵㬎（即恭帝）在位。临朝的谢太后决心投降。文天祥不但反对无效，而且还被任命为右丞相兼枢密使，到元营进行谈判。他在元军的大营和元丞相伯颜争辩，被扣押。元军要把他带到北方，船走到镇江的时候，他逃脱了虎口。他颠沛流离，几经生死，但是始终不忘报国之志。

投降元朝的张弘范劝说文天祥招降张世杰，他写了《过零丁洋》诗作为答复。元朝专横跋扈的宰相阿合马来威逼利诱，文天祥不为所动。后来，陆秀夫背着南宋皇帝赵昺投了海，张世杰也以身殉职，南宋灭亡。

名人档案
姓　名　文天祥／字履善／宋瑞／号文山
生卒年　1236～1283年
祖　籍　吉州庐陵（今江西吉安）
身　份　状元／右丞相

南宋灭亡以后，张弘范又劝文天祥投降，文天祥嗤之以鼻。到了元朝的大都以后，南宋的前宋丞相留梦炎、受封为瀛国公的宋恭帝，前来劝降，都碰了一鼻子灰回去了。文天祥的慷慨陈词、义薄云天让所有的人都无计可施。从这以后的三年当中，他一直被关在阴暗潮湿的监狱中。在此期间，他读到投降元朝的弟弟和在监狱中的妻子儿女的来信。但他没有被百般的折磨吓倒，没有被千般的利诱迷惑，更没有被万般的亲情感动，始终没有投降，表现了自己的气节。1283年1月8日，元世祖忽必烈召见文天祥，进行最后一次劝降。文天祥回答说："我是大宋的状元宰相，宋朝灭亡，我只能是死，不能活。"第二天就慷慨就义。

文天祥著有《文山先生全集》。他前期的诗文大多是应酬之作。赣州起兵以后，风格迥然不同，诗词散文都悲壮刚劲，被人传诵至今。

名人逸事

文天祥杀身成仁以后，被"暴尸"野外，但是由于他的行为深深地感动了看守的士兵，所以他们打算偷偷掩埋他。但是事不凑巧，他们刚把尸体放进棺材，就来了一位钦差说要检查尸体。这个时候狂风大作，不仅把钦差吹到山崖底下，还把文天祥的棺材埋起来。元朝官员挖了三天才挖出来。打开棺材飞出了他的《正气歌》手稿，但是已经没有了尸体。消息传到南宋，百姓们痛苦不已，举国悲恸，风云为之变色。六月天竟下起了雪，人们的衣服、哀杖上都挂满了雪花。从此，哀杖就用白纸缠裹。白纸飘扬起来就像是一层雪花一样。

棉纺新技术的推广者——黄道婆

名人简介

黄道婆，松江乌泥泾镇人。她出身贫苦，生性刚强，因无法忍受公婆和丈夫的羞辱虐待离家出走，流落海南崖州。在黎族同胞的帮助、照顾下，黄道婆学会了当地先进的纺织技术，并以此谋生。勤劳聪明的黄道婆很快成为有名的纺织能手，还和黎族姐妹一起改进纺织工具和纺织工艺，创造了许多新的花色。

在崖州生活了20多年后，黄道婆告别黎乡，返回阔别多年的故土，把黎乡的先进技术带给松江的父老，帮他们摆脱贫困，过上幸福快乐的生活。

当时的乌泥泾已经在元朝的统治之下，元朝政府在江南设置了 5 个木棉提举司，每年向百姓征收 10 万匹棉布。可是由于生产条件和纺织技术都很落后，人们不停地劳作，除了完成政府繁重的任务外，再无剩余，生活处于极端贫困的境地之中。

> **名人档案**
> 姓　　名　黄道婆／又称黄婆
> 生卒年　约 1245～? 年
> 祖　　籍　松江乌泥泾
> 身　　份　平民／棉纺技术的革新者与推广者

黄道婆回乡后，首先向家乡人民传授先进的纺织技术，还把自己从遥远的海南带回来的纺织工具展示给大家，让大家仿制。她不厌其烦地向乡亲们示范操作方法，把自己精湛的技术毫无保留地传授给乡亲们。黄道婆看到妇女们还是像以前那样用手剥棉籽，不但辛苦，劳动效率也低。她就把黎族人民使用的搅车介绍给大家。这种搅车利用两个向相反方向旋转的轴轮，把棉籽剥离出来，送到两个轴轮之间的空隙里，人们只要摇动摇把，棉花和棉籽就会随着轴轮转动，自动分离，既快又省力。

黄道婆还着手改革了纺织工具，她把单锭手摇纺车改进成三锭纺车，纺纱效率提高了两三倍，操作起来也更省力了。这种三锭纺车是当时世界上最先进的纺织工具，它的出现是纺织技术的重大进步，大大推动了纺织业的发展。黄道婆还改进了弹棉花的弓，并用檀木制成的槌子代替手指来击打弓弦。经过这种改造后，不仅弹棉花省力，弹出的棉花也比以前均匀细致，棉纱和棉布的质量也随之提高。

黄道婆还对纺织技术进行了改进，她在纺车的顶上设计了一个花楼，织带有图案的布料时，由两三个人分工合作，下边的人织纬线，花楼上的人提经线，这样就织出了别致的提花布。黄道婆还总结推广了一套错纱配色、综线挈花的技术，于是妇女们织出的被褥、衣带、手帕都有折枝、团凤等各色花样，色彩艳丽夺目。

经过黄道婆的改进，乌泥泾的纺织技术大大提高，生产出的乌泥泾被远销各地，促使乌泥泾的棉纺织业迅速发展起来。当地人民终于摆脱了长久的贫困，过上了丰衣足食的富裕生活。

黄道婆革新的纺织技术还传播到附近的上海、苏州、杭州等地，她去世后不久，她的故乡松江就成了全国的棉纺织中心，而且一直持续了几百年。到了明朝中期的时候，松江农民一天就能织出上万匹布，并且松江布还远销海外，名扬天下。

黄道婆的卓越贡献受到了世世代代的尊敬和缅怀。她去世的时候，当地人为她举行了公葬，还修建了"先棉祠"来祭祀她。

名人逸事

黄道婆很小的时候，父母因家庭贫困把她送给一个富裕人家做了童养媳。黄道婆的公婆和丈夫对她百般虐待折磨。她除了操持家务，还要下田耕种，纺纱织布，忙得连喘息的机会都没有。可是公婆和丈夫还是不满意，每天非打即骂，甚至有时连饭都不给她吃。有一天晚上，黄道婆实在太累了，不知不觉地趴在织机上睡着了。公婆和丈夫看见后，大骂黄道婆懒惰，将她痛打一顿，关进了柴房。

> **宋元纺织机械的进步**
>
> 　　一、纺车从手摇缫车向脚踏缫车过渡。脚踏缫车是人工缫丝机械中最先进的工具，在宋元时期得到普遍使用，完全取代了手摇缫车。
> 　　二、棉纺织机械的创制和改进。
> 　　三、大纺车和水力大纺车的创造。大纺车和水力大纺车的出现，是纺织机械制造方面的划时代进步，它们实现了纺织业的规模化，大大提高了生产效率。

　　黄道婆是个生性刚强的女子，她再也不能忍受这种可怕的生活了，决定逃离这里，去寻找新的生活。黄道婆就将屋顶的茅草捅了个洞，在大雨和夜色的掩护下，逃离了婆家。天快亮的时候，黄道婆跑到了一条大江边。一位好心的老船夫很同情她的遭遇，就把黄道婆带到了海南的崖州。

万国来朝的永乐大帝——明成祖朱棣

名人简介

　　朱棣，朱元璋第四子。洪武三年（1370年），11岁的朱棣被封为燕王。洪武十三年，21岁的燕王朱棣正式受命就藩北平。他在明初与元朝残余势力作战和实现全国统一的过程中，建立了显赫的战功，得到了父亲的赏识和信赖，地位超过了其他藩王，成为强藩之首。洪武二十三年，朱棣初显身手，采用武力与怀柔相结合的策略，北征招降成功，朱棣在北部边防中心地位越来越重要，可谓举足轻重。

　　朱元璋在皇位继承问题上坚持嫡长制，建国后立长子朱标为太子。洪武二十五年（1392年），朱标病死，朱元璋立朱标之子允炆为皇太孙。洪武三十一年（1398年），朱元璋死，皇太孙朱允炆即位。朱允炆感到"诸王以叔父之尊，多不逊"，很难控制，于是决定削除藩王势力。

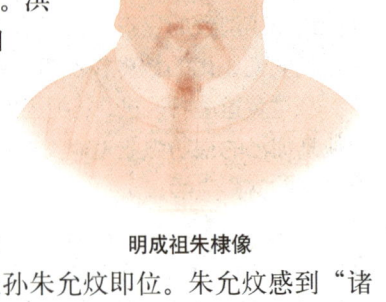

明成祖朱棣像

　　朱棣早有准备，在僧道衍（姚广孝）的策划下，一面假装疯癫，一面"练兵后苑中"，"日夜铸军器"。建文元年（1399年）七月，建文帝派齐泰以逮捕罪人为名，包围了燕王府。朱棣借此良机，按事先部署，当场将朝廷来的人拿下，并乘夜攻夺了九门，控制了北平。建文元年七月初七，朱棣聚将誓师，上书建文帝，引证朱元璋"朝无正臣，内有奸恶，则亲王训兵待命，为天子讨平之"的祖训，发动了争夺皇位的"靖难之役"，也称壬午之变。朱棣采取不正当的手段夺取帝位，在血泊中登上了龙椅，史称明成祖。

> **名人档案**
> ■ 姓　　名　朱棣／明成祖
> ■ 生卒年　1360～1424年
> ■ 祖　　籍　濠州钟离
> ■ 身　　份　明朝第三位皇帝／政治家／军事家

朱棣当政后采取了一系列措施使君主专制的中央集权得到进一步发展。他实施削藩政策，尽释诸王兵权，使得自己的皇位得到巩固；设立内阁，让大学士入阁参与机务；派遣御史巡视地方，还委宦官以重任；建立特务机构东厂，派宦官掌管，刺探官民动静。

名言佳句

下有余则上何患于不足，下不足则上何可以有余。

航沧海者必藉山之舟，驭千里者必蹑云之骥，佐治理者必出众之才。

朱棣在内政改革上施行"明刑慎法，惟诚任贤，直言纳谏"的方针，朱棣虽然残忍褊狭，但他还能以大业为重，虚心纳谏，敢于听取对他的批评，希望自己做事有了过失，大臣能给指出来。

朱棣即位后就着手恢复靖难之役中遭到破坏的社会经济。他奖励开荒、移民屯田、迁徙富豪。朱棣对兴修水利也非常重视，他在位期间最主要的水利工程就是对大运河的治理。对促进南北地区的经济交流起到了积极作用。

为了维护多民族国家的统一，朱棣对周边少数民族进行了有效的统治，实现了天下大一统。在东北设奴儿干都指挥使司，在西北设置哈密卫，还派宦官陈诚前往西域，号召西域各"国"前来朝贡。朱棣还进一步加强了汉藏之间的联系，封宗喀巴为"西天佛子大国师"。朱棣还设置了贵州等处承宣布政使司，推行改土归流。此外，朱棣在辽东开原、广宁设马市，在西北扩大茶、马贸易，加强与周边少数民族的经济联系。

朱棣即位后还改变了朱元璋的闭关海禁政策，和周边的邻国广泛建交和进行贸易。在福建、浙江、广东三市舶司建驿馆以招待外国贡使，后来又增设交趾、云南市舶提举司以接待西南诸国来使。派遣郑和率领船队下西洋，发展了中国同南洋各国的友好往来，并在政治、经济和科学文化诸方面产生了深远的影响。

朱棣十分注重发展文化事业。他命胡广等编纂《五经大全》《四书大全》《性理大全》，颁布全国，让两京六部国子监及府州县学阅读。他还令解缙纂修了《永乐大典》。

明成祖朱棣以其雄才大略巩固了大明江山，成为中国历史上有作为的君主之一。

名人逸事

朱棣为与朱允炆争夺皇位，发动了中国历史上的"靖难之役"。1399年，燕王朱棣率军南下，从天津三岔口渡河袭取沧州，于1402年攻入当时明朝首都南京，登上了天子宝座。朱棣登基后，对他争夺天下时经过的三岔河口十分赞赏，认为是块风水宝地，叫群臣献名。最后，朱棣选中"天津"二字，意为"天子渡津之地"，天津由此得名。后来，朱棣迁都北京，天津便成了京城的门户，军事地位日益重要。永乐二年（1404年），在天津设卫，"卫"是明朝的一种军事建制。天津共设三卫，驻军1.6万多人。于是，人们又把天津叫作天津卫。设卫就要筑城，天津作为一个完整意义的城市的历史由此而开始。

七下西洋的航海家——郑和

名人简介

郑和本姓马，祖先是西域人，后来迁居昆明。明朝初年，郑和入宫做了内监，成为燕王朱棣的侍童。后因在"靖难之役"中立功，明成祖朱棣赐他姓郑，并做了太监总管。

名人档案	
姓　名	本姓马／小字三保
生卒年	1371～1433年
祖　籍	云南昆明
身　份	明朝宦官／航海家／外交家

明成祖即位后，中国成为当时生产最发达、经济实力最雄厚的国家之一。为了树立和扩大明朝在海外的威望和影响，恢复和发展同海外各国的友好关系和贸易往来，明成祖决定派郑和率领船队远赴西洋。

1405年，郑和率领船队，带着大量的丝绸、瓷器、粮食等物资，开始了第一次远航。这次远航的起点是满剌加（今马六甲），终点是印度半岛西南的大商港的古里（今卡利卡特）。郑和宣读了明朝皇帝的国书，向两位国王赠送了礼物，受到了两地国王的欢迎，并分别在两国立碑纪念与两国友好关系的建立。郑和还在满剌加建立了仓库，存放货物，作为远航途中的一个中转站。

1407年，郑和船队再次从刘家港起航，开始了第二次下西洋。船队经过占城，到达爪哇国。当时，爪哇国西王和东王之间发生战争，郑和船队的人员上岸进行贸易时，被西王的士兵杀死了170多人，郑和立即登陆，保护船队成员和当地华侨。西王自知理亏，派使臣随郑和到明朝谢罪。此后，爪哇一直和中国保持着友好往来。

1409年秋，明成祖又派郑和三下西洋。郑和船队首先到达占城，占城王出城迎接，并在王宫里举行盛大的宴会。占城人民非常喜欢中国的瓷器和丝绫等物，郑和也从他们那里购买象牙、犀牛角等特产。离开占城后，郑和再次到达锡兰。虽然在锡兰遇到了一些麻烦，但是经过郑和的努力，中锡两国重归于好。1411年，郑和第三次远洋归来，19个国家的使节随同他一起到中国来访问，明朝的对外关系达到了一个高潮。

1413年，明成祖又派郑和第四次远航，横渡印度洋，前往波斯湾。郑和先到达占城，又访问了东南亚诸国，并到了苏门答腊。在苏门答腊，郑和帮助苏门答腊国王稳定了局势，自己的仓库也得到了保障。

1426年，郑和第六次下西洋，绕过了阿拉伯半岛，经红海岸边的阿丹国，又一直向南航行，到达了非洲东部海岸。郑和的船队经过东非红海沿岸的剌撒，绕过非洲东北角，继续南行，到了木骨都束（今索马里

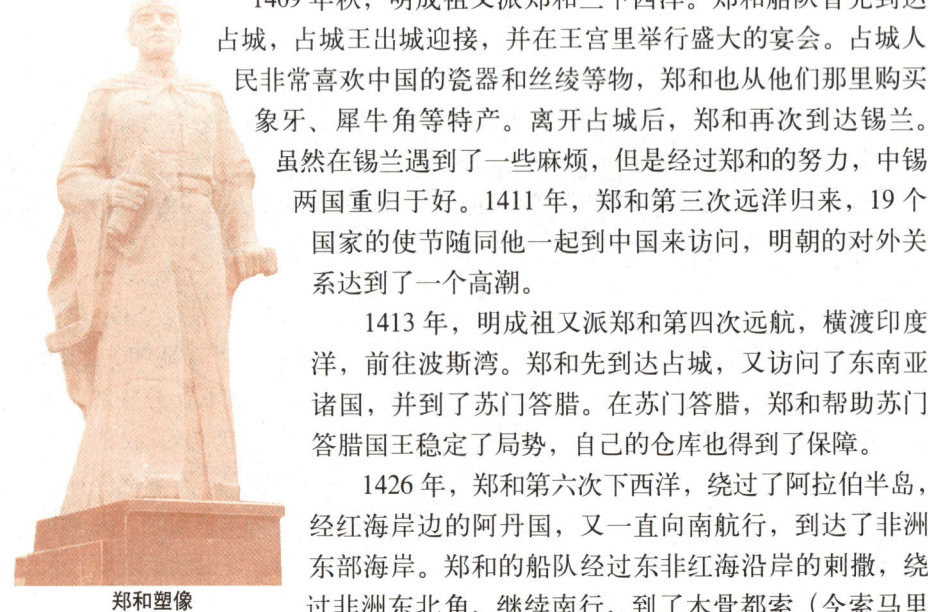

郑和塑像

首都摩加迪沙)。郑和到达麻林（今肯尼亚）之后，由于那里全是热带雨林，渺无人烟，最终还是放弃前行，从麻林起航回国。郑和回来时，有16个国家的使臣随他到中国访问。之后，明成祖又派郑和带着国书和大量的礼物，率领船队护送这些使臣回去。于是，郑和的船队再次来到非洲东海岸各国。

> **名言佳句**
> 欲国家富强，不可置海洋于不顾。

明成祖病逝后，即位的仁宗下令停止下西洋，明朝对西洋各国的政治影响也随之减弱，海外贸易开始衰落。1431年，为了改变这种局面，明宣宗派已经60岁的郑和第七次下西洋。第七次下西洋，郑和几乎走遍了南海、北印度洋沿岸各国、阿拉伯半岛和非洲东岸的国家。1433年，郑和船队在满刺加装载货物，返航回国。郑和于归国途中病逝。

江南第一风流才子——唐寅

名人简介

唐寅，字伯虎，一字子畏，号六如居士、桃花庵主、逃禅仙史等，生于吴县（今江苏苏州）。他初学画于周臣，后与文徵明、祝允明、徐祯卿结交，人称"吴中四才子"。在绘画上，唐寅是一位取材广博的画家。他的山水画多取法于南宋的李唐、刘松年。他画花鸟喜用水墨，洒脱秀逸，独具一格。唐寅与沈周、文徵明、仇英合称"明四家"。

> **名人档案**
> 姓　名　字伯虎／号六如居士
> 生卒年　1470～1523年
> 祖　籍　苏州吴县（今江苏苏州）
> 身　份　明四家之一／吴中四才子之一

唐寅出生在一个商人家庭。他的父亲虽善于经商，但认为商人地位卑微，经商不如读书做官好。他一心让儿子求学当官，以改换门庭。儿时的唐寅异常聪明伶俐，父亲经常欣慰地说："我的儿子将来会成名的。"但唐寅自小贪玩，有的时候还跑到屠场去看屠夫宰杀牲畜。他的这种浪荡行为在士大夫子弟中是少见的。父亲见状，对他愈来愈不抱希望。

16岁那年，唐寅参加秀才考试，考取了童科中第一，成为府学生员。这在当时可是光宗耀祖的事，他因此受到全城人的赞誉。唐寅少年得志，雄姿英发，家里又富有，过着读书、游玩、吟诗作画的生活。人有旦夕祸福，1497年，唐家发生了惨痛的巨变。唐寅的父母、妻儿先后弃世，他悲痛万分。第二年，他的妹妹出嫁。这本来是一件喜事，谁知不久又传来妹妹在婆家自杀的消息。在一年的时间里，唐家家破人亡，只剩下唐寅兄弟二人。重大的打击使年仅20余岁的唐寅愁出了白发。

亲人的离世使唐寅的精神上受到极大的刺激。他一度意志消沉，终日与友人饮酒浇愁。后来在好友祝允明的劝慰下，唐寅才又重新振作精神，继续埋头读书。1498年，唐寅参加应天府乡试。28岁的唐寅高中第一名（解元）。唐寅撰写的文

枯木寒鸦图　扇页　明　唐寅

此图描绘枯木虬枝，斜伸逸出，参差错落。一群寒鸦或栖或戏于枝头，或翱翔于空中，姿态生动。画意萧索，构图别具一格。

章受到《昭明文选》影响，辞藻优雅，意气风发，被主考官一眼看中。据说，梁储在阅到唐寅的试卷时，情不自禁地赞叹说："这个人真是才华横溢呀！解元准是他了。"

这次夺魁使唐寅心中不胜快慰，并一度踌躇满志起来。谁料乐极生悲。与唐寅同路进京赶考的是江阴巨富之子徐经，二人来京后继续住在一起。徐经认为能否步入仕途，学问固然重要，但更重要的是赢得权贵的赏识。因此，他整天奔走于豪门显贵之间。这些人中有同乡的吏部尚书倪岳、礼部侍郎程敏政和大文豪李东阳等。不仅如此，徐经和唐寅还经常骑着高头大马，招摇过市。这引起了许多人的妒恨和非议。

那年京城会试的命题者和主考官是程敏政和李东阳。两人的试题出得十分冷僻，很多应试者答不上来。其中只有两张试卷，不仅答题贴切，且文辞优雅。程敏政高兴得脱口而出："此二人一定是唐寅和徐经。"这句话被在场的人听见，并传了出来。唐寅和徐经曾多次拜访程敏政，已经使许多人产生怀疑。程敏政在考场中这样说，使平时嫉恨他的人抓到把柄。有人上奏孝宗皇帝，弹劾程敏政受贿把试题泄露给唐寅和徐经。此后，又有多人纷纷奏报皇帝，说程敏政受贿泄题事件在考生中反响很大，许多人对朝廷有怨言。

皇帝信以为真，立即下旨将程敏政、唐寅和徐经押入大理寺狱，派专人审理。李东阳复阅试卷时发现被程敏政称赞的卷子不是唐寅和徐经的。徐经入狱后经不起拷打，招认曾买通程敏政的亲随，窃取试题泄露给唐寅。唐寅见徐经已招供，无话可说。后经刑部、吏部会审，徐经翻供，说当时屈打成招。皇帝下旨，释放程敏政、唐寅、徐经等人。

尽管有皇帝的命令，但唐寅出狱时还要缴"赎徒"的钱。唐寅的生命之舟从应天府乡试第一的浪尖，一下子坠入无底深渊，前后不到半年光景，一荣一辱，真可谓天上地下。经历此劫，唐寅断绝了仕进之心。他出狱后，被发往浙江任小吏。这时的唐寅生活困苦不堪，友人劝他去浙江任职。但是他认为"士可杀不可辱"，坚决不去。

1500年，唐寅坐船到达镇江。他登金山、焦山，遥望金陵，回首往事，百感交集。之后，他又从镇江到扬州，游览了西湖、平山堂等名胜。然后，唐寅坐船沿长江经过芜湖、九江，到达庐山。唐寅游遍名川大山，胸中充满了千山万壑的景象，这使得他的诗画具有吴地诗画家所没有的雄浑、刚健之气。同时，他把浑厚的胸臆转化为潇洒的画风。唐寅的诗文无师自通，其实全部出于内心的真实感受，毫无雕琢之意。

为了生计，走出困境的唐寅开始了卖画生涯。当时，沈周和周臣都是苏州的名画家。唐寅潜心向他们学习，画艺突飞猛进，兼二者所长，以至青出于蓝而胜于蓝。唐寅对以丹青自娱，卖画为生颇为自得，自己刻了一枚"江南第一风流才子"的印章。

心学大师——王阳明

名人简介

王守仁是明代著名的思想家，世称阳明先生，谥文成，后人称王文成公。他出身官僚地主家庭，从小接受儒家正统教育，"才兼文武"，有"奇智大能"，28岁中进士，第二年步入仕途。

名人档案
- 姓　名　王阳明／字伯安／号阳明
- 生卒年　1472～1529年
- 祖　籍　浙江余姚
- 身　份　明朝思想家／南京兵部尚书

年轻的时候，他是程朱理学的追随者。为了实践朱熹"格物穷理"的理论，他曾"格竹子"七天七夜，试图从中领悟出永恒不变的真理，最终不但一无所获，人也因思虑过度累病了。他在极大的失望中，不得不放弃这种尝试，并对程朱理学产生了怀疑和动摇。在以后的生活中，他利用一切可以利用的时间和条件，游历高山名川，交游道士，苦苦思索哲学理论。1506年，他因为上书请求"去奸臣"，得罪了专权的刘瑾，被贬官到龙场(今贵州修文县治)驿丞。在那里，他日夜静坐沉思。一日深夜，他突然悟出"心即理"，明白了"真理就在自己心中，根本不用向外求"的道理。他在这里得"道"，被后人称为"龙场悟道"。从此，王阳明的思想由客观唯心主义转变为主观唯心主义，并在不断的思考和探索中，建立起完整的理论体系。

"心即理"是王阳明的"立言宗旨"，是他哲学思想的核心。他以此否定了朱熹"格物穷理"的思想，认为心和理是一个东西，是不可分的，天下的真理都包括在人心中。他还认为，心外不仅无"理"而且无"物"，他说："有是意，即有是物；无是意，即无是物"，认为客观事物是人的意志活动的结果，离开人的意志，便没有客观事物的存在，是人的意识决定物质，因此，他的哲学是典型的主观唯心主义。

在"知行"问题上，王阳明提出了"知行合一"的主张，以此否定朱熹的"知先行后"说，认为知行本来就是一体的，"一念发动处即是行"，知本身就是行动。因此，要形成良好的道德行为必须从修"心"做起，去"破心中贼"。

晚年，王阳明提出"致良知"的主张。认为"良知"是人心中固有的道德和是非观念。"致良知"就是要通过内心的省查存养功夫，保持良知不丧失，让天理良心常在，就成为好人了。他想借助道德教化的力量，加强对人心的控制，以挽救明王朝的社会危机。

王阳明做官的成就没有做学问的成就大。但是在做官期间，他还是为老百姓说出了一点心里话，在一定程度上指出了当时的政治弊病，同时为老百姓做了很多

名言佳句

破山中贼易，破心中贼难。
心外无物，心外无事，心外无理。
致吾心之良知。

实事，受到人们的称赞。刘瑾倒台以后，他的官位一路高升，并成功地解决了南赣的多起叛乱。在平定宸濠之乱后，就称病住在寺院。以后的绝大部分时间都是在讲学。1528年，他镇压了思恩、田州、八寨等少数民族的起义，第二年去世。

他的主要作品有《传习录》《大学问》，后人把他的作品辑录为《阳明全书》（即《王文成公全书》）。

名人逸事

王阳明不仅是哲学家，而且还是位实际的政治家。明武宗的时候，宸濠叛乱，王阳明平定了宸濠之乱，逮捕了宸濠，把他囚禁起来。江彬等人妒忌王阳明，想抢他的功劳，于是，他们就到处散布流言，说王阳明与宸濠是同谋，听说朝廷的大军出征后，才把宸濠逮捕来为自己开脱。王阳明忍辱负重，把宸濠交给了太监张勇，同时在上书中把捉宸濠的功劳归于总督军门。

张勇回到京城，在皇帝面前极力称赞王阳明，说明了原因。皇帝知道了是非黑白，没有处罚王阳明。

卓越的药物学家——李时珍

名人简介

李时珍受家庭影响，从小就对医药学产生了浓厚的兴趣。他先后三次参加乡试未中，决定放弃八股科举，专心研究医药学。

李时珍25岁时，开始正式行医。他天资聪颖且刻苦勤奋，除了研读医学名著外，

名人档案

- 姓　　名　李时珍／字东璧／号濒湖
- 生卒年　　1518～1593年
- 祖　　籍　蕲州（今湖北蕲春西南）
- 身　　份　明朝杰出的药物学家／医学家

还用心钻研古代的药物学著作。李时珍高尚的医德和高超的医术深得人们的称赞，还被镇守武昌的明朝宗室楚王邀请到府中掌管"良医所"。后来，经楚王推荐，李时珍进入京师太医院。

多年的行医经验和丰富的药学知识积累，使李时珍深刻地认识到旧的本草经典已经不够用了，重修本草典籍的工作已成当务之急。于是，他在太医院只待了一年，就辞职回乡，开始专心致志地编写医学巨典《本草纲目》。

《本草纲目》的编写，从1552年开始，到1578年完成，前后历时27年。《本草纲目》全书共52卷，收载药物1892种，还附有1160多幅插图，以及1.1万多个药方。它改进了中国传统的本草学，系统地总结整理了医药学发展的新成就，是中国古代最完备的本草学著作。李时珍把收录的药物分成16部60类，他把草

部的药材按照生长环境分为山草类、水草类、湿草类、石草类等，还按照植物的形态特点和所含的化学成分来进行分类。他创造的药物分类方法是当时世界上最先进的，比西方植物分类学早了近100年。《本草纲目》在化学和矿物学方面也有很大的贡献，它收录了矿物药材100多种。李时珍还在世界上第一次发现了黑辰砂中含汞较多，有很高的经济价值。

李时珍对收录的每种药物都从释名、集解、修治、气味、主治、发明、正误、附方等8个方面加以解说。他还把大部分药物配上精细准确的插图，这对人们识别药物，有一定的科学价值。《本草纲目》收录的药方中，有8100多个药方都是李时珍亲自搜集的。这些药方既有古代医学典籍中收录的"经方"，又有金元以后的医药著作中记载的"时方"；既有临床效果极佳的"验方"，又有民间广泛流传的"单方"。至今仍有一些中成药，是根据这些药方制造的。

1578年，《本草纲目》编写完成，1590年着手刻印，1593年，就在《本草纲目》快要刻成之时，李时珍与世长辞。

李时珍是一位伟大的医药学家，《本草纲目》是他留给后人的最珍贵的遗产，它对后世本草学和方剂学的发展起到了很大的作用。《本草纲目》对中国和世界的影响都是难以估量的。

李时珍像

名人逸事

李时珍除了从古代典籍中获取知识之外，还非常重视实际的调查研究。他头戴竹笠，身背药囊，踏遍两湖、两广、安徽、河北、江西、江苏等地，亲自采集了许多珍贵的药物标本，向农民、猎户、樵夫、药农，甚至贩夫走卒请教调查，积累了丰富的第一手材料。为了了解故乡出产的蕲蛇，李时珍冒着生命危险，几次爬上龙峰山，在捕蛇人的帮助下，仔细观察了蕲蛇的生活习性，并在实地观察的基础上详细记述了蕲蛇的形态特点以及蕲蛇与别的地方所产的白花蛇的不同。

李时珍在楚王府中掌管"良医所"没过几年，就又被推荐到北京的太医院任职，去做"太医院判"。开始李时珍以为这是将医药学发扬光大的机会，但不久他就发现封建统治者一心只想制炼仙丹，求长生不老，根本无心发展医药事业。而太医院的同行们大多只知道讨好皇家，不求真才实学。李时珍觉得长此以往，自己多年来把医药学发扬光大的理想就要成为泡影，于是托病辞职，回故乡行医。

《本草纲目》

《本草纲目》是医药学家李时珍倾其毕生精力、广收博采、亲历实践、实地考察、对传统的本草学进行全面的整理和总结、历时27年编成的医学巨著。全书52卷，约200余万字，收集药物达1892种（比传统的本草学多374种），附加1100多幅图片，以及11000多个药方。《本草纲目》集我国16世纪以前医药学成就之大成，而且在语言文字、植物、动物、历史、地理，甚至于矿物、冶金等方面也有突出成就。该书17世纪末开始向外传播，先后被译成40多种文字，对世界自然科学有巨大的贡献。

抗倭御侮的民族英雄——戚继光

名人简介

戚继光生在将门，从小就有大志和军事天赋。1544年，17岁的戚继光接任了父亲的职务，任登州卫指挥佥事。1548年，戚继光调戍蓟门，后参加山东乡试，得中武举。1553年，他被提拔为都指挥佥事，管理登州等三营及三营所辖25个卫所，全权负责山东全省的抗倭工作。

两年后，他被调往倭患严重的浙江任职。在与倭寇的战斗中，戚继光英勇善战，身先士卒，初战就取得了胜利。当时的明军严重腐化，不仅战斗力差，而且祸乱百姓，戚继光决定另练新军。1559年，他从浙江义乌的大山当中招募勇敢的农民和身体健壮的矿夫共3000余人，采用营、官、哨、队四级编制方法编成一支新型的军队。经过戚继光的严格训练，这支新军成为一支劲旅，人称"戚家军"，该军曾创下了歼敌上千人，而无一人阵亡的辉煌战例。

戚继光坐像

1561年，倭寇大举侵犯台州，戚继光和倭寇进行了9次交锋，九战九胜，取得举世闻名的台州大捷。倭寇们心惊胆战，给戚继光取了个名字叫"戚老虎"。接着他又像秋风扫落叶一般，清除了倭寇在横屿、牛田、林墩的三大巢穴，又南下福建，和福建总兵俞大猷、广东总兵刘显等人取得平海卫大捷、仙游大捷，到1566年彻底肃清了中国东南沿海的倭寇。戚家军威震中国海疆，保证了福建和广东沿海一带的社会安宁。

1567年，北方边境出现问题，戚继光被调到北方，总理蓟州、昌平、辽东、保定军务，防御经常南下侵扰的鞑靼骑兵。他根据蒙古骑兵的作战特点，改进了军队的编制，创建了以火绳枪炮为主的步兵营、骑兵营、车营和辎重营，各个营可以在统一指挥下进行协同作战。同时，在旧长城的基础上加高加厚原有的边墙，并在长城沿线建立了空心的敌台，进攻和防御两手抓，从而真正建起一道牢不可破的坚固防线。他镇守北部边疆前后共有16年的时间，不仅使边地出现了太平景象，而且使都城北京的安全也有了保障。

1582年，支持戚继光的张居正去世，他遭到朝中大臣的排挤，调任到广东。1587年，年老体衰、积劳成疾的戚继光感染了肺病，随后在家乡去世。

戚继光不仅是一位战功赫赫的爱国名将，

名人档案
- 姓　名　戚继光／字元敬／号南塘
- 生卒年　1528～1588年
- 祖　籍　山东蓬莱
- 身　份　民族英雄／杰出军事家

> **名言佳句**
> 一年三百六十日，都是横戈马上行。
> 封侯非我意，但愿海波平。

同时还是一位杰出的兵器制造专家。他一生在军事上有不少创造发明。为了防止鞑靼和朵颜等的入侵，戚继光53岁时发明了埋在地下、不用人工点燃、让敌人自己踏上就会自动爆炸的新式杀伤武器，叫作"自犯钢轮火"。这就是世界上最早的地雷，比欧洲人发明地雷大约要早300年左右。

戚继光为保卫大明王朝的边疆奋斗了40多年，南征北战、出生入死，被称为中国"古来少有的一位常胜将军"。他智勇兼备，多谋善断，练兵有方。他还著有《纪效新书》和《练兵实纪》两部兵书，这是他多年选兵、练兵及指挥打仗的经验总结，是杰出的军事理论著作，为后世兵家必读书目之一。

中西文化交流的桥梁——徐光启

名人简介

徐光启自幼聪敏好学，胸怀大志。7岁到龙华寺的村学读书，20岁考取秀才。万历三十二年（1604年）徐光启高中进士，崇祯五年（1632年）升任礼部尚书兼东阁大学士，崇祯六年兼任文渊阁大学士。

名人档案	
姓　名	徐光启／字子先
生卒年	1562～1633年
祖　籍	上海徐家汇
身　份	晚明科学家

徐光启是中国明代伟大的科学家，他用毕生精力推进中国科学的发展，在天文学、数学、农业科学、机械制造等方面都取得了很高的成就。他把欧洲的自然科学介绍到中国，引进了西方先进的数学、历法、水利、测量等科学技术，为推动中西方文化的交流与融汇做出了巨大贡献，堪称中西文化交流的桥梁、中国近代科学的先驱。

徐光启是一位杰出的农学家，他结合自己的实际经验，对古今中外农业生产和农学研究的得失利弊，做出全面总结，在所著《甘薯疏》《北耕令》《农遗杂疏》等农书的基础上，撰写了农学巨著《农政全书》，这是代表中国古代农业科学发展最高水平的百科全书。

他和利玛窦合作翻译的《几何原本》，打破了传统数学体系，开创了全新的数学证明方法。《几何原本》后来成为清末全国中学的教材，对普及几何学知识，培养数学人才以及充实当时数学研究的内容产生了巨大的影响。

天文学也是徐光启学习西学的重要内容之一，他曾撰写《平浑图说》《日晷图说》《简平仪说》等书。徐光启不仅对西方天文仪器的构造、原理有充分的认识，对西方的测天方法和理论也有深入的研究。1629年，徐光启运用西方的方法，推测出日食发生的准确时间，于是，崇祯皇帝让他负责修改历法。

徐光启把翻译介绍西方的天文学著作当作修改历法的第一个必须的步骤，他自己积极参与编译的著作有《测天约说》《测量全义》等许多种。他还上书皇帝，建议制作地球仪、天球仪、日晷、望远镜、自鸣钟等10种仪器用于天文观测，为清朝初年铸造大型的天文仪器积累了宝贵的经验。徐光启还精心设计了历书的结构，成为《崇祯历书》编写工作的纲领。为了使新历法更加科学准确，徐光启多次组织人员进行天文观测，获取了大量的第一手的科学资料。他根据实际观测结果，绘制了一幅星图，这是当时最完备、最精确的星表和星图，也是中国目前所知最早包括了南极天区的全天星图。

在徐光启修订《崇祯历书》期间，努尔哈赤后金军队入关威胁京师，他投笔从戎，停下修订历法的工作，从事火器制造和保卫京师的工作。

1633年，徐光启病逝。1635年，《崇祯历书》全部修订完毕。这部历书虽然不是由徐光启最后完成的，但他对新历的贡献却是无人能及。《崇祯历书》不仅是对传统天文学的总结，而且吸收了大量西方天文学的先进成果，是中外学者共同努力的结晶。它的问世使中国天文学发生了深刻的变革，从此走上了与世界天文学并轨的道路。

名人逸事

有一年，父亲去世，徐光启回到上海守丧。那年夏天，江南遭到一场水灾，大水把稻、麦都淹了。水退之后，农田里颗粒无收。徐光启为这个心里特别着急。他想：如果不补种点别的庄稼，来年春天拿什么度荒呀！恰巧在这时候，有个朋友从福建带来了一批甘薯的秧苗。徐光启就在荒地上试种起甘薯来，过了不久，甘薯长得一片葱绿，十分茂盛。后来，他特地编了一本小册子，推广种甘薯的办法。本来只在福建沿海种植的甘薯就移植到江浙一带来了。

晚明伟大的地理学家——徐霞客

名人简介

徐霞客出生在一个地主家庭，小的时候非常聪明，出口成章。他的父亲讨厌官场，经常带他去各地游玩。在父亲的带动下，他对旅游产生了浓厚的兴趣，

名人档案
- 姓　名　名弘祖／字振之／别号霞客
- 生卒年　1587～1641年
- 祖　籍　江苏江阴
- 身　份　明代地理学家

主动去看一些关于地理、游记、方志、历史方面的书。应该说，徐霞客后来走上游历这条路与父亲的影响是分不开的。参加科举失败以后，徐霞客决定外出游历，而他要是一走，家里就只剩下一个不满3岁的孩子和自己的老母亲。他的母亲非常理解徐霞客的志向，在徐霞客犹豫的时候，鼓励他说："好男儿志在四方，你放心去实现你的理想吧，家里有我呢。"于是，22岁的徐霞客衣冠整齐，身背行装，告别了家人，踏上了外出游学的行程。此后差不多每年他都要出

去旅行，母亲都要嘱咐他"一定要做好记录"，他回来以后就给母亲讲解游历见闻，经常让母亲笑得合不拢嘴。

名言佳句

五岳归来不看山，黄山归来不看岳。

在长达34年的旅行探险过程中，他不知疲倦、不畏艰险，克服了种种困难，渡过了重重危机，始终不曾动摇自己的理想。考察了包括现在的江苏、浙江、山东等16个省以及北京、天津、上海等地。他走过的大山名川有泰山、天台山、黄山……大渡河、金沙江、澜沧江等等，这真是"饱尝河山美，收尽天下奇"。他不遗余力地将这些资料去粗存精、去伪存真，分析整理，进而探索大自然的规律，为近代地理学开辟了一条观察自然、认识自然的新方向。

他所著《徐霞客游记》以日记体裁详细地记录了他一生旅行生涯中的所见所闻，富有文学色彩，又具有重要的科学价值。这本书对于当今的很多新兴的学科都有很大的作用，为民族学、气象学、环境科学，以及地理学科的分支——城镇地理、农业地理、人口地理、商业地理等学科的研究提供了难得的宝贵资料。尤其是游记中对我国石灰岩地区岩溶地貌的记述，详尽系统，是世界上较早的一本关于岩溶地貌的论著，也是今天一门新兴学科——岩洞学最早的文献之一。在他最后一次也是为期最长的一次到云南的游历中，徐霞客做好了牺牲一切的打算，以51岁的高龄，以坚忍不拔的精神完成了考察祖国大西南的夙愿。经过这次游历以后，他回到家乡再也没有出去游历，直到终老。

宋代文学家王安石曾经说过："世之奇伟瑰怪非常之观，常在于险远，而人之所罕至焉，故非有志者不能至也。"徐霞客的大无畏精神，是他取得成功的根本，是值得我们后辈学习的。

名人逸事

徐霞客在桂林七星岩的时候，在一个山洞中有一只老虎，每当天黑的时候就出来找东西吃。当地的人们十分害怕，一到傍晚都回家了。徐霞客听说后，决定去了解老虎的形貌和习性，傍晚，他爬到山洞口的一棵有两抱粗的大树上，想看个究竟。老虎出来以后，就抬头看着树上的徐霞客。徐霞客就把准备好的沙子往老虎的眼睛上撒。老虎不停地低头，揉眼睛，被迷了眼睛的老虎怒吼咆哮，可是

《徐霞客游记》的科学成就

（1）在水文地理方面：记载了大小河流551条，湖泽59个，潭、塘、池、坑131个，沼泽8个，海2个。

（2）生物地理方面：记载植物总数150余种，其中林木最多，占40%，花卉次之，为20%，往下依次为药草11%，竹类8%，菌类6%，野菜5%，藤类3%。对各地的植被情况也有详细的描述。还特别注意到了植物与地理环境的关系。

（3）地貌方面：包括岩溶地貌、山岳地貌、红层地貌、流水地貌、火山地貌、冰缘地貌等。其中对岩溶地貌研究最为突出，无论在广度还是深度上都是空前的。有关的论述10万多字，是中国系统描述岩溶地貌的巨著。

（4）人文地理方面：广泛记录了手工业、矿业、农业、交通运输、商业贸易、城镇聚落的分布和兴衰。特别关注了少数民族地区的政治、风俗。

它既够不着徐霞客，又撼不动树，只好回到洞里。第二天，徐霞客又去了。这次他扔给老虎的是一些糕点什么的，老虎吃得不亦乐乎，以后几天一直是这样。老虎的神态明显友善起来，徐霞客便下树就近观察，随意地摆弄老虎的尾巴，老虎不仅没有反抗，还很亲昵地往他身上蹭。当地人都非常佩服他的胆量和智谋。

明代卓越的科学家——宋应星

名人简介

宋应星，字长庚，明末科学家。他在明亡前夕曾任江西分宜教谕、福建汀州推官、安徽亳州知州。明亡后，他弃官归里。由于当时的社会商品经济高度发展、生产技术达到新的水平，他在江西分宜教谕任内著成《天工开物》一书。该书是中国古代科技史上的一部里程碑式著作。除此之外，他还有《野议》《思怜诗》《论气》等著作，但多已佚失。

名人档案	
姓　名	宋应星／字长庚
生卒年	1587～约1666年
祖　籍	奉新（今江西奉新）
身　份	明末科学家

宋应星出身于书香门第，他小时候在叔祖宋和庆开办的家塾中就读。家里的生活条件比较优越，父亲想要儿子刻苦读书，将来做大官，以显亲扬名、光宗耀祖，因此对他管教很严。宋应星天资聪明，几岁就能作诗，有过目不忘之才。他反应敏捷，领悟能力很高，读书成绩很好。但他的兴趣不只在读书上，他对万事万物都感兴趣。

平时，宋应星完成了先生布置的功课，就跑到外面去玩。他喜欢游山玩水，喜欢田野里的牛、马，喜欢天上飞的鸟、水里游的鱼，更喜欢观看农民劳作。有一次，他在郊外看到一个老农在用筒车汲水浇地。农夫用脚交替踩着轮子，把水从低处送到高处，再让它们流进田里。他试探着说："伯伯，让我来帮你汲水吧。"老农说："恐怕不行，别累着你。"他说："没事，你歇一会儿吧。"说着，他爬上了筒车。宋应星年纪太小，他使出了吃奶的力气，才刚刚能踏动筒车的轮子，但他非常高兴。

正当他起劲地踏着筒车轮子的时候，父亲远远地奔了过来。眼看逃跑是来不及了，他跳下车来，站在那里等待父亲训斥。父亲走到近前，指着他的鼻子说道："你生在书香门第，不好好读书，却跑到荒郊野外与粗俗的农夫混在一起，成何体统？"宋应星一本正经地说："农夫没有什么不好呀，他们种田织布，供给我们衣食……"没等儿子说完，父亲已经气得脸色发白："你，你倒

《天工开物》书影

> **《天工开物》**
>
> 《天工开物》是一部综合性著作，全书分上、中、下三卷。上卷记载了谷物、豆、麻的栽培和加工方法，以及蚕丝的纺织和染色技术等。中卷包括砖瓦、陶瓷的制作，金属的铸锻，煤炭、石灰、硫黄、白矾的开采和烧制，以及车船的建造等。下卷记述了兵器的制造，颜料、酒曲的生产，以及珠玉的采集加工等。全书详述了多种农作物和工业原料的种类、产地、生产技术和工艺装备，其中有大量确凿的数据，同时附有123幅插图。

是挺有主见，看我回到家里不好好教训你。"

父亲的教训并没有使宋应星改变自己的兴趣。第二天，他又偷偷摸摸地去看筒车了，而且看得非常仔细。筒车每转一圈，他就在面前放一枚小石子，以便于清楚地记录筒车转的圈数和速度。等到该回家的时候，面前的石子已有1500枚之多，说明筒车在不到半天的时间里转了1500圈。宋应星想：筒车转了这么多圈，该汲出多少水呀。这些水要是用人力来汲，可能人早就累坏了。想到这里，他拿出随身携带的纸和笔，绘出了筒车的结构简图。

回到家里，宋应星把筒车的结构图进行了整理。然后，他根据这张图和自己的记忆，找来一些木料。宋应星按照需要把木料加工了一遍，之后开始制作筒车的模型。模型做成了，他又感觉不称心，于是拆掉重做。这样，宋应星做了拆，拆了做，许多遍才做出令自己满意的筒车模型。这件事让父亲发现了，父亲十分恼火，对他大发雷霆，说："你怎么如此不争气，我这辈子也不知作了什么孽才生了你这样一个不务正业的东西。"事后，父亲还找到宋应星的老师，希望他帮助自己管教儿子。

私塾先生没有当即批评宋应星，而是说："应星平时学习很好，不像你说的那样。不信，我可以让他当场背一篇文章。"宋应星听老师这么说，一口气背出了7篇文章。他的父亲和先生都很惊讶。宋应星解释说："平时学习的时候，就一门心思地读书，其他什么也不想。等到功课做完了，我才去做别的事情。你们根本不用这么担心。"

这时，父亲也没话可说。但宋应星也体谅父亲的苦心，从此学习上确实比以前更努力了些。不久，宋应星投师于族叔宋国祚，继而就学于举人邓良知。待年纪稍长，他考入本县县学，成为庠生。宋应星熟读经史以及诸子百家的著作，非常推崇张载的关学，并接受了他的唯物主义自然观。他对农学、天文学、声学以及工艺制造学很感兴趣，还曾熟读李时珍的《本草纲目》。此外，他常与同窗好友到各地风景名胜游玩，相互问诘，相互激励，纵论天下大事。

1615年，宋应星赴省城南昌参加乡试。在1万多名考生中，29岁的宋应星考取了全省第三名。乡试的成功使宋氏弟兄受到鼓舞，当年秋，他前往京师（今北京）参加会试，但名落孙山。他决定下次再试。为了准备三年之后的会试，宋应星等人前往江西九江的白鹿洞书院进修。进修期间，他夜以继日地攻读诗词歌赋，学问有了很大长进。1619年，宋应星与其他江西考生齐会京师，参加明神宗在位时的最后一次会试，仍未及第。自此，他弃绝了考科举的念头，转向研究自然科学，并取得了巨大成就。

以天下兴亡为己任的思想家——顾炎武

名人简介

顾炎武是明末清初思想家、经学家、史学家。原名绛,字忠清。明朝灭亡后,改名炎武,字宁人,亦自署蒋山傭,学者尊其为亭林先生。

名人档案
- 姓　名　顾炎武/字忠清/后字宁人/号亭林
- 生卒年　1613～1682年
- 祖　籍　江苏昆山
- 身　份　明末清初的思想家/学者

顾炎武是江苏昆山人,出身江东望族,其高、曾祖为明廷仕宦,明朝末年,家道中落。顾炎武7岁入私塾,14岁取得诸生(秀才)资格后,与同里挚友归庄共入"复社",这极大地增强了他研究现实问题的兴趣。

顾炎武性情豪爽,敢作敢为,不拘于封建礼法。因屡试不中,自27岁起,他断然弃绝科举帖括之学,遍览历代史乘、郡县志书,以及文集、章奏之类,辑录其中有关农田、水利、矿产、交通等记载,兼以地理沿革的材料,开始撰述《天下郡国利病书》和《肇域志》。顺治二年(1645年),清兵下江南,顾炎武与归庄等人以匡复故明为志,在昆山、苏州两地参加武装抗清斗争,失败后,与归庄等结成惊隐诗社,一边秘密从事反清活动,一边做学问,决意不与清廷合作。

顺治十二年(1655年),由于陆恩之狱,顾炎武被迫弃家北游。康熙十七年(1678年),清廷议修《明史》,顾炎武拒不就荐;次年,更誓死不入《明史》馆。此后,即客居山西、陕西,潜心著述不再入都。康熙二十一年(1682年)在山西曲沃病逝,与同时代的思想家王夫之、黄宗羲,被合称为清初三先生。

在北游的20余年中,顾炎武往返于河南、河北、山东、山西、陕西等地,以二马二骡载书自随,行万里路,读万卷书,进行了大量的实地考察和金石考古工作,著书立说。

顾炎武学识渊博,在经学、史学、音韵、小学、金石考古、方志舆地以及诗文诸学上,都有较深造诣。他继承明朝学者的反理学思潮,不仅对陆王心学做了清算,而且在性与天道、理气、道器、知行、天理人欲诸多范畴上,都显示了与程朱理学迥异的为学旨趣。他认为明亡的原因在于学界的思想僵化空疏,不能适应政治社会的变革,所以他力倡"经世致用"之学,以朴实归纳的考据方法,创辟路径的探索精神,把"古"与"今"、"学"和"用"紧密结合起来,做到学以致用。他以在众多学术领域取得的成就,开启了一代朴实学风的先路,给予清代学者以极为有益的影响。在《天下郡国利病书》中,顾炎武以大量社会历史资料的排比,对土地的兼并、赋役不均的社会积弊

顾炎武像

进行了猛烈的鞭挞，充满了求实思想，对矫正明末清初的空疏不学之风，做出了卓越的贡献。他还主张舍弃宋儒对经书的阐释，回到接近儒家原著的汉代学者注释，从而创立汉学学派。他强调"博学于文，行己有耻"，认为探讨经世济民之学和砥砺操守气节同样重要。在哲学

> **名言佳句**
>
> 天下兴亡，匹夫有责。
>
> 有亡国，有亡天下。亡国与亡天下奚辨？曰：易姓改号谓之亡国；仁义充塞而至于率兽食人，人将相食，谓之亡天下。

上，他宣扬唯物主义观点，赞成张载对太虚、气、万物三者统一的学说。顾炎武还断然弃绝空谈心性的玄理，猛烈抨击鼓吹超凡顿悟的禅学，明确地提出了"理学，经学也"的主张，客观上否定了理学，推进了清初的反理学斗争。

顾炎武的社会思想也是在经历了国运存亡、家道盛衰、人生聚散等种种灾难和痛苦的基础上形成的，在《日知录》中，他结合晚明衰亡的历史，大胆地怀疑神圣不可侵犯的君权，提出"众治"、反对"独治"主张，充满了民主主义思想。他试图通过经学、历史、典章制度的研究，探索出一个切实可行的安邦治国的制度和措施。"天下兴亡，匹夫有责"，他极其关心国家民族的前途命运，以国事为己任，终身都在为恢复故国而奔走呼号。

顾炎武还是一位优秀的古声韵学家，他编著的《音学五书》把音韵学和文字学结合起来，为人们对古代许多文献的理解、参悟开辟了蹊径，他也被推崇为清代古音学的鼻祖。

顾炎武著作甚丰，大概有50多种，累计400多卷。他以严谨的治学态度，成为名满天下的大学者。

名人逸事

明朝天启六年（1626），14岁的顾炎武与同乡挚友归庄一起加入了江南士大夫的政治集团——复社。顾、归二人不仅同年出生，而且还是同乡、同学，又志向相投。加入复社后，他们经常在一起纵谈古今，评论朝政，他们对于功名科举不感兴趣，对于封建礼教更是不放在眼里，因此被同乡文人视为异端。一次有人不无恶意地嘲笑他们说："归庄腿瘸，顾炎武眼斜，两人凑在一起真可谓是'归奇顾怪'啊。"

顾炎武和归庄的朋友听见以后，很为两个人抱不平，就把这些话告诉了他们。但是，他们并没有因为这个生气，顾炎武反而劝他的朋友说："这二三十年来，我所见到的那些号称为文人的同乡，没有一个不是致力于功名、拘泥于礼教的俗物。而我和归庄不随波逐流，只喜欢文学，希望做到的是磨炼自己的品行，树立良好

> **《日知录》**
>
> 《日知录》是顾炎武的代表著作。全书共36卷，分别论述经义、政事、世风、科举、礼制、名义、艺文、史法等，顾炎武的哲学思想散见其中。他在认识论上，强调由认识具体事物求得通达道理；在人性论上，强调人性随人情的变化而变化；在宇宙观上，认为天地间的万物皆为气所化。该书于康熙年间就已有刻本，《四库全书》将其列入子部杂家类。

的名节，这就被他们所不容了。我们跟这类人没有什么共同追求，所以他们都说我俩是狂人、是异端也不足为奇啊。"

收复台湾的民族英雄——郑成功

名人简介

郑成功父亲郑芝龙早年浪迹四海，最后不但成为闽南首富，还当上福建总兵。当他旅居日本平户时，与当地女子田川氏结婚，生下郑成功。7岁时，郑成功从日本返回中国，开始接受儒家教育。21岁时，郑成功从家乡来到南京，进入国子监太学，拜名儒钱谦益为师。

清军入关以后，唐王朱聿键在福州被郑芝龙等拥立为帝，建号隆武。郑成功这时也由南京返回福建，向隆武帝献抗清之策，深得赞赏。隆武帝对郑成功的忠勇十分嘉许，赐他与国同姓，易名"成功"，封忠孝伯，任御营中军都督，从此南明官方称为"朱成功"，又称为"国姓爷"。福州政权存在仅短短一年多时间，1646年9月隆武帝为清军俘虏，最后在福州绝食而死。郑氏家族欲降欲战，进退两难。战则家族财产千万，将毁于一旦，降则可保全性命财产，而且郑芝龙已经私下得到清顺治皇帝封王许愿的劝降书，因此主降的意愿占了上风。但是，作为郑家长子的郑成功由于对明朝忠贞不贰，始终坚决反对投降，家族中存在着巨大矛盾。郑成功见无法阻止郑芝龙投降的意愿，自己领了一小部分兵马，到金门另起炉灶去了。

郑成功在东南沿海一带反复同清军交战，并利用控制台湾海峡制海权的优势，发展海上贸易，以商养战，建立起一支强大的军事力量。鼎盛时期拥有水陆精兵20余万，大小船舰5000多艘，对清王朝在东南沿海的统治产生了巨大的威胁。1657年底，郑成功被永历帝册封为延平王。

1659年，郑成功开始平生最大规模的北伐。郑成功率大军自舟山北上，从长江口溯江西而上，一路势如破竹，7月初直逼南京城下，一时清廷为之震动。在胜利在望之际，郑成功迟延了进攻时机，在清廷后续援军的反攻之下惨遭失败，被迫沿长江东撤，转海道撤回。

郑成功北伐失败后，清王朝已控制了中国的大部分国土。鉴于敌我力量的悬殊和全国客观形势的变化，仅凭金、厦两岛无法生存发展，郑成功决定东征台湾，利用海峡天险和海上力量的优势，建立新的抗清基地。

1661年4月21日，郑成功率2.5万

名人档案

- 姓　名　原名森／字大木／号明俨
- 生卒年　1624～1662年
- 祖　籍　福建南安
- 身　份　民族英雄／抗清领袖之一

郑成功像

名将士，乘 350 余艘战舰，从金门出师东征。因遇暴风雨在澎湖停留数日，30 日拂晓从台南鹿耳门胜利登陆，击溃了荷军的狙击，并乘势攻下赤嵌城。随后，郑成功率大军包围了荷兰人在台湾的统治中心——热兰遮城。荷兰驻台湾长官揆一拒绝投降，凭借坚固的城墙工事负隅顽抗，郑成功数度强攻未果，乃改为长期围困。郑成功再次组织大规模的进攻，殖民军死伤惨重。1662 年 2 月 1 日，揆一终于向郑成功投降，率残兵败卒撤出台湾，至此，荷兰殖民者对台湾长达 38 年的统治宣告结束，台湾重新回到中国的怀抱，郑成功收复台湾的壮举，为祖国和人民立下了不朽的丰功伟绩。收复台湾不久，郑成功患病去世，年仅 39 岁，其子郑经袭延平王爵，继续开发台湾。

收复台湾后，郑成功所率军队和眷属定居台湾，郑成功及其后人制定了一系列促进台湾经济、社会、文教发展的措施，移居台湾的闽粤居民则以他们所具备的先进农业生产方式和工艺，与岛内的原住民一道共同开发台湾，台湾的经济和各项建设因此获得了巨大的发展。

> **名言佳句**
> 此番孤军侵入重地，当于死中求生。选将练兵，号召天下，进取不难矣。

名人逸事

1646 年 10 月中旬郑芝龙降清，随后清军进袭安平，郑成功之母不堪被辱自缢身亡。遭遇如此变故，郑成功遭受空前未有的打击，跑到孔庙，烧毁儒服，以孤臣孽子自况，下定决心弃文从武，反清复明。在《焚衣词》中写道："昔为孺子，今为孤臣。向背去留，各行其是，谨谢儒服，唯先师昭鉴。"

宏图远略的一代名君——清圣祖康熙

名人简介

清圣祖康熙皇帝的名字是爱新觉罗·玄烨，他 8 岁登基，是清入关后的第二位皇帝。

1661 年，年仅 24 岁的顺治患天花去世。临崩前遗诏，立 8 岁的玄烨为皇太子，命索尼、苏克萨哈、遏必隆、鳌拜四大臣辅政。后来，鳌拜自恃功高，专擅朝政，制造冤狱，打击异己，根本不把康熙放在眼里。甚至在康熙亲政时，还不甘心交出大权。少年康熙自然不能容忍，他从各王府中挑选亲王子弟 100 多名做他的侍卫，组成善扑营，练成高超的蒙古摔跤技艺。康熙八年（1669 年），也就是康熙 16 岁那年，他联合内大臣索额图，利用善扑营子弟智擒专权跋扈的鳌拜，宣布了鳌拜 30 条大罪，禁锢终身。康熙夺回大权，从此开始了他的宏图伟业。

1673～1681 年，康熙充分发挥了满洲八旗的军事优势，制定了重点打击吴三桂、争取其他叛军中立、归降的策略，平定了长达 8 年的三藩之乱。

名人档案

- 姓　名　爱新觉罗·玄烨
- 生卒年　1654～1722年
- 身　份　清朝皇帝

1682年，康熙借胜利之势，派姚启圣、施琅为将，攻陷台湾，设置台湾府，将台湾置于清朝政府的统一管辖之下，台湾成为中国领土不可分割的一部分。

南方战事一结束，康熙就开始谋划抗击不断向东扩张的沙皇俄国。通过两次雅克萨之战，沙俄被迫请求清军撤围，清朝以黑龙江流域的广大领土"皆我所属之地，不可弃之于俄罗斯"为原则，双方签订了《尼布楚条约》，划定中俄东段边界，从法律上肯定了黑龙江和乌苏里江流域的广大地区都是中国的领土。

接着，漠西蒙古准噶尔部发动叛乱，康熙三次御驾亲征，使准噶尔部大汗噶尔丹陷入绝境服毒自尽。平定噶尔丹之后，康熙趁机加强了对青海和西藏的控制。

清朝开国以后，统治者采取了一系列措施巩固统治。康熙皇帝是一位颇有谋略和远见的英明人物。他采取重视德化及人心向背的"怀柔政策"，特别强调"满蒙一体"，团结拉拢蒙古族、藏族的上层王公贵胄。具体措施是优给廪禄、减免徭赋、加封爵位，保证他们的世袭权利，而且规定他们轮流到北京或承德朝见皇帝。皇帝给予他们以极高的礼遇。同时又在蒙古族和藏族中扶植黄教，尊崇活佛，优礼喇嘛，利用宗教信仰，以思想统治的办法代替浩大的军事边防工程。怀柔政策的推行，在国内化兵戈为玉帛，受到了朝野上下的一致拥护，对于巩固封建国家的统治有着十分积极的意义。

康熙励精图治，在经济、政治、文化等方面都取得了突出的政绩。他不但解决了水患和漕运问题，还废除了圈地政策，奖励垦荒，发展农业。为了恢复生产，康熙还多次减免赋税，并把丁银的总额固定下来，规定以后增加人口，永不加赋。这减轻了农民的负担，对于经济发展也有很大好处。他还压缩官营手工业，宫廷官府用品改为向商人购买，这些都有利于促进资本主义萌芽的发展，从康熙年间开始，全国许多的手工业城镇日益兴盛起来。

康熙帝一生崇尚文教，优容文士，他苦研儒学，表倡程朱理学、开博学鸿词科，设馆纂修《明史》，编纂《古今图书集成》《全唐诗》《佩文韵府》《康熙字典》《朱子全书》《性理大全》《大清一统志》等。康熙大规模地编纂书籍，对整理保存古代文献、振兴文教事业、促进学术文化繁荣，做出了很大的贡献。

康熙在位61年，他凭借自己卓越的军事才能和政治远见，励精图治，勤勉治国，开创了康乾盛世，为国家的统一、边疆的稳定、经济的发展做出了巨大的贡献，为大清朝的强盛奠定了坚实的基础。他的文治武功，在历代封建帝王中都是极为突出的。

名人逸事

玄烨是顺治皇帝的第三个儿子，他的生母佟佳氏是汉族人。玄烨6岁时，有一次和哥哥福全、弟弟常宁进宫给父皇请安。顺治皇帝就问几个儿子："几位皇子，朕问你们，你们长大后有什么志向啊？"3岁的常宁还不会说什么，福全因为是庶妃所生，地位很低，说话也就没了底气，只说愿意做一个贤王，只有玄烨人小志大，他高声回答："我要像父皇一样，勤勉治国。"

质朴率真，博采众长——郑板桥

名人简介

郑板桥，名燮，字克柔，号板桥，清代画家、书法家、文学家。他出身寒微，乾隆年间中进士，任山东范县、潍县知县，后因请赈得罪上司被罢官。郑板桥去官后居扬州，以书画为生，擅长画兰、竹、松、菊、石等，尤以兰、竹著称，为扬州八怪之一。他的画取法石涛，又吸取徐渭等人的创作思想。他的书法在行、隶之间，惯以画法作书，结体纵横错落，人称乱石铺街，自称六分半书。他的主要著作有《郑板桥集》等。

名人档案	
姓　　名	名燮／字克柔
生卒年	1693～1765年
祖　　籍	江苏兴化
身　　份	扬州八怪之一

郑板桥祖居苏州，后来迁居兴化。他生于1693年的农历十月，当时的时令为"小雪"。按照当地的风俗，"小雪"是"雪婆婆生日"，郑板桥与雪婆婆同时降临人间，这令全家人都很高兴。他的父亲为他取名为燮，字克柔。后来，他的居所附近有一座木板桥，意境不错，他自号为板桥。

郑板桥出生时家境已没落，全家人仅靠祖上遗产和少量地租维持生活。后来，他的父亲取得廪生的资格，每月可以向官府领取一些粮米，家里的生活才得以改善。但好景不长，没过几年，郑板桥的生母汪氏病故，他靠乳母费氏照料。费氏原来是郑家的仆人，为人勤劳、仁厚、善良、慈爱。当时正在闹饥荒，郑家的粮食不够吃，根本雇不起仆人了，但费氏舍不得郑板桥，每天回自己家吃饭，然后到郑家看护他。

后来，郑板桥的父亲续娶郝氏。郝氏无子，对待郑板桥就像对待自己的亲生儿子一样。郑板桥后来回忆这段往事时说："每当想起后母不辞劳苦地操持家务，无微不至地照顾我饮食起居的时候，我都会感动得泪流满面。"郑板桥的父亲学问、人品都很好，经常教儿子读书写字，以及为人处世的道理。郑板桥的外祖父汪诩文也非常博学多才，但隐居多年，一直没有出来做官。他对于外孙的生活、学习非常关心，经常指导他读书、作文、绘画。所以郑板桥说："我的文学天分从外祖父那里继承的多一些。"

郑板桥9岁入私塾读书。他学习非常刻苦，

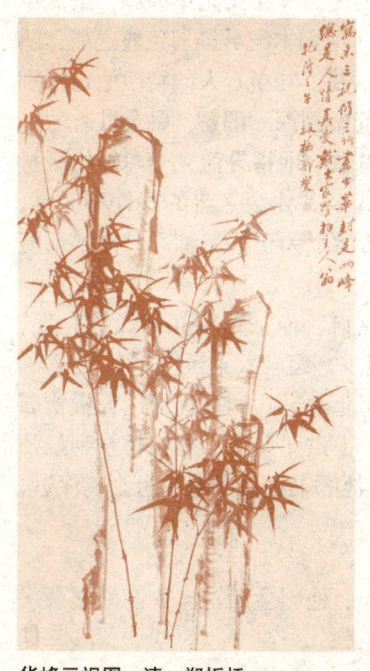

华峰三祝图　清　郑板桥
画中竹叶纷披，巨石突兀，浓淡相宜，相映成趣。笔触流畅劲逸，意趣横生处，更以款诗点题："写来三祝仍三竹，画出华封是两峰。总是人情真爱戴，大家罗拜主人翁。"

名言佳句

咬定青山不放松,立根原在破岩中。
千磨万击还坚劲,任尔东西南北风。

成绩优异,能够出口成章。有一次,私塾先生带着他和同学们去郊游。师生一道漫步在青山绿水之间,欣赏着大自然的景色,无不心旷神怡。忽然,一阵哭声传来。他们循声望去,见不远处的河边围了一群人。原来,有个小女孩过桥的时候,不慎跌入水中,淹死了。私塾先生听了人们的描述,连连摇头叹息。他一边走,一边吟道:"二八女多娇,风吹落小桥。三魄随浪转,七魂泛波涛。"同学们听了都说好,唯独郑板桥觉得不是很好。

他走到先生面前,说:"先生的这首诗有的词语欠妥,值得推敲。"先生听罢此言,面露难堪之色,但还是说:"噢?不妨大胆直言。"郑板桥认真地说道:"先生不认识那个女孩子,怎么知道她刚好16岁呢?魂魄是看不见摸不着的,你又怎么知道它们'随浪转''泛波涛'?我看不如改成'谁家女多娇,何故落小桥?青丝随浪转,粉面泛波涛'。"先生一听,手捋胡须赞叹道:"有理,有理,青出于蓝而胜于蓝啊。"

郑板桥为人质朴率真,对看不惯的事物敢于直言,甚至怒斥,因而同学们的家长都告诫子弟不要和他来往。他自尊心很强,从不逢迎任何人。学习上,他坚持"精通""广博"相结合,尤其重视"精通"。郑板桥经、史、子、集无不涉猎,重点章节都要反复诵读。他最推崇《史记》,认为该书中的《项羽本纪》描写巨鹿之战、鸿门之宴、垓下之围的几段最为精彩。对于杜甫、白居易、陆游等人的诗,他也特别爱读。郑板桥在学习上注重学以致用,认为这样才能做到深入理解、融会贯通。

1712年春,郑板桥师从陆震,学习填词。陆震悉心地指导他先学习婉约派柳永、秦观的词,再学习豪放派苏轼、辛弃疾的词,令其体会二者的妙处和区别。陆震认为词与诗不同,以跌宕起伏为变格,以婉转清丽为正格,练习时需要反复斟酌。郑板桥的词兼取二者的长处。

郑板桥22岁那年与徐氏女结婚。为了养家糊口,他被迫到扬州设立私塾,授徒讲学。因没有功名,他不被人看重,学生亦很少,经常入不敷出。

迫于生计,他开始作画卖画。当时的扬州是南北漕运的咽喉之地,大批富商巨贾云集,故而异常繁荣,这为文人墨客施展才华提供了条件。郑板桥初到扬州时,是边教书边作画卖画,之后就专一作画卖画。他的书画作品对后世影响深远。

名人逸事

郑家连续几代人丁不旺,郑板桥又是长房长孙。他出生后,家人高兴之余又

郑板桥的绘画作品

现存郑板桥的绘画作品有1000余幅。他是中国古代画家中作品存世最多的一位。郑板桥作品的题材极具特色,他既不画人物、山水,也不画一般的花、鸟、虫、鱼,而是以兰、竹、石为主,旁及松、菊、梅。他画的竹子清瘦挺拔、墨色淋漓、干湿并具;兰花则显得秀劲坚实、逸宕萧散,令人观后顿觉妙趣横生;石则秀逸雄奇、苍润丑怪、千姿百态。这些作品的风格构成了郑板桥秀劲挺拔、生动活泼的总体画风。

很担心,生怕他夭折,于是为他取乳名为"丫头"。因他小时候得天花,脸上有些许淡淡的麻子,所以人们又叫他"麻丫头"。

清代盛世之主——清高宗乾隆

名人简介

乾隆帝,名爱新觉罗·弘历,雍正帝第四子,1711年出生于雍王府。少年时期的乾隆聪明好学,风姿俊秀,得皇祖垂爱,带入宫中养育抚视。

雍正元年(1723年),雍正帝秘密建储,弘历被内定为储君。雍正年间,他不仅接受了系统完整的教育,而且多次参与政务,受到很好的历练。雍正暴卒后,25岁的弘历嗣位登基,是为乾隆皇帝。

康熙晚年为政尚宽,雍正济之以猛,政策多有偏激,乾隆登基以后,定下宽猛相济的施政政策,罢苛政缓和社会矛盾,惩贪官澄清吏治。赦免被雍正残忍打击的皇族成员,为多尔衮平反,裁汰僧道,团结了统治集团的各方力量。为惩治腐败,他执政的前40年中,严惩贪污,屡诛大员,打击了祸国殃民的贪官污吏,保证了政治清明。

《四库全书》书影 清
乾隆皇帝修纂《四库全书》固然是为了彪炳史册,但另有其政治目的。一是把大量杰出人才引入其中,皓首穷经,而不去过问政治;二是禁毁那些对清廷统治不利的书籍。《四库全书》在保存传统文化的同时,也造成不少典籍毁损。

乾隆追求成为圣主明君,以勤政爱民为祖训。为爱护百姓,他鼓励垦荒,兴修水利,减免租赋,还曾5次下诏蠲免天下钱粮。这些措施的实施,保护了农民利益,推动了农业生产的发展,把封建社会推向繁盛的顶峰。从康熙到乾隆统治时期,被誉为治隆唐宋的"康乾盛世"。

乾隆自评平生业绩,称一为"西师",二为"南巡"。所谓西师,指的是他为巩固边防而展开的一系列战争,主要有两定金川、两征准噶尔、一平四鄂、一平台湾、征安南、讨缅甸、二击廓尔喀。其中值得一书的是他在西北的用兵,彻底平息了在新疆、内蒙古等地为祸百年的准噶尔势力,维护了国家领土的完整。抗击廓尔喀的入侵,保卫了西藏的安全,驻藏大臣的设立及《钦定西藏章程》的颁布,加强了中央政府对西藏地区的统治。乾隆的西征,确定了近代中国的版图,为中国的发展稳定做出了杰出的贡献。

在文化方面,乾隆实行高压与怀柔并用的政策,一方面大兴文字狱,禁锢思想,摧残文化;另一方面,组织大量人力物力,编写了多达79309卷的巨型文献《四库全书》,为整理和保存古代文化遗产做出了贡献。在编书过程中,审查焚毁了不少

名人档案
- 姓　名　爱新觉罗·弘历
- 生卒年　1711～1799年
- 身　份　清朝皇帝

不利于清朝统治的书籍，造成了一定的负面影响。

乾隆晚年沉浸在繁华自足的美梦中，六巡江南，奢靡无度；重用和珅，政治败坏；不思进取，民生艰难。他统治的晚年，内有白莲教起义，外有资本主义势力试探觊觎，大清王朝开始走上了下坡路。

1796年，在位60年的乾隆禅位给皇太子，继续操纵国政。1799年病逝，享年89岁，为中国历代皇帝中寿数最高者。

名人逸事

有一天，乾隆和他的老师在避暑山庄里散步。老师顺口吟出一句上联：山石岩下古木枯此木为柴。乾隆听了，不假思索地即刻接道：长巾帐里女子好少女更妙！那老师听了，点点头，肯定少年乾隆的才思敏捷，然后预感到这少年将来必然是个风流天子。

为什么呢？山、石两个字合起来是个岩字，古和木合起来是个枯字，此、木两字合而成柴。可乾隆张嘴就来的是，帐子里躺个女子好，睡个少女更妙！对得快捷当然是聪明，但是未免有点登徒子味道——好色！

中国古典文学巨匠——曹雪芹

名人简介

曹雪芹是满洲正白旗"包衣"。自曾祖起，三代任江宁织造，其祖曹寅在康熙朝曾得到格外的恩宠。雍正初年，在统治阶级内部政治斗争牵连下，曹家受到重大打击，其父被免职，产业被抄，曹雪芹也随着迁居北京，革职抄家给曹雪芹的童年留下了很深的印象。在他十六七岁时，曹家彻底败落，包括曹雪芹在内的曹家子弟沦落到社会底层。

名人档案
- 姓　名　名霑／字梦阮／号雪芹／芹圃
- 生卒年　？～1763年
- 身　份　清朝伟大的文学家

曹雪芹最后的十几年流落到北京西郊的一个小山村，生活更加困顿，一家三口过着"食粥赊酒"的日子。也是在这个时候，曹雪芹开始了长达10年时间的《石头记》（即《红楼梦》）的创作。乾隆二十八年（1763年）秋，曹雪芹因爱子夭折而过度悲伤，卧床不起。"孤儿渺漠魂应逐，新妇飘零目岂瞑"。除夕那天，曹雪芹留下一部未完成的《红楼梦》书稿，离开了人世。

曹雪芹个性豪爽犷放，才气横溢，"工诗善画"。饱经沧桑之后的曹雪芹把他的情感、体验以及他的才华全部熔铸到了《红楼梦》里。"满纸荒唐言，一把辛酸泪！都云作者痴，谁解其中味？""字字看来皆是血，十年辛苦不寻常。"曹雪芹把他全部的心血都投入到这部著作当中。

在《红楼梦》中，曹雪芹对人物形象的塑造充分体现了他的才华和一丝不苟的创作精神。他把上百个来自社会不同阶层、具有不同文化背景的人物塑造得惟妙惟肖、栩栩如生,而无不独具个性、各有风采。

旷世奇作《红楼梦》是曹雪芹对世界文学宝库的杰出贡献,这部以个人和家族的历史为背景的长篇小说,以其艺术上的精致完美达到了中国古典小说的巅峰。而通过对它的研究形成的"红学"则是学术界对他的贡献的广泛认可。以一本小说形成一门独立的学问,不仅在中国文学史上是独一无二的,在世界文学史上也是罕见的。

大观园景色图

名人逸事

曹家在顺治、康熙两朝得到格外的恩宠。康熙二年(1663年),曹玺授内务府的"肥缺"江宁织造,控制着江南的丝织业,从中获取了极大的利益,不但成为江南的望族,同时还是康熙派驻江南督察军政民情的私人心腹。其祖父曹寅为了迎接康熙南巡造成的亏空,成了曹家日后的莫大祸患。

雍正一登基,首先就是查亏空,曹家因多次违背"圣意"、藏匿财产,被革职抄家。雍正顾及曹寅在江南的影响,才恩典"少留房屋,以资养赡"。经过这一场大变故,曹家败落了。

雍正驾崩后,他的第四子弘历即位。普天同庆新皇帝乾隆即位时,曹寅的多项亏欠也被列入宽免之内,曹家的经济状况才稍有好转。可是,好景不长,乾隆初年,也就在曹雪芹大约十六七岁时,曹家再一次遭受变故,彻底败落,包括曹雪芹在内的曹家子弟们结束了"锦衣纨绔之时,饫甘餍肥之日"的公子生活,沦落到社会底层。

名人作品欣赏

宝玉道:"我就来。"说毕,等他二人去远了,便把那花兜了起来,登山渡水,过柳穿花,一直奔了那日同林黛玉葬桃花的去处。犹未转过山坡,只听山坡那边有呜咽之声,一行数落着,哭的好不伤感。宝玉心中想道:"这不知是那房里的丫头,受了委曲,跑到这个地方来哭。"一面想,一面煞住脚步,听他哭道是:

花谢花飞飞满天,红消香断有谁怜?游丝软系飘春榭,落絮轻沾扑绣帘。

闺中女儿惜春暮,愁绪满怀无释处。手把花锄出绣帘,忍踏落花来复去。

柳丝榆荚自芳菲,不管桃飘与李飞。桃李明年能再发,明年闺中知有谁?

三月香巢已垒成,梁间燕子太无情!明年花发虽可啄,却不道,人去梁空巢也倾。

名言佳句

满纸荒唐言,一把辛酸泪!都云作者痴,谁解其中味?

世事洞明皆学问,人情练达即文章。

假作真时真亦假,无为有处有还无。

> **曹雪芹与恭王府花园**
>
> 红学家们通过考证，确认恭王府是大观园的原型。曹雪芹的家族在北京拥有几处房产，曹雪芹在少年时代有可能在这座园子中生活过一段时间。恭王府花园又称"萃锦园"，坐落于什刹海西侧，融江南园林风格与北方建筑格局为一体。全园布局分中东西三路，设计高妙。独乐峰、安善堂、滴翠岩是全园的主景，妙处难以言说；湖心亭、浣云居、樵香径等，玲珑雅致，令人赏心悦目，坐而忘忧。整所园子既具人工智慧，又具山林野趣，使人流连忘返，有出尘之想。
>
> 《红楼梦》里的大观园似乎更美些，人与景相谐。曹雪芹沉醉其中，有些忘情了，所以抄检大观园之后的章节写得是那样沉痛，仿佛书页间也能渗出泪来。悲欢之间，凝结着曹雪芹一生的际遇遭逢。大观园的美始终伴随着人的沦落：曹家得到了它，败落了；和珅得到了它，被杀了；恭亲王得到了它，亡国了。走进这座园子，总让人感到历史的无常与生命的孱弱。

一年三百六十日，风刀霜剑严相逼。明媚鲜妍能几时，一朝飘泊难寻觅。
花开易见落难寻，阶前闷杀葬花人。独倚花锄泪暗洒，洒上空枝见血痕。
杜鹃无语正黄昏，荷锄归去掩重门。青灯照壁人初睡，冷雨敲窗被未温。
怪奴底事倍伤神，半为怜春半恼春。怜春忽至恼忽去，至又无言去不闻。
昨宵庭外悲歌发，知是花魂与鸟魂。花魂鸟魂总难留，鸟自无言花自羞。
愿奴胁下生双翼，随花飞到天尽头。天尽头，何处有香丘？
未若锦囊收艳骨，一抔净土掩风流。质本洁来还洁去，强于污淖陷渠沟。
尔今死去侬收葬，未卜侬身何日丧？侬今葬花人笑痴，他年葬侬知是谁？
试看春残花渐落，便是红颜老死时。一朝春尽红颜老，花落人亡两不知！
宝玉听了，不觉痴倒。要知端详，且听下回分解。

——《红楼梦》第二十七回（节选）

睁眼看世界的禁烟英雄——林则徐

名人简介

林则徐生于贫寒的旧封建知识分子家庭，嘉庆十六年（1811年）中进士，曾与龚自珍、魏源、黄爵滋等提倡经世致用之学。1820年起外放出京，先后任浙江杭嘉湖道、盐运使、江苏按察使、江宁布政使、河东河道总督。因为他清正廉洁，勤于政务，体恤百姓疾苦，以至清名远播，被百姓称为"青天"。

林则徐升任湖广总督后，他除了尽可能地采取禁烟措施，严惩有关案犯，推广戒烟良方，还全力支持严禁鸦片的主张，提出重治吸食的方案。他大声疾呼，"如不严加禁止，数十年后，

> **名言佳句**
>
> 海纳百川，有容乃大；壁立千仞，无欲则刚。
>
> 苟利国家生死以，岂因祸福避趋之。
>
> 死生命也，成败天也，苟利社稷，不敢竭股肱以为门墙辱！

中原几无可以御敌之兵，且无可以充饷之银"。

1838年（道光十八年）11月，道光帝特命他为钦差大臣往广东主持禁烟。到广州后，林则徐下令查封广州所有烟馆，并会同邓廷桢坐堂传讯垄断对外贸易的"十三行"商人，指斥他们勾结外商走私鸦片的种种违法活动，命令他们把禁止走私鸦片的布告向外国商贩传达，限令三日之内外商报明并交出所存鸦片，要求外商立下"永不敢夹带鸦片"的书面保证。此举遭到英国驻华商务监督查理·义律的对抗和威胁，林则徐断然采取措施，迫使外国烟贩报明所存鸦片2万余箱，并迅速组织彻底清查收缴。1839年6月3日，在虎门海滩将所收缴的鸦片当众销毁。20天中销毁鸦片19179箱、2119袋，共计2376254斤。

名人档案
- 姓　名　字少穆
- 生卒年　1785～1850年
- 祖　籍　福建侯官
- 身　份　虎门销烟的禁烟英雄

受到沉重打击的英国资产阶级岂肯善罢甘休，1840年（清道光二十年）6月，也就是虎门销烟一年后，英国正式发动了对中国的侵略战争。林则徐担负起前敌统帅的重任，他积极支持和直接督导广东水师，对沿海各处炮台进行改建或加固，并大胆地购来"洋炮""洋船"，利用和学习西方的船坚炮利来提高军队的装备水平，并积极组织利用民众武装。

虽然被撤职，林则徐仍然恳请皇帝给他抗敌报国的机会，以四品衔赴浙江前线筹划海防。然而，清廷又把广东战败归咎于他，革去四品衔，遣戍伊犁。去伊犁之前，因黄河决口，林则徐又奉命完成治河工程，于半年后又被发往新疆。

道光二十五年（1845年），林则徐被重新起用，署陕甘总督，次年转任陕西巡抚。二十七年（1847年）升任云贵总督。在这期间，他曾先后平息、镇压西北西南民族冲突和人民起义，整顿了云南矿政。

道光二十九年（1849年），林则徐因病辞职归籍。太平天国运动爆发后，清军镇压失败，朝廷内外一直呼吁请林则徐出山。三十年（1850年）九月，林则徐奉旨赴广西镇压农民起义途中，卒于潮州普宁县行馆。死后，林则徐被封为太子太傅，谥文忠。

林则徐不仅是中国近代史上一位伟大的爱国者，他为中国文化的发展也做出了卓越的贡献。他曾组织翻译英国人写的《地理大全》并加上自己积累的材料，编成《四洲志》，成为中国第一本比较系统的世界史地著作。他还搜集外国人对中国的看法，编成一部《华事夷言》，又让人翻译《各国律例》用以了解外国的法律制度。林则徐的这些举措成为中国学习西方的先声，广州成为中国人了解世界的最前沿。

名人逸事

道光十二年（1832年），林则徐授命江苏巡抚，正赶上江苏连年水灾，百姓生活苦不堪言。在这种情况下，林则徐和两江总督陶澍联名上疏，请求缓征徭赋，拨出赈银，以解百姓困苦。可是两人的做法却遭到道光皇帝的斥责，说他们为博取声誉谎报灾情。面对道光皇帝的态度，一向清正的陶澍也踌躇起来。林则徐却说:"倘有应得处分,使当独任!"

于是他上疏据理力争。他在奏折中写道:"国计与民生实相维系,朝廷之度支贮无一不出于民,故下恤民生正所以上筹国计,所谓民唯邦本也!"

当时这个奏稿在江苏省争相传抄,远近为之纸贵,百姓听说此事,无不感激涕零。

清帝国的"中兴名臣"——曾国藩

名人简介

曾国藩祖辈以农为主,生活较为宽裕。曾国藩自幼天资聪明,勤奋好学,"日以读书为业"。28岁考中进士,从此踏上仕途,并成为军机大臣穆彰阿的得意门生。10多年间,他先后任翰林院庶吉士,累迁侍读、侍讲学士、文渊阁直阁事、内阁学士、稽查中书科事务、礼部侍郎及署兵部、工部、刑部、吏部侍郎等职,可谓官运亨通。

名人档案	
姓 名	号涤生
生卒年	1811～1872年
祖 籍	湖南湘乡
姓 名	洋务运动最早发起人之一/近代政治家

曾国藩是清王朝由盛世转为没落、衰败的过渡、动荡时期的重要人物,他在当时的政治、军事、文化、经济等各个方面都产生了极大的影响,正是由于曾国藩等人的力挽狂澜,才一度出现"同治中兴"的局面。曾国藩毕生追求立德、立功、立言,是儒学文化最典型的实践者,他克己、修身、齐家、治国、平天下,实现了书生报国的愿望。

太平天国起义爆发后,曾国藩在湘潭集结组建陆军13营、水师10营,加上勤杂人员共1.7万余人的湘军,担负起剿灭太平天国的重任。曾国藩历尽千辛万苦,几度出生入死,终于在同治三年(1864年)攻破天京,完成了对太平天国起义的镇压。朝廷褒功,封曾国藩为一等毅勇侯,加太子太傅、兵部尚书衔,又历任两江总督、直隶总督,取得军政大权,由一介书生而成为一个统领群伦的"中兴"名臣。

曾国藩等人的崛起,打破清王朝只重用满人、防范汉人的传统,彻底改变了清朝的权力格局,对晚清政治、军事的发展产生了巨大而深远的影响。

1870年,天津爆发教案,曾国藩奉旨查办,在办理此案的过程中,曾国藩处理国人,取媚洋人,被天下人所唾骂。

名言佳句

是好汉,打落牙齿和血吞。

不为圣贤,便为禽兽;莫问收获,但问耕耘。

推诚守正,委曲含宏,而无私意猜疑之弊。

集思广益,兼听而不失聪。

曾国藩还是洋务运动的最早发起者之一,在镇压农民起义的过程中,他重视使用西洋枪炮、洋船,他提出"师夷智以造炮制船",先后设立安庆军械所、江南机器制造局,仿制洋枪洋炮。虽然洋务运动没能挽救大清王朝的灭亡，但是却推进了中国的近代化进程。

"不为圣贤，便为禽兽；莫问收获，但问耕耘。"这是曾国藩撰写的一副对联，透过这副对联可以看出曾国藩的文学修养是极为深刻的。曾国藩的文章也极为出色，他还是桐城派的领袖。

曾国藩的个人修养也达到了很高的境界，他勤于求教，不耻下问，博览群书，才华横溢。他常用"勤""俭""谦"三个字来教育子女，用一个"诚"字教育弟子。在交友方面，曾国藩也有独到见解，他认为交友要"推诚守正，委曲含宏，而无私意猜疑之弊""凡事不可占人半点便宜，不可轻取人财""要集思广益，兼听而不失聪"。

太平天国的领袖——洪秀全

名人简介

洪秀全自幼勤奋好学，7岁入塾读书，16岁因家境贫困失学，在家帮父兄种田、放牛。18岁时在本村一面教书，一面自学，梦想有朝一日由科举考试进入仕途。可是10多年过去了，年过而立却屡试不中，连秀才的头衔都未捞到，绝望之余他发誓："等我自己来开科取天下士吧！"

洪秀全29岁时去广州应考，再次落榜。这次他在广州传教士那里得到一本名叫《劝世良言》的小册子，回家稍稍看了一遍就放入书橱中，并未重视。后来洪秀全仔细钻研《劝世良言》，此后

洪秀全像

以基督教的教义，创立了拜上帝教，宣传平等。接着，洪秀全和冯云山撤去本村塾中的孔子牌位，他们因此失掉教师职业。

1847年7月，他到广西紫荆山和冯云山设立拜上帝教机关，10月，他和冯云山到象州甘王庙，宣布地主崇奉的甘王欺骗世人的十大罪状，愤举竹杖击毁神像。这一行动震动了整个紫荆山地区，从此，洪秀全威名大振，加入拜上帝教的人越来越多，这期间，洪秀全和冯云山等开始秘密商讨发动起义。

1847年以后，广西连年旱灾，农民再也活不下去，纷纷起义。1851年1月11日，洪秀全领导会众在金田宣布起义，建号太平天国，洪秀全称天王。不久，太平军攻下永安，进行初步建制。洪秀全发布诏令，封杨秀清为东王，萧朝贵为西王，冯云山为南王，韦昌辉为北王，石达开为翼王，东王以下各王均受其节制。又封秦日纲为天官丞相，胡以晃为春官丞相。之后，太平军攻入湖南，占领长沙，攻克武昌，聚大军50余万，浩浩荡荡，

名人档案	
姓　名	洪秀全/原名火秀/又名仁坤
生卒年	1814～1864年
祖　籍	广东花县人（今广州花都）
身　份	太平天国领袖

《资政新篇》

1859年，洪秀全的族弟洪仁玕来到天京（今南京），向天王提出了新的改革计划《资政新篇》。《资政新篇》首先提出"审势""立法"的思想，详细阐述了当时西方国家的历史和现状，指出当时世界上最先进的国家是英、美、法，强调了它们政教体制的"善法"。同时，一些国家昧于大势，守旧不变，因而国势衰颓，挨打受欺。在分析大势的基础上，洪仁玕系统提出了整饬政治、加强中央集权和学习西方发展资本主义的具体内容和方法。《资政新篇》的主张，具有鲜明的资本主义的色彩，符合中国社会的发展趋势。

顺江而下。1853年3月19日，太平军攻克南京。洪秀全将南京改称天京，定为都城，建立起和清王朝相对立的农民政权。

太平天国颁布了《天朝田亩制度》，号召人民起来建立一个人人平等的新社会。为打退威胁天京的清军，并推翻清朝统治，先后进行了北伐和西征。由于孤军深入，北伐失败，而西征在石达开的指挥下取得了辉煌的战果，太平军军威达到极盛。

名言佳句

手握乾坤杀伐权，斩邪留正解民悬。

有田同耕，有饭同食，有钱同使，无处不均匀，无人不饱暖。

天下多男人，尽是兄弟之辈；天下多女子，尽是姊妹之群。

定都天京后，太平军统治集团的矛盾越来越激化，最终酿成天京变乱。先是杨秀清逼洪秀全封自己为万岁，接着洪秀全密诏北王韦昌辉入城杀杨秀清，然后又把韦昌辉处死，并逼走石达开。这次变乱对太平军影响极大，元气大伤。

天京变乱，是亲者痛、仇者快的悲剧。曾国藩趁机重建了江南、江北大营。在这紧要关头，洪秀全果断地起用陈玉成和李秀成。在他们的领导下，太平天国又呈现一派复兴景象。

第二次鸦片战争后，清政府和外国侵略者勾结起来，联合镇压太平天国。1860年6月，美国人华尔成立了"洋枪队"，向太平军进攻。李秀成统率大军在青浦打败"洋枪队"，华尔身中5枪，"洋枪队"死伤1/3。

正当李秀成在上海附近大败中外反动派时，陈玉成在西线失利，壮烈牺牲。曾国藩派兵包围了天京。洪秀全这时非常迷信，不愿放弃天京。最后，1864年洪秀全在天京陷落前病故。7月19日天京陷落，起义失败。

从1851年1月11日金田起义到1864年天京陷落前夕，洪秀全领导了这场农民战争的全过程，历时14年，势力发展到18省，先后攻占600多座城市，给了中外反动势力以沉重打击。洪秀全的错误主要在于定都天京后，封建意识与日俱增，等级观念、享乐思想尤其突出。洪秀全在天王府深居简出，严重脱离将士群众。在太平天国农民政权向一个新的封建王朝政权蜕变的过程中，洪秀全不仅无力回天，反而起了恶劣的带头作用。

名人逸事

洪秀全在第三次应考失败以后，一连病了40天。在病中他做了种种怪梦，梦见自己被隆重迎接到天上一所堂皇的宫殿，一位身穿黑袍的金须老人坐在宝座上。老者说："世上的人都是我所生，我所养，吃我粮，穿我衣，但却无人供拜我。更可恶的是，竟用我赐的物品去侍奉魔鬼。世人冒犯我，让我恼怒，你不要效法他们。"然后，老者赠给他一柄宝剑，命他斩除魔鬼，不可妄杀兄弟姊妹。他在病中常大声呼叫"斩妖！斩呀！斩呀！"家里人以为他疯了。

兴办洋务、创立近代工业的北洋大臣——李鸿章

名人简介

李鸿章，字少荃，安徽合肥人，1823年出生于一个官僚地主家庭。青少年时期的李鸿章，勤奋力学，志向远大，曾投于一代名臣曾国藩门下，受其影响，开始关心时事，重视经世致用。1847年，李鸿章中进士，授翰

名人档案

姓　名	李鸿章/字子黼/别名少荃
生卒年	1823～1901年
祖　籍	安徽合肥
身　份	洋务派和淮军首领

林院庶吉士。太平天国起义爆发后，李鸿章先奉命随屡贤基回籍团练乡勇，后入曾国藩幕府办事。1860年，在曾国藩的支持下编练淮军，相继取得了镇压太平天国和捻军的胜利，历任江苏巡抚、两江总督。1870年，李鸿章任直隶总督兼北洋大臣，掌握清政府军事、经济、外交大权达30年之久，并多次代表清政府与列强签订不平等条约，是晚清举足轻重的实权人物。1901年病逝，谥文忠，晋封一等侯爵。

概括起来看，李鸿章一生共办了三件大事：

编练淮军，镇压农民起义。1860年，李鸿章奉曾国藩之命回安徽招募淮勇，张树声、刘铭传、关长庆、潘鼎新、周盛波等相继来投，很快编成一支13营的淮军，军制一如湘军。投入战场后，淮军联合洋枪队，独当一面，克苏州，下常州，成为剿灭太平军的重要力量。曾国藩镇压捻军失利，李鸿章奉命担任剿捻统帅，经两年而灭捻军，李鸿章成为独立的统帅，淮军也成为清朝最重要的军事支柱及李鸿章本人的政治资本。

兴办洋务，筹办海军。在19世纪60至90年代中国的洋务运动中，李鸿章是最关键的核心人物。在镇压太平天国的过程中，李鸿章认识到外国先进的军事技术的重要性，在上海的经历，也使他了解了一些西方情形和国际形势，因而奋起办洋务，以"求强""求富"。他创办了中国近代史上最大的军事工业——江南制造总局，主持天津机器局，掌握着国家军事工业。后相继创办了轮船招商局、开平矿务局、电报总局等一大批民用工业。此外，他还创建铁路，兴办学校，派遣留学生，使中国艰难地向近代化道路迈进。几千年来，中国国家安全的威胁主要来自北部内陆边疆，而19世纪中期以来，危机起于大海。李鸿章认识到此为3000年未有之大变局，因而奋起筹建海军，经数年经营，建立起北洋、西洋、福建三支海军，李鸿章本人操纵着实力最强的北洋海军。甲午战争前，这支海军曾

是中国海疆之保障。

办理外交，力撑危局。晚清政府极端腐败，对外的中法战争、甲午中日战争、八国联军侵华战争，一次比一次败得惨。列强因此视中国为病夫，争相宰割。李鸿章站在外交的最前沿与虎狼周旋，他被迫先后与列强订立了《烟台条约》《中俄密约》《辛丑条约》一系列决定国家命运的不平等条约。在办理外交的过程中，李鸿章以保和局为目的，以退让为原则，以利用外部矛盾为手段，虽为中国争取到一定利益，却丧失了众多主权，非但不能改变危机日甚一日的大趋势，反而加深了危机。

李鸿章的一生，带有鲜明的时代烙印，他是中国洋务的先驱，外交的奠基者，但有人却用"将倾大厦的裱糊匠"来比喻他，生前死后都备受争议。

名人逸事

有一次，外务部举行联欢晚会，一个地方官向李鸿章恭敬行礼，李鸿章却下巴朝天，装作没有看见，实在是太傲慢了。辜鸿铭看不过去，上前对李鸿章说："我听说大人的身体欠安，不知道哪里不舒服？"李鸿章说："胡说，这都是谣言！"辜鸿铭却认真地说："不不不！在我看来，大人确实有病，是眼病。要不怎么没有看见刚才请安的人，恐怕已经很严重了。难道大人还不知道？"李鸿章这才明白过来自己被骂了。

垂帘听政的"无冕女皇"——慈禧太后

名人简介

慈禧太后，姓叶赫那拉氏，出生于满洲八大世家之一的叶赫家族，满洲镶黄旗人。叶赫那拉氏是咸丰帝的宠妃，被封为懿贵妃。咸丰帝死后，同治即位，叶赫那拉氏被封为慈禧皇太后。1861年，慈禧太后联合恭亲王

名人档案
- 姓　名　姓叶赫那拉／乳名兰儿
- 生卒年　1835～1908年
- 身　份　清咸丰帝妃／同治、光绪朝圣母皇太后

奕䜣发动辛酉政变，推翻由八大臣辅政的制度，第一次垂帘听政。慈禧太后是晚清的无冕女皇，她经历了咸丰、同治、光绪三朝，立过同治帝、光绪帝和宣统帝三个小皇帝。从1861年垂帘听政到1908年病死，她统治中国长达48年之久。

太平天国起义爆发后，慈禧对外向侵略者让步，对内重用曾国藩、左宗棠、李鸿章等汉族官吏，镇压了太平天国、捻军和其他各族人民的起义，重新恢复了中央皇室的权势，取得政治局面的相对稳定。为了稳固自己的权力，达到独掌朝政的目的，她先是利用清流党的力量牵制恭亲王，然后又巧妙地利用盛景的劾疏，将以恭亲王为首的诸军机大臣全部换掉，并在短时间内将显赫一时的清流党肃清殆尽，此举解除了恭亲王等对自己的权力的威胁。最后，心狠手辣的慈禧又毒死慈安太后，她的权力从此更为巩固。当她觉察到袁世凯干练而有权谋，难于驾驭

时，就利用岑春煊等人与袁世凯之间的权力争夺，限制袁世凯势力的扩张。

慈禧太后全心考虑的是如何维护自己的绝对权威，一旦某种因素对她的权势构成了威胁，她一定会痛下杀手，决不姑息，即便是骨肉至亲也不例外。同治皇帝是慈禧太后的亲生儿子，因为对慈禧太后的专制统治不满，要限制慈禧太后的权力，导致母子反目成仇，并因此招来了断药断食早归西天的横祸。

19世纪60年代兴起的洋务运动、90年代的戊戌维新变法运动，以及20世纪初发生的"新政"运动，最初都得到了慈禧太后的支持，正是因为这一点，洋务事业虽遭清流派与顽固派的抨击、抵制而从未中断过，光绪帝才对变法充满了信心和决心，而"新政"运动中的变革深度才会大大超出戊戌时期维新人士的设想。可是，当她看到光绪帝的表现大有触及她的权威的迹象时，她便立即发动"戊戌政变"，杀害维新派谭嗣同等6人，将"百日维新"扼杀在襁褓中，造成了中国近代化的停滞不前，乃至倒退。光绪帝也被她囚禁、折磨至死。

当国家民族利益和她个人的权威发生冲突时，她绝对不惜牺牲国家民族的利益换取个人的满足，她对内镇压人民反抗，对外妥协投降，她的贪婪加速了清王朝的灭亡。中法战争失败后，在海军急需建设的情况下，海军经费却被她挪用修建颐和园。甲午战争前，因筹备慈禧太后六十大寿的庆典，清政府竟然没钱备战。八国联军侵入北京后，她签订空前的丧权辱国的《辛丑条约》，只不过是为了换取列强对她统治地位的继续承认。

清末维新运动的发起者——康有为

名人简介

康有为出生于官僚地主家庭，11岁父亲去世，他随祖父读书，深受程朱理学的熏陶。他博览群书，受到良好的传统教育，功底很深。在清政府发行的《邸报》中，康有为了解到京师风气和早期维新派的政论。1879年，康有为游历香港，接触到《西国近事汇编》和《环游地球新录》两书，开始关注西方的文明制度和政俗习惯。3年后又到上海，多方求购西学书籍，深入研读之后，深感"西人治术之有本"，思想上萌发了学习西方，进行维新变法的要求。

中法战争爆发后，中国不败而败。康有为开始把拯救民族危机、抵御外来侵略、学习西方之长、实行维新改革看成自己的责任。1888年，到北京参加顺天乡试时，康有为写下长达5000言的《上清帝第一书》，他提出"变成法，通下情，慎左右"的建议，希望清政府实行改革。

康有为像

名人档案

- 姓　名　原名祖诒／字广厦／号长素
- 生卒年　1858～1927年
- 祖　籍　广东南海
- 身　份　晚清思想家／维新运动领导人

1891年，康有为在万木草堂开始讲学。他认为治学莫大于救国，于是，他将学术研究同政治改革密切结合起来，致力于培养维新人才，用爱国主义精神教育学生，他要把学生引导到维新变法的轨道上来。在讲学过程中，康有为写成了两部理论著作《新学伪经考》和《孔子改制考》。这两部书表面上是历史考证的著作，实际上是戊戌变法的理论著作。

1895年春夏之交，康有为和弟子梁启超召集1300名举人联名上书，提出"变法成天下之治"的主张，坚决反对李鸿章与伊藤博文签订丧权辱国的《马关条约》，这就是著名的"公车上书"。从此以后，他不仅是变法理论的导师，而且进一步成为维新运动的领袖。从1888年至1898年，康有为先后7次上书，设计了一个以君主立宪为主体的救国方案，反复申述和论证了他的政治主张。康有为的第6次上书，即著名的《应诏统筹全局折》，他从事物发展规律的高度，论述变法的必要，从而得出"变法而强，守旧而亡"的结论。这次上书收到了一定的效果，康有为受皇帝之命提出了变法的具体步骤，即"大誓群臣以革旧维新""开制度局于宫中""设待诏所许天下人上书"三大急务。1898年他又向皇帝呈上一部《日本政变考》，目的是要中国效仿日本明治维新，采纳西政，实行君主立宪制度。

康有为在极力争取皇帝支持，实行自上而下改革的同时，也把目光投向社会。1895年，他领导创建了维新组织强学会，办起《中外纪闻》《强学报》等维新刊物。1898年4月，以"保国、保种、保教"为宗旨组织起保国会。

1898年6月11日，光绪帝终于采纳康有为的建议，下诏变法。6月16日，在颐和园勤政殿，光绪帝特旨召见康有为。光绪帝命他在总理衙门章京上行走，谭嗣同、杨锐、刘光第、杨深秀等人入军机处任章京担负具体职务，推行新政。为了便利康有为为皇帝出谋划策，光绪又特许他专折奏事。在百日维新中，康有为充当了政治改革方案的设计师，光绪帝发布的一系列新政，基本上是根据康有为等维新人士的改革建议颁行的，其内容涉及政治、军事、经济、文教等各方面。

随着维新运动的深入发展，维新派与顽固守旧派之间的矛盾也日益激化起来，双方争斗越来越激烈。慈禧太后于9月21日发动政变，绞杀了新政。光绪帝被幽囚，康有为、梁启超逃亡国外，谭嗣同、林旭、杨锐、刘光第、杨深秀、康广仁六君子被杀害。变法仅仅持续103天，就以失败而告终，故史称"百日维新"。

变法失败后，康有为在海外流亡了16年之久，他周游列国，继续寻找救国救民的方案。辛亥革命后，康有为在上海担任孔教会会长，创办《不忍》杂志，提倡以孔教为国教。1917年，为支持张勋复辟帝制，康有为来到北京，这次复辟帝制几天工夫便被粉碎，康有为的政治生涯就此结束。1919年的五四运动中，他致电犬养毅，要求日本政府从山东撤军，归还青岛。1922年7月，他怒斥湖南省长赵恒惕分裂国家的所谓"联省自治论"。由于迷信皇权，康有为思想渐趋保守，在海外组织保皇会，与孙中山领导的资产阶级革命派展开了论战。

1927年3月31日，康有为与世长辞，终年70岁。

名人逸事

康有为通过在海外经商、做地产生意，以保障活动经费。1906年（光绪三十二年）春节，康有为访问墨西哥，利用各地华侨提供的捐款，购置电车轨道经过之处的地产。不久以后，这些地价上扬好几倍，得到10多万银圆（墨洋）的赢利。

中华民国成立后，1913年康有为由日本回国。广东政府发还被清朝抄没的康氏家产，但是康有为决定迁居上海，就将广东房产变卖，在上海买入地皮。转眼上海地皮飞涨，康有为从中获利很多。

1921年，已届64岁的康有为，又在愚园路（当时为英租界越界筑路地段）自购地皮10亩，建造了一座中西合璧的花园住宅，取名"游存庐"。此后在上海文化史上以"康公馆"著称。

中国人的光荣——詹天佑

名人简介

詹天佑是我国近代科学与工程技术史上的先驱、杰出的爱国知识分子。19世纪80年代，他投身于中国铁路事业，一度主持京张、川汉、粤汉等铁路的设计和施工。他为发展我国早期铁路事业呕心沥血，奋斗终生。詹天佑在帝国主义列强面前大义凛然，勇敢提出"各出所学、各尽所知，使国家不受外侮，以自立于地球之上"的口号，代表了中华民族百折不挠的高尚民族气节。

詹天佑小时候就对机器十分感兴趣，常和小伙伴们一起用泥土捏成各种机器模型。有时，他还把家里的自鸣钟偷偷拆开，摆弄和琢磨里面的构件。1872年，12岁的詹天佑考取了由清政府筹办的"幼童出洋预习班"。不久，他辞别父母，怀着对西方"技艺"的憧憬，赴美留学。

在美国，出洋预习班的同学们目睹了西方科学技术的巨大成就，对中国的前途产生悲观情绪，詹天佑却坚定地说："今后，中国也要有火车、轮船。"他怀着为祖国富强而努力的信念，刻苦学习，于1876年考入耶鲁大学土木工程系，专攻铁路工程。1881年，他在毕业考试中名列第一。之后，他谢绝了美国老师

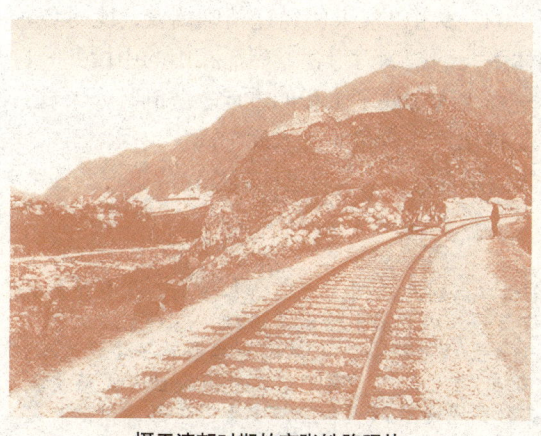

摄于清朝时期的京张铁路照片

的挽留，毅然回到了贫弱的祖国。

回国后，詹天佑怀着满腔热情准备把学到的本领贡献给祖国的铁路事业。但是，他竟被阴错阳差地派遣到福建水师学堂学习海船驾驶。1882年11月，詹天佑被派往旗舰"扬武"号任驾驶官，参加了中法战争。战斗期间，詹天佑冒着猛烈的炮火，沉着指挥"扬武"号左突右冲，避开敌方炮火，抓住战机以尾炮击中法军旗舰"伏尔他"号，使法军司令孤拔险些毙命。同时，他在紧要关头从水中救起多人。

名人档案	
姓　名	詹天佑
生卒年	1861～1919年
祖　籍	江西婺源
身　份	京张铁路总办兼总工程师

后来，詹天佑几经周折，转入中国铁路公司，担任工程师，从此献身中国铁路事业。刚上任不久，詹天佑就遇到严峻考验。当时的滦河铁路桥方案经英、日、德三国工程师先后设计，均告失败。詹天佑认真总结了三国工程师失败的原因之后，亲临一线与工人一起进行实地调查，精密测量。经过仔细比较，他最后确定了桥墩的位置，并且大胆采用新方法——"压气沉箱法"，完成了桥墩的施工。詹天佑的建桥方案果然成功了。

滦河大桥初战告捷，但他却面临着更为严峻的考验。1905年，清政府决定兴建北京至张家口的铁路。关键时刻，詹天佑勇敢地接下了这个艰巨的任务，全权负责京张铁路的修筑。消息传来，举世皆惊。一些人甚至攻击詹天佑"狂妄自大""不自量力"。詹天佑顶着压力，表示："中国已经醒过来了，中国人要用自己的工程师和自己的钱来建筑铁路。"

1905年8月，京张铁路的勘探、选线工作开始了。詹天佑亲自带着测量人员，背着各种仪器，日夜在崎岖的山岭上奔波。一天傍晚，狂风卷着沙石，刮得人睁不开眼。测量人员着急回去，填个数字就从岩壁上爬下来。詹天佑问："准确吗？"测量队员说："差不多。"詹天佑严肃地说："技术的第一个要求是精密……"说着，他冒着风沙，背上仪器重新攀到岩壁上，认真地复勘一遍，修正了一个误差。当他下来时，嘴唇都冻青了。

不久，铁路施工进入最困难的阶段。因为八达岭、青龙桥一带，崇山峻岭，需要开凿4条隧道，其中最长的达1000多米。詹天佑经过精确测量，比对各种方案，决定采取分段施工法：从山体南北两端同时对凿，然后在山的中段开一口井，在井中分别向南北两端对凿。这样大大加快了工程的进度。凿洞时，大量石块都要人工挖，涌出的泉水也要人工挑出。詹天佑与工人同吃同住，同挖石，同挑水。他鼓舞大家说："京张铁路是我们用自己的人、自己的钱修建的第一条铁路，

京张铁路

1909年9月25日，京张铁路全线建成通车。10月2日，各方人士在南口火车站举行了隆重的通车典礼。中国的官员和工人在典礼上欣喜若狂，感到无比自豪。该铁路全长273千米，沿途有16站。全部工程历时4年，比原计划提前两年建成通车，共花费白银693.5万两，比原计划节省28.8万两。詹天佑在中国和世界铁路史上写下了光辉的一页。近百年来，京张铁路虽屡遭战火和自然灾害的浩劫，但依旧完好无损。

全世界的眼睛都在望着我们,必须成功!"

当铁路修到青龙桥附近时,出现了前所未有的困难局面。由于山体陡峭,铁路必须经过一个极陡的坡。当时的铁路机车马力小,要牵引火车爬上这样的陡坡简直不可想象。为了保证火车顺利爬上八达岭,詹天佑创造性地运用"折返线"原理,设计了"人"字形线路,从而有效降低了坡度,保证了列车安全上坡。1909年9月25日,京张铁路全线通车。该工程原计划6年完成,实际只用了4年,工程费用只及外国人估价的1/5。京张铁路建成后,詹天佑又主持修建了粤汉等重要铁路,为建设中国近代铁路立下不可磨灭的功劳。

结束帝制的革命先行者——孙中山

名人简介

孙中山出生于广东香山翠亨村一个普通的农民家庭,10岁入村塾读书,12岁随母赴檀香山。他的长兄孙眉资助孙中山先后在檀香山、广州、香港等地比较系统地接受西方式的近代教育。1883~1885年的中法战争中,孙中山

名人档案
- 姓　名　名文/字德明/号日新/逸仙
- 生卒年　1866~1925年
- 祖　籍　广东香山(今中山市)
- 身　份　中国近代民主革命的伟大先行者/中华民国临时大总统

目睹清政府的无能、专制和腐败,开始产生反清和以资产阶级政治方案改造中国的思想,经常发表反清言论,同时与早期的改良主义者何启、郑观应等有所交往。1892年,孙中山毕业于香港西医书院,随后在澳门、广州等地一面行医,一面结交反清秘密会社,准备创立革命团体。

1894年11月,孙中山从上海去檀香山,组织兴中会,以"驱除鞑虏,恢复中华,创立合众政府"为誓词,是为中国资产阶级第一个革命政治团体。1895年2月,在香港联合当地爱国知识分子的组织辅仁文社,建立香港兴中会。同年10月,兴中会密谋在广州起义,事泄失败。孙中山被迫亡命海外。1896年10月,在英国伦敦曾被清公使馆诱捕,经英国友人营救脱险。此后,孙中山详细考察欧美各国的政治经济状况,研究了多种流派的政治学说,并与欧美各国进步人士接触,产生了具有特色的民生主义理论,三民主义思想由此初步形成。

1905年8月,孙中山与黄兴等人,以兴中会、华兴会等革命团体为基础,在日本东京创建全国性的资产阶级革命党中国同盟会,孙中山被推举为总理,他所提出的"驱除鞑虏,恢复中华,创立民国,平均地权"的革命宗旨被采纳为同盟会纲领。在同盟会机关报《民报》发刊词中,孙中山首次提出民族、民权、民生三大主义。同盟会的成立,有力地促进了全国革命运动的发展。

1911年10月10日,武昌起义爆发,各省纷纷响应。孙中山在美国得知消息后,12月下旬回国,被17省代表推举为中华民国临时大总统。1912年1月1日,在南

京宣布就职，组成中华民国临时政府。1912年2月12日，清朝宣统帝（溥仪）被迫宣布退位，结束长达2000多年的君主专制制度，建立了共和国。

> **名言佳句**
>
> 革命尚未成功，同志仍需努力！
> 驱除鞑虏，恢复中华，创立合众政府。
> 夫天下之事，其不如人意者固十常八九，总是在坚忍耐烦，劳怨不避，乃能期于有成。

由于受到帝国主义、封建主义的强大压力与革命党自身的涣散无力，孙中山被迫在清帝退位后，于1912年2月13日辞去临时大总统职，让位与袁世凯。后来袁世凯独裁专政，刺杀宋教仁。孙中山为捍卫共和，先后发动二次革命和护法战争。

1924年10月，奉系军阀的张作霖和直系将领冯玉祥联合推翻曹锟为总统的直系军阀政权。冯玉祥、段祺瑞、张作霖先后电邀孙中山北上共商国事。孙中山接受邀请，并提出废除不平等条约、召开国民会议作为解决时局的办法。11月，孙中山离广州北上，先抵上海，再绕道日本赴天津。12月底，抱病到达北京。1925年3月12日，因患肝癌在北京逝世。

名人逸事

清朝光绪年间，孙中山留学归来，途经武昌总督府，想见湖广总督张之洞，他递上"学者孙文求见之洞兄"的名片。门卫随即将名片呈上，张之洞一瞧很不高兴，问门卫来者何人。门卫回答是一儒生。张总督令人拿来纸笔写了一行字，叫门卫交给孙中山。孙中山一看，纸上写着："持三字帖，见一品官，儒生妄敢称兄弟。"这分明是一副对联的上联。孙中山微微一笑，对出了下联，又请门卫呈送给张之洞，张之洞看见上书："行千里路，读万卷书，布衣亦可傲王侯。"不觉暗暗吃惊："呀，儒生不可小视！"于是，急命门卫大开中门，亲自迎接才华横溢的孙中山。

兼容并包、开一代新风的教育家——蔡元培

名人简介

蔡元培生于1868年，1885年中秀才，1889年中举人，第二年会试中贡士，1892年中进士，入翰林院。26岁时，深受帝师翁同龢赏识，成为"声闻当代，朝野相结纳"的士大夫。戊戌变法运动被镇压后，蔡元培决定从培养革新人才入手以改变中国现状。1898年9月，蔡元培毅然辞官，开始了反清革命和教育救国的生涯。1902年，蔡元培在上

> **名人档案**
>
> ■ 姓　名　字鹤卿／号孑民
> ■ 生卒年　1868～1940年
> ■ 祖　籍　浙江绍兴
> ■ 身　份　中国近代杰出教育家

海创办中国教育会，鼓吹革命，接着，他创办学校、报刊，大力宣传革命思想，成为上海知名的革命人士。1904年，光复会成立，蔡元培被推为会长，并于次年赴东京参加同盟会成立大会，并被任命为上海分会会长。1907年，蔡元培赴德留学。

1912年，蔡元培被任命为中华民国首任教育总长，将教育分为政治的和非政治的两类。重视美育，是蔡元培教育思想的重要特点。就任教育总长后，蔡元培立即着手制定民国教育方针，除重订学制外，还在文化教育领域首倡反对尊孔读经，罢尊孔拜教，小学废止读经，大学取消经科。他彻底否定了封建教育中"忠君""尊孔"的内容，提出国民主义教育、实利主义教育、公民道德教育、世界观教育和美感教育五项教育方针。他是我国第一个把美学理论应用于教育的人，后来又提出"以美育代宗教"的著名口号。

蔡元培像

1916年底，蔡元培应邀任北京大学校长。他以"思想自由""兼容并包"为办学方针，并向学生约法三章：抱定宗旨，"以研究学术为天职"；砥砺德行；敬爱师友。蔡元培揭开了北大历史的新篇章，造就了一个全新的北大。

蔡元培聘用进步学者陈独秀、李大钊、胡适、刘半农等来北大任教的同时，也不排斥有学术造诣的旧派人物如辜鸿铭、刘师培、黄侃等。他还整顿教师队伍，裁汰不合格的教员，延聘有真才实学的名家。

为营造浓厚的学术空气和"活泼的精神"，他鼓励学术研究，提倡社团活动。在他的亲自发动和帮助下，各种学术团体和社会团体在北大校园竞相涌现。为将学校办好，他还改革领导体制，实行民主办校、教授治校，设立由校长、各科学长和主任教员等人组成的评议会，为最高立法机关，各科教授会规划各科教学工作，以及由各科教授会主任组成的校教务处领导全校教学工作。"五四"运动前后，蔡元培提倡平民教育，设立平民夜校。同时，蔡元培还提倡女权，赞同大学开放女禁，开创了大学男女同校的先河。

在蔡元培的努力下，北京大学焕然一新，成为五四运动的摇篮和中心、马克思主义在中国的发源地，北大成为举世闻名的现代高等学府。

蔡元培在献身科学教育事业的同时，仍积极参加反对卖国独裁、反对外国侵略的斗争。五四运动中，他热情支持学生的爱国行动，并多方奔走营救被捕学生。

1927年春，蔡元培受国民政府之命主持创立了中央研究院，共建立9个研究所和1个博物馆。他还亲任院长之职，仍以"兼容并包""民主治院"为办院方针和治院方法，聘请国内最优秀的科学家和学者为研究员。中研院的成立，不但使中国第一次有了全国性的科研机构，也使中国科学逐渐摆脱了单纯介绍西方科

名言佳句

路不并，不必相悖；道不同，不必相害。
思想自由，兼容并包。

技成就的局面，开始有了自己的科研成果，有的还达到世界先进水平，并为我国科技事业的发展积累了经验，培养了人才。

1940年3月5日，蔡元培在香港去世，全国各界同声哀悼。国民政府颁布了褒扬令，蒋介石发了唁电并亲自参加公祭。中共中央和毛泽东也从延安发了唁电，称他是"学界泰斗，人世楷模"。

名人逸事

蔡元培任北京大学校长时，有次他突然问学生："5加5是多少？"学生以为校长所问必有奥妙，都不敢作答。好一会儿，才有一个学生率直地说："5加5等于10。"蔡笑着说："对！对！"并鼓励说："青年们切不要崇拜偶像！"

近代著名的启蒙思想家——梁启超

名人简介

梁启超，字卓如，号任公，别号饮冰室主人，我国近代著名的政治活动家、启蒙思想家、史学家和文学家。他参与过戊戌维新变法，后流亡日本，创办《新小说》杂志。回国后，他又曾组织进步党争取宪政。

名人档案	
姓　名	梁启超／字卓如／号任公／别号饮冰室主人
生卒年	1873～1929年
祖　籍	广东新会
身　份	思想家／政治家／文学家

1920年后，梁启超淡出政界，先后在清华大学、南开大学任教授，并专心著述，取得丰硕成果。其作品多收入《饮冰室合集》。

童年的梁启超聪明过人，而且勤奋好学。他5岁开始读四书五经等传统经典著作，8岁会写作文，9岁就能写1000多字的文章了。但梁启超不是小书呆子，而是活泼好动，爱玩爱闹。

一次，梁启超爬上高高的竹梯玩耍。祖父怕他出危险，急急忙忙从屋里跑出来，对着他大声喊："快下来，快下来！会跌死你的……"梁启超看见祖父着急的样子，竟不顾他的喊叫，又往上攀了几级，还对着下面脱口念出两句诗："有人在平地，看我上云梯。"祖父听了，感到自己的小孙子非比寻常，日后肯定会有出息，不由得哈哈大笑起来。

梁启超10岁那年，跟随父亲入城到秀才李兆镜家做客。李家客房的对面有一个杏花园。第二天，梁启超早晨起来，看见枝头上的朵朵杏花带着露珠，争妍斗奇，可

《饮冰室合集》

《饮冰室合集》是梁启超一生著作的汇编，全书共有148卷，其中文集45卷，专集103卷，字数约1200万。这些作品在审美观上，反映了作者"先有理论后有事实"的论调。他认为，人离开美，是活不成的。他把趣味视为生活的原动力。对于没趣味的民族，他强调要通过趣味的营养使它振作起来。梁启超在论述美学理念、文学艺术等问题时，自觉不自觉地把自己的政治理想融入其中。

爱极了，便跑到园子里玩耍，还爬到树上摘了几朵。这时，突然听到由远而近的脚步声，原来是父亲与李兆镜来这里散步。梁启超连忙跳下树，将杏花藏在袖筒里，但还是被父亲看见了。父亲觉得很尴尬，但又不好意思当着朋友的面呵斥儿子，便想以对对联的形式来教训他。他随口吟出上联："袖里笼花，小子暗藏春色。"梁启超仰头凝思，忽然看见前面厅房里挂一面大镜子，便想出了下联："堂前悬镜，大人明察秋毫。"李兆镜连连叫好，然后说道："让我也来考一考贤侄，怎样？"不待回答，他就吟出上联："推车出小陌。"梁启超不假思索地对上下联："策马入长安。"李兆镜拊掌叫绝。在欢愉的气氛中，大家都忘记了梁启超的过错。

梁启超像

儿时的梁启超自恃才高，有时不怎么友善。一天，家里来了一位客人，正在客厅与父亲谈天说地。梁启超满头大汗，气喘吁吁地从外面走进来，直奔茶几，也没有跟客人打招呼，就提起茶壶斟了一大碗茶水咕咚咕咚地喝了起来。这时，客人说："启超，你过来。"梁启超放下茶碗，抹了抹嘴，走到客人面前。"听说你很有才学，让我来考考你。"客人说着，就提笔在茶几上的一张大纸上狂草了一个"龙"字，说："你读给我听。"梁启超歪着头看了一眼，摇头。客人大笑，吟道："饮茶龙上水。"梁启超没好气地回道："写字狗耙田。"梁启超的讥讽让父亲感到很尴尬，正要训斥他，客人却笑着说："令公子对答工整，才思敏捷，实在令人敬佩，他年一定会有出息的。"

随着年龄的增长，梁启超开始走出家门到外面去玩。新会附近有座小山，名字叫作坭子山，山上有座塔，叫坭子塔，又叫凌云塔。梁启超时常和小朋友爬上凌云塔极目远眺。一天，梁启超从坭子山回来，写了一首《登塔》诗送给祖父。诗中写道："朝登凌云塔，引领望四极，暮登凌云塔，天地渐昏黑。日月有晦明，四时寒暑易。为何多变幻？此理无人识。我欲问苍天，苍天长默默。我欲问孔子，孔子难解释。搔首独徘徊，此时终难得。"他在诗中流露出了非凡的志向，看到这首诗的人都夸他聪明伶俐。

由于才华出众，梁启超12岁就考中秀才，而且名列榜首，成为乡人们公认的小神童。但他仍然是那么谦虚谨慎，这令人愈加敬佩。他长大后，经常到各地游历，以增长见识。

1890年，17岁的梁启超拜康有为为师，从康学习4年，受康有为的影响，开始探索挽救祖国危亡的变法维新之术。1894年6月，他随康有为入京参加会试。康有为、梁启超联合在京参加会试的13000多名举人，上书皇帝，要求拒签和约、迁都抗战、变法图强。这就是著名的"公车上书"，在社会各界引起了强烈反响。

此外，梁启超的许多政论在社会上都有很大影响，而他提倡的文学革命更是开辟了近代文学理论探索和文学创作的新局面，为推动中国社会的进步做出了重要贡献。

名人逸事

有一次，梁启超来到湖广总督府，投递名刺（相当于名片），求见总督张之洞大人。当时的张之洞是朝廷的一品大员，而且为地方上办了不少实事，受到人们拥护，德高望重。当时的梁启超还不到20岁，仅仅是一个小小的书生。张之洞本人曾考中过探花，见梁启超只是一个不起眼的书生，有点看不起他，就打算给他一个下马威。

张之洞穿着朝服，威严地坐于正厅上，然后让梁启超进来。梁启超昂然而入，只向他作了一揖。看到梁启超年纪轻轻，气质不俗，张之洞心中一惊。他说要考考梁启超的才学，便吟出一副上联："四水江第一，四时夏第二。老夫居江夏，谁是第一？谁是第二？"这句话的意思是在说，"我是天下第一名臣"。面对气势逼人的总督大人，梁启超不紧不慢地对出下联："三教儒在前，三才人在后。小子本儒人，不敢在前，不敢在后！"他委婉地表达了自己在总督大人面前不敢无礼，但又无所畏惧的自信。

张之洞听完，大吃一惊，暗暗赞许梁启超的才学非凡，于是跟他畅谈起来。

新文化运动的健将——陈独秀

名人简介

陈独秀是新文化运动领袖、中国共产党创建人和早期领导人之一，原名庆同，字仲甫，号实庵，1879年出生于安徽安庆北门后营，17岁中秀才，1898年入杭州求是书院学习。

1902年，从日本留学回国后，陈独秀开始在故乡从事革命活动。1904年，创办《安徽俗话报》，传播爱国民主思想和科学知识，还协助进步人士开办学校，培养革命干部。1905年，陈独秀在安徽组织秘密的反清军事团体"岳王会"，为同盟会在安徽的发展打下基础。反袁二次革命失败后，陈独秀流亡日本，继续寻找救国救民的道路。

陈独秀像

1915年，陈独秀回到上海，创办刊物《青年》（1916年改名《新青年》）杂志，大力提倡民主与科学，猛烈抨击旧思想、旧文化、旧道德、旧礼教，吹响了新文化运动的号角，影响了整整一代青年。1917年初，陈独秀担任北京大学文科学长。1918年和李大钊、胡适等创办《每周评论》，宣传马克思主义，为五四运动准备了思想和干部条件。

1919年5月4日，反帝反封建的五四运动爆发，陈独秀热情支持青年学生的爱国运动，亲自撰写和散发《北京市民宣言》传单。经过五四运动的洗礼，陈独秀的思想发生了迅速的转变，成为马克思主义者，全身心地投入到宣传马克思主义和与反对马克思主义流派的斗争中。1920年，在共产国际帮助下，他在上海发起成立马克思主义研究会，成立中国第一个共产主义小组，还联络全国各地的共产主义小组，筹建中国共产党。这期间，他还主持起草了《中国共产党宣言》。

名人档案	
姓　名	原名庆同／字仲甫／号实庵
生卒年	1879～1942年
祖　籍	安徽怀宁
身　份	中国共产党创始人

1921年7月，在上海举行的中国共产党第一次全国代表大会上，陈独秀被选为中央局书记。后来相继被选为中共第二届、第三届中央执行委员会委员长，在中共四大和五大当选中央委员会总书记。他还曾帮助孙中山改组国民党，并先后在沪参加了五卅运动、上海工人三次武装起义等领导工作。

1922年后，中国共产党和中国国民党合作，进行了北伐战争。在这场大革命后期，中国共产党领导机关犯了以陈独秀为代表的右倾机会主义错误，使革命遭到失败。1927年8月7日，中国共产党中央召开紧急会议，批判了陈独秀右倾投降主义，撤销其总书记职务。从此以后，陈独秀对革命前途悲观失望，他认为，资产阶级已取得胜利，无须再进行民主革命，而应在其反动统治下进行和平合法运动。他在党内进行分裂活动，组织托派组织。1929年11月，陈独秀被开除中国共产党党籍。1931年初，陈独秀组织中国托派组织——"中国共产党左派反对派"，担任书记。

1932年，在上海淞沪会战中，陈独秀支持抗战，谴责蒋介石卖国独裁，被国民政府逮捕。1937年8月出狱后，他与托派中央决裂，在武汉联络民主人士和抗日军队，独立进行政治活动，试图组织"不拥国、不阿共"的第三势力。

1938年，陈独秀被王明、康生诬陷为日本间谍。晚年流落于四川，1942年5月，病逝于江津。

陈独秀精通日、英、法三国文字，工诗善书，旧学根基深厚。他才思敏捷，笔锋犀利，长于政论文。对音韵学、文字学的造诣尤深，"是我国近代语言学史上杰出的语言学家"。他的著作辑为《独秀文存》《陈独秀先生演讲录》《陈独秀文章选编》等。

名人逸事

1932年，陈独秀被国民党政府逮捕。10月25日，何应钦将陈独秀提至军部会客室，进行了"半谈话式的审问"。

会见结束后，许多青年军人纷纷持笔墨和数寸长的小纸条，包围在陈独秀的周围，情意殷殷地向陈独秀索书，以为纪念。陈独秀应接不暇，在小纸条上写下了诸如"三军可夺帅，匹夫不可夺志也""先天下之忧而忧，后天下之乐而乐""莫等闲，白了少年头"等诗句，直到墨尽，才得解围。

中国无产阶级革命文学的旗手——鲁迅

名人简介

  鲁迅出生于没落的旧官僚的家庭，聪明好学，兴趣广泛。少年时，除了在绍兴三味书屋读过四书五经外，他对具有优秀传统的民间艺术，像戏剧、传说故事等都颇为喜爱。1898年春，17岁的鲁迅考入南京江南水师学堂学习，几个月后，转到江南陆师学堂的路矿学堂学习。1902年4月，鲁迅以优异成绩毕业于路矿学堂，获得了官费留学日本的机会。

名人档案	
姓　名	原名周树人／字豫才
生卒年	1881～1936年
祖　籍	浙江绍兴
身　份	中国现代文学的旗手／文学家

  到日本后，鲁迅首先选择学医，但发生在仙台医学专科学校的"幻灯片事件"，使鲁迅感到"中国人的病不在身体上，而在精神上"。他果断做出弃医从文的决定，离开仙台，来到东京。鲁迅的选择影响了他的一生，也影响了中国现代文学史的格局和进程。

  1909年8月，鲁迅从日本回国，先后应邀在杭州的浙江两级师范学堂和绍兴府中学堂执教，还曾应蔡元培之请在教育部任职。1918年，鲁迅在《新青年》发表了中国现代第一篇白话小说《狂人日记》。小说通过对"狂人"的心理描绘，形象地揭露和控诉了中国几千年"吃人"的历史，堪称五四运动中反封建的最强音。

  从此，鲁迅一发而不可收，以揭露封建社会黑暗、封建礼教吃人为主题的作品接二连三地问世，《孔乙己》《药》《一件小事》《故乡》《阿Q正传》等相继发表。在《孔乙己》中，鲁迅成功地塑造了一个受科举考试制度毒害而沦落的读书人的形象；《阿Q正传》通过阿Q这样一个生动不朽的典型形象，深刻地揭示了辛亥革命必然失败的原因，反映了处于长期封建统治下的农村社会的劣根性和下层农民的愚昧现状。

  1923年9月，鲁迅出版了小说集《呐喊》，将《狂人日记》《药》和《阿Q正传》等14篇短篇小说收入其中。三年后，鲁迅又出版了《彷徨》，收有《祝福》等11个短篇。

  除了小说外，鲁迅也写了大量散文、散文诗以及杂文，如《朝花夕拾》《野草》等。作为一个学者，他还研究中国古代文化，撰写了极具见地和极富史料价值的《中国小说史略》。

  1927年10月，鲁迅先后主编了《语丝》《奔流》和《朝花》等文艺刊物。在阅读并翻译马克思主义文艺理论书籍的过程中，鲁迅的思想发生了很大的变化，他明确地肯定了文化起源于劳动，人民群众是文化的创造者。1930年初，鲁迅参加了中国自由运动大同盟、中国民权保障同盟等组织。发表著名的讲话《对于左翼作家联盟的意见》，成为"中国左翼作家联盟"事实上的盟主。1931年2月，柔石等"左联"五烈士被害，鲁迅怀着悲愤的心情写下了《黑暗中国的文艺界现状》《中国无产阶级革命文学和前驱的血》，针锋相对而又巧妙地同国民党当局对革命文化的疯狂"围剿"进行不屈的斗争。

在鲁迅的作品中，随处可见他的战斗精神以及他对封建社会的种种丑恶现象无情的批判，他的作品的思想性和艺术性均达到了炉火纯青的境界。

1936年10月19日，鲁迅逝世。上万人自发地为鲁迅先生举行了庄严隆重的葬礼，在棺盖上，民众代表为他覆上了"民族魂"的大旗。"鲁迅是一位为了中华民族新生而奋斗终生的文化巨人"，这是人民大众给他的最恰当的评价。

> **名言佳句**
>
> 横眉冷对千夫指，俯首甘为孺子牛。
> 吃进去的是草，挤出来的是奶。
> 不在沉默中爆发，就在沉默中灭亡。
> 我以我血荐轩辕。
> 于无声处听惊雷。

名人逸事

鲁迅讲课喜欢创造和谐的课堂气氛。20世纪20年代，他在北京大学给学生讲《中国小说史略》中的《红楼梦》部分时，曾有过这么一段有趣的故事：一次，他提问学生："你们爱不爱林黛玉？"话音刚落，就有许多学生不假思索地信口回答。而其中却有一个学生反问道："周先生，你爱不爱？"

这时，鲁迅先生并不以为有失"师道尊严"，而是毫不迟疑地回答："我不爱。""为什么不爱？"那个学生又反问一句。"我嫌她哭哭啼啼。"鲁迅先生风趣地回答，顿时引得同学们哈哈大笑。

在笑声中，他又侃侃而谈，循循善诱地引导学生去分析林黛玉的性格特点等新知识了。

第一个举起社会主义大旗者——李大钊

名人简介

李大钊，字守常。他早年留学日本，进入早稻田大学学习法律和经济。在日本期间，他开始学习和研究马克思主义。1916年回国后，李大钊先后担任《新青年》《少年中国》《每周评论》等刊物的编辑。1918年，他被聘为北京大学图书馆主任。1920年，他发起组织马克思主义学说研究会。李大钊参与了筹建中国共产党的工作，领导了北京地区党组织的革命活动。他的论著有《史学要论》和《我的马克思主义观》等，多收入后来出版的《李大钊文集》。

> **名人档案**
>
> ■ 姓　名　李大钊／字守常
> ■ 生卒年　1889～1927年
> ■ 祖　籍　河北乐亭
> ■ 身　份　中国共产党主要创建者之一

李大钊小时候父母双亡，由祖父李如珍抚养长大。祖父在李大钊3岁的时候就开始教他认字。李大钊聪明伶俐，又爱学习，5岁时便会背诵《三字经》《百家姓》《千字文》。儿时的李大钊不仅会背书，还喜欢看人家门上贴的春联。有的时候，他还挤在大人堆里看那些贴在墙上的文告。有一次，村口贴了一张"安民告示"。人们觉得挺新鲜，都挤在那里看，但大多数人都不识字，只是凑热闹而已，文告上写的是什么一概不知。这时年仅6岁的李大钊当着众人的面，一字一句地把文告念了出来。在场的人无不对他刮目相看，都夸他是个小神童。

李大钊面对别人的夸奖，一点都没有得意忘形。他7岁时正式入学，入学后珍惜一点一滴的时间，努力学习。有一天，祖父有事出门，把李大钊一个人留在书房里读书。当时正值阳春三月，天气和暖，一群小鸟在书房外面的枣树上嬉戏，叽叽喳喳地叫个不停。李大钊却在房子里安安静静地读书写字，没有受到一丝干扰，好像外面什么事也没有发生似的。快晌午了，祖父还没有回来。李大钊觉得有些累了，便到姑妈那里，去帮她干点儿力所能及的小活计。不一会儿，姑妈要李大钊到院子里去玩，歇歇脑子。李大钊却笑着说："我帮姑妈干活，不就让脑子休息了吗，这跟到院子里玩是一样的。"祖父回家后，听姑妈说起刚才的事，很是高兴。他说："大钊这孩子这么小就能管住自己，真不简单，将来肯定会干一番大事业，让人刮目相看的。"

李家养着一只可爱的小花猫，李大钊非常喜欢它，一有空闲就逗它玩。但当他读书写字的时候，不管小花猫在身边怎样"喵喵"地叫，哪怕伸出小爪子挠他的脚，李大钊连看也不看它一眼，仍旧专心致志地读书写字。时间一长，小猫也变得聪明了，只要看到李大钊伏着身子读书或做功课，就躲到远远的地方自己玩，再不去打扰他。

有一次，李大钊正在窗前聚精会神地做功课。突然，两只麻雀互相追逐着飞到窗台上，还不停地"叽喳叽喳"地叫。李大钊好像什么也没有听到。过了一会儿，两只麻雀竟然在窗台上争斗起来，你啄我一下，我啄你一下，还不时地在窗台上打几个滚。这时，如果李大钊悄悄地放下手中的笔，伸手去抓，轻而易举地就能逮住它们。可是李大钊眉毛也没有扬一下，从始至终都在埋头做功课。在院子里干活的祖父见此情景，欣慰地点了点头。

李大钊勤奋好学，知识增长得很快。从7岁起，李大钊相继跟好几位先生读书学习过，因为过一段时间之后，原来的先生便教不了他更多的东西。11岁那年，他开始跟黄玉堂老先生读书。那时候满清政府已经是穷途末路，更加腐败无能，

李大钊宣传马克思主义

李大钊是中华大地上第一个举起社会主义大旗的人。1918年，他在《新青年》上发表了《法俄革命之比较观》《庶民的胜利》和《布尔什维主义的胜利》等著名文章。他在这些文章中大力宣传了俄国的十月革命，讴歌了社会主义革命的伟大。他热情地号召中国人民向俄国学习，呼吁革命者关注劳工的命运。1919年，李大钊在《新青年》上开辟了《马克思主义研究专号》，刊登了一系列宣传马克思主义的文章。其中包括他亲自撰写的《我的马克思主义观》，该文是李大钊成为马克思主义者的标志。

西方列强加紧入侵中国。不久，八国联军攻入北京城，大肆烧杀劫掠。帝国主义侵略势力逐渐渗透到了李大钊的家乡。李大钊亲眼目睹了侵略者欺侮中国人民的恶行，特别痛恨那帮强盗。有一次，他听黄玉堂老先生讲太平天国起义的故事，非常钦佩洪秀全、杨秀清等英雄人物，没等先生把故事讲完，便大声说道："我要学洪秀全，推翻清朝的皇帝！"一时间，黄老先生吓得脸色苍白，忙不迭地用手捂住李大钊的嘴，生怕张扬出去惹出乱子。

> **名言佳句**
>
> 凡事都要脚踏实地去做，不驰于空想，不骛于虚声，而惟以求真的态度作踏实的功夫。

自此，黄老先生深知李大钊有救国救民的鸿鹄之志，便暗中鼓励他好好学习新知识，准备日后为国出力。几年之后，李大钊考进清政府办的北洋法政学校，走出家乡，去寻求救国救民之路。后来，他终于找到马克思主义真理，担负起了宣传和推动共产主义事业的伟大历史使命。

"光被四表"的地质学家——李四光

名人简介

李四光，原名仲揆，著名地质学家。他于1919年和1927年分别获得英国伯明翰大学硕士和博士学位。1949年以前，李四光长期担任中央研究院地质研究所所长。1950年后，他长期担任地质部部长和中国科学技术协会主席。他早年曾提出中国东部第四纪冰川的存在，建立了新的边缘学科"地质力学"和"构造体系"概念。李四光晚年发表了大量关于天文、地质、古生物等领域的文章，促进了我国各学科的交叉发展。

李四光出生在湖北省黄冈县的一个贫寒家庭，小时候的名字叫李仲揆。父母虽没有多少钱，但非常有远见。他们在儿子6岁的时候就送他到私塾发蒙，希望他"早发蒙，早出息"。小仲揆平时看到父母为供自己读书起早贪黑地干活，很受感动，从小养成了勤劳的习惯。他经常帮着母亲打柴、舂米、扫地、提水、割草、洗碗，家里的活样样都能干。

李仲揆学习刻苦认真，从早到晚，不是朗读、背诵，就是练字、作文，从不贪玩。老师不在的时候，别的孩子爬桌子、踩凳子，闹个没完，小仲揆依然坐在那里安静地学习。他还特别喜欢动脑筋、提问题。有一次，他和小朋友玩捉迷藏游戏的时候，看到村口有一块特

1964年，李四光在北京延庆县山区察看地质构造情况后做学术报告。

名人档案

- 姓　名　李四光／原名仲揆
- 生卒年　1889～1971年
- 祖　籍　湖北黄冈
- 身　份　著名地质学家

别大的石头。他就产生了这样的疑问："这石头是怎么来的，为什么周围没有这种石头呢？"他想不出答案，就去问老师，老师也给难住了。伙伴们都戏称他为"小科学家"。

小时候的李仲揆不光勤学好问，动手能力也很强。其他的孩子都有许多买来的玩具，而他的玩具从来都是自己做。除了学习，小仲揆最大的乐趣就是自己动手制作各种各样的小玩具，小船、小汽车、小飞机等，应有尽有。每到正月十五，他做的各种花样的灯笼让人眼花缭乱。同龄的孩子喜欢他、佩服他，因为他不仅心灵手巧，而且遇事有主见。

1902年5月，湖北省省城武昌大力兴建各种学堂，有志气的少年纷纷来武昌求学。消息传到黄冈，李仲揆非常高兴，不久便向父母提出了到武昌求学的要求。父亲很支持他，从乡亲那里为他借来路费；母亲怕他在路上冷着，特地将自己当年的嫁衣给他改制了一件棉袍。李仲揆带着父母殷切的希望和一点微薄的路费到武昌参加新生入学考试。

来到水路街的湖北省学务处的报名点，他小心翼翼地从钱夹里拿出1元钱买了张报名单。但是，他在填报名单时，由于太紧张了，误将姓名栏当成了年龄栏写下了"十四"两字。如果再买一张报名单，又要浪费1元钱，他带的路费本来就不多。李仲揆寻思了一下，干脆将错就错，把"十"字再加上几笔改成了"李"字。但"李四"这个名字太不好听了。他左思右想，忽然看见大厅的正中央挂着一块牌匾：光被四表。于是，他提笔在"李四"后面加一个"光"字。从此，李仲揆就改名叫李四光了。

李四光凭着扎实的基础，顺利考入了武昌高等小学堂。由于各门功课都很优秀，他于1904年7月被破格选派到日本公费留学。在日本，李四光接受了革命思想，成为一名进步学生。孙中山领导的同盟会在东京成立时，他积极报名参加。有人问他："你这么小，也要参加革命？"他响亮地回答："革命不分大小，天下兴亡，匹夫有责！"孙中山先生对李四光的志向大加赞赏，说："你年纪这样小就要革命，很好，有志气。"然后，孙中山送给他八个大字："努力向学，蔚为国用。"意思就是，你要努力学习，将来为国家做出贡献。

6年之后，李四光以优异的成绩从大阪高等工业学校造船专业毕业。他踌躇满志地回到祖国，准备干一番事业。然而，当时中国的采矿业极其落后，铁矿石产量太低了，根本无力发展造船业。同时，他寄予厚望的辛亥革命又失败了。在这种情况下，他决定学习采矿业。他觉得学好了采矿专业，回到祖国把铁矿挖出来，就能够发展造船业了。1913年7月，李四光远赴重洋到达英国著名的伯明翰大学，专门攻读采矿专业。但新的问题又摆在他的面前：地质科学跟不上，怎么能够找到矿藏呢？于是，他学完采矿专业后，又读地质专业，并最终在这个领域取得了辉煌的成就。

名言佳句

真理，哪怕只见到一线，我们也不能让它的光辉变得暗淡。

名人逸事

有一年冬天，天气奇冷。黎明时分，一个小偷摸进私塾里，想把同学盖在被子上的棉衣偷走，不料被同学捉个正着。大家都很气愤，于是你一拳我一脚地把小偷狠揍了一顿，最后还把他吊起来。只有李四光没有动手，过了一会儿，他不声不响地拿来一条板凳，垫在小偷脚下，说："以后再不要做坏事了，不然挨这么多打，可怎么受得了呢？"

中国近代气象事业的奠基人——竺可桢

名人简介

竺可桢，字藕舫，气象学家、地理学家，中国近代气象事业主要奠基人。他1910年赴美，1918年获博士学位后回国，先后创立了我国大学中的第一个地学系和中央研究院气象研究所，开辟了旧中国的气象事业。1949年以后，他出任中国科学院副院长，参与领导了全国的科学研究工作，开辟了自然资源综合考察事业。

名人档案	
姓　名	竺可桢／字藕舫
生卒年	1890～1974年
祖　籍	浙江绍兴
身　份	著名气象学家

竺可桢出生在浙江绍兴东关镇的一个粮商家庭。他小时候天资不错，勤奋好学，2岁就能认字，4岁时能认2000个字。6岁那年，父亲请章镜臣先生做他的私塾老师。章先生学问极高，而且以严厉著称。但他从没有对竺可桢发过火，因为小可桢对自己的要求比老师的要求还要高，总是主动完成更多的功课。他练习写作文时，往往是写了一遍，觉得不够好又重写一遍，直到自己满意了才停笔。

小可桢学习太用功了，读起书来就忘记时间。母亲怕他累坏了身子，经常用陪学的办法使他早点休息。一天晚上，当他准备上床睡觉时，外面院子里的大公鸡已经开始"喔、喔"地叫了。天快亮了，他不想让母亲一直陪自己，因为母亲白天干活，晚上还得陪自己读书实在太辛苦了。竺可桢便草草地把书桌收拾了一下，和衣睡下。可是，等母亲睡熟了，他又轻轻地爬起来，背诵昨天老师教的国语课文。天长日久，竺可桢积累了愈来愈丰富的知识。上课时，老师提出的问题，他总能对答如流。

1905年，竺可桢从章老先生那里出徒，考入上海的澄衷学堂。当时，父亲的粮栈生意很惨淡，家里的经济异常拮据。他觉得儿子已经长大，也学到一些本领，帮着自己管管账，打理一下生意绰绰有余，于是不打算让他继续读

竺可桢像

书了。他找到竺可桢跟他商量这件事，竺可桢坚决不同意，要求继续上学。父亲没想到儿子态度这么坚决，就生气地说："这个家到底是你说了算，还是我说了算？"竺可桢也不示弱："在家里是你说了算，但我已经长大了，有权在决定

> **名言佳句**
> 提倡科学，不但要晓得科学的方法，而尤贵在乎认清近代科学的目标。近代科学的目标是什么？就是探求真理。

前途命运的问题上做出自己的决定。现在，我们的国家贫穷落后，备受欺凌，只有上学读书，才能学到大本领，让祖国繁荣富强起来……"父亲十二分的不耐烦，说："你不要跟我说这些没用的，我只知道干活，挣钱，吃饭。"见父亲这样说，竺可桢反驳道："记得你以前给我讲水滴石穿的故事，告诉我做事情要持之以恒的道理。现在，学还没有上完就叫我退学的，也是你。"这句话让父亲哑口无言，但还是不松口。后来，在章老先生的劝说下，父亲才勉强同意了竺可桢的请求。

在澄衷学堂期间，竺可桢深知学习机会来之不易，加倍努力学习，每门功课都很优秀。由于过度劳累，他的身体瘦弱不堪，而且经常得病。同班同学胡适讥笑说他顶多活20岁。这虽然是一句玩笑话，但竺可桢把他记在心里。从那以后，他坚持锻炼身体，风雨无阻，从不间断。这样，他的身体一直很健康，为日后从事科学事业创造了良好的条件。

名人逸事

竺可桢的家乡雨水较多，屋檐上总是滴水，落在下面的石板上发出"滴答！滴答！"的悦耳响声。下雨天，出不去，竺可桢就爱站在一旁数那滴答作响的水滴，数着数着，他像发现了奇迹一般，眼睛出神地盯住石板。他心里纳闷：这些原本很光滑的石板上怎么会有一个一个的小水坑呀，而且水滴正好滴在小坑里。再看旁边的几块石板，也都有同样的情况。他赶忙跑去请教父亲。看着儿子惊讶的样子和求知的眼神，父亲的脸上浮现出慈祥的笑容。

他听完了儿子的陈述，耐心地向他解释说："小熊（竺可桢的小名）啊，这就叫作'水滴石穿'呀！"竺可桢迫不及待地打断父亲的话："柔软的水滴怎么能弄穿坚硬的石头呢？"父亲语重心长地说："别看一滴一滴的雨水没有什么棱角，很柔软，但是，天长日久，坚硬的石板就被滴出小坑了。读书、学习，办其他的事情，都是这个道理，只要你能持之以恒，就会有所成就。"竺可桢把这件事深深地记在心里。从此，"水滴石穿"成了他的座右铭。他一直用这句话激励自己，学习成绩也一直名列前茅。

《竺可桢全集》

《竺可桢全集》共计20卷、1300余万字。该书分为两大部分，一是各种文稿和信函，其中包括学术论文、科普文章，以及工作报告、思想自传等；二是日记，即保存长达38年之久的日记。书中的内容全部是按年代顺序排列，未分文章类别。通过这本书，人们不仅可以看到大量科研成果，还可以看到一位满怀科学救国理想、忧国忧民的知识分子形象及其身上鲜明的时代烙印。

资产阶级改良主义思想家——胡适

名人简介

胡适是中国近代著名学者，新文化运动的领导人之一，他以他的作为及著述在中国近代史上产生了巨大的影响。

1891年，胡适出生于安徽绩溪一个官僚地主的家庭里，5岁时父亲去世，由寡母抚育，在家乡读私塾。1904年，胡适离开家乡到上海读书，开始接触到西方科学及文化知识，并受到梁启超学术思想的影响。

名人档案	
姓　名	胡适／初名糜，学名洪骍／字适之
生卒年	1891～1962年
祖　籍	安徽绩溪人
身　份	北京大学校长／台湾"中央研究院"院长

1910年，胡适赴美留学，先在康奈尔大学获学士学位，后转入哥伦比亚大学，师从实用主义哲学大师杜威，笃受其影响而至终生。在美期间，他深入研究过美国的政治、社会经济等各个方面，形成了民主、自由、科学、人道为核心的民主主义世界观。

胡适学成归国后，被聘为北京大学教授。1917年，参与《新青年》的编辑工作，提倡白话文和"文学改良"，随后发表了《文学改良刍议》一书，极大地冲击了中国传统的文学观念。次年，他提出"人的文学"及写实主义的主张，1920年发表了第一部白话诗集《尝试集》，接着出版了《红楼梦考证》。这两部作品在中国文学史都有开创意义，对中国近代文学影响深远。

五四运动爆发后，胡适提出改良主义的政治观，反对广泛传播的马克思主义，他主张"多研究些问题，少谈些主义"。随后，他的思想倾向国民党，1929年，他提出"全盘西化"的政治主张，主张建立民主政府。建立资产阶级的民主政治，是胡适毕生的政治追求。

在学术研究上，胡适主张用实用主义方法整理和评价中国古代文化，并把这一思想概括为"大胆假设，小心求证"。他将现代文化意识和现代哲学、文学、史学观念引入哲学、文学、历史、宗教研究领域，写出中国第一部哲学史、第一部白话文学史、第一部禅宗史以及大量的古典小说考证文章，尤其是他的《红楼梦》研究更开一代"新红学"之风。他对传统文化的整理和重构在中国近现代的文化史、学术史上，有着承前启后、继往开来的意义，并使他毫不逊色地成为中国现代学术史、中国现代文学史上的奠基人之一。

抗日战争爆发后，胡适出任国民党政府驻美大使，奔走于欧美诸国，为争取各国对中国的支持不遗余力。1946年，胡适出任北京大学校长。1949年，他赴美定居。1958年任台湾"中央研究院"院长，直到1962年去世。

胡适旧学邃密，深染孔孟之道，新知深沉，西学造诣济深，堪称学贯中西的

名言佳句

大胆假设，小心求证。

高谈主义，不研究问题的人，只是畏难求易，只是懒。

一位学人。他一生著述宏富，主要作品有《中国哲学史大纲》《胡适文存》等。

名人逸事

据胡适先生考证，麻将是由明代一种叫"马吊"的纸牌演变而来的。当时，士大夫成天忙于打马吊，把政事都荒废了。明朝灭亡以后，清朝人吴伟业写的《绥寇纪略》当中，就把明朝灭亡的原因归结于马吊。

胡适指出，从前的革新家说中国有三害：鸦片、八股和小脚，其实中国还有第四害，这就是麻将。据资料显示，当时全国每天至少有 100 万张麻将桌，如果每桌只打 8 圈的话，每圈按照半个小时来计算，这就要消耗 400 万小时，相当于损失了 16.7 万天的光阴。金钱的输赢，精力的消磨，都还不算。对此，胡适曾经痛心疾首地说："我们走遍世界，可曾看到哪一个长进的民族、文明的国家肯这样荒时废业的！"

杰出的诗人、作家、历史学家——郭沫若

名人简介

郭沫若，原名郭开贞。他早年与成仿吾、郁达夫、张资平等人成立创造社，并于 1922 年 3 月创办《创造季刊》。出版的诗集有《女神》《瓶》《前茅》《凤凰》等，历史剧有《棠棣之花》《屈原》《虎符》《蔡文姬》《武则天》等。新中国成立后，他历任国务院副总理兼文化教育委员会主任、中国科学院院长，全国文联一、二、三届主席，第一至第五届全国人大常务委员会副委员长等职。

郭沫若出生在四川乐山。他的父亲郭朝沛特别擅长理财，郭家在当时是远近闻名的大财主。他们家的

郭沫若像

后园里有一座家塾"绥山山馆"，郭家的孩子们都在那里接受启蒙教育。郭沫若 5 岁的时候，父亲便带他去拜师：先是点燃一对大红的蜡烛，烧三炷香，然后是父亲按住他，在孔子的牌位前磕几个响头。他还在莫名其妙地东张西望呢，就已经完成了当地人称为"穿牛鼻"的拜师仪式。

家塾中总共有 10 多个孩子，数郭沫若最聪明，也数他最顽皮。刚上学，觉得新鲜，他主动去书房，可是不到 4 天就逃起学来。郭家家教严，逃学肯定是不行的，他在小伙伴们一片"逃学狗，逃学狗"的讥笑声中，被父亲呵斥着重新回到书房。没过多久，他又在书房里变着法儿捣乱。私塾先生见了，嘴里说着"不

名人档案
- 姓　　名　郭沫若／原名郭开贞
- 生 卒 年　1892～1978年
- 祖　　籍　四川乐山
- 身　　份　著名作家／社会活动家

打不成人，打到做官人"，手里的板子就落到郭沫若的头上。不一会儿，他的头上便浮出许多包。他回家向母亲哭诉，母亲心疼得不得了，一边用手轻轻地抚摩着伤处，一边教育他要听老师的话，好好学习。

在严师与慈母的教育下，郭沫若很快对读书产生了兴趣。他发蒙时读《三字经》，之后读四书五经，还有唐诗、宋词和古文。《唐诗三百首》《千家诗》等，他都熟读成诵，尽管其中有的篇章他不理解，但这为他的旧学打下了牢固的基础。郭沫若脑子好使，一点就透，常常受到私塾先生的夸奖。

他白天读经，晚上诵诗，隔几天还要上一次诗课，内容是对对子或者是学作试帖诗。那些绝句呀、律诗呀，韵脚限制得非常死，开始，郭沫若一见到这些就觉得头昏脑涨。久而久之，反而不再对它们那么反感了。9岁时，郭沫若开始学着作五言、七言诗，并且很快喜欢上了王维、孟浩然、李白、柳宗元，却不喜欢杜甫，"更有点痛恨韩退之"。10多岁的时候，他开始读一些现代书刊，再读那些深奥的古书也觉得比以前更有条理了。

郭沫若13岁考入乐山县高等小学，后来赴日本留学。当时的日本正在走向极端反动，而郭沫若又是一位革命者。他到日本时间不长就被捕了，后来虽然获得释放，但一直受到军警的监视，心理压力非常大。同时，他在经济上也很困难，主要靠发表文章获得微薄的稿费为生，有的时候穷得连纸和笔都买不起。就是这样穷困，他也没有选择沉沦。他怀着对祖国要有所贡献的赤子之心，把大部分精力都倾注到历史和古文字的研究中。

他在甲骨文、金文的研究中取得巨大成果，并推动了整个学科的发展。他运用历史唯物主义观点研究中国古代历史和古文字学，著有《中国古代社会研究》《甲骨文字研究》等著作，成绩卓著，开辟了史学研究的新天地。此外他还著有剧作《棠棣之花》《屈原》等，也是现代文学史上的名作。

名人逸事

有一次，郭沫若与小伙伴们在一座寺庙附近玩耍，忽然见寺内桃树伸出墙外的枝头上挂满了又红又大的桃子，就想摘几个吃。他们从墙角的狗洞爬进去，到树上捡最好的摘了几个。这时，老和尚远远地赶了过来，但哪里追得上这群孩子，于是到私塾先生那里告了一状。第二天，先生怒气冲冲地追问是谁偷吃了桃子。孩子们面面相觑，不敢吱声。先生说："我出一副对联，你们谁能对上下联，就免罚。否则，挨个打板子。"先生的上联旨在挖苦偷桃的孩子，说："昨日偷桃钻狗洞，不知是谁？"孩子们纷纷把目光转向郭沫若，因为平时数他最聪明。他也不含糊，开口答道："他年攀桂步蟾宫，必定是我！"古人用"攀桂"和"步蟾宫"比喻考中状元，形容大有作为。郭沫若的下联诙谐地回答了先生："昨日偷桃吃的是我，将来有所作为的也是我。"

先生为郭沫若的聪明机灵由衷地感到高兴，但脸上丝毫没有表现出来。他沉着脸训斥道："为人做事，光有远大的志向还不够，还得有高尚的品质。做人要光明磊落，诚实不欺，知错就改。人只有不断上进，求取新的知识，同时保持谦虚的品格，才能有长足的进步。你明白吗？"郭沫若响亮地答道："谢谢先生的教诲，我记住了！"从此以后，郭沫若学习上更用心了。

中国著名教育家——叶圣陶

名人简介

叶圣陶，名绍钧，字圣陶，江苏苏州人，著名作家、教育家。1907年考入草桥中学，毕业后在一个初等小学当教员。1921年与沈雁冰、郑振铎等人发起组织"文学研究会"。曾与夏丏尊合作出版了《阅读与写作》《文心》《文章讲话》等。解放后，历任出版总署副署长、人民教育出版社社长、教育部副部长等职。他大力提倡白话文，是我国语文教材改革的先行者，主持编写了新中国第一套通用教材——全国中学、师范学校语文课本。

名人档案

姓　名	叶绍钧/字圣陶
生卒年	1894~1988年
祖　籍	江苏苏州
身　份	教育家/文学家

1894年10月28日，叶圣陶出生在江苏苏州悬桥巷。其父在地主家做账房，家境清苦，是年47岁，可谓老来得子。叶圣陶3岁开始描红识字，6岁时认字3000，入私塾，由一位黄姓老师发蒙。先读《三字经》《千字文》，续接四书五经。这些都要熟读背诵，并不断温习旧书，称作"理书"。他天生聪颖且勤奋，从未受到过先生戒尺的惩罚。

八九岁时，叶圣陶开笔，首篇作文题目是《登高自卑说》，80余字，得双圈嘉奖。1905年，叶圣陶参加了贡院考试，未中。是年，科举制度寿终正寝，他的秀才梦破灭了。1906年，13岁的叶圣陶进入苏州城第一所公立小学堂读书。

读小学堂时，叶圣陶发现了课外自读的乐趣。据他后来回忆说："我对于文艺发生兴趣，现在回想起来，应该追溯到十二三岁的时候，在家里发现了一部《唐诗三百首》和一部《白香山词谱》。拿到手中，就自己翻看；对于《三百首》中的乐府和绝句，《词谱》中的小令和中调，特别觉得新鲜有味……"

叶圣陶学习非常刻苦，小学只读了一年，他便跳级考入苏州公立中学（即草桥中学）。1912年1月28日，青年叶圣陶从读了5年书的苏州草桥中学毕业了，那时他18岁。毕业了，却无法接着上学，家贫父老，他必须立刻谋职挣钱以解决全家温饱问题。于是，叶圣陶到苏州的一所小学教二年级，月薪20个银圆。但是他的教绩却不怎么样，这让他痛苦万分，竟至"视彼制鞋人（鞋匠），羡之不已，效之无才，复自叹耳"的地步。后来，叶圣陶被排挤出校门，失业一年。

失业期间，叶圣陶从未灰心，而是继续刻苦攻读，同时进行一些文学创作。后经老同学郭邵虞介绍，他到上海尚公学校（小学）教书，课余兼职，为商务印

《稻草人》

叶圣陶是中国现代童话创作的拓荒者，1923年出版的《稻草人》是新中国第一本为儿童而写的童话集。童话集《稻草人》展现了劳动人民的苦难，但有时气氛显得低沉和悲哀，稍后的童话集《古代英雄的石像》着重表现人民群众团结抗暴的集体力量。叶圣陶的童话构思新颖独特，描写细腻逼真，富于现实内容。鲁迅说，叶圣陶的"《稻草人》是给中国的童话开了一条自己创作的路的"。

书馆编辑小学语文课本，这是1915年秋天的事情。

1917年春天，叶圣陶应邀去苏州第五高等小学任教，那里四面环水，在苏州东南三十六里处的甪直镇，简称"甪直五高"。他在这里工作了四年多。

在甪直的四年多，是叶圣陶教育活动的关键时期。他和吴宾、王伯祥等人一起，对学校进行了深刻的变革。他们自己编印各种新教材，创办农场、书店、博览室，建筑礼堂、戏台、音乐室，举行师生同乐会、恳亲会，指导学生排练戏剧，组织学生远足，创造了一个充满时代气息和生活情趣的学校环境。同时，叶圣陶先生时刻关注窗外的世界，积极参加各种社会活动。他和朋友们一起成立了甪直镇教育会，研究社区的教育改革问题，他参加了北京大学学生组织的新潮社，他与郑振铎、茅盾等人组织发起了文学研究会。在这个时期，叶圣陶发表了一系列关于小学教育的文章，如《今日中国的小学教育》《对于小学作文教授之意见》《小学教育的改造》等。

一个"见诸学生如见鬼魔"的教绩极差的人，经过自己的努力，凭借着丰富的教育实践经验和教育理论知识，终身投入到中国的教育事业当中。

教书之余，叶圣陶还从事一些文学创作。在甪直期间，他一共写了二十几篇小说，如《春游》《苦菜》《隔膜》《阿凤》等，还编辑了我国第一个新诗刊物《诗》。甪直给予了他极其丰富的生活滋养。他离开甪直后写的不少小说，也都是以甪直作为背景，或以甪直的人物作为原型的。他的成名作、长篇小说《倪焕之》，不仅人物、情节不少出自甪直，就是书中写到了"高高挺立的银杏树"，据说也是甪直五高校园里的那棵银杏树。《多收了三五斗》中的万盛米行也是以甪直镇上的万盛米行为其原型的。可见甪直对叶圣陶小说的影响之深。

叶圣陶从小就养成了勤奋刻苦、面对困难不低头的良好习惯，并在长期的生活实践中得出了养成习惯贵在躬行实践的结论。叶圣陶非常强调在习惯养成中的身体力行。他认为，要养成某种好习惯，要随时随地加以注意，躬行实践，才能收到相当的效果。

叶圣陶指出，教育的目的也是培养习惯，增强能力。"我们在学校里受教育，目的在养成习惯，增强能力。我们离开了学校，仍然要从多方面受教育，并且要自我教育，其目的还是在养成习惯，增强能力。习惯越自然越好，能力越增强越好。"叶圣陶认为，良好的习惯对人生的影响是十分巨大的，并用日常生活中的某些习惯的养成来说明不养成什么习惯的害处。他说："坐要端正，站要挺直，每天要洗脸漱口，每事要有头有尾，这些都是一个人的起码习惯。有了这些习惯，身体和精神就能保持起码的健康，但这些习惯不是短时间内就形成的，要逐渐养成。在没有养成的时候，多少需要一些强制功夫，自己得随时警觉，直到'习惯成自然'，就成为终身受用的习惯。可是如果在先没有强制与警觉，今天东、明天西，今儿这样，明儿又那样，就可能什么习惯也养不成。久而久之，这就成为一种习惯，牢牢地在身上生了根。这就是不养成什么习惯的习惯，最要不得。"

叶圣陶是个寡言的人。大家聚谈的时候，他总是坐在旁边听着。和别人单独相处的时候，自然多少要说些话，但他是从来不参与辩论的。一旦他觉得辩论要开始了，往往微笑着说："这个弄不大清楚了。"他还是个极平易的人，轻易看不见他的怒色。而他的这种平易是出于天性的，并非阅历世故、矫揉造作而成。

从1921年起，叶圣陶先后到上海、杭州、北京等地中学和大学任教。1923年起从事编辑出版工作，曾任商务印书馆、开明书店编辑，主编过《文学周报》《小说月报》《中学生》等多种重要刊物，发现、培养和举荐过巴金、丁玲、戴望舒等作家。他还出版不少诗集、评论集和论著，编辑过几十种中小学语文教科书。

经过自己的不懈努力，叶圣陶终于成为中国著名的作家、教育家。

著名的京剧大师——梅兰芳

名人简介

梅兰芳名澜，字畹华，出生于北京，是我国著名的京剧表演艺术家。他出身于京剧世家，11岁开始登台，14岁时搭入喜连成科班。1913年，梅兰芳首次赴上海演出，崭露头角。他一面学习传统，一面努力革新，创立了京剧旦行的表演艺术流派——梅派。他与程砚秋、尚小云、荀慧生并称"四大名旦"，他居"四大名旦"之首。新中国成立后，他曾率中国访日京剧代表团赴日演出。他的传人主要有李世芳、梅葆玖等人。

梅兰芳小时候学习非常刻苦，眼睛有轻度的近视，眼珠转动也不是很灵活，有时候还迎风流泪。但是，运用眼神顾盼传情是戏曲演员表情达意的重要手段。因此，梅兰芳经常为自己演出时眼神不好而忧心忡忡。

后来，他听友人说养鸽子有利于锻炼身心，就试着养了几对。从此，每天清早，他就起床去给它们喂食，然后放飞。鸽子愈飞愈高，愈飞愈远，梅兰芳就站在鸽棚旁，眼睛随着鸽子的飞动而转动，尽力追踪愈飞愈远的鸽群，直至鸽子消失在天际。几个月下来，梅兰芳的视力大有长进，不知不觉地眼珠转起来也更灵活了，近视的毛病也没有了。梅兰芳从此以后更加喜欢养鸽子了，他的鸽子由开始的数对渐渐增加到300余只。

此照为梅兰芳在《御碑亭》中饰孟月华的扮相。

名人档案
- 姓　名　名澜／字畹华
- 生卒年　1894～1961年
- 祖　籍　江苏泰州
- 身　份　京剧表演艺术家

除了养鸽子，梅兰芳还养花，他主要养牵牛花。牵牛花色彩鲜艳，千变万化，叫人目不暇接。一天，他在欣赏牵牛花时，猛然联想到自己在演出时头上戴的翠花、身上穿的行头。因为它们要搭配颜色，这向来是个相当繁杂的课题，而牵牛花千变万化的色彩告诉梅兰芳，哪几种颜色配合起来鲜艳夺目，哪几种颜色配合起来素雅大方，哪几种颜色不能搭配。

从此，梅兰芳迷上了种牵牛花。他不仅在住宅庭院里栽种，精心养护，还读了许多关于牵牛花的书籍。他家院子里的牵牛花越来越多，他演出时头上戴的翠花、身上穿的行头的色彩也越来越多，搭配得也更为得体。观众们所见到的梅兰芳饰演的角色也更加绚丽多姿。

在努力提高舞台表演技巧的同时，梅兰芳还十分注意提高自己的艺术修养。因此，他特意学习绘画，还对同行们说："从事戏曲表演的人要学习绘画，这样能够提高自己的艺术修养，改变自己的气质。我们应从画中吸取养料，把它运用到表演中去。"为了学好绘画，梅兰芳拜著名画家齐白石、丰子恺、陈师曾、吴昌硕、刘海粟等人为师，并且非常尊重他们。

有一次，友人宴请宾客。在场的宾客多为达官显贵，只有齐白石一个人衣着俭朴，显得有些寒酸，因此被众人冷落。不一会儿，主人满面春风地携着梅兰芳走进客厅。满座宾客一见梅先生，都争先恐后地与他握手。梅兰芳正在与众人寒暄之际，突然瞥见齐白石孤零零地坐在角落里，立即挤出人群向他走去，恭敬地叫了一声："老师！"之后便与齐白石攀谈了起来。这使在座者大受感动，人们无不钦佩梅兰芳高尚的德行。齐白石特地画了一幅《雪中送炭图》赠给梅兰芳。还有一次，梅兰芳在一个堂会上演出，发现身着布衣粗服的齐白石坐在后排，就亲自把他搀到前排。众人不理解，梅兰芳大声地解释说："这是名画家齐白石先生，我的老师！"

梅兰芳为了提高自己的表演水平，想尽一切办法。最初，他对自己表现女人吃惊时的情态很不满意，尽管多次揣摩，反复试验，还是不能将其恰如其分地表现出来。

一天，他回到家中，看到妻子正在认真地整理衣服。他灵机一动，顺手抄起身旁的兰花瓷盆，狠狠地摔在地上。"咣当"一声巨响，妻子被吓得惊叫一声："哎呀！"情急之下竟将手中的衣服掷出老远，半晌没说出话来。梅兰芳在那一瞬间准确地捕捉了妻子的神情和动作。

名言佳句

思想懒惰或骄傲自满，不肯多方面去思考，不肯多方面去接触，如同自己掩盖自己的眼睛一样，掩着眼睛练是不会开窍的。

之后，他据此反复琢磨、练习，将女人受到惊吓时的那种张皇失措的神态，巧妙融进有关的戏曲表演中，将剧中人物刻画得更加活灵活现。

> **蓄须明志**
>
> 1937年卢沟桥事变之后，中日战争全面爆发，梅兰芳做出了不到战争结束决不再登台演出的决定。不久，梅兰芳留起小胡子出现在大众面前。直到抗战胜利那一天，他一直没刮掉小胡子。不演戏致使梅兰芳家里的经济状况异常拮据。另外，他除了要照顾自己一家人之外，还要维持整个剧团30多人的生活。为此，他不得不把北京的住宅卖掉。在这种情况下，许多戏院的老板找他说，只要他剃掉胡子，登台演出，立即以百金相送，但梅先生不为所动。

梅兰芳对自己的表演技艺要求精益求精，经常说："说我不好的人，才是我的老师。"有一次，他刚演完自己的拿手好戏《杀惜》，却发现后排的一位老先生连连摇头。散场以后，他找到老人，恭敬地说："说我不好的人，才是我的老师。先生必有高明的见解，请赐教。"这位老先生见梅兰芳如此诚恳，便说："剧中人阎惜姣上楼与下楼的台步按规矩都是七上八下，你为何演成八上八下？"梅兰芳恍然大悟，深感自己的疏忽，连声称谢。

后来，梅兰芳每到该地演出，必然请这位老先生前排就座，看戏指教。梅兰芳总是能够虚心接受他的意见和建议。经过长时间的虚心求教、刻苦磨炼，梅兰芳的演技达到炉火纯青的地步。

现代著名画家——徐悲鸿

名人简介

徐悲鸿，著名画家。他从小随父学画，20岁时到上海卖画。1918年，他担任北京大学画法研究会导师，翌年赴巴黎留学，后转到柏林、比利时研习素描和油画。1927年回国以后，徐悲鸿先后任北平艺术学院院长、南京中央大学艺术系主任。新中国成立后，他任中央美术学院院长、全国美术工作者协会主席，直至病逝。

名人档案
- 姓　名　徐悲鸿
- 生卒年　1895～1953年
- 祖　籍　江苏宜兴
- 身　份　著名画家

徐悲鸿出生在丹青世家。父亲徐达章是一名小有名气的民间画师，经常以授徒和鬻字卖画贴补家用，家里到处悬挂着他的字画。儿时的徐悲鸿耳濡目染，逐渐对书画产生了浓厚的兴趣，但学画的请求却遭到了父亲的拒绝。两年后，9岁的徐悲鸿才如愿以偿，跟父亲学习绘画。

父亲对他要求非常严格，让他每天下午临摹一幅吴友如的人物画，并学着设色。从此，徐悲鸿与书画结下了不解之缘。当时，民间画匠地位很低，收入十分微薄，但他乐在其中。正当徐悲鸿陶醉于绘画艺术中的时候，灾难和不幸接二连三地向他袭来。1908年，徐悲鸿的家乡暴雨成灾。年仅13岁的徐悲鸿与父亲沦为流民，父子二人不得不到邻近的县镇鬻字卖画，维持生计。不久，徐达章又身染重病，徐悲鸿搀扶着全身浮肿的父亲回到家乡。

时间不长，父亲病逝，家里竟连安葬费都凑不齐。无奈之下，徐悲鸿含泪向亲

群奔　徐悲鸿
徐悲鸿生平酷爱画马，他把奔腾不息、激昂飞扬的民族精神都融入到了画中。

戚朋友借钱。可是，眼看着徐家陷入了绝境，原来的亲朋故旧竟然都不管不问。后来，还是热心的陶留芬先生送来了一些钱，并且亲自帮助他安排了丧事。父亲去世后，徐悲鸿成了家里的顶梁柱，19岁的他过早地体会到人生的艰辛和世事的无常。

　　为了养家糊口，他决定到上海去谋求出路。当时，他的同乡徐子明先生任教于上海的中国公学。徐先生很欣赏徐悲鸿的才干，把他推荐给复旦大学校长。开始，校长答应为他安排一个工作，但见到一脸孩子相的徐悲鸿时，就犯了嘀咕。他私下里对徐子明说："这个人分明还是个孩子，怎么能工作呢？"几天之后，徐子明到北京大学教书，徐悲鸿工作的事也就没有了回音。天气愈来愈冷，徐悲鸿仅有的一点路费很快就用光了。因交不起房钱，他被旅馆老板赶出了大门。他在极度失望中回到了家乡。

　　然而在贫穷的农村，他的画更是无人问津。思来想去，他还是决定去上海寻找出路。1915年夏，徐悲鸿怀揣徐子明的介绍信前往商务印书馆，求见《小说月报》的主编恽铁樵。恽铁樵看了他的几幅作品和徐子明的介绍信之后很满意，答应让他为小学教科书画插图。第二天，当他兴冲冲地来到商务印书馆上班时，却被告知国文部的另一个主管认为他的画不合格。刚刚燃起的希望之火又被无情地浇灭了，徐悲鸿有些绝望。他跌跌跄跄地跑出大门，一直跑到黄浦江边，看着滚滚东去的江水，真想纵身一跃，一了百了。

　　正在彷徨之际，突然有人拉住了他的胳膊。这人就是商务印书馆里的小职员黄警顽，徐悲鸿离开商务印书馆时绝望的样子使善良的黄警顽放心不下。他尾随徐悲鸿来到黄浦江边，见他要寻短见，赶忙制止了他。黄警顽将他带回自己的住处，徐悲鸿暂时有了栖身之所。

名言佳句
人不可有傲气，但不可无傲骨。

终于有一天，黄警顽帮他找到一份工作，是为中华图书馆出版的一套体育教材《谭腿图说》配图。徐悲鸿欣喜若狂，几天工夫就把100多幅图全部画好。不久，他得到一生中卖画的第一笔收入——30元稿酬。生活上出现转机，徐悲鸿变得开朗起来。在黄警顽的引荐下，他携带作品拜访了著名油画家周湘，并得到周先生的赏识。周先生让他欣赏了自己收藏的书画作品，这令徐悲鸿眼界开阔了许多。

后来，徐悲鸿获得了公费留法学习的机会，并于1919年开始了自己的欧洲游学生涯。在欧洲，他一待就是8年。其间，他参观临摹了许多名画，遍访名师，学习绘画技艺。当他回国时，画艺已有了长足的进步。

1939年，徐悲鸿应邀至印度举行画展，并游历了喜马拉雅山的大吉岭。他在那里看到了许多罕见的高头、宽胸、长腿、皮毛光亮的骏马，并且经常骑着这样的骏马远游。他逐渐熟悉了马剽悍、勇猛、驯良、耐劳、忠实的性格，掌握了马最美的神态。徐悲鸿大量写生，逐渐画出了马的气质和活力，进而塑造出千姿百态的奔马，并达到了"尽妙"的境界。

爱书如命的一代文学大家——朱自清

名人简介

朱自清，原名自华，字佩弦，散文家，学者。他1917年入北大哲学系学习。1920年，他在江浙一带的中学任教。1925年起，他历任清华大学中文系教授、系主任，期间赴英国留学，并漫游欧洲数国。自20世纪20年代起，他致力于散文创作，著有诗歌散文集《踪迹》和散文集《背影》《欧游杂记》等。抗战胜利后，朱自清积极参与爱国民主运动，虽身患重病，仍然拒绝领取美援面粉，最后死于贫病。

朱自清出生在江苏的一个诗书人家。他从父亲那里接受了良好的启蒙教育，养成了良好的学习习惯。很小的时候，朱自清就酷爱读书，四五岁时就能有声有色地背诵唐诗、宋词。

朱自清像

转眼间，朱自清上中学了，并且越来越喜欢读书。当时，家里每月给他一些零花钱，让他买些零食什么的。但是，他从来没用这点钱买过零食，都是攒起来买书。离学校不远有一家广益书局，他是那里的常客。

久而久之，书店的老板都认识这个清瘦的小伙子了。这一天，他又走进了广益书局。书架上一部浅灰色的《佛学易解》引起了他的注意，他取下来看了几页就被吸引住了。一个小时过去了，他仍然呆呆地站在那里看那本书。"怎么样，想买吗？"店老板走过来不紧不慢地说。朱自清猛地清醒过来，干脆地回答道："想！"但转而他又犯难了，老板早看出了他的心思，说："先拿去看，有钱再付。"朱自清说了声"谢谢"兴冲冲地携书出了店门。回去之后，他如饥似渴地读这部书，从此对哲学产生了浓厚的兴趣。

名人档案	
姓　名	朱自清
生卒年	1898～1948年
祖　籍	浙江绍兴
身　份	著名作家

后来，朱自清考入北京大学读书，选择的专业就是哲学。不久，他又喜欢上了佛学方面的书籍。当时，在西郊卧佛寺、鹫峰寺一带，佛经类的书比较多。他曾到寺内买过《百法明门论疏》《因明入正理论疏》《翻译名义集》等。那是一个深秋的下午，街上就朱自清一人，挟着这些书，行色匆匆地走着。他后来回忆这件事时说："这股傻劲颇有意思。"

1920年，是朱自清在北京大学读书的最后一年。一天，他到琉璃厂一带逛书店。华洋书庄内一部新版《韦伯斯特大字典》让他流连忘返，他仔细看了一眼定价——14元。按理说，对于这部大辞典来说，这个价格根本不算贵，但对于一个正在念书的学生来说却不是个小数目。自己手头没这么多钱，但他又不忍心丢开这本好书，前思后想，一定得把它买下来。

当时，朱自清只有一件大氅还值点钱。这件大氅是父亲在朱自清结婚时特地为他做的，质量不错。不过，这件大氅是布面，样式有些土气，领子又是用两副"马蹄袖"拼起来的，但毕竟质地好。而且在制作的时候，父亲很是费了些心思，东西非常实惠。由于实在舍不得那本"大字典"，朱自清就安慰自己说："先把大氅当了吧，将来肯定能赎回来。"踌躇了许久，他还是将它拿到了当铺。

当铺离学校后门不远，一会儿就到。朱自清兴冲冲地跑到那里，把那件大氅抛给里边的伙计。人家问他要当多少钱，以为他要一个高价。没想到，他仅仅要14元钱。一件大氅当然不止这个价，当铺柜上的伙计一点不为难，即刻就付了款。在朱自清看来，当来的钱能买书就行，其他的根本就没想那么多。拿上钱，朱自清马上回到华洋书庄，把那本《韦伯斯特大字典》买回来。但是，那件饱含父爱的大氅却始终没能赎回来。

大学毕业后，朱自清回到南方教书。那里天气暖和，大氅的事也就淡忘了。后来，他被聘为清华大学中文系教授。北方的冬天很冷，朱自清才又想起了那件大氅，却没有力量缝制一件像样的棉袍。他决定到街上去买一件马夫穿的毡披风。这种披风有两种，一种式样较好且细毛柔软，很贵；一种质地比较粗糙，便宜些。

《踪迹》

《踪迹》是朱自清的诗与散文合集，第一辑是新诗，第二辑是散文，包括《匆匆》《歌声》《桨声灯影里的秦淮河》《温州的踪迹》等著名篇章。其中《温州的踪迹》又包括4篇散文，前3篇文章着重写景状物，其意境清幽、自然，最负盛名的是《绿》。文中，作者以饱蘸深情的笔触将梅雨潭的"绿"写得生机勃勃，极富诗意，勾起读者的无限神往。最后一篇《生命的价格——七毛钱》，描写了被贩卖女孩的悲惨命运，令人黯然神伤。

朱自清买不起贵的，便买了后一种。这件毡披风显得过于寒碜，成为大家戏谑的对象，也成了教授生活清贫的标志，后来竟多次出现在朋友回忆朱自清的文章中。

朱自清对这件披风却情有独钟，因为它白天为朱自清进城上课遮挡风寒，晚间又被铺在床上当褥子。这时，再想起那件不能赎回的大氅，更能让人感到朱自清对于书的痴迷。正是这种痴迷才造就了一代文学大家。

中国现代著名数学家——华罗庚

名人简介

华罗庚，中国现代著名数学家。他初中毕业后，在家刻苦自学，后到清华大学工作，开始了数论的研究。20世纪三四十年代，他多次应邀赴英国、美国、苏联等国家讲学。新中国成立后，华罗庚从美国回到祖国，任清华大学教授等职。他在解析数论、矩阵几何学、多复变函数论等数学领域中都做出卓越的贡献。他还身体力行，到20多个省市普及应用数学方法，为经济建设贡献自己的力量。

名人档案
- 姓　名　华罗庚
- 生卒年　1910～1985年
- 祖　籍　江苏金坛
- 身　份　著名数学家

华罗庚出生在江苏省金坛市，父亲以开杂货铺为生。他一生下来，父亲就把他装进箩筐，顶上又盖一只箩筐。父亲相信："进箩辟邪，同庚同岁。"不久，他还给儿子起名叫"罗庚"。

华罗庚从小就爱动脑筋，思考问题时非常专心，被同伴们戏称为"罗呆子"。上学期间，华罗庚并不是一个循规蹈矩的孩子。他常常别出心裁，我行我素，有时竟把老师布置的作业乱改一通。老师问他为什么这么做，他说："你出的题目太简单了，不能考查出学生的水平。"老师大为惊讶，说："华罗庚的数学才能已经远远超过其他的同学。"

华罗庚上初中二年级时，教数学课的老师是刚从法国留学归来的王维克。王老师不爱照课本按部就班地讲课，他总是从多个角度对学生进行启发。有一次，他提出个有趣的问题："这里有一个数字，被3整除余数是2，被7整除余数也是2，被5整除余数是3，问这个数字是多少？"过了好半天，也没有一个学生回答。王老师环视全班，见大部分学生都低着头，望着题目发愣，只有华罗庚在纸上紧张地计算着。又过了一会儿，华罗庚举手要求回答，

1974年，数学家华罗庚（左三）下乡推广优选法。

老师默许了，他大声说："是23。"王老师问："你知道韩信点兵的故事吗？"语气中带着几分欣慰和疑惑。

华罗庚说："不知道，我是这样算出来的：一个数字，能够被3和7除，且余数都是2，那么它一定是21加2，所以该数为23。23除以5余数刚好是3，完全符合题目要求。"王老师高兴地说："你说得完全正确。"接着，王老师告诉大家，这是我国古代算学著作《孙子算经》中的一道名题。楚汉之争的时候，刘邦的大将韩信还用这个方法点过兵呢。西方数家称它为"孙子定理"。从此，同学们对华罗庚更是刮目相看。

其实，当时年仅14岁的华罗庚根本没看过什么《孙子算经》，他完全是靠着自己的聪明才智算出来的。王维克觉得华罗庚是个不可多得的数学天才，决心对他进行重点培养，助其早日成才。初中毕业后，华罗庚没有辜负老师的期望，以优异的成绩考入上海中华职业学校，准备进一步研究数学。然而，由于家中过于贫困，他不得不放弃了读书的梦想。

上学的梦破灭了，但他依然顽强地自学，每天读书学习的时间几乎都在10个小时以上。华罗庚学习起来异常专注，经常达到忘我的地步。一次，他在父亲的杂货铺照顾生意。顾客问1只纱锭多少钱，此时的华罗庚正在计算一道代数题，见有人问他话，就随口答道："8499。"顾客瞠目结舌，原来他把代数题的结果告诉了人家。凭着这种异常专注的精神，华罗庚用5年的时间就学完了高中和大学的全部数学课程。

然而，不幸再次向他袭来。1928年，华罗庚染上伤寒病，在新婚妻子的悉心照料下才得以挽回性命，但最终落下左腿残疾，但这没有阻碍他在科学的道路上前进。随着学习的深入，华罗庚开始发现和研究问题，并陆续向《科学》和《学艺》等重要杂志投稿。1929年底，《科学》月刊发表了华罗庚的第一篇数学论文《Sturm氏定理的研究》。名不见经传的华罗庚，通过指出苏家驹教授一篇论文中的错误，引起了国内数学界的关注。

清华大学的熊庆来教授通过《科学》杂志知道了华罗庚的名字。后来，他又通过清华大学的教员唐培经了解到华罗庚的详情。不久，在熊庆来、杨武之教授的举荐下，华罗庚走进了清华园，开始是在数学系做助理员。他负责管理图书、收发文件等杂务。从1931年起，华罗庚在清华大学一边工作一边学习，用一年多的时间学完了数学系的全部课程。

华罗庚不负众望，他自学英、法、德文，先后在国外著名杂志上发表了3篇

华罗庚的职务和获得的荣誉

1950年，华罗庚回国。他历任清华大学教授，中国科学院数学研究所、应用数学研究所所长、名誉所长，中国数学学会理事长、名誉理事长，全国数学竞赛委员会主任，中国科学院物理学数学化学部副主任、副院长，中国科学技术大学数学系主任、副校长，中国科协副主席，国务院学位委员会委员等职。他是第一至六届全国人大常委会常务委员，第六届全国政协副主席。他还获得美国国家科学院国外院士、第三世界科学院院士、联邦德国巴伐利亚科学院院士等荣誉。

论文，由此被破格聘为助教。1936年夏，华罗庚被清华大学保送到英国的剑桥大学进修。两年时间里，他发表了10多篇数学论文，引起国际数学界的普遍关注。经过不懈努力，他终于成为一代著名数学家。

"两弹一星"元勋——钱学森

名人简介

钱学森，杰出物理学家，中国科学院院士、中国工程院院士。他早年留学美国，并任加州理工学院喷气推进中心主任教授。1955年回国，历任中国科学院力学研究所所长、国防部第五研究院院长等职。他是中国航天事业的杰出奠基人之一。1956年，钱学森负责规划、组建国防部第五研究院，并做了许多开创性的工作，为中国航天事业的创建与发展做出了卓越的贡献。他的主要著作有《钱学森文集》等。

钱学森像

1911年，钱学森出生在上海。他3岁时，就有着很强的记忆力，能背诵上百首唐诗和宋词，还能用心算加减乘除等。左邻右舍都说钱家生了个神童，但他的父亲钱均夫不相信有什么神童，而是一如既往地教育钱学森刻苦学习，努力读书，将来做一个有用的人。

5岁时，钱学森已经能读懂《水浒》了。三十六天罡、七十二地煞，每个人的姓名、绰号，他都耳熟能详。钱学森把他们视为心目中的英雄。有一天他问父亲："这108个英雄都是天上的星星变的吗？"父亲抚摸着他的后背说："儿子，他们都是人间的英雄，怎么会是星星变的呢。"钱学森高兴起来，说："英雄如果不是天上的星星变的，那我不是也可以做英雄了吗？"父亲微笑着说："你也能做英雄。但是，必须认真读书，努力学习科学知识才行。"此后，钱均夫时常给儿子讲解"学习知识，贡献社会"的道理。久而久之，这8个字成了钱家的家训，深深地印在了钱学森的脑海中。

上小学低年级的时候，钱学森像其他男孩子一样，最喜欢玩废纸折成的飞镖。小伙伴们用各色纸片折成飞镖，还经常在一起进行比试。每次比试，钱学森的飞镖总不如别人的颜色花哨，但从来都是扔得最远、投得最准的。有的同学不服气，说他的飞镖肯定捣了什么鬼。钱学森让他们自己去看。小伙伴们捡起他的飞镖，煞有介事地仔细研究起来。原来，钱学森折的飞镖有棱有角，特别规整，所以投起来空气阻力较小，

名言佳句

没有千万次错误，就登不上真理的宝座。

投得比较远，而且他的飞镖上下、左右都是对称的，在空中飞行时不发飘，所以投得准。同时，钱学森在投掷时还善于利用有利的风向，难怪每次都数他的飞镖投得最远最准。小小年纪的钱学森居然懂得运用某些空气动力学的常识。同学为此惊叹不已，老师也挑

> **名人档案**
> ■ 姓　名　钱学森
> ■ 出生年　1911～2009年
> ■ 祖　籍　浙江杭州
> ■ 身　份　杰出物理学家／中国航天事业奠基人之一

起了大拇指。钱学森在玩耍方面超过其他同学，学习上更是当仁不让。

1923年9月，钱学森升入北京师范大学附属中学。当时的北师大附中学习环境特别好，堪称一方"培养天才的沃土"。钱学森在这里受到良好的教育。中学毕业后，他为了实现科学救国的理想毫不犹豫地选择了工科。他在上海交通大学读了4年工程机械专业，后来考取了清华大学留美预备班。

1935年，钱学森漂洋过海来到美国。他先在麻省理工学院航空工程系学习，一年后获得硕士学位。第二年，他又转入加州理工学院航空与数学系学习。留学期间，贫弱的祖国常常是外国同学耻笑的对象，钱学森心里很不是滋味。有一次，同寝室的一位美国学生闲得无聊，又在那里嘲笑中国人抽大烟、裹小脚等愚昧无知的行为。坐在旁边读书的钱学森再也按捺不住了，他忽地站起，对正在哄笑的美国同学说："中国作为一个国家，现在是比美国落后；但作为个人，你们敢不敢与我比谁的成绩好？"

美国学生一个个像泄了气的皮球，不敢作声。他们不会忘记，上一次期末考试，全班同学都抱怨试题难，大部分人没考及格，须要补考，准备找老师理论。教授却在办公室门口贴出钱学森的那张没有任何错误、圈改和涂抹痕迹，工整清洁的试卷。他们也不会忘记，课堂上，没有一个人能解答那道极为复杂的动力学题目时，钱学森轻松给出了答案。

为国争光，成为钱学森刻苦学习、努力奋斗的不竭动力。获得航空、数学博士学位之后，钱学森在老师、世界力学大师冯·卡门的指导下，投身于高速飞机的气动力学、火箭、导弹等方面的研究。其间，他参与了大量工程实践，最终与同事设计、研制出第一代能够用于实战的导弹，从而为世界航空工业奠定了坚实的理论基础。

不久，钱学森声名鹊起，成为世界著名的科学家。

● **钱学森获得的主要荣誉** ●

钱学森一生有着杰出的成就，获得了众多荣誉。1957年，他获得中国科学院自然科学一等奖，1979年获得美国加州理工学院杰出校友奖，1985年获得国家科技进步特等奖，1989年获得"小罗克韦尔奖章"和"世界级科技与工程名人奖"，以及国际理工研究所名誉成员的称号。1991年10月，国务院、中央军委授予钱学森"国家杰出贡献科学家"荣誉称号和一级英雄模范奖章。1999年，中共中央、国务院、中央军委又授予他"两弹一星功勋奖章"。

乐坛"拼命三郎"——聂耳

名人简介

聂耳，著名音乐家，原籍云南玉溪。他少年时学习演奏笛子、二胡等乐器。1931年，他进入明月歌舞剧社，任小提琴手，同时开始自修和声学、作曲法等作曲理论。1932年后，他在北平、上海等地参加左翼文艺活动，翌年开始为左翼电影、戏剧作曲。他的作品大多反映当时劳动人民的思想感情，塑造工人、歌女、报童等音乐形象。他的代表作有《义勇军进行曲》《码头工人》《大路歌》《铁蹄下的歌女》《卖报歌》等。

名人档案	
姓 名	聂耳
生卒年	1912～1935年
祖 籍	云南玉溪
身 份	著名音乐家

聂耳出生在一个医生家庭。他很小的时候父亲就去世了，母亲独自支撑着家里的药铺。聂耳的母亲多才多艺，不仅能够切脉拿药，还会唱各种民歌。受母亲的影响，聂耳从小迷上了音乐。当地流传的洞经调、洋琴调和花灯调等民间乐曲，聂耳经常哼唱，而且哼得有板有眼。

对于穷人来说，生计是最重要的。尽管聂耳喜欢唱歌，但为了糊口，他不得不割舍心爱的音乐，在上海的申庄采购站做了一名稽查员。不料，申庄没多久就倒闭了，聂耳因此失业。

好在天无绝人之路，他无意之中看到了联华影业公司音乐歌舞学校的招生启事。启事中说，凡被录取的学员每月能拿到10元的津贴，校方还管食宿。这对于聂耳的吸引力太大了。他抱着试试看的心态走进考场，结果一下子就考上了，并由此开始了自己的艺术生涯。不久，聂耳进入明月歌舞剧社，做了一名小提琴练习生。当时的明月歌舞剧社阵容虽然不大，但拥有上海著名的"歌舞四大天王"——王人美、胡笳、白丽珠、薛玲仙，以及影帝金焰等明星。在这些人的影响下，聂耳成长得很快。

当时，聂耳住在一间七八个人同住的狭小宿舍里。他练琴时必须站在墙角才能不妨碍别人，但他始终如一地坚持练习。不久，他帮助张庚侯、廖伯民等人在上海代租电影拷贝，得到了100元报酬。聂耳平生第一次拥有这么多钱，他的心激动得要跳出来。他先跑到邮局给母亲寄去一半，剩下的才留给自己。他用这点钱买了一把小提琴和两本乐谱。

有了属于自己的小提琴，聂耳练得更刻苦了。他还拜王人艺为老师，虚心地向他请教弹奏的技法。王人艺人很随和，但教琴却一丝不苟，对聂耳的要求非常严格。人们经常看到他们二人在那里认真地矫正指法。当时的聂耳刚学拉琴，连乐谱还看不懂，根本不懂什么对位、和声，经常拉得错误百出。"错了""又错了"，王人艺一遍又一遍提醒聂耳。有时候，王人艺还大声地批评聂耳不够用心。聂耳知道自己碰上了好老师，反复叮嘱自己"一定要学会"。那时候，剧社里的同行吃罢晚饭，都喜欢去逛"四马路"，或到"大世界"看杂耍，唯独聂耳哪儿也不去，默默地躲进房间练琴。他给自己定下了雷打不动的练习指标：一天要"恶补"7个小时的琴。

同行们知道了聂耳的计划后，都钦佩地叫他"拼命三郎"。聂耳除了练琴之外，还有繁重的工作。当时的制片商出于节省成本的考虑，经常把电影和戏剧裹挟在一起。一套演员班底，一会儿在舞台上演话剧，一会儿又聚在水银灯下演电影。拉小提琴的聂耳，须要时不时地上场扮个小贩或者黑人矿工的角色。他非常善于模仿，演什么像什么。

繁重的工作和学习，没有改变聂耳活泼天真的个性。19岁的他成为人所共知的孩子王，身边总是围着一群小演员。聂耳喜欢与孩子们一起做游戏。输了，孩子们就起哄，聂耳便耸动着两只大耳朵逗他们乐。孩子们还不满足，就大声嚷嚷："耳朵先生，再来一个嘛！"聂耳只好又"秀"一下。久而久之，他便得了个"耳朵先生"的绰号。

"一·二八"事变以后，上海的白色恐怖日益严重。中共中央提出在文艺界发展党员，积极活跃的聂耳被列为首批发展对象。负责对他进行培养的人是上海左翼剧团联盟的负责人田汉，后来聂耳的入党介绍人也是田汉。田汉对聂耳早期的思想和生活影响很大。在田汉的眼里，聂耳最初只是一个追求革命的贫苦学生。他们的阅历、资历以及性格有极大的差异，但这丝毫没有妨碍他们在音乐创作领域中的密切合作。从1933年到1935年，田汉作词，聂耳作曲，共同创作了《码头工人》等一大批革命歌曲。

1935年，电影《风云儿女》的剧本刚完稿，编剧田汉就被捕了。聂耳见到导演夏衍时说："《风云儿女》谁来作曲？"但紧接着又说道："我来写吧，田汉会同意的。"狱中的田汉果然同意聂耳的请求。不久，聂耳完成了该部电影主题歌《义勇军进行曲》的作曲。这首歌曲是聂耳的巅峰之作，后来成为中华人民共和国的国歌。

中国的"居里夫人"——吴健雄

名人简介

吴健雄，华裔美国物理学家。1934年毕业于中央大学，1940年获美国加州大学博士学位。1956年，李政道、杨振宁提出弱相互作用中宇称不守恒后，吴健雄在1957年用实验检验了这个理论，证实了弱相互作用中宇称不守恒。1958年，她任哥伦比亚大学教授，当选为美国科学院院士。她的主要著作有《实验物理学方法·原子核物理学》《β衰变》等。

名人档案
- 姓　名　吴健雄
- 生卒年　1912～1997年
- 祖　籍　江苏苏州
- 身　份　著名物理学家

1912年，吴健雄出生在江苏省上海县（今上海闵行区）。她这辈人在家族中排行"健"字辈，名字的第二个字以"英雄豪杰"顺次取用，在她上面有一个哥哥健英，故父亲为她取名叫健雄。吴健雄的祖父和父亲都是前清过来的人，难免有些重男轻女的观念。因此，她虽是家中唯一的女儿，却没受到娇宠。

小时候的吴健雄眉清目秀，十分讨人喜欢。她言语不多，但爱学习，很早就开始写毛笔字，背诵诗文，还学一些算学方面的知识。在学习中，吴健雄显现出不寻常的智力，有时候也很淘气。

有一次，她听见爷爷叫她的母亲："平平——"就微微皱起细长的眉，倚着爷爷的膝盖说："爷爷，姆妈不叫平平，叫复华，樊复华。"孙女的机灵和淘气使爷爷十分高兴。他顺口问："薇僴（吴健雄的小名），你知道姆妈为什么叫复华吗？"吴健雄思索了一会儿说："复华，对了，对了，源于孙中山先生说的'驱逐鞑虏，恢复中华'。爸爸经常说孙中山先生是个伟大的人物，就帮姆妈把名字改成复华了。"

听着孙女一字一顿的话，原本对吴健雄是个女孩颇感遗憾的爷爷，也更加疼爱她了。吴健雄性格的形成和发展，很大程度受到父亲的影响。她后来回忆自己的童年说，那是一段"美好而快乐的生活"。她在父亲的言传身教之下，读了很多书。同时，父亲力求走在时代的前列，善于提出问题，热衷学习的精神大大鼓舞了少年时的吴健雄。

她的父亲不仅思想进步，而且兴趣广泛，无线电、弹风琴、狩猎、唱歌、古典诗词……都是他的挚爱。他在对子女的教育方面，从不强加要求，而是适时地进行引导。他看到女儿自幼沉静好学，天赋不凡，就经常给她提供一些学习科学知识的机会。他有空的时候就把《申报》上的一些科学趣闻，念给识字不多的吴健雄听。父亲还自己动手组装了一台矿石收音机，用来随时收听新闻。这更加丰富了吴健雄的知识。

吴健雄在浏河镇的明德学校接受了小学教育，这所小学是由她父亲一手创建的。父亲创建学校的过程，在乡里上勇于任事、开风气之先的作为，使吴健雄受到许多启发。

随着时间的推移，父亲逐渐倾向于教给女儿一些系统的新知识。他买回一套上海商务印书馆出版的"小百科丛书"，接连不断地为吴健雄讲述其中一些科学家的成才故事。这让小健雄对探索奇妙的大自然产生了浓厚的兴趣。

11岁那年，吴健雄离开了童年生长的浏河，来到离家50里的苏州求学。她参加了苏州第二女子师范的入学考试。在近万人的考生中，吴健雄以第九名的优异成绩，成为新生中的一员。在苏州女子师范，她在同学中年纪最小、个头最矮，但聪颖过人，很快就成为同学和老师都喜爱的对象。1929年，吴健雄以第一名的好成绩从苏州女师毕业，升入南京的中央大学。进入大学以后，虽然成绩出众，但她仍觉学得不够：除了感兴趣的数学、物理等课程，在文史方面也欠缺不少。因此，她除了学习理工方面的两门课程之外，还选修了著名历史学家杨鸿烈教的历史学和著名社会学者马君武教的社会学，以及大文学家胡适的"清三百年思想史"。

名言佳句

当你要达到一个目标时，并不一定是你比别人做得好，而是你比别人敢做。

开始，胡适不认识吴健雄。有一次考试，吴健雄坐在前排的中间位置，就在胡适面前。原本三个小时的考试，吴健雄两个小时就交了卷。考试后，胡适很快看完卷子，送到教务室，正巧杨鸿烈、马君武都在。胡适说："从来没见一个学生，对清朝三百年思想史弄得那么透，我给了她 100 分。"杨、马二人也说，班上确实有个女生总是考 100 分。于是，他们分别把这个学生的名字写下来，结果都是吴健雄。

吴健雄在选定科学这条道路时，觉得基础不够扎实，心中不安。父亲鼓励她不要顾虑太多，要不畏艰难、勇往直前，还特地买了参考书，让她暑假期间在家中自学。经过自学，她弄懂了先前学得不够扎实的东西。不久，她信心十足地进入中央大学数学系学习，一年后又转到自己最感兴趣的物理系。后来，吴健雄一直在这个领域辛勤耕耘，并取得了举世瞩目的成就。

中国"原子弹之父"——钱三强

名人简介

钱三强，杰出物理学家，中科院院士，政治活动家。他 1936 年毕业于清华大学物理系，1940 年受约里奥·居里夫妇指导，获得法国国家博士学位，曾任法国国家科学研究中心研究导师。1948 年回国后，他历任清华大学物理系教授、系主任等职。新中国成立后，他任中科院原子能研究所所长，从事原子核物理研究，为中国的核弹事业立下不朽功勋。以后，钱三强历任中科院副院长、中国核学会名誉理事长等职。

正在做学术报告的钱三强

1964 年 10 月 16 日，罗布泊茫茫的戈壁滩上，一声巨响惊破晴空。巨大的火球光芒四射，而后在苍穹中升腾翻滚，继而变成一朵美丽的蘑菇云。这片蘑菇云向世界宣告：中国的第一颗原子弹爆炸成功了！"钱三强"这三个字，好像也被原子弹的强光照亮了。

钱三强是研制原子弹项目的总负责人。他出生在浙江绍兴，原名钱秉穹。上学的时候，同学们发现他有三个特点：身强、手强、力强，于是就给他起了个外号叫作"三强"。他的父亲钱玄同知道这件事后，赋予了这个称呼新的含义，那就是"人强、民强、国强"。经过慎重考虑，钱玄同决定正式为儿子更名为"钱三强"。不久，钱玄同要到北京教书，钱三强随父亲来到北京，7 岁那年进入孔德学校二年级学习。

他在学校里不仅学习成绩优秀，还接受了许多新思想。有一次，他偶尔见到

名人档案
- 姓　名　钱三强
- 生卒年　1913～1992年
- 祖　籍　浙江绍兴
- 身　份　杰出物理学家

了孙中山先生著的《建国方略》一书。在这本书中，孙中山勾勒了中国未来的建设蓝图：修建纵横交错的铁路干线，沿海开辟几个重要港口，全国各个地方实现电气化……读到这里，钱三强激情满怀。他想："要使祖国不受屈辱，必须走向富强，要想国家富强非建立强大的工业不可！"他由此萌发了"工业救国"的思想，学习上更加勤奋。

时光飞逝，钱三强中学马上要毕业了，将来朝着什么方向发展呢？他询问父亲的意见。父亲说："你将来朝哪个方面发展，我一不强制二不包办，只是替你出出主意，拿个意见而已。但你自己选择的时候，应当有科学的头脑。对于一切事物，你都应理智地去分析，研究其本质，不能停留在表面上，这样才能做出正确的抉择。"钱三强听完父亲的话，根据自己的特长和爱好，经过几天的思考，做出了最后决定："我要学工。"

钱玄同平静地问儿子："为什么要学工？"钱三强说："我上学的时候读过孙中山先生的《建国方略》。要把贫穷、落后的旧中国，改造成为繁荣昌盛的新中国，工业是基础，是保障，所以我要学工。"钱玄同听了儿子的议论，微微点头。

钱三强原本打算考南洋大学，但孔德学校开设的外语课是法文，南洋大学则用英文教学。所以，他决定先入北京大学理科预科，打好英文基础，然后再转入南洋大学。但事实并没有钱三强想象的那样简单。进了北京大学的预科班他才发现，这里老师讲课，学生回答问题，也都用英语。这对于只学过法语、从来没接触过英语的钱三强而言，太困难了。他把这件事告诉了父亲，钱玄同鼓励儿子说："目标既然确定，就应当用艰苦的劳动，去实现这个目标。你是属牛的，克服困难要靠一股牛劲。"钱三强从父亲的话中得到很大启发。他说："您放心吧，我一定会把牛劲使出来的。"

从此，钱三强加倍努力。在北京大学，他不仅专心学习英语和其他专业课，而且经常去听吴有训、萨本栋等清华大学教授讲授的近代物理学，并抽出时间阅读了英国科学家罗素的《原子新论》。他很快对原子物理学发生了浓厚的兴趣。

1932年，钱三强放弃考取南洋大学的计划，转而考入清华大学物理系。在清华大学，他在吴有训等一大批良师的精心指导下，全面学习物理学知识，还养成了理论与实际、动脑与动手相结合的好习惯。1935年，吴有训开了一门实验技术选修课。钱三强积极报名参加，使自己的实验技术有了长足的进步，为日后的科研工作奠定了坚实的基础。

后来，钱三强参加了公费留法考试，并成功考取了巴黎大学给中国留学生的留学名额。出国前夕，父亲病倒了，他踌躇不决。父亲说："你还是出国学习吧！不要管我，你是属牛的，学习要拿出一股牛劲来！"钱三强听了这番话，告别病中的父亲，去巴黎大学就读。他没有辜负父亲的希望，最终带着杰出的成就回国，并且成了一位著名的原子能专家。

下编

外国名人

最伟大的史诗作家——荷马

名人简介

在古希腊，荷马被尊为民族诗人，荷马史诗更被视为民族智慧的宝库。整个古代对荷马的普遍流行的看法是，他是一位上了年纪的盲人歌手，过着流浪的生活，是《荷马史诗》（包括《伊利昂纪》和《奥德修记》两个部分）和很多其他诗歌的作者。而根据《伊利昂纪》和《奥德修纪》的内容判断，荷马可能生活在公元前9世纪至公元前8世纪。

《荷马史诗》是欧洲保存下来的最早的文学作品。《伊利昂纪》共24卷，15693行，以特洛伊战争传说为题材，反映了希腊氏族社会转型时期的社会生活图景。希腊联军统帅阿伽门农抢了阿波罗神庙祭司的女儿，阿波罗为此用神箭射死了很多希腊人，并把瘟疫降临到希腊军营。勇猛善战的希腊英雄阿喀琉斯坚决要求阿伽门农释放祭司的女儿，后来遭到了阿伽门农的羞辱。大怒之下，阿喀琉斯拒绝出战，希腊人因此屡战屡败。这给了特洛伊人喘息的机会，他们的统帅赫克托耳大举反攻，把希腊人打到了海边，并要乘势烧毁希腊人的舰船。危急时刻，帕特洛克罗斯借用阿喀琉斯的盔甲和盾牌，动摇了特洛伊人的斗志，击溃了他们的进攻。但就在反攻到特洛伊城门的时候，赫克托耳杀死了帕特洛克罗斯，并夺走了盔甲和盾牌。亲密战友的死让阿喀琉斯非常悔恨，他重新上阵，杀死了赫克托耳，为帕特洛克罗斯举行了隆重的葬礼。

《奥德修纪》共24卷，12110行，描写的是特洛伊战争结束后，希腊英雄、伊大卡国的奥德修斯国王返回故乡和复仇的经历。战争结束后，奥德修斯和他的同伴因遇到风暴而开始了在海上长达10年的漂流生活，他们先后遇到了食枣人、吃人的独眼巨人、风神和仙女卡吕普索等人，并被卡吕普索强留了7年。后来，在大海女神的帮助下，他们漂到了法雅西亚国王的岛上，并在国王的帮助下最后返回了家乡伊大卡岛。在奥德修斯漂流的最后3年中，有100多人聚集在他的家中，向他美丽的妻子珀涅罗珀求婚，但遭到拒绝。这些人终日在那里宴饮作乐，挥霍奥德修斯的财产。奥德修斯回到伊大卡岛后，先和儿子见了面，然后化装成乞丐进了自己的家，借机逐个杀死了向他妻子求婚的人，夺回了自己的财产，最后与珀涅罗珀团聚，重登伊大卡国的王位。

《荷马史诗》对古希腊的天文、地理、历史、哲学和文学艺术的发展都产生了深远的影响，后来欧洲的许多作家从这两部史诗的故事和人物形象中汲取了素材。而荷马也因此成为最伟大的史诗作家。

名人作品欣赏

告诉我，缪斯，那位聪颖敏睿的凡人的经历，在攻破神圣的特洛伊城堡后，浪迹四方。
他见过许多种族的城国，领略了他们的见识，
心忍着许多痛苦，挣扎在浩淼的大洋，
为了保住自己的性命，使伙伴们得以还乡。但
即便如此，他却救不下那些朋伴，虽然尽了力量：
他们死于自己的愚莽，他们的肆狂，这帮
笨蛋，居然吞食赫利俄斯的牧牛，
被日神夺走了还家的时光。开始吧，
女神，宙斯的女儿，请你随便从哪里开讲。
那时，所有其他壮勇，那些躲过了灭顶之灾的人们，
都已逃离战场和海浪，尽数还乡，只有
此君一人，怀着思妻的念头，回家的愿望，
被卡吕普索拘留在深旷的岩洞，雍雅的女仙，
女神中的佼杰，意欲把他招作夫郎。
随着季节的移逝，转来了让他
还乡伊大卡的岁月，神明编织的
时光，但即使如此，他却仍将遭受磨难，
哪怕回到亲朋身旁。神们全都怜悯他的处境，
惟有波塞冬例外，仍然盛怒不息，对
神一样的奥德修斯，直到他返回自己的家邦。

——《奥德修纪》第一卷（节选）

名人档案	
生卒年	约公元前9～公元前8世纪
国　籍	古希腊
出生地	小亚细亚
身　份	诗人

佛教创始人——释迦牟尼

名人简介

传说释迦牟尼出生时天现三十二种瑞相，大地震动，地上自然涌出两股清泉，一冷一暖，令王后可以随意取用洗涤，虚空中有九龙喷出香水，汇成一冷一暖二股，洗浴刚诞生的太子，太子洗浴后脚踩七宝莲花，向东西南北各行七步，一手指天，一手指地，环顾四方，朗声喊道："天上地下，唯我独尊。"

释迦牟尼原名乔达摩·悉答多。因为母亲早逝，由姨母抚养成人。16岁时，他和拘利城公主耶输陀罗结婚，后来生子罗怙罗。这一时期，释迦牟尼过着奢华而舒适的生活。然而，宫廷的舒适生活却不能使他的心灵得到

在佛陀看来，所有事物都是一样的，因为一样，所以世间本来就没有肮脏，你感到脏是因为你心里脏，慈悲可以化解一切污浊。

— 179 —

平静，19岁以后的多次出游，让他看到人们正在遭受着各种不同的痛苦，而且无论是谁，无论贫富，都无法摆脱生老病死的最终命运。释迦牟尼始终坚信，世界上应该存在一种永恒的东西，不会因为任何瞬间的痛苦或者死亡而消失。29岁时，他放弃了王宫的安逸生活，弃家外出寻道。

名人档案	
生卒年	公元前623～公元前543年
国　籍	古印度
出生地	兰毗尼（今尼泊尔境内）
身　份	思想家／哲学家

最初，释迦牟尼向一些著名的婆罗门学者求教，后来依照他们的说法，成为一名苦行僧，进行了长达6年的艰苦修行。由于营养不良和过分劳累，某一天夜里，他突然晕倒。醒来后，他意识到苦修并不能得到什么结果。他慢慢走进尼连禅河，用冰冷的河水洗净了身上多年的积垢，又吃了牧女善生送给他的乳粥，使身体和精神得到恢复。在离开尼连禅河前往婆罗捺斯的路上，在一个叫作伽耶的地方，释迦牟尼看到一棵菩提树。他在树下跏趺而坐，发誓"不获佛道，不起此座"，想要获得解除人生苦难的终极办法。经过49天的冥思苦想，他终于大彻大悟，领悟到了解脱生死的涅槃之道，创立了佛教的基本教义。那一年，他35岁。释迦牟尼在菩提树下的思索，构成了以四谛说为核心的佛教最基本的教义。四谛说意为四条真理，即苦谛（人生皆苦）、集谛（苦的原因）、灭谛（彻悟苦的原因，达到"涅槃"的境地）和道谛（通过修道达到"涅槃"的途径），人们通过修行、断惑、涅槃，最终成为阿罗汉（"不生"的意思），而不再堕入人世的轮回。

教义创立后，释迦牟尼开始了他的传教生活，先后在婆罗捺斯的鹿苑、王舍城的竹林精舍、舍卫城的祇园精舍等处说法。佛教以"众生平等"为号召，很快就得到了广泛的拥护。最早皈依佛教的是两个名叫提谓和婆利迦的商人，接着，曾与释迦牟尼在尼连禅河畔苦修的5个人也成了他的信徒。后来，一些婆罗门教的祭司，释迦牟尼的姨母和儿子都成了他的信徒。而释迦牟尼也被信徒称为"佛陀"（意为"觉者"，汉语简称"佛"），这个新宗教被称为佛教。

释迦牟尼80岁时，他由王舍城出发，准备到拘尸那迦城这一区域去说法，后途中染病，在拘尸那迦城外的跋提河畔双沙罗树间死去，遗骨火化，得舍利数枚，由信徒们分别拿到各处建塔供奉。

名人作品欣赏

你们要知道，走向光明境域的路是很多的。但是歧途、岔道也很多。不小心就会误入歧途。如何才能不入歧途呢？现在我就指给你们八种正确的道路。你们若能依照我所指示的八种正道去走，自然就能很安全地到达目的地。

所谓八正道，也就是八种真理。如果你们能依照这八种真理去实行，那么你们就能永远离开苦恼，没有生老病死。更不会再作召集苦恼的身口恶业，就会永远得到清净安乐的涅槃之道了。何谓八正道呢？这八正道是指，正见、正思维、正语、

名言佳句
心可以为地狱，亦可以为天堂。

正业、正命、正精进、正念、正定。八种离苦得乐的真理。现在听我依次给你们讲解。

　　修行的人，首先要有正确的见解，这是最为重要的。就是要对人世间的一切，必须要有正确的认识。不能随顺世俗之见，比如说，世人认为"人死如灯灭"，什么都没有了。还有的认为"人死仍然做人，畜死依然为畜"。这些都叫作世俗之见，都是不正确的。那么什么才是正确的见解呢？用一句话解释就是要深悟因果。换句话说就是"种瓜得瓜，种豆得豆"，这是真理。所以说，行善者得福报，作恶者得苦报，也是真理。能深悟因果的，就能具有正确的见地，这就叫作"正见"。你们都听明白了吗？

　　一般人所发动的思维，有许多是妄念在起作用。因为这是来自不净的识田。而修行的人，必须用无穷的智慧来发动思维。这种思维不是来自识田，而是由清净的本性中发露出来的，它能够断除一切迷惑的作业，而澄清人本来的真性。这就是"正思维"。

　　人最容易造作恶业的，便是口。所以，我们修行的人要戒欺妄语、恶骂语、用舌头搬弄是非语、各种伤风败俗语……能够做到这一步，也很不容易。但是要修，就必须戒掉这种种口舌是非。虽说做到这一步十分不容易，也要做到，这样做了也是很不够的，更不能以做到这些为满足。还要以爱语、温顺和气的言语、弘法利生的言语，使众生都乐意亲近我们每一位佛教徒，使众生都乐意接受我们佛教理。这就是"正语"。一切正语中，当以讲经谈法为首。因为这才是唯一能令众生出离生死苦海，指引涅槃彼岸的言语，所以叫作"正语"。

——《鹿野说法》（节选）

古希腊最伟大的政治家——伯里克利

名人简介

　　伯里克利出身贵族，家庭极其富有，自幼就接受了良好的教育，包括体育训练、文艺、哲学、雄辩术，甚至伴着七弦琴的歌唱。他的青年时代是在希腊同盟抗击波斯侵略者的战争年代中度过的。在这场战争中，雅典与盟国同心勠力，最终打败了强大的波斯军队，并使希腊成为世界最强大的国家。出于对自己国家的热爱和一个雅典公民的自豪感，伯里克利开始登上雅典的政治舞台，并展露出一个优秀政治家的卓越品质。

　　公元前466年前后，伯里克利追随雅典民主派的首领厄菲阿尔特，成为雅典民主派的重要代表人物。厄菲阿尔特被雅典贵族派刺杀后，伯里克利成为雅典民主派和国家政权的重要领导人。从公元前443年起，他连续15年当选为雅典最重要的官职——首席将军，完全掌握了国家政权。在执政期间，伯里克利全面推

名人档案

- 生卒年　约公元前495～公元前429年
- 国　籍　古希腊
- 出生地　雅典
- 身　份　政治家

进了雅典的繁荣和强盛，这段时期，在历史上被称为"伯里克利的黄金时代"。

内政方面，雅典建立了比较完备的民主政治体制。雅典的公民大会在法律上拥有最高的权力，公民大会每月举行2~4次，公民只要年满20岁，无论财产多寡，地位高低，都有选举权。在伯里克利的推动下，雅典公民大会通过了一系列法令和措施，包括强化公民大会作为国家最高权力机关的地位、向广大公民开放各级官职、向公职人员支付薪金等，从而使雅典的国家制度趋向比较彻底的民主化。对外政策方面，伯里克利坚持发展海上力量，扩大对外贸易，使雅典在希腊半岛的强势达到了顶点。文化上，伯里克利促进了希腊古典文化的高度繁荣。在他当政时期，希腊世界著名的学者文人和艺术大师云集雅典，授课讲学、寻求真善美、探索宇宙的奥秘和人生的真谛。

公元前431年，雅典与斯巴达之间的战争再次爆发，斯巴达大军侵入雅典境内。战争的破坏和突然爆发的瘟疫为伯里克利的政敌提供了攻击他的借口，伯里克利在公元前430年被解除将军职务，被控滥用公款并被处以罚款。但公元前429年，伯里克利再度当选为将军，不久，他被鼠疫夺去了生命。

名人逸事

伯里克利经常到大庭广众之中和普通百姓交谈。遇到反对他的人当面辱骂他，也从不动怒。一天晚上，在他回家的路上，一个贵族跟在身后辱骂他："你这个疯子！真无耻！你出身贵族，却忘掉了自己的朋友，竟然去结交那些下贱的百姓！"这个人一路叫骂着，尾随他到了家门口。看看天已黑了，伯里克利让仆人点着火把把骂他的人送回家去。

名人作品欣赏

我们为有这样的政体而感到喜悦。我们不羡慕邻国的法律，因为我们的政体是其他国家的楷模，而且是雅典的独创。

我们这个政体叫作民主政体。它不是为少数人，而是为全体人民。无论能力大小，人人都享有法律所保障的普遍平等，并在成绩卓著时得享功名，担任公职的权利不属于哪个家族，而是贤者方可为之。家境贫寒不成其为障碍。无论何人，只要为祖国效力，都可以不受阻碍地从默默无闻到步步荣升。我们可以畅通无阻地从一个身份走向另一个身份；我们无所顾忌地共享亲密无间的日常生活；我们既不会为邻人的我行我素而烦恼，也不全面露不豫之色——这有伤和气，却无补于事。这样，我们一方面自由而善意地与人交往，另一方面又不敢以任何理由触犯公益，因为我们遵从法庭和法律，特别是那些保护受害者的法律，以及那些虽未成文，但违反了即为耻辱的法律。另外，为了陶冶身心，我国法律还规定了十分频繁的节假日。赛会和祭祀终年不断，届时美不胜收，蔚为大观，欢愉

> **名言佳句**
>
> 我们的制度之所以被称为民主政治，是因为政权在全体公民手中，而不是在少数人手中。

的气氛驱散了忧郁。我们的雅典如此伟大，致使宇内各地的产品云集于此。这些精美产品和国内产品一样，给雅典人带来了习以为常的乐趣。

我们在军事政策上也胜过敌人，我们的方针与敌人的方针截然不同。雅典向世界敞开大门。我们并不担心敌人会窥得那些从不隐藏的秘密，使我们蒙受损失，也从不以此为由，把前来寻求进步和猎奇的外国人驱逐出境。比较而言，我们不大依靠战备和谋略，而是信赖公民们与生俱来的爱国热忱和行动。在教育方面，某些国家的人从小就接受严酷的训练，以便在成年后承受辛劳。我们雅典人的生活尽管温文尔雅，却能像他们一样勇敢地面对任何战争危险。

在生活方式上，我们既文雅，又简朴，既培育着哲理，又不至于削弱思考。我们以乐善好施而非自我吹嘘来显示自己的富有，承认贫困并不可耻，无力摆脱贫困才确实可耻。我们既关心个人事务，又关心国家大事；即便那些为生活而奔忙的人，也不乏足够的参政能力。因为唯独雅典人才认为，不参与国事乃平庸之辈，而不止是懒汉。我们能做出最准确的判断，并善于捕捉事情的隐患。我们不认为言论会妨碍行动，而认为在未经辩论并充分做好准备之前，不应贸然行动。这是雅典人与众不同的优点：行动时我们勇气百倍，行动前却要就各项措施的利弊展开辩论。有些人的勇气来自无知，深思熟虑后却成了懦夫。毫无疑问，那些深知战争的灾患与和平的甜美，因而能临危不惧的人，才称得上具有最伟大的灵魂。

我们在行善方面也与众多的民族不同。我们不是靠接受承诺，而是靠承担义务来维护友谊。根据感恩图报之常理，施惠人对受惠人拥有优势，后者由于欠了前者的情，不得不扮演比较乏味的角色，他觉得报答之举不过是一种偿还，而不是一项义务。只有雅典人才极度乐善好施，但不是出于私利，而是纯属慷慨。综述未尽之言，我只想加上一句：我们雅典总的来说是希腊的学校，我们之中的每一个人都具备了完美的素质，都有资格走向沸腾的生活的各个方面，都有最优雅的言行举止和最迅速的办事作风。

——《论雅典之所以伟大》（节选）

西方政治哲学的起点——柏拉图

名人简介

柏拉图本名阿里斯托克勒，据说因为他生得一副宽阔的肩膀（又有一说是阔额头），所以得了个诨号"柏拉图"。柏拉图在年轻时也受过良好的教育，并接触到各种流行的学说。20岁时，柏拉图拜年逾六旬的大哲学家苏格拉底为师，从此开始了哲学研究的漫漫长路。苏格拉底顽强的探索精神、对平民政体尤其是对激进民主派的猛烈攻击，都深深地影响了柏拉图。公元前399年，苏格拉底被雅典民主派处

名人档案

- 生卒年　公元前427～公元前347年
- 国　籍　古希腊
- 出生地　雅典
- 身　份　哲学家／思想家

死，这使柏拉图遭受了沉重的打击。由于是苏格拉底集团中的人物，柏拉图被迫离开雅典，大约从28岁至40岁时，柏拉图在海外漫游，与数学家、思想家和政治家们广泛接触与交流，并逐渐形成了自己的思想体系。公元前386年，柏拉图返回雅典，在雅典近郊的阿卡德米体育场开办了一所学园，开始广收门徒，教授哲学，并从事写作，教师成为他终生的身份。

这是19世纪比利时象征主义画家尚·德维的作品。柏拉图大约在公元前386年创办了著名的雅典学园，向希腊的年轻人传授有关真理和美学的课程。

柏拉图的主要著作有《理想国》《法律篇》《斐多篇》，在书中，他大多采取对话形式阐发自己的思想，而主角则是他的老师苏格拉底。柏拉图哲学的中心思想是：在现实世界之上，还有超经验的理性世界，理念是第一性的，而现实是第二性的，现实世界变动无常，只有理念世界才是永恒真实的客观存在。这种精神第一，物质第二的思想，正是主观唯心论。而在政治上，柏拉图拥护贵族政治，反对民主。这点特别体现在他的代表作《理想国》之中。柏拉图认为，国家是放大的个人，个人是缩小了的国家。个人有三种品德：智慧、勇敢和节制；国家也具有不同品德的三种人：第一是贤明的治国君主，第二是勇敢的卫国武士，第三是生来具有"节制"品德的农夫、手工艺者等生产者，他们专事劳动生产，是前面两个等级的供养者。柏拉图认为，只要三个等级各尽职守，就能实现正义。这在他看来是国家的最主要的职能，从而造成有权力者无私产，有私产者无权力的理想局面。显然，柏拉图的思想是以古斯巴达的寡头专政等政治特征为蓝本的，这在具有民主政治传统的雅典是难以实现的。尽管直到晚年，柏拉图还是不懈地宣传自己的主张，但失败的结果却不可避免。

名言佳句

理想的东西不一定都能够实现，纵然未能实现，总不该因此而否认它是美好的东西吧！

公元前347年，柏拉图去世，享年80岁。作为西方哲学史上第一个使唯心论哲学系统化的人，柏拉图的思想成为中古时代欧洲基督教神学以及近代形形色色的唯心论、经验论及英雄史观的重要源泉。

名人逸事

学园创立后，柏拉图在入口处写下了"不懂几何学者勿入"的字样，以此来

柏拉图的《理想国》

《理想国》是第一部系统地论述政治哲学的著作，也是西方思想史第一部乌托邦著作，近代莫尔的《乌托邦》、康帕内拉的《太阳城》，以及空想社会主义的理想的政治学说都曾受到《理想国》的洗礼。西方学术界常把柏拉图与圣西门、傅立叶等人相提并论。

告诉人们，没有几何学的知识休想登上柏拉图的哲学殿堂。柏拉图肯定对这一规定有严格的执行。因为他曾经受邀请去叙拉古宫廷讲学，据说随着他的到来，叙拉古宫廷的地板上铺满了沙砾，供人们在上面研习几何学的问题。

古代伟大的哲学家和科学家——亚里士多德

名人简介

亚里士多德出生、成长在一个高贵而又乐于追求真理、探求知识的环境中，父亲是国王腓力二世的御医。依照传统的习惯，亚里士多德本该继承父亲的衣钵，但他却表现出对科学的爱好。公元前367年，亚里士多德拜柏拉图为师，进入柏拉图的学园，钻研各种知识长达20年之久，成为同学中的佼佼者，被柏拉图称为"学园的精英"。柏拉图去世后，亚里士多德来到小亚细亚的阿索斯城，在城主赫尔麦阿伊斯的宫廷做客并娶了城主的侄女皮提阿斯为妻，生有一女，与自己的母亲同名。皮提阿斯死后，亚里士多德与他的侍女赫尔皮利斯同居，得一子，取名尼科马霍斯。

名人档案	
生卒年	公元前384～公元前322年
国　籍	古希腊
出生地	斯塔吉拉城
身　份	思想家

公元前342年，亚里士多德被聘为马其顿国王腓力二世的儿子亚历山大的老师。公元前335年，亚里士多德结束了在马其顿的流亡生活，回到希腊，在雅典阿波罗圣林的吕克昂体育场开办了一所学园，并得到了已经继任马其顿国王的亚历山大的巨额经费支持。因为他经常率领弟子在校园的林荫道上边散步，边讲课，所以他的学派被称为"逍遥学派"。

亚里士多德是古希腊最博学的人。他总结了前人的研究成果，对当时已知的各个学科如伦理学、政治学、经济学、战略学、修辞学、文学、物理学、医学等都进行了有意义的探索，并开辟了逻辑学、动物学等新领域。可以毫不夸张地说，亚里士多德的研究成果代表了古希腊科学知识的最高水平。

作为形式逻辑的创始人，亚里士多德提出了归纳和演绎的思维方法，提出并阐释了同一律、矛盾律和排中律这些思维的基本规律。他所规定或发现的原则和范畴以及所使用的某些专门词语，迄今仍为逻辑教本所采用。在哲学上，亚里士多德肯定客观世界是真实的存在，认为人类认识的来源产生于对外界事物的感觉。他创立了自己的"四因说"（质料因、动力因、形式因和目的因），认为一切事物的产生、运动和发展，都不外这四种原因作用的结果。在政治学方面，亚里士多德详细地比较研究了君主、贵族、共和、僭主、寡头和平民六种政体，他主张法治，并认为"法律是不受情欲影响的理智"。文学方面，他广泛考察了美学和文艺理论的一系列问题，如文艺的产生和分类、文艺与现实的关系等，认为文艺有深刻的社会意义。

公元前323年，亚历山大大帝病亡，雅典成为当时反对马其顿运动的中心。由于是亚历山大的老师，亚里士多德逃出雅典，前往优卑亚岛的卡尔喀斯城避居，并于次年辞世，享年63岁。

名人逸事

亚里士多德虽然是一位睿智博学的伟人，但在知识上也犯过一些错误。如他在物理学上犯的一个众所周知的错误：认为物体在同一地点下落，其速度与重量成正比。这一观点被长期奉为权威，直到1590年伽利略做了著名的比萨斜塔实验之后，才得以纠正。

古代世界最著名的征服者——亚历山大大帝

名人简介

名人档案	
生卒年	公元前356～公元前323年
国　籍	马其顿
出生地	马其顿（希腊北部）
身　份	政治家／军事家

从儿童时代起，亚历山大就有了称霸世界的志向，梦想着建立丰功伟业。据说，每当他获悉父亲胜利的消息时就会发愁，唯恐自己会因此而不能享受到征服世界的光荣。从16岁起，他就随父征战，在著名的喀罗尼亚战役中，他指挥马其顿的骑兵，锐不可当地击破了敌人的右翼，为战役的胜利立下了功劳。

公元前336年，腓力二世在女儿的婚礼上被刺身亡，亚历山大继位，时年20岁。当时，国内形势非常紧张，腓力二世创造的希腊联盟以及先后征服的北方属地，纷纷叛变。亚历山大以他卓越的军事才能，击败各种反叛势力，巩固了马其顿在希腊的霸主地位。

平定内乱后，亚历山大立即开始了对东方的远征。公元前334年，他率领步兵3万名、骑兵5000名、战船160艘，发动了对波斯的战争。他的大军很快就征服了小亚细亚，于公元前333年11月，在叙利亚伊苏城附近的品那洛斯河，与波斯皇帝大流士三世的60万兵马展开了著名的"伊苏之战"。战役开始后，他率领精锐的右翼重装骑兵，突然以凌厉的攻势攻击敌方左翼，然后直取大流士，使波斯军队全线溃败，还俘虏了大流士三世的母亲、妻子和两个女儿。亚历山大拒绝了大流士三世的求和，接着又打败了波斯海军的主力推罗海军，控制了地中海，进而兵不血刃占领了埃及，最后在公元前331年春天挥师两河流域，开始进攻波斯本土。同年9月，在古亚述首都尼尼微附近的高加米拉与波斯军队展开了决战。波斯兵力号称百万，并有200多辆刀轮战车，但还是

名言佳句

把世界当作自己的家乡。

把中国海岸作为希腊的天然边界，也是很可能的。

我把希望留给自己，它将给我无穷的财富！

> **武力不能制胜**
>
> 亚历山大一生崇尚武力,长于战略。他在进攻受阻时,不会凭蛮力强攻,而是积极谋划,另辟蹊径,出其不意地克敌制胜。这是所有军事指挥者所应具备的素质。他的战略方案永远值得后人重视。
>
> 亚历山大一生迷信武力,妄图以武力征服世界。但事实告诉我们,武力不是称雄、称霸的唯一工具。值得指出的是,武力并没有使亚历山大大帝获得最终的成功,后世的战争狂人应对此进行深思。

遭到惨败。大流士三世东逃,为巴克特里亚总督所杀,后者在不久又被亚历山大擒获并处死,盛极一时的波斯帝国最终覆灭在亚历山大的铁骑之下。公元前324年,亚历山大回到巴比伦,结束了自己的远征。

亚历山大通过军事征服,建立了一个东起印度河,西抵马其顿、希腊,以巴比伦为都城的前所未有的庞大帝国,并有效地促进了帝国内的经济和文化交流。随着他的远征,不少希腊学者来到东方,研习当地的科学与文化,直接促进了东西方科学文化的互补和交流。为了鼓励马其顿人和东方人的融合,他竭力鼓励马其顿人和东方人通婚,自己带头娶了大流士三世的女儿。采取各种积极措施,亚历山大把希腊推向了鼎盛。

公元前323年6月13日,亚历山大在准备再次远征时,患病逝世,终年33岁。

名人逸事

希腊传说中,小亚细亚的北部城市戈尔迪乌姆有一座宙斯神庙。神庙之中,供奉着一辆战车。战车的车辕和车轭之间有一个用山茱萸绳结成的绳扣,绳扣上看不出绳头和绳尾,要想解开它,简直太难了。但神谕说谁能解开这个结,他就会成为整个亚洲地区的统治者。这就是著名的戈尔迪乌姆之结。几百年来,它难倒了世界上无数智者和能工巧匠。公元前334年,亚历山大率东征部队来到了这里。他饶有兴趣地上前试了试,但怎么也解不开。猛然之间,他拔出宝剑,手起剑落,斩断了绳结。也许就是靠这柄剑和这种精神,亚历山大成就了自己的伟业。

不朽的科学巨人——阿基米德

名人简介

公元前287年,阿米基德出生于叙拉古附近的一个小村庄,他的家庭属于贵族,但据说并不富裕。由于父亲的影响,阿米基德从小就热爱学习,善于思考和辩论,对数学、天文学,尤其古希腊几何学都有浓厚的兴趣。刚满11岁时,借助与王室的关系,他被送到埃及的亚历山大里亚城学习,在这座被世人誉为"智慧之都"的城市里,阿米基德学习和生活了许多年,他博览群书,跟很多学者建立了密切的关系,还做了

名人档案
- 生卒年 约公元前287～公元前212年
- 国　籍 古希腊
- 出生地 西西里岛的叙拉古城
- 身　份 数学家/物理学家

古希腊物理学家阿基米德
这是拜占庭壁画中的一部分，描绘了罗马大军攻破叙拉古城时，阿基米德仍沉醉于数学研究之中，图中他双手保护着自己的数学工具，两眼愤怒地回望。

欧几里得学生埃拉托塞和卡农的门生，跟随他们钻研哲学、数学、天文学和物理学。回到叙拉古后，他仍然和亚历山大里亚的学者们保持着联系，相互交流科学研究成果。

阿米基德在许多科学领域都获得了令同时代科学家高山仰止的成就。数学领域，阿米基德使用"穷竭法"求得了抛物线弓形、螺线、圆形的面积和体积以及椭球体、抛物面体等复杂几何体的体积，被公认为微积分计算的鼻祖。他还利用此法估算出了π值，得出了三次方程的解法。他还提出了一套按级计算法，并利用它解决了许多数学难题。他主要的数学著作有《论球和圆柱》《论劈锥曲面体与球体》《抛物线求积》和《论螺线》。力学领域，阿基米德的成就主要集中在静力学和流体静力学方面。在研究机械的过程中，他发现了杠杆原理。在研究浮体的过程中，他发现了浮力定律，也就是有名的阿基米德定律。他著有《论平板的平衡》《论浮体》《论杠杆》《论重心》等力学著作。天文学领域，阿基米德设计了一些可以转动的圆球，用以表现了日食、月食现象。他认为地球是圆球状的，并围绕着太阳旋转，这比哥白尼的"日心地动说"要早1800年。

阿米基德热衷于将科学发现应用于实践，他一生设计、制造了许多机械，除了杠杆系统外，值得一提的还有举重滑轮、灌地机、扬水机以及军事上用的投射器等。被称作"阿基米德举水螺旋"的扬水机是现代螺旋泵的前身。

阿米基德又是一个伟大的爱国者，当罗马军队入侵叙拉古时，他指导同胞制造了很多武器，如用于远距离投掷的投石机、能将敌船提起扔出的铁爪式起重机，以及利用聚光原理使敌船燃烧的大凹镜。在这些武器的帮助下，罗马人被阻达三年之久，直到公元前212年，利用守城居民的大意，罗马军队才最终进入叙拉古。城破之后，阿基米德被一名无知的罗马士兵杀死，终年75岁。他的遗体被葬在西西里岛，墓碑上刻着一个圆柱内切球的图形，以纪念他在几何学上的卓越贡献。阿基米德被后世的数学家尊称为"数学之神"，在人类有史以来最重要的三位数学家中，阿基米德占首位，另两位是牛顿和高斯。

名言佳句
给我一个支点，我将撬动地球。

名人逸事
相传叙拉古的赫农王让工匠做了一顶纯金的王冠。做好后，国王怀疑工匠在金冠中掺了假，到底工匠有没有捣鬼呢？国王既想检验真假，又不能破坏王冠，这个问题不仅难倒了国王，也使诸大臣们面面相觑。后来，国王请阿米基德帮忙。最初，阿米基德也没有想出好办法。一天，他去洗澡，当他坐进澡盆里时，看到水往外溢。他突然悟到确定金冠真假的办法，兴奋地跳出澡盆，大声喊着"尤里卡！尤里卡！"（意思是"我知道了"）赤身裸体地跑到大街上。他经过进一步实验以后，来到王宫，把王冠和同等重量的纯金王冠放在盛满水的两个盆里，比较两盆溢出来的水，从而发现王冠里掺进了其他金属。

古罗马至高无上的统治者——恺撒

名人简介

恺撒是古罗马历史上最有成就的伟人，有人断言，若不是他在英年时突然遇刺身亡，罗马的历史将可能改写，甚至他的成就将可能超过著名的马其顿国王亚历山大大帝。

名人档案
- 生卒年　公元前100～公元前44年
- 国　籍　古罗马
- 出生地　罗马城外的农庄
- 身　份　政治家／军事家／文学家

少年时期的恺撒就已经怀有了非凡的抱负和志向，他幻想权力和荣誉，希望为风云变幻的罗马共和国建功立业。公元前84年，恺撒奉父命与珂西斯汀结婚，不久，父亲病故，他与珂西斯汀离婚，另娶了平民党的领导者金拉的女儿可妮丽娜为妻。苏拉哥尼留在取得统治权后，杀死了自己的政敌金拉，他非常赏识年轻有为的恺撒，要求恺撒和可妮丽娜离婚，被恺撒拒绝。苏拉哥尼留一气之下，没收了恺撒的世袭财产和他太太的嫁妆，并且要处死恺撒。恺撒闻信后，逃离罗马，直到公元前78年苏拉哥尼留死后，才得以返回罗马。

回到罗马后，恺撒迅速地在政坛崛起，以雄辩、慷慨、热心公务的作风和改革派的形象赢得了公众的好感，并在广大平民和部分上层人士中赢得了威望。公元前73年，他被选入最高祭司团，此后，又历任财政官、市政官、大祭司长、大法官等高级职务，并于公元前60年与担任罗马执政官的庞培和克拉苏结成"三头同盟"。在后两者的支持下，恺撒于公元前59年登上了罗马执政官的宝座，任满后出任高卢总督（公元前58～公元前51年）。就任高卢总督期间，恺撒建立起了一支能征善战、完全听命于自己的强大的军队。这支军队征服了高卢全境，越过莱茵河攻袭德意志地区，并两次渡海侵入不列颠群岛，为恺撒赢得了赫赫战功。恺撒势力的迅速增长，引起了元老院贵族的惊恐。克拉苏死后，庞培与元老院合谋，企图解除恺撒的军权。恺撒决定以兵戎相见，经过五年内战（公元前49～公元前45年），他消灭了以庞培为首的敌对势力，征服了罗马全境，被宣布为独裁者，获得了至高无上的统治权力，成为没有君主称号的君主。凭借手中的权力，恺撒进行了包括土地制度、公民权、吏治法纪和政治体制在内的多方改革，建立起高度的中央集权，初步形成了

名言佳句
我来，我看见，我征服！

> **恺撒的人格魅力**
>
> 　　恺撒有着惊人的胆识，即便是遭遇劫持依然无所畏惧，泰然处之。这是他能够成就大业的必要条件。
> 　　恺撒极为重视自己的尊严，即使到了生命的最后一刻，也是如此。维护自己的尊严是一个人立身处世的根本所在。
> 　　恺撒有着坚忍不拔的毅力。事情往往到了万分危急的关头，双方处于艰难的相持阶段，才是发生质变的关键时期。只有凭借超乎想象的毅力，才能在关键时刻引导事物朝着有利于自己的方向转变。

一个以罗马为中心的庞大帝国，其中有些措施对后世影响深远。他曾让属下在墙上写出罗马发生的重大事件和元老院会议的报告书，成为现代报纸最原始的雏形。他主持制定的儒略历，有些国家到20世纪还在应用，而现行的国际通用的公历就是在此历法的基础上改革而成的。他曾为当时众多的马车制定单向通行的制度，成为现代交通管理的滥觞。他所写的《高卢战记》更是为后人留下了了解当时外高卢、莱茵河东岸的山川形势、风俗人情等的第一手材料。

恺撒的独裁权力始终为元老院的贵族反对派所不满，他们勾结起来，于公元前44年将恺撒刺杀于元老院，是年恺撒56岁。

名人逸事

　　一次，恺撒带兵去小亚细亚，途中却不幸被海盗俘虏。海盗知道恺撒是这队士兵的统帅后，便把他留下，让其他人回去拿20泰伦（货币单位）的赎金。但恺撒却当面斥责这些海盗低估了他的价值，自愿将赎金提高到50泰伦。部下取来钱后，换回了恺撒。恺撒临走时对海盗说："将来我要率领一支舰队消灭你们。"海盗们哈哈大笑，不以为然。不想几年后，恺撒果真集合了一支强大的舰队打败了这股海盗，不仅取回了赎金，获得大宗财物，并把他们一一钉在十字架上。

基督教的创始者——耶稣

名人档案	
生卒年	公元前4～30年
国　籍	以色列
出生地	伯利恒
身　份	基督教创始者

名人简介

　　现在的公元纪年，是自耶稣诞生的那一年开始算起的。但据历史学家推算，耶稣并不是出生在公元元年，而是在公元前三年到前四年间出生。他出生在伯利恒，以后举家迁往加利利的拿撒勒，所以成人后，他又自称是拿撒勒人。耶稣出生后，他的父母给他取名叫约书亚，而希腊人和罗马人后来叫他耶稣。

　　犹太民族早在摩西时代就立下法规，祖孙父子世代相传，以其民族文化为家庭教育，耶稣也接受到社会和文化教育。耶稣12岁时，跟随父母到耶路撒冷参拜神殿，竟忘了回家。父母找到他时，发现他仍然坐在那里听经师讲经，并不时发问，句句惊人。他的母亲问他："我儿！你怎么这样对我们？你的父亲和我，寻你寻得好苦！"耶稣反问说："为什么找我？难道你们不知道我应该在我父亲的事情里吗？"约瑟和马利亚都呆住了，他们哪里知道耶稣口中的父亲是天主，更不知道天主吩咐12岁的耶稣做什么事。回到拿撒勒后，耶稣的生活照旧，一直到30岁，拿撒勒人都叫他"木匠的儿子"。

耶稣30岁左右时，在约旦河滨接受了约翰教士的洗礼，又随着天主圣神的指引，在旷野中祈祷40天，终于成为了"免除世罪的天主羔羊"——自献于天主为世人赎罪的救世主。据说，他是一个无所不能、无所不会的人，他不断地为人们做好事，免费为百姓治病，越来越多的人开始崇拜他、信仰他。他从信仰者中招了12位门徒，经常给他们讲天国的道理，并教导他们说："穷人在精神上是有福的，因为他们的精神属于天国；悲痛的人是有福的，因为他们将得到安慰；懦弱者是有福的，因为他们将得到土地；渴求正义的人是有福的，因为他们将得到满足；仁慈的人是有福的，因为他们将获得仁慈。心地纯洁的人是有福的，因为他们将见到上帝；建立和平的人是有福的，因为他们将被称为上帝的儿子；为正义受到迫害的人是有福的，因为他们属于天国。"以这些教义为核心的基督教成为了饱受苦难的犹太人的精神寄托。

耶稣手执《圣经》，正襟危坐，身后的光环代表了他的神性。在罗马统治者将基督教定为国教以后，耶稣的形象便大量出现在教堂建筑的墙壁上。

在耶稣传教时，巴勒斯坦地区掌握犹太教会最高统治权的是耶路撒冷最高公会，耶稣与日俱增的影响力引起了最高公会的不满和惊恐。30年，最高公会决定逮捕耶稣，并以"渎神罪"的罪名，将之钉死在十字架上。耶稣死后，他的信徒们继续传播基督教，使得基督教的影响越来越大。

名人逸事

耶稣为逾越节在城里定了一只羊，希望履行自己的责任。他要在耶路撒冷吃一吃过逾越节用的羊，这是第一次，也是最后一次。

太阳下山的时候，耶稣与门徒们都聚集在楼上，犹大当然也在其中。耶稣说："我很愿意在受害之前和你们吃这个逾越节的筵席。可是我不能在逾越节与你们团聚，在上帝之国里的事成就之前，我不再吃这筵席了"。

其实耶稣早已知道犹大的阴谋，他既然爱门徒们，就决意爱他们到底。他站起身，把长衣脱掉，取来水倒进盆里，到门徒们面前为他们洗脚。这一举动把门徒们吓得手足无措，既不敢说话，又不敢推辞。耶稣说："我所做的，你们以后都将明白。若不让我洗，你们就与我没有缘份了！"说完，便为门徒们挨个洗，当然包括犹大。

晚餐的时候，耶稣明白即使是上帝也不能改变犹大的心意了。他心里忧苦，哀哀地说："我告诉你们，你们中间有一个人要出卖我了！"

门徒们大吃一惊，面面相觑，互相问道："是我吗？"他们显得那么谦卑，那么相信耶稣的话，就连犹大也跟着这样发问。可是耶稣只是说："是你们十二个门

复活节

据说，耶稣在死后第三天又复活了，显灵在门徒的面前。耶稣复活的那天，是春分日后月圆的第一个星期日，后被基督教定为"复活节"。由于每年的春分日后的月圆日不同，所以复活节是3月或4月的某一个星期日。

徒中，和我一同伸手在盘子里蘸的那个人。人之子必要去世，经书上就是这样写的。但是出卖人之子的人有祸了！那个人从未出生，倒更好！"

这顿饭吃得很郁闷，话头都堵住了。这天晚上耶稣一再说起死亡的逼近。在听其自然的认命状态中，他多么渴望能够和他的几个挑选出来的门徒身心融合。

耶稣拿起饼来，祝谢完，掰开来，分成碎片，递给门徒们，说："拿着，吃吧，这是我的身体。"他又举起杯来，祝谢完，递给门徒们，要他们喝了。耶稣说："这是我与你们立约的血，是为许多人流出来的。我告诉你们，我不再喝这葡萄汁，直到我在上帝之国喝新酒的日子。"

门徒们心中都有无法诉说的感激与忧愁。

名人作品欣赏

不要为生命忧虑吃什么，喝什么，为身体忧虑穿什么。生命不胜于饮食吗？身体不胜于衣裳吗？你们看那天上的飞鸟，也不种，也不收，也不积蓄在仓里，你们的天父尚且养活它。你们不比飞鸟贵重得多吗？你们哪一个能用思虑使寿数多加一刻呢？何必为衣裳忧虑呢？你想：野地里的百合花怎么长起来，它也不劳苦，也不纺线。然而我告诉你们：就是所罗门极荣华的时候，他所穿戴的还不如这花一朵呢！你们这小信的人哪！野地里的草今天还在，明天就丢在炉里，神还给它这样的妆饰，何况你们呢！所以，不要忧虑说："吃什么？喝什么？穿什么？"这都是外邦人所求的。你们需用的这一切东西，你们的天父是知道的。你们要先求他的国和他的义，这些东西都要加给你们了。所以，不要为明天忧虑，因为明天自有明天的忧虑，一天的难处一天当就够了。

你们不要论断人，免得你们被论断。因为你们怎样论断人，也必怎样被论断；你们用什么量器量给人，也必用什么量器量给你们。为什么看见你弟兄眼中有刺，却不想自己眼中有梁木呢？你自己眼中有梁木，怎能对你弟兄说："容我去掉你眼中的刺"呢？你这假冒为善的人！先去掉自己眼中的梁木，然后才能看得清楚，去掉你弟兄眼中的刺。

不要把圣物给狗，也不要把你们的珍珠丢在猪前，恐怕它践踏了珍珠，转过来咬你们。

你们祈求，就给你们；寻找，就寻见；叩门，就给你们开门。因为凡祈求的，就得着；寻找的，就寻见；叩门的，就给他开门。你们中间谁有儿子求饼，反给他石头呢；求鱼，反给他蛇呢？你们虽然不好，尚且知道拿好东西给儿女，何况你们在天上的父，岂不更把好东西给求他的人吗？所以，无论何事，你们愿意人怎样待你们，你们也要怎样待人，因为这就是律法和先知的道理。

——《登山训众》（节选）

编纂《罗马法典》的中兴霸王——查士丁尼

名人简介

少年时代，查士丁尼跟随叔父查士丁以及两位同村的青年朋友离家从戎，来到君士坦丁堡。他们因为体格健硕，同时被选入近卫军，充当皇帝亚纳希泰西斯的侍卫。查士丁屡建功勋，甚得皇帝的倚重，在亚纳希泰西斯去世后，被拥立为皇帝，查士丁尼以养子身份协助查士丁制定国内外的重要政策并获得"恺撒"和"奥古斯都"的封号。527年，查士丁去世，查士丁尼成为拜占庭帝国的皇帝。

名人档案	
生卒年	483～565年
国　籍	古罗马
出生地	马其顿的陶里西厄姆
身　份	政治家

查士丁尼即位后，为自己确立了明确的政治目标：收复西部领土，恢复基督教的罗马帝国。他为此常常彻夜不眠，费尽心机，几乎到了发狂的地步。当时有人惊呼：查士丁尼不是人，而是个丝毫不需要休息的"恶鬼"！528年，他任命特里波尼亚等16位法律学者负责编纂《罗马法典》，历时6年，到534年告竣。法典由三部分组成：主体是《敕法汇纂》，将罗马帝国兴建以来公布的所有法律规章加以系统的整理，删除其中不合时宜的部分；其次是《学说汇纂》，将历来的有关法律著作和文献，摘出其中最具代表性的部分加以整理，实际上是一部宏大的法律思想史；第三部分是《法学提要》，是专攻法律的学生的专业教材。这些法律文献，统称《罗马民法汇编》或《罗马法典》，是欧洲历史上第一部系统完备的法典。它确立了统一的无限私有制概念，并提出了公法和私法的划分，成为后来欧洲各国研究和制定法律的基础。

在查士丁尼统治时期，拜占庭在经济上相对稳定，城市繁荣，工商业兴旺，但帝国政治却极其腐败，巨大的官僚机构和数量庞大的军队耗费了大量的财富，也引起了平民百姓的不满。532年，拜占庭发生暴动，查士丁尼惊慌失措，竟要弃城逃跑，在皇后提娥多拉的鼓励下，他才坐镇指挥，并最终镇压了叛乱。查士丁尼长期的对外战争大大削弱了帝国的军事和财政力量，由于查士丁尼全力收复西方失地，导致帝国不能有效地抵御斯拉夫人和匈奴人的进攻，尤其是548年，斯拉夫人大举侵入君士坦丁堡，劫去大量黄金，匈奴人也在558年逼近首都，满载而归。到560年后，前任皇帝查士丁留下来的32万磅黄金被消耗殆尽，国库空虚，经济处于崩溃的边缘。查士丁尼面对内忧外患，一筹莫展，只好以研究神学来排遣烦恼，在565年去世，时年83岁。

名人逸事

提娥多拉曾经是君士坦丁堡剧院的一个伶人和名妓，她不仅相貌出众，而且善于交际，性格坚毅，有组织能力。查士丁尼看中她，于525年将其纳为皇后。成为皇后的提娥多拉更是如鱼得水，经常为查士丁尼出谋划策，许多重大决策都离不开她的参与，她成为查士丁尼名副其实的"贤内助"。为此，她受到官吏、将军乃至主教的狂热崇拜。凡是对她和查士丁尼不利的一言一行，都会有热心的密探向她报告。由于这些，她经常能轻而易举地获得极有价值的情报，为查士丁尼治理国家做出了巨大贡献。

第一个向西方介绍中国的人——马可·波罗

名人简介

1254年，马可·波罗生于意大利著名的水上城市——威尼斯。他的父亲是威尼斯巨商，常年航海在外。在马可·波罗还没出生的时候，父亲和叔叔就出海了。孩提时代，母亲经常给他讲父亲出海的故事。这些充满传奇色彩的故事，给他留下了很深的印象，使小马可·波罗对外面的世界充满了强烈的好奇。

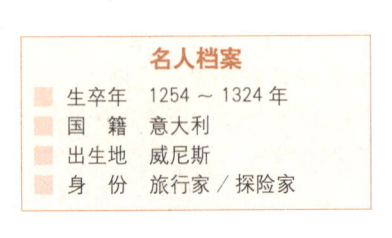

名人档案
- 生卒年　1254～1324年
- 国　籍　意大利
- 出生地　威尼斯
- 身　份　旅行家/探险家

由于父亲一直没有回来，家里的日子渐渐不景气了。马可·波罗12岁的时候，便做了一名小搬运工，每天划着凤尾船，把附近商店的货物送到顾客家里。每当遇到出海的大船归来，他都要向船上的人打听父亲的消息。日子一天天过去了，父亲依然没有消息，母亲在思念中病倒了，不久后便离开了人世。他一个人过着艰苦的生活，他每天拼命干活挣钱，计划着如果父亲再不回来便出海去寻找他，顺便也去看看外面的世界。

马可·波罗15岁那一年，父亲和叔叔终于回来了。父亲看儿子都这么大了，非常高兴，他整天给马可·波罗讲自己旅行中有趣的见闻故事。那个关于中国皇帝忽必烈的故事，使马可·波罗对中国产生了强烈的好奇，他告诉父亲自己也想到这个神秘的国度去看一看。1271年夏天，父亲和叔叔又要启程到中国去了。因为他们上次去的时候，已经答应忽必烈皇帝，要请罗马教皇选派100名教士，和他们一起到中国与中国学者讨论基督教问题。这一次，他们带上了马可·波罗，马可·波罗高兴极了，他暗暗下决心，一定不虚此行。

他们一起乘坐大商船离开了威尼斯，取道耶路撒冷，踏上了向中国出发的旅程。马可·波罗十分好学，他对沿途各地都热心地进行了研究和考察。每到一处，马可·波罗都虚心向当地人请教那里的风土人情。每当看到寺院、古塔等名胜古迹，他就会停下来询问有关它们的故事和来历。晚上的时候，他喜欢到父亲的商队里，听他们讲到各地旅行时的见闻。马可·波罗的口袋里总放着一个本子，随时记录别人讲过的东西。这样一路下来，马可·波罗也成了一个见多识广的人。他脑子里有许多有趣的故事，比如，会移动的城市和山岳、蒙古王爷偏爱肥胖且大嘴巴的王妃、暴风雪中的豺狼、沙漠里骆驼群的故事。马可·波罗还喜欢将自己的所见所闻讲给别人听，他的周围总是围着一大群听众。

1275年，马可·波罗一行终于来

名言佳句

使人年老的不是岁月，而是理想的失去。

到了中国，见到了忽必烈。经过几年的磨炼，马可·波罗已经是一个彬彬有礼、有见识的年轻人了。忽必烈非常喜欢他，就让他留在宫廷里做自己的侍从。一开始由于语言不通，马可·波罗听不懂周围的人讲话。为了尽快学会汉语，他总是积极地向别人请教。很快，聪明好学的马可·波罗学会了汉语、蒙古语等多种语言文字，并逐渐熟悉了中国的风俗礼仪。后来，忽必烈派马可·波罗到南方各地调查民俗。马可·波罗深入了解了南方各地的风土人情，回来后便详细地向忽必烈讲述自己一路上有趣的见闻。他的故事总能让政务繁忙的忽必烈轻松一笑。后来，忽必烈还让马可·波罗做了三年的扬州总管。

马可·波罗在中国住了17年，他走遍了中国的南北各地，写了大量的考察笔记。后因马可·波罗十分想念故乡，再加上父亲得了重病，希望落叶归根，他便向忽必烈辞行。对于马可·波罗的离去，忽必烈十分惋惜，但最后还是同意了，临走时还送了他一大堆金银玉帛。1292年，马可·波罗护送科克清公主前往波斯，后辗转回到威尼斯。

回到威尼斯后，马可·波罗成了意大利的传奇人物，人们喜欢听他讲神奇的东方故事。1295年，威尼斯和另一个城市发生了战争，马可·波罗不幸被俘入狱。这段时间，他和一个叫鲁思梯谦的人住在同一间牢房中，鲁思梯谦喜欢写作。马可·波罗早就想把自己去中国的经历和见闻写成书，留给后世。但在狱中，他经常生病，没办法写作。于是他就与鲁思梯谦商量，由自己口述，鲁思梯谦记录，两人一起完成一本书，鲁思梯谦同意了。这本书写得十分艰难，马可·波罗经常讲得口干舌燥，有时他们写书，被监狱中的差役发现了，还会受到斥责。监牢里的环境十分恶劣，不过马可·波罗从没有放弃过。

半年后，马可·波罗出狱了，举世闻名的《马可·波罗游记》也完成了。这本书对后世产生了深远的影响，马可·波罗后来也成了闻名东西方的人物。

文艺复兴的旗手、划时代的诗人——但丁

名人简介

但丁幼年时由姐姐照管，早年师从于著名学者布鲁内托·拉蒂尼，他后来十分感激拉蒂尼对自己的教导，称拉蒂尼是"伟大的老师""有父亲般的形象"。10岁时，他就攻读完了古代罗马作家维吉尔、奥维德和贺拉斯等人的作品，

名人档案	
生卒年	1265～1321年
国　籍	意大利
出生地	佛罗伦萨
身　份	诗人

对维吉尔推崇备至，视之为理性的象征和引导自己走出人生迷途的第一位导师。但丁的青年时代是在饱览群书中度过的，他勤奋好学，求知欲十分强烈，曾经到帕多瓦、波伦那和巴黎等地的大学深造，对美术、音乐、诗学、修辞学、古典文学、哲学、神学、伦理学、历史、天文、地理和政治都有很深的研究，成为了一个多才多艺、学识渊博的学者。

但丁少年时曾经历了一场刻骨铭心的爱情。那是一位名叫贝雅特里齐的少女，她的端庄、贞淑与优雅的气质令但丁一见钟情，再也不能忘记。遗憾的是贝雅特里齐后来遵从父命嫁给一位银行家，婚后数年竟因病夭亡。悲伤不已的但丁将自己几年来陆续写给贝雅特里齐的 31 首抒情诗以散文相连缀，取名《新生》结集出版。诗中抒发了诗人对少女深挚的感情、纯真的爱恋和绵绵无尽的思念，风格清新自然，细腻委婉，是西欧文学史上第一部剖露心迹、公开隐秘情感的自传性诗作。1291 年，在亲友的撮合下，但丁与少女盖玛结婚，生有两男一女。

名言佳句

走自己的路，让别人去说吧。

你们生来不是为了走兽一样生活，而是为着追求美德和知识。

真是罪有应得！他们在世上把善良的人踩在脚下，而把凶恶的人捧在头上。让他们永远受罪吧！

早在青年时期，但丁就以激昂的热情投身政治运动，反对封建贵族的统治和罗马教皇对佛罗伦萨的干涉。后来，教皇重新控制了佛罗伦萨政权，1302 年，但丁被没收全部家产，并被判处终身流放，他从此再未回过故乡。在流放初期，但丁写了《飨宴》《论俗语》和《帝制论》三部作品。《飨宴》是意大利第一部用俗语写成的学术著作，向读者介绍古今科学文化知识并赞颂人的伟大；《论俗语》以拉丁文写成，为意大利民族语言和文学语言的发展奠定了理论基础；《帝制论》则从理论上阐述了政教分离、反对教皇干涉政治的观点，向居于统治地位的神权提出了挑战。

从 1307 年至 1321 年，但丁历时 14 年之久，完成了伟大的史诗《神曲》。《神曲》分为《地狱》《炼狱》《天堂》三部，通过对但丁幻游地狱、炼狱、天堂中遇到的上百个各种类型人物的描写，以广阔的画面，反映出意大利时代转折时期的现实生活和社会变革，透露出了人文主义的新思想，为文艺复兴运动的兴起开辟了道路。此外，这部长诗对中古的政治、哲学、科学、神学、诗歌、绘画和文化做了艺术性的阐述和总结，不仅在思想性、艺术性方面攀越了时代高峰，而且成为一部传授知识的百科全书式的鸿篇巨制。

但丁晚年时，与妻子盖玛和已经长大成人的三个孩子在拉韦纳团圆，得享天伦之乐。1321 年，因患疟疾不治身亡，享年 56 岁。

手持《神曲》的但丁像

名人逸事

但丁在世时，一直希望能够重回故乡佛罗伦萨，但未能如愿。几世纪后，佛罗伦萨人想把但丁的遗骸迁回故乡，市政府甚至在圣克洛斯教堂为他修筑了一座高大的墓冢。但迁葬一事遭到了拉韦纳人民的坚决反对，他们认为但丁是他们的光荣。结果直到现在，佛罗伦萨的但丁墓仍然是一座空穴。

美洲大陆的发现者——哥伦布

名人简介

哥伦布诞生于 1451 年 8 月 25 日至 10 月末之间的某一天，他有三个弟弟、一个妹妹，二弟夭折。他的家庭具有典型的中世纪手工业者家庭的特点，具有劳动能力的家庭成员都要参加劳动。

名人档案	
生卒年	1451～1506 年
国　籍	意大利
出生地	热那亚市
身　份	航海家

哥伦布自幼酷爱航海冒险，15 岁就跟随货船在地中海上航行。《马可·波罗游记》中对富庶东方的描述，对他产生了很大的吸引力。年轻的时候，哥伦布就接受了当时比较流行的地圆学说，认为从欧洲向西航行可以直达传说中遍地是黄金、白银和香料的中国和印度，在那里发掘财富是他终身的梦想。为实现这个梦想，哥伦布制订了自己的航海计划。中世纪的欧洲，不具备完备的远洋航海知识和物质条件，哥伦布的冒险计划遭到了葡萄牙国王的拒绝，但是西班牙女王伊莎贝拉最终支持了他。

1492 年 8 月 3 日，哥伦布率领由三艘船组成的舰队从西班牙的巴罗斯港出发，开始了人类历史上首次横渡大西洋的壮举，探险队员共 87 人（一说 90 人）。进入大西洋无人熟悉的海域后，舰队一直向西航行，30 多天后到达现在美洲的巴哈马群岛，哥伦布以为自己到达了印度，就把发现的岛屿称为西印度群岛，并把当地的居民叫作印第安人，意即印度人。12 月 25 日圣诞节那天，旗舰"圣玛丽"号在海地岛北岸触礁沉没，除 39 人自愿留在岛上建立纳维达德据点外，哥伦布率领其他人分乘两只小船回国。1493 年 3 月 15 日，号称"大西洋海军元帅"的哥伦布，在经过 240 天的远航探险后，回到了巴罗斯港，消息轰动了西班牙以至整个欧洲。庆祝凯旋的游行队伍威风凛凛，10 名赤体文身的印第安人走在最前列，哥伦布本人则骑马殿后，展示了从美洲带回来的金饰珠宝、珍禽异兽。王室像接待上宾一样接待了哥伦布，女王几次向他致意，赐给他一件崭新的海军元帅战袍，听完哥伦布对探险经过的描述后，在场全体成员齐齐跪下，同唱赞美诗。1493 年 5 月 29 日，西班牙国王颁布命令授予哥伦布新发现的岛屿和陆地的海军司令、钦差和总督的头衔，并且颁发了授衔证书。

此后，哥伦布又分别于 1493 年、1498 年、1502 年进行了三次远航，其中以第二次远航规模最大，但后三次航行都只是不断地扩大了对美洲大陆的探索范围，而始终没能找到印度和中国。在完成第四次航行回到西班牙之后不久，哥伦布身染重病，卧床不起，于 1506 年 5 月 20 日病逝于法拉多利城。一直到死，哥伦布都认为他到达的是印度。后来，一个名叫亚美利哥的意大利人发现哥伦布到达的这些地方不是印度，而是一个原来不为人知的新大陆，这块新大陆就以亚美利哥的名字命名为亚美利加洲（America）。

新航路开辟的意义

新航路开辟后，世界贸易中心从地中海转移到大西洋沿岸。世界上原本相互隔绝的地区联系起来，欧洲同美洲、亚洲之间的贸易日益发展，世界市场扩大了。新航路的开辟，使西方开始走出了中世纪的黑暗，欧洲各国资本主义经济迅速发展起来。一种全新的工业文明逐渐成为世界经济发展的主流。然而新航线的开辟，也给美洲、非洲、亚洲人民带来了巨大的灾难，从此欧洲人开始了世界范围的殖民活动。

名人逸事

哥伦布在一次西班牙贵族的宴会上，不断向在座的人宣传他的海上探险计划。但大家都认为他只是在夸夸其谈，根本不相信他所说的从西班牙一直往西航行就能到达印度。为了说服这些愚蠢顽固

名言佳句

只要我们能把希望的大陆牢牢地装在心中，风浪就一定会被我们战胜。

的家伙，哥伦布灵机一动，顺手抓起桌上的一个熟鸡蛋，对大家说："谁能把这个鸡蛋小头朝下站立在桌上？"大家愕然。哥伦布把鸡蛋往桌上轻轻一敲，稳稳地把它立在桌面上。这时有人说："这不能算，把蛋壳敲破，大家都会。"哥伦布正色道："对，你和我的差别就在这里，你不敢试，而我敢。任何创举在一些人看来都是再简单不过了，但那是别人做出来以后才这样认为的。"

文艺复兴时期的艺术巨匠——达·芬奇

名人简介

莱昂纳多·达·芬奇是意大利在文艺复兴时期的第一位画家，也是整个欧洲文艺复兴时期的代表人物之一。他出生于意大利佛罗伦萨城附近。父亲是佛罗伦萨的公证员，母亲是一位酒店服务员。达·芬奇是他们的私生子，出生不久，母亲被父亲遗弃。几年以后，母亲把他送到祖父那里。他在祖父的田庄里度过了幸福的童年。

儿时的达·芬奇异常的聪明伶俐，而且勤奋好学，对万事万物都充满了兴趣，尤其喜爱绘画，邻里送给他"绘画神童"的美誉。14岁的达·芬奇来到历史文化名城佛罗伦萨，师从著名艺术家韦罗基奥，系统地学习造型艺术。1472年，达·芬奇成为佛罗伦萨画家行会最年轻的会员，受到同行们的羡慕。达·芬奇在这里接触到许多知名的人文主义学者、艺术家和科学家，深受人文主义思想的熏陶。20岁时，他在绘画领域已经有很高的造诣，成为公认的名画家。他的壁画《最后的晚餐》和肖像画《蒙娜丽莎》是欧洲艺术的拱顶之石，也是世界艺术宝库中的珍品。

《最后的晚餐》描绘了耶稣和他的12个门徒共进晚餐的故事。画中人物形态各异，生动逼真，其中对犹大紧握钱袋的细节描绘尤为成功。《蒙娜丽莎》把现实生活中的普通人物作为表现对象，打破了以宗教题材为主的绘画传统，体现了作者

名人档案

- 生卒年　　1452～1519年
- 国　籍　　意大利
- 出生地　　芬奇镇安基亚诺村
- 身　份　　多才多艺的超级大师

的人文主义思想。蒙娜丽莎这位端庄娴静的贵妇人，在达·芬奇笔下流露出某种令人莫可名状的神秘微笑，给人们留下了深刻的印象。1476年，达·芬奇创作了成名作《基督受洗》。尽管这幅画仍以当时流行的神学故事为题材，但打破了以往呆板平淡的传统画法，采用了现实主义手法，使人物形象栩栩如生，令人观后回味无穷。

达·芬奇是多才多艺的。在哲学领域，他认为知识起源于实践，人们必须从实践出发，通过实践去探索科学的奥秘。他的这一哲学理念，后来经伽利略发展，并由英国哲学家培根从理论上加以总结，成为近代自然科学最基本的研究方法。达·芬奇非常重视试验，他的画室旁边就是实验室，他经常刚从画室出来就钻进实验室做各种试验。

蒙娜丽莎 达·芬奇

达·芬奇在天文、物理、数学、生理解剖，乃至军事、机械工程领域都有所创见。天文学方面，达·芬奇对传统的"地球中心说"持否定的观点，思考过利用太阳能为人类谋福利。物理学方面，他提出了连通器原理，重新发现了液体压力以及惯性原理，发展了杠杆原理，还预言了原子活动的原理，并形象生动地描述了原子能的威力。在生理解剖学方面，他也取得了巨大的成就，是近代生理解剖学的始祖。他研究和发明的触角还延伸到军事和机械方面，他发明了机关枪、手榴弹、潜水艇等武器装备，还尝试过制造飞机。后世的许多学者惊讶地发现，他的军事发明差不多已经达到第二次世界大战的装备水平。他在数学领域和水利工程等方面也有一定的贡献。达·芬奇的研究成果遍及自然科学的方方面面，是世界上少有的全面发展而且成就突出的学者。

达·芬奇的晚年漂泊不定，先后辗转到佛罗伦萨、威尼斯、罗马等地。1517年，他移居法国。1519年5月2日，这位文艺复兴的巨匠在法国与世长辞。达·芬奇凭其渊博的学识和深邃的思想，在各个领域都有不菲的业绩。他集艺术大师、科学巨匠、文艺理论家、哲学家、诗人、音乐家、工程师和发明家于一身，被后世学者称为"旷世奇才""第一流的学者"和"文艺复兴时代最完美的代表"。

名人逸事

达·芬奇14岁时来到著名画家韦罗基奥的画室学习绘画。第一天，老师并没有对他讲高深的绘画理论，而是让他画鸡蛋，一个接一个地画，第二天、第三天仍然是这样，时间就这样一天一天过去。总是做这种单调乏味的工作，达·芬奇实在不能忍受，就问老师："画一个圆圈就是一个鸡蛋，如此简单的事有必要学这么长时间吗？"韦罗基奥却回答说："画鸡蛋是很简单，但1000只鸡蛋有两只是相同的吗？如果要在画布上把鸡蛋准确地表现出来，不下一番苦功是不行的。"达·芬奇听后很受启发，于是专心致志地苦练基本功。三年后，他画的鸡蛋形态各异、惟妙惟肖，画艺果然大有长进。

政治学之父——马基雅维利

名人简介

马基雅维利的家族是佛罗伦萨的名门望族，早在13世纪时，这个家族中就有许多人担任政府要职，马基雅维利的家庭属于这个家族中最贫寒的一支，他的父亲也曾担任政府公职，但因无力偿还债务而被免职。由于家境清寒，他从小就没有受过多少正规教育，但在父母的严格教育和家庭的熏陶下，他从少年时代起就阅读了大量的书籍，并养成了独立思考的习惯，早年时就因才识过人而备受称赞。

名人档案	
生卒年	1469～1527年
国　籍	意大利
出生地	佛罗伦萨
身　份	政治家／文学家／军事家

成年以后，他投身政治，在29岁时被任命为佛罗伦萨共和国最高行政机关"自由安全十人委员会"的国务秘书，主管外交和军事，以及负责起草政府文件等工作，并曾多次出使意大利各邦和法、德等国。1501年，马基雅维利与玛丽特·考尔西尼结婚，生育了5个孩子。1512年，共和国遭到颠覆，君主制复辟，他遭到逮捕和监禁，从此结束了他的政治生命。恢复自由后，他长期隐居乡间，过着清贫艰苦的生活，著书立说，取得了显著的学术成就。

1512～1513年，他完成了《论提图斯·李维的〈罗马史〉前十卷》，该书不仅是一部历史著作，而且是一部政论著作，书中明显反映了他的共和主义思想，分析了历史上的著名战役，并提出了自己的军事学观点。他编纂的《佛罗伦萨史》，保留了意大利的许多珍贵史料，并创立了一种受到普遍称赞的简洁明确、生动优雅的意大利语的散文风格。当然，他最著名的著作是完成于1513年的《君主论》。该书是马基雅维利对意大利数百年政治实践与激烈革命的总结，也是作者从政10多年经验教训的理论结晶。他认为共和政体是最好的国家形式，但又认为共和制度无力消除意大利四分五裂的局面，而只有建立拥有无限权力的君主政体才能使臣民服从，抵御强敌入侵。他强调为达目的可以不择手段，诸如权术政治、残暴、欺诈、伪善、背信弃义等，只要是有助于君主统治的就都是正当的。这一思想被后人称为"马基雅维利主义"。

《君主论》无疑是政治学领域中最有影响力的著作之一。作为第一部政治禁书，《君主论》在人类思想史上一方面受着无情的诋毁，另一面却又备受称道，在问世的400多年来，一直是政治家、谋略家、野心家们关注的焦点。直到20世纪后期，人们才开始以科学的态度对待它，并认为它是人类有史以来对政治斗争技巧的最独到、最精辟、最诚实的"验尸报告"，而马基雅维利也被称为是第一位将政治学和伦理学分家的政治思想家。

1527年，佛罗伦萨发生起义，君主统治被推翻，马基雅维利又向共和国新政

名言佳句

如果不做出某些恶行就难以挽救自己的国家的话，那么君主就不必因为人们对这些恶行的责备而感到不安。

君主应该学会同时扮演狮子和狐狸两种角色——狡黠如狐，凶狠如狮。不过人君的这种狐狸性格必须懂得如何掩饰。

府谋求身份，希望能贡献余生，但遭到拒绝。他为此忧郁成疾，不久在极度失望与痛苦中辞世。

名人逸事

1502年，马基雅维利以特使身份见到了瓦伦蒂诺公爵恺撒·博尔吉亚。此人精通权术，他用十分谦恭的礼节对待政敌，深藏自己的用意，一旦取得对方的信任，就无情地绞杀他们。当人民起来造反时，他派酷吏血腥镇压，而和平到来时，又把他派去镇压起义的官吏处死，以平民愤。而马基雅维利认为只有这样的君主才能实现意大利的统一，并把恺撒·博尔吉亚作为《君主论》中完美的君主的典型。

"日心说"的创立者——哥白尼

名人简介

哥白尼10岁丧父，由舅父瓦兹洛德大主教抚养，受到了良好的教育。他少年时代就对天文学有浓厚兴趣。中学时，在老师指导下，制造了一具按照日影确定时刻的日晷。18岁时，哥白尼进入克拉科夫大学。学校的

名人档案

- 生卒年　1473～1543年
- 国　籍　波兰
- 出生地　维斯瓦河畔的托伦城
- 身　份　天文学家

人文主义者、数学家和天文学家布鲁楚斯基给予他很大的影响，哥白尼经常向这位学者请教天文学和数学方面的问题，还学会了用天文仪器观测天象。

大学毕业返回故乡后，瓦兹洛德派他去意大利学习教会法规。1497～1500年，他在波洛尼亚大学读书，除教会法规外，还同时研究多种学科，尤其是数学和天文学，并与该校的天文学教授、意大利文艺复兴运动的领导人之一诺瓦拉交往甚密，他们时常一起遥测宇宙，记录数据，研讨前人有关天文学的著作。哥白尼了解到，早在公元前3世纪，古希腊天文学家阿利斯塔克就曾提出过地球绕太阳运行的概念，并首先测定了太阳和月亮对地球距离的近似比值，但后来遭到宗教势力的反对。为了直接阅读这类著作，哥白尼学会了希腊文。在实际的天文测量和对前人著述的钻研后，哥白尼对地球中心说产生了怀疑。地球中心说是古希腊哲学家亚里士多德提出来的，2世纪罗马天文学家托勒攻又加以推演论证，使它进一步系统化。地心说认为地球静止不动地居于有限的宇宙中心，日月星辰都围绕地球运转，这一学说被基督教会奉为真理，成为神权统治的重要理论基础。

1506年，哥白尼回到波兰，在弗罗恩堡大教堂担任教士，这使得他有了一定的

名言佳句

人的天职在勇于探索真理。

我主张地球是动的。

为了让人们望着天空不感到害怕，我要一辈子研究它！

社会地位和物质保障，得以继续从事天文学研究和科学实验活动。为了研究方便，他特意选择了教堂围墙上的箭楼作宿舍兼工作室，他在里面设置了一个小小的天文台，用自制的简陋仪器，开始了长达30年的天体观测。正是在这里，他写下了巨著《天体运行论》，而其中选用的27个观测事例，就有25个是他在这个箭楼上观测记录的。《天体运行论》共6卷，哥白尼在书中完整地提出了太阳中心说，并批判了托勒玫地球是静止的理论。

哥白尼的太阳中心说，科学地阐明了天体运行的现象，推翻了长期以来居于统治地位的地球中心说，并从根本上否定了基督教关于上帝创造一切的谬论。尽管他的学说仍然坚持宇宙中心论和宇宙有限论，但却把天文学从宗教神学的束缚中解放出来，实现了天文学中的根本变革，在近代科学的发展史上具有划时代的意义。

1543年，哥白尼因病逝世，享年70岁。后人进一步发展了哥白尼的学说。

名人逸事

1524年5月24日，哥白尼的《天体运行论》出版后，遭到了罗马教廷的激烈反对，被列为禁书，就连德国宗教改革家马丁·路德也辱骂哥白尼是个傻子，居然想推翻《圣经》的权威论证。300多年以后的1882年，罗马教皇才最终承认了哥白尼学说是正确的。

文艺复兴时代伟大的艺术家——米开朗琪罗

名人简介

米开朗琪罗，意大利文艺复兴时期伟大的绘画家、雕塑家和建筑师，文艺复兴时期雕塑艺术的最高峰。

名人档案
- 生卒年　1475～1564年
- 国　籍　意大利
- 出生地　佛罗伦萨的卡普雷塞
- 身　份　画家／雕塑家／工程师

1475年3月6日，米开朗琪罗在佛罗伦萨附近的卡普雷塞出生，他的父亲是卡普雷塞市的自治市长。13岁开始，米开朗琪罗进入佛罗伦萨画家基尔兰达约的工作室学习，之后转入圣马可修道院的美第奇学院当学徒。米开朗琪罗酷爱学习，这使他陷入绝对的孤独。在旁人眼里，他孤芳自赏，生性乖僻，疯疯癫癫，总之是与世俗格格不入的一个人。社交活动总使他感到腻烦。他几乎没有什么朋友，只和几位严肃的人士来往。他生平也只爱过一个女人，就是著名的德·贝斯凯尔侯爵夫人维多利阿·柯罗娜，那是一种柏拉图式的恋爱。

1496年，米开朗琪罗来到罗马，创作了第一批代表作《酒神巴库斯》和《哀悼基督》等，开始在艺术领域显露锋芒。1501年，他重新回到故乡佛罗伦萨，用了4年时间，完成了举世闻名的《大卫》。1505年，他再度来到罗马，奉教皇尤里乌斯二世之命负责建造教皇的陵墓，1506年停工后回到佛罗伦萨。两年后，也就是1508年，他

巴黎国立美术学校半圆形讲堂壁画《大艺术家的集会》(1836～1841年)，多拉洛许绘制。米开朗琪罗坐在左边，正向周围的人们说着什么。

又奉命回到罗马，用了4年又5个月的时间完成了著名的西斯廷教堂天顶壁画。1513年，教皇陵墓恢复施工，米开朗琪罗创作了著名的《摩西》《被束缚的奴隶》和《垂死的奴隶》。1519～1534年，他在佛罗伦萨创作了他生平最伟大的作品——圣洛伦佐教堂里的美第奇家族陵墓群雕。1536年，米开朗琪罗回到罗马西斯廷教堂，用了近6年的时间创作了伟大的教堂壁画《最后的审判》。

《最后的审判》面积近200平方米，耗时6年。对于这样一个宏大的工程，一个人完成是艰难的，他找来一些人做助手，最后却只留下一个调制颜料干杂活的，绘画都由他自己动手完成。画中的人物充满超人的力量，表现了丰富的运动，并充满戏剧性。1541年10月31日，米开朗琪罗的壁画揭幕了，这一瞬间，整个罗马惊讶了。《最后的审判》是现在已知的这一题材作品中最惊世骇俗的一件，它将内在的上帝威严（而不是他的父权）表现得淋漓尽致。这个审判是对整个世界的，而这个世界在他看来已腐化堕落到无可救药的地步。其实这种审判在当时是反基督的，属于异教徒行为，但米开朗琪罗的作品在当时被视为极其正统。有人评价这件作品："审判者基督是一位伟大的、复仇的阿波罗。而这幅画可怕的震撼力正源于画家充满悲剧色彩的绝望。他把自己也画入这场审判，不是作为一个完整的人，而是一张被剥的人皮——一副由于艺术的重压而被榨干人格的皮囊。当圣母也在叱咤风云的巨人身旁畏缩不前的时候，唯一的安慰是：这张皮在圣巴多罗买的手中。这位殉教者曾经发誓普度众生。"

米开朗琪罗的一生就是展现他创造力的一生，他从来都没有停歇过。重大创作期间，他常常和衣而睡，这是为避免在被衣束带上浪费时间。他睡眠时间很少，经常半夜就起床，抓起雕刀或铅笔记下他的构思。一日三餐仅吃几片面包。他的目标就是自己塑造的成千上万的人物形象，不应该有一个被遗忘。他说："不预先回忆一下是否已经用过这个形象，是绝对不动手勾画草图的。"他亲手为自己制造锯子、雕刀，任何细枝末节，他都不信托别人。一旦他在一件雕像中发现有错，他就放弃整件作品，转而去雕刻另一块石头。很多时候，由于他不能把自己的宏伟构思变成现实，许多作品在中途就被他自己毁掉了。有一次，就一刹那之

名言佳句

杰出的艺术家对自己怀有的任何心思，都有本事透过一块大理石表现无遗。

间，他失去了耐心，竟把一座几乎完成的巨大群像打得粉碎，就是最初所创作的《哀悼基督》。

米开朗琪罗代表了欧洲文艺复兴时期雕塑艺术的最高峰，他创作的人物雕像雄伟健壮，气魄宏大，体格雄浑，充满了无穷的力量。大量作品在写实的基础上，又显示了非同寻常的理想加工，成为整个时代的代表。他的艺术创作受到很深的人文主义思想和宗教改革运动的影响，作品中倾注了他满腔悲剧性的激情，这股激情以宏伟壮丽的形式表现出来。他所塑造的英雄，既是理想的象征，又有现实的感受。这些都使他的艺术创作成为西方美术史上一座难以逾越的高峰。

名人逸事

米开朗琪罗一生孜孜以求，从不懈怠。一天，红衣主教法尔耐兹在斗兽场附近与这位已是风烛残年的老人在雪地里相见了，主教停下车子，问道："在这样的鬼天气，这样的高龄，你还出门上哪儿去？""上学院去。"他答复道，"想努一把力，学点东西。"

骑士利翁纳是米开朗琪罗的门徒，他曾把米开朗琪罗的肖像刻在一块纪念碑上。当他向米开朗琪罗征求意见，问他想在阴面刻上什么的时候，米开朗琪罗请他刻上一个盲人，前面由一条狗引路并加上下面的题词：我将以你的道路去启示有罪之人，于是不贞洁的心灵都将皈依于你。

第一个环球航行的人——麦哲伦

名人简介

麦哲伦10岁左右被父亲送入王宫服役，1492年成为王后的侍从。16岁时，他进入葡萄牙国家航海事务厅，因而熟悉了航海事务的各项工作。那时哥伦布已经发现了美洲新大陆，达·伽马也从印度返航并带回了传说中的东方财

名人档案	
生卒年	1480～1521年
国　籍	葡萄牙
出生地	波尔图
身　份	航海家

富。东方的财富和远洋探险的荣誉极大地吸引了麦哲伦，他积极要求参加远征队，终于在1505年获得了参加海外远征队的机会，从此开始了毕生的远洋探航事业。

此后，麦哲伦在印度和东南亚一带进行探索和游历，实地了解到在东南亚的摩鹿加群岛的东面是一片汪洋大海。他坚信地球是圆形的，并猜测在这片大海的东面，肯定是哥伦布发现的美洲大陆。而要绕过美洲驶向摩鹿加群岛，关键是要找到一条沟通大西洋和"大南海"的通道——海峡。为此，他下决心要做一次环球探航。1518年，西班牙国王查理一世与麦哲伦签署了远洋探航协定。1519年9

月，麦哲伦率领一支由 265 人和 5 艘船只组成的船队，从西班牙塞维利亚城的港口出发，开始了环球远洋探航。

名言佳句

就是把包船桅的牛皮统统吃光了，我们还是要前进！

经过两个多月的海洋漂泊，船队越过大西洋来到巴西海岸，稍事休整后，又沿海岸向南继续航行，但是到 1520 年 10 月，船队一直没有找到海峡。几次探索海峡的失败，令多数海员都感到灰心丧气，有三个船长也反对麦哲伦，麦哲伦设法平定了纷乱情绪，避免了探航半途而废的结局。1520 年 10 月 21 日，船队在南纬 52 度处又发现了一个海峡口，经过一系列摸索前进，终于在 11 月 28 日走出海峡西口，见到了浩瀚无边的"大南海"。欧洲人花了 20 多年所要寻找的地方终于被麦哲伦找到了，后人把他发现的海峡命名为"麦哲伦海峡"。

1521 年 3 月，船队来到了菲律宾群岛。麦哲伦以征服者的姿态参与了当地的部族冲突，在一次战斗中战败被杀。之后，他的助手烧掉一条破烂不堪的船，带领仅存的两条载满香料的船越过马六甲海峡，经印度洋、过好望角，辗转一年多，终于在 1522 年 9 月回到西班牙，完成了人类的第一次环球航行。

英国黄金时代的著名女王——伊丽莎白一世

名人简介

亨利八世废黜了信奉天主教的王后凯瑟琳后，另娶安娜·波琳，伊丽莎白是他们唯一的孩子。1534 年，她被宣布为继承人，但时间不长，她的母亲因为不贞罪被处死，她因此失去了王位继承权。亨利八世后来再娶，生子爱德华，立为太子。直到 11 岁时，因为太子身体虚弱，伊丽莎白被父亲恢复了公主身份。她父亲在遗嘱中规定：爱德华如无嗣，就由凯瑟琳生的玛丽继位，玛丽若无嗣则由伊丽莎白继位。伊丽莎白自幼受到很好的教育，掌握了 6 种语言：英语、法语、意大利语、西班牙语、拉丁语和希腊语。在老师的影响下，她成为了一名新教徒。

1558 年，在爱德华、玛丽相继辞世后，伊丽莎白继位，称为伊丽莎白一世。伊丽莎白上台后，采用种种措施强化自己的专制权力。她宣称国王是上帝在人间的全权代表，是人间的上帝，要求臣民对她绝对服从；她限制国会的权力，甚至将敢于顶撞她的议员赶出国会。在宗教政策上，她继续推行亨利八世的宗教改革，获得了新教徒的支

伊丽莎白一世肖像

持，并把教会置于国王、而不是罗马教皇的领导之下，这些措施赢得了资产阶级、新贵族以及广大平民的支持。在经济政策上，伊丽莎白鼓励并支持英国的海盗活动，把这种活动看作是充实国库和打击西班牙的重要手段。她还鼓励英国商人建立各种类型的贸易公司，其中1600年成立的东印度公司为英国向东方的扩张打下了基础。

名人档案	
生卒年	1533～1603年
国　籍	英国
出生地	伦敦的普雷森希宫
身　份	政治家

1588年，英国的海军战胜了西班牙的"无敌舰队"。这成为英国走向强盛的转折点，英国开始获得大西洋的海上霸权，为大规模的海外扩张开辟了道路。此后，英国的经济继续发展，伦敦也成为欧洲工商业和金融业的重要中心。伊丽莎白终身未婚，把自己的爱全部献给了祖国。她逝世后，培根撰文赞美她是一位伟大的女王："这位淑女在女性中独赋才学，即使在男性君王中也很少见……如果考虑到君王的博爱多才与人民幸福的双重结合，我认为我无法找到另一位比她更优秀的人物。"

名人逸事

不想结婚的伊丽莎白也喜欢与男人交往，在宫廷之中，就有不少她喜爱的宠臣，达德利勋爵是其中最令她心仪的人。高大强健的达德利是贵族

名言佳句

我的一切都是为了那辉煌的一刻。

之后、诺森伯兰公爵的公子，他英俊潇洒，一表人才。伊丽莎白对他十分宠爱，在1564年竟加封他为莱斯特伯爵。实际上，伊丽莎白早就有与他结婚、永为伴侣的打算。可是有一件事情令她最终放弃了此念。那就是，莱斯特伯爵在成为女王宠臣之前已是有妻室之人。而且很凑巧，莱斯特之妻罗布莎特有一天突然命丧九泉，因此有好事者传说，罗布莎特是其丈夫为与女王成婚而故意谋杀致死的。不管此事是否属实，终究是人言可畏，女王深恐与莱斯特结婚会引来非议，有损君王尊严，终于未能结成连理。

1578年，法兰西国王亨利二世之弟、年轻的阿朗松公爵亲自登门向伊丽莎白求婚，但这场求婚却成了一场马拉松。直到5年之后，即1583年，50岁的伊丽莎白才明确宣布拒绝了他的求婚。

阿朗松成为了最后一位求婚者。此后伊丽莎白便没有提过婚嫁之事，其中奥秘如何，那恐怕就是一个无法解释的谜了。

● 一生未婚的伊丽莎白 ●

对伊丽莎白最大的批评来自于她没有自己的继承人。别人一直以为她会结婚生子，因此有许多人追求她，包括她姐姐的前夫、西班牙的菲利普国王，以及她的宠臣莱斯特伯爵，但伊丽莎白明智地拒绝了他们。当国会和英国的臣民们请求她结婚时，她说："我已经与我的国家结婚了。"对于她终生独身的秘密有很多猜测，其中之一就是她害怕婚姻及生子会导致激烈的宫廷斗争。

英国杰出的哲学家——培根

名人简介

培根从小接受了良好的家庭教育，在少年时期就表现出异乎寻常的才智。12 岁时，进剑桥大学三一学院深造。在校期间，他就对传统的亚里士多德哲学产生了怀疑，开始独自思考社会和人生的真谛。

1567 年，培根作为英国驻法大使的随员来到法国，在旅居巴黎两年半的时间里，他几乎走遍了整个法国，接触到不少新鲜事物，汲取了许多新思想，这对他的世界观的形成起了很大的作用。1579 年，培根的父亲病逝，他奔丧回国。之后他做过律师和国会议员。1589 年，他被许诺为民事法院出缺后的书记，然而，他为此空缺等了 20 年。此时，培根决心要把脱离实际、脱离自然的一切知识加以改革，把经验观察、事实依据、实践效果引入认识论，这成为他奋斗一生的目标。

培根是英国著名的哲学家，曾先后担任过副检察长、首席检察官、枢密院官员、掌玺大臣和大法官等职，1621 年受封为子爵，然而由于接受朝臣贿赂而遭免职。不过他的哲学思想却大大超越了他的政治能力，他强调的归纳方法对科学研究起到了重大的促进作用。

在詹姆士一世统治时期，培根平步青云，扶摇直上，历任宫廷要职。1602 年受封为爵士，1604 年被任命为詹姆士的顾问，1607 年被任命为副检察长，1613 年被委任为首席检察官，1616 年被任命为枢密院顾问，1617 年被提升为掌玺大臣，1618 年晋升为英格兰的大法官，授封为维鲁兰男爵，1621 年又授封为奥尔本斯子爵。培根一生的大部分时间都在官场中度过，他晚年颇有感慨地说，他"把才能误用在了自己最不擅长的工作之上"。1621 年，培根被国会指控贪污受贿，被高级法庭判处罚金 4 万镑，监禁于伦敦塔内，并终生逐出宫廷，不得担任公职。罚金以及监禁都被詹姆士一世豁免了，此后，培根脱离政坛，开始专心从事著述。

培根一生著作颇丰，取得了多方面的成就。其中 1620 年出版的《新工具》是培根最重要的哲学著作，它提出了培根在近代所开创的经验认识原则和经验认识方法，在近代哲学史和逻辑史上具有重要的意义和广泛的影响。培根认为经院哲学阻碍了当代科学的发展，因此极力批判经院哲学和神学权威，他主张科学理论与科学技术相辅相成，主张打破"偶像"，铲除各种偏见和幻想，提出"真理是时间的女儿而不是权威的女儿"，对经院哲学进行了有力的批判。在研究方法上，他强调观察、实验、分析和归纳相结合的方法，是公认的归纳法的创始人。他从唯物论立场出发，重视感觉经验和归纳逻辑在认识过程中的作用，开创了以经验为手段，研究感性自然的经验哲学的新时代，对近代科学的建立和发展起了积极的推动作用。他被罗素尊称为"给科学研究程序进行逻辑组织化的先驱"。

名人档案	
生卒年	1561～1626 年
国　籍	英国
出生地	伦敦
身　份	哲学家

1626 年，培根在一次冷冻防腐的科学实验中遭受风寒去世，终年 65 岁。培根死后，人们为怀念他，为他修建了一座纪念碑，亨利·沃登爵士为他题写了如下的墓志铭：

圣奥尔本斯子爵

如用更煊赫的头衔应称之为"科学之光""法律之舌"

名人逸事

1626 年 2 月的某一天，培根坐车前往伦敦北郊。当时他正在思索冷热理论及其实践应用问题。在路过一户农民家时，他买了一只鸡，将鸡宰杀后，把雪填进鸡腹，以观察冷冻在防腐上的作用。由于天气严寒，他受了风寒，最后竟然一病不起，两个月后，与世长辞。

名人作品欣赏

塞内加有一句仿斯多葛派的高论："幸运的好处令人向往，厄运的好处叫人惊奇。"毫无疑问，如果奇迹就是统摄自然，那么它们大多在厄运中出现。他还有一句宏论比这还要高明（此言出自一个异教徒之口，实在高明绝伦）："集人的脆弱与神的旷达于一身，才是真正的伟大。"如果将此话写成诗，那就更加妙不可言，因为在诗里，豪言壮语更受赞许。的确，诗人一直潜心于此道，因为它其实就是古代诗人奇谈中表现的那种东西，这种奇谈似乎并不乏玄秘，而且似乎与基督徒的境况相当接近，"赫拉克勒斯去解放普罗米修斯（他代表人性）时，他坐在一个瓦盆或瓦罐里渡过了大海"，基督徒驾着血肉的小舟穿越尘世的惊涛骇浪，这种决心，被它描绘得活灵活现。

用平实的语言讲，幸运产生的美德是节制，厄运造就的美德是坚忍，从道德上讲，后者更富有英雄气概。

幸运是《旧约》的恩泽，厄运则是《新约》的福祉，因为《新约》蕴涵着更大的福以及对神恩更加明确的昭示。然而，即便在《旧约》里，如果你聆听大卫的琴声，你就会听见像欢歌一样多的哀乐。圣灵的笔在描绘约伯的苦难之际比描绘所罗门的幸福之时更加用心良苦。

幸福并非没有诸多恐惧和灾殃，厄运也不是没有安慰与希望。在编织和刺乡中，阴暗的底子上明快的图案比明快的底子上阴沉的图案更加喜人。因此，从悦目来推断赏心吧。

无疑，美德如同名贵的香料、焚烧碾碎时最显芬芳：因为幸运最能揭露恶

名言佳句

知识就是力量。

要命令自然，就要服从自然。

> **培根哲学著作《新工具》**
>
> 《新工具》首次发表于1620年,是培根的主要哲学著作之一。本书的书名是针对古希腊哲学家亚里士多德的著作《工具论》而起的。《新工具》一书分为两卷:第一卷主要讨论制定归纳法的原理;第二卷主要讨论收集事实的方法。培根在书中批判了亚里士多德逻辑学说和三段论方法,提出了经验认识原则和经验认识方法。此书在近代哲学史和逻辑史上有重要影响。培根也因此被称为"近代逻辑史上的先驱"。

行,而厄运则最能发现美德。

——《谈厄运》(1625年作)

英国最伟大的诗人和剧作家——莎士比亚

名人简介

文艺复兴的接力棒终于传到了莎士比亚手中,他不负众望地跑到了文艺复兴预期的终点。由于他的先驱薄伽丘和拉伯雷已经完成了对中世纪教会和政权的强烈批判,他已经不用在这些地方花心思了。他要做的,就是在前辈开拓的土地上,从容地采撷过去所有时代的文明花园中值得摘取的花朵,并将之酝酿成一颗沉甸甸的果实。莎士比亚做到了。带着对"人"的自身的反思,莎士比亚站在了人类文化所能站到的最辉煌的顶点。

1564年4月26日,文艺复兴的旗手莎士比亚出生在英国中部埃文河畔的斯特拉特福镇。他的父亲是个经营羊毛、谷物的商人,曾被选为"市政厅首脑",成了这个拥有2000多名居民、20家旅馆和酒店的小镇镇长。不幸的是,在莎士比亚14岁的时候,他父亲就破产了,为了偿清债务,甚至将莎士比亚的母亲作为陪嫁的田产变卖掉。小莎士比亚中途辍学,帮父亲经商,在18岁时结了婚,两年内便有了三个孩子,家境更加艰难。

然而,在文艺复兴前辈大师们的召唤下,兀傲的莎士比亚注定是不会憔悴于这个伟大时代的。1586年,他随一个戏班子步行到了伦敦去谋生。他有过多种卑贱的身份,包括在剧院门口为骑马的观众照看马匹和出演三流丑角。凭借着头脑灵活和口齿伶俐,莎士比亚获得了剧团的赏识,逐渐加入到剧团的一些事务性工作中,最后终于成为正式演员。在坚持学习演技的同时,莎士比亚还尝试着写些历史题材的剧本。27岁那年,他写了历史剧《亨利六世》三部曲,剧本上演后大受观众欢迎,他赢得了很高声誉,逐渐在伦敦戏剧界站稳了脚跟。

真正让莎士比亚名满天下的,是1595年的《罗密

莎士比亚,英国戏剧家和诗人。无论与古今和以任何语言创作的作家相比,一般都认为莎士比亚是最伟大的作家。

欧与朱丽叶》。剧本上演后，观众像潮水一般涌向剧场，在泪眼蒙蒙中观看这部戏。这个故事发生于14世纪意大利的维洛耶城，城中蒙太古与凯普莱特两大家族积有世仇，蒙太古家的罗密欧与凯普莱特家的朱丽叶在一次假面舞

名人档案	
生卒年	1564～1616年
国　籍	英国
出生地	英国中部的斯特拉特福镇
身　份	戏剧家／诗人

会中一见钟情，并在神父劳伦斯帮助下秘密成婚。后来罗密欧为朋友复仇刺死了凯普莱特家的青年，被维洛耶亲王驱逐出城。朱丽叶被迫许配给贵族青年，朱丽叶向劳伦斯神父求助，神父令她服下一种假死后能苏醒的药，一面派人通知罗密欧。朱丽叶假死后被送往墓穴，罗密欧闻信赶往墓穴，由于信没能及时到达罗密欧手中，他误以为朱丽叶已死去，遂服毒自杀。朱丽叶醒来后见罗密欧已死，也以罗密欧的匕首自杀殉情。二人死后，两大家族终于达成和解。

　　罗密欧与朱丽叶的故事原是意大利古老的民间传说，很多作家都写过这个题材，但是当莎士比亚的剧本问世之后，就再也没有人敢写了。在这部洋溢着青春气息、生活理想和青年人特有的纯洁美好心灵的戏剧中，罗密欧与朱丽叶用年轻的生命诠释着生命与爱情的真谛。面对着爱情和幸福的召唤，这一对青春少年把保守的封建家长制度，把势不两立的家族恩怨全都抛在了九霄云外，那样主动、积极，那样毫无顾忌、气势磅礴地渴望着、追求着。在他们年轻的心灵中，两情相悦的爱情才是生命中弥足珍贵的神圣之物，与之相比，狭隘的家族私见显得多么的荒唐可笑，不值一哂。他们炽热的爱情就像一支火炬，尽管最终被熄灭在残酷的黑暗中，但那灿烂的火焰却为寒冷漆黑的大地留下了青春的爱的温暖。他们以自己短暂却又惊心动魄的生命，证明了爱情和青春的崇高与美丽，从而谱写了一曲激情洋溢的悲壮之歌。

　　《罗密欧与朱丽叶》不仅是一支爱的颂歌，更是觉醒的巨人以新兴的人文主义作为思想武器，向保守的封建观念开战的宣言书。对尘世欢乐与幸福的渴望，和对个性解放与人格尊严的追求，使得这一对少年显示出在青春与爱情鼓舞下的巨大力量。在这种伟大力量的催动下，他们不但勇敢地冲破重重阻碍、自由地恋爱、结合，而且还以爱的春风消融恨的坚冰，让两大家族化干戈为玉帛。这是人文主义理想对封建传统的胜利，它使人们隐隐约约地感受到，狭长黑暗的封建中世纪甬道即将走到尽头，人们即将迎来新世界的曙光。

　　《罗密欧与朱丽叶》的成功，使莎士比亚在声名远播的同时也富裕了起来。1599年，莎士比亚成了"环球"剧院的股东。他还在家乡买了漂亮的房子，那是该镇的第二大住宅。他把自己在伦敦的大部分收入投资在家乡，或给家乡办福利事业。1601年，莎士比亚的两个好友为了改革政治而发动叛乱，结果一个被送上绞刑架，另一个则被投入监狱。悲愤不已的莎士比亚倾注全力写成了代表他自己，乃至整个文艺复兴、整个人类文学最高成就的《哈姆雷特》，并在演出时亲自扮演其中的幽灵。

　　哈姆雷特本来是丹麦的一个快乐王子。他从国外上大学回国后，正遇上阴狠

的叔叔毒死了他的父王，篡夺了王位，并霸占了他的母亲。他父亲的鬼魂告诉了他自己的被害经过，哈姆雷特巧施计谋证实了叔父的罪恶后，下定决心复仇，然而他却误杀了自己情人的父亲。他的叔父把他送到英国，想借英国国王的刀杀死他。哈姆雷特半路上跑了回来，又发现自己的情人因父亲死去、爱人远离而精神失常，误入河中淹死。叔父唆使哈姆雷特情人的哥哥和哈姆雷特决斗，结果两人都中了敌人的诡计。临死前，哈姆雷特奋力刺死了叔父，为父亲报了仇，但最终没能完成重整"颠倒混乱的时代"的大业。

哈姆雷特的悲剧反映了包括莎士比亚在内，整整一代人文主义者的悲剧。哈姆雷特是一个在理想与现实矛盾中挣扎的人文主义者。他在威登堡大学念书时，接受了人文主义思想的熏陶，认为"人是了不起的杰作"，是"宇宙的精华，万物的灵长"，而这个世界也是光彩夺目的美好天地，是"一顶壮丽的帐幕"，是"金黄色的火球点缀着的庄严的屋宇"。然而，他一回国便面对着一个"颠倒混乱"的社会，而且父死母嫁、叔叔篡位的多重打击接踵而来。严酷的现实，将他昔日的梦幻、他的人文主义理想刹那间击得粉碎。他像一夜间遭到严霜袭击的娇花，成了一个精神无所寄托的"忧郁王子"。在理想与现实的巨大反差中，他的行为变得迟疑不决，变成了"延宕的王子"。

哈姆雷特在复仇时行为上的拖延和犹豫，是几百年来人们争论的焦点，也是《哈姆雷特》最富有魅力的地方。在社会意义上，他的犹豫是因为在复仇过程中他已经认识到，自己的行动已不简单是为父报仇，而是与整个国家与民族的命运联系在一起的。一旦复仇成功，他就有责任担当起振兴国家的重任。而他所面对的社会邪恶势力过于强大，作为新兴资产阶级代表的哈姆雷特，却还没有足够强大的力量胜任"重整乾坤"、改造社会的历史重任。从哲学和艺术层面上看，他的犹豫更多的是因为他对于人类生命本体的哲学探讨，涉及到了人的生存、死亡与灵魂等形而上的问题。当他忧郁的目光从天上那"覆盖众生的苍穹"落到世间的枯骨荒坟时，他悲哀地认识到，人在本体意义上是多么的丑恶不堪，人的心灵又是多么的阴暗污浊，以至于连自己的心灵都是同样黑暗的；人世间的一切是多么的短暂，命运是多么的强大；人是多么的渺小，死亡是多么的不可避免；世界是怎样的一个"牢狱"和"荒原"；现实和理想的距离又是多么的遥远。在这深刻的精神危机中，"生存还是毁灭"这个经久不绝的痛苦的音符，就在他的灵魂深处奏响了。迷惘、焦虑、惶惶不安的情绪和心态，笼罩在哈姆雷特复仇的过程中，也就有了他行动上的犹豫和延宕，使他成了"思想的巨人""行动的矮子"。哈姆雷特在行动中体现出的迷惘与忧虑心态，同时也是欧洲文艺复兴晚期人文主义信仰普遍失落的体现。伴随着剧情的剧烈冲突而展开的人物心理冲突，以及由人物的大段内心独白所体现出的对生与死、爱与恨、理想与现实、社会与人生等方面的哲学探索，作品凸现了巨大的艺术张力，在几百年后还为人们津津乐道。在莎士比亚之前，还没有哪个作家塑造出如此丰富的内心世界。

1616年，莎士比亚因病离开了人世。在整整52年的生涯中，他为世人留下了37个剧本、一卷十四行诗和两部叙事长诗。就莎士比亚的戏剧创作而言，把"空前绝后"这个词用在他身上，是丝毫不过分的。为他赢得了至高无上荣誉的剧作就像一个波澜壮阔、激情澎湃的生活海洋和文学海洋，这个海洋中包括了气势恢宏、激情洋溢的悲剧，戏谑恣肆、妙趣横生的喜剧和场面宏大、波澜壮阔的历史剧，这些作品处处都闪耀着人文主义的理想的光辉，表现了那个时代甚至今天人类的一种理想。从浅层的表达方式、阅读习惯，到深层的心理结构、精神生活，莎士比亚的戏剧已深深融入了西方人的血液，成为一种深厚的、永久的文化底蕴。正是在这个意义上，西方著名学者哈罗德·布鲁姆宣称："上帝之后，莎士比亚决定了一切。"

名人逸事

莎士比亚成名时所受到的尊重远不如今天，当时的剧作家都是受过高等教育的大学精英分子，他们对来自农村、学历浅薄的莎士比亚突然成为剧坛的明星，深感不安，羞与为伍。名噪一时的戏剧作家格林在写给同行的信中公开攻击莎士比亚是一只"青云直上的乌鸦，利用我们的羽毛美化自己，用演员外衣掩盖起虎狼之心"，还辱骂莎士比亚"自以为写了几句虚夸的无韵诗就能同你们中最优秀的人媲美，他是地地道道的打杂工，却自以为在英国只有他才能'震撼舞台'"。

名人作品欣赏

哈姆雷特：生存还是毁灭，这是一个值得考虑的问题；默然忍受命运的暴虐的毒，或是挺身反抗人世的无涯的苦难，通过斗争把它们扫清，这两种行为，哪种更高贵？死了；睡着了；什么都完了；要是在这一种睡眠之中，我们心头的创痛，以及其他无数血肉之躯所不能避免的打击，都可以从此消失，那正是我们求之不得的结局。死了；睡着了；睡着了也许还会做梦；嗯，阻碍就在这儿：因为当我们摆脱了这一具朽腐的皮囊以后，在那死的睡眠里，究竟将要做些什么梦，那不能不使我们踌躇顾虑。人们甘心久困于患难之中，也就是为了这个缘故；谁愿意忍受人世的鞭挞和讥嘲、压迫者的凌辱、傲慢者的冷眼、被轻蔑的爱情的惨痛、法律的迁延、官吏的横暴和费尽辛勤所换来的小人的鄙视，要是他只要用一柄小小的刀子，就可以清算他自己的一生？谁愿意负着这样的重担，在烦劳的生命的压迫下呻吟流汗，倘不是因为惧怕不可知的死后，惧怕那从来不曾有一个旅人回来过的神秘之国，是它迷惑了我们的意志，使我们宁愿忍受目前的折磨，不敢向我们所不知道的痛苦飞去？这样，重重的顾虑使我们全变成了懦夫，决心的赤热的光彩，被审慎的思维盖上了一层灰色，伟大的事业在这一种考虑之下，也会逆流而退，失去了行动的意义。且慢！美丽的奥菲利娅！——女神，在你的祈祷之中，不要忘记替我忏悔我的罪孽。

——《哈姆雷特》第三幕第一场（节选）

意大利伟大的科学家——伽利略

名人简介

伽利略读的是教会小学,喜爱音乐和绘画,喜欢玩具和研究各种机械的构造。稍大后,他又沉湎于拉丁文、希腊文和哲学。1581年,17岁的伽利略进入比萨大学学医。他注重实践,爱好独立思考,深爱数学。1586年,他把阿基米德的浮力原理和杠杆原理结合起来,发明了用以测定合金成分的"液体静力天平"。两年后,他又完成了"固体内的重心"的论文。由于数学上的成就,他在1589年被比萨大学聘为数学讲师。次年,他就以著名的比萨斜塔实验向居于统治地位的亚里士多德的物理学原理提出了挑战。

名人档案
- 生卒年 1564~1642年
- 国　籍 意大利
- 出生地 比萨城
- 身　份 天文学家／物理学家

在比萨斜塔实验后,伽利略受到了教授们的攻击和排挤,他被迫离开比萨大学,之后在威尼斯学术空气自由的帕多瓦大学谋得了数学教授的身份。伽利略在帕多瓦大学生活了18年,这期间他研究了斜面运动、力的合成和抛物体运动等,对液体、热学等也进行了探索,并发明了空气温度计。1609年,伽利略听到一个消息:荷兰光学家李帕西无意中把两块镜片叠在一起,结果透过它看到的远处景物比用肉眼观察的大。受此启发,伽利略在半年后成功地制成了世界上第一架放大倍数为33倍的天文望远镜。在这架天文望远镜的帮助下,伽利略探索了深邃神秘的太空,得出了一系列重大的发现:月球表面并不像亚里士多德所说的那样平滑,而是呈现不规则的凹凸起伏;木星旁边有四颗运转着的卫星;地球并不是各个天体旋转的唯一中心;太阳上面有黑子;土星周围有光环……所有这些结果,都有力地支持了哥白尼的太阳中心说——地球和所有行星都围绕太阳运行。1610年,伽利略出版了他的《星际使者》,向全世界宣布了他的上述发现。人们惊呼:"哥伦布发现了新大陆,伽利略发现了新宇宙。"

1613年,伽利略出版了《关于太阳黑子的通信》,维护哥白尼的"日心说",他也因此受到了罗马教廷的不准讲授"日心说"的禁令。1632年,伽利略最有名的著作《关于两种世界体系之间的对话》出版,年近七十的他因此而被教皇召去罗马教廷受审,饱尝折磨,他被迫宣誓放弃哥白尼的学说,仍被判处终身监禁,监外执行。但他没有放弃科学研究,三年后,他完成了最后一部名著《关

名言佳句

哲学是写在那本永远在我们眼前的伟大书本里的——我指的是宇宙——但是,我们如果不先学会书里所用的语言,掌握书里的符号,就不能了解它。这些书是用数学语言写出的,符号是三角形、圆形和别的几何图像。没有它们的帮助,人们是连一个字也不会认识的;没有它们,人们就像在一个黑暗的迷宫里劳而无功地游荡着。

于力学和位置运动的两种新科学的对话和数学证明》，这部书总结了他在力学方面的研究成果，其中的许多原理，后来被牛顿发展成为牛顿三大定律。这部书被偷运到荷兰出版时，伽利略已经双目失明。

1642年，伽利略患热病与世长辞，享年78岁。

名人逸事

在比萨大学读书的一天傍晚，伽利略在教堂里看到悬挂在空中的大灯被风吹得左右摆动，便按照脉搏测量它的摆动时间。结果发现，不论灯摆动的幅度多大，每次来回的时间总是一样的。受此启发，伽利略发现了钟摆的等时性原理，他据此制作了一个钟锤吊摆，用来测量时间。

名人作品欣赏

昨天我们决定在今天碰头，把那些自然规律的性质和功用谈清楚，并且尽量地谈得详细一点。关于自然规律，到目前为止，一方面有拥护亚里士多德和托勒玫立场的人提出的那些，另一方面还有哥白尼体系的信徒提出的那些。由于哥白尼把地球放在运动的天体中间，说地球是像行星一样的一个球，所以我们的讨论不妨从考察逍遥学派攻击哥白尼这个假设不能成立的理由开始，看看他们提出些什么论证，论证的效力究竟多大。

在我们的时代，的确有些新的事情和新观察到的现象，如果亚里士多德现在还活着的话，我敢说他一定会改变自己的看法。这一点我们从他自己的哲学论述方式上，也会很容易地推论出来，因为他在书上说天不变等，是由于没有人看见天上产生过新东西，也没有看见什么旧东西消失。言下之意，他好像在告诉我们，如果他看见了这类事情，他就会做出相反的结论，他这样把感觉经验放在自然理性之上是很对的。如果他不重视感觉经验，他就不会根据没有人看到过天有变化而推断天不变了。

如果我们是在讨论法律上或者古典文学上的一个论点，其中不存在什么正确和错误的问题，那么也许可以把我们的信心寄托在作者的信心、辩才和丰富的经验上，并且指望他在这方面的卓越成就能使他把他的立论讲得娓娓动听，而且人们不妨认为这是最好的陈述。但是自然科学的结论必须是正确的、必然的，不以人们的意志为转移的，我们讨论时就得小心，不要使自己为错误辩护，因为在这里，任何一个平凡的人，只要他碰巧找到了真理，那么一千个狄摩西尼和一千个亚里士多德都要陷于困境。所以，辛普利邱，如果你还存在着一种想法或者希望，以为会有什么比我们有学问得多、渊博得多、博览得多的人，能够不理会自然界的实况，把错误说成真理，那你还是断了念头吧。

亚里士多德承认，由于距离太远很难看见天体上的情形，而且承认，哪一个人的眼睛能更清楚地描绘它们，就能更有把握地从哲学上论述它们。现在多谢有了望远镜，我已经能够使天体离我们比离亚里士多德近三四十倍，因此能够辨别出天体上的许多事情，这都是亚里士多德没有看见的。别的不谈，单是这些太阳黑子就是他绝对看不到的。所以我们要比亚里士多德更有把握地对待天体和太阳。

——《地球在转动》（节选）

最伟大、最有影响力的科学家——牛顿

名人简介

牛顿自幼沉默寡言,性格倔强,从少年时代起就喜欢摆弄小机械。12 岁时,牛顿来到格兰山镇上的金格斯中学,寄宿在克拉克的药店楼上。他用木箱和玻璃瓶做成水钟,控制时间,每天黎明时水钟按时滴水到他的脸上,把他叫醒。

名人档案	
生卒年	1643～1727 年
国　籍	英国
出生地	林肯郡的伍尔索普镇
身　份	科学家

牛顿在中学时代学习成绩并不出众,只是爱好读书,对自然现象有好奇心,他分门别类地记读书心得笔记,又喜欢做些小工具、小发明、小试验。1661 年,牛顿以减费生的身份进入剑桥大学三一学院,1664 年成为奖学金获得者,1665 年获学士学位。一位叫作巴罗的学者发现牛顿是个人才,举荐他为研究生,把牛顿引向了自然科学的王国。1665 年,伦敦瘟疫流行,剑桥停课,牛顿回到了故乡。

1665～1666 年,牛顿认真总结了巨人们的科学研究方法并加以运用,很快就产生了二项式定理、制定出微积分、用三棱镜把白光分解成七色光并确定了每种颜色光的折射率,他还继承了笛卡尔把地上的力学应用于天体现象的想法来探索行星椭圆轨道问题,试图把苹果落地与月亮绕地联系起来。1667 年牛顿重返剑桥大学,在巴罗教授指导下继续从事科学研究。1669 年,巴罗教授推荐他担任"卢卡斯数学讲座"教授,26 岁的牛顿担任此职一直到 53 岁。1672 年,他被接纳为伦敦皇家学会会员。1687 年,《自然哲学的数学原理》这一划时代的著作问世,该书以牛顿的三大运动定律和万有引力定律为基础,建立了完美的力学理论体系,说明了当时人们所能理解的一切力学现象,解决了行星运动、落体运动、振子运动、微粒运动、声音和波、潮涨潮落,以及地球的扁圆形状等各式各样的问题。

牛顿是世界杰出的自然科学家,17 世纪自然科学革命的头等人物。他在物理学、天文学、数学等领域都做出了卓越的贡献。他也因此而成为第一位被女王授予爵士头衔的自然科学家。

在以后的 200 多年中,再也没有人补充任何本质上的东西,直到 20 世纪量子论和相对论的出现,才使力学的范畴扩大。1696 年,牛顿的同学、财政大臣蒙格特请牛顿担任造币局副局长,牛顿经过两三年的努力,很快解决了英国的币制混乱问题,并在 1699 年升任造币局局长。1703 年,牛顿被选为皇家学会主席。之后,他又发表了《光学》《三次曲线枚举》《流数法》《使用级数、流数等等的分析》等著作。

1727 年 3 月,85 岁的牛顿出席皇家学会例会后,突然发病,回到家中后,于 3 月 20 日拂晓前与世长辞。他的临终遗言是:"我不知道世上的人对我怎样评价。我却这样认为，我好像是在海滨上玩耍的孩子，时而拾到几块莹洁的石子，时而拾到几块美丽的贝壳并为之欢欣。那浩瀚的真理的海洋仍展现在面前。"

名言佳句

假如我看得比较远，那是因为我是站在你们这些巨人的肩膀上。

没有大胆的猜测就做不出伟大的发现。

天才就是勤奋，勤奋，再勤奋。

名人逸事

14 岁时的牛顿充满理想，不停地思考各种问题，他在自家的石墙上雕刻了太阳钟，争分夺秒地学习。有一次，他在暴风雨中跑来跑去测验风力，浇得浑身湿透。他的母亲怕他真的疯了，只好放弃了让他成为农民的念头，叫他继续读书。

成年后，有一天，牛顿邀请一位老友共进午餐。杯盘菜肴已摆好了，牛顿就让朋友先坐一会儿，自己出去洗手。然而，牛顿刚迈出门槛就想到了正在进行的一个实验的可能结论，他马上就奔向实验室，竟把刚才请人吃饭的事忘得一干二净。他进了实验室一待就是几个小时。而这位朋友等了好一会儿，后来就生起气来，一个人大吃大嚼起来，直吃得盘干碗净才满意地用纸巾擦了擦手，之后径自扬长而去。实验告一段落，牛顿才若有所思地来到餐桌旁，一看东西都吃完了，"噢，我已经吃过了"，他说完又回到了实验室。

使俄罗斯走上扩张之路的沙皇——彼得大帝

名人简介

彼得从小酷爱军事游戏，和伙伴们一起建立了两个童子军团，到他执政后，这两个军团成为了他的嫡系部队。小彼得经常和外国侨民来往，向他们学习数学、航海等知识，受到了西欧文化的影响。1689 年，彼得同贵族女儿叶多夫金·洛普辛娜结婚，1696 年离婚，并把妻子送进修道院。

1689 年，彼得夺取政权，他把国事交给母亲和舅舅等亲信管理，自己仍然操练童子军团，1694 年母亲逝世后，才开始亲政。1695 年，他率领 3 万俄军，进攻土耳其，企图占领亚速海，为俄国争夺黑海出海口铺平道路，但遭到失败。之后，他迅速地建立了一支由 30 艘战船和很多运输船及快艇组成的海军舰队，于同年 5 月从陆、海两路包围并最终占领了亚速。1697～1698 年间，彼得派大使团到西欧考察，以加强和扩大同西欧各国的反土耳其联盟，同时学习西欧各国先进的科学技术、聘请技师和专家，引进新式的机器设备。1698 年，在平息了国内的军事叛乱后，彼得开始在国内推行欧化政策，进行了经济、军事、文化、政治等一系列改革。

在经济方面，彼得大力发展工业，积极建造基础设施，建设通商口岸，发展国内贸易，并实

名人档案

- 生卒年　1672～1725 年
- 国　籍　俄国
- 出生地　莫斯科
- 身　份　政治家

行保护关税政策，奖励输出，限制输入。军事方面，他建立了一支由步、骑、炮、工组成的 20 万人的正规陆军和一支由 48 艘战舰、大批快艇和近 3 万名水兵组成的海军舰队。文化教育方面，他建立了众多学校，并派遣留学生到西欧学习，规定贵族子弟必须接受教育，必须学会算术和一门外语。他还建立了俄国的第一个印刷所、博物馆、图书馆以及剧院，创建了第一份全俄报纸《新闻报》，他亲任主编，并于 1724 年开始筹建俄罗斯科学院。政治上，他把宗教权控制在国家和自己手中，改革了行政管理制度，加强了中央集权。这些改革改变了俄国生产力水平低、工商业和文化不发达的局面，为俄国跻身于欧洲强国之列奠定了基础。

在国内改革的同时，彼得又发动了连绵不断的战争，从东南西北各个方向拓展了俄国的领土，他在具有战略意义的涅瓦河口修建了彼得堡要塞，建造木屋城堡，并在 1713 年把首都由莫斯科迁往彼得堡，在不到 20 年的时间里，把彼得堡由几个小村庄变成了拥有 7 万人的大城市。1721 年 10 月，彼得受封为"大帝"和"祖国之父"。俄国国号改为俄罗斯帝国。

彼得大帝的理想是建立一个西至波罗的海、东至太平洋、北至北冰洋、南达印度洋的庞大帝国，但这一野心未能实现。1725 年 1 月 28 日，彼得大帝在彼得堡逝世，享年 53 岁。

名人逸事

彼得大帝建立了一套完整的考核官员的制度，使一批不称职的贵族丢了官，又使一批出身卑贱却精明能干的人受到重用。彼得政府的第一任总检察长童年时曾放过猪，一个任副外交大臣的犹太人曾作做店员，而一个在莫斯科街头卖过肉饼、当过马夫的人后来成了陆军元帅。

法国启蒙运动的先驱和巨擘——伏尔泰

名人简介

伏尔泰，法国启蒙思想家、作家、哲学家。他生性聪颖，3 岁就能背诵法国诗人拉封丹的《寓言诗》。他 10 岁进入中学读书，12 岁时已会作诗，并爱读反对宗教、宣扬自由的书。16 岁中学毕业后，他父亲希望他攻读法律，但他却爱好文学，时常作诗，出入于豪贵门第。

名人档案
- 生卒年　1694～1778 年
- 国　籍　法国
- 出生地　巴黎
- 身　份　作家／哲学家／启蒙思想家

1717 年，年轻的伏尔泰因为写了一些讽刺和攻击法国宫廷淫乱生活的作品，被关进巴士底狱近一年时间，他在狱中写成了《哀狄普斯》悲剧，出狱后，剧本在巴黎上演，大受欢迎，伏尔泰由此一举成名。1725 年，伏尔泰侨居英国，研究了哲学家洛克和科学家牛顿的作品。1734 年，他发表了《英国通讯》（又名《哲学通讯》），这部著作以书信体裁介绍英国的政治、哲学、科学和宗教等情况，抨击君主专制制度和法国的教派斗争，宣传唯物论思想，引起了极大的轰动。法院将这本书判为禁书，全部焚毁，而伏尔泰也被迫隐居洛林边境的一座小城堡里。

在避居期间，伏尔泰又匿名发表了《论形而上学》《牛顿哲学的基础》等著作，同样猛烈地攻击封建制度和教会的统治。1745 年，他被路易十五任命为编纂法兰西王国历史的史官，次年被选为法兰西语文学院院士。但他因触犯了权贵大臣，不久被迫离开巴黎，回到洛林城堡。1750 年，他接受普鲁士国王腓特烈的邀请，以贵客的身份前往普鲁士，后来因在思想观点上与腓特烈发生冲突，两人关系破裂。伏尔泰于 1753 年离开了普鲁士。从此，他决心再也不同任何君主来往，1755 年，他在瑞士边境的佛尔纳购置了一座城堡，在这里度过了后半生。定居佛尔纳后，伏尔泰积极投身于启蒙运动，继续宣传民主思想，抨击封建统治者和教会的罪恶，评论法国社会发生的各种事件。当时启蒙运动的代表人物如卢梭、狄德罗、爱尔维修等人，都公认伏尔泰是他们的老师，对他推崇备至。伏尔泰的文学作品数量最多，成就也最高，体裁几乎无所不包。在戏剧方面，他最著名的有悲剧《哀狄普斯》《布鲁杜斯》《伊兰纳》等和喜剧《放荡的儿子》《一个苏格兰的女人》等；在诗歌方面，他最著名的诗有史诗《亨利亚特》《奥尔良的处女》等；在小说方面，最著名的有《老实人》《天真汉》等。他才思敏捷、妙语连珠、文笔锋利、词句精练，善于以机智的讽刺打击敌人，字里行间充满着嬉笑怒骂的哲言。

1774 年，路易十五死去，伏尔泰的思想在法国受到广泛的颂扬。1778 年，84 岁的伏尔泰回到巴黎，受到热烈欢迎。巴黎剧院上演了他的新作悲剧《伊兰纳》，演员们在舞台上抬出他的大理石半身像，为石像举行加冠仪式。同年 5 月 30 日，伏尔泰因病逝世。

名人逸事

伏尔泰有一个很懒惰的用人。一次，伏尔泰对他说："约瑟夫，快把我的鞋子拿来。"用人很快把鞋子拿来了。伏尔泰一看鞋上布满了尘土，就说："你怎么忘了把它擦擦？""用不着，先生，"约瑟夫若无其事地回答道，"路上尽是灰尘，两个小时以后，您的鞋子不是又和现在一样脏吗？"伏尔泰穿上鞋，不声不响地走出门去。用人追上来："先生，慢走！钥匙呢？"伏尔泰故作疑惑状："钥匙？"用人说："食橱上的钥匙，我

法文版《老实人》的插图

这部作品是伏尔泰读者最多的作品，作者以乐观的哲学态度嘲讽了宗教狂热现象。

还要吃午饭呢！"伏尔泰不屑地说："我的朋友，吃什么午饭呀！两个小时后，你不也和现在一样饿吗？"

名人作品欣赏

在这轻薄无聊、凄惨忧郁的时世下，伏尔泰独自一人，面对宫廷、贵族和资本的联合力量；面对那股毫无意识的强力——群氓；面对那些无恶不作的官吏，他们专门媚上欺下，俯伏于国王之前，凌驾于人民之上；面对那些教士，他们是伪

> **名言佳句**
>
> 不经巨大的困难，不会有伟大的事业。
>
> 书读得越多而不假思索，你就会觉得你知道得很多；而当你读书而思考得越多的时候，你就会越清楚地看到，你知道得还很少。

善与宗教狂的邪恶混合体。让我再说一遍，伏尔泰独自一人，向社会上一切邪恶的联合力量宣战，向这茫茫的恐怖世界宣战，并与之搏斗。他的武器是什么呢？是那轻若微风而重如霹雳的一支笔。他用这武器进行战斗，用这武器赢得胜利。让我们一齐向伏尔泰的英灵致敬吧。

伏尔泰胜利了。他发动了一场非同寻常的战争，一场以一敌众的战争，一场气壮山河的战争。这是思想向物质作战，理性向偏见作战，正义向不义作战，被压迫者向压迫者作战。这是善之战，仁爱之战。伏尔泰具有女性的温柔和英雄的怒火，他具有伟大的头脑和浩瀚无际的心胸。

他战胜了陈旧的秩序和陈旧的教条，他战胜了封建君主、中古时代的法官和罗马的教士。他把黎民百姓提高到尊严的地位。他教化、慰抚、播种文明。他为西尔旺和蒙贝利而战，也为卡莱斯和拉·巴利而战。他承受了一切威胁、辱骂、迫害、毁谤，他还遭到了流放，但是他不屈不挠，坚定不移。他以微笑战胜暴力，以讽刺战胜专横，以嘲弄战胜宗教的自命一贯正确，以坚韧战胜顽固偏执，以真理战胜愚昧无知。

我刚才说到微笑，我要在这里停一停。微笑！这就是伏尔泰。

……只有希腊、意大利和法兰西这三个民族曾经用人的名字来总结和命名时代，使这些时代具有某种人的品格。我们说，伯里克利时代，奥古斯都时代，列奥十世时代，路易十四时代，伏尔泰时代。这些称号有重大的意义。只有希腊、意大利和法兰西民族享有以人物来命名时代的特权，这正是文明的最高标志。在伏尔泰之前，只有以某国元首来命名时代的先例。伏尔泰比国家元首更高，他是各派思想的元首，一个新的纪元以伏尔泰开始。从此我们感到，最高的统治力量就是让一切被理性思考。文明曾服从于武力，以后，文明将服从于思想。王杖和宝剑折断了，光明取而代之。这就是说，权威已经变换为自由。自此以往，高于一切的是人民的法律和个人的良心。作为一个人，我们要行使权利；作为一个公民，我们要恪尽职责。对于我们每一个人来说，这两方面的进步是明确分开的。

我们要面向伏尔泰那伟大的死亡、伟大的生命和伟大的精神。让我们在他神圣的墓前鞠躬致敬。他在100年前与世长辞，但他曾造福人类因而永垂不朽，让我们

向他请教吧。让我们也向其他伟大的思想家请教，向让·雅克、狄德罗和孟德斯鸠请教，他们是光荣的伏尔泰的辅翼者。让我们与这些伟大的声音共鸣。让我们在人类所流的血上再加上我们自己的血吧。够了！够了！暴君们。既然野蛮冥顽不化。好吧，让文明激起义愤吧，让18世纪来帮助19世纪吧。我们的先驱哲人都是真理的倡导者。让我们唤起那些光辉的亡灵，请他们在策划战争的君主们面前公开宣布人类生存的权利，良知争取自由的权利。请他们宣布理性支配一切；宣布劳动神圣；宣布和平应受到祝福。既然黑暗来自帝王的宝座，让坟墓中放出光明吧！

——（法）雨果《伏尔泰》（节选）

集科学家与政治家于一身的巨星——富兰克林

名人简介

富兰克林一生只在学校读了近两年书。12岁时，他到哥哥詹姆士经营的小印刷所，当了五六年的印刷工人。他利用工作之便，结识了几家书店的学徒，将书店的书在晚间借来，通宵达旦地阅读，第二天清晨归还。14岁起，他开始练习写作。1721年，他开始经常给《新英格兰》报投稿，得到好评。

名人档案	
生卒年	1706～1790年
国　籍	美国
出生地	马萨诸塞州的波士顿城
身　份	科学家／政治家

1723年，富兰克林离开了波士顿，先后在费城和伦敦的印刷厂当工人。1726年回到费城后，他已经掌握了精湛的印刷技术，开始独立经营印刷所，在1730年创办《宾夕法尼亚报》，亲自撰写文章，内容以艺术、科学为主，每周一期，一直延续了18年之久。他还在费城和几个青年创办了"共读社"进行自学。经过一年的努力，在1731年创办了北美的第一个图书馆。"共读社"在1743年改称"美洲哲学会"，1749年发展成为费拉德尔菲尔学院，以后又改称为宾夕法尼亚大学。他还在费城办过不少公益事业，如创办消防队、医院和警察机构，修筑道路等。

富兰克林时时关注大自然，从事科学研究。他的突出贡献之一是在电学方面。通过著名的电风筝实验，富兰克林证实了自然雷电的存在和性质，发明了避雷针，并因此被英国皇家学会聘请为会员。他和剑桥大学的哈特莱共同利用醚的蒸发得到$-25℃$的低温，创立了蒸发制冷的理论。他对气象、地质、声学及海洋航行等方面都有研究，并取得了不少成就。

富兰克林也是美国历史上杰出的政治家。从1757年到1775年，他几次作为北美殖民地代表到英国谈判。独立战争爆发后，他参加了第二届大陆会议和《独立宣言》的起草工作。1776年，已经70岁的富兰克林出使法国，赢得了法国和欧洲人民对北美独立战争的支援。在他于1785年从法国回国前夕，路易十六把自己的四周嵌满珍珠的肖像赠给他，以表彰他在外交上的杰出成就。回国后，他被选为宾夕法尼亚州州长。1787年，81岁高龄的他作为最重要的委员之一，积极参加制定美国宪法的工作，并组织了反对奴役黑人的运动。

1790年4月17日夜里11点，富兰克林溘然逝去，享年84岁。他生前威名赫赫，死后的墓碑上只刻着这样几个字："印刷工富兰克林。"

名人作品欣赏

我得承认我对目前的宪法并不完全赞成。可是，诸位先生，我可不敢说我以后还会不赞成它，因为，我活得这么久，我经历过许多事，这些事都必须在

名言佳句

你热爱生命吗？那么别浪费时间，因为时间是组成生命的材料。

以后借更好的资料或更周密的考虑，来改变甚至是不容易更改的意见，而这些意见我一度认为是对的，现在才发现它的错误。因此，我活得越久，就越易怀疑自己对别人的判断是否正确。说真的，大多数的人和大多数宗教教派一样，都认为自己才拥有全部真理，别人都跟他们大相迥异，这简直是大错特错！斯蒂尔是位新教徒，他有一次在祝圣礼上对教众说，他们两个教会都各自相信自己的教条是颠扑不破的，还是英格兰的教条绝不会有错。可是，虽然有许多人就跟相信自己的教派一样，认为自己是绝不会有错的，但是却没有人能够像一位法国小姐在与她姐姐有点小争执中，很自然地说出这句话："除了我之外，我所交谈的人都认为他们是对的。"

如同我这样感触，各位先生，我得同意宪法是有其缺点的——假使这句话不错——因为我认为我们必须有个一般的政府，假使宪法能好好执行，它就会为公众带来福祉，而且我更相信，这个宪法可能会认真执行数年，而且当人民只需要专制政府而不需要别的政府时，它最后也会变成专制政府。同样的，我也怀疑我们所举办的任何大会是否能缔造出较好的宪法来。这是因为您得召集一些人，集思广益，可是不可避免的，您也集结了他们所有的成见，他们的私情，他们意见的谬误，他们地方的利益和他们自私的想法。像这样的一个大会，会产生出完

1787年美国宪法制定时的情景，中间手执拐杖坐着的便是富兰克林。

美的结果吗？

因此，先生们，我如果发现这部宪法接近完美，我将会大感惊异。我也认为这部宪法也会使我们的敌人大吃一惊。因为我们的敌人正乐于听到我们的国策顾问们也像建造巴别塔的人一样，因意见不同而内部混乱。他们也乐于见到我国濒于分裂，以便达到他们扼住我们命运的目的。所以，先生们，我对这部宪法很满意，因为我们没有更好的了，同时也因为我确定不了它不是最好的。若有人指责它的错误，我也拿来贡献给国家。我绝不会把这些意见泄漏出去的。它们生于斯，也应死于斯。假使我们一个人能为关心这部宪法，而说出他们指责的意见，并尽力找出和您有同感的同志，我们可以阻止您的意见被广泛探知，以免在国外和在我们之间，由于我们的意见不一致，而失去它对于国家利益的重大贡献。一个政府在追求和保障人民的幸福上，是否有成绩，是否有效率，大部分要依靠人民是否为政府着想，以及政府人员本身的才智和团结一致。因此，我希望，为了我们自己作为一个民众的立场，也为了我们的繁荣，我们应该热诚一致，使宪法也能臻于我们影响力所及的地方，并要把握将来的目标，努力去寻求能使宪法贯彻到底的方法。

总而言之，先生们，我总是希望与会的人们当中具有对宪法仍持反对意见的人，在这种情况下，他会跟我一样，怀疑我们的反对意见是否真的可以成立，而且为了表示我们的意见一致，我希望他也签他的大名于这个法定文件上。

——《我对这部宪法很满意》

现代经济学理论之父——亚当·斯密

名人简介

据说亚当·斯密4岁时，曾被一个卖艺的女人拐走，多亏被母亲从森林中及时追回。他14岁时考入了格拉斯哥大学，攻读数学和自然哲学，因为成绩优良，在1740年被学校免费保送到牛津大学继续深造。他在牛津大学期间

名人档案
- 生卒年　1723～1790年
- 国　籍　英国
- 出生地　苏格兰的柯科迪
- 身　份　经济学家／哲学家

结识了英国当时著名的哲学家、历史学家和经济学家大卫·休谟，并与休谟建立了深厚的友谊。1746年，斯密毕业，但因为没有找到工作，就回到了家乡。

1751年，斯密任格拉斯哥大学教授，讲授逻辑学和道德哲学。在这一时期，他的经济思想开始发展。1759年，他的《道德情操论》出版，该书试图证明道德裁判的原因，或者说证明人们的某些行为在道德上被允许或不允许的原因。斯密把人比作一个利己的动物，然而他们似乎并非基于自私自利的考虑来评判道德。该书使斯密名噪一时。1764年，斯密辞去了格拉斯哥大学的教授职务，改任一

名言佳句
劳动是衡量一切商品的真实尺度。

位青年贵族贝克莱公爵的私人教师。他陪同贝克莱公爵在欧洲旅行，结识了许多著名的学者，如法国启蒙学派的著名思想家伏尔泰、重农学派的领袖人物魁奈等，在这一时期，斯密的代表作《国民财富的性质和原因的研究》(《国富论》)的体系逐渐形成。

18世纪的英国一家纺织厂，女工们正在夜以继日地工作。亚当·斯密在《国富论》中指出，在分工已经进展得很远的社会里，工人智力下降，与农民敏捷的智力相比，专业化的工人"一般变得愚蠢和无知，就像人类可能变成的那样"。

1767年，斯密返回故乡，闭门钻研，终于在1776年出版了当代经济学的开山之作《国富论》。该书以利己主义为出发点，研究经济增长的源泉和动力问题，并系统地阐述了经济自由的思想。也正是在这本书里，斯密论述了他著名的"看不见的手"思想。《国富论》出版后，引起了极大的轰动，并迅速传遍了欧洲大陆。

1778年，斯密被任命为苏格兰海关税务司司长，1787年，任母校格拉斯哥大学校长。他一生未娶，于1790年病逝，享年67岁。

纵览宇宙和人生的先哲——康德

名人简介

康德由于身体孱弱，一生几乎没有离开过他的故乡。

8岁时，康德进入本城的腓特烈公学，学校提倡的是人文主义教育，反对宗教带给人的思想上的僵化，这对年幼的康德产生了很大影响。

名人档案
- 生卒年　1724～1804年
- 国　籍　德国
- 出生地　普鲁士的柯尼斯堡
- 身　份　哲学家／自然科学家

1740年，16岁的康德进入柯尼斯堡大学攻读哲学，得到了老师克努岑的有益教诲，克努岑不仅在哲学思想上引导康德，而且指引康德学习自然科学，特别是学习牛顿的科学思想。1745年大学毕业后，康德当了近7年的家庭教师，1755年取得了柯尼斯堡大学的编外讲师资格。他任职15年，学生的听课费成了他主要的生活来源。从这一时期起，康德陆续发表了不少重要著作，声望日隆。

康德的学术生涯以1770年为界划分为前期和后期两个阶段，前期主要是研究自然科学，后期主要是研究哲学。1755年发表的《自然通史和天体论》和《宇宙发展史概论》，提出了太阳系起源的星云假说。假说认为星云由大小不等的固体微粒组成,"天体在吸引力最强的地方开始形成",引力使微粒相互接近,大微粒吸引小微粒形成较大的团块,团块越来越大,引力最强的中

名言佳句

给我物质,我就能用它造出一个宇宙来。

心部分吸引的微粒最多,首先形成太阳。外面微粒的运动在太阳吸引下向中心体下落时与其他微粒碰撞而改变方向,成为绕太阳的圆周运动,这些绕太阳运转的微粒逐渐形成几个引力中心,最后凝聚成绕太阳运转的行星。他的原则思想坚持了牛顿的唯物主义思想,把天体的演变看成是一个有规律的过程。

在后期从1781年开始的9年里,康德出版了一系列涉及领域广阔、有独创性的伟大著作,包括《纯粹理性批判》(1781年)、《实践理性批判》(1788年)和《判断力批判》(1790年)。"三大批判"的出版标志着康德哲学体系的完成。康德建立起了一套完整的哲学理论,发动了一场哲学领域内的哥白尼革命。他提出了认知的二元论、三段论,在因果律、宗教问题和伦理学等方面都取得了突出成就,成为费希特、谢林、黑格尔哲学思想的先驱。

1770年,康德被任命为柯尼斯堡大学的逻辑和形而上学教授。1786年,升任柯尼斯堡大学校长。此外,他先后当选为柏林科学院、彼得堡科学院、科恩科学院和意大利托斯卡那科学院院士。他于1804年2月12日病逝,享年80岁,全城的人排着长队为他送葬,与这个城市的最伟大的儿子告别。

美国的国父——华盛顿

名人简介

华盛顿出生望族,从小就接受了良好的礼仪训练和道德熏陶。1752年,哥哥劳伦斯去世,华盛顿继承了他的8000英亩土地和数百名农奴。同年,他受英国的弗吉尼亚总督丁维第之命,要求法军停止"蚕食"英国在俄亥俄的土地,从此开始了自己的政治生涯。23岁时,他已经是负责边境安全的弗吉尼亚民兵总司令。1759年1月,他娶了一位富有的寡妇马撒·丹特里奇。

1773年,著名的波士顿倾茶事件爆发,英国和北美大陆之间的矛盾冲突激化。华盛顿意识到,除了完全独立,北美大陆别无出路。1774年9月5日,在费城召开第一届大陆会议。华盛顿作为弗吉尼亚议会的代表,身着戎装出席了会议,在他的大力敦促下,大会通过了不惜以武装抵抗作为最后手段的决议。当时的北美大陆没有海军,没有像样的陆军,却要面对号称"日不落帝国"的世界霸主英国,做出这样的决定显示出相当的勇气。1775年4月18日,莱克星顿响起了枪声,美国独立战争开始了。同年5月10日,第二届

名人档案
- 生卒年　1732～1799年
- 国　籍　美国
- 出生地　弗吉尼亚东部威斯特摩兰郡
- 身　份　政治家／军事家

大陆会议在费城举行，大会决定成立由华盛顿任总司令的大陆军。

尽管大陆军在初期取得了一些胜利，但与英国军队相比，敌强我弱的形势是显而易见的。在保卫纽约的战役中，大陆军差点全军覆没。1776年冬天，大陆军陷入了异常艰难的局面。在危急时刻，华盛顿孤注一掷，率兵偷袭了特伦敦镇的普鲁士雇佣军，以2死3伤的代价歼敌1000余人，大振军威。1777年的秋天，萨拉托加战役打响。在哈得孙河西岸高地，英国名将柏高英的8000余人部队受到了大陆军的

华盛顿在普林斯顿战役中挥剑越过英军的头顶指向胜利。随着局势的不断发展，美军正一步步走向胜利。

两翼夹击，被迫投降。这次大捷促成了1778年2月的美法同盟，美国开始逐渐掌握了战争主动权。1781年10月9日，美国独立战争以美国的胜利而告终。

战争结束后，华盛顿拒绝了任何奖赏，离开部队，回到了维农山庄。1787年，华盛顿再入政坛，主持召开了制宪会议，制定了沿用至今的美国宪法。1789年，华盛顿当选为美国第一任总统。在两届任期（1789～1797年）结束后，他坚决拒绝了再次连任，回到了维农山庄。

1799年，华盛顿因患喉头炎去世，享年67岁。

名人逸事

1797年，法国革命家康斯坦丁·沃尔涅拜访乔治·华盛顿。沃尔涅为了获准周游美国各地，请求总统开一张介绍信。华盛顿想：不开吧，让沃尔涅碰个钉子，开吧，又叫我为难。于是他在纸上写道："康·沃尔涅不需要乔·华盛顿的介绍信。"

名人作品欣赏

参议院和众议院的同胞们，本月14日收到根据两院指示送达给我的通知。阅悉之余，深感惶恐。我一生饱经忧患，唯过去所经历的任何焦虑均不如今日之甚。一方面，因祖国的召唤，要我再度出山，对祖国的号令，我不能不肃然景从。然而，退居林下，系我一心向往并已选定的归宿。我曾满怀奢望，也曾下定决心，在退隐之地度过晚年。对此退隐的居所，除喜爱之外，已经习惯。看到自己的健康，因长期操劳，随着时光的流逝而日益衰退之时，对之更感需要和亲切。另一方面，祖国委我以重托，其艰巨与繁剧，即使国内最有才智和最有阅历的人士，亦将自感难以胜任，何况我资质鲁钝，又从未担任过政府行政职务，更感德薄能鲜，难当重任，处于此种思想矛盾中。但我一直认真致力于正确估量可能影响我执行任务的每一种情况，以确定我的职责，这是我所敢断言的。我执行任务时，

如因往事留有良好的记忆而使我深受其影响，或因我的当选使我深感同胞对我高度信任，并为此种感情所左右，以致对自己从未担负过的重任适少考虑自己能力的微薄及缺乏兴趣，我希望，我的动机将减轻我的错误，国人在判断错误的后果时，也会适当考虑所以产生此种偏颇的根源。

既然这就是我在响应公众召唤就任现职时所抱有的想法，在此举行就职仪式之际，如不虔诚地祈求上帝的帮助极欠允当，因为上帝统治着全宇宙，主宰世界各国，神助能弥补凡人的任何缺陷。愿上帝赐福，保佑美国民众的自由与幸福，及为此目的而组成的政府，并保佑他们的政府在行政管理中顺利完成其应尽的职责，在向公众和个人幸福的伟大缔造者谢恩之际，我确信我所表述之意愿同样是诸位及全国同胞的意愿。美国民众尤应向冥冥之中掌管人间一切的神力感恩和致敬。美国民众在取得独立国家地位的过程中，每前进一步，似乎都有天佑的征象。联邦政府制度的重要改革甫告完成，虽然性质不同的集团为数众多，但均能心平气和，互谅互让，经过讨论，卒底于成。若非我们虔诚的感恩得到回报，若非过去似乎已经呈现出预兆，使我们可以预期将来的赐福，这种方式是无法与大多数国家组建政府时采取的方式相比的。在目前这一紧急关头，产生这些想法，确系深有所感而不能自已。我相信你们与我会有同感，即没有任何一个政府像我们这个新的自由政府这样，从一开始就诸事顺利。

根据设立行政机构条款的规定，总统有责"将他认为必要和有益的措施提请你们考虑"。现在和你们会见的这一场合，我无法详细谈论这个问题，我只想提一提我国的伟大宪法，我们就是根据宪法的规定举行这次会议的。宪法为诸位规定了权力范围，也指出了诸位应该注意的目标。在今天这次大会上，我将不向诸位提出某些具体的建议，而是颂扬被选出来考虑和采纳这部宪法的代表们的才能、正直和爱国热忱。这样才更适合这次会议的气氛，我的感情也驱使我这样做。我从诸位这些高尚品德中，看到了最可靠的保证，一方面是，地方偏见或感情以及党派的分歧，都不能转移我们统观全局和一视同仁的视线。我们的视线是理应照顾各方面的大联合和各方面的利益的。所以，在另一方面，我们国家的政策将建筑在纯正不移的个人道德原则的基础上，这个自由政府将以它能博得公民的热爱与全世界的尊重等特点而显示出它的优越性。

我对祖国的热爱激励我以满怀愉悦的心情展望未来。这是因为，在我国的体制和发展趋势中，出现了又有道德又有幸福，又尽义务又享利益；又有公正和宽仁的方针政策作为切实准则，又有社会繁荣昌盛作为丰硕成果的不可分割的统一：这已是无可争辩的事实。这也因为，我们已充分认识，上帝决不会将幸福赐给那些把他所规定的秩序和权利的永恒准则弃之如粪土的国家。这还因为，人们已将维护神圣的自由火炬和维护共和政体命运的希望，理所当然地、意义深远地、也许是最后一次地，寄托于美国民众所进行的这一实验上。

——《华盛顿就职演说》

蒸汽机的发明者——瓦特

名人简介

瓦特从小体弱多病,到了上学年龄,父母也没有送他去读书。母亲教给了瓦特语文和数学知识,鼓励他玩各种玩具和小机械,培养他观察思考问题和动手实践的能力。后来瓦特进了格里诺克的文法学校,由于身体不好,没有毕业就退学了。18岁那年,瓦特到哥拉斯哥城学习手艺,后来又去伦敦学习机械制造。1757年,在朋友们的帮助下,瓦特到格拉斯哥大学当修造教学仪器的工人,这给他提供了良好的学习与实践的机会。他在那里与化学家约瑟夫·布莱可和以后成为物理学教授的约翰·鲁滨逊成为好友,他们三人经常聚在一起,讨论研究改进蒸汽机的问题,瓦特也学到了不少科学理论知识。

瓦特出身于平民家庭,从小养成了勤动脑与多动手的习惯。经过几十年的不懈努力,成功地完善了他的蒸汽机,从而使整个欧洲进入了轰轰烈烈的"蒸汽时代"。

1764年,瓦特与表妹玛格丽特·米勒结婚。同年,瓦特受委托修理一台纽可门蒸汽机,机器很快就修好了,但瓦特并不满足,他决心进一步改进它。瓦特发现纽可门蒸汽机有许多缺陷,主要是燃料耗费太大,而且应用的范围有限,只能用于矿井抽水和灌溉。瓦特决心造一台比它更好的蒸汽机。他与一个叫约翰·巴罗克的工厂主合伙,经过三年多的反复试验,终于在1768年制造出真正能够运转的蒸汽机。第二年,他获得了发明的专利权。瓦特发明的新型蒸汽机,除了采用分离式冷凝器外,还采用了如机油润滑、填料函、汽缸绝热套等一系列改进和发明,它的耗煤量仅为纽可门蒸汽机的1/4,工作效率却大大提高。

1781年,瓦特提出5种将往复运动转变成旋转运动的方法,其中最有名的"行星齿轮结构"在后来的工业生产中得到广泛应用;1782年,瓦特获得了"双动作蒸汽机"的专利;1784年,瓦特在他的新专利中又提出了"平行连杆结构"的说法,这使蒸汽机具有了更广泛的实用性;1788年,他又发明了离心调速器和节气阀;1790年,又完成了汽缸示功器的发明。至此,瓦特完成了对蒸汽机发明的全过程。

瓦特对蒸汽机的发明是第一次工业革命中划时代的重大事件。蒸汽机的广泛应用,使人类获得了空前强劲的、可被人类控制的动力资源,对社会经济的跨越性发展起了关键性作用。1807年,美国人富尔敦把瓦特的蒸汽机装在轮船上,宣告了航运帆船时代的终结。1814年,英国人史蒂芬逊把瓦特的蒸

名人档案

- 生卒年　1736～1819年
- 国　籍　英国
- 出生地　苏格兰的格里诺克城
- 身　份　科学家

汽机装在火车上，开始了陆路运输的新时代。1785年，瓦特被选为伦敦皇家学会会员；1806年，被格拉斯哥大学授予法学博士头衔；1814年，他被推荐为法兰西国家学会的会员。1819年8月25日，瓦特在家中安然去世，享年83岁。后人为了纪念他的伟大发明，把功率计算单位称为"瓦特"。

名人逸事

研制蒸汽机需要大量的钱，瓦特的家境本来就不富裕，他白手起家，四处借债，实验室是租来的地下室，用的是旧器材。他曾经对人说："一个人想发明一件东西，是最愚蠢不过的事！"借助于与企业家的合作，瓦特才最终完成了他的发明。

《独立宣言》的起草者——杰弗逊

名人简介

杰弗逊从小继承了父母的双方性格，既有温文尔雅、爱美的天性，又有诚实果敢勇于负责的习惯。父亲对他有三点希望：一是健康的身体，二是接受良好的教育，三是具有仁爱之心。他5岁开始上学，9岁进入一位苏格兰牧师道格拉斯所办的学校，学习拉丁语、希腊语和文法。14岁时，父亲逝世。17岁时，杰弗逊进入一所贵族学校即威廉斯堡的威廉玛丽学院读书，他在这里循规蹈矩地学习，课余时间喜欢一个人骑马到乡村去访问农民或者是拉小提琴。年轻的杰弗逊热爱苏格兰歌曲，懂得6国文学，通晓数学、测量学、建筑学、政治学、法律和音乐，而与自然和人的广泛接触，又使他越发博学。1762～1765年的4年间，他又研究了4年法律，这为他日后投身政界奠定了良好的基础。

1767年，杰弗逊取得律师执照，以后当了7年律师。1769年，他当选为弗吉尼亚议会议员。同年，他提出了一个允许奴隶主释放奴隶的提案，虽然没有获得通过，但他倾向于民主自由的政治思想已经初露端倪。1772年，他与一个叫史克尔登的23岁的年轻寡妇结婚。1782年，夫人去世后，他再也没有结婚。

杰弗逊生于英国与其北美殖民地矛盾日深的时期，他对欧洲的"天赋权利说"和"社会契约论"深信不疑，在自己草拟的《英属美洲权力综论》中鲜明地提出了北美人民民族自决的思想，这个文件在第一次大陆会议上广泛传播，有力地激发了北美人民的民族意识。1775年，杰弗逊作为弗吉尼亚的代表参加了第二次大陆会议，当选为"独立宣言起草委员会"的首席委员。年方33岁的杰弗逊主笔起草了大气磅礴的《独

杰弗逊是一位来自上流社会的绅士，学识渊博，卓尔不群。他先是倡议并起草了《独立宣言》，后两度当选为美国总统，期间通过外交手段以1500万美元购得了路易斯安那，为美国以后的崛起奠定了坚实的基础。

立宣言》，宣告"人人是生而平等的，他们都被造物主赋予某些不可让渡的权利，其中包括生存权、自由权和追求幸福等的权利。当任何形式的政体妨碍了这种目的时，人民有权利去改变它，或废除它。"《独立宣言》成

名人档案	
生卒年	1743～1826年
国　籍	美国
出生地	弗吉尼亚州沙德威尔的乡村
身　份	政治家／思想家

为美国独立战争的思想武器，因为它的划时代性，故被称为"第一个人权宣言"。

　　1784年，杰弗逊被派往法国，协助富兰克林和约翰·亚当斯签订商约，翌年担任全权驻法公使。1796年，他被民主共和党提名为该党的总统候选人，当选为美国副总统。1800年，当选为美国第三任总统，并在1805年获得连任。在两届总统任内，他采取积极措施促进美国经济的发展，并使民主的空气和作风迅速弥漫美国全境。

　　1826年7月4日，杰弗逊逝世，终年83岁。人们在他的遗物中发现了他生前为自己写的墓碑铭文："美国独立宣言的起草人、弗吉尼亚宗教自由法令的作者和弗吉尼亚大学的创始人。"

名人逸事

　　1803年，杰弗逊运用外交手段，以1500万美元购买了同当时的美国一样大的路易斯安那，为美国赢得了从墨西哥湾到加拿大、从密西西比河西岸到落基山的100万平方英里的土地。这块单价只有15美元／平方英里的土地的获得，不仅消除了美国家门口的一个敌人，而且为美国今后的经济发展奠定了坚实的资源基础。

名人作品欣赏

朋友们、同胞们：

　　我应召担任国家的最高行政长官。值此诸位同胞集会之时，我衷心感谢大家寄予我的厚爱。诚挚地说，我意识到这项任务非我能力所及，其责任之重大，本人能力之浅薄，自然使我就任时感到忧惧交加。一个沃野千里的新兴国家，带着丰富的工业产品跨海渡洋，同那些自恃强权、不顾公理的国家进行贸易，向着世人无法预见的天命疾奔——当我冥思这些超凡的目标，当我想到这个可爱的国家，其荣誉、幸福和希望都系于这个问题和今天的盛典，我就不敢再想下去，并面对这宏图大业自惭形秽。确实，若不是在这里见到许多先生在场，使我想起无论遇到什么困难，都可以向宪法规定的另一高级机构寻找智慧、美德和热忱的源泉，我一定会完全心灰意懒。因此，负有神圣的立法职责的先生们和各位有关人士，我鼓起勇气期望你们给予指引和支持，使我们能够在乱世纷争中同舟共济，安然航行。

　　在我们过去的意见交锋中，大家热烈讨论，各扬其长，以至于有时情况相当紧张，忽略了这些行为可能对那些不惯于自由思想和自由言论的人施加了一些影响。但如今这种意见争执的结果已由全国的民意做出决定，而且根据宪法的规定予以公布，所有的意志当然会在法律的意志下，彼此妥善安排，并且为共同的幸福团结一致共同努力。大家当然也不会忘记那个神圣的法则，这就是虽然在任何情况下多数人的意见会被采纳，但是那些意见，必须合理而正当，而且其他的少数人也拥有同

样的权利，平等地受到法律的保护。如果予以侵犯，那无异于高压手段。

因此，让我们一心一意地团结起来！让我们恢复和谐与友爱的社会！因为如果没有和谐和友爱，那么自由，甚至于生活的本身，就将成为枯燥而无味的事情。让我们仔细想想，那些使人类长期流血、受苦的宗教偏见，已被我们驱逐于国土之外。如果我们让政治上的偏见存在，使之成为与宗教上的不宽容一样专制与邪恶，并造成痛苦与流血的迫害，那么我们的努力便会付之东流。

当旧世界经历痛苦和激变时，当盛怒的人们挣扎着想通过流血和战争寻找他们失去已久的自由时，那种波涛般的激动，甚至会冲击到遥远而和平的彼岸，这些都不足为奇了。它会引起某些人颇深的感慨与恐惧，而某些人却不会。因此，对安全的衡量，不同人就会有不同的意见。但是，并非每一个意见上的差异都是原则上的差异，只是在同一原则上，我们有不同的说法罢了。我们都是共和党成员，我们也都是联邦主义者。如果我们当中有人想解散这一联邦，或改变它的共和形式，那就让他们不受干扰，以便使其有言论自由的保障。这样错误的意见能被容忍，而我们则可根据理智加以判断并做出抉择。

我知道，事实上，有些正直的人士担心共和政府无法强大，恐怕这个政府不够强大。但是一个最诚实的爱国者，在成功试验的大潮中，难道会因一种理论和空想的疑惧，就以为这个政府，这个全世界最高的希望，可能缺乏力量维护自己，从而放弃这个到目前为止带给我们自由和安全的政府吗？我相信不会。相反，我相信这是世界上最强大的政府。我相信，在这个政府之下，无论何人，一经法律的召唤，就会按照法律的要求，将公共秩序所受到的侵犯视为个人的事。有些人可能会认为，人自己管自己都是不可靠的，那么，难道受别人的管束就很可靠吗？或者说，在国王的管理下，我们就能发现天使吗？就让历史来回答这个问题吧！

因此，让我们以勇气和信心，追寻我们自己的联邦与共和的原则，并热爱我们的联邦和代议制政府。由于大自然和大洋仁慈的阻隔，我们得以幸免于地球另一区域毁灭性的灾害；我们品格高尚，不能容忍他人的堕落；我们拥有幅员广阔的国土，足以容纳千万代的子孙。我们充分意识到，在发挥自己的才能，争取我们的劳动所得，博取同胞对我们的行为而不是我们的出生背景的尊敬与信心等方面，我们都享有同等的权利。我们有良好的宗教，虽然各以不同的形式自称和实践，但出发点都是教育人们诚实、坦白、自制、感恩和爱他人。我们承认和崇拜万能的上帝，由于他的支配管理，使这里的人们享受着幸福而且直到永远。有了这所有的恩赐，还有什么比这更能使我们成为一个幸福和繁荣的民族呢？同胞们！还有一点，那就是我们仍需要一个睿智和廉洁的政府，它能制止人们互相伤害，使人们自由地从事自己的工作并进行改善，而且不剥夺任何人以劳动所赚取的报酬。这是一个良好的政府所要具备的，也是我们达到幸福圆满所必需的条件。

同胞们，我即将开始履行职责，它包括了一切对你们而言珍贵而有价值的东西。此时你们应当了解，什么是我们政府所坚持的主要原则，以及接下来制定政策的依据。我将把这些原则，尽量简要地加以讲述，只讲一般原则，而不涉及其所有的限制。不论其地位、观点、宗教的或政治的派别，所有人一律公正和平等；

与所有国家和平相处，相互通商，并保持真诚的友谊，但不与任何国家结盟；维护各州政府的一切权利，使其成为处理内政方面最胜任的行政机构，并成为抵抗反共和势力的坚强堡垒；维护联邦政府在宪法上的地位，作为对内安定与对外安全保障的最后依靠；注意维护人民的选举权——对于革命战争中由于缺乏和平手段所产生的权利滥用的弊端，要以一种温和而安全的方式予以矫正；绝对服从多数人的决议，是共和制的重要原则，如果为推翻这项决议而施以强制手段，就是独裁统治的主要原则和直接根源；维持一支训练有素的民兵，作为和平时期和战争初期的最好依靠，直到正规军来接替；民权高于军权；节省公共开支，以减轻公民负担；诚实偿付我们的债务，以郑重维持人民对政府的信心；鼓励农业，并促进商业发展，协助农业；传播知识，并在公共理性的审判席上控诉一切弊端；保障宗教自由及出版自由，并根据人身保障法保障民众自由；公正地选出陪审员以从事审判和判决。这些原则在革命和改革时期，已成为我们的指明灯，为我们指引前进的道路。

先哲的智慧和英雄们的鲜血，都是为了这些理想的实现。它们应当是我们政治信仰的信条，公民教育的范本，检验我们工作的试金石。如果我们因为一时的错误想法或过分警觉而背弃了这些原则，就应当赶快调整脚步，重返这唯一通向和平、自由与安全的大道。

——《杰弗逊就职演说》（节选）

德国文学的旗帜——歌德

名人简介

幼年的歌德接受了良好的教育，父亲希望他将来成为一名律师，就让他学习英、法两国文字和一些实用知识。他又深受母亲的影响，学习德国和意大利的文学。1770年他进斯特拉斯堡大学攻读法学，次年获得学士学位。在斯

名人档案	
生卒年	1749～1832年
国　籍	德国
出生地	法兰克福
身　份	文学家／思想家

特拉斯堡大学期间，歌德接触了莎士比亚、荷马等人的作品，深受他们创作风格的影响。1774年，他发表了《少年维特之烦恼》，使他声名大噪。1775年他应邀到魏玛，次年被任命为魏玛公国的枢密顾问。在1786年以前，他成了魏玛公国的重臣，曾一度主持公国大政，力图进行一些改革。然而随着各方面阻力的增强，加上他对科学研究与文学创作的爱好，他陷入一种矛盾的痛苦之中，他在1786年秋不辞而别，化名潜往意大利，直到1788年6月才返回魏玛。

在意大利的旅行是歌德一生的重要转折时期，他重新认识了自己的过去，并在罗马结识了很多艺术家，使自己文思大进，而意大利如诗如画的风景，也更加丰富了他作为诗人的想象力。回到魏玛后，歌德专心于文学艺术创作，先后完成

《少年维特之烦恼》

书信体小说《少年维特之烦恼》是使歌德获得荣誉的第一部重要作品，它通过维特的爱情悲剧，表现了18世纪中期德国青年对当时社会的愤懑和对未来的憧憬。作品体现了鲜明的时代精神，是当时德国文学界"狂飙突进"运动最杰出的文学作品之一。从艺术上看，《少年维特之烦恼》把写景与抒情有机地结合起来，通篇充满浓郁的诗意，被人们称为"抒情的散文诗式的小说"。真情实感、强烈的时代精神、诗化的语言，使《少年维特之烦恼》产生了震撼人心的艺术效果。

了戏剧《哀格蒙特》《托夸多·塔索》。1796年，歌德结识了著名诗人席勒，两人合作无间，共同将德国文学推向了一个前所未有的新高度，并使魏玛这座小小的公国都城一跃成为当时德国与欧洲的文化中心。也正是在席勒的鼓励下，歌德再次提笔创作青年时期就开始构思的巨著《浮士德》，并在1808年出版了第一卷。此后的时间里歌德一直在撰写《浮士德》的第二卷，并在1831年出版。1807年，歌德与和他同居了18年的克里斯汀结婚，那时，他们两人所生的孩子已经17岁了。

歌德写作《浮士德》，前后共花去了58年的时间，差不多可以说是以毕生之力完成的。歌德于1831年最终完成此书时，他曾在日记中写道："主要的事业已经完成"，"以后的生命我可以当作是纯粹的赐予了。我是否做什么或将做什么现在已经完全无所谓了"。《浮士德》塑造了一个不断探索人生真谛、不断进取的形象。主人公浮士德年届百岁、双目失明，仍然认为人生应当"每日每夜去开拓生活和自由，然后才能享受自由和生活"，这体现了资产阶级上升时期追求真理、自强不息的精神，也是德意志民族优秀传统的反映。所以，这部著作被德国铁血宰相俾斯麦称为德国"世俗的圣经"。

1832年3月22日，在《浮士德》第二卷出版的第二年，歌德在魏玛逝世，享年83岁。

名人逸事

歌德和贝多芬两人早已互相仰慕，当他们终于见面时，歌德63岁，贝多芬42岁。可两人大概都没有料到，会面的结果是不欢而散，原因是对待贵族的态度不同。歌德毕恭毕敬，而豪放不羁的贝多芬非但不以为然，还当面狠狠地批评了歌德的做法。歌德呢，在他后来给朋友的信中说："我们应当原谅他（贝多芬），替他惋惜，因为他是个聋子。"

名人作品欣赏

莎士比亚，我的朋友啊！如果你还活在我们当中的话，那我只会和你生活在一起；我是多么想扮演配角匹拉德斯，假如你是俄来斯特的话！而不愿在德尔福斯庙宇里做一个受人尊敬的司祭长。

先生们，我想停笔，明天再继续写下去：因为现在滋长在我内心里的这种心情，你们也许不容易体会到。莎士比亚的戏剧是个美妙的万花镜，在这里面，世界的历史由一根无形的时间线索串连在一起，从我们眼前掠过。他的构思并不是通常所谈的构思；但他的作品都围绕着一个神妙的点，在这里我们从愿望出发所想象的自由，同在整体中的必然进程发生冲突。可是我们败坏了的嗜好是这样迷糊住了我们的眼睛，我们几乎需要一种新的创作，来使我们从这暗影中走出来。

所有的法国人及受其传染的德国人，甚至于维兰也在这件事情上和其他一些更多的事情一样，做得不太体面。连向来以攻击一切崇高的权威为身份的伏尔泰在这里也证实了自己是个十足的台尔西特。如果我是尤利西斯的话，那他的背脊定要被我的王笏打得稀烂！

这些先生当中的大多数人对莎士比亚的人物性格表示特别反感！

我却高呼：自然，自然！没有比莎士比亚的人物更自然的了！

这样一来，于是乎他们一起来扭住我的脖子。

松开手，让我说话！

他与普罗米修斯竞争着，以对手做榜样，一点一滴地刻画着他的人物形象，所不同的是赋予了巨人般的伟大——正因为如此，我们才认不出他们是我们的兄弟——然后以他的智力吹醒了他们的生命。他的智力从各个人物身上表现出来，因此大家看出他们之间的亲属关系。

我们这一代凭什么敢于对自然加以评断？我们从什么地方来了解它？我们从幼年起在自己身上感到的以及在别人身上所看到的，这一切都是被束缚住的和矫揉造作的东西。我常常站在莎士比亚面前，内心感到惭愧，因为有时发生这样的情形：在我看了一眼之后，我就想到，要是我的话，一定会把这些处理成另外一个样子！接着我便认识到自己是个可怜虫，从莎士比亚描绘出的是自然，而我所塑的人物却都是肥皂泡，是由虚构狂所吹起的。

——《莎士比亚纪念日的讲话》（节选）

维也纳音乐之神——莫扎特

名人简介

莫扎特的父亲原籍德国，他先是在萨尔茨堡的大主教乐队担任小提琴手，后来晋升为宫廷作曲家和副乐长。老莫扎特和妻子共生有7个孩子，其中5个出生不到一年就夭折了，剩下的一男一女，都是天才型的孩子：姐姐玛丽安娜和比她小5岁的弟弟莫扎特。这两个孩子从小跟着父亲学习音乐，处处表现出过人的天资。莫扎特3岁时就能在钢琴上弹奏他所听到过的乐曲片段，5岁学作曲，6岁时就能即席演奏。

老莫扎特列奥波尔德对儿子的成长费尽了心血。除了对莫扎特进行复杂的音乐理论与演奏技能的训练外，还让他学习多种外国语以及文学和历史等。从1762年起，在父亲的带领下，6岁的莫扎特和11岁的姐姐玛丽安娜开始了长达

名人档案

- 生卒年　1756～1791年
- 国　籍　奥地利
- 出生地　萨尔茨堡
- 身　份　音乐家

莫扎特效应

莫扎特的创作完全凭自己的才华和灵感，乐评家们这样评价他的音乐："清丽而富有诗意，具有天籁般的魅力。"美国加州大学研究得出聆听音乐天才莫扎特的音乐可增进脑部的空间辨识能力的结论。一些儿童教育专家通过实验证明，莫扎特音乐对于开发三岁前儿童智力尤为有效。如今莫扎特音乐已成为儿童胎教的音乐宝典。莫扎特的音乐能提高人的学习和记忆能力，这种现象后来被称作"莫扎特效应"。

10年的漫游欧洲大陆的音乐之旅。他们到过慕尼黑、维也纳、巴黎、伦敦、罗马等许多地方。莫扎特的音乐才能令人震惊，他们所到之处无不引起巨大的轰动。

1772年，16岁的莫扎特结束漫游生活，回到了家乡萨尔茨堡，在大主教的宫廷乐队里担任首席乐师。尽管莫扎特是个音乐奇才，但在大主教眼中，莫扎特只不过是一个普通的奴仆。由于难以忍受种种奴仆的待遇和无理的限制，莫扎特在1777年辞去了乐长职务，再次开始外出旅行，希望获得改变命运的机会。但是，现实社会冷落了他，不得已，莫扎特再次回到家乡，待在大主教的宫廷里，大主教更加刻薄地对待他。这段时间莫扎特的生活充满艰辛，唯一的收获是他写了许多交响乐、协奏曲和歌剧。1781年，莫扎特终于在忍无可忍之中辞职离去。1782年，莫扎特与康斯坦斯在维也纳结婚，他们一共生了6个孩子，4个夭折，剩下的两个孩子也没有继承父亲的音乐天分。莫扎特虽然越来越出名，却越来越穷，有时甚至连吃饭都成问题，经常要向人借钱。有一年冬天的一个傍晚，朋友们到他家做客，从窗外看到夫妻俩在屋里愉快地翩翩起舞，纷纷赞叹不已。待到进屋后才弄明白，他们因无钱买煤，不得不以跳舞来取暖。

1791年12月6日凌晨1点，莫扎特带着泪水离开人世，年仅35岁。他在短短的一生中，创造出数量惊人的音乐瑰宝：歌剧22部，交响曲41部，钢琴协奏曲27部，小提琴协奏曲6部。

名人逸事

莫扎特在英国遇上了音乐大师巴赫，巴赫非常喜欢这位小天才，于是便亲自指导他演奏和作曲。经过名师的指点，莫扎特有了更大的进步。11岁时，他开始了歌剧的创作。这时莫扎特写了《阿波罗和亚森特》《巴斯天和巴斯天纳》等歌剧作品。这些作品结构精巧、曲律优美，得到了许多音乐大家的好评。莫扎特从不为自己的成绩沾沾自喜，他利用到各国演出的机会，留心学习各民族音乐的精华。渐渐地莫扎特的视野开阔了，他创作的音乐语言和形式也更加丰富了。

歌剧《费加罗婚礼》的场景
这是莫扎特最伟大的歌剧作品，于1786年完成，在此剧中，莫扎特将固定的角色转化为活生生的人。

《人口原理》的作者——马尔萨斯

名人简介

马尔萨斯的父亲在牛津大学学习过，知识比较渊博，但在事业上没有什么成就，靠着祖先留下来的资产过着绅士生活。因为家庭条件优越，马尔萨斯从小就过着舒适的生活，并受到了良好的教育。在父亲的关怀下，他顺利完成了小学和中学教育，1784 年进入剑桥大学学习哲学和神学。1788 年，大学毕业后，他在家里待了一段时间后，再次到剑桥大学从事研究，并于 1791 年获得博士学位。

名人档案	
生卒年	1766～1834 年
国　籍	英国
出生地	英格兰萨里郡多基城
身　份	经济学家

1798 年，马尔萨斯在家乡的奥尔堡担任教堂的牧师和教长，同年匿名出版了他的《人口原理》一书，这本书被广泛传阅，使马尔萨斯一下子出了名。从 1799 年起，他花了 5 年时间，游历了德意志、瑞典、芬兰等欧洲国家，继续研究人口问题，并开始对其他社会经济问题的研究。1803 年，他用真名发表了篇幅更大的《人口原理》第二版。该书此后一再修订和补充，到 1826 年已经出到第 6 版。

名言佳句

我可以提出两条公理：一是食物为人类生存所必需；二是两性间的情欲是必然的，且几乎会保持现状。

人口，在无所妨碍时，以几何级数率增加；生活资料，只以算术级数率增加。

马尔萨斯人口论的基本思想是人口的增长快于食品供应的增长。他以非常严峻的方式指出，人口是以几何级数增长的，即 1、2、4、8、16……而食品的增长却是线性状态的，即 1、2、3、4、5……由此导致的结果是，人口将无限制地增长，直到达到食品供应的极限，所以人类将生活在贫穷甚至接近饥饿之中。那么，该怎样抑制人口的增长呢？马尔萨斯指出，战争、瘟疫和疾病都能迅速地减少人口，缓解人口过分膨胀所带来的压力，但这并不是一种好的解决方式。他建议应该用"道德制约"的方法来抑制人口膨胀，这包括晚婚、自愿节制性接触等等。马尔萨斯的人口理论对经济理论以及生物学研究等都产生了重要影响。

1811 年，他与著名经济学家李嘉图相识并结为好友，两人经常就学术问题展开辩论。他在 1820 年出版了《政治经济学原理》，以与李嘉图的《政治经济学原理》相抗衡。在这本书中，马尔萨斯提出了反对过分的节约观点，主张国家要达到高度富强，必须做到"生产能力和消费愿望的均衡"。马尔萨斯的学术思想在晚年时受到了尊重，1819 年，他被选为英国皇家学会会员，1833 年当选为法国伦理与政治科学院和柏林皇家学院的院士。

1834 年，马尔萨斯在别人家做客时，因为心脏病突发逝世，享年 68 岁。

横扫欧洲的法兰西传奇皇帝——拿破仑

名人简介

儿时，拿破仑不是一个讨人喜欢的孩子，身材矮小、体格瘦弱，一开口就显得非常傻气。但他的权威令孩子们折服，连哥哥也对他俯首帖耳。1779年，拿破仑进入布里埃纳军校学习，成绩突出。他15岁进入巴黎陆军学校学习，虽然只有两年，但他却深受法国启蒙思想的影响。

名人档案	
生卒年	1769～1821年
国籍	法国
出生地	科西嘉岛阿雅克肖城
身份	军事家／政治家

从巴黎陆军学校毕业后，拿破仑当上一名炮兵少尉，1791年晋升为中尉，次年被提升为上尉。1793年，法国保王党人在英国和西班牙的大力支持下，占领了法国南部重镇土伦，共和军久攻不克。拿破仑奉命参加土伦战役，任炮兵指挥，并晋级为上校。依靠拿破仑指挥的炮兵部队，共和军终于攻占了土伦。此役使拿破仑声名大振，不久便被破格提升为准将。1795年，他的炮兵部队在巴黎再建奇功，以5000人之力击溃了2万多名叛乱分子。之后，拿破仑被任命为法国"国防军"副司令。1796年，他与年轻寡妇约瑟芬结婚。后来，他又被派往意大利和埃及战场作战。1799年，拿破仑从战场上悄然返回法国，发动了"雾月政变"，此后，他一直处在法国权力的顶峰，终于在1804年加冕称帝，即拿破仑一世，法国进入了法兰西第一帝国时期。

拿破仑执政时期，通过内政外交方面的努力，使法国迅速走向强盛。他着力打击教会势力，镇压反叛势力，采取各种政策推动经济发展，并主持制定了《拿破仑法典》，将法国大革命的成果以法律形式确定下来，对法国及其他资本主义国家的立法产生了深远影响。在对外战争中，拿破仑领导的军队几乎击败了所有的欧洲大国，推动了法国大革命的思想在欧洲的传播。

但是侵略俄国的惨败使法国元气大伤，并给其他敌对国家造成了可乘之机。1814年的莱比锡战役是拿破仑军事史上的一个转折点——他第一次败给了反法联盟。之后，反法联军占领巴黎，拿破仑被流放到意大利海边的厄尔巴岛。1815年，拿破仑成功逃出流放地，返回法国，受到了热烈欢迎并迅速恢复了权力。但此时的法国已经雄风不再，经历了滑铁卢战役的惨败后，拿破仑永远退出了历史舞台。他被流放到大西洋中的圣赫勒拿岛，于1821年去世，终年52岁。

名人逸事

拿破仑说："我有时是狐狸，有时是狮子，行军打仗的全部秘诀在于知道什么时候应当是前者，什么时候应当是后者。"的确，拿破仑深谙用兵之道，但却从不为陈规教条所束缚，他曾经宣称自己从来没有制订过行动方案。正是由于运用了随时都做好准备以便适时调整的策略，才使得法军取得一连串的胜利。法军通常分成较小的作战单位，统一接受皇帝本人的指挥，这种充满弹性的组织方式在实地战场上取得了理想的效果。每个单位在作战时都能够携带配置的大炮和骑兵方队独立行动。部队以掳掠所经之地为生，因而得以丢弃辎重，轻装前进，每个作战单位都以惊人的速度运动。横排行军一度被认为是最佳行军方法，拿破仑却命令自己的队伍以纵队前进，使部队既可以迅捷地穿越复杂的地区，又能够快速地组成战斗队形。迅雷不及掩耳的奇袭与细致的侦察措施相结合，使法军常以出奇制胜和神机妙算取得胜利。同时，被拿破仑运用得出神入化的炮兵战术，也已发展得如同一门艺术。德国文学家歌德评价道："拿破仑摆布世界，就像洪默尔摆布钢琴一样……在任何时候他都胸有成竹，应付自如……无论演奏的是慢板还是快板，是低调还是高调。"

名人作品欣赏

士兵们：

你们像山洪一样从亚平宁高原上迅速地猛冲下来。你们战胜并消灭了一切阻挡你们前进的敌人。

从奥地利暴政下解放出来的皮埃蒙特，表现了与法国和平友好相处的天然感情。

米兰是你们的，在全伦巴迪亚上空，到处都飘扬着共和国的旗帜。

帕尔马公爵和莫德纳公爵能够保留政治生命，完全归功于你们的宽宏大量。号称能够威胁你们的敌军，再也找不到更多的可以凭借的障碍物，来抵挡你们的勇气了。波河、提契诺河和阿达河不再阻挡你们前进了。意大利这些所谓了不起的堡垒看来都是不经一击的，你们像征服亚平宁山脉一样迅速地征服了它们。

你们取得这样多的胜利使祖国充满喜悦。你们的代表们规定了节日，以表示对你们胜利的庆贺，共和国所有的公社都在庆祝这个节日。你们的父亲、母亲、妻子、姊妹以及你们所有心爱的人，都为你们的胜利而欢欣鼓舞，他们都以自己是你们的亲人而感到自豪！

是的，士兵们！你们做了许多事情。可是，这是不是说你们再没有什么事可做了呢？人们在谈到我们时会不会说，我们善于取得胜利，却不善于利用胜利呢？后代会不会责备我们，说我们在伦巴迪亚碰上了卡普亚呢？不过我已经看见你们在拿起武器，懦夫般的休养生活已经使你们烦恼啦！你们为荣誉而花去的时光，也就是为了自己的幸福而花去的时光。总而言之，让我们前进吧！目前我们还需要急行军，我们必须战胜残敌，我们要给自己戴上桂冠，必须报复敌人给我们的侮辱！

让那些准备在法国挑起内战的人等着吧！让那些卑鄙地

拿破仑的军队在五月广场向皇帝宣誓效忠。"雾月政变"的胜利将拿破仑推到了政治的最前沿，同时也使法国的资产阶级革命得以在欧洲广泛传播。

> **名言佳句**
> 一切都是可以改变的，不可能只在庸人的词典里才有。

杀死我们的驻外使节和烧毁我们土伦军舰的人等着吧！复仇的时刻到了。

但是，要叫老百姓放心。我们是一切老百姓的朋友，特别是布鲁图家族、西庇阿家族和一切我们奉为典范的大人物的后裔的忠实朋友。恢复卡皮托利小山上的古迹，在那儿恭敬地竖起一些能使古迹驰名的英雄雕像。唤醒罗马人，使他们摆脱几百年的奴役造成的昏沉欲睡的状态。这些将是你们的胜利果实，这些果实将在历史上创造一个新的时代。不朽的荣誉将归于你们，因为你们改变了欧洲这一最美丽地方的面貌。

自由的、受全世界尊敬的法国人民正在给全欧洲带来光荣的和平，这种和平将补偿它在6年中所忍受的一切牺牲。那时你们回到自己的家乡，你们的同胞就会指着你们说：他是在意大利方面军服过役的！

——《在米兰的演说》

最伟大的作曲家——贝多芬

名人简介

贝多芬的童年并不幸福，他常常从警察手里接过烂醉如泥的父亲，从未享受过家庭的温情。当父亲发现贝多芬有音乐天赋时，就企图把他变成摇钱树，强迫幼小的贝多芬练习繁重的琴艺，而且常常在三更半夜醉酒回家后把贝

> **名人档案**
> 生卒年：1770～1827年
> 国　籍：德国
> 出生地：莱茵河畔的波恩城
> 身　份：音乐家

多芬从床上拖起来练琴。8岁时，贝多芬被父亲拉着沿莱茵河卖艺，11岁时，就开始在剧院的乐队里工作。他的母亲在1787年逝世后，父亲几乎每晚都烂醉归来，身为长子的贝多芬，只好挑起了养家的重担，抚养两个弟弟。不久后，他受聘为宫廷的古钢琴与风琴乐师，兼作钢琴家庭教师。

1792年，贝多芬前往维也纳，先后受教于音乐家海顿、作曲家申克、音乐理论大师布列希贝克，以及作曲家萨里耶等名师。1795年，他在维也纳举行了第一次音乐会，弹奏了自己创作的"第二号钢琴协奏曲"，迅速折服了维也纳的贵族和市民。此后的五年间，他又创作了第一号到第十一号钢琴奏鸣曲，以及第一号到第三号钢琴协奏曲，在1799年又完成了"第一号交响曲"。这些震惊乐坛的名作，弥漫着生命的欢愉与热情，而且表现出空前的自由意境。贝多芬的面前展现出了光明的前程，而他也对自己的未来充满了乐观与欢悦的情绪。但是，不幸却在此时降临到年轻的贝多芬身上——他患了严重的耳病，开始是经常性的耳鸣，到后来发展为高音受不了，低音又听不到。由于听不到声音，他就用牙咬根木棍，再把木棍支在乐器上，靠木棍的震动状况来感觉声音的大小。不能听到自己创作曲子的好坏，他就

名言佳句

扼住命运之神的咽喉,决不屈服。

音乐使人类精神里爆发出火花。

我愿证明,凡是行为善良与高尚的人定能因之而担当患难。

一遍遍地在钢琴前弹奏,通过琴键的跳动来感受音乐的曲谱。由于长时间弹钢琴,他的手指都起了水泡,但贝多芬还是坚强地挺了过来。他不知疲倦地进行创作,对自己的作品要求也十分高,一首曲子经常修改很多次,如我们今天听到的他为歌剧《菲德利奥》第二幕作的序曲,竟改写过 18 次;著名的《莱昂诺拉》序曲,也是经过十几次的修改才最后完成的。在与病魔进行顽强斗争的过程中,他的音乐创作也最终趋于成熟,他摆脱了以前音乐创作中的许多框框,塑造了自己独特的艺术风格。在后半生约 30 年的无声世界中,贝多芬创作了大量在音乐史上不朽的作品,如著名的 9 部交响曲等。为了不让别人发觉自己耳聋,贝多芬逐渐离群索居,性格也变得越来越孤僻。1801 年,他与一个 17 岁的少女朱丽叶塔·古奇阿帝相恋,著名的十四号钢琴奏鸣曲"月光"就是他们相恋的作品。但古奇阿帝在两年后离开了他,嫁给了一位伯爵。

1802 年,贝多芬迁到离维也纳不远的一个宁静的村庄作曲,在那里完成了第二号交响曲。但耳病的恶化使他痛苦万分,他甚至写下了遗书,陈述自己的悲惨遭遇与不幸。后来,贝多芬重建信心,并在 1803 年写出了雷霆万钧的第三号"英雄"交响曲。此后的几年里,他又完成了第九号小提琴奏鸣曲"克罗采"、第二十一号钢琴奏鸣曲"华德斯坦"、第二十三号钢琴奏鸣曲"热情"、歌剧"费黛里欧"、"第四号钢琴协奏曲"、"D 大调小提琴协奏曲"、第五号交响曲"命运"、第六号交响曲"田园"、第五钢琴协奏曲"皇帝"等不朽名作。1806 年,贝多芬再次恋爱,对方是丹兰斯,古奇阿帝的表妹,两人在那一年订了婚,但这场爱情只维持了 4 年,丹兰斯离开了贝多芬。再次遭受失恋打击的贝多芬变得更加落魄,行为举止也更加放肆。1809 年,拿破仑攻占维也纳,贝多芬的保护人和朋友纷纷逃难,他陷入孤独与经济拮据的双重困境之中。但他还是完成了"庄严弥撒曲"和"第九交响曲"。尤其是后者的演出成功,为他带来了一生最大的荣耀与欢欣。

1827 年 3 月 26 日,在维也纳的春雷骤雨中,贝多芬辞别了人世,享年 57 岁。约有 2 万多名维也纳市民参加了他的葬礼。

名人逸事

青年贝多芬初抵维也纳时,穿着相当时髦,衣服剪裁合身,全是高级的呢绒或毛料,腰间还配着一把短剑。而晚年的贝多芬的衣着经常成为维也纳居民谈论的话题,因为他老是头发散乱,披着一件旧大衣,大衣袋子里塞满发臭的手巾、眼镜等用具。

名人作品欣赏

有关于我的创作的一切情由,在我的感觉中都是那么神秘而不可捉摸。但我急于要说明的是,当一个主题被自然地放在了前面时,我的旋律就从热情的源泉不竭地涌现出来，我追踪它，再次热情地抓住它，我眼看着它飞逝而去，在一团变幻激情中消失得无影无踪，然后我又激情满怀，再次捕捉到了它，要我同它分离是不可能的，我只有急急忙忙地将它转调，加以展开，最后，我还是把它占有了——这就是一部交响曲啊！音乐，尽管变化多端，它归根到底是精神生活与生活之间的调解者。我想同歌德谈谈这个问题，他会理解我吗？

把我的意思告诉歌德吧，跟他说，要他听听我的交响曲，他就会同意我这样说是对的。我不知道认识究竟能给我们带来什么。被包裹着的种子只有在潮湿、带电和温暖的土壤中才会发芽、思考和表现自己，音乐便是这种带电的土壤。在音乐中，我们的头脑可以思考，可以生活和建设一切。哲学便是头脑带电本质的结晶。哲学的目标是寻求基本原理的基础：头脑须要借助于哲学才能达到崇高境界的，虽然头脑并不能超越产生它的东西，但它在超越的过程中却会得到幸福。所以，每种显示的艺术创造都是独立的，而且比艺术家本人更有力量，它通过艺术的表现回向神圣。艺术创造和艺术家也只有回向神圣，才能证明神圣的东西在他身上获得了调解。万物都带电，它刺激头脑去创造音乐，创造流动性、不断往外涌现出来的东西。

我的本性也是带电的，我一定要改变我的智慧不易外露的习惯，为了表达我的智慧我可以做到心里是怎样想的，口头上就怎么说，写信告诉歌德，问问他是否明白我所说的意思。

——《关于音乐的创作》

德国古典哲学集大成者——黑格尔

名人简介

黑格尔自小就跟随母亲学习拉丁文，7岁时进入斯图加特城的学校接受正规教育。1788年，黑格尔进入图宾根神学院，学习了两年哲学、三年神学，于1793年获得哲学学士学位。在大学期间，他与另一位哲学家谢林成为挚友，两人经常去郊外散步，一起讨论哲学问题。

名人档案
- 生卒年　1770～1831年
- 国　籍　德国
- 出生地　斯图加特城
- 身　份　哲学家

大学毕业后，黑格尔先后在瑞士、德国的法兰克福等地做过家庭教师，业余时间研究希腊文化和康德哲学。1798年，他的第一部著作《伦理学》出版。1801年，在谢林的推荐下，黑格尔任耶拿大学的哲学讲师，1805年升为教授。1806年，他写完了《精神现象学》一书，论述了自己的哲学观点。在书稿写完的第二天，拿破仑的军队攻入了耶拿，黑格尔被迫离开。1808年他得到了纽伦堡专科学校校长的身份，他在那里兼教哲学、希腊文化和微积分，并进一步完善了自己的哲学体系。1811年，他与纽伦堡元老院一个议员的女儿玛丽结婚，此时的黑格尔已经41岁，而新娘才19岁。1812～1816年间，黑格尔完成了《逻辑学》（即《大逻辑》）

一书。1816年秋天，他受聘为海德堡大学哲学教授。1818年，他又完成了大作《百科全书》，这本书极大地提高了他的声誉，他在同年被聘为柏林大学的哲学教授。黑格尔一生的最后13年是在柏林大学度过的，他在那里发表了《小逻辑》《自然哲学》《精神哲学》《法哲学原理》等著作，并在1830年就任柏林大学校长。

> **名言佳句**
> 只有经过长时间完成其发展的艰苦工作，并长期埋头沉浸于其中的任务，方可望有所成就。

黑格尔把绝对精神看作世界的本原，自然、人类社会和人的精神现象都是绝对精神在不同发展阶段上的表现形式。因此，事物的更替、发展、永恒的生命过程，就是绝对精神本身。黑格尔哲学的任务和目的，就是要展示通过自然、社会和思维体现出来的绝对精神，揭示它的发展过程及其规律，实际上是在探讨思维与存在的辩证关系，在唯心主义基础上揭示二者的辩证统一。围绕这个基本命题，黑格尔建立起令人叹为观止的客观唯心主义体系，主要讲述绝对精神自我发展的三个阶段：逻辑学、自然哲学、精神哲学。黑格尔在论述每一个概念、事物和整个体系的发展中自始至终都贯彻了这种辩证法的原则。这是人类思想史上最惊人的大胆思考之一。恩格斯后来给予高度的评价："近代德国哲学在黑格尔的体系中达到了顶峰，在这个体系中，黑格尔第一次——这是他的巨大功绩——把整个自然的、历史的和精神的世界描写为处于不断运动、变化、转化和发展中，并企图揭示这种运动和发展的内在联系。"

1831年，黑格尔因病逝世，享年61岁。

名人逸事

7岁的时候，黑格尔上小学了。父亲给他和姐姐请了一位家庭教师。但这位老师并不注重培养孩子们的学习兴趣，他只会让孩子们不停地做练习题。每天黑格尔从学校学完一天的功课回家后，还得继续学习课本的知识。黑格尔很快便厌倦了这样的学习生活。于是，他开始放学后不回家而在学校里读书。他读书特别投入，一看起书来就忘了时间。一次天都黑了，父亲见他还没回家很着急，便去学校找他，结果发现黑格尔正在教室里捧着一本《莎士比亚全集》看。

"孩子，你怎么不回家呢？"

"爸爸，我回家后就不能读书了。"

"老师不是天天都在指导你们读书吗？"

"爸爸，我不想只是学课本知识，我想自己看书。"

父亲这才明白了自己给孩子们请老师，不但没有促进孩子学习，反而使黑格尔失去了自由阅读的时间。第二天，父亲便告诉老师不要再上课了。

名人作品欣赏

诸位先生：

我所讲授的对象是哲学史。而今天我又是初次来到本大学，所以请诸位让我首先说几句话，就是我感到特别愉快，恰好在这个时机我能够在大学里面重新恢复我讲授哲学的生涯。因为这样的时候似乎业已到来，即可以期望哲学重新受到注意和爱好，这门几乎消沉的科学可以重新扬起它的呼声，并且可以希望这个对哲学久已不闻不问的世界又将倾听它的声响。时代的艰苦使人对于日常生活中平凡的琐屑兴趣予以大大的重视，现实上很高的利益和为了这些利益而做的斗争，曾经大大地占据了精神上一切的能力和力量以及外在的手段，因而使得人们没有自由的心情去理会那较高的内心生活和较纯洁的精神活动，以致许多较优秀的人才都为这种艰苦环境所束缚，并且部分地被牺牲在里面。因为世界精神太忙碌于现实，所以它不能转向内心，回复到自身。现在现实的这股潮流既然已经打破，日耳曼民族既然已经从最恶劣的情况下开辟出道路，且把它自己的民族性——一切有生命的生活的本源——拯救过来了；所以我们可以希望，除了那吞并一切兴趣的国家之外，教会也要上升起来，除了那为一切思想和努力所集中的现实世界之外，天国也要重新被思维到，换句话说，除了政治的和其他与日常现实相联系的兴趣之外，科学、自由合理的精神世界也要重新兴盛起来。

我们将在哲学史里看到，在其他欧洲国家内，科学和理智的教养都有人以热烈和敬重的态度在从事钻研，唯有哲学，除了空名字外，却衰落了，甚至到了没有人记起，没有人想到的情况，只有在日耳曼民族里，哲学才被当作特殊的财产保持着。我们曾接受自然的较高的号召去做这个神圣火炬的保持者，如同雅典的优摩尔披德族是爱留西的神秘信仰的保持者，又如萨摩特拉克岛上的居民是一种较高的崇拜仪式的保存者与维持者，又如更早一些，世界精神把它自己最高的意识保留给犹太民族，使它自己作为一个新精神从犹太民族里产生出来。但是像前面所提到的时代的艰苦和对于重大的世界事变的兴趣，都曾阻遏了我们深彻地和热诚地去从事哲学工作，分散了我们对于哲学的普遍注意。这样一来坚强的人才都转向实践方面，而浅薄空疏就支配了哲学，并在哲学里盛行一时。我们很可以说，德国自有哲学以来，哲学这门科学的情况看起来从来没有像现在这样坏过。空洞的词句、虚矫的气焰从来没有这样飘浮在表面上，而且以那样自高自大的态度在这门科学里说出来做出来，就好像掌握了一切的统治权一样。为了反对这种浅薄思想而工作，以日耳曼人的严肃性和诚实性来工作，把哲学从它所陷入的孤寂境地中拯救出来——去从事这样的工作，我们可以认为是接受我们时代的较深精神的号召。让我们共同来欢迎这一个更美丽的时代的黎明。在这时代里，由此向外驰骋的精神将回复到它自身，得到自觉，

黑格尔是德国著名的哲学家，绝对精神的布道者。在他看来，世界上的万事万物及其发展过程都是非物质性的。他的哲学所提出的自我意识成了这些历史发展过程的顶峰。

> **黑格尔的影响**
>
> 20世纪，黑格尔重新受到广泛重视。黑格尔研究成了国际现象，不同阶级、不同的学派都提出自己的解释，从中引出自己的结论。今天东西方很少有哲学家和哲学派别不同黑格尔发生直接或间接的关系。黑格尔派或新黑格尔主义成了历史现象，但黑格尔哲学却在发挥自己的作用，启发当代人的思想。在中国，黑格尔作为德国古典哲学中最有影响的一位哲学家，他的哲学也正在得到较以往更深入的研究。

为它自己固有的王国赢得空间和基地，在那里人的性灵将超脱日常的兴趣，而虚心接受那真的、永恒的和神圣的事物，并以虚心接受的态度去观察和把握那最高的东西。

我们老一辈的人是从时代的暴风雨中长成的，我们应该赞羡诸君的幸福，因为你们的青春正是落在这样一些日子里，你们可以不受扰乱地专心从事于真理和科学的探讨。我曾经把我的一生贡献给科学，现在我感到愉快，因为我得到这样一个地方，可以在较高的水准，在较广的范围内，与大家一起工作，使较高的科学兴趣能够活跃起来，并帮助引导大家走进这个领域。我希望我能够值得并赢得诸君的信赖。但我首先要求诸君只须信赖科学，信赖自己。追求真理的勇气和对于精神力量的信仰是研究哲学的第一个条件。人既然是精神，则他必须而且应该自视为配得上最高尚的东西，切不可低估或小视他本身精神的伟大和力量。人有了这样的信心，没有什么东西会坚硬顽固到不对他展开。那最初隐蔽蕴藏着的宇宙本质，并没有力量可以抵抗求知的勇气，它必然会向勇毅的求知者揭开它的秘密，而将它的财富和宝藏公开给他，让他享受。

——《哲学开讲词》

出身贫寒的"数学王子"——高斯

名人简介

1777年4月30日，高斯出生于德国不伦瑞克州一个贫苦家庭，父亲是个小杂货店的账房先生。

名人档案	
生卒年	1777～1855年
国　籍	德国
出生地	不伦瑞克州
身　份	数学家

高斯从小就非常聪明，一次父亲结算几个工人的工资，算了半天终于算出来了。高斯却在一旁说："爸爸，你算得不对！"父亲奇怪地问："你怎么知道的？"高斯说："我帮你算了。"父亲一核对，果然是错了，从此就经常让小高斯帮他算账。

1788年，高斯以优异的成绩考进了中学，后又升到当时中学最好的班——哲学班学习。高斯每个学期的成绩都名列前茅，这使他的父母在欣慰之余，又有了烦恼，因为升入大学需要很高的学费，而家里的经济条件根本支付不起昂贵的学费。

1791年暑假的一天，高斯拿着课本去安静的野外看书，他一边走一边看，不小心闯进了不伦瑞克公爵费迪南的庄园。当时正在散步的公爵对这个穿着普通的孩子进行了细致的盘问，发现这个孩子反应机敏、对答如流。最让公爵感到奇怪的是，这个孩子年龄不大，却在看十分深奥的数学专著。公爵很喜欢高斯，认为这个孩子日后定能成大器，于是决定资助这个孩子进入大学深造。就这样，在费迪南公爵的资助下，高斯进入了著名的卡罗琳学院读书。高斯很珍惜来之不易的学习机会，学习非常刻苦。在这里，高斯学会了好几种语言，并精心研读了牛顿、欧勒、拉格朗日等科学家的原著。

4年后，18岁的高斯以优异的成绩考入了哥廷根大学深造。在这段时间中高斯发现了正十七边形尺规作图法；发现了数据拟合中最为有用的最小二乘法；提出了概率论中的正态分布公式，并用高斯曲线形象地予以说明。高斯刻苦钻研，利用所掌握的函数和几何知识，解决了数学界自欧几里得以来许多悬而未解的问题。1798年，高斯进入黑尔姆施泰特大学学习，三年后拿下了博士学位。

毕业后，高斯将自己的全部身心都投入到了数学研究中。1807～1855年，任哥廷根大学教授兼哥廷根天文台站长。他一生科学成果颇丰，共发表理论著作300多篇，提出400多条科学创见，在超几何级数、复变函数、椭圆函数、统计函数理论上都有重大突破。他为人类科学事业做出了重大贡献，成为世界科学史上能与阿基米德、牛顿、欧拉相提并论的大数学家，被人们誉为"数学王子"。

名人逸事

8岁的时候，高斯开始在村中的小学读书。当时教他们算术的老师是从城里调来的，他总认为自己在小小的乡村教书是大材小用，因此总是满腹牢骚，经常对班里的学生发脾气。不过高斯倒是很喜欢听这位老师的课，因为他经常会给他们讲一些书本中没有的数学知识。

一天，老师又心情不好了，他拉着脸走进教室，对学生说："今天不上课了，你们给我算1+2+3+……+100，算不出来的不许回家。"同学们很害怕，都乖乖地低下头来从头开始算，生怕做不出来被老师批评。"老师，我算出来了。"两分钟之后，高斯站起来说。老师很生气，以为这个个头矮小的孩子是在故意捣乱，"好，那你给我说说怎么做的！"高斯大声说："我发现这100个数一头一尾的两个数加起来都是101，如1+100、2+99，而这样的数共有50组，所以用101乘以50就是最后答案5050。"听了高斯的回答，老师一下愣住了，他想不到这个孩子竟能运用数学家们经过长期研究才发现的"等级数求和"法来算题。从此，这位年轻的老师改变了对乡下孩子的看法，教学也认真了。

老师对高斯格外照顾，经常给他一些数学方面的书，让他晚上回家看。然

名言佳句

没有大胆的猜测就不可能有伟大的发现。

科学的唯一目的是为人类的精神增光。

在数学的领域中，提出问题的艺术比解答问题的艺术更为重要。

微小的学识使人远离上帝，广博的学识使人接近上帝。

当一个人开始从自己的内心奋斗，他就是一个有价值的人。

而高斯家里穷，灯油钱也算是一笔不小的开销。为了看书，高斯想了一个办法。他从野外采来一种叫芜菁的植物，在这种植物的块状根中间挖去芯，把油蜡化开当油浇在里边，做成小油灯。这样，他每天晚上便可以借着微弱的灯光看书了。

"南美洲的华盛顿"——玻利瓦尔

名人简介

玻利瓦尔的家里不仅拥有大片种植园和上千名奴隶，还有金矿、糖厂、房产以及呢绒商店等，幼年时父母双亡，他继承了大笔遗产。1797年1月他参加了委内瑞拉民卫部队充当士官生，次年7月晋升为少尉。1799～1806年，玻利瓦尔先后在西班牙、法国、意大利等国家留学，当时法国大革命正风起云涌，大革命的思想对年轻的玻利瓦尔产生了很大的影响。他在1806年回到祖国后，立刻投身于反抗殖民统治、争取民族独立的斗争。1810～1812年，委内瑞拉第一共和国成立，玻利瓦尔因积极参与革命而成为领导人之一。第一共和国失败后，他重新组织力量，继续斗争。1813年，他率领革命军解放了加拉加斯等地区，打败了殖民军，建立了委内瑞拉第二共和国。他号召人民起来战斗："向可恨的奴役者宣布一场决死战！"不久之后，第二共和国又失败了，玻利瓦尔流亡国外。

他认真总结经验，宣布了废除奴隶制的法令，号召全体黑人起来为争取自由而斗争，赢得了众多黑人的支持。他还采取了没收西班牙王室和反动派的财产、许诺分给革命军战士土地、取消印第安人的人头税并保证分土地给他们等措施，从而赢得了社会各阶层的拥护，大大加强了革命队伍的实力。军事上，玻利瓦尔也采取了更为有效的战略战术原则，他们不再去攻击大城市、与殖民者硬拼，而是把部队引向殖民者力量薄弱的东部地区。

1819年5月，玻利瓦尔率领2000名革命军经过长途跋涉，翻越了南美洲西部的安第斯山，突然出现在了新格拉纳达。同年6月，他率领军队在波亚卡同西班牙军队进行了决定性的一战，大获全胜。之后，他领军占领了波哥大，解放了哥伦比亚地区，不久被委任为新格拉纳达与委内瑞拉联邦大总统。随后，玻利瓦尔率军回师委内瑞拉，以强大的攻势横扫委内瑞拉全境，占领了首都加拉加斯，随即解放了全国。委内瑞拉解放后，革命军南下厄瓜多尔，与西班牙军队展开激战，又大败殖民军，占领了首府基多城，厄瓜多

1824年6月24日，玻利瓦尔将自由旗帜交给西班牙殖民者，标志着西班牙在当地殖民统治的结束。

尔宣布解放。至此，南美洲西北部地区获得了解放。1819年12月，新格拉纳达、委内瑞拉、厄瓜多尔共同成立了"大哥伦比亚共和国"，玻利瓦尔被选为总统和最高统帅。秘鲁当时是西班牙势力最为顽固的地区，玻利瓦尔经过艰苦的战斗，付出了巨大的代价才取得了胜利。秘鲁东部（又叫上秘鲁）被玻利瓦尔解放以后，就改名为玻利维亚，以此纪念玻利瓦尔的杰出功勋。

玻利瓦尔一生参加过大小472次战役，为南美洲人民脱离殖民统治、赢得独立做出了杰出贡献，被人民称为"南美洲的华盛顿"。1830年5月，他辞去了大共和国总统职务，同年12月17日，在哥伦比亚因病逝世，享年47岁。

名人档案
- 生卒年　1783～1830年
- 国　籍　委内瑞拉
- 出生地　加拉加斯
- 身　份　政治家

在民间文学中锻造出来的童话大王——格林兄弟

名人简介

格林兄弟出生于德国哈瑙，哥哥叫雅科布·格林，弟弟叫威廉·格林，哥哥比弟弟大一岁。格林兄弟的父亲是当地的行政司法官，母亲出身于一个中等家庭，早年读过一些书。格林兄弟是由保姆葛丽莎带大的，葛丽莎是一个乐观开朗的乡下妇女，她喜欢给孩子们讲各种各样的民间故事。格林兄弟就是听着美丽的民间故事长大的。

名人档案
- 生卒年　雅科布·格林，1785～1863年
　　　　威廉·格林，1786～1859年
- 国　籍　德国
- 出生地　哈瑙
- 身　份　语言学家／童话作家

然而格林兄弟的童年并不幸福。在他们不到10岁的时候，父亲就得重病去世了，一家人只好靠并不富裕的外祖父接济来生活，日子过得十分艰难。不过，格林兄弟两人却十分友爱，他们总是形影不离。

格林兄弟10岁以前没有进学校上学，母亲在家里教他们读书认字。在母亲的指导下，兄弟两个读了许多书。在雅科布11岁的时候，母亲送兄弟两个进了当地的一所公费中学读书。格林兄弟知道家里穷，学习机会来之不易，学习非常刻苦。为了减轻家里的负担，兄弟两人主动提出共用一套书。两人用一本书，学习起来很不方便，但他们却并没有因此而影响学习。他们每天放学后总是一起回家，一起复习功课。

格林兄弟都非常喜欢读课外书，每天做完老师布置的作业后，他们便开始读书。兄弟二人比赛谁看书快，每当他们都阅读了同一本书后，便会展开激烈的讨论。他们讨论问题时经常会争得面红耳赤，不过这并不影响兄弟之间的感情。就这样，格林兄弟很快阅读完了家里的藏书。

为了能有书看，兄弟决定到书店租书。然而家里实在太穷了，哪里有钱给他们

《儿童与家庭童话集》

《儿童与家庭童话集》包括200多篇童话和600多篇故事,其中较为著名的有《白雪公主》《青蛙王子》《灰姑娘》《小红帽》等。由于这些童话源自民间故事,作为学者的格林兄弟又力图保持民间文学的原貌,因此其中故事大多显得比较粗俗,有许多不适合儿童阅读的内容。所以,这本书在1812年首次出版后,在德国文学界曾产生很大争议。后来,格林兄弟听取多方面的意见,再版这部童话集时做了不少删改,使得这本书成为一本极富浪漫色彩的童话集。

去租书啊。后来,兄弟两个便商量去给人送报纸挣钱。于是,他们自己找到了当地的一家印刷厂,向印刷厂负责人说明来意。厂长见是两个孩子,就心不在焉地说:"你们每天必须7点以前将报纸送到顾客手里,要是觉得可以的话,明天早晨5点钟便可以来领报纸。"谁知第二天早晨5点这两个孩子真的来了。从那天开始,兄弟两个便做起了报童。他们必须每天赶在上学之前将手里的报纸送出去,有时为了赶时间,连早饭都顾不得吃。就这样,他们每天上学前都能拿到一份微薄的工资,放学后他们便可以到离学校几千米远的书店去租书了。格林兄弟最喜欢租的是文学作品。就这样,他们阅读了大量的世界名著,这使他们有了非常扎实的文学功底。

后来,格林兄弟以优异的成绩同时考上了德国名校马尔堡大学,毕业后二人分别任教于哥廷根大学和柏林大学。

格林兄弟生活的年代,德国正处于四分五裂之中,而邻近的法国却在拿破仑的统治下,国家实力日益强大,并积极对外扩张。而法国对外侵略的重要目标,就是当时国势衰微的德国。面对这样的形势,格林兄弟内心非常焦急。他们想通过自己的努力,为祖国的发展做出贡献。格林兄弟认为德国之所以强大不起来,是因为国内众多城邦无法团结,而德意志民族要想统一,就必须先从语言文化的统一开始。于是,格林兄弟决定从整理德意志民族的民间文学开始,来发扬本民族的文化。

从1806年开始,格林兄弟开始把精力集中到民间文学的搜集整理上。为此,他们翻阅了大量的相关资料。书本上的资料搜集完了,他们还打点行装,深入到德国各地,搜集散落在民间的童话故事和古老传说。经过不懈的努力,他们搜集了大量的民间故事。为了尽快将自己手中的材料整理成书,格林兄弟进行了艰苦的工作。白天上班,他们便利用晚上的时间,为了整理资料他们经常整夜不睡。因为晚上加班,他们房间里的灯常常整夜不熄,为此邻居们都戏称他们的灯是"长明灯"。

经过几年的努力,格林兄弟终于整理出了《儿童与家庭童话集》(即我们现在所说的"格林童话"),这本书对于德国古老文化的保存和传播起了重要作用。格林兄弟也因此被称为"童话大王"。另有作品《德国大辞典》《德国语法》《德国语言史》等问世。

《巨人和裁缝》插图
《巨人和裁缝》是《儿童与家庭童话集》中的一篇,这幅图表现的是爱吹牛的小裁缝遇到了山一样高的巨人。

现代电气工业的奠基人——法拉第

名人简介

法拉第幼时家贫，父亲所赚的钱不足以维持一家人的生活，家里经常要靠社会慈善机构的救助。法拉第一生中，仅仅在 11 岁时上过一年小学。13 岁时，他到一家文具店打杂，因为做事认真，成为订书学徒。与众不同的是，他对读书有着浓厚的兴趣。在工作之余，阅读了大量图书，得到了老板的鼓励。法拉第在这家店里做了 7 年工，对化学的兴趣渐渐浓厚起来。

名人档案	
生卒年	1791～1867 年
国　籍	英国
出生地	萨里郡纽因顿
身　份	化学家／物理学家

1812 年的一天，店里的一位顾客送给法拉第一张皇家学术演讲会的门票，主讲人是当时著名的科学家、伦敦皇家学院的化学教授戴维。在听完了戴维的演讲后，法拉第带着听演讲时做的笔记拜见了戴维，请求他给自己一份实验室的工作。不久，他被聘为戴维的助手。1813 年，戴维夫妇去欧洲大陆游历，法拉第作为秘书随行。这次旅游持续了 18 个月，法拉第遇见了许多著名的科学家，如安培、伏特等，深受他们的影响。返回伦敦后，法拉第开始了自己的研究工作，他只要听完教授们的演讲，就马上实地试验，并分门别类地做了详细的实验笔记，到 1860 年前后，法拉第的研究活动结束时，他的实验笔记已达到 16000 多条，他仔细地依次编号，分订成许多卷，这些笔记以及其他在装订成书前后的几百条笔记已编成书分卷出版，其中最著名的就是《电学实验研究》。

1821 年，法拉第与令自己一见倾心的沙娜结婚。在 1830 年以前，法拉第主要是一位化学家，那时他已成为很有成就的专业分析化学和实验顾问，他把自己的丰富经验总结为一本 600 多页的巨著《化学操作》，于 1827 年出版。法拉第成就最大的时期是 1830～1839 年，对现代电学的发现做出了杰出贡献。1831 年年底，经过 10 年的苦思冥想，法拉第正确阐释了电的本质，提出了电磁感应定律，并发明了一种电磁电流发生器，也就是最原始的发电机，从而奠定了未来电力工业的基础。法拉第也是电磁场理论的奠基人，爱因斯坦曾指出，场的思想是法拉第最富有创造性的思想，是自牛顿以来最重要的发现，麦克斯韦正是继承和发展了法拉第的场的思想，为之找到了完美的数学表达形式从而建立了电磁场理论。在电与磁的统一性被证实之后，法拉第决心寻找光与电磁现象的联系。1846 年他发表了《关于光振动的想法》一文，最早提出了光的电磁本质的思想。他曾设计并做

法拉第是英国著名的科学家，经过 10 多年的研究实验，提出了著名的电磁感应定律，从而奠定了现代电力工业的基础。

过许多实验，试图发现重力和电的关系，寻找磁场对光源所发射光谱线的影响，寻找电对光的作用等等，由于实验条件所限，未获成功，但他的思想和观点完全正确，均为后人的实验所验证。

1867年，法拉第平静地离开人世，享年76岁。亲人按照他的遗愿给他举行了简单的葬礼，他的墓碑上面刻着三行字：迈克尔·法拉第／生于1791年9月22日／死于1867年8月25日。

> **名言佳句**
>
> 所谓的强者是既有意志，又能等待时机。
>
> 希望你们年轻一代，也能像蜡烛为人照明那样，有一分热，发一分光，忠诚而踏实地为人类伟大的事业贡献自己的力量。

名人逸事

在法拉第不断取得重大科学成果的日子里，他经常得到各种诱人的荣誉、各种显赫的职务如皇家学院的院长，甚至英国贵族院的贵族封号等等，但是他一概拒绝了。他曾对妻子说："我父亲是个铁匠，兄弟是个手艺人。曾几何时，为了学会读书，我当了书店的学徒。我的名字叫迈克尔·法拉第，将来刻在我的墓碑上的，也唯有这个名字而已。"

音乐史上的"歌曲王子"——舒伯特

名人简介

1797年，舒伯特出生于音乐之都维也纳近郊的一个小镇。父亲是个小学教员，收入微薄，家里的日子过得很清贫。舒伯特的父亲喜欢音乐，会拉小提琴。在他的熏陶下，孩子们都爱上了音乐。一家人每到黄昏，就坐在一起唱歌、跳舞、演奏乐器，日子虽苦但却很快乐。

> **名人档案**
>
> ■ 生卒年　1797～1828年
> ■ 国　籍　奥地利
> ■ 出生地　维也纳
> ■ 身　份　音乐家

小舒伯特是孩子中最有音乐天赋的一个。他记忆力和乐感非常好，父亲教的歌曲他总是学得最快。6岁的时候舒伯特就能识谱了，10岁的时候他已经是一位十分出色的小提琴手了。父亲见小舒伯特这么有天赋，便有意培养他。在父亲的指导下，每天舒伯特都要练上好长时间的小提琴。父亲还试着教舒伯特作曲，舒伯特学得很快，他作的曲子总是让父亲夸奖好半天。不过父亲也很发愁，因为当时大多数音乐学校的学费都很高，家里没钱怎么送舒伯特去学音乐呢？

舒伯特11岁的时候，当时维也纳教堂合唱团寄宿学校在小镇上招收学员。父亲听说寄宿学校为录取的学生免费提供食宿，忙给舒伯特报了名。在上千名报名者中，舒伯特以优异的成绩被录取了。但学校里为学生只是提供定量的三餐，舒伯特正是长身体的时候，他总是不到吃饭时间就饿了。可是家里没钱，

舒伯特生活于维也纳,他在此有很多朋友,定期举办音乐会。这幅19世纪的画描绘的正是这种音乐会的情景,坐在钢琴旁的就是舒伯特。

舒伯特只能挺着。在这样的情况下,舒伯特学习从来没有懈怠过。他十分珍惜这来之不易的学习机会,学习十分刻苦。他听课特别认真,遇到不懂的总是虚心向老师和同学请教。非凡的音乐天赋再加上不懈的努力,使舒伯特很快便成了众多学生中的佼佼者。他在学校的乐队中担任首席小提琴手,还是乐队的代理指挥。这期间,他创作了第一首交响曲以及许多歌曲和器乐曲。他做的曲子经常被老师夸奖。但他却常常没钱买五线谱纸,每当这时,他总是惋惜地说:"要是有钱买纸,我就可以天天作曲了!"

1811年,14岁的舒伯特毕业了。他一开始找不到合适的工作,只能靠作曲谋生。他和一个穷朋友一起租了一间破旧的屋子,冬天这间屋子四处漏风,舒伯特只能蜷缩在寒冷的小屋里作曲。在这样艰苦的条件下,舒伯特没有消沉。他把创作当作自己最大的生活乐趣,这段时间里他作了《魔王》《野蔷薇》等著名乐曲。为了维持生活,舒伯特后来做过文书、舞厅乐队的演奏员。白天工作忙,只能到晚上回家后才有一点自己的时间,舒伯特十分珍惜一天中这仅有的一点自由时间。他常常是啃着面包进行创作,他写曲子特别投入,经常整夜不睡。

舒伯特只活到31岁就病逝了,但在短暂的一生中,他创作了1000多首曲子,这些曲子包括钢琴曲、管弦乐、交响曲、室内乐、合唱曲和歌曲等,其中以歌曲最为著名,在音乐史上舒伯特有"歌曲王子"之称。他的作品旋律优美、诗意盎然,具有强烈的艺术感染力,在世界上广为流传。

名人逸事

1816年,舒伯特辞去所做的工作,专门从事作曲。日子过得十分艰难,他却从没有向生活低头。他没有钢琴,为了创作他经常借琴。舒伯特的一个画家朋友住在附近,家里有一架破旧的钢琴,画家看舒伯特没有钢琴很影响创作,便答应他可以来家里用。但画家画画需要一个安静的环境,舒伯特不能总待在这里。于

创作速度惊人的舒伯特

舒伯特才思敏捷,创作速度惊人。他的朋友回忆他写名曲《魔王》的情形:"我们走到门口,见他捧着书,高声朗读歌德的诗《魔王》。他读得十分出神,全没注意到我们的来访。他拿着书册在室内反复徘徊,突然把身子靠在桌子上,拿起笔在纸上飞速地写着,然后拿着记下的曲谱跑到空维柯德学校去弹奏改谱……当天晚上整个学校已经在唱《魔王》了。"因为创作速度快,舒伯特短暂的一生中留下了大量的作品。他创作的歌曲数量,至今没人能超过。

是他们约定，只要画家把窗帘挂起来便表示舒伯特可以进屋弹琴。但有时画家的灵感来了，从早画到晚，常常忘了休息，这让在外面等着的舒伯特很着急。有一次，一连五六天都不见画家挂窗帘，这可急坏了一直在街头张望的舒伯特。这天狂风大作，画家的窗帘被风吹了起来。舒伯特欣喜若狂，马上冲了进去，连不小心扭了脚都没顾得。这样艰苦的生活却阻挡不住舒伯特创作的热情，他把全部身心都投入到了音乐创作中，用音乐来抒写自己对生命的感悟。

法国现实主义文学的里程碑——巴尔扎克

名人简介

巴尔扎克从小就不讨父母的欢心，刚生下来便被送到乡下的奶妈家寄养。8岁时，又被送到当地的一所教会学校寄读。学校的管理非常严格，他因为顽皮又懒于做功课，学习成绩很差，有一次拉丁文考试，全班35名学生，他名列第32名。父母和老师都觉得他将来不会有什么出息。

名人档案
- 生卒年　1799～1850年
- 国　籍　法国
- 出生地　图尔
- 身　份　文学家

1816年，巴尔扎克进入大学学习法律，先后在律师事务所和公证人事务所当书记员。这段生活使巴尔扎克熟悉了复杂烦琐的诉讼业务，也观察到了千奇百怪的巴黎社会，丰富了生活的经验。1819年，巴尔扎克从学校毕业，原本应该顺从父意进律师事务所，但他却突然对家里人宣布，他要当作家。为此，父子之间的关系越来越紧张，父亲甚至决定要中断对他的经济支持，以使他回心转意。最后，父亲答应给他两年的试验期，如果在此期间巴尔扎克没有表现出足够的才能，取得令人信服的成绩，他就必须回到律师事务所。此后，巴尔扎克搬进郊区的一间小阁楼，开始了文学创作生涯。

1820年4月底，经过半年的努力后，他写出了一部诗体悲剧《克伦威尔》，但是，当他在家里花了4个小时向家人和朋友朗读自己的作品后，听的人说他的作品索然无味，巴尔扎克的第一次创作失败了。他又决定转而写小说，但同样失败了。1821年，两年试验期已过，巴尔扎克没有写出像样的作品来，但他仍然坚持自己的想法，生气的父亲断绝了他的经济来源。

失去了家里经济支持的巴尔扎克立即陷入贫困的境地。为生计所迫，他写过一些庸俗作品，与出版商合作出过书，还经营过铸字厂和印刷厂，但这些都无一例外地失败了。他还欠下了6万法郎的债务。这段经历使巴尔扎克对法国社会的下级阶层，以及人与人之间冷酷的金钱关系有了深刻认识，这些成为他后来文学创作中最重要的主题。巴尔扎克重新回到了严肃的文学创作道路上。1829年3月，他出版了长篇小说《朱安党人》，开始成为引人注目的作家。在此后的三四年里，他又接连写出了《驴皮记》《夏培上校》《钱袋》《欧也妮·葛朗台》

等二十几部小说。1841年，巴尔扎克制订了一个宏伟的创作计划，决定写137部小说，分风俗研究、哲理研究、分析研究三大部分，总名字叫《人间喜剧》，以求全面反映19世纪法国的社会生活，写出一部法国的社会风俗史。到巴尔扎克逝世时，《人间喜剧》一共完成了91部小说，其中最有名的有《欧也妮·葛朗台》和《高老头》。

巴尔扎克虽然创作了数量惊人的小说，但到晚年时还是囊空如洗。1850年，他到乌克兰去和一个有18年交往的寡妇结婚，以摆脱自己经济拮据的窘境。但由于长年劳累，他的生命已经走到了尽头，回到巴黎后一病不起，在当年的8月18日逝世，享年51岁。

名人逸事

巴尔扎克在21年的创作生涯里完成了惊世骇俗的上百部作品，这与他异常的勤奋是分不开的。他经常不分昼夜地工作，平均每天工作达18个小时之久。每当疲劳难耐时，他就以浓烈的黑咖啡来提神，据说他总共喝了不下5万杯。他这样安排自己的时间：从半夜12点到第二天中午12点写作，这就意味着他要在椅子上连续坐上12个小时；从中午到下午4点修改校样，5点半上床睡觉，午夜时分又起来写作。废寝忘食的工作严重损坏了巴尔扎克的健康，导致一代文豪英年早逝。

名人作品欣赏

在最伟大的人物中间，巴尔扎克是名列前茅者；在最优秀的人物中间，巴尔扎克是佼佼者之一。他才华卓越，至善至美，但他的成就不是眼下说得尽的。他的所有作品仅仅形成了一部书，一部有生命的、光亮的、深刻的书。我们在这里看见，我们的整个现代文明的走向，带着我们说不清楚的、同现实打成一片的惊惶与恐怖。一部了不起的书，他题作"喜剧"，其实就是题作"历史"也没有什么，这里有一切的形式和一切的风格，超过塔西陀，上溯到苏埃通，越过博马舍，直达拉伯雷；一部既是观察又是想象的书，这里有大量的真实、亲切、家常、琐碎、粗鄙。但是，有时通过突然撕破表面、充分揭示形形色色的现实，让人马上看到最阴沉和最悲壮的理想。

愿意也罢，不愿意也罢，同意也罢，不同意也罢，这部庞大而又奇特的作品的作者，不自觉地加入了革命作家的强大行列。巴尔扎克笔直地奔向目标，抓住了现代社会进行肉搏。他从各方面揪过来一些东西，有虚像，有希望，有呼喊，有假面具。他发掘内心，解剖激情。他探索人、灵魂、心、脏腑、头脑和各个人的深渊。巴尔扎克由于他自由的天赋和强壮的本性，由于他具有我们时代的聪明才智，身经革命，更看出了什么是人类的末日，也更了解什么是无意。于是面带微笑，泰然自若，进行了令人生畏的研究，但仍然游刃有余。他的这种研

名言佳句

挫折和不幸，是天才的晋身之阶，信徒的洗礼之水，能人的无价之宝，弱者的无底深渊。

究不像莫里哀那样陷入忧郁，也不像卢梭那样愤世嫉俗。

这就是他在我们中间的工作。这就是他给我们留下来的作品，崇高而又扎实的作品，金刚岩层堆积起来的雄伟的纪念碑！从今以后，他的声名在作品的顶尖熠熠发光。伟人们为自己建造了底座，未来负起安放雕像的责任。

他的去世惊呆了巴黎。他回到法兰西有几个月了。他觉得自己不久于人世，希望再看一眼他的祖国，就像一个人出门远行之前，再来拥抱一下自己的母亲一样。

他的一生是短促的，然而也是饱满的，作品比岁月还多。

唉！这位惊人的、不知疲倦的作家，这位哲学家，这位思想家，这位诗人，这位天才，在同我们一起旅居在这世上的期间，经历了充满风暴和斗争的生活，这是一切伟大人物的共同命运。今天，他安息了，他走出了冲突与仇恨。在他进入坟墓的这一天，他同时也步入了荣誉的宫殿。从今以后，他将和祖国的星星一起，熠熠闪耀于我们上空的云层之上。

站在这里的诸位先生，你们心里不羡慕他吗？

各位先生，面对着这样一种损失，不管我们怎样悲痛，就忍受一下这样的重大打击吧。打击再伤心，再严重，也先接受下来再说吧。在我们这样一个时代里，一个伟人的逝世，不时地使那些疑虑重重、受怀疑论折磨的人，对宗教产生动摇。这也许是一桩好事，这也许是必要的。上天在让人民面对崇高的奥秘，并对死亡加以思考的时候，知道自己做的是什么。死亡是伟大的平等，也是伟大的自由。

——（法）雨果《巴尔扎克葬词》（节选）

法国浪漫主义文学领袖——雨果

名人简介

1885年5月22日，一位经历过波旁王朝复辟、七月政变、雾月政变、欧洲大革命以及巴黎公社革命的法国作家，因为患肺充血而去世，在昏迷状态中还念叨着："人生就是白昼与黑夜的斗争。"6月1日，法兰西共和国政府为他举行了国葬，有200万人参加了这次葬礼。这是法兰西有史以来最为隆重的一次葬礼。这个最高级别的葬礼献给一位人道主义者，一位民主战士，一位伟大的作家：他就是雨果。

名人档案	
生卒年	1802～1885年
国 籍	法国
出生地	贝桑松
身 份	文学家／诗人

雨果于1802年出生在法国东部的贝桑松。他的父亲曾随拿破仑的大军转战南北，获得将军头衔，母亲则是波旁王朝的忠实拥护者。由于父亲常年征战沙场，无暇顾及家庭，因此年幼的雨果在母亲的影响下，也成了保王主义的忠实信徒。他从小崇拜法国早期浪漫主义作家夏多布里昂，立誓"要么成为夏多布里昂，要么一事无成"。

20年代法国自由主义思潮的高涨，使青年雨果的思想开始发生了转变。他由保王主义逐渐转向自由主义的立场，开始攀登"光明的梯级"。1827年，他发表了韵文剧本《克伦威尔》和《〈克伦威尔〉序言》。剧本因故未能上演，但是"序言"却成了法国浪漫主义戏剧运动的宣言，雨果也因此成了浪漫主义的领袖。1830年，他据序言中的理论写成第一个浪漫主义剧本《艾那尼》，它的演出标志着浪漫主义对古典主义的胜利。当剧本在剧院里上演的时候，拥护古典主义和支持浪漫主义的两派观众在剧院里大打出手，史称"艾那尼事件"。雨果以他的剧本打破了古典主义戏剧用理性压制感情、只歌颂王公贵族的清规戒律，提出了将滑稽丑怪与崇高优美进行对照的审美原则，使爱情压倒了理性，最终推翻了古典主义的统治地位。27岁的雨果也因此成为浪漫主义的领袖，成为法兰西文坛上的一颗灿烂的新星。

真正奠定了雨果不朽地位的，是1831年发表的《巴黎圣母院》。这是雨果第一部大型浪漫主义小说。它以美与丑对照的原则，描绘了15世纪法国的一幅光明与黑暗斗争的画面：一个贫穷妓女巴格特的私生女爱斯梅拉达从小被吉卜赛女人偷走，长大后来到巴黎卖艺。她的美貌与歌舞给劳苦大众带来欢乐，也激起了圣母院克洛德·费罗洛副主教的情欲。他疯狂地追逐爱斯梅拉达，不能如愿就横加迫害。尽管乞丐们竭力相救，爱斯梅拉达最后仍惨死在绞刑架下。卡西莫多看透了义父费罗洛的淫邪和凶残，将他摔死，自己抱着爱斯梅拉达的尸体殉情而死。

雨果在《巴黎圣母院》中无情地揭露禁欲主义思想对人的腐蚀和毒害，具有强烈的反封建、反宗教色彩。小说以费罗洛在圣母院钟楼上手刻的"宿命"两字为开端，探讨这痛苦的灵魂为何一定要把这个罪恶的，或悲惨的印记留在古老教堂的额角上之后才肯离开人世。费罗洛年轻时深受宗教禁欲主义的影响，只读书本，不近女色。但人的天性、人的情欲是禁锢不了的，爱斯梅拉达的出现激起了他对爱情的向往，但这种人性的追求与根深蒂固的宗教思想产生了深刻的矛盾。正常的人类情感不能宣泄，造成了他扭曲变态的畸形恋情，由疯狂的爱变成疯狂的恨，同时他自己也长时间地忍受着痛苦的煎熬。他既是宗教思想的迫害狂，又是禁欲主义的牺牲品。读者从小说的总体构思与重点着墨中都可看出雨果的反宗教倾向。作者对费罗洛的痛苦挖掘越深，其对宗教思想的批判就越犀利。小说揭露了宗教的虚伪，宣告禁欲主义的破产，歌颂了下层劳动人民的善良、友爱、舍己为人，反映了雨果的人道主义思想。

1848年的欧洲大革命，彻底粉碎了雨果对君主立宪不切实际的幻想。当大多数资产阶级代表人物站到了反革命方面，反动派阴谋消灭共和时，雨果却成了坚定的共和主义者。1851年，路易·波拿巴发动政变，雨果试图组织抵制活动，失败后不得不逃到比利时，从此开始了长达19年的流亡生活。苦难的流亡生涯没能使雨果放弃他的人道主义理想。1861年6月，在大西洋上的盖纳西岛流亡的雨果，完成了他又一部气势恢宏的巨著——《悲惨世界》。

雨果的《悲惨世界》就像一部波澜壮阔的英雄史诗，展示了一个劳动者坎坷、艰辛而富有传奇色彩的一生。主人公冉阿让原本是个善良纯朴的工人，由于失业，收入无法养家糊口，不得已打破橱窗的玻璃偷面包，结果被抓住并判了5年刑。由于一再越狱，他最终在监狱中度过了19年的苦役生活。获得假释后他无事可做，摆在他面前的只有继续行窃这一条路。然而米里哀主教的慈善感化了他,使他决定改邪归正。他改了名字,办起了企业,成功后还被推为市长。但不久却因为暴露了身份而再次被捕。他开始了新的逃亡生活。一次,他从一个坏蛋手中救出了已故女工芳汀的孤女珂赛特,带她逃往巴黎。

名言佳句

生活中最大的幸福是坚信有人爱我们。

从1793年大革命高潮的年代,到1832年的巴黎巷战,《悲惨世界》将整整半个世纪历史过程中,法兰西的社会悲惨现状一一展现了出来。黑暗的监狱,可怕的法庭,恐怖的坟场,悲惨的贫民窟,阴暗的修道院,郊区寒冷的客店,惨厉绝伦的滑铁卢战场,战火纷飞的街垒,藏污纳垢的下水道……这是一个充满了不幸和痛苦的悲惨世界。雨果在《悲惨世界》的序言中曾经说:"只要因法律和习俗所造成的社会压迫还存在一天,在文明鼎盛时期人为地把人间变成地狱并使人类与生俱来的幸运遭受不可避免的灾祸;只要本世纪的三个问题——贫穷使男子潦倒,饥饿使妇女堕落,黑暗使儿童羸弱——还得不到解决;只要在某些地区还可能发生社会的毒害,换句话说,同时也是从更广的意义来说,只要这世界上还有愚昧和困苦,那么,和本书同一性质的作品都不会是无益的。"这几句话道出了形成这个悲惨世界的根本原因:社会压迫。冉阿让、芳汀和珂赛特,则是这个悲惨世界的三个典型。冉阿让本是一个本性善良的劳动者,他被监禁19年,所犯的"罪行"只不过是偷了面包而已。芳汀本是个天真善良的姑娘,被贵族家的公子哥欺骗,有了私生女之后,就被工厂开除,丢了饭碗。为了活命,她流落街头,从卖头发、卖牙齿,一直到卖身,最后贫病交加而死。小珂赛特在儿童时代就遭受非人的待遇。她才5岁就要办杂事,打扫房间、院子和街道,洗杯盘碗盏,甚至搬运和她弱小的身体极不相称的重物,而且随时随地都会受到主人的虐待。冉阿让、芳汀和珂赛特,男人、女人、儿童——他们三个人代表了所有的穷人,代表了整个下层社会的悲惨世界。由他们三个人的踪迹所展示的社会场景,就是一幅穷人受难图。

雨果之所以描写这个悲惨世界,根本的目的就在于要消灭这个悲惨世界。雨果是一位充满人道主义激情的作家。他的人道主义思想,不仅是他同情劳动人民的出发点,也是他进行社会批判的一种尺度。他将阶级对立视为一种道德问题,认为法律惩罚不能消除犯罪,只有通过饶恕来感化灵魂,才能从根本上消除社会罪恶。雨果还把人道主义的感化力量视为改造人性与社会的手段,企图以仁爱精神去对抗邪恶。小说中的米里哀主教是一个理想的人道主义者,在他的感化下,冉阿让后来也幡然悔悟,最终成了大慈大悲的化身。在他们身上不仅有无穷无尽的人道主义爱心,而且他们这种爱,还能感化凶残的匪帮,甚至统治阶级的鹰犬。与此同时,作者在悲惨世界里创建了滨海蒙特勒伊这样一块穷人的福地,真正的"世外桃源"。人道主义的仁爱在小说里就成为了一种千灵万验、无坚不摧的神奇力量。法国人在纪念雨果的时候,认为雨果的思想是法兰西共和国的价值基础,其实雨果对人性的追求和人道的关怀是整个现代文明的价值理念基础。他虽然是一个法国作家，但却有一种世界的胸怀。

在雨果流亡期间，他曾经轻蔑地拒绝了拿破仑三世做出的大赦。他发誓，只要这个政权一天不灭亡，他就一天不回法国。1870 年，法兰西第二帝国终于倒台。就在法兰西第三共和国成立后的第二天，雨果结束了自己长达 19 年的流亡生涯，回到了阔别已久的祖国。1881 年 2 月 26 日，也就是他 80 岁的生日那天，大约 60 万仰慕者走过雨果巴黎寓所的窗前，庆祝这位民主战士、伟大作家的寿辰。4 年后的春天，他带着一生的迷惘与痛苦、辉煌与荣耀离开了这个世界，留给世界的，是永远挖掘不尽的人类精神宝藏。

名人逸事

雨果为了争取时间写作，尽量不去参加各种社交活动，但有些社交活动实在难以推托，而且过分推辞会让人产生误解。于是他想出了一个办法：把自己的半边头发和胡须统统剪去，破坏自己的外在形象。以此为借口，留在家里安心写作。

名人作品欣赏

卡西莫多见小屋空了，埃及姑娘已不在里面，就在他全力保护的时候被人劫走了；他又惊讶又痛心，双手揪住头发，同时连连跺脚。继而，他满教堂奔跑，寻找他的吉卜赛姑娘，每到一处墙角就怪声呼唤，把他那棕红头发揪下来抛得满地都是。恰好这时，羽林军也攻进了圣母院，搜捕埃及姑娘。卡西莫多主动帮他们寻找，这个可怜的聋子哪里知道他们的险恶用心，还以为埃及姑娘的敌人是那些游民乞丐。他亲自给隐修士特里斯唐当向导，察看所有可能藏身的场所，打开每道密门、每处祭坛的夹层和圣器室的里间。如果不幸的姑娘还在教堂里，那么出卖她的肯定是卡西莫多了。特里斯唐轻易不肯罢手，但因一无所获，也就败兴而归。卡西莫多独自一人还继续寻找，整个教堂跑了有几十遍，上百遍，上下左右无一遗漏，跑上跑下，奔走呼号，东嗅嗅，西看看，无孔不入，脑袋见洞就钻，火把伸到所有拱顶下面，绝望疯狂到了极点。公兽失去母兽，也不过如此咆哮悲嚎，如此张皇失措。他终于确信，深信她不在教堂了，已经无可挽回，她被人从他手中夺走了。他缓步登上钟楼的楼梯。他搭救姑娘的那天，那么欣喜若狂，得意忘形，攀登的正是这条楼梯。还是原来的地点，他这次经过时却垂头丧气，既不出声，也不流泪，几乎连气息都没有了。教堂中又空荡荡的，沉入一片寂静。羽林军都已离开，前往老城追捕女巫去了。偌大的圣母院，刚才还遭受猛攻，杀声震天，现在却只剩下卡西莫多一个人了，他又走向埃及姑娘由他守卫而住了几周的小屋。快要临近时，他忽然想象也许会看见她就在屋里。他拐过对着侧道屋顶的楼廊，看见那小窗小门的斗室，依然蜷缩在巨大扶壁拱架下面，犹如挂在粗树枝下的小鸟窝。可怜的人，心脏要停止跳动，靠到柱子上才没有摔倒。他想象埃及姑娘也许回来了，无疑是善良的天使送回来的，这间小屋如此宁静，如此安全，如此可爱，她不会不待在里面，想到这里，他再也不敢多走一走，唯恐打破自己的幻梦。"是的，"他心中暗道，"大概她在睡觉，或者在祈祷。不要惊扰着她。"

他终于鼓起勇气,踮起脚朝前走去,瞧了瞧,便进去了。空的!小屋始终空无一人。可怜的聋子慢腾腾地在屋里转悠,掀起床铺,看看姑娘是否藏在床垫和石板地之间,随即摇了摇头,在原地呆若木鸡。突然,他怒不可遏,一脚将火把踩灭,然后一声不吭,也不叹息,猛冲过去,一头撞在墙上,昏倒在石板地下。

等到苏醒过来,他就扑倒在床铺上打滚,狂热吻起姑娘睡过而尚有余温的地方,又一动不动躺了几分钟,仿佛咽了气。继而,他又翻身起来,只见他大汗淋漓,呼呼喘气,像发了疯似的,脑袋一下下撞墙,跟敲钟一样有节奏,情形十分吓人,表明誓要撞个头破血流的决心。直到精疲力竭,他再次倒在地上,接着爬出小屋,蜷缩在房门对面,一副惊奇骇怪的神态。他再也没有动弹,就这样待了一个多小时,眼睛盯着空了的小屋,忧伤沉思的样子,胜过一位母亲坐在空出的摇篮和入殓棺木之间。他一言不发,只是间隔许久才因啜泣而全身猛然抖动一下,然而,这是无泪的啜泣,好似夏天无声的闪电。

他苦思苦索,推想究竟是什么人猝然劫走了埃及姑娘,大概就在这时候,他想到了副主教,想起只有费罗洛掌握一把钥匙,能进入通这小屋的楼梯,还想起费罗洛有两回黑夜袭击姑娘:头一回卡西莫多当了帮凶,第二回他挺身阻止了。于是,许多详情细节又在脑海中浮现,很快他就排除疑虑,确认是副主教劫走了埃及姑娘。然而,他对教士这个人感恩戴德,无比忠诚,又无比热爱,这些感情在他心中深深扎根,即使到了这种时刻,也还是抵制忌妒和失望情绪的侵袭。

卡西莫多想到这是副主教干的,换了别人,他会食肉寝皮,方解心头之恨,而偏偏是克洛德·费罗洛,可怜的聋子的愤恨只好转化为更大的痛苦。

他的思绪就这样集中到教士身上,不觉曙光照亮了扶壁拱架,他望见圣母院顶层半圆殿外围杆的拐角处,有个人影在走动。那人朝他这边走来。他认出正是副主教。费罗洛庄重地缓步走来,但是并不朝前看,目光移向北钟楼,脸也扭向那,朝向塞纳河右岸,还高高地扬起头,仿佛极力超过屋顶张望什么。猫头鹰总好摆出这种姿态,侧目而视:它飞向一点,眼睛却盯着另一点。教士就是这样从卡西莫多上面走过而没有看见他。

这一显形突如其来,聋子惊得目瞪口呆,看着他钻进北钟楼的楼梯门里。读者知道,登上北钟楼,能望见府尹衙门。卡希莫多站起来,要跟踪副主教。

卡西莫多随后登上钟楼,只是要弄清楚教士上去干什么。再说,可怜的敲钟人自己要干什么,要说什么,有什么打算,也一概不知道,他只是满腔怒火,也满腹疑惧。副主教和埃及姑娘在他心中相撞击。

——《巴黎圣母院》(节选)

雨果两手交叉置于胸前,眼睛注视前方,一派王者风范。从文学创作上来说,他的作品内容曲折离奇,富有强烈的人道主义思想和丰富的想像力,这为雨果赢得了浪漫主义文学家的美誉。

童话世界的国王——安徒生

名人简介

安徒生的父亲虽然是个鞋匠，却充满了对生活的热情。他常在睡前朗诵《天方夜谭》，这给幼小的安徒生带来了很大的影响。安徒生早年在慈善学校读过书，当过学徒工，受父亲和民间口头文学影响，他自幼酷爱文学。11岁时，父亲病逝，母亲改嫁，继父是一个冷酷无情的人，安徒生因此离开了家庭，在14岁时只身来到首都哥本哈根。到哥本哈根后，他以给人表演为生，几乎摁遍了达官贵人家的门铃。经过8年奋斗，他在诗剧《阿尔芙索尔》的剧作中崭露才华而被皇家艺术剧院送进斯拉格尔塞文法学校和赫尔辛基学校免费就读。1828年，安徒生进入哥本哈根大学。毕业后始终找不到工作，主要靠稿费维持生活。1838年获得作家奖金——国家每年拨给他200元非公职津贴。

安徒生的文学生涯始于1822年，早期主要撰写诗歌和剧本，但这些作品并不很成功。直到1833年，在出版了长篇小说《即兴诗人》后，安徒生才为自己赢得了声誉。也就是从这一年起，他开始写童话，出版了《讲给孩子们听的故事》，立刻得到了孩子们的广泛欢迎，人们争相阅读安徒生的童话故事，并渴望他发表新的作品，从此童话成为了安徒生的主要创作形式。他一生写了童话168篇。

安徒生的童话具有独特的艺术风格，即诗意的美和喜剧性的幽默。前者为主导风格，多体现在歌颂性的童话中，后者多体现在讽刺性的童话中。他的童话并不仅仅是一些新奇有趣的事情，更多的是大量地反映现实生活中的人与事，下到平凡的、受屈的、穷苦的老百姓，上到富贵的国王，都是他童话世界中的主人。安徒生的创作可分早、中、晚三个时期。早期童话多充满绮丽的幻想、乐观的精神，体现现实主义和浪漫主义相结合的特点。代表作有《打火匣》《小意达的花儿》《拇指姑娘》《海的女儿》《野天鹅》《丑小鸭》等。中期童话中幻想的成分减弱，现实成分相对增强，在鞭挞丑恶、歌颂善良中，表现了对美好生活的执着追求。代表作有《卖火柴的小女孩》《白雪皇后》《影子》《一滴水》《母亲的故事》《演木偶戏的人》等。晚期童话比中期更加面对现实，着力描写底层民众的悲苦命运，揭露社会生活的阴冷、黑暗和人间的不平，作品基调低沉。代表作有《柳树下的梦》《她是一个废物》《单身汉的睡帽》《幸运的贝儿》等。

成名后的安徒生，不仅成为了孩子们的朋友，也成了欧洲各国君王们的座上客，他们纷纷召见他，授给他最光荣的勋章。1872

这是位于美国纽约中央公园的安徒生塑像，是专为儿童树立的地标。

年的某一天，安徒生从床上跌了下来，身受重伤，从此再未复原，于1875年8月4日辞世，享年70岁。

名人档案

- 生卒年　1805～1875年
- 国　籍　丹麦
- 出生地　欧登塞
- 身　份　作家／童话之王

名人逸事

安徒生创作的很多童话故事都源自于他的生活经历，《红鞋》就是如此。儿时的一天，一位年轻的贵妇人在老安徒生那里定做了一双绯红色的高跟拖鞋。老安徒生花费了很多时间和心血，终于做成了那双鞋，本打算赚一些钱，以解燃眉之急。谁知那个女人却吹毛求疵，不肯如数付款。这个原本贫困的家庭又陷入了苦难之中。有了这段真实的经历，再加上儿时听到的有关老妖婆的故事，安徒生就构思了《红鞋》。

名人作品欣赏

天气出奇的冷。正在下雪，夜幕缓缓落下。这是这年最后的一夜——新年的前夕。在这可怕的寒冷和黑暗中，有一个既没有戴帽子，也没有穿鞋的小女孩正在街上走着。是的，她离开家的时候还穿着一双拖鞋，但那又有什么用呢？那是她妈妈最近一直穿的一双非常大的拖鞋——那么大，大得她穿着它走路十分困难。当她匆忙地越过街道的时候，两辆马车飞奔着闯过来，她跑了两下，鞋便掉了。

现在可怜的小女孩只好赤着一双小脚走。小脚已经冻得发红发青了。小女孩的旧围裙里有许多火柴，她手中还拿着一扎。不幸的是这一整天谁也没有向她买过一根，谁也没有给她一个铜板。

可怜的小女孩！她又饿又冻地向前走。所有的窗子都射出光来，街上飘着一股烤鹅肉的香味，在除夕，所有的人都要吃烤鹅肉。

那儿有两座房子，其中一座房子比另一座凸出来了一些，她便在这个墙角里坐下来，紧紧地缩成一团。她很想回家，但又不敢回去，因为她没有卖掉一根火柴，没有赚到一个铜板。她的父亲一定会打她，而且说实话，家里也是很冷的，因为他们头上只有一个可以灌进风来的屋顶，虽然最大的裂口已经用草和破布堵住了。

她的一双手几乎动也不能动了。唉！哪怕一根小火柴对她也是有好处的。只要她敢抽出一根来，往墙上一擦，就可以烤烤手！最后她抽出一根来了。哧！点着了，冒出火光来了！当她把一只小手覆在上面的时候，它便变成了一朵温暖、光明的火焰，像一支小小的蜡烛。多么美丽的光芒啊！小女孩觉得真像坐在一个热烘烘的铁火炉旁边一样：它有光亮的黄铜圆捏手和黄铜炉身。火烧得那么欢，那么暖，那么美！咦，这是怎么一回事儿？当欢喜的小姑娘伸出双脚打算暖一暖的时候，火焰就忽然熄灭了！手中只有烧过了的火柴。

她又擦了一根。它马上点着了，火光冒了出来。墙上有亮光照着的那块地方，现在变得透明，仿佛是一层极薄的细纱；她可以看到房间里的东西：雪白的台布铺在桌上，上面有精致的碗盘，填满了梅子和苹果、香喷喷的烤鹅。更美妙的事情是：这只鹅从盘子里跳出来了，背上插着刀叉，摇摇摆摆地走着，一直向这个穷苦的小女孩面前走来。这时火柴突然熄灭了，她面前只有一堵又厚又冷的墙。

她又点了另一根火柴。现在她觉得自己坐在美丽的圣诞树下面。它的绿枝上燃着几千支蜡烛，悬挂着彩色的图画，跟橱窗里挂着的那些一样美丽，在向她眨眼。这个小女孩伸过去两只手，火柴就熄灭了。圣诞节的烛光越升越高。她看到它们变成了明亮的星星，在天空中闪闪发光。这些星星有一颗落下来，划出一条长长的亮线。

"现在一定又有一个什么人死去了。"小女孩说，因为她的老祖母曾经说过：天上落下一颗星，地上就会有一个灵魂升到上帝那儿去了。老祖母是唯一对她好的人，但是她早就不在了。

她在墙上又擦了一根火柴。它的光照亮了周围，在这亮光中老祖母出现了。她看上去那么光明，那么温柔，那么和蔼。"祖母！"小女孩叫起来，"啊！请带我走吧！我知道，这火柴一灭，你就会不见了。带我走吧！"

于是她急忙把那扎火柴中剩下的火柴都擦亮了，因为她非常想留住祖母。这些火柴发出强烈的光芒，照得比大白天还要亮。祖母从来没有像现在这样显得那么美丽和高大，她把小女孩抱起来，搂到怀里。祖孙俩在光明和快乐中上升，越飞越高，飞到没有寒冷，没有饥饿，也没有忧愁的那块地方——她们与上帝同在。

第二天清晨，也是同样的寒冷。人们发现这个小女孩却坐在一个墙角里，她的双颊通红，嘴唇留着微笑，她已经死了——在旧年的除夕冻死了。新年的太阳升起来了，照在她小小的尸体上！她坐在那儿，手中还捏着火柴——其中有一扎差不多都烧尽了。

"她想把自己暖和一下。"人们说。可是有谁知道：她曾经看到过多么美丽的东西，她曾经是多么愉快地跟祖母一起，迈向幸福的新年。

——《卖火柴的小女孩》

维护国家统一的黑奴解放者——林肯

名人简介

林肯小的时候，家里很穷，因此他没有接受过多少正式教育。但他从小勤奋好学，一有机会就向别人请教，靠自学获得了丰富的知识。19岁时，林肯第一次见识了外面的世界，他乘船顺着俄亥俄河进入密西西比河到了新奥尔良。

名人档案
- 生卒年　1809～1865年
- 国　籍　美国
- 出生地　肯塔基州西部霍奇亨维尔
- 身　份　政治家

旅行中见到的黑奴的悲惨生活，深深地刺痛了林肯，他暗下决心：只要有机会，就要推翻蓄奴制度。

1830年，林肯随父母迁居伊利诺伊州后，开始了自力更生的生活，他做事认真，获得了"诚实的亚当"的美名。他在1834年当选为伊利诺伊州议员，两年后，又通过考试获得了律师资格。做律师不久，他和美丽的玛丽结婚并有了三个孩子。1854年，共和党成立，林肯旋即加入了这个主张废除奴隶制的党派。两年后，他在该党的第一次全国代表大会上被提名为副总统候选人。当时，美国南北两派围绕着奴制度的存废问题展开了激烈斗争，双方的矛盾冲突已经到了非常尖锐的地步。1858年，林肯在参加伊利诺伊州参议员竞选时，发表了一篇题为《裂开了的房子》的著名演说，他把美国南北两种制度（奴隶制度和资本主义制度）并存的局面比喻为"一幢裂开了的房子"，并明确表达了希望维护国家统一的愿望。尽管林肯的这次竞选失败了，但这次极富魅力的演讲使他的大名传遍了全国。1860年，林肯当选为美国总统。

林肯的当选，对南方种植园主的利益构成了严重威胁。1860年12月，南方的南卡罗来纳州首先宣布脱离联邦而独立，接着密西西比、佛罗里达等蓄奴州也相继宣布脱离联邦。南方叛乱诸州还建立了自己的政权，并在1861年4月12日不宣而战，攻占了联邦政府军驻守的萨姆特要塞，美国内战开始了。战争初期，北方军队屡战屡败，引起了人民的强烈不满。林肯认识到，是到废除奴隶制的时候了。1862年9月，林肯起草了《解放黑奴宣言》，并在次年的1月1日正式颁布，宣布废除叛乱各州的奴隶制，黑人奴隶获得人身自由。这个法案大大激发了人民的革命热情，成为北方军逆转战场形势的重要转折。1864年11月，林肯竞选连任成功。1865年4月，美国内战以林肯领导的联邦政府的获胜告终。

但是战争的胜利并没有消除蓄奴势力对林肯的仇视，在南军宣布投降的第五天晚上，林肯在华盛顿的福特剧院里看戏时，被南方奴隶主收买的一个枪手蒲斯刺杀，享年56岁。

林肯是美国历史上第16届总统，是19世纪中期美国北方资产阶级民主派的代表人物。他以旗帜鲜明的废奴主张赢得美国民众的普遍称赞，并领导美国人民取得了南北战争的伟大胜利。他被人们称赞为"新时代国家统治者的楷模"。

名人逸事

有一次出庭辩论时，对方律师把一个简单的论据翻来覆去地陈述了两个多小时，讲得听众都不耐烦了。好不容易才轮到林肯上台替被告辩护，他走上讲台，先把外衣脱下放在桌上，然后拿起玻璃杯喝了两口水，接着重新穿上外衣，然后再脱下外衣放在桌上，又再喝水，再穿衣，这样反反复复了五六次。法庭上的听众笑得前俯后仰，林肯却一言不发，在笑声过后开始了他的辩护演说。

《解放黑奴宣言》

《解放黑奴宣言》是林肯颁布的重要文件。文件中宣布，自1863年1月1日起，南方叛乱各州的黑人奴隶一律成为自由人。符合条件者可以参军。对于不参加叛乱的蓄奴州仍按1862年4月国会决议，采取自愿的、逐步的、有赔偿的解放奴隶措施；对于逃亡奴隶则视其主人是否为叛乱者而决定是否引渡。《宣言》对北方取得胜利起了重要的推动作用，被马克思称为"在联邦成立以来的美国史上最重要的文件"。

名言佳句

这不过是滑了一跤，并不是死去而爬不起来。

名人作品欣赏

87年前，我们的先辈们在这个大陆上创立了一个新国家，它孕育于自由之中，奉行一切人生来平等的原则。

现在我们正从事一场伟大的内战，以考验这个国家，或者任何一个孕育于自由和奉行上述原则的国家是否能够长久存在下去。我们在这场战争中的一个伟大战场上集会，烈士们为使这个国家能够生存下去而献出了自己的生命，我们来到这里，是要把这个战场的一部分奉献给他们作为最后安息之所。我们这样做是完全应该而且非常恰当的。

但是，从更广泛的意义上来说，这块土地我们不能够奉献，不能够圣化，不能够神化。那些曾在这里战斗过的勇士们，活着的和去世的，已经把这块土地圣化了，这远不是我们微薄的力量所能增减的。我们今天在这里所说的话，全世界不大会注意，也不会长久地记住，但勇士们在这里所做过的事，全世界却永远不会忘记。毋宁说，倒是我们这些还活着的人，应该在这里把自己奉献于勇士们已经如此崇高地向前推进但尚未完成的事业。倒是我们应该在这里把自己奉献于仍然留在我们面前的伟大任务——我们要从这些光荣的死者身上汲取更多的献身精神，来完成他们已经完全彻底为之献身的事业；我们要使国家在上帝福佑下得到自由的新生，要使这个民有、民治、民享的政府永世长存。

——《在葛底斯堡公墓的演说》

伟大的盲文发明者——布莱叶

名人简介

布莱叶，法国盲人教育家，发明了盲文，被称为"盲文之父"。他3岁不慎弄伤眼睛，5岁双目失明。10岁进巴黎盲童学校学习。1824年，他研究出一套较为成熟的新盲文。一生致力于盲文改进。

名人档案
- 生卒年　1809～1852年
- 国　籍　法国
- 出生地　巴黎附近的库弗雷镇
- 身　份　教育家

1809年1月4日，布莱叶出生于巴黎附近的库弗雷镇。他的父亲是个马具商，3岁的时候，布莱叶到父亲的马具店玩耍时，不慎被马具戳伤了眼睛。后来眼睛又被感染，两年后双目失明。

布莱叶开始总是哭，父母又心疼又着急，便把小布莱叶带到弗雷镇上的牧师雅克·帕路那里。雅克·帕路很同情小布莱叶的遭遇，便主动要求教他文化知识，他认为这样或许可以转移布莱叶的注意力。从这之后，每天小布莱叶便由大人领着到雅克·帕路那里上课。雅克·帕路牧师给他讲历史、文学，特别注意用书上的一些英雄人物来激励布莱叶。在雅克·帕路的引导下，小布莱叶渐渐忘掉了自己眼前的黑暗。他特别认真地听着英雄人物的传奇故事，脑子里总是浮现出一幅幅壮观的画面，并下决心一定要和那些英雄一样做一个勇敢的人。随着时间的推移，布莱叶逐渐坚强起来。他每天都自己摸索着行动，自己穿衣服、洗脸、吃饭。由于看不见，布莱叶经常撞倒桌椅，甚至将自己磕得头破血流，但他一点也不在意。后来，布莱叶已经能自己拄着拐杖去上学了，他上课总是特别用心，雅克·帕路牧师讲的内容他吸收特别快，而且还提出许多问题。随着布莱叶所掌握知识的一天天增长，雅克·帕路牧师便和小布莱叶的父亲商量送孩子到正规学校去上学。

布莱叶像

小布莱叶终于和正常的孩子一样去上学了。他知道这样的机会来之不易，学习特别努力。似乎是为了弥补他视力上的缺陷，布莱叶有着超常的记忆力，他学东西比健康的孩子都快，他凭心算解答老师提出的问题迅速而准确。但当老师让同学们打开课本的时候，布莱叶总是很难过。摸着平滑的课本，布莱叶想：要是有盲人自己的课本就好了。

10岁的时候，布莱叶在雅克·帕路牧师的帮助下进入了巴黎皇家盲童学校。布莱叶高兴极了，他想：一定要好好学习，做一个有用的人。学校开的课程很多而且可以选修，布莱叶选修了所有的课程：语文、算术、历史、地理、音乐……布莱叶每科成绩都很好，由于他聪明好学，老师们都特别喜欢他。布莱叶在学校过得很开心，但有一件事始终让布莱叶感到不满意。盲人学生上课几乎全部靠听，学校虽然也有课本，但课本上的文字用凹印法，用手触摸分辨很难。热爱学习的布莱叶要看上一本书得花好几个月的时间，这使布莱叶很痛苦。

一次，他对老师说："老师，咱们没有别的办法吗？这样看书太慢了，简直就不是在读书。"老师叹了口气无奈地说："唉，几百年来就没有人想出更好的办法来，谁会把太多的精力放在盲人身上啊。"布莱叶陷入了沉思，他下决心一定要想出一种好方法。

12岁时，有一天学校请海军上尉巴比埃来做演讲。他讲夜战演习时说到军队里使用的"夜字"："我们用铁笔在厚纸板上凿出凸点字母代替声音，执行任务的士兵用手一摸，就能了解纸上信息的内容……"这些话给了布莱叶很大启发：如果能将"夜字"的方法用到盲文中，那会不会很方便？于是布莱叶也找来铁笔和厚纸板，自己开始研究"夜字"。布莱叶发现，如果只是根据手指触摸凸点，分

布莱叶盲文

布莱叶盲文有63个字母，每个字母由1～6个点组成，每一组字母代表一个文意、数字或者标点符号。布莱叶盲文代表的是发音，写法和现代书籍一样从左到右横行书写。每个音节由三部分组成：声母、韵母和声调（有时忽略），有些盲文字母同时代表着不同声母或韵母。布莱叶盲文便于识别，使用起来很方便。

辨出字母再组成词，太慢了。而如果单纯用凸点表意要容易分辨得多。布莱叶决心改进"夜字"，把它们变成一种简单易分辨的盲文。为了研究盲文，布莱叶无论走到哪都要带上铁笔和纸板，只要一有时间便拿出来钻研。白天要上课，他便利用晚上时间。他一次次地试验着自己的想法，因为太投入了，常常忘记时间，只有当窗外的马车辘辘作响，他才意识到黎明的到来。

经过艰辛的探索，1824年，15岁的布莱叶终于研究出了一套较为成熟的新盲文的读写方式。他发明了63种不同的孔位符号，并编制出盲文字母表。新文字分辨容易、识别速度快，盲人终于可以和健康人一样认字读书了！此后新盲文逐步得到了推广，布莱叶也一直都致力于盲文的改进。

因为布莱叶的巨大贡献，他去世后，在他的家乡，人们为他建立了一块纪念碑，碑上刻着：盲人感谢布莱叶。

生物进化论的开创者——达尔文

名人简介

达尔文8岁时进入教会学校读书。他从小就喜欢收集邮票、画片、矿石、钱币等，对动植物和普通机器也有很大的兴趣。9岁时，他进入文法学校读书，学习成绩平平，但更专注于以前的兴趣。16岁时，他被父亲送到爱丁堡大学学医，但他对于授课内容没有什么兴趣，两年后转往剑桥大学学习神学，父亲希望他将来成为一个"尊贵的牧师"。

名人档案	
生卒年	1809～1882年
国　籍	英国
出生地	英格兰的什鲁斯伯里
身　份	生物学家

在剑桥的三年里，达尔文与地质学教授塞奇威克和植物学教授亨斯罗结识，更加喜欢对自然界的观察和研究，而对神学的学习却没什么进展。当读了洪堡的《南美洲旅行记》和赫胥黎的《自然哲学导言》之后，他已经立志要投身于自然科学研究了。

1831年，达尔文大学毕业，经亨斯罗的推荐，以博物学家的身份参加了英国政府组织的"贝格尔"号军舰的环球考察，开始了漫长而又艰苦的环球考察活动。达尔文每到一地总要进行认真的考察研究，采访当地的居民，采集矿物和动植物标本，挖掘生物化石，收集没有记载的新物种，积累了大量资料。在考察过程中，达尔文敏锐地觉察到了物种在不同地区的变化状况，逐渐对《圣经》中《创世纪》的人类起源说产生了怀疑，并萌生了生物进化论的思想。这次环球考察在1836年10月结束，回到

名言佳句

我从来不认为半小时是微不足道的很小的一段时间。

科学工作使我亢奋。

我能做出今日的结论，并不是轻率而速成的。

英国后，达尔文开始为他的生物进化理论寻找根据。1839年，他和表妹爱玛结婚。

1859年11月，达尔文经过20多年苦心研究写成的科学巨著《物种起源》正式出版。在这部书里，他提出了"进化论"的思想，说明物种是在不断的变化之中，是由低级到高级、由简单到复杂的演变过程。达尔文列举了大量事实，以自然选择的理论阐释了生物进化观点。这部著作第一次把生物学建立在完全科学的基础上，推翻了神创论和物种不变的理论，标志着进化论的正式确立。紧接着，达尔文又开始了他的第二部巨著《动物和植物在家养下的变异》的写作，进一步阐述他的进化论观点，提出物种的变异和遗传、生物的生存斗争和自然选择的重要论点，并很快出版了这部巨著。

达尔文的妻子爱玛·达尔文是一位天才的演奏家，暮年的达尔文经常在家里倾听妻子用钢琴弹奏的乐曲。

《物种起源》在学术界和社会上引起了巨大轰动，达尔文的声誉也迅速传遍全球。剑桥大学授予他法学博士的称号，为此举行了隆重的会议，在会上用拉丁语向达尔文致以贺词。1878年，他被选为法国科学院植物学部通讯院士，同年又被选为柏林科学院的通讯院士。

1882年4月19日，达尔文在家中逝世，享年73岁。他被安葬在威斯敏斯特大教堂，与牛顿等名人长眠在一起。

名人逸事

达尔文转入剑桥大学后，对神学不感兴趣，但对打猎和搜集标本的热情与日俱增。有一次，他在学校旁边的树林里采集标本，突然发现一株老树将要脱落的树皮下有虫子在蠕动。他急忙剥开树皮，发现两只稀有的甲虫，正快速地向前爬去。达尔文一手抓一只，兴奋地观察起来。正在这时，树皮里又跳出另一只甲虫，达尔文连忙把第一只甲虫塞进嘴里，然后去抓第三只甲虫。嘴里的那只甲虫忽然放出一股辛辣的液汁，蜇得他舌头又麻又涩，达尔文只得把它吐掉。结果，第一只甲虫跑掉了，第三只也没有抓到。

"贝格尔"号到达巴西后，达尔文攀登安第斯山进行科学考察。当爬到海拔4000多米的高度时，他意外地在山顶上发现了贝壳化石。达尔文非常吃惊："海底的贝壳怎么会跑到高山上了呢？"经过反复思索，他终于明白了地壳升降的道

达尔文的苦恼和教训

作为"进化论"奠基人的达尔文，在对待近亲结婚这个问题上，却犯过不容忽视的错误。他与舅父的女儿爱玛结了婚。婚后，他们生育6子4女。这些子女中，3个夭折，3个一直患病，3个则终生不育。达尔文在子女身上花了很大心血，但在所活下来的孩子中却没有一个在科学上有所成就。达尔文揭开了生物界的奥秘，然而他自己却因没有遵循自然规律，受到了无情的惩罚。

理。进而，他又有了更深的认识："物种不是一成不变的，而是随着客观条件的不同而发生相应的变异。"

波兰伟大的爱国主义音乐家——肖邦

名人简介

1810年，肖邦出生于波兰华沙西部市郊的一个名为热拉佐瓦沃拉的小村庄。肖邦的父亲是法国人，受过良好的教育，因做生意到了波兰，后来破产便在一个伯爵庄园里做起了家庭教师。肖邦的母亲是波兰人，喜欢弹琴、唱歌。

名人档案
- 生卒年　1810～1849年
- 国　籍　波兰
- 出生地　华沙
- 身　份　音乐家

肖邦还有三个姐姐，与姐姐们比起来，肖邦的性格更显得文静一些。肖邦是听着母亲的波兰民歌长大的，他生下来就对音乐特别敏感。当他哭闹的时候，只要听到母亲的歌声，便会立刻安静下来。

肖邦几个月大的时候，父亲被华沙一所大学聘为教授，全家人搬到了城里。家里的条件慢慢地好了起来，后来父亲便买了一架钢琴放在家里。母亲一有空便给孩子们弹琴，小肖邦总爱不声不响地看母亲弹琴。在母亲的影响下，小肖邦逐渐对弹琴产生了浓厚的兴趣。肖邦5岁时，一天，父母正在聊天，他们突然听到隔壁屋里传来断断续续的钢琴声，琴声虽然不太连贯，但却十分动听，父母惊呆了，他们快步走到琴房，发现小肖邦正站在凳子上用小手找琴键呢。他弹得特别用心，父母进来他都不知道。小肖邦弹完了一曲，父亲激动地将他抱下来，说："孩子，你真是个小天才！"

父母决定好好地培养肖邦，于是就给他请了一位钢琴老师。这位老师对肖邦影响很大，他不仅琴弹得好，而且教育学生也十分有经验。他经常给肖邦讲莫扎特、贝多芬等大音乐家苦练成才的故事。在他的启迪下，肖邦小小年纪便有了长大要当音乐家的想法。肖邦练琴非常刻苦，他每天除了吃饭、睡觉就是在钢琴前。有时候姐姐们见肖邦练得这么辛苦，便喊他出去玩，但他太投入了，根本就听不到旁边有人喊他。

凭着不懈的努力，再加上非凡的天赋，肖邦进步非常快。7岁的时候，肖邦便学会了作曲，这年他创作了《波兰舞曲》。8岁的时候，肖邦已经开始在公众面前演奏了。人们惊讶于他小小的年纪，竟然能弹奏出如流水般美妙的音乐，称他为"小莫扎特"。然而小肖邦从来不骄傲，他不喜欢别人的赞美声，只愿意一个人默默地弹琴、作曲。

名言佳句

天才不能使人不必工作，不能代替劳动。要发展天才，必须长时间地学习和高度紧张地工作。人越有天才，他面临的任务也就越复杂、越重要。

每年夏天，父母都带孩子们到热拉佐瓦沃拉村度假，肖邦总爱和姐姐们漫步在家乡田间的小径上听这里好听的民歌。这些歌曲使肖邦陶醉，他深深地爱上了纯真、自然的波兰民间的歌谣，决定把这些民间歌谣都记录下来。于是，每天太阳刚刚出来，他就到山坡上听牧民们唱歌，然后到田间地头听干活的农民的歌声。他总是随身带着笔和纸，听到的民歌他都记了下来。

19岁的时候，肖邦以优异的成绩从华沙音乐学院毕业。这时的肖邦已经是一位出色的音乐家了，但当时的波兰处在沙俄的统治之下，这使肖邦十分痛苦。1830年，20岁的肖邦被迫离开祖国到国外去寻找艺术前程。他先是到维也纳，第二年到了巴黎。在巴黎肖邦遇上了许多有才华的作家和艺术家，如缪塞、雨果、巴尔扎克、希勒、海涅、李斯特等，他们十分欣赏肖邦的艺术才华。在他们的帮助下，肖邦在巴黎很快取得了惊人的成绩。

成名之后的肖邦没有忘记自己的祖国波兰，在国外他经常为同胞募捐演出，遇到有困难的同胞他总是解囊相助。一次，他去参加一个重要的音乐会，在路上遇见了一个流亡国外的波兰青年，肖邦毫不犹豫地将用来买音乐会门票的钱给了那个青年，结果兜里没有一分钱的他只好走回家。1837年，沙俄授予肖邦"俄国皇帝陛下首席钢琴家"的身份，并用高薪聘请他回华沙为沙俄贵族演出，肖邦严词拒绝。

肖邦不幸英年早逝，时年39岁。在他短暂的一生中，创作了许多抒发自己爱国深情的歌曲，如有与波兰民族解放斗争相联系的《第一叙事曲》《bA大调波兰舞曲》等；有充满战斗热情的《革命练习曲》《b小调谐谑曲》等；有哀恸祖国命运的《降b小调奏鸣曲》等；还有不少怀念祖国、思念亲人的夜曲和幻想曲。他以伟大的爱国精神和非凡的音乐才华赢得了世界人民的尊重。

在磨砺中成长起来的大文学家——狄更斯

名人简介

狄更斯，19世纪英国著名小说家。少年时代做过童工，16岁以后做过律师事务所的学徒、抄写员、记录员，20岁时在报社做采访员。1836年出版了《博兹写集》，1837年完成《匹克威克外传》，后创作《雾都孤儿》《大卫·科波菲尔》《双城记》等作品。

名人档案
- 生卒年　1812～1870年
- 国　籍　英国
- 出生地　朴次茅斯
- 身　份　作家

狄更斯出生于英国南部的朴次茅斯市一个富有的家庭。他的童年过得十分快乐。母亲是一个温和善良的人，很小的时候，母亲就教他读书写字。5岁时，狄更斯就能够独立阅读较为浅显的书籍了，他经常一个人在房间里翻阅有插图的文学作品。大人们对小狄更斯的强烈的读书兴趣感到很吃惊，便提问他看过的书的内容，小狄更斯总能按自己的理解说出来，而且回答得很准确。这样，狄更斯从小便有"小神童"的绰号。6岁的时候，狄更斯开始上学。小狄更斯学习特别用心，放学后他从来不出去玩，总是用最快的速度将老师留下的作业做完，然后便看自己喜欢的书。他利用课余时间读了菲尔丁的《汤姆·琼斯》、塞万提斯的《堂吉诃德》、笛福的《鲁滨逊漂流记》等大量的文学作品。

狄更斯11岁的时候，家里的经济条件开始不好了。父亲由于不善理财借了许多债，后来又因久拖不还而被抓进了监狱。狄更斯不得不离开了学校，和母亲一起挣钱养家。他到了一家鞋油工场当学徒。工场设在一个阴暗潮湿的地下室里，狄更斯每天吃不饱，一天还要工作十几小时，而且干活慢了还要挨打。狄更斯小小年纪就受到了非人的虐待，有一次，老板居然将狄更斯放在橱窗里当众为顾客表演生产操作过程。狄更斯被当成了活广告受人围观，这件事深深地伤害了他幼小的心灵，他多么希望自己能回到以前快乐的读书生活。在压抑的生活中，读书成了狄更斯唯一的乐趣。他每天从工场里回家后，便躲在屋里看书，有时候他还将自己的读书感受记下来，时间长了便对写作产生了浓厚的兴趣。

12岁时，祖母去世了，父亲继承了一笔财产，家里还清了以前的借债，父亲被释放了。狄更斯又可以进学校读书了，做学徒时的痛苦生活使狄更斯更懂事了，他十分珍惜这来之不易的学习机会，学习很用功，每门功课成绩都很优异。在学校中，他的文学天赋逐渐展现出来，文学课上老师经常拿狄更斯的文章做范文让同学们欣赏。然而好景不长，16岁时家里的生活又陷入了窘境。本来很有希望入大学读书的狄更斯，只能告别了学生生活开始工作。他开始是在一家律师事务所做小职员，这段时间里他接触了形形色色的人。后来他又在一个报社做新闻记者，每天都出去采访，他接触的人和事多了，见识也增加了，对于社会也逐渐有了深刻的认识。这些都为狄更斯后来的创作积累了大量的材料。

工作期间，狄更斯从来没有放弃过读书。每天下班不论多晚他都要看书学习，他坚持着做读书笔记的习惯，一有感想就写下来。渐渐地，狄更斯发现自己离不开写作了。他每天晚上都要写一些东西，将自己一天的见闻、喜怒哀乐诉诸笔端。后来狄更斯开始以"博兹"的笔名在报刊上发表文章，这些文章因写得深刻很受读者欢迎，这使狄更斯很受鼓舞。1836年，狄更斯又出版了《博兹写集》。这本书使得狄更斯在文学界崭露头角，许多报社开始向他约稿。

狄更斯并没有因此而满足，他知道只有不断地充实自己，提高自己的水平，才能使自己不被淘汰。这期间，狄更斯又读了许多文学大师的书。他认真读每一本文学巨著，学习作者的写作方法。通过读别人的作品，狄更斯察觉到自己在写作上的不足。渐渐地，在吸收别人经验的基础上，狄更斯的写作技巧成熟了，并且

《匹克威克外传》

《匹克威克外传》是狄更斯的长篇小说之一，也是他最有代表性的作品之一。本书的故事梗概是：匹克威克社创始人匹克威克先生带着几个"匹克威克派"出去游历。他们原本是为了增长见识，但由于他们天真幼稚、善良轻信，途中遇到了许多麻烦，陷入到种种不愉快的境地。作品以喜剧的手法写严肃的社会现实，真实地反映了19世纪上半期英国的社会状况。

形成了自己的写作风格。1837年，他完成了《匹克威克外传》。这本书一出版，便引起了轰动，一时间狄更斯成为英国文学界备受关注的人物。此后狄更斯又创作了《老古玩店》《雾都孤儿》《大卫·科波菲尔》《双城记》等优秀作品，这些作品为狄更斯在世界文学史上赢得了很高的声誉。

震撼世界的无产阶级革命导师——马克思

名人简介

马克思从小勤奋好学，善于独立思考。他在中学时代，受到法国启蒙思想的影响，立下了为人类谋幸福的崇高理想。1835年中学毕业后，他进入波恩大学攻读法学，一年后转入柏林大学法律系。在大学期间，他除研究法学外，还研究历史、哲学和艺术理论，并开始钻研黑格尔哲学。1841年，马克思获得哲学博士学位。

名人档案	
生卒年	1818～1883年
国籍	德国
出生地	莱茵省特利尔城
身份	思想家／哲学家／经济学家

1842年初，马克思写了第一篇政论文章《评普鲁士的书报检查令》，通过对书报检查制度的抨击，揭露了普鲁士的专制制度。同年，他开始为《莱茵报》撰稿，随后又担任了该报的主编，并使这份报纸越来越鲜明地倾向于革命民主主义。1843年，马克思与童年时代的女友燕妮·冯·威斯特华伦结婚。同年秋天，他迁居巴黎，在那里与众多工人运动领袖结识，并开始形成了自己的科学社会主义思想。1844年8月，恩格斯从英国来到巴黎，拜访了马克思，两人终身的友谊与合作从此开始。

1845年1月，马克思被法国政府驱逐出境，来到布鲁塞尔。他在那里写了《关于费尔巴哈的提纲》，提出实践是检验真理性的唯一标准。他还与恩格斯合写了《德意志意识形态》，第一次系统地阐明了唯物主义历史观，即物质资料的生产是社会存在和发展的基础，社会存在决定社会意识，生产关系必须适合生产力的发展等等，同时提出了无产阶级必须夺取政权的历史任务。马克思还投身于创立无产阶级政党的活动。1847年11月，马克思出席了共产主义者同盟第二次代表大会，并受大会委托与恩格斯共同起草同盟的纲领。1848年2月，《共产党宣言》正式发表，成为无产阶级革命的思想指南和行动纲领。

马克思的革命性思想不能被当时的欧洲专制国家容忍，他因此先后被比利时、普鲁士和法国政府驱逐出境。1849年，马克思流亡至伦敦。马克思在伦敦经历了他一生中最困难的时期：贫困的生活、反对势力的攻击，甚至报纸也对他关上了大门。但马克思在恩格斯的帮助下，顽强地宣传共产主义的学说，积极指导工人阶级的革命运动，并在1867年出版了经济学巨著《资本论》的第一卷。该著作中深刻地剖析了资本主义社会经济的运行规律、方式、特征和本质，和马克思的科学社会主义学说构成了体系庞大、逻辑严密的理论体系。

长期的贫困生活和紧张繁重的工作严重损害了马克思的健康，1883年3月14日，在夫人燕妮去世一年多时间后，马克思也在伦敦与世长辞。他被安葬在伦敦的海格特公墓，恩格斯发表悼词，指出作为科学共产主义创始人的马克思的理论遗产和实际革命活动具有伟大的世界历史意义。

名人逸事

马克思不论做什么事都非常用心。他在写《资本论》时，每天都到伦敦大不列颠图书馆的阅览室查阅资料。他每天在那里至少工作10小时，而且不管刮风下雨从未间断。图书馆里的工作人员都认识这位起草《共产党宣言》的伟大工人领袖，后来一个图书管理员和别人谈起马克思时说："几年来，马克思天天到这儿来工作，一天足足工作10小时。我在这里已经20年了，在我所见到的读者中，他是最勤劳最准时的。"马克思还从没有忘记过深入群众中，他特别喜欢到伦敦的一些酒馆去，跟工人、手工业者和德国流亡者往来。他跟他们坐在一起，向他们宣传共产主义思想，同时询问他们的意见，热诚地向他们学习。

名人作品欣赏

一个幽灵，共产主义的幽灵，在欧洲徘徊。旧欧洲的一切势力，教皇和沙皇、梅特涅和基佐、法国的激进党人和德国的警察，都为驱除这个幽灵而结成了神圣同盟。

有哪一个反对党不被它的当政的敌人骂为共产党呢？又有哪一个反对党不拿共产主义这个罪名去回敬更进步的反对党人和自己的反动敌人呢？

从这一事实中可以得出两个结论：

共产主义已经被欧洲的一切势力公认为一种势力；现在是共产党人向全世界公开说明自己的观点、自己的目的、自己的意图并且拿党自己的宣言来对抗关于共产主义幽灵的神话的时候了。

到目前为止的一切社会的历史都是阶级斗争的历史。

自由民和奴隶、贵族和平民、领主和农奴、行会师傅和帮工，一句话，压迫者和被压迫者，始终处于相互对立的地位，进行不断的、有时隐蔽有时公开的斗争，而每一次斗争的结局都是整个社会受到革命改造或者斗争的各阶级同归于尽。

但是，我们的时代，资产阶级时代，却有一个特点：它使阶级对立简单化了。整个社会日益分裂为两大敌对的阵营，分裂为两大相互直接对立的阶级：资产阶级和无产阶级。资产阶级在历史上曾经起过非常革命的作用。

资产阶级在它已经取得了统

马克思和恩格斯正在审阅新印的报纸。在马克思的领导和帮助下，《莱茵报》发行量增加了两倍，成为普鲁士一家很有影响力的报纸。

治的地方把一切封建的、宗法的和田园诗般的关系都破坏了。它无情地斩断了把人们束缚于天然尊长的形形色色的封建羁绊，它使人和人之间除了赤裸裸的利害关系，除了冷酷无情的"现金交易"，就再也没有任何别的联系了。它把宗教

> **名言佳句**
>
> 人只有为自己同时代人的完善、为他们的幸福而工作，他才能达到自身的完善。

的虔诚、骑士的热忱、小市民的伤感这些情感的神圣激发，淹没在利己主义打算的冰水之中。它把人的尊严变成了交换价值，用一种没有良心的贸易自由代替了无数特许的和自力挣得的自由。总而言之，它用公开的、无耻的、直接的、露骨的剥削代替了由宗教幻想和政治幻想掩盖着的剥削。

资产阶级抹去了一切向来受人尊崇和令人敬畏的身份的灵光。它把医生、律师、教士、诗人和学者变成了它出钱招雇的雇佣劳动者。

资产阶级撕下了罩在家庭关系上的温情脉脉的面纱，把这种关系变成了纯粹的金钱关系。

资产阶级，由于一切生产工具的迅速改进，由于交通的极其便利，把一切民族甚至最野蛮的民族都卷到文明中来了。它的商品的低廉价格，是它用来摧毁一切万里长城、征服野蛮人最顽强的仇外心理的重炮。它迫使一切民族——如果它们不想灭亡的话——采用资产阶级的生产方式；它迫使它们在自己那里推行所谓文明制度，即变成资产者。一句话，它按照自己的面貌为自己创造出一个世界。

资产阶级使乡村屈服于城市的统治。它创立了巨大的城市，使城市人口比农村人口大大增加起来，因而使很大一部分居民脱离了乡村生活的愚昧状态。正像它使乡村从属于城市一样，它使未开化和半开化的国家从属于文明的国家，使农民的民族从属于资产阶级的民族，使东方从属于西方。

资产阶级即资本愈发展，无产阶级即现代工人阶级也在同一程度上跟着发展。现代的工人只有当他们找到工作的时候才能生存，而且只有当他们的劳动增殖资本的时候才能找到工作。这些不得不把自己零星出卖的工人，像其他任何货物一样，也是一种商品，所以他们同样地受到竞争方面的一切变化的影响，受到市场方面的一切波动的影响。

共产党人的最近目的是和其他一切无产阶级政党的最近目的一样的：使无产

共产主义者同盟

共产主义者同盟是以科学社会主义理论为指导的第一个国际无产阶级秘密组织。1847年6月，正义者同盟在伦敦秘密举行改组大会，根据马克思、恩格斯的建议，改名为共产主义者同盟，并提出了"全世界无产者，联合起来"的战斗口号。同年11月，共产主义者同盟在伦敦召开第二次代表大会，大会正式通过了恩格斯等人起草的《共产主义同盟章程》。章程规定："同盟的目的：推翻资产阶级政权，建立无产阶级统治，消灭旧的以阶级对抗为基础的资产阶级社会和建立没有阶级、没有私有制的新社会。"马克思、恩格斯为同盟起草了纲领，即1848年2月发表的《共产党宣言》。欧洲1848年革命失败后，各国的反动势力尤为猖獗，进行革命异常困难，1852年共产主义者同盟宣布解散。

阶级形成为阶级，推翻资产阶级的统治，由无产阶级夺取政权。

共产主义的特征并不是要废除一般的所有制，而是要废除资产阶级的所有制。

但是，现代的资产阶级私有制是建筑在阶级对立上面、建筑在一些人对另一些人的剥削上面的生产和产品占有的最后而又最完备的表现。

从这个意义上说，共产党人可以用一句话把自己的理论概括起来：消灭私有制。

代替那存在着阶级和阶级对立的资产阶级旧社会的，将是这样一个联合体，在那里，每个人的自由发展是一切人的自由发展的条件。

共产党人不屑于隐瞒自己的观点和意图。他们公开宣布：他们的目的只有用暴力推翻全部现存的社会制度才能达到。让统治阶级在共产主义革命面前发抖吧。无产者在这个革命中失去的只是锁链。他们获得的将是整个世界。

全世界无产者，联合起来！

——《共产党宣言》（节选）

美国现代诗歌之父——惠特曼

名人简介

1819年5月31日，惠特曼出生于美国长岛的一个海滨小村。父亲是个农民，早年经营农场。惠特曼5岁那年，父亲破产，全家人迁到了布鲁克林。在那里父亲做起了木工，后来经营起了一个小手工作坊。父母共生了9个孩子，惠特曼排行第二。

名人档案

生卒年	1819～1892年
国　籍	美国
出生地	长岛
身　份	诗人

这样一个大家庭，日子过得很艰难。惠特曼从小就很懂事，很小就成为父母的帮手。

6岁的时候，惠特曼上了小学。小惠特曼懂得父母供自己读书的艰辛，学习非常用心，听老师讲课特别认真。每天放学后，小惠特曼从不和小伙伴们出去玩，总是早早地回家帮父母干完活，然后便一个人复习功课。上学期间，小惠特曼的成绩总是特别突出。然而家里穷，小惠特曼只读了几年书便退学了。不过惠特曼并没有因此放弃学习，他总是想方设法找书看。

后来，惠特曼到当地一个有名望的律师家做杂工。律师非常喜欢聪明朴实的惠特曼，就把自己的藏书借给他看。惠特曼高兴极了，他每天做完工回家后，便认真读书。他一读起书来就忘了时间，经常很晚才睡。惠特曼真希望自己也能有许多书，这样他便能随时翻看了。后来他便想了一个办法——抄书。每当遇到自己特别喜欢的书，他便全部抄下来。时间长了，惠特曼便有了自己的"藏书"，他的小房间里摆满了一册册自己手抄的书。

13岁的时候，惠特曼到一个印刷厂当学徒。由于他踏实好学，很快便成了一名正式的排版工人。印刷厂的工作使惠特曼接触了大量的书。这段时间里，他接触了但丁、莎士比亚、拜伦、歌德等人的诗作，对诗歌产生了很大的兴趣，并开始尝试自己写诗。惠特曼对周围的一切都充满好奇。他喜欢观察、善于发现，对于他来说，每一天都有让他感动和惊喜的事情。他兜里总是放着一个本子，一有感想便写成诗。时间长了，周围的同事都知道自己身边有一个小诗人惠特曼。

17岁那年，惠特曼回到家乡长岛，在那里做了一所工农子弟小学的教师。这期间，他和一个朋友共同创办了一份叫作《长岛人》的报纸。报纸从排版、印刷到发行都是由他们自己做的。惠特曼开始在报纸上发表自己的诗作、散文，不过由于报纸的发行量比较小，他的作品并没有引起人们的注意。

4年之后，惠特曼离开长岛来到纽约谋求发展。惠特曼先是在一家报社做记者。惠特曼很喜欢这份工作，工作起来十分卖力。为了采访到最新的消息，他每天四处奔波，晚上回到家还要整理采访到的信息。不过在忙碌的生活中，惠特曼并没有放弃自己的写作。每天忙完工作睡觉前的一段时间是他一天中最快乐的时光，因为这时他便可以用文字自由表达心声了。这期间，惠特曼发表了许多小诗，还出版了小说《富兰克林·埃文斯》。惠特曼的诗作很受年轻读者的喜爱，他在美国的文学界逐渐有了一些名气。

1846年，纽约市比较有影响力的报纸《鹫鹰报》聘请惠特曼担任主编。这时的惠特曼对政治充满热情，他加入了"自由土地党"，反对美国的蓄奴制，主张土地改革。他不断在报纸上发表反对奴隶制、反对雇主剥削的论文和短评，这引起了报社中许多保守派人士的极大不满，他们总是想法设法阻止惠特曼发表这方面的文章。惠特曼并没有因此而放弃自己的立场，1848年，他毅然辞去了《鹫鹰报》主编的职务。

之后，惠特曼开始了他的漫游生活。他在新奥尔良考察了黑奴生活状况，又沿密西西比河直上，游览了圣路易斯、芝加哥等工业名城，观赏了尼亚加拉大瀑布的壮丽风光，最后回到了自己成长的地方布鲁克林。这段时间，惠特曼接触了大量的美国下层劳动人民，与这些勇敢善良的人们的接触，使惠特曼的心态逐渐平和起来。

漫游生活开阔了惠特曼的眼界、激发了他的创作热情，他将自己的所见、所感都写成了诗歌，1855年出版了诗歌集《草叶集》，从此成为了美国诗歌界备受关注的人物。1865年出版《桴鼓集》，代表诗作有《我听见美国在歌唱》《最近紫丁香在庭院里开放的时候》《哦，船长，我的船长！》。惠特曼的诗以优美的语言、昂扬的激情，歌颂了美国的劳动人民，赞美了美国的山山水水。他的诗深受美国人民的喜爱，他本人也被誉为"美国现代诗歌之父"。

名人作品欣赏

哦，船长，我的船长！我们险恶的航程已经告终，
我们的船安渡过惊涛骇浪，我们寻求的奖赏已赢得手中。
港口已经不远，钟声我已听见，万千人众在欢呼呐喊，
目迎着我们的船从容返航，我们的船威严而且勇敢。
可是，心啊！心啊！心啊！
哦，殷红的血滴流泻，
在甲板上，那里躺着我的船长，

他已倒下，已死去，已冷却。

哦，船长，我的船长！起来吧，请听听这钟声，
起来，——旌旗，为你招展——号角，为你长鸣。
为你，岸上挤满了人群——为你，无数花束、彩带、花环。
为你，熙攘的群众在呼唤，转动着多少殷切的脸。
这里，船长！亲爱的父亲！
你头颅下边是我的手臂！
这是甲板上的一场梦啊，
你已倒下，已死去，已冷却。

我们的船长不做回答，他的双唇惨白、寂静，
我的父亲不能感觉我的手臂，他已没有脉搏、没有生命，
我们的船已安全抛锚碇泊，航行已完成，已告终，
胜利的船从险恶的旅途归来，我们寻求的已赢得手中。
欢呼，哦，海岸！轰鸣，哦，洪钟！
可是，我却轻移悲伤的步履，
在甲板上，那里躺着我的船长，
他已倒下，已死去，已冷却。

——《哦，船长，我的船长！》

现代护理学的开创者——南丁格尔

名人简介

南丁格尔是英国人，她的故乡是英国的汉普郡，父母是旅意英国商人。1820年，南丁格尔出生于意大利的佛罗伦萨城，父母以这座美丽城市的名字为她取名。南丁格尔的父亲是一个博学有教养的人，家里有许多书。南丁格尔从小博览群书，她通晓历史、医学、哲学，擅长音乐和绘画，精通英、法、德、意四国语言。

名人档案	
生卒年	1820～1910年
国　籍	英国
出生地	意大利佛罗伦萨
身　份	护士

南丁格尔从小心地就很善良。邻居间有许多家里条件不好的孩子，她经常将自己喜欢的玩具和吃的东西送给他们。看到大街上小动物受伤，她总是抱回家细心照料。

父亲有一个精通医道的牧师朋友。村民们都爱找他看病，南丁格尔也喜欢向他请教医术。牧师和南丁格尔都喜欢骑马，他们经常一起出游。在路途中，牧师经常救助一些病残的穷人，南丁格尔就在旁边做一些护理工作。看到许多人在自己的照料下病情有所好转，南丁格尔十分高兴。时间长了，南丁格尔便对护理产

生了浓烈的兴趣,她觉得护理工作在医疗过程中实在是太重要了。但当时护理工作在人们眼里还是个很卑贱的工作,做护士的都是一些普通的女佣,甚至还有一些是刑满释放的女囚,做护理工作的人一般都没有什么知识。南丁格尔觉得应当建立一支有素养的护理队伍,并下决心学习专业的护理。

南丁格尔21岁的时候,父亲想让她进大学读书。但南丁格尔只想学习护理,父亲看女儿这样坚定,就没有再强迫她去上大学。1850年,30岁的南丁格尔通过父亲的关系去了德国学护理。3年以后,她又去法国巴黎学习了半年护理组织工作。1853年,南丁格尔回了英国,她在伦敦一家医院担任护理主任。同年8月,在英国慈善委员会的资助下,南丁格尔在伦敦办起了一个看护所,看护所中收容了许多穷苦的病人。南丁格尔在这里带出了一支素养很高的护理队伍。

也是在这一年,克里米亚战争爆发了。战争进行到第二年,英国对俄国宣战。一天南丁格尔在报纸上看到一则这样的消息:"英国在前线的军队中紧缺医生、包扎员和护士,受伤的战士得不到最起码的医疗护理。"看完后,南丁格尔心中十分难过,经过几天的思考,南丁格尔最后决定去前线为伤病员服务。她把这个想法告诉了母亲,母亲和兄妹们一致反对她这样做。因为在19世纪中期的英国,妇女担任公职抛头露面都会遭到人们的嘲笑,并且前线炮火连天也十分危险。但南丁格尔决心已定,她很快向政府做了申请。1854年10月21日,南丁格尔经政府批准,带领她培训过的38名护理人员离开了伦敦,前往克里米亚前线承担护理工作。在克里米亚前线,南丁格尔和她的护理队为伤员付出了很多心血。她带领护士冒着随时被疾病传染的危险,没日没夜地进行抢救工作。除了为伤员进行医疗护理外,她们还为伤病员倒屎端尿、洗衣服、烹调食物。南丁格尔关心每一个伤病员,在她的努力下,伤员的死亡率达到了最小。南丁格尔还深深的理解病人的心理,为了能让那些精神空虚的伤病员安定情绪,她还自己出钱在前线医院附近建立了阅览室、咖啡馆。她成了病人的知心人,很多伤病员在写给家里的信中都一直称赞南丁格尔这个热情善良的护理专家。

很快南丁格尔的故事传开了,英国人民都想亲眼见一下这位善良的南丁格尔小姐。1856年克里米亚战争结束了,11月,南丁格尔作为最后的撤离人员离开克里米亚,返回英国。英国人民为了欢迎她,特意为她组织了隆重的欢迎仪式,但淡泊名利的南丁格尔却化名为"史密斯小姐"悄悄地回到了英国。

1860年,南丁格尔用公众捐助的南丁格尔基金在伦敦正式创办了"南丁格尔护士学校",这是世界上第一所正式的护士学校。此后,世界各地的护理学校也纷纷创办起来,护理学也真正作为一门学科受到人们的关注。

南丁格尔像

南丁格尔一生为护理事业做出了重大的贡献，著有《护理笔记》《医院记录》等。为了护理事业，她献出了毕生的精力，终身未嫁。后来为了纪念这位伟大的女性，人们将南丁格尔的生日——5月12日——定为"国际护士节"。

微生物学之父——巴斯德

名人简介

因为家里的经济条件不好，巴斯德9岁时才进入小学读书。巴斯德学习非常努力，他喜欢画画，家里的人都是他描绘的对象。当时法国的每个学生都希望能进入师范学校或者工科学校读书，特别是进入巴黎大学。但是，一个穷人家的孩子，想要进入这些学校是相当困难的。巴斯德的父母对孩子抱有很大的期望，他们靠日积月累的积蓄，把巴斯德送入了巴黎师范学院。

1847年，巴斯德从巴黎师范学院毕业后，被派往一所乡下中学教初级物理学，一年后，被聘为斯特拉斯堡大学的代理化学教授。1849年，巴斯德与斯特拉斯堡大学校长的女儿玛丽·劳伦特结婚。从这一时期起，巴斯德开始了化学和微生物学研究，并取得了卓越的成就。法国政府特别颁给他荣誉奖章。1851年，他被聘为里尔大学的工学院教授兼教务长。

巴斯德在实验室里。作为一个无私的科学家，他为解除人类的痛苦奉献了毕生的精力。

巴斯德最主要的贡献是在微生物学领域，像牛顿开辟出经典力学一样，巴斯德开辟了微生物领域。他一生主要证明了三大问题：（1）最早受啤酒生产厂的委托，巴斯德通过研究发现，每一种发酵作用都是由于一种细菌的发展而产生的，他使用加热的方法杀灭了那些让啤酒变苦的恼人的微生物，这就是"巴氏杀菌法"，现在被广泛应用于各种食物和饮料上。也正是由于巴斯德的长期研究，人们才最终知道伤口的腐烂和疾病的传染都是由于细菌在作祟，从此，消毒和预防的方法就在医学界流行了起来。（2）每一种传染病都是一种细菌在生物体内的发展。由于发现并根除了一种侵害蚕卵的细菌，巴斯德拯救了法国的丝绸工业。（3）传染病的微菌，在特殊的培养之下可以减轻毒力，使它们从病菌变成防病的疫苗。他意识到许多疾病均由微生物引起，于是建立起了细菌理论。他成功地研制出鸡霍乱疫苗、狂犬病疫苗等多种疫苗，其理论和免疫法引起了医学实践的重大变革。

巴斯德一生以他的理论创见和实践发现挽救

名人档案

- 生卒年　1822～1895年
- 国　籍　法国
- 出生地　米拉省的多尔城
- 身　份　科学家

了无数人的生命，因此后来法国人在选举19 世纪的伟人时，巴斯德名列第一。1892 年 12 月 17 日是巴斯德的 70 岁诞辰，法国政府为他举行了盛大的庆祝会，包括法国总统在内的政府要员、各界名流纷纷到场，法国总统挽着巴斯德的手臂步入礼堂。巴斯德接受了大会主席颁发给他的一枚纪念章，上面刻着："纪念巴斯德 70 岁诞辰。感谢你的法兰西，感谢你的人类。"1895 年 9 月 28 日，巴斯德与世长辞，享年 73 岁。

> **名言佳句**
>
> 立志、工作、成功，是人类活动的三大要素。立志是事业的大门，工作是登堂入室的旅程。这旅程的尽头就有个成功等待着，来庆祝你的努力结果。

名人逸事

1848 年，26 岁的巴斯德到斯特拉斯堡大学任化学教授，其间他与斯特拉斯堡大学校长的女儿玛丽相爱了。他写了一封求婚信给玛丽的父亲。这是一封别具一格的信："我应该先把下面的事实告诉您，让您好决定是允许或拒绝。我的父亲是一个阿尔波亚地方的鞣皮工人，我的三个妹妹帮他做作坊的工作和家务，以代替去年 5 月不幸去世的母亲。我的家庭小康，当然谈不上富裕，我估计，我们的家财不过 5 万法郎。至于我，我老早就决定将日后归我所有的全部家业让给妹妹们，因此，我是没有财产的，我所有的只是身体健康、工作勇敢，以及我在大学的身份，然而，我并不是为了地位而研究科学的人。我计划把一生献给化学研究，并希望能有某种程度的成功，我以这些微薄的聘礼，请求您允许我和您的女儿结婚。"校长看完信后，从内心里佩服这个年轻人纯朴而高尚的品德，毫不犹豫地答应了这桩婚事。

"圆舞曲之王"——施特劳斯

名人简介

1825 年 10 月 25 日，施特劳斯出生于音乐之都维也纳。父亲是奥地利著名音乐家丁·施特劳斯。施特劳斯是家里的长子，他出生时父亲的音乐作品已风靡全国。父亲觉得自己一直很幸运，便给儿子起了一个和自己一模一样的名字——约翰·斯劳斯。人们为了区别父子两个，于是便在儿子的名字前加了一个"小"字。

施特劳斯很小的时候就表现出很高的音乐天赋，他 5 岁的时候，便能演奏小提琴曲，7 岁时就创作了第一首圆舞曲。他也希望长大后能像父亲一样站在舞台上神气地表演。但父亲却不想让施特劳斯学音乐，他觉得做个有成就的音乐家实在太难，这不单纯需要杰出的艺术才能，还得有各种机遇。他希望儿子好好读书，以后能有安稳的生活。因此他给施特劳斯买了好多书籍，让他好好学习文化知

> **名人档案**
>
> - 生卒年　1825 ~ 1899 年
> - 国　籍　奥地利
> - 出生地　维也纳
> - 身　份　音乐家

名言佳句

只有音乐让我忘记一切，因为这个时候我很专心地去面对它。

识。但在家庭环境的影响下，施特劳斯却早已对音乐产生了浓厚的兴趣，他总是趁父亲不在时偷偷练琴。

父亲的专制没有扼制施特劳斯对音乐的热情，反而更坚定了他学习的决心，他暗暗下决心一定要学出个样子来。家里不能练琴，他便到同学家去，有时候甚至到僻静的市郊野外去练。没有老师指导他便到音乐俱乐部去学。母亲见他对音乐那么痴迷，学得这么辛苦，便把自己的私房钱拿出来暗中为他请了老师。父亲发现后，狠狠地训斥了儿子，还对母亲大发雷霆。父亲的不讲道理没有阻止施特劳斯的进步，他的音乐才华一天天展现出来。他是学校乐队中的核心成员，他的小提琴演奏水平总是让同学和老师们惊叹。

中学毕业后，施特劳斯按照父亲的意愿进了工业学校学习。毕业后在父亲的安排下，他又到一家银行做了职员。然而这期间施特劳斯从未放弃过对于音乐的执着追求。他几乎把所有的精力都倾注到了音乐学习和创作中，随着岁月的流逝，他对音乐的感情日益加深，施特劳斯觉得自己再也离不开音乐了。1844年，19岁的施特劳斯在朋友的资助下，向维也纳市政当局提出申请后，组建了自己的管弦乐队，他当上了乐队的指挥。经过精心的准备，施特劳斯要在当年的4月20日晚上举行首次公演。父亲得知这个消息后，对儿子不服从自己的意志感到十分气愤。为了打消施特劳斯的念头，他立即宣布在同一时间举办盛大音乐会。面对父亲的百般阻挠，施特劳斯没有退缩，他如期举办了自己的音乐会。

首场演出在维也纳金色音乐厅举行，这一天施特劳斯身穿崭新的礼服，镇定自若地站在指挥席上。人们看到这支乐队都是一些年轻人，而且指挥还是一个稚气未脱的孩子，都抱有一种怀疑态度，有的人甚至在下面开始窃窃私语。但随着施特劳斯慢慢抬起双手，美妙的音乐在演播厅里响起的时候，人们渐渐安静下来。乐队在演奏施特劳斯自己创作的圆舞曲《母亲的心》，人们仿佛看到如水的音乐在施特劳斯挥舞的手指尖间倾泻而出，听众陶醉在美妙的音乐中，一曲结束了，演播厅里一片沉默，之后又响起了雷鸣般的掌声。接下来，乐队又演奏了他创作的《理性诗篇》，这首曲子曲调清新、节奏明快，将音乐会推向了高

施特劳斯在一年一度的哈布斯堡宫廷舞会上指挥乐队演奏。像往常一样，他用琴弓当指挥棒，一位观众以欣赏的口吻评价说："他就像天使一样指挥着一个纯粹的提琴乐队，观众们随着这神奇的琴弓沉思、旋转、摇摆。"

潮。台下的观众挥舞着帽子和手帕高声喝彩，在听众的要求下施特劳斯的作品被一遍遍地演奏……演出结束了，激动的人们久久不能平静，施特劳斯谢幕达19次。

施特劳斯的乐队和作品一炮打响，父亲再也没什么可说的了。从此，这位天才的音乐家便一发不可收拾。4年后父亲不幸去世，施特劳斯将自己的乐队与父亲的合并起来，到世界各地旅行演出，赢得了巨大的声誉。

施特劳斯一生创作了400多首圆舞曲、120多首波尔卡舞曲、几十首其他舞曲和多部轻歌剧。代表作有圆舞曲《蓝色多瑙河》《维也纳森林的故事》，轻歌剧《蝙蝠》《吉普赛男爵》等，为世界现代音乐做出了巨大贡献，被誉为"圆舞曲之王"。

名人逸事

施特劳斯年少时，一天，他偷偷练琴的时候，父亲回来了。父亲见他不听劝阻，气得暴跳如雷："不好好学习，偷着练琴，说了多少次你都不听！"暴躁的父亲竟然找来一根皮鞭，他让施特劳斯保证以后再也不学音乐了。然而倔强的施特劳斯却一声不吭，母亲回来后才从皮鞭下救出儿子。

现代戏剧之父——易卜生

名人简介

1828年3月20日，易卜生出生于挪威希恩一个富裕的家庭。他的父亲是一个大商人，母亲出身于书香世家。家里有很多书，易卜生4岁时，母亲就开始教他认字。小易卜生很聪明

名人档案
- 生卒年　1828～1906年
- 国　籍　挪威
- 出生地　希恩
- 身　份　戏剧家／诗人

也很爱学习。他总是一个人翻看母亲给他买的有插图的书，而且还能根据自己的理解把书中的故事讲给别人听。易卜生6岁的时候，父亲送他到当地最好的学校读书。在学校里易卜生学习认真，成绩非常好，他的文科成绩尤为突出。易卜生8岁的时候，父亲突然破产了，家里欠下很多债。家里原来的大房子给人抵了债，易卜生一家只得搬到了乡下住。小易卜生再也进不起正规的学校接受教育了，只好跟着母亲在家读书。母亲很喜欢文学，她指导易卜生读了许多文学作品。这些书给易卜生的童年带来了许多乐趣。

家里的情况再也没有好起来。15岁的时候，易卜生只得离开了家，到离家70多千米的格利姆斯达镇当药店学徒。学徒的生活枯燥而艰苦，易卜生每天要干很多活，老板还动不动就骂人。易卜生多么希望自己能有机会再去上学啊。

一天，一位牧师来店里抓药，牧师见给自己拿药的易卜生年龄不大干活却很麻利，就和他攀谈了起来。易卜生就将自己的经历和渴望读书的想法跟这位慈祥的牧师说了，牧师被小易卜生的上进心感动了。"那你有空来教堂找我吧。"牧师说，"我那里除了神学书外，还有一些文学著作，你可以都拿去看。"从此，

易卜生在做完一天的繁重工作后，便去教堂里借书看。在这里他读了许多以前在家没有读过的书。他看完了莎士比亚的全部作品，对戏剧产生了浓厚的兴趣，他希望自己有一天也能成为一个大戏剧家。

后来在牧师的鼓励下，易卜生开始写剧本。周围的人都嘲笑易卜生说："还是省省力气吧，写剧本可不是那么容易！""别异想天开了，不看看自己是不是那块料！"然而这些话并没有动摇易卜生的决心，他抓紧一切时间进行写作。由于白天要做工，他总是利用晚上的时间写到很晚。经过不懈努力，他的第一个剧本《凯特莱恩》终于诞生了。但当他拿着剧本到当地的剧院去给剧院的负责人看时，并没有受

易卜生像

到重视，因为在人们看来易卜生不过是个没文化的小学徒而已。易卜生没有灰心，他接下来又创作了一部独幕剧《诺尔曼人》。

1850年，易卜生离开了格利姆斯达镇到当时挪威的首都奥斯陆来寻求发展。经人介绍易卜生到克里斯坦尼亚大学的学生报刊做编辑。他一边工作，一边进行剧本创作。为了提高自己的文化水平，易卜生经常在克里斯坦尼亚大学旁听。为了不耽误工作，易卜生总是带几个干面包去听课，生活过得十分艰苦。后来易卜生结识了当时挪威著名的音乐家奥尔·布尔。奥尔·布尔很欣赏他的才华，便推荐他到阜尔根剧院作编剧和舞台顾问。易卜生终于有了施展才华的机会，他在这段时间创作了《圣约翰之夜》《奈尔豪格的宴会》《渥拉夫·克列克朗》等很受欢迎的作品。

名言佳句

人的灵魂表现在他的事业上。

但生活又出现了波折。1862年，34岁的易卜生创作了《恋爱喜剧》，这是一部讽刺剧，揭露了当时挪威上流社会一些人的丑恶嘴脸。易卜生因此受到了当时社会上顽固势力的大肆攻击，当时奥斯陆的大小剧院也不敢再上演易卜生的剧作。作品被封杀使易卜生十分痛苦。1864年，易卜生离开了祖国，来到意大利的罗马，开始了他27年的侨居生活，1891年回国。在罗马，易卜生坚持创作，他坚信自己的作品终有一天会得到社会的承认。易卜生不分昼夜地进行创作，为了写作他常常忘记了吃饭。有时为了完成一个剧情的创作，他经常整夜不休息。在这段时间里他创作了剧本《布朗德》。后来在国内朋友的帮助下，这本书在挪威出版了。《布朗德》一出版就引起了轰动，以前在挪威被拒绝上演的作品也纷纷登上舞台。易卜生很受鼓舞，后来他又创作了《社会支柱》《玩偶之家》等脍炙人口的名作，他一生发表了25部剧本。他的作品在世界戏剧史上有着重要的影响，这位把毕生精力都献给戏剧创作的文学大师也受到了世人的尊重，被誉为"现代戏剧之父"。

俄国文学的不朽丰碑——列夫·托尔斯泰

名人简介

列夫·托尔斯泰父母早亡，在姑妈和家庭教师的教育下长大。他的幼年生活很有规律，早上学习德文和法文，下午做游戏和绘画。托尔斯泰家的庄园里有一所规模很大的图书馆，那是他的祖父和父亲建立起来的，藏书涵盖了文学、历史、哲学和自然科学等方面，托尔斯泰喜欢读的书是俄罗斯的英雄叙事诗和《一千零一夜》，而普希金是他最喜爱的诗人。

名人档案	
生卒年	1828～1910年
国　籍	俄国
出生地	莫斯科远郊
身　份	文学家

1844年，托尔斯泰进入喀山大学学习，在那里受到了法国启蒙思想家的影响，开始了对沙皇专制和农奴制的不满，于1847年退学回家。回家后，他和平民们生活在一起，帮助农民耕种，最后因为厌恶贵族的生活，在1851年自愿去高加索服兵役。这是他一生中的一个重要转折点，他的艺术天才开始显露出来。他根据亲身经历写了《塞瓦斯托波尔故事》，又完成了《童年》《少年》《青年》三部曲，以及《一个地主的早晨》和反映克里米亚战争的小说《高加索》。克里米亚战争结束后，托尔斯泰以陆军中尉的头衔退伍，来到了首都圣彼得堡。25岁的他在那里受到了广泛的欢迎，被公认为是果戈理的继承人，俄国文学的希望。后来，托尔斯泰去国外旅行，到过波兰、法国、瑞士、意大利、德国，最后回到了故乡。1863年，他与医生波尔斯之女索尼娅结婚，从此开始了一种互相热爱又互相折磨的婚姻生活，一直维持了47年之久。

1869年，托尔斯泰完成了长篇小说《战争与和平》，小说以俄法战争为背景，以四个贵族家庭成员的生活作为主要线索，反映了1805～1820年间俄国社会的重大变迁。绘声绘色、波澜壮阔的战争场面，以及和时代大局搅在一起的形形色色的生动人物，使这本花费了6年时间的巨著一经出版，就轰动了文坛，以后被翻译成了多国文字。1877年，托尔斯泰又写成第二部长篇小说《安娜·卡列尼娜》，以乡村生活为背景，反映出俄国农奴制改革后的复杂社会关系。1899年，他完成了第三部长篇小说《复活》，通过对两个主人公卡秋莎和聂赫留道夫爱情经历的描写，深刻揭示了专制和压迫的俄罗斯社会制度。

晚年的托尔斯泰生活在极端苦闷之中，成年的孩子纷纷离开了家庭，妻子不理解他的迥异于常人的思想和行为，他所钟爱的一个儿子和一个女儿也先后亡故……1910年10月，82岁高龄的托尔斯泰离家出走，在又慢又冷的火车上不幸得了肺炎，在中途的阿斯塔波沃车站被人抬下了车。妻子索尼娅赶到他身边时，他已进入了昏迷状态。在弥留之际，他喃喃自语："真理……我爱许多人。"1910年11月7日，这位兼超群才艺与高尚人格于一身的文学家与世长辞。

名人逸事

托尔斯泰非常注重培养孩子的学习兴趣，他给他们讲故事，为他们绘画，回答他们提出的各种问题，不厌其烦。虽然他的时间非常宝贵，但是他认为时间花在提高孩子的学习兴趣、激发孩子的求知欲方面值得。

托尔斯泰教育孩子并不是采取强行灌输知识的方法，他会采取一些好的方法满足孩子的需求。比如，孩子们喜欢科幻作家儒勒·凡尔纳的作品，托尔斯泰就讲给孩子们听；当他发现《环球旅游80天》没有插图时，他竟然每天晚上用鹅毛笔亲自为这本书描制插图，以便帮助孩子们理解。

名人作品欣赏

亲爱的索尼娅，生活与信仰的矛盾已经折磨我很久了。我无法使您改变您的生活及我使您养成的习惯，到目前为止，我也无法离开您，因为我常想，我还不能丢下孩子们，因为他们还小，我

名言佳句
正确的道路是这样：吸取你的前辈所做的一切，然后再往前走。

所给予他们的影响很少，哪怕是不大的影响。我再也不能像这16年那样生活下去了，那种时而与您争斗，时而又跌入我周围旧习影响的生活使您伤心了。我决定现在就做我久已向往的事情——出走。因为，第一，随着我年龄的增长，生活变得越来越沉重，我也就越来越想过独居的生活；第二，孩子们也长大成人了，我在家庭中的影响已不需要了。你们大家的生活都充满着活力，这些会使你们觉得我不在家也没有什么。

主要就是像印度人那样，在60岁左右就到森林中去，像每个老教徒那样想把自己生命的最后时光奉献给上帝，这并不是玩笑或带有什么恶意。就我自己来说，到70岁时就很想过宁静、独居的生活，虽然达不到完全一致，但自己的生活和自己的信仰及良心不出现大的分歧就可以满足了。

如果我公开地这样做，那么就会有人来请求、指责、抱怨，我也会变得软弱，很可能就无法去实现自己的决定，而这又是必须要实现的。所以，如果我的行为造成您的痛苦，就请原谅吧，索尼娅，主要的是让我如愿以偿，不要找我，不要埋怨我，不要责备我。

我虽然离开了你，但这并不是我对你不满意。我知道，你不能，你无法，而且也不会看到并感受到我的生活，所以，也不曾并且不去改变自己的生活，为自己没认识到的东西做出牺牲。正因为如此，我不责备你，相反，还时常以眷恋和感激的心情回忆起我们在一起长达35年的生活。特别是前18年，你当初具备一个母亲忘我的

● **俄罗斯的良心** ●

列夫·托尔斯泰的伟大，不仅在于他的文学创作上，还在于他高尚的人格力量。他猛烈抨击沙皇的专制，关心广大下层农民的生活疾苦。为了追求自由，他在家乡办过农民子弟学校，后来又自动放弃伯爵的头衔，按农民的方式来生活。所以，罗曼·罗兰说，托尔斯泰是"俄罗斯的良心"。

天性，热情、顽强地承受了自己认为该当的一切。你为了我和世界献出了一切，你把慈祥的母爱和忘我的牺牲精神也贡献了出来，我对此不能不称赞。但近一时期，特别是近 15 年来，在生活中我们出现了分歧。我不能认为是我错了，因为我知道，我的转变不是为了自己，也不是为了人们，而是因为非这样不行了。我也不会因为你不和我出走而责备你，而将感谢你，并将怀念你所给予我的一切。再见，亲爱的索尼娅。

——《致妻子》

世界近代电磁学之父——麦克斯韦

名人简介

麦克斯韦，19 世纪杰出的物理学家、经典电动力学的创始人、统计物理学的奠基人之一。

1831 年，麦克斯韦出生于英国的爱丁堡。父亲是爱丁堡城中一位有名的律师，他喜欢读书，爱好广泛，经常自己绘制图纸，制作机械部件，对自然科学颇有研究。在父亲的影响下，麦克斯韦从小就对自然科学产生了浓厚的兴趣。父亲绘图、制作的时候，他总爱在旁边看。他小小的年纪似乎也能看出一些门道，经常一边看一边一本正经地问父亲问题。父亲经常去听爱丁堡皇家学会的科学讲座，小麦克斯韦总缠着要去，父亲便把他带上。科学讲座上讲的是几何、化学、天文等深奥的自然科学知识，使父亲吃惊的是，小麦克斯韦居然每次都听得津津有味。

麦克斯韦像

5 岁的时候，麦克斯韦上小学了。由于长期受父亲的熏陶，麦克斯韦对数学特别感兴趣。小麦克斯韦看书、做题特别投入，经常为了算出一道题而忘了吃饭。有了自己的刻苦努力，再加上父亲的精心辅导，麦克斯韦数学成绩总是特别突出。他在小学的时候，已经能独立解答高中的几何、代数题了。

10 岁的时候，麦克斯韦以优异的成绩考入当时苏格兰最好的中学——爱丁堡中学。爱丁堡中学的理科教学水平十分突出，麦克斯韦在这里遇到了许多很好的老师，他们非常喜欢这个年龄不大却聪明好学的学生，对他总是格外用心培养。在老师们的鼓励下，麦克斯韦学习更加刻苦，他希望通过自己的努力长大后在科学研究上有一番作为。

16 岁那一年，麦克斯韦考入了爱丁堡大学学习物理和数学。这时候，他的才华充分展露了出来。入校后不久，他就在《爱丁堡皇家学会学报》上发表了题为《滚动曲线的理论》的论文，这篇文章在爱丁堡学术领域引起了很大

名人档案
- 生卒年　1831～1879 年
- 国　籍　英国
- 出生地　爱丁堡
- 身　份　物理学家

反响，人们都想不到这篇颇有建树的论文出自一个 16 岁的少年之手。麦克斯韦善于思考，在课堂上他经常对老师讲授的内容提出质疑。一次，他指出一个老师讲的公式有错误，老师以为这个稚气未脱的大学生在故意哗众取宠，不相信他真能看出什么错误，于是带着嘲笑的口吻说："好，那咱们下课后再算一下，要是你对了，我就将这个公式称为麦克斯韦公式。"但后来一算，果然发现是自己算错了。老师诚恳地向麦克斯韦认了错，从此不得不对他刮目相看。

1850 年，麦克斯韦转入剑桥大学继续学习数学和物理。剑桥汇聚了世界顶级的物理学家和数学家，这让麦克斯韦感到十分高兴。他如饥似渴地学习老师传授的知识。为了提高自己的整体知识水平，他拼命地读书。他每天除了上课就是在图书馆，他什么书都读，一遇到自己喜欢的书就一字不落地抄下来，同学们都喊他"书痴"。一次，数学家霍普金斯来图书馆借一本深奥的数学专业书，正好麦克斯韦将书借走了。他很想知道这么深奥的书是谁在看，于是经旁人指点，来到了麦克斯韦桌旁，发现这个年轻人正在伏案摘抄。麦克斯韦的刻苦精神让霍普金斯感动了，便和他聊起了数学，结果发现这个年纪不大的学生在数学方面有着独到的见解，于是便收他做了研究生。后来麦克斯韦在剑桥又遇到了斯托克、汤姆生等名师，在他们的指导下，麦克斯韦在学业上有了很大进展。

1854 年，麦克斯韦毕业了，他留在剑桥大学三一学院做研究员。后来他对电磁学产生了浓厚的兴趣，就转向了这方面的研究。经过不断努力，他创立了经典电动力学，建立了完整的电磁理论体系，1873 年，出版电磁学集大成著作《电磁通论》，为世界近代电磁学做出了重大贡献。

名人逸事

一次，父亲在桌上摆了一瓶玫瑰花，布置好背景，教麦克斯韦学写生。父亲给他讲了一些静物写生要领后便留下麦克斯韦一个人画。一会儿小麦克斯韦画完了便拿给父亲看。父亲发现儿子画中的玫瑰花全是由几何图形拼成的：花朵是一组大小不等的椭圆；叶子是形状不一的三角形；花瓶是个梯形。父亲没有责怪他，而且从这幅与众不同的玫瑰花中隐约看出了麦克斯韦的数学天赋。从此以后，父亲便有意识地让儿子多接触一些数学知识，他经常买回许多数学书籍指导儿子阅读，还和麦克斯韦一起比赛做数学题。

麦克斯韦的实验室

麦克斯韦还有一个重要贡献，就是筹建了剑桥大学的第一个物理实验室——著名的卡文迪许实验室。该实验室对整个实验物理学的发展产生过极其重要的影响，世界上许多著名科学家都曾在这里工作过。卡文迪许实验室甚至被人们称为"诺贝尔物理学奖获得者的摇篮"。麦克斯韦的本行是理论物理学，但他却清楚地认识到实验在科学研究中的重大作用。作为实验室的筹建者和第一任主任，麦克斯韦在 1871 年的就职演说中对实验室的教学方针和研究精神做了精彩的论述，这是世界科学史上一个具有重要意义的演说。他批评了当时英国传统的"粉笔"物理学，阐述了加强实验物理学研究的紧迫性，为后世确立了实验科学精神。

设立诺贝尔奖的炸药大王——诺贝尔

名人简介

诺贝尔4岁的时候，他的父亲决定去芬兰发展，先到芬兰，后又到俄国彼得堡。8岁时，诺贝尔全家迁到了彼得堡。由于那儿没有瑞典语学校，父亲就为诺贝尔兄弟三人聘请了一位瑞典籍的家庭教师。这个家庭教师学识不凡，教给了他们英、法、俄、德诸国的语言，还经常给他们讲授科学技术方面的知识。1850年，父亲送诺贝尔到美国学习机械，两年后，诺贝尔回到俄国，在父亲的工厂里任职。父亲希望他将来做个机械师，但因为多年帮父亲研究水雷、炸药，诺贝尔的兴趣却在炸药研究上。

名人档案
- 生卒年　1833～1896年
- 国　籍　瑞典
- 出生地　斯德哥尔摩
- 身　份　科学家

1847年，意大利化学家索布雷罗发明了硝化甘油，这种甘油除了可用于医疗外，还具有爆炸性。由于无法控制硝化甘油的爆炸性，索布雷罗中断了研究。诺贝尔从中得到了启发：如果把硝化甘油和中国发明的火药混在一起，就可以制成威力强大的炸药。经过反复试验，他终于发明了硝化甘油炸药，但发现用火药引爆硝化甘油不理想。他继续埋头试验，想找到一种替代火药的引爆物。1864年9月3日，一声巨响，他的实验室爆炸了，他的5名助手，其中一个是他的弟弟，被当场炸死。诺贝尔由于当时不在现场，才得以幸免。他的父亲受此打击，悲伤过度而患病导致半身不遂。

灾难没有动摇诺贝尔攀登科学高峰的决心，他把实验室搬到了斯德哥尔摩郊区的马拉伦湖的一艘平底船上，继续工作。他发现硫酸汞对震动非常敏感，受到摩擦或撞击，能立刻引起爆炸。经过上百次的试验，他成功地研制出了理想的引爆装置——雷管。雷管发明在炸药制造中是一项重大突破，与炸药本身的发明具有同等重要的意义。1865年，诺贝尔正式建立了第一座硝化甘油工厂，并在德国汉堡等地建立了炸药公司。当时正是欧洲工业大发展的时期，开山、筑路、开矿等都需要炸药，于是订单雪片般地向诺贝尔的公司飞来。但是硝化甘油很不稳定，一受震动就容易爆炸，所以发生了多起因运输炸药而引起的爆炸事故。一次，满载硝化甘油的"欧罗巴"号轮船在大西洋航行时，因为遭遇大风浪，颠簸得很厉害，引起了硝化甘油的爆炸，

在实验室工作的诺贝尔
他所发明的先进炸药既为人类带来了福音，也给人类带来了灾难。

船上的一切都葬身大海。最后，各国政府严令禁止运输诺贝尔炸药。

诺贝尔再一次面临严峻考验，他继续攀登，决心解决炸药的安全运输问题。经过数不清的挫折和失败，他终于先后发明了黄色炸药、胶质炸药、无烟炸药，一种比一种先进。

诺贝尔一生共获得 255 项专利权，其中 129 项和炸药有关。他把工厂开到了英、美、法、俄、意、德等十几个国家，成为当时世界上的大富翁之一。他终生未婚，没有子女。1895 年 11 月 27 日，他留下遗嘱，将 920 万美元的遗产作为基金存入银行，每年将基金的利息奖给世界上对和平、文学、物理、化学、生理和医学做出贡献的人，这就是闻名世界的诺贝尔奖（1968 年设立了诺贝尔经济学奖）。

1896 年 12 月 10 日，诺贝尔与世长辞，享年 63 岁。

名人逸事

诺贝尔虽然是一个自然科学家，但他从小喜欢文学，尤其崇拜英国的浪漫主义诗人雪莱。他的不少诗文，在语言运用和艺术风格上，与雪莱的风格相仿。他还写过一些小说和剧本，如《兄弟与姊妹》《专利细菌》等。正因如此，诺贝尔设立了文学奖。

元素周期律的发现者——门捷列夫

名人简介

门捷列夫，俄国著名化学家、物理学家。1850 年进入圣彼得堡师范学院学习。1857 年任教于圣彼得堡大学化学系。1860 年发现"气体的临界温度"，提出"液体热膨胀的经验式"。1863 年提出"溶液的水合物"学说，奠定近代溶液学说基础。1869 年发现化学元素周期律，并写成《化学原理》一书。

1834 年，门捷列夫出生在俄国西伯利亚托博尔斯克市。父亲思想进步、学识渊博，是一所中学的校长。母亲是一个善良而坚强的劳动妇女。家里共有 11 个孩子，门捷列夫最小。众多的孩子对父母来说是一个沉重的负担，但更为不幸的是，门捷列夫几个月大的时候，父亲患白内障而双目失明了。父亲不能工作，本来生活就很拮据的家庭陷入了困境。为了维持全家人的生活，母亲将家搬到了离市区很远的一个小村庄。在那里母亲接管了她兄弟的一个将要倒闭的小玻璃厂。由于母亲善于经营，玻璃厂生意渐渐好了起来，家里慢慢渡过了难关。

门捷列夫从小就聪明好学，父母很早就开始教他认字了，小门捷列夫总是能很快就掌握父母教给的东

门捷列夫像

名人档案
- 生卒年 1834～1907年
- 国　籍　俄国
- 出生地　托博尔斯克市
- 身　份　化学家／物理学家

西。7岁的时候，门捷列夫看到哥哥姐姐每天都上学特别羡慕，便吵着也要上学。但当地农村规定儿童9岁才能入学。父母有心培养门捷列夫，便三番五次找学校协商。校长终于答应了，但同时强调如果小门捷列夫的成绩不理想的话，就必须重读一年。终于能上学了，小门捷列夫也很高兴。他学习十分努力，听老师讲课特别用心，放学回家后总是一个人安安静静地学习。一个学期下来，小门捷列夫每科成绩都是班里最好的，这让父母感到十分欣慰。

从小学到中学，门捷列夫的成绩都特别好，他的理科成绩尤其突出。老师们十分喜欢这个聪明好学的学生，对他都格外用心培养。小门捷列夫也暗暗下决心一定不辜负父母和老师的期望。但不幸的事又发生了，13岁的时候，父亲和能干的大姐相继去世。也是在这一年，母亲经营的玻璃厂因遭遇了一场大火而倒闭，一家人的生活再度陷入了极度困难中。面对家里接踵而来的灾难，本来就很懂事的门捷列夫变得更加成熟。他每天放学后都早早地回家帮母亲到地里干活，为了不影响学习，他总是一边吃饭一边看书，而且每天晚上都看书到很晚。

16岁那一年，门捷列夫以优异的成绩从中学毕业。为了让儿子能继续读书，母亲变卖了家里所有值钱的东西，带儿子来到了圣彼得堡。经过几番周折，门捷列夫进了圣彼得堡师范学院理化系进行学习。在这里他遇到了老师奥斯克列辛斯基——当时俄国著名的化学家。奥斯克列辛斯基很欣赏才思敏捷的门捷列夫，十分用心培养他。门捷列夫很快迷上了化学。他经常到老师家请教化学知识，在老师的指导下，他阅读了大量化学方面的书籍，积累了丰富的专业知识。

大学毕业后，门捷列夫在一所中学里担任化学教师。一年后门捷列夫以出色的成绩通过了圣彼得堡大学的硕士考试。23岁时，门捷列夫成为了俄国第一校——圣彼得堡大学最年轻的副教授。从此，门捷列夫便将自己全部的精力都投入到化学教学和研究中。

门捷列夫生活的年代，人们已经发现了63种化学元素。但对于这些化学元素之间的内在联系人们还没有太多的研究，门捷列夫决心找出元素之间的规律。他每天除了正常的教学工作外，便是扎在他小小的实验室里刻苦钻研。他还自制了一套元素卡片，一有闲暇的时间，便摊开来研究。然而科学的道路是十分艰难的，起初门捷列夫并没有什么成果，许多人都劝他不要再浪费时间了，有的人甚至还当面讥讽他是异想天开。面对别人的嘲笑，门捷列夫没有动摇，他坚信自己一定能成功。

功夫不负有心人，经过10年的研究，门捷列夫终于找出了63种化学元素之间的规律。1869年3月，他向科学界发表了化学元素周期律的报告，并预测了3种未知元素的性质，这个发现引起了全

名言佳句

没有比时间更容易虚掷，更值得珍惜的事，倘若没有时间，我们在世上将一事无成。

世界的轰动。门捷列夫通过不懈的努力终于获得了成功，他的伟大发现开辟了化学的新时代。

名人逸事

门捷列夫发现"元素周期律"后，一次，一位记者采访他："请问先生，听说元素周期律是你在玩牌的时候发现的，是这样吗？"门捷列夫哈哈大笑："哪有这样的美事？为了它我整整花了10年的时间。""好多人都说你是天才，你觉得是这样吗？""天才嘛，对我来说，终生努力便是天才。"

自学成才的短篇小说大师——马克·吐温

名人简介

马克·吐温原名塞缪尔·朗赫恩·克莱门斯，马克·吐温是他的笔名。他是美国批判现实主义文学的奠基人、世界著名的短篇小说大师。1835年出生于美国密苏里州一个名为佛罗里达的偏僻小镇。父亲是当地法院的书记官，读过许多书。母亲是一个乐观开朗的人，很喜欢给孩子们讲故事。马克·吐温很小就从母亲那里听来许多好听的故事。他记忆力特别好，只要母亲讲过的故事他都能从头到尾记下来，小马克·吐温的脑袋里有形形色色的故事。他还喜欢把故事讲给别人听，而且总能在母亲讲的故事的基础上，加上自己的理解讲出来。他讲故事时慢条斯理、表情丰富，总是逗得周围的人捧腹大笑。

马克·吐温4岁半时，看到哥哥每天都上学读书很羡慕。在他的请求下，母亲便让他和哥哥一起上学读书。小马克·吐温特别爱学习，他总是认真听课，放学后便和哥哥一起写作业，很快他便可以读书写字了。年龄稍大一些，学校的课程已经不能满足马克·吐温的求知欲了。于是一有时间他便钻进爸爸的书房找书看。他看书特别入迷，在屋里一钻就是一天，时间长了就有了"小书迷"的绰号。

12岁时不幸的事情发生了，父亲得了一场重病去世了。家里没有了经济来源，马克·吐温只好恋恋不舍地离开了学校去挣钱。他先是到当地一个印刷厂做学徒，学徒的生活对于未成年的马克·吐温来说非常辛苦。他每天要搬着一大堆沉重的报纸挨家挨户去分发，老板还特别吝啬，总是克扣学徒工的伙食。由于长期的劳累和吃不饱，马克·吐温特别瘦弱。马克·吐温小小年纪便尝尽了人世的辛酸。在这样艰难枯燥的

马克·吐温像

生活中，马克·吐温唯一的乐趣便是读书。每天做完工，和他一块儿的工人们都出去喝酒了，他却总是一个人待在房间里看书，在马克·吐温看来书有着无穷的乐趣。

名人档案	
生卒年	1835～1910年
国　籍	美国
出生地	佛罗里达
身　份	短篇小说大师

21岁时，马克·吐温离开印刷厂又去密西西比河上做了一名船员。船员的工作要比报馆学徒轻松一些，他在这里不但有了稍微充裕的读书时间，还广泛地接触了社会。这段时间里，他漂流在大河上下，结识了许多水手、猎户、移民，认识了密西西比河沿岸各州的许多种植园主和农场主，遇到过许多离奇的事情。这些都为马克·吐温后来的创作提供了丰富的素材。马克·吐温在这段时间还读了大量的书籍，他阅读面十分广，包括文学、天文、地理各方面的书刊。读的书多了，渐渐地马克·吐温萌发了创作的念头。他开始写一些通讯和幽默小品，投在内华达州的《事业报》上，他的文章一发表，便受到了读者的欢迎。

1862年，27岁的马克·吐温被聘为《事业报》的专职记者，从此马克·吐温找到了自己的人生方向。他每天四处采访，收集了大量的材料写成文字，真正开始了文学创作的道路。马克·吐温写作十分投入，为了完成一篇小说他经常整夜不睡，有时为了写成一部作品他将自己关在屋里很多天。他的一生写了许多优秀作品，如《卡拉韦拉斯县驰名的跳蛙》《哈克贝利·费恩历险记》《汤姆·索亚历险记》《王子与贫儿》《百万英镑》《镀金时代》《竞选州长》等，这些作品受到了世界各国人民的喜爱。

名人逸事

马克·吐温有一次看书的时候，实在太累了，便不知不觉趴在桌子上睡着了。天亮时该去做工了，和他一起的伙伴便喊他："克莱门斯，快起来！"还在睡梦中的马克·吐温便迷迷糊糊地答道："你们先睡吧，我还得看会儿书才睡呢！""唉，真是个书呆子，天都亮了，该干活了，还看什么书。"马克·吐温喜欢读书在工人中是有名的。许多人看他整天捧着书看这么辛苦，于是对他说："像咱们这样的穷人，是上天安排下来过苦日子的，你又何必这么苦自己呢，能有什么结果呢？还不如和我们一样出去喝酒呢。"一些人甚至讥讽马克·吐温说："还想做有学问的人，简直是在做白日梦。"但马克·吐温从不理会这样的话，因为他读书不是为了名利，而是为了从书中探索无穷无尽的奥秘。

名言佳句

不要放弃你的幻想。当幻想没有了以后，你还可以生存，但是你虽生犹死。

你要选择正道而行，不论人家喜不喜欢你，你都要去做。

名人作品欣赏

我想，要我到这里来讲话，并不是因为把我看作一位教育专家。如果是那样，就会显得在你们方面缺少卓越的判断，并且仿佛是要提醒我别忘记了我自己的弱点。

我坐在这里思忖着，终于想到了我

> **《汤姆·索亚历险记》**
>
> 长篇小说《汤姆·索亚历险记》完成于1876年，是马克·吐温最具代表性的作品之一。小说主人公汤姆·索亚是个天真活泼的孩子，一天他约伙伴哈克夜间去坟场玩耍，目睹伊江杀人的经过。经过激烈的思想斗争，汤姆·索亚揭发了伊江的罪恶行径。伊江企图杀害汤姆，结果失足坠入深谷而死。汤姆和哈克发现了伊江埋的一箱金子，两人平分，都成了富翁。小说运用幽默手法讽刺了当时美国的社会陋俗，鞭挞了社会上的一些丑恶现象。

所以被邀请到这里来，是有两个原因。一个原因是让我这个曾在大洋之上漂流的不幸的旅客懂得一点你们这个团体的性质与规模，让我懂得，世界上除了我以外，还有别的一些人正在做有益于社会的事，从而对我有所启迪。另一个原因是你们之所以邀请我，是为了通过对照来告诉我，教育如果得法，会有多大的成效。

尊敬的主席先生刚才说，曾在巴黎博览会上获得赞扬的有关学校的图片已经送往我国，俄国政府对此深表感谢——这对我来说，倒是非常诧异的事。因为还只是一个钟点以前，我在报上读到一段新闻，一开头便说："俄国准备实行节约。"我倒是没有料到会有这样的事。我当即想，要是俄国实行了节约，能把眼下派到满洲去的3万军队召回国，让他们在和平生活中安居乐业，那对俄国来说是多大的好事。

我还想，这也是德国应该毫不拖延地干的事，法国以及其他在中国派有军队的国家都该跟着干。

为什么不让中国摆脱那些外国人，他们尽在她的土地上捣乱。如果他们都能回到老家去，中国这个国家将是中国人多么美好的地方啊！即然我们并不准许中国人到我们这儿来，我愿郑重声明：让中国自己去决定，哪些人可以到他们那里去，那便是谢天谢地的事了。

外国人不需要中国人，中国人也不需要外国人。在这一点上，我任何时候都是和义和团站在一起的，义和团是爱国者。他们爱他们自己的国家胜过爱别的民族的国家。我祝愿他们成功。义和团主张要把我们赶出他们的国家。我也是义和团，因为我也主张把他们赶出我们的国家。

我把俄国电讯再看了一下，这样，我对世界和平的梦想便消失了。电讯上说，保持军队所需的巨额费用使得节约非实行不可，因而政府决定，为了维持这个军队，便必须削减公立学校的经费。而我们则认为，国家的伟大来自公立学校。试看历史怎样在全世界范围内重演，这是多么奇怪。我记得，当我还是密西西比河上一个小孩子的时候，曾有同样的事发生过。有一个镇子也曾主张停办公立学校，因为那太费钱了。有一位老农站出来说了话，说他们要是把学校停办的话，他们不会省下什么钱，因为每关闭一所学校，就得多修造一座牢狱。

这如同把一条狗身上的尾巴用作饲料来喂养这条狗，它肥不了。我看，支持学校要比支持监狱强。

你们这个协会的活动，和沙皇和他的全体臣民比起来，显得具有更高的智慧。这倒不是过奖的话，而是说的我的心里话。

——《我也是义和团》

弹奏命运强音的音乐天才——柴科夫斯基

名人简介

柴科夫斯基生于俄罗斯卡玛河畔的沃特金斯克市。父亲是当地有名的矿山工程师，在当地官办金矿当厂长。母亲受过良好的教育，酷爱音乐。小柴科夫斯基是听着母亲的歌声长大的。每天晚饭后，母亲还会为家人用钢琴弹奏上一首美妙的曲子。每当这时候，小柴科夫斯基总是站在一旁静静地听。柴科夫斯基从母亲那里秉承了很高的音乐天赋，4岁的时候，他便能弹出流畅的曲子了。

5岁那年，母亲给小柴科夫斯基请了一位钢琴教师。有了老师的指导，小柴科夫斯基练琴更刻苦了。他常常在钢琴前一坐就是半天，总是到了吃饭时间，哥哥将他从琴房里拉出来。柴科夫斯基在音乐的海洋中如鱼得水，不到三年功夫，他就和那位年轻的老师弹得一样好了。

柴科夫斯基8岁那一年，全家搬到了彼得堡。这样一来，家庭教师只好重新找。后来，热情洋溢的拉娜妮娅成了柴科夫斯基的音乐教师，拉娜妮娅不仅琴弹得好，还非常善于引导学生。上了一段时间课后，拉娜妮娅发现小柴科夫斯基虽然练琴比较刻苦，但他情绪却不太稳定：有了进步后，他会显得骄傲；有时候练琴不顺，他会急躁、沮丧。这对于一个学音乐的人来说，是个非常大的缺点。为了使柴科夫斯基有一个好的心态，拉娜妮娅老师便利用练琴休息时间，给柴科夫斯基介绍世界上著名音乐家的奋斗故事。失聪的贝多芬、生活贫困的舒伯特、流落异乡的肖邦……这些人对小柴科夫斯基启发非常大。渐渐地，小柴科夫斯基心态平和了，他练起琴来更加用心了。这期间，柴科夫斯基的弹奏水平有了很大的提高。母亲有许多懂音乐的朋友，他们经常来家做客。他们听了柴科夫斯基的弹奏，都为他小小年纪竟然有如此高的弹奏水平而惊叹不已。

然而，父亲却并不打算让柴科夫斯基在音乐上发展。他认为音乐可以增加生活情趣，孩子们学学倒没有坏处，但靠音乐谋生会是很艰难的事。12岁那年，父亲送柴科夫斯基进了圣彼得堡法律学校。圣彼得堡法律学校专门为沙皇司法部门培养官吏，学校制度非常严格，柴科夫斯基在这里感觉非常压抑。枯燥的生活中，柴科夫斯基最大的乐趣，就是下午放学后到学校附近的大歌剧院听音乐。他对音乐到了痴迷的程度，一听到音乐就忘了一切。好几次，他都因为听音乐忘记了时间，晚上被锁在学校外边。

在柴科夫斯基读三年级的时候，学校开了钢琴课。柴科夫斯基高兴极了，上第一堂课时，还不到上课时间，柴科夫斯基便冲进了琴房忘情地弹起来。

"真好听，真是个音乐天才。""嗯，比我在

名人档案

- 生卒年　1840～1893年
- 国　籍　俄国
- 出生地　沃特金斯克市
- 身　份　音乐家

歌剧院听的曲子都好听。"……同学们小声地赞叹着。钢琴老师克斯丁格尔听到美妙的音乐也来到琴房。看到学生中有这样的音乐天才，他非常激动。从那以后，他便格外留意对柴科夫斯基进行培养。这期间柴科夫斯基开始尝试作曲，著名的《献给安娜丝塔莎小姐圆舞曲》就是在这个时间创作的。

名言佳句

不是血肉的联系，而是情和精神的相通，使一个人有权利去援助另一个人。

1859 年，19 岁的柴科夫斯基从法律学校毕业，他进了圣彼得堡司法部任一等文书。在好多人眼里，这是个稳定而且体面的工作。然而，柴科夫斯基却提不起兴趣来。他不爱巴结领导，从不参加同事们的应酬活动。每天下班后便躲在自己的房间里弹琴、写曲子。这期间，他又重新研究了莫扎特、贝多芬、格林卡等大音乐家的作品，整体水平上又有了一个大的提高。

这段时间内，柴科夫斯基非常迷茫，他不喜欢当时的工作，也不知道自己的人生方向在哪里。平淡乏味的生活中，音乐成了他唯一的精神寄托。1862 年，柴科夫斯基创作了自己第一部出版乐曲《夜半：浪漫曲，女高音曲或男高音独唱，钢琴伴奏》，这首曲子受到了音乐界的好评。柴科夫斯基很受鼓舞。经过再三考虑，他决定放弃司法部的工作，在音乐道路上发展。他将这个想法告诉了家人和朋友，他们都不赞成柴科夫斯基放弃安稳的工作。哥哥尼古拉甚至认为，弟弟要走音乐之路是"有损尊严"，并且挖苦他说："想成为第二个格林卡，那是不可能的。"面对这样的情况，柴科夫斯基没有退缩。这年 7 月，他毅然辞去了司法部工作，报考了圣彼得堡音乐学院，并顺利通过了考试。

从此，柴科夫斯基便将自己的全部身心投入到了音乐学习和创作中，后来终于成为一个伟大的音乐家。他的代表作品有《天鹅湖》《睡美人》《如歌的行板》《西班牙舞曲》《悲怆》等。

批判现实主义文学大师——左拉

名人简介

1840 年 4 月 12 日，左拉出生于法国巴黎。父亲是一位著名的工程师，早年曾负责开凿法国南部普罗旺斯省爱克斯城的一条运河。因此左拉的童年是在爱克斯城度过的。

左拉小时候非常顽皮。5 岁那一年，父母就送他上学了，然而他却不肯努力读书，总是贪玩。有一次放学后，左拉和几个小伙伴一起到野外去玩。他们将书包放在地头，就到田野间去玩了。他们逮虫子、掏鸟窝，玩得好不快活。天黑了，左拉和小伙伴们带着各自的"战利品"回家，他们玩得太高兴了，连放在地头的书包都忘了。回到家后，父亲要检查他的功课，左拉这才发现书包没有了。父亲知道他肯定是贪玩把书包都丢了，便狠狠地训了他一顿。然而左拉却根本不放在心上，还是整天到处疯跑。这时的左拉学习成绩非常差，然而在大自然中成长起来的他，却有了十分开阔的视野。

在左拉7岁的时候，不幸的事发生了。这一年，父亲由于意外事件去世了，家里一下失去了经济来源。家里的生活渐渐地变得十分艰难，他们只好靠外祖父的接济来过日子。为了生活，读过一些书的母亲，有时候不得不给别人做一些抄写工作。这突如其来的灾难，使小左拉一下成熟了不少，开始用功读书，并对文学作品产生了浓厚兴趣。

左拉像

11岁时，左拉上了中学。这时他遇到了引领他走上文学创作之路的哈利老师。哈利老师教左拉法文课，他发现小左拉的文学功底非常好，就经常给小左拉额外出一些写作题目，对左拉的习作要求也比别人严格得多。左拉深深懂得老师的良苦用心，练习写作非常刻苦。他每次写完文章都拿去让老师指点，然后再一遍遍地修改。为了使自己的文章写得更好，左拉还不断地向文学大师们学习写作。他有做读书笔记的习惯，一遇到好的文章便摘录下来，他的小书柜中装满了一本本的读书笔记。经过不懈的努力，左拉的写作水平有了很大的提高。后来，他开始向报纸杂志投稿，中学期间他便发表了许多文章。

1857年，17岁的左拉中学毕业。因为家里实在太穷了，他没能上大学继续深造，便随外祖父来到巴黎谋生。这期间他做过杂货店的伙计、面包房工人、船员，日子过得非常艰辛。

名人档案
- 生卒年　1840～1902年
- 国　籍　法国
- 出生地　巴黎
- 身　份　作家

后来，经人介绍，左拉到巴黎较有名气的阿晒特书局当了一名打包工人，专门为顾客包扎图书。左拉非常满意书局的工作，因为这份工作不但使他有了阅读最新图书的机会，还让他认识了一些文学界的人士。他经常去拜访他们，向他们请教写作知识和经验。这期间，左拉开始了小说的创作。1864年，他出版了中短篇小说集《给妮侬的故事》，次年又出版了长篇小说《克洛德的忏悔》，这两本书很受读者欢迎。从那以后，左拉便成为了法国文学界备受关注的人物。

然而左拉并没有满足于已经取得的成绩，他知道要想成为一流的作家，必须得有自己独特的创作思路。于是，他不断地研究心理学、生理学、遗传学等多方面的著作，并深入社会生活中去搜集写作素材，后来左拉提出了一种新的文艺创作理论——自然主义文学理论。此后，他按照自己的创作思想，花了25年的时间，完成了文学巨著《鲁贡玛卡家族》。这本书在世界文学史上具有深远的影响，左拉也因此成为一代文学大师。他的其他主要作品还有《土地》《羞耻》《泰蕾丝·拉甘》《娜娜》等。

名人逸事

一天晚上，左拉一觉醒来看见母亲还伏在桌子上抄写东西，便说："妈妈，这么晚了该睡觉了。"母亲抬起头对左拉说："孩子，妈妈要干活挣钱哪，总不能老靠着外祖父生活吧。"

"那我不上学了，也去干活帮你挣钱吧，妈妈。"

"孩子，你不上学没有文化能干什么活呢？你要真想帮妈妈，就好好读书吧。"

听了母亲的话，左拉暗暗下决心一定要好好读书，不辜负母亲的期望。从那以后，左拉变得爱学习了。他不再到处疯玩，一放学便回家好好复习功课。他的成绩慢慢赶了上去，还经常受到老师的表扬。左拉学习更加认真了。

渐渐地，课本上的知识已经不能满足左拉的求知欲。他开始自己找课外书看。左拉最喜欢文学作品，他利用课下时间读了巴尔扎克、雨果、莎士比亚等许多文学大师的著作。他发现这些书有着无穷的魅力。

法国雕塑大师——罗丹

名人简介

1840年11月12日，罗丹出生在巴黎一个职员家庭。他的父亲是一名警务信使，母亲是穷苦的平民妇女。小时候的罗丹很调皮，功课很糟糕，不过对绘画和雕塑有特别的兴趣。这得到他的姐姐玛丽的支持，父亲于是把他送进巴黎美术工艺学校。玛丽用自己的工钱供他生活，因此罗丹从小就深深地敬爱他的姐姐。

名人档案
- 生卒年　1840～1917年
- 国　籍　法国
- 出生地　巴黎
- 身　份　艺术家

从14岁开始，罗丹跟随荷拉斯·勒考克学画。勒考克是一名普通的美术教员，他鼓励罗丹忠实于真正的艺术感觉，而不要遵循学院派的教条。这影响了罗丹的一生。学习期间，罗丹常去卢浮宫临摹大师的名画。罗丹转入雕塑班学习并从此爱上了雕塑。勒考克又介绍罗丹向著名的动物雕塑家巴椰学习，在巴椰的训练下，罗丹打下了良好的基础。经过三年学习，踌躇满志的罗丹准备投考巴黎美术学院。但是，头两年，他都落选了。更意外的是第三年，一个老迈的主持人在罗丹的名字旁边干脆写上："此生毫无才能，继续报考，纯属浪费。"于是这个未来的欧洲雕刻大师，被巴黎美术学院永远拒之门外。

更大的打击还在后面。心爱的姐姐因失恋而进了修道院，两年后，她柔弱的精神和肉体承受不了失意和清寒枯索的生活，因病去世。罗丹失去姐姐的精神支持，毅然走上姐姐的路，当了一名修道士。但是，修道院院长埃玛尔劝说罗丹回到绘画与雕刻的道路上。

罗丹重新回到启蒙老师勒考克身边，

名言佳句

美是到处都有的。对于我们的眼睛，不是缺少美，而是缺少发现。

现代雕塑艺术

20世纪之后的雕塑与先前任何时期的艺术的不同之处,主要体现在两大变化上。首先,它几乎完全抛弃了文艺复兴以来在西方雕塑中占领导地位的、强调自然主义的希腊—罗马式传统。这无异为多样化的雕塑表现手法敞开了大门。其次,雕塑艺术在具象艺术之外,扩展到非具象艺术(抽象或非客观造型)。从旧石器时代一直到20世纪初,雕塑一直是一门表象艺术,以人的形体或动物作为主题。而现代雕塑家视雕塑为完整的三度空间表现形式,就像音乐一样,并不须要以自然界中的任何事物为出发点。

现代著名的雕塑艺术家除了文中提到的罗丹及其两名学生外,还有法国的德加、佩夫斯奈、巴托迪,意大利的罗索、比丘尼,德国莱布鲁克、巴拉齐,俄国的阿基本科,瑞士的贾科梅蒂,英国的亨利·摩尔,美国的考尔德、史密斯等。

在老师的帮助下,他边工作边自学。贫困的他雇不起模特儿,就请一个塌鼻的乞丐给他当模特儿。在乞丐的脸上,罗丹看到了人类的愁苦和凄凉。随后,他去比利时布鲁塞尔生活了5年,在那里学习创作装饰雕塑。1875年,罗丹去意大利参观了许多米开朗琪罗的作品,深受启发,深刻理解了现实主义。

罗丹的代表作有《青铜时代》《思想者》《雨果》《加莱义民》和《巴尔扎克》等,这些作品一发表,就受到当时法国学院派的抨击。当时,罗丹负责《地狱之门》的设计,这座雕像群由186件雕塑构成,但因为最初完成的《思想者》《吻》《夏娃》等受到了强烈的批判,政府停止了他的雕塑计划。

《思想者》被誉为罗丹艺术人生的里程碑,这座圆雕预定放在《地狱之门》的门顶上。但是,因为《地狱之门》并没有完成,所以这座圆雕后来被独立出来,放大了3倍。这是一座青铜雕塑,规格为198×129.5×134厘米,创作于1880～1900年,现收藏于巴黎罗丹美术馆。塑像雕刻了一个巨人弯着腰,屈着膝,左手托着下颌,向下默视。他深沉的目光以及拳头触及嘴唇的姿态展现出内心极度痛苦。他似乎陷入了一种绝对的冥想之中,全神贯注,思考着人类的历史、现在,以及未来的痛苦。这些痛苦也表现在他的表情上。

罗丹一生都在不知疲倦的创作中度过,这很像他所尊敬的米开朗琪罗。1917年1月29日,他与同居了50多年的罗斯走进了结婚的礼堂。两周后,罗斯在严寒中冻死,同年11月18日,罗丹也痛苦而死。在他和罗斯的墓碑前伫立着《思想者》。

罗丹是欧洲雕塑史上古典主义时期的最后一位雕刻家,又是现代主义时期第一位雕刻家。罗丹和他的两个学生马约尔和布德尔被誉为欧洲现代雕刻的"三大支柱"。他对古典时期的终结与对现代艺术的开启,使他无愧为米开朗琪罗之后的雕塑大师。

《思想者》
《思想者》是罗丹最重要的作品之一,现收藏于巴黎罗丹美术馆。

X射线的发现者——伦琴

名人简介

伦琴很小就随父母从莱茵河畔来到荷兰的大城市乌得勒支，他在那里接受了小学和中学教育。伦琴小时候喜欢运动，动手能力强，有点淘气，在学校学习成绩中等。有一次，他为了祖护朋友，引起老师的误解，被勒令退学，因而并没有拿到中学毕业证书。1865年，伦琴考上瑞士苏黎世工业学院，在那里结识了别鲁塔。1869年，伦琴大学毕业后，做了老师孔特教授的助手。1871年，伦琴和别鲁塔结婚。

名人档案	
生卒年	1845～1923年
国　籍	德国
出生地	伦内普
身　份	科学家

伦琴很快就取得了研究成果。他在1874年任斯特拉斯堡大学的讲师，以后又当上了教授，在那里和孔特教授用自制的测定装置进行研究，明确了"光"和"磁"的关系。1879年，他受聘为德国吉森大学的物理学教授并主持物理实验室工作。这时的伦琴已经成为了德国物理学界的权威人士，他在法拉第之后证明了被后人称道的"伦琴电流"。

1894年，伦琴出任维尔茨堡大学校长，并开始研究阴极射线。在此过程中，他发现了X射线。早在1861年，英国科学家威廉·克鲁克斯就发现通电的阴极射线管有放电产生的光线，于是就把它拍下来。可是显影后发现整张干版上什么也没照上，一片模糊。他又重复几次，依然如故，最终与一个伟大的发现失之交臂。1895年，伦琴也发现了这个现象，在连续7天的试验后，他用黑纸把阴极射线管严密地包起来，屋子里漆黑一片，他发现电流通过时，两米外的荧光板上发着光。在断电之后，荧光随即消失。伦琴预感到这是一种看不见的射线，它能穿过纸和铝等密度小的物质，但不能穿过像铅那样密度大的物质。而当他把手伸到电极管和荧光板之间时，竟然在荧光板上看到了骨骼的影像。伦琴把这种新发现的射线叫作X射线，在12月28日向德国维尔茨堡物理学医学学会递交了他的《论一种新的射线——X射线的初步报告》一文，并出示了X射线的相片。伦琴的这一发现立即轰动了整个世界。德皇威廉二世随即接见了伦琴，并授予他二等普鲁士王冠勋章。

利用X射线，人们可以发现肌体内部隐藏的病患，及时得到医护。此图反映的是伦琴正利用X射线为儿童检查身体。

伦琴品德高尚，对荣誉和金钱极为淡漠。1901年，他被授予首届诺贝尔物理学奖，在去瑞典首都斯德哥尔摩领取诺贝尔奖时，他不仅拒绝在授奖典礼上发表演讲，而且谢绝了各种盛情邀请，迅速回到德国，将奖金全部捐献给维尔茨堡大学作为科研费用。许多商人想用高价购买X射线的专利权以牟取暴利，被他一概拒绝。

伦琴的伟大发现使人们掌握了一把透视物质内部奥秘的钥匙，给科学家提供了有关原子及分子结构的大量知识，包括DNA的结构等重大发现都与X射线的应用密不可分，它在医学上的应用更是挽救了无数人的生命。1923年2月10日，伦琴与世长辞，享年78岁。人们在他发现X射线的实验室建立伦琴纪念室，纪念他为人类做出的伟大贡献。

发明大王——爱迪生

名人简介

爱迪生从小就有好奇心，对生活中的每一件事情，都喜欢寻根究底。如果大人们不能给他满意的答案，他就自己想办法解决。8岁时，爱迪生开始上学，只读了三个月的书，就被老

名人档案	
生卒年	1847～1931年
国　籍	美国
出生地	俄亥俄州的米兰镇
身　份	科学家

师以"低能儿"的理由撵出了校门。据说，爱迪生经常问一些令老师很为难的问题，比如，2加2为什么会等于4。他的问题难倒了老师，可老师教的功课，他也是一点儿不理解，只好被母亲领回了家里。

回到家以后，母亲成了爱迪生的老师。在母亲的引导下，爱迪生迷上了读书，8岁时，他已经读了莎士比亚、狄更斯的著作和许多重要的历史书籍。9岁时，他能迅速读懂难度较大的书，如帕克的《自然与实验哲学》。12岁那年，他开始在列车上卖报。他不满足于仅仅做一个报童，于是在慢车上租了一个小房间，买了一台简单的印刷机，自己编写、印刷报纸然后出售。他因此而发了一点儿小财，购买化学用品，在他火车上的工作室里做实验。有一次化学药品着了火，他的设备被列车员全部扔出窗外，而他本人也因为挨了列车员的耳光，一只耳朵被打聋。15岁那年，爱迪生在火车道旁救了一个站长的小孩，为表示感谢，那个站长把铁路电报技术教给了他，并推荐他在铁路公司当电报生。爱迪生从此走上了新的人生旅途。

1869年，爱迪生来到纽约，靠自己娴熟的技术在一家通讯所找到了管理电报机的工作。不久，他就发明了一种新式电报机。他的这一发明极大促进了现代电报业的发展，"青年发明家爱迪生"的美名也迅速传遍全国。这年，他才26岁。1876年，爱迪生在纽约附近的门罗公园创立了一所大规模的实验工厂。他改进了贝尔发明的电话，使之投入实际使用；他先后发明了留声机、电灯、电影放映机等，他的公司在1903年摄制了第一部故事片《列车抢劫》。以后，爱迪生创办了许多商业性公司，这些公司后来合并为爱迪生通用电气公司，后又称为通用电气公司。他又发明了碱性电池、有声电影，找到了化工新材料橡胶。从1896年到

> **爱迪生的研究室**
>
> 爱迪生在美国新泽西曼娄公园建立了一个研究室。在这个研究室里，爱迪生聘用了一大批有才干的助手，他们之间相互协作，形成一个分工合作的整体，研究室有着惊人的工作效率。后来许多工业公司老板纷纷效仿爱迪生的做法，在自己的公司内建立了大型的研究室，使公司的整体效益有了很大提高。新泽西曼娄公园的研究室是爱迪生的一项重要的发明，它虽然不像爱迪生的科学发明一样可以获得专利权，但一样有着重要意义。

1910年的41年间，爱迪生一共获得了1328种发明专利，平均每10天就有一项新发明问世。

1931年10月18日，爱迪生因病逝世，享年84岁。

名人逸事

儿时的爱迪生就非常喜欢思考问题。一次，他看到鸟儿在天空中展翅高飞，非常羡慕，可人没有翅膀。他想，可是气球也没翅膀，靠气体也能飞上天。若是人的肚子里充满气，不也可以飞起来吗？不久，他测验发现一种药剂遇水可以反应生成大量气体。于是，他就劝说邻居家的小孩吉米利吞服这种药剂试一试。吉米利很听他的话，就照着做了。没想到，刚过一会儿小吉米利肚胀得厉害，疼得满地翻滚。爱迪生赶紧请来医生，才不至于闯下大祸。但他却说："要是吉米利再多忍耐一会儿，也许实验就会成功。"

世界生理学"无冕之王"——巴甫洛夫

名人简介

巴甫洛夫，俄国生理学家、心理学家、高级神经活动学说的创始人。1870年进入圣彼得堡大学。1875年考入军事医学院。1883年获医学博士学位。1904年因在消化腺生理学研究上的卓越贡献而获诺贝尔奖。1927年，公布条件反射研究成果，引起世界生物界的轰动。主要著作有《心脏的传出神经》《主要消化腺机能讲义》《消化腺作用》《动物高级神经活动（行为）客观研究20年经验：条件反射》《大脑两半球机能讲义》。

巴甫洛夫像

1849年，巴甫洛夫生于俄国中部的梁赞城郊一个贫穷的农民家庭。父亲是一名传教士，母亲靠给别人打杂工挣些零用钱。巴甫洛夫兄弟姐妹共10个，他是家中的老大，一家人生活得十分艰辛。但父亲却是一个十分乐观的人，他经常带领孩子们在田地里除草施肥，一边劳动一边给他们讲故事、教他们唱歌。这样的童年养成了巴甫洛夫勤劳朴实的品质，对他以后的人生起到十分重要的作用。

巴甫洛夫家里有一个破旧的大书架，里面装满了书。这些书都是父亲省吃俭用，挤出钱买来的。父亲虽然是一名传教士，却非常喜欢非宗教方面的书刊。他的书内容十分丰富，包括自然、文学、历史、哲学各方面的书。巴甫洛夫从小就聪明好学，父亲看书的时候，他总是缠着父亲给他讲书上的内容。于是，父亲便开始教他认字，小巴甫洛夫记忆力超群，几乎不费什么劲儿就能学会。渐渐地他认的字多了，便开始自己翻书看。小巴甫洛夫对自然科学的书特别感兴趣，在父亲这个破书架前，他接触了大量的自然科学知识。

名人档案	
生卒年	1849～1936年
国　籍	俄国
出生地	梁赞
身　份	生理学家／心理学家

7岁的时候，巴甫洛夫上了小学。他的成绩特别突出，总能以最快的速度掌握老师讲的知识。随着年龄的增长，巴甫洛夫的求知欲越来越强，他开始向老师借书看。巴甫洛夫的数学老师有许多自然科学方面的书籍，他很乐意将自己的书借给勤奋好学的巴甫洛夫。巴甫洛夫读的书多了，慢慢的便有了自己的思想。大自然实在是太神奇了，那么上帝又是怎么回事呢？巴甫洛夫总是在思考这样的问题。

中学的时候，巴甫洛夫上的是教会中学。教会中学有很多神学课程，巴甫洛夫对这些一点也不感兴趣。每当上神学课的时候，他都会偷偷地跑出去，到学校附近的图书馆去看书。在这里他看了大量生理学书籍，弄懂了许多生理知识，比如，动物的睡眠规律、人心脏跳动情况等。他对这些书太痴迷了，为了能随时翻看，他经常将一些书一字不落地抄下来。他学的知识越多，当生理学家的想法越坚定。还未从教会中学毕业，巴甫洛夫就考入了圣彼得堡大学数理系的生物学部。由于家里穷，巴甫洛夫的大学生活过得十分清苦。但他学习十分勤奋，每个学期都能拿到学校的最高奖学金，而这些奖学金他全都用来买了书。

从圣彼得堡大学毕业后，巴甫洛夫又以优异的成绩考入俄国军事医学院继续深造，1883年，巴甫洛夫获得了博士学位，后他又去德国留学了两年。这期间他对生理学已经有了很深入的研究，他发表的论文常得到国内外专家的好评。1885年巴甫洛夫回国后，受聘在俄国著名临床医师波特金教授的实验室工作，从此他便将全部的心血都用在了生理学研究上。他常常用自己有限的收入买一些实验用的动物和设备。有一段时间为了节省开支，他不得不将新婚妻子送到乡下姐姐家居住，自己就借住在实验室。这样倒方便了他搞研究，他一天除了睡觉的时间，全都用在了实验上。实验室领导见他这么辛苦，便特批给他一些补助资金，但他第二天就用这笔钱买了实验器材。正是这种忘我的精神，使巴甫洛夫在科学研究上取得了许多惊人的成就。

巴甫洛夫一生为世界生理学做出了许多重大贡献，他创立了震惊世界的条件反射学说，发明了许多生理学研究的实验方法，为现代生理学奠定了重要基础，被人们称为"世界生理学的无冕之王"。

名人逸事

一次，巴甫洛夫随父亲到一个农民家，替一个危重病人做临终祈祷。回家后，巴甫洛夫想起那个病人痛苦绝望的样子，便担心地问："爸爸，那个人会好起来吗？""那个人的病很难治好，但我的祈祷能挽救他的灵魂。""那灵魂在哪里？"巴甫洛夫一本正经地问。"在上帝手里。""爸爸，那人就是上帝创造的了？"巴甫洛夫若有所思地问父亲。"对，孩子，《圣经》上都是这样说的。""可是，爸爸，那么上帝为什么总爱让人生病，不让大家身体健康一些呢？"父亲被小巴甫洛夫问愣了，笑着说："孩子，那你好好读书，长大后把这些事情弄清楚吧。""嗯，我在老师那里看过许多生理学方面的书，爸爸，我长大了要当个生理学家，让人们变得更健康！"从此以后，巴甫洛夫对生理学知识产生了强烈兴趣，他总是想方设法借这方面的书看。

名言佳句

科学要求人们有最大的紧张和高度的热情。

世界短篇小说巨匠——莫泊桑

名人简介

莫泊桑，法国优秀批判现实主义作家。从小痴迷于文学，中学时随卢昂著名诗人路易·步耶学习写作。19世纪70年代师从著名作家福楼拜学习。一生创作了300多篇短篇小说、6部长篇小说、3部游记和大量的文艺随笔。短篇小说代表作有《羊脂球》《一家人》《项链》《我的叔叔于勒》等，长篇小说代表作有《一生》《漂亮朋友》等。

1850年，莫泊桑出生于法国诺曼底省狄埃卜市一个没落贵族的家中。从莫泊桑记事起，父母的关系就很不好，后来两人分居了，小莫泊桑便跟随母亲到了海边的一个乡村生活。莫泊桑的母亲读过很多书，十分爱好文学，她总是给小莫泊桑讲好听的童话故事、神话传说。在母亲的启发下，莫泊桑从小就对文学产生了浓厚的兴趣。莫泊桑稍大一些时，母亲便开始教他认字。莫泊桑记忆力非常好，母亲教过的东西他总是很快就能学会。6岁的时候，莫泊桑便掌握了大量的字，可以通读很长的文章，这让大人们感到很吃惊。莫泊桑总爱到母亲的书房找书看，他非常喜欢看文学著作，挺厚的一本书他都能耐心地读完。开始时，母亲以为他只是翻翻而已，并不一定能读懂，但当他读完一本书，母亲提问他时，他却能说出书的大概内容。

10岁的时候，莫泊桑进了一所修道院读书。莫泊桑不喜欢修道院里枯燥的课程，便把大部分时间都用在读课外书上。他什么书都看，尤其喜欢文学作品。这段时间，他读了莎士比亚、雨果、

莫泊桑像

名人档案
- 生卒年　1850～1893年
- 国　籍　法国
- 出生地　诺曼底省狄埃卜市
- 身　份　文学家

狄更斯等大文学家的著作。这些书让他爱不释手，他不管走到哪儿都要在兜里放上一本书，一有时间便拿出来看。不过修道院学校制度很严格，学校不允许学生做规定以外的事，莫泊桑总是因为看课外书被老师批评。

后来，莫泊桑进了在法国颇有名气的卢昂中学读书。在这里他遇到了卢昂著名诗人路易·步耶老师。路易·步耶老师在莫泊桑的习作中看出了他的写作天赋，便格外注意对他进行培养。他总是单独给莫泊桑出一些作文题目让他练习写作，还在写作方法上给了他很多指导。有了老师的悉心指导，莫泊桑学习写作十分用心，他一有感想便写下来，灵感来了经常半夜三更爬起来写东西。他的写作水平提高很快，中学期间就在报刊上发表了好多小文章。

莫泊桑中学毕业的时候，正赶上普法战争爆发。战争使莫泊桑的学业没有办法继续下去，他参了军。退伍后，他在卢昂市海军部和教育部当过职员。工作之余，莫泊桑读了大量的世界名著，并坚持练习写作。这时，莫泊桑有幸遇到了当时法国的文学大师福楼拜。福楼拜是莫泊桑母亲的朋友，正好他也住在卢昂市。莫泊桑一有时间便去福楼拜家里，他每次去都带上自己的习作让福楼拜看，福楼拜很欣赏才华出众的莫泊桑，就收他做学生，莫泊桑高兴极了，他下决心要走文学创作的道路，做一个像老师一样的大文学家。

福楼拜是一位很好的老师，他告诉莫泊桑要想写出好的文章，必须学会细致入微地观察事物。有一段时间，他要求莫泊桑每天都要写一篇有关马车的文章，他对莫泊桑说："你要把整个马车行进的画面细致描绘出来，并且要像画家一样，刻画出赶车人和坐车人的行为动作，传神地表达出他们的内心世界，使别人看了你的文章不至于把他们和任何其他的赶车人和坐车人混同起来。能达到这种程度，你的写作便能过关了。"于是，每天一下班莫泊桑便按老师的要求，站在路边观察来往的马车，他记下了各种各样的马车行进场面。他观察得特别投入，经常在马路上一站就是几个小时。为了扎实自己的写作功底，莫泊桑还读了许多文学大师的作品，细致揣摩他们的写作技巧。白天没时间，他就利用晚上的时间来读，经常很晚才睡。

经过长期不懈的努力，莫泊桑的文学创作有了很大提高，后来他写下了《羊脂球》《一家人》《我的叔叔于勒》《两个朋友》《项链》等一大批思想性和艺术性完美结合的短篇佳作，这些作品为他赢得了很高的声誉，他也因此被人们称为"世界短篇小说巨匠"。

名人逸事

有一次，老师在课堂上讲《圣经》，莫泊桑偷偷拿出一本莎士比亚作品来读。他读书太投入了，以致老师走到身边都没有察觉。严厉的老师没收了他的

名言佳句

才能来自于创作性。独创性是思维、观察、理解和判断的一种独特的方式。

书，还罚他从那以后站着听一个月的课。还有一次，莫泊桑禁不住书的诱惑，在教父做弥撒的时候看了起来。老师发现了，将他叫出来狠狠地揍了一顿。不过，学校严格的制度非但没有扼制莫泊桑读书的兴趣，反而使他产生了很强的叛逆心理，他暗下决心以后一定要做一个出色作家。

天才画家——凡·高

名人简介

凡·高长着一头红发，从小被人们称为漂亮的男孩子。他在家乡的乡村学校读完小学，1866年进入蒂尔堡的一所中学读书，仅读了两年就中途辍学。1869年，他开始在荷兰海牙市的一家工艺美术品商店当学徒，4年后，被调到伦敦的一个分店工作。1878年，他作为牧师去比利时的南部煤矿区博里纳日。在那里，他把自己的衣服送给矿工，脸上沾满了煤灰，希望和矿工们打成一片，而且还想努力改善矿工的待遇和工作环境。由于工作"过分地努力"，上司强迫他放弃了牧师职务。从那时起，凡·高开始系统地学画画，决心成为一名画家。在世界艺术史中，凡·高的创作时间是最短暂的，但是他创作的绘画作品却相当多，如今保留下来的有1700多幅，包括近900幅素描和800多幅油画。

1882年7月6日，在写给他的兄弟提奥的信中，凡·高第一次试图描述自己偶尔出现的一些心理变化，令人感到震惊的是，凡·高清清楚楚地分析了自己的精神病病征。尽管不清楚凡·高为什么会患上精神病，但两次恋爱失败给了他巨大的打击却是无疑的。1885年，凡·高离开荷兰，翌年到达巴黎，在那里结识了许多画家，并开始尝试采用印象派画家和点彩派画家的艺术风格来创作自己的绘画作品。1887年，凡·高和几个画家共同在巴黎的一家饭店举行了画展。凡·高的作品具有独特的风格，他摆脱了传统的绘画模型色调，并用自己想象出来的独特颜色取而代之，从而使这些颜色增添了象征性的价值和启发性的力量，其中日本的艺术给他留下了很深的印象。

1888年2月，凡·高前往阿尔城，并计划在那里成立一个艺术家协会。他在那里忘我工作，但精神病的症状也开始加深。1888年12月23日，在和朋友高更经过激烈的争吵之后，凡·高用剃须刀把自己的右耳割了下来。此后，他的精神病发作得愈来愈频繁。1889年5月，他自愿住进了圣雷米的精神病院，继续以火一般的热情画画。1890年5月，他离开了圣雷米的精神病院，前往巴黎，在一家咖啡馆里租了一间房

向日葵 凡·高

间，由加谢大夫照料他。1890年7月27日，星期日，他走进了一个农民的田庄，用左轮手枪朝自己的下腹部开了一枪，然后拖着沉重的脚步回到了自己的房间。两天以后的早晨，他永远离开了人世，年仅37岁。

名人逸事

凡·高的艺术地位在那时被大大地低估了，他虽然拥有大量作品，但却囊中羞涩，一直依靠他的弟弟提奥给予经济上的资助。他生前只卖出去一幅画，而现在，他的画最昂贵。1987年11月11日，他的名作《鸢尾》在纽约以5390万美元卖出。1990年5月15日，他的《加谢医生画像》在3分钟内以8250万美元被日本人拍走，曾创下艺术品拍卖价格的世界最高纪录。

名人作品欣赏

我的心里想着一些事。

今年夏天，我深深地爱上了我们的表姐，但是当我把这件事告诉她的时候，她回答我说，她在过去与未来都是一个独身的人，所以她永远不能接受我的爱情。

怎么办呢？我的心里非常捉摸不定。我应该接受她的"不，永远永远不"，或者应该抱着一点希望而不把她放弃呢？我选择了后一条道路——我并不对这个决定表示后悔。当然，从那时候以来，我曾经遇到许多"人生的小苦恼"，即使是爱情的小苦恼，也有一定的分量。人们有时候会悲观失望。有的时候，人们感到自己好像是在地狱里，但是爱情也会带来别的好事。

我的处境已经十分明白：我相信我与那些年长的人之间将会发生很大的纠纷，他们认为问题已经解决和结束，并且想要强迫我放弃我的打算。我相信他们现在要绞尽脑汁地对付我，用美好的诺言来拖延我的时间，一直等到12月叔叔与婶婶举行银婚纪念仪式的时候为止，然后他们便想办法把我打发掉。

表姐自己认为，她永远不愿意改变她已打定的主意，长辈们打算说服我，说她不出嫁的主意是不会改变的，他们都害怕这种改变。不是在表姐改变了她的主意的时候，而是在我变成一个每年至少赚1000法郎的人的时候，他们才会在这件事上改变态度。请原谅我画东西时的粗糙的线条。你或许听人说起我想竭力争取地位，以及类似这样的话，但是他们不知道，我的这种努力只是为了荒谬的恋爱，那种追逐地位的想法是绝对与我不能相容的。我希望能够与表姐见面，一起谈谈，互通书信，使我们彼此更加了解，并且通过这些方法，深一层地认识我们两个人是否能够凑在一起，我相信这并不是一种不正当的与不合理的要求。

只有一个人，他友好地、秘密地告诉我："要是你努力工作，并且取得成就，机会确实是有的。"这个人是我一点也不能对他怀着希望的，他就是温桑叔叔。他但愿我接受表姐的"不，永远永远不"。把它当作儿戏，而不要过于认真地对待这个问题。现在，我愿意这样继续干下去，在这个时候，我要努力工作，自从我遇到她以来，我的工作有了很大的进展。

我不想失掉任何一个可以促进我与她之间的关系的机会，这就是我的意图。

始终爱着她,

一直到她最后爱上我。

有许多人反对这个观点,这是非常可悲的,但是我不想在这上面表示出愁眉苦脸,丧失掉我的勇气。大不如此。

……爱是一种积极的东西,它如此地强烈,如此地纯真,以至于要使一个人收回他的那种感情,正好像要他杀死自己一样是不可能的。

……我以为那"不,永远永远不"好像是一块冰,我把它按到我的心上,让它化掉。谁会赢得胜利呢?是寒冷的冰块,还是我的温暖的心?

——《致提奥》(节选)

精神分析学的奠基人——弗洛伊德

名人简介

弗洛伊德4岁时,举家迁往奥地利首都维也纳。他在那里接受了小学和中学教育,并以优异的成绩毕业。1873年,弗洛伊德进入维也纳大学医学院,从1876年起在著名的生理学家艾内斯特·布吕克的指导下从事研究工作,并在1881年获得医学博士学位。1885年,他前往巴黎,受教于当时非常著名的神经学家沙柯特。弗洛伊德读到了沙柯特有关"歇斯底里"症状的论著,并了解到沙柯特提出的催眠疗法。1886年,弗洛伊德和贝尔纳斯结婚,生育了6个孩子。

名人档案
- 生卒年　1856～1939年
- 国　籍　奥地利
- 出生地　摩拉维亚的弗赖堡
- 身　份　心理学家

弗洛伊德在求学时就看到过布罗伊尔医生用催眠法治疗癔病,这使他感觉到了身心关系的微妙。后来,弗洛伊德也开始尝试使用催眠疗法治疗神经病,但他逐渐发现催眠的疗效不能持久,于是就改用了"自由联想法",该理论和以后的"自我分析法"成为弗洛伊德一生的两大杰出成就。1900年,弗洛伊德的杰作《梦的解析》出版,他声称自己发现了三大真理:梦是无意识欲望和儿时欲望的伪装的满足;俄狄浦斯情结(仇父恋母的情绪)是人类普遍的心理情结;儿童具有性爱意识和动机。这些发现为精神分析学奠定了基础。但在当时,弗洛伊德这本书并没有得到重视,初版的600册书在8年以后才售完。直到1905年,他发表了《性学三论》,探讨儿童性心理的发展与精神变态机制的联系,这时他的学说才真正开始引起了世人的重视。但因为他的学说的反传统性,而受到了众多人的攻击,他一度成为了德国科学界最不受欢迎的人。

名言佳句

正常人比他自己所想象的要不道德得多,但他比自我估计的要道德得多。

弗洛伊德不改初衷,在不到20年的时间里,他写下了约80篇论文和9本著作,继续阐述、发挥和宣传他的精神分析理论。他的理论不仅对于心理学来说是一种必备的知识，对于其他人文领域、艺术创作以至于日常知识来说，也具有重要的启迪作用。1931 年，他的故乡为庆祝他 75 岁寿辰，以他的名字命名他出生的那条街道。1936 年，他被接纳为英国皇家学会的通讯会员。弗洛伊德毕生都以极大的热情创立和发展精神分析学说，他培养了一批学术继承者，如后来也具有世界性影响的荣格、阿德勒等，使精神分析运动成为世界性的潮流。

1938 年，纳粹德国占领维也纳后，弗洛伊德移居英国。1939 年 9 月 23 日，他因口腔癌复发在伦敦逝世，享年 83 岁。

名人逸事

弗洛伊德和他的夫人贝纳尔斯结婚前，曾分别了 4 年时间。在分别的日子里，弗洛伊德每一天都给贝纳尔斯写情书。而当两人在 1886 年结婚时，他们的家里摆着"20 年都用不完"的成打的床单、枕套、餐巾和沙发罩，每一件上面都勾着花边或是绣着他俩姓名的缩写字母，寄托着 4 年中贝纳尔斯每一天对弗洛伊德的想念。弗洛伊德与贝纳尔斯相知甚深，彼此奉献，在 53 年的夫妻生活中，唯一让他们争执的问题仅是煮洋菇时到底该不该去茎。

量子论的奠基者——普朗克

名人简介

1858 年，普朗克出生于德国的沿海城市基尔。他从小表现出极高的数学天赋，1867 年随家迁往慕尼黑，旋即进入慕尼黑大学预科学校。从此，他把研究物理学作为一生的工作。之后，他先后就读于慕尼黑大学和柏林大学。

名人档案	
生卒年	1858～1947 年
国　籍	德国
出生地	基尔
身　份	物理学家

1877～1878 年间，他深受物理学家 H.赫姆霍兹和 G.R.基尔霍夫的影响，并于 1879 年获得了博士学位。

普朗克毕业后在慕尼黑大学任教，1885 年被聘为基尔大学的教授。1889 年，他转入柏林大学任教，成为基尔霍夫的继任人（先任副教授，1892 年后任教授）和理论物理学研究所主任。普朗克对黑体辐射问题有着浓厚的兴趣，他一生的大部分时间致力于此。在普朗克之前，人们用经典物理学解释黑体辐射实验时引发了所谓的"紫外灾难"。而瑞利和维恩等科学家提出的公式和实验事实相比，只能在部分范围与之符合。普朗克从 1896 年开始对热辐射进行了系统的研究。他经过几年艰苦努力，终于导出一个用来准确描绘黑体辐射的代数公式。这个代数公式为黑体辐射的研究提供了重要工具，至今还被理论物理学家普遍使用。

1900 年 12 月，普朗克在德国物理学年会上做了题为《正确光谱辐射的分布

普朗克精神

普朗克一生始终保持谦虚谨慎、不骄不躁的作风。这使得他始终拥有宁静的心绪，积极的进取精神，永不衰竭的动力。正所谓"谦受益，满招损"，他总是以一颗平常心来进行工作，审视自己的成果，功成名就自不待言。

普朗克能够留下来领导德国的科技事业，很大程度上得益于他忍辱负重的精神。如果不是这样，他的历史也许是另一番景象。人的一生往往要经历许多坎坷，这时光有冲天的干劲还不行，忍辱负重的精神亦很重要。

名言佳句

宇宙的秩序和天主是联系在一起的。

人最大的幸福是追求真理而非占有真理。

不可逆性是无知介入物理学基本定律的后果。

理论》的报告，提出了关于量子理论的大胆假说。他指出，物质辐射的能量不是连续的，而是由小微粒组成的。他把这种小微粒叫作"量子"或"能量子"。他的假说宣告了量子力学的诞生，突破了牛顿经典力学的范围，开创了20世纪物理学蓬勃发展的新局面。量子力学的提出堪称20世纪最重大的科学成就之一。由于在量子力学方面做出的杰出贡献，普朗克于1918年获得了诺贝尔物理学奖。

1933年，希特勒在德国上台执政，开始迫害犹太人。尽管普朗克对希特勒的法西斯主义非常反感，但在朋友及同行们的劝说下，普朗克非但没有离开，还担任了威廉皇家学会会长的职务。他竭力做政府的工作，力求使更多优秀的科学家留在德国。他充当了科学与政治之间的斡旋者。一方面，他游说政府（曾面见希特勒）劝其不要强迫犹太人移民，否则会给德国的科学事业造成不可估量的损失。同时，普朗克还向法西斯当局做了最大程度的妥协，如在演说台上吹嘘希特勒。另一方面，他苦口婆心地劝说受到压制的犹太科学家为了科学多忍耐一些，尽量不与政府正面冲突。他利用自己的威望，为帮助和支持受法西斯迫害的犹太籍科学家而奔走呐喊。在此期间，普朗克领导、参与了当时德国的大部分科学研究工作。在极不愉快的工作环境下，普朗克做了自己力所能及的事情。他以一个科学家对科学、祖国的满腔热情，为捍卫科学的尊严与纳粹分子展开针锋相对的斗争。

1944年，普朗克在一位好友的帮助下移居到比较安全的哥廷根，这使他得以在战争中幸存。1947年10月4日，普朗克在那里逝世，享年89岁。普朗克被称为"量子力学之父"，是近代最伟大的物理学家之一。

名人逸事

普朗克为人非常谦虚，尽管他是一位伟大的科学家。1918年4月，德国物理学会为庆祝普朗克60岁寿辰举行纪念大会，普朗克在致辞中谈到自己的成就时说："试想有一位矿工，他竭尽全力地勘探贵重矿石。有一次他找到了天然金矿脉，而且经过进一步研究发现它是无价之宝，比先前设想的可能还要贵重无数倍。事实上，即便不是他碰上这个宝藏，那么毫无疑问，他的同事也会很快地、幸运地碰上它。"

印度文学巨匠——泰戈尔

名人简介

泰戈尔，1861年出生于印度加尔各答市。其父交友广泛，他的家是当时加尔各答知识界的一个活动中心，这使泰戈尔从小就受到了良好的文化熏陶。泰戈尔8岁开始写诗，17岁时发表了叙事诗《诗人的故事》。1878年，他进入伦敦大学学习法律，但他把精力几乎都倾注在学习英国文学和西洋音乐上。回国后，他主张把印度的古老文化和欧洲文化融合起来，创造一种更高的新文化。他早期的诗作纯朴、自然，从内容到形式，都开创了一代新文风。他这一时期的作品，赞美自然，赞美爱，而且有比较浓厚的宗教色彩。《新月集》是他这一时期的代表作品之一。

名人档案	
生卒年	1861～1941年
国　籍	印度
出生地	加尔各答市
身　份	文学家／社会活动家

1890年，泰戈尔接管了父亲的庄园，移居乡村。他开始广泛接触农村社会，亲眼看到了处在英国殖民者和地主统治下的农民的苦难生活。泰戈尔的作品开始从抒发作家的个人情感，转变为倾诉广大下层人民的心声。他在1892年出版了著名的长篇小说《摩诃摩耶》，通过描写一个美丽多情的姑娘摩诃摩耶的悲惨遭遇，强烈抨击了社会的愚昧与落后，并有浓厚的反对英国殖民统治的意识。1901年，他离开庄园，到桑地尼克丹创办了一所学校，抱着改造社会的目的，他亲自讲课，希望年轻的一代继承印度的民族文化，献身于农村的改造。

1913年，泰戈尔凭借他的抒情诗集《吉檀迦利》（英文）获得了诺贝尔文学奖。这部诗集一共有159首诗，对西方文学产生了极大的影响。这部诗集把声音、风景、色彩一一尽露笔端，自始至终充满着宁静、和谐的气氛，处处洋溢着自然美，同时能把人对自然的内心感受刻画得淋漓尽致。1912年，泰戈尔曾经带着他的这部诗集去欧洲旅行，一天晚上，他在众多的欧洲文学巨星面前朗读了自己的作品，大师们默默地听着，感动得说不出话来，然后又默默地走了。后来，泰戈尔先后访问过日本、美国、德国，1924年到中国访问，所到之处无不受到热烈的欢迎。

在文学创作上取得巨大成功的同时，泰戈尔还积极投身于教育事业，同时为印度的民族解放摇旗呐喊。1919年，英国殖民者在印度制

泰戈尔是获得诺贝尔文学奖的第一个东方作家，被尊为印度"诗圣"。除了抒情诗和戏剧创作外，泰戈尔还谱写了2000多首歌曲。

造了骇人听闻的阿姆利则惨案，泰戈尔发表了《致印度总督的公开信》，强烈谴责了英国殖民者的暴行，并声明放弃英国政府授予他的爵士封号。1921年，泰戈尔又在加尔各答附近创立了一所国际大学，聘请了许多国际知名的学者到这里讲学，如德国的李维、中国的张大千等，使这所大学成为印度探讨真理的最理想的地方和沟通东西方文化的重要桥梁。1937年，这所大学创办了中国学院。

1941年8月7日，泰戈尔在家乡与世长辞，享年80岁。

名人逸事

泰戈尔一直对中国人民和中国文化怀有深厚的感情，支持中国人民的民族解放事业，谴责资本主义国家对中国的侵略。泰戈尔第一次访问中国时，徐志摩给他当翻译，梅兰芳随行。泰戈尔请国学大师梁启超为他起个中国名字，在1924年5月7日泰戈尔64岁寿辰的那一天，梁启超赠给泰戈尔一个新名字"竺震旦"。

名人作品欣赏

我渴望到河的对岸去，

在那边，好些船只一排儿系在竹竿上；

人们在早晨乘船渡过那边去，肩上扛着犁头，去耕耘他们的远处的田；

在那边，牧人赶着他们鸣叫着的牛游泳到河旁的牧场去；

黄昏的时候，他们都回家了，只留下豺狼在这满长着野草的岛上哀叫。

妈妈，如果你不在意，我长大的时候，要做这渡船的船夫。

据说有好些古怪的池塘藏在这个高岸之后。

雨过去了，一群一群的野鸟飞到那里去。

茂盛的芦苇在岸边四周生长，水鸟在那里生蛋；

竹鸡带着跳舞的尾巴，将它们细小的足印印在洁净的软泥上；

黄昏的时候，长草顶着白花，邀月光在长草的波浪上浮游。

妈妈，如果你不在意，我长大的时候，要做这渡船的船夫。

我要自此岸至彼岸，渡过来，渡过去，所有村中正在那儿沐浴的男孩女孩，都要诧异地望着我。

泰戈尔的作品

泰戈尔是一位具有巨大世界影响的作家。他共写了50多部诗集，12部中长篇小说，100多篇短篇小说，40多部剧本及大量文学、哲学、政治论著，并创作了1500多幅画，谱写了难以统计的众多歌曲。其重要诗作有诗集《故事诗集》(1900年)、《吉檀迦利》(1910年)、《新月集》(1913年)、《飞鸟集》(1916年)、《边缘集》(1938年)、《生辰集》(1941年)；重要小说有短篇《还债》(1891年)、《人是活着，还是死了》(1892年)、《摩诃摩耶》(1892年)、《弃绝》(1893年)、《素芭》(1893年)、《太阳与乌云》(1894年)，中篇《四个人》(1916年)，长篇《沉船》(1906年)、《戈拉》(1910年)、《家庭与世界》(1916年)、《两姐妹》(1932年)；重要剧作有《顽固堡垒》(1911年)、《摩克多塔拉》(1925年)、《人红夹竹桃》(1926年)；重要散文有《死亡的贸易》(1881年)、《中国的谈话》(1924年)、《俄罗斯书简》(1931年)等。

太阳升到中天,早晨变为正午,我将跑到你那里去,说道:"妈妈,我饿了!"
一天完了,影子俯伏在树底下,我便要在黄昏中回来。
我将永不像爸爸那样,离开你到城里去做事。
妈妈,如果你不在意,我长大的时候,要做这渡船的船夫。

——《对岸》

美国汽车大王——福特

名人简介

福特的母亲无论做什么事,都有始有终。她经常说,一旦决定要做的事,千万不可以放弃。这对幼年的福特产生了很大的影响。福特5岁半就开始上学了,他读书并不勤奋,很贪玩,却对钟表修理产生了浓厚兴趣,而且还经常免费为同学们修表。

名人档案
- 生卒年 1863~1947年
- 国　籍 美国
- 出生地 密歇根州迪尔伯恩
- 身　份 工业家

小学毕业后,福特回家帮父亲干农活,但对钟表修理的热情不减,常常是白天干农活,晚上修表。后来,钟表已经不能满足他的好奇心了,他决定到工厂做工,成为一个出色的机械工程师。年轻的福特知道父母是不会同意他的想法的,于是他给父母留下了一份表明自己决心的信后,不辞而别。

福特在底特律的工厂找到了工作,工作之余,他悉心研究机器,很快就成了娴熟的技术工人。后来,福特在杂志上读到了有关汽车发明的报道,引起了他很大的兴趣。当时的汽车是用气体做燃料的,但福特认为用液体更合适,几番努力后,他果然造出了一部汽油引擎,只是造得太简陋,一经试用就失败了。他发现失败的主要原因是汽油点火的方法不对,他决定使用电气点火。为了学习电气知识,他进入底特律的爱迪生电气公司。1893年,福特成功地试制成了第一辆汽车。

1899年,底特律汽车公司成立了,福特任经理兼技师,但没有钱。他以专利权作为资本,吸引了底特律的几个头面人物。后来,由于和股东们的意见不合,福特退出了这个公司。他凭借自己制造的汽车参加赛车比赛并吸引了投资人的注意。1903年,福特汽车公司成立,不久,就造出了一种被命名为A型车的新产品,获得了很好的销路。以后,公司又推出了N型、K型和S型车。1909年,T型福特车问世,引起了世界汽车工业史上的划时代革命。1914年,福特汽车公司建成了世界第一条总装流水线,能在93分钟内组装成一辆汽车。到1925年10月30日,福特公司一天造出了9109辆T型车,平均每10秒就造出一辆。而这时的福特公司已经发展成包括钢铁工厂、玻璃工厂和轮胎工厂在内的庞大汽车帝国,成为世界上最大的汽车公司,福特也成了名闻世界的汽车大王。

福特的成功不仅在于他对汽车制造技术的不断改进上,还在于他独特的企业经营策略,如5美元工作日方案、提高工人福利、大力提拔有贡献的技术工人、给予工人发言权、出奇制胜的营销措施等。这些措施极大激发了员工的生产积极性，反过来又降低了公司的生产成本。例如，实行5美元工作制后的1914年，福特公司以不足13000人生产了73万辆汽车，获利3000万美元。

福特于1947年4月逝世，享年84岁。

名人逸事

T型福特车在1909年秋天问世，在设计、生产、销售的各个环节都采用了与众不同的方法：各种零件被首次设计成统一规格，采用了流水线装配法，采用低定价的销售策略，提供充足的零部件和及时的售后服务，实行"8小时工作制"。这些措施极大降低了福特公司的生产成本并提高了汽车的产量，不仅使福特获得了巨大的成功，也使汽车真正成为普通民众的交通工具，将人类带入汽车时代。

现代奥林匹克运动的创始人——顾拜旦

名人简介

1863年1月1日，顾拜旦出生于法国巴黎一个贵族家庭。顾拜旦从小聪明好学，5岁的时候开始识字。8岁的时候，顾拜旦便能独立阅读了。小顾拜旦非常喜欢一个人安静地读书，他经常躲在书房一待就是半天，家里的藏书很快被他看完了。顾拜旦最喜欢看历史方面的书籍，中学时他对古希腊历史产生了浓厚兴趣，阅读了大量的相关书籍。

名人档案
- 生卒年　1863～1937年
- 国　籍　法国
- 出生地　巴黎
- 身　份　教育家／史学家／现代奥林匹克运动创始人

在研究古希腊史时，顾拜旦从书上了解到古代奥林匹克的历史。他知道了奥林匹克运动增强了古希腊人的体质，这个古老的体育盛会充满了友好向上的气氛，体现了人类的阳刚之美。顾拜旦对于奥林匹克盛会没能继续举办下来感到十分惋惜。

顾拜旦生活的年代，法国由于刚经历了普法战争的失败，国势一直比较衰微。许多法国人都在思考着如何使国家强盛起来。顾拜旦也深为祖国的现状感到焦急，他迫切希望自己能为祖国的发展贡献一份力量，为此他学习十分刻苦。

20岁那一年，顾拜旦从巴黎政治学院毕业。父亲安排他到巴黎法庭做律师助理工作。这份工作轻松体面，对于当时许多青年人来说是求之不得的。然而顾拜旦对这个工作却一点也不感兴趣，他希望自己能直接参与社会的改革。这一年9月，他不顾家人的反对，自己筹集资金到英国进行考察。顾拜旦首先选择了英国的教育领域，因为在他看来教育是强国之本，而英国的教育在当时的欧洲是最成功的。

顾拜旦先后对剑桥、牛津、威灵顿、哈罗等名牌大学进行了考察。他发现英国的教育制度有许多先进之处，顾拜旦尤其对英国学校中的体育教育十分赞赏。

顾拜旦看到英国的学校对体育非常重视，学校中的体育课、课外体育活动搞得非常好，学生们素质很高：个个身体强壮、精力充沛、举止大方，给人一种朝气蓬勃的感觉。这些对顾拜旦触动很大，他希望法国的学校也能重视起体育，在开展体育运动中，锻炼学生强健的体魄，培养青少年的刻苦精神和集体责任感。

英国之行，大大开阔了顾拜旦的眼界，他下决心要通过教育和体育救国。1887年，顾拜旦结束了考察，回到法国，到巴黎的教育部门任职。他的教育改革、倡导体育的思想得到了教育部官员的支持。1888年，他担任了"学校教育、体育训练筹备委员会"秘书长，从此开始了他的教育改革之路。他经常到法国各个大学中演讲，号召青年人投入到体育运动中，他还创办了《体育评论》，大力宣传自己的体育思想。在顾拜旦的倡导下，法国学校里的体育活动蓬勃开展了起来，法国的教育事业呈现一派新气象。

顾拜旦像

正当顾拜旦在法国大力宣传体育的重要作用的时候，欧洲其他各国的"复兴奥林匹克运动"的呼声也越来越高。顾拜旦很早就有复兴奥林匹克运动的想法，后来他和自己的朋友创办了法国田径协会，决定以此为阵地复兴奥林匹克。但是顾拜旦的主张也受到了法国保守势力和教会势力的攻击，他们说顾拜旦复兴奥林匹克、倡导体育运动是将法国引入歧途，骂顾拜旦是"英国走狗"。这时候，顾拜旦的家庭也出现了问题，由于他把精力和钱财都投入到自己的事业中，引起了妻子的不满，她总是和顾拜旦吵架，还把家产控制得紧紧的。

面对各方面的压力，顾拜旦没有退缩，他坚信只要坚持下去，一定能成功。从1892年开始，顾拜旦开始走访欧美各国，宣传奥林匹克理想，鼓动人们的热情。长年奔波在外耗尽了他的心血，30多岁的顾拜旦须发就全白了。

经过不懈的努力，顾拜旦终于取得了初步的成功。1894年6月16日，由顾拜旦发起的"国际体育教育代表大会"在巴黎隆重开幕。大会上，来自13个国家的79名代表在一起讨论了开展学校体育和复兴奥林匹克运动的问题，并通过《复兴奥运会》的决议，顾拜旦被选为国际奥委会秘书长。

顾拜旦为奥运会留下的丰富遗产

1. 设计了五环旗。
2. 起草了"运动员誓言"。
3. 赋予奥运火炬崭新的时代意义。
4. 确立了"更快、更高、更强"的奥运目标。
5. 主张奥林匹克运动是一个"自由超越的领域"，规定国际奥委会的独立性和中立性，奥委会不受任何政治势力的左右，不接受任何组织的津贴。
6. 留下了巨著《奥林匹克回忆录》，详细阐述了自己关于奥林匹克运动的哲学思想。

1896年，首届现代奥林匹克大会在希腊雅典成功举办。之后，顾拜旦当选为国际奥委会主席。他担任这一职务达30年之久，为奥林匹克事业献出了毕生的精力，他也被世界人民称为"现代奥林匹克之父"。

为小人物歌哭的作家——契诃夫

契诃夫，俄国19世纪末期批判现实主义作家，以短篇小说闻名于世。他生于破落小商人家庭。在莫斯科大学毕业后行医多年，接触过俄国社会各阶层的人物，1890年到过流放犯人的库页岛，亲自体会到人民的一些疾苦。这些对他的创作都有重要意义。

名人档案
- 生卒年　1860～1904年
- 国　籍　俄国
- 出生地　罗斯托夫
- 身　份　小说家

契诃夫早期的幽默小说富于社会内容，与当时流行的庸俗逗笑故事迥然不同。随着对社会观察的深入，他的作品也日益严肃。契诃夫的作品揭露了地主阶级残酷的剥削和资本主义在城乡造成的灾难，同情劳动人民和被侮辱与被损害的"小人物"，谴责知识分子缺乏明确的生活目标。在逝世前不久的作品《新娘》和《樱桃园》里，契诃夫发出了与旧生活决裂，"把生活翻一个身"的呼声。

契诃夫的中短篇小说共470多篇，其中大多数是短篇，作品题材多样，文笔洗练。他善于以极有限的篇幅容纳最大限度的内容，用几个鲜明的细节勾画出完整的典型形象，达到高度的艺术概括。他的作品往往取材于日常生活却不失于琐碎，没有曲折的情节而能扣人心弦，读者从作品平静、含蓄的叙述中，能感到作家忧郁而又严峻的目光，听到他渴求新生活的心灵的跳动。

《变色龙》写于1884年，描写了警官奥楚蔑洛夫在广场上处理一个人被狗咬伤手指头的案件。一开始他摆出架势，扬言要给狗的主人一点颜色看看。但当有人小声地说这狗是将军家的，他就马上改变腔调，对狗大加袒护，并且反过来批评被狗咬伤手指头的人。可是又有人低声地说这狗不是将军家的，他又改变了面孔，说要为那人报仇，让那些随便放狗出来的人知道他的厉害，就这样反复了几次。后来将军家的厨师过来说将军家肯定没有这样的狗，奥楚蔑洛夫的态度顿时改变，断然宣布："这是条野狗！用不着白费工夫说空话了……弄死它算了。"可是厨师的话并没说完，他接着说这狗不是将军家的，而是将军哥哥家的。他立即就换了副嘴脸，对那条狗赞不绝口，夸它机灵，能一口就咬破人的手指头。他声色俱厉地训斥那人说"我早晚要收拾你"，在众人的一片哄笑声中，离开了广场。作品通过一个极小的片段，真实地再现了奥楚蔑洛夫作为奴才的本性：欺压百姓、阿谀奉承。

《第六病室》（1892年）是契诃夫库页岛之行的产物。它描写在外省医院里发生的一个小故事，这所医院里的第六病室是专住"精神病患者"的病室，阴暗潮湿、混乱不堪，看门人像狱吏一样肆意地殴打病人，残酷地克扣病人的食物。"患者"到这里，得到的根本不是治疗，而是非人的虐待。拉京医生对此极为不满，但他信奉"不以暴力抗恶"的理论,所以只能不闻不问。当他了解到被关进来的人并不是真正的疯子时,当局已经将他定性为"疯子"了,把他也关了起来,并实行了同样残酷的虐待。这时他才明白所谓"不以暴力抗恶"理论在当时的荒谬。但这已经晚了,他第二天就含恨离开了这个世界。

　　小说的描写使人触目惊心,发人深省,激励人们起来和反动势力做斗争。由于当时沙皇的统治残酷而强大,社会过于黑暗和沉重,虽然契诃夫也相信人们会起来反抗这一人间地狱,但他仍然感到沉郁和压抑。小说中不时流露出低沉的调子,表现了作家的苦闷和矛盾。小说发表后,立即轰动了整个俄国,当时的有志青年读了后,对眼前的现实才有了清醒的认识,其中就包括列宁。

契诃夫像

　　《套中人》写于1898年,契诃夫着重使用艺术夸张的手法,通过具有象征意义的"套子",从外表、生活习惯、思想方式乃至婚事突出刻画了别里科夫这个在当时沙皇专制警察制度下胆小怕事的庸人的典型形象。但别里科夫这个形象,除保守外,还有反动的一面,他不但自己处处生活在套子里,而且随时准备着揭发别人,记下他认为的不规矩行为和"违法者"的名单,以便向当局告发。他成了小城里人们生活中的一道精神枷锁,无论是否与他有关,他都要出面干涉,在他脑子里,凡是当局没有明文允许的,就是不可以的。哪怕是自发性的舞会都会引起他的恐慌,"千万别出什么乱子"是他的口头禅,也是他的行为原则。他的顽固保守,甚至走到了当局的前面。如果当局出人意料地批准成立一个戏剧小组或者阅览室,或者茶馆之类的,他总要摇摇头说:"当然,行是行的,这固然很好,可是千万别闹出什么乱子。"他像害怕瘟疫一样害怕新事物,为了扼杀新生事物,他甚至用盯梢、告密等不可告人的手段来破坏这一切,弄得全城人都害怕他:人们不敢大声说话,不敢写信,不敢交朋友,不敢看书……别里科夫长期禁锢着这座小城人们的自由,小城的生活因此而死气沉沉。在专制制度没落腐朽的年代里,作者塑造出这样一个典型并加以鞭挞,是有积极作用的。

　　但当时的气氛的确十分沉重,以致作者在最后不得不感叹这一个别里科夫死去后,还会有无数个别里科夫生活在他们周围,要改变这种沉重的生活,路还很长。

名人作品欣赏

　　五月,俄罗斯大地上依然余寒未消,朗涅夫斯卡娅的庄园内却开满了白色的樱花。它们是在迎接女主人的归来。与朗涅夫斯卡娅共同拥有这座樱桃园的哥哥加耶夫,早就邀来了朋友准备迎接她,往日沉闷的庄园如今热闹非凡。

　　朗涅夫斯卡娅阔别家乡已有5年。一直以来,她生活并不幸福。年轻时,她

— 313 —

嫁给了一个"什么也没干过,只驮了一身账"的男人。后来,男人因酗酒而死,留下一儿一女。不久她爱上了另外一个男人。两人正在热恋中时,7岁的儿子格里沙溺水而死。朗涅夫斯卡娅伤心欲绝,带着女儿安妮娅离开故乡去了法国。那个男人也追到了法国,两人在那里过了一段甜蜜的生活。然而两人花钱如流水,当朗涅夫斯卡娅的钱财消耗殆尽时,这个男人抛弃了她。感情与生活上连连的挫折,使朗涅夫斯卡娅几欲自杀。

朗涅夫斯卡娅回到了家乡。她眼前是洁白的樱花、熟稔的面孔,这些时常在梦中出现的东西,让她一下忘掉了往日的伤痛,使她热泪盈眶。她不顾旅途的疲惫,兴冲冲地来到客厅,与久别重逢的哥哥加耶夫、朋友皮希克、罗巴辛边喝咖啡边叙起了美好的往事。

与妹妹一样,加耶夫也依靠祖传的产业生活。他从生下来后,就一直在过衣来伸手、饭来张口的生活。加耶夫最大的嗜好就是打台球和吃糖。从小到大几乎未离开过樱桃园的加耶夫,对家园充满深厚的感情,他说话间总带有一种家族的自豪感。

皮希克是几人当中最值得"同情"的一个。这个懒散的地主曾经"中过两次风",更为不幸的是,由于坐吃山空,他的家产几乎全部被抵押出去。如今他囊空如洗,整日靠借债度日。今天他到樱桃园与其说是为了迎接老朋友,不如说是向朗涅夫斯卡娅借钱。

——《樱桃园》(节选)

飞机的发明者——莱特兄弟

名人简介

莱特兄弟只读了几年书就中途辍学了,出于对机械制造的兴趣,他们开了一家自行车行,这为他们以后从事飞机的发明工作积累了资金和技术基础。莱特兄弟之所以对飞机产生兴趣,和他们的父亲有很大的关系。有一年的圣诞节,莱特牧师送给了孩子们一个飞螺旋玩具,这个模样古怪的玩具有一个特点,就是上紧了橡皮筋后,可以飞上天空。这引起了莱特兄弟极大的兴趣,在他们以前的知识里,只有鸟儿才可以飞上天空的。兄弟俩把这个玩具拆了又装,装了又拆,希望发现其中的奥秘。他们产生一种愿望,想制造出一种能够高高飞上天空的机器,这种愿望影响了他们的一生。

莱特兄弟从飞鸟和风筝中找到了灵感。他们发现,海鸥的翅膀稍微有些弯曲,这种身体结构是它们能够翱翔蓝天的关键。1899年8月,这两个年轻人制成了他们的第一架飞机:一架双翼风筝式飞机。这架飞机的一个特点是,利

名人档案

- 生卒年　威尔伯·莱特,1867~1912年
　　　　　奥维尔·莱特,1871~1948年
- 国　籍　美国
- 出生地　分别生于印第安纳州米尔维尔和俄亥俄州代顿
- 身　份　科学家/飞机的发明者

征服蓝天的兄弟：威尔伯（左）和奥维尔（右）。威尔伯沉默寡言而又灵敏机智，是一个自学成才、极有天赋的科学家。奥维尔比较开朗，具有做生意的本事。正是这样一对天才的合作给世界带来了第一架飞机。

用机翼的扭曲或弯曲，取得横向稳定或侧向平衡。莱特兄弟的第一架滑翔机也运用了机翼扭曲这一特点。这架滑翔机在 1900 年制成，被运往北卡罗来纳海岸的基蒂霍克进行试验。兄弟俩用了一个星期的时间，把滑翔机装好，先把它系上绳索，像风筝那样放飞，结果成功了。然后由威尔伯坐上去进行试验，虽然飞了起来，但只有 1 米多高。第二年，兄弟俩在上次制作的基础上，经过多次改进，又制成了一架滑翔机，它飞行的高度达到了 180 米。莱特兄弟开始考虑飞机的动力问题，他们想到了汽车的发动机。一名制造发动机的工程师专门为莱特兄弟造出一部 12 马力、重量只有 70 千克的汽油发动机。经过无数次的试验，他们终于把发动机安装在滑翔机上，并在滑翔机上安上了螺旋桨。

带有螺旋桨的飞机再次给莱特兄弟带来了麻烦，但成功终究属于这一对不畏困难、坚持不懈的"飞人"兄弟。1903 年 12 月 14 日，莱特兄弟在基蒂霍克再次试飞改进后的带有螺旋桨和发动机的飞机。在准备工作就绪后，兄弟俩以抛硬币的方法，决定由威尔伯先飞。威尔伯飞了起来，但很快又掉了下去。兄弟俩经过研究，发现是起飞方面的原因。1903 年 12 月 17 日，莱特兄弟再次试飞，驾驶员换成奥维尔。飞机起飞后，一下子升到 3 米多高，随即水平地向前飞去。飞机飞行了 36.6 米，历时 12 秒，然后稳稳地着陆了。同一天，接着又飞了三次，其中一次飞了 260 米，持续了 59 秒。这是人类历史上第一次驾驶飞机飞行成功。莱特兄弟把这个消息告诉报社，可报社不相信有这种事，拒不发布消息。莱特兄弟继续改进他们的飞机，不久，又制造出能乘坐两个人的飞机，并且在空中飞了一个多小时。

1908 年 9 月 10 日，莱特兄弟终于向世人展示了他们的空中飞行。奥维尔驾驶着他们的飞机，在一片欢呼声中，自由自在地飞向天空。过后不久，莱特兄弟在政府的支持下，创办了一家飞行公司，同时开办了飞行学校，从这以后，飞机成了人们又一项先进的交通工具。

1912 年，威尔伯因病逝世，享年 45 岁。1948 年，奥维尔逝世，享年 77 岁。

名人逸事

莱特兄弟试飞成功后，各界人士都纷纷请他们发表公开演讲，他们总是拒绝。为什么不做公开演说呢？对此哥哥威尔伯说了一句耐人寻味的话："我知道鸟类中会说话的只有鹦鹉，但是它却飞不高。"他们从不张扬，只是默默无闻地为航空事业献出毕生的精力。

献身科学的伟大女性——居里夫人

名人简介

玛丽·居里（在和法国科学家比埃尔·居里结婚后，才称玛丽为居里夫人）的父亲是一位中学的数学和物理教师，在父亲的影响下，玛丽从小就对物理现象产生了兴趣。玛丽6岁进入私立小学，14岁进入华沙公理女子中学，16岁时以优异的成绩毕业，并获得学校颁发的金质奖章。当时的波兰大学不收女生，而父亲又没有钱供她到国外读书，所以玛丽当了5年的家庭教师。1891年，玛丽来到巴黎，进入巴黎大学理学院学习，在1893年以优异的成绩获得物理学硕士学位，翌年又取得了数学硕士学位。

1894年，玛丽接受了法国国家实业促进委员会的委托，研究各种钢铁的磁性。在此期间，她与法国科学家比埃尔·居里结识，由于彼此志趣相投，他们在1895年结婚。当时，法国物理学家柏克勒尔发现铀盐矿物能放射出一种奇妙的射线，这种射线尽管看不到，却能穿透普通光线所不能穿透的黑纸片，而使照相底片感光。但铀盐为什么会放出这种射线，还是一个未知的谜。这一发现引起了居里夫人很大的兴趣，她决定以此作为自己的研究题目。经过多次测试和检查，居里夫人敏感地意识到沥青铀矿中可能含有一种新的不为人知的放射性很强的元素。这时，比埃尔也加入了居里夫人的研究，终于在1897年7月，居里夫妇确认了新元素的存在。居里夫人把这种新元素命名为钋（元素符号为Po），以此纪念她的处在沙俄蹂躏之下的祖国波兰（Poland）。同年12月，居里夫妇又从沥青铀矿中发现了一种放射性更强的元素，这种元素能在黑暗处自动发射出光亮。居里夫人把这种新元素命名为镭，是拉丁文中"放射"的意思。

钋和镭这两种新元素被发现的消息迅速传遍了世界，居里夫妇决定从沥青铀矿中提取镭，向科学界证实自己的发现。经过45个月的奋战，居里夫妇终于在1902年提取出了1/10克镭，并测定了镭的原子量。1903年，居里夫妇和柏克勒尔一起获得了诺贝尔物理学奖，而居里夫人也成为第一位获此殊荣的女科学家。1909年4月19日，比埃尔在回家途中，不幸遭遇车祸身亡。居里夫人忍住悲痛，独自承担起他们共同的事业，在1910年提炼出了纯镭，并确定了镭的原子量为235。同

居里夫人在她的实验室专心致志地做实验，正是在这里，她和她的丈夫一起发现了放射性元素钋和镭，这些发现将核物理研究大大向前推进了一步。

名人档案
- 生卒年　1867～1934年
- 国　籍　法国
- 出生地　波兰华沙
- 身　份　科学家

> **甘于清贫的居里夫人**
>
> 居里夫人的大半生都很清贫，她的大多数科学发现都是在极其简陋的实验室里完成的。居里夫妇把诺贝尔奖金和其他奖金基本上都用在科学实验中，他们还拒绝为自己的任何科学发现申请专利，为的是让世界上每个人都能自由地利用他们的科学成果，比如，我们今天依然用放射性元素治疗癌症。

年，她出版了自己的名著《论放射性》。1911年，居里夫人以在镭研究上的重大突破单独获得了诺贝尔化学奖。

镭的发现和应用，使居里夫人成了闻名世界的大科学家。她成了法国科学院的第一位女院士，巴黎大学的第一位女教授。她一生中有7个国家24次授予她奖金和奖章，担任了25个国家的100多个荣誉身份，但居里夫人始终保持着谦虚、高尚的品质。晚年的居里夫人一直孜孜不倦地进行科学研究，但长期暴露于放射性元素之中也使她患上了恶性白血病，1934年7月4日，她从实验室回到家后的当天晚上与世长辞，享年67岁。

名言佳句

没有人应该因镭致富，镭是一种元素，它是属于全世界的。

在科学上，重要的是发现的事物，而不是研究者本人。

自信心是人们成长与成功不可缺少的一种重要心理品质。

名人逸事

1921年，居里夫人前往纽约，接受美国妇女协会赠予她的1克镭。在举行仪式的前一天晚上，居里夫人坚决要求修改赠送证书中的言辞，要求使这1克镭永远属于科学，而不是个人。美国政府按照居里夫人的意志进行了修改。爱因斯坦曾说："在所有的著名人物中，居里夫人是唯一不被荣誉所颠倒的人。"

无产阶级文学的杰出代表——高尔基

名人简介

高尔基原名阿列克塞·马克西莫维奇·彼什科夫，他4岁丧父，被寄养在外祖母家，善良的外祖母是他小时候最亲近的人。高尔基只读过两年小学，10岁时就步入社会，当过跑堂、搬运工、守夜人、面包师，还曾经当过流浪汉，尝尽了人间的辛苦。社会底层的生活和丰富的阅历使他对俄国社会有了深刻的认识，也为他日后的文学创作提供了丰富的素材。

名人档案

生卒年	1868～1936年
国　籍	苏联
出生地	下诺夫哥罗德
身　份	文学家

1892年，高尔基用笔名发表了第一篇小说《马卡尔·楚德拉》。1896年，他成为《下诺夫哥罗德报》的编辑。高尔基早期的作品中塑造了很多流浪汉形象，也具有浓厚的浪漫主义色彩。他在1901年发表作品《海燕》，他把海燕比作俄国

无产阶级革命者的化身和胜利的预言家,并充满激情地高呼:"让暴风雨来得更猛烈些吧!"从1901年起,高尔基投身于革命斗争的洪流中,并为此数度被捕。1902年,他写的抨击沙皇专制制度的话剧《在底层》大获成功,在印成书后一售而空。高尔基在大学、工厂和沙龙很受欢迎,1903年,保皇分子将他刺伤,引起全社会尤其是舆论界的公愤。1905年俄国革命时,高尔基严正地声明:"我们不能再容忍这样的制度了。"以此抗议沙皇专制的暴行,并发布告社会书,号召推翻专制体制,结果被捕。后来,沙皇政府在社会和舆论的压力下,被迫将他释放。

1906年,高尔基来到美国,在那里写成了他最著名的长篇小说《母亲》。小说通过对工人革命者巴维尔母子的英雄形象的刻画,成功地描绘了俄国工人阶级从接触马克思主义理论到参加实际斗争的逐渐成长过程,以及无产阶级政党领导下的工人运动的发展,揭示了"没有革命的理论,就没有革命的运动"这一真理。《母亲》被认为是第一部社会主义现实主义的作品。以后,高尔基还到过法国、英国、意大利等国。在旅居意大利期间,他曾经受到造神论的影响,他的中篇小说《忏悔》就明显反映出了这种思想。

高尔基早在1905年时就和列宁有了第一次会面,列宁非常关注高尔基的思想发展,经常给予他热情帮助。1913年,沙皇政府大赦政治犯,高尔基返回俄国,随后完成了自传三部曲的前两部《童年》和《在人间》。十月革命后,高尔基和布尔什维克发生了分歧,他尊重人的生命和文化,不希望再看到俄罗斯流血。但以列宁为首的布尔什维克党人,却坚持认为必须同一切旧势力做最坚决的斗争。1923年,高尔基完成了自传三部曲的最后一部《我的大学》。1925年,又写了长篇小说《阿尔塔莫诺夫家的事业》,通过讲述俄国资产阶级三代人的生活,对俄国资产阶级的存在状况做了深刻的揭露。他的最后一部作品是长篇小说《克里姆·萨姆金的一生》。

高尔基在世时就享有很高的声望,他的故乡被改名为高尔基城,莫斯科也出现了高尔基大街。除了文学创作外,高尔基还参加了大量的社会活动,担任过《红色处女地》杂志的编辑工作,组建了世界文学出版社,还积极倡导和组织撰写国内战争史和工厂史。在他的关怀下,培养出了整整一代的苏联作家。1936年6月18日,高尔基因病逝世,享年68岁。

名人逸事

高尔基的第一篇小说《马卡尔·楚德拉》是刊登在《高加索日报》上的短篇小说,讲的是吉卜赛人的生活,在情节和人物描写上非常成功。但在当时,高尔基还是个衣着褴褛的流浪汉。当报社编辑请高尔基在稿子上署名时,他就用了马克西姆·高尔基这个名字。在俄语里,"高尔基"的意思是"痛苦","马克西姆"的意思是"最大的"。从此,高尔基就以"最大的痛苦"作为笔名,开始了自己的创作生涯。

名人作品欣赏

同志们,你们必须知道、感到,吸收知识的时机、科学知识社会化的时机现在已经到来,再也没有比知识更强大的力量了,用知识装备起来的人是不可战胜的。如果我能告诉你们,在经济遭破坏、饥寒交迫的最近两年内,我们科学家的头脑在一片混乱、啼饥号寒的日子里所做的一切,你们定会感到惊喜。在科学领域我们俄国人与欧洲学者的联系是被割断的,近来有了很大进步。当你们得知,人们是在怎样艰难条件下取得这些成绩的,你们会大吃一惊,你们会对这些英勇的人们众口齐颂。他们没有跑到你们敌人的营垒中去,而是留了下来,和你们一块儿工作。我们需要知识这一武器,因为最可敬的协约国手中的子弹、刺刀要是停止进攻,他们期盼的便不是用棍棒,而是用卢布来征服我们。他们会试图这么干的。他们会乘隙而入,投入小小的一点资本,腐蚀包括你们在内的俄国人,是的,包括你们。你们必须明白且牢牢记住,贪得无厌、尖利无比的血盆大口已向我们张开,铁牙利齿是为我们磨得尖尖,我们的皮肤,甚至每根小骨头都会咯咯裂开。为把这种和平征服击溃,必须具有许多智慧;必须清楚,我们富有什么,缺乏什么,有哪些优点、哪些不足;必须做好与资本家斗争的准备,这场斗争没有停止过;必须清楚,资本主义的年龄比我们大,经验比我们丰富,还比我们狡猾。

我认为,每个人都应懂得必须向文盲宣战,这不仅是每个个人,也是全俄罗斯的职责。我们要尽量多为自己获取知识,以便尽量多地给国家奉献知识。这个国家应有人为之诚实地劳动,人民应得到幸福,哪怕仅仅是休息的幸福。这当然是个不大的愿望,还有另一个愿望:我希望你们能赋予这个国家的人民以建设的幸福,英勇地去建设它。国家很需要建设。我希望那些普通俄国人,包括你们在内所素有的懒散、放荡、马虎作风统统清除掉。我还希望,你们近些日子所感受到的所有做法能把一个古老俄国人的形象从你们表皮清除掉。古老的俄国,他们习惯了在棍棒下工作,不会去珍惜劳动,也不懂得劳动具有的全人类意义。

请你们原谅,我这样讲,听上去似乎很难过,但我必须凭良心讲话。人民呀,你们是有点儿懒,人民的意志被压抑了三百年,还能要求你们什么呢?但是,同志们,我们对欧洲、全世界做出过贡献,这几乎是奇迹,因为从被打垮、被吓破了胆、穷得一贫如洗的俄国人民那里难以得到如此的功绩。俄国人民靠最近几年的生活想要建立功绩是很难的,这是一条受难者的道路。我说,这是伟大的功绩,并没有恭维的意思,的确伟大。这是一件随着时间的推移,会让我们的敌人愕然,甚至会逼他们对我们大加褒扬的事。然而,你们的功绩使你们有责任去继续这一事业,而且一干到底。当我们拥有人类在自己艰苦卓绝道路上产生出来的一切,

高尔基在贝纳塔朗诵剧本《阳光之子》
高尔基一生共写了15部剧本,其剧本全都被视为经典之作。《阳光之子》是他在1905年完成的剧本。

— 319 —

所有优秀的思想、所有知识的宝藏时，如果我们能把这一切据为己有，如果我们能把它消化成自身的东西，那么我们就完全可以从所有不幸中超脱出来。很有可能，与外界失掉过联系的俄国知识分子关于人民是世界的救世主和关于人民救世主的可笑幻想忽然真的成了活生生的现实。不用再说，同志们，我们确实比别人先跨前了一步。这样工作紧张得很，但功绩也大。如果你们能唤起自身的求知欲，尊重劳动、相互尊重、正确评价工作人员、帮助所有站在你们身后不识字的人适应你们现在所知道的东西，你们所具有的一切，这样功绩还要大。

　　这就是我想给你们说的几句话，很想能使你们相信，请你们尽可能抓紧一点，把注意力集中到这方面来。

　　如果我们把文盲当成灰尘一样扫除掉，荣誉和光荣都将属于你们，至于你们的利益、整个国家的利益，那就更不用说了。这只有在人们目前有追求知识欲望时才有可能，只有在他们有扑向新知识的狂热时才有可能。你们应该这样做，我再说一次，这是你们的职责，上层人士的职责。为了广泛开展这方面的工作，要去做一切可能做好的事，使得这种俄罗斯式的沉默寡言变为擅长思考、擅长感觉和擅长工作的能力，因为谁擅长感觉，谁就擅长工作，谁懂得越多，谁工作得也就不会坏。

　　这便是我所要讲的一切，最后我祝你们一切顺利，首先精神要饱满。

——《向文盲宣战》（节选）

印度圣雄——甘地

名人简介

　　甘地7岁时，全家迁往拉吉科特，他便在当地读小学，12岁进入拉吉科特的阿弗列德中学。13岁时，根据印度教习俗，甘地与卡斯特巴尔结婚。1887年，甘地考取萨玛达斯学院，但因种种原因，在一学期后退学。1889年9月，他去英国留学，攻读法律。在英国期间，他读了大量的宗教书籍，这对他日后的非暴力思想的形成产生了很大影响。1891年，甘地考取了律师资格，学成归国。

名人档案	
生卒年	1869～1948年
国　籍	印度
出生地	波尔班达尔土邦
身　份	政治家／思想家

　　1893年，甘地因为办案到了南非并在那里定居，他的非暴力抵抗思想就是在那里发展起来并得到了实践。甘地看到印度侨民在南非受到了种种不公正的待遇，就组织了一个印侨团体"纳塔尔印度人大会"，以非暴力的方式为侨民争取平等待遇，产生了很大影响，迫使南非政府废除了针对印侨的人头税，并承认印度的合法婚姻在南非有效。

　　1914年，在南非生活了21年的甘地偕夫人回国。第一次世界大战爆发后，他在伦敦召集印度侨民组成志愿救护队，后来又在印度为英国招募士兵，希望以此感化英国，换取印度的自治。然而，大战结束后，英国非但没有满足印度人民的自治要求，反而颁布了压制印度民族解放运动的《罗拉特法案》。甘地马上组织起非暴力运动，号召全国总罢工，要求印度人民绝食和祈祷，以示抗议。1919年，甘地第一次提出了针对英国政府的"非暴力不合作"主张，主要内容是印度人抵制英国殖民政府的学校、法庭、立法机关，抵制英国货和不接受英方委任的国家职务。1920年初，国大党年会批准了甘地的非暴力不合作运动计划，同年，甘地起草了新

此图反映了甘地在"非暴力不合作运动"中纺线的情形。

党章，加入了通过非暴力不合作运动获得自治权的内容，并获得了国大党年会的通过。1922年，甘地被英国殖民当局判处6年监禁，后来因病被提前释放。1924年，甘地当选为国大党主席，不合作运动发展成为全国性的抗英运动。1929年，国大党年会通过了印度完全独立的提案，将党章中要求的"自治"改为了"完全独立"。1930年，印度的各种纺织品进口比上年减少了1/3，纺织中心孟买的16家英国工厂倒闭，而印度人的土布工厂一年中从384家增加到了600家。

　　第二次世界大战爆发后，甘地要求英国政府立即退出印度。1947年，英国政府通过了承认印度自治，但却提出了印度分割为印度自治领和巴基斯坦自治领两个部分的"蒙巴顿方案"。这一方案直接导致了激烈的宗教冲突，甘地两次绝食，希望制止仇杀，却无济于事。1948年1月30日，甘地进入晚祷会场时，被大印度教主义准军事性极端组织"民族服务团"的成员开枪暗杀，享年79岁。甘地把毕生的精力都奉献给了印度人民的独立运动，赢得了印度人民的爱戴，被尊称为"圣雄"和国父。

名人逸事

　　当甘地最亲密的战友之一、历史学家克里帕拉尼第一次听到甘地表述"非暴力"思想时，克里帕拉尼直截了当地对甘地说："甘地先生，您可能了解《圣经》和《薄伽梵歌》，但您根本不懂得历史。从没有哪个民族能和平地得到解放。"甘地温和地说："您才不懂得历史，关于历史您首先得明白，过去没有发生过的事并不意味着将来也不会发生。"

　　甘地的牙齿很早就脱落，于是他为自己配了一副假牙。他有一个特殊的习惯，即只有当要吃东西的时候，才把假牙放进嘴里。吃完以后，他又把假牙取出来，用水洗干净，放回到那条很有个性的腰带里，以备下次使用。所以，平时人们看到的圣雄甘地是一位没有"牙齿"的慈祥老者。

名人作品欣赏

　　有人告诉我，不合作违反宪法。我敢否认这是违反宪法的。相反，我确信，不合作是正义的，是一条宗教原则，是每一个人的天赋权力，它完全符合宪法。一位

非暴力不合作

"圣雄"甘地将托尔斯泰的"勿抗恶"和梭罗的"不合作"等个人思想演变成一项声势浩大的政治运动——非暴力不合作运动,从而走出了人类历史中"以暴易暴"之外的另一条出路。用非暴力的抵抗,不合作的尝试,把印度从英国殖民统治下解放出来,这是世间少有的大智大勇。作为运动领袖,甘地本人面对着双重压力:世界上最强大的英国殖民政府和自己同胞的误解。甘地的演讲非常出色,他曾被美国《展示》杂志称为近百年来世界最有说服力的八大演说家之一,他的演说不但理论清晰、言辞晓畅,而且贯串着一种非常顽强的意志力,一种震慑听众的信念。在演讲中,甘地认为,"当政府不但不保护你,反而剥夺你的尊严时,不合作就是你的天职"。而"非暴力"不是弱者的武器,"非暴力这种武器属于最强者。我相信,一个最坚强的战士才敢于手无寸铁,赤裸着胸膛面对敌人而死"。"非暴力是最大程度的谦让",是以最弱者的姿态做着最强者的事业,是柔弱胜刚强的极致。因为甘地,"不合作"已成为人世间将弱者锻造为强者的典范之路。

不列颠帝国的狂热推崇者曾说过,在不列颠的宪法里,甚至连一场成功的叛乱也是全然合法的。他还列举了一些令我无法否认的历史事件以证明自己的观点。只要叛乱就其通常含意是指用暴力手段夺取公正,我认为无论成败都是不合法的。

名言佳句

祷告不是一个老妇人的闲散的快乐。适当了解并且应用它吧,它是行动的最有力的器具。

相反,我反复向我的同胞言明,暴力行为不管能给欧洲带来什么,绝不适合印度。

我的兄弟和朋友肖卡特·阿里(基拉发运动领导人之一,后参加不合作运动,以换取甘地的支持)相信暴力方法。如果他要行使自己的权力,抽出利剑去反击不列颠帝国,我知道他有男子汉的勇气,他能够看清应该向不列颠帝国宣战。然而,作为一个名副其实的勇士,他认识到暴力手段不适合于印度,于是他站到我一边,接受了我的微薄援助并保证:只要与我在一起,只要相信这个道理,他就永远不会有对任何一个英国人,甚至对地球上任何人施行暴力的念头。此时此刻我要告诉你们,他言必信,行必果,始终虔诚地信守诺言。在此我能作证,他不折不扣地执行了这个非暴力的不合作计划,同时,我要求印度接受这一计划。我告诉你们,在我们这个英属印度的战士行列中,没有哪个人胜过肖卡特·阿里。当剑出鞘的一刻来临,如果确实来临的话,你们会发现他会抽出利剑,而我就会隐退到印度斯坦的丛林深处。一旦印度接受利剑的信条,我将结束作为印度人的生命。因为我相信印度肩负着独特的使命,因为我相信几百年的历史教训已经告诉印度先辈们,人类的公正不是建立在暴力的基础上,真正的公正是建立在自我牺牲、道义和无私奉献的基础上。我对此忠贞不渝,我将一如既往地坚持这一信念。为此,我告诉你们,我的朋友在相信暴力的同时,也相信非暴力是弱者的一种武器。我相信,一个最坚强的战士才敢于手无寸铁,赤裸着胸膛面对敌人而死。这就是不合作的非暴力的关键所在。因而,我敢向睿智的同胞们说,只要坚持非暴力的不合作主义,这种不合作主义就没有什么违反宪法之处。

——《论不合作》(节选)

国际共产主义运动的领袖——列宁

名人简介

列宁原名弗拉基米尔·伊里奇·乌里扬诺夫，参加革命后化名列宁。5岁时，他在母亲的教育下开始读书，9岁时上了中学。1887年，他随全家迁到喀山，同年进入喀山大学法律系学习。

名人档案	
生卒年	1870～1924年
国　籍	俄国
出生地	辛比尔斯克
身　份	政治家／思想家

列宁在喀山大学结识了一批有革命思想的同学。不久，他就因为参加学生运动而被捕、流放。1888年，列宁从流放地回到喀山，但当局不准他再回到大学。他潜心研读马克思主义，并参加了马克思主义小组。1889年，列宁随全家移居到萨马拉，他在那里埋头读了4年半的书，学了几门外语，并组织了当地第一个马克思主义小组。1895年，列宁把彼得堡的20个马克思主义小组联合成工人阶级解放斗争协会，在俄国第一次实现了社会主义运动和工人运动的结合。同年12月，列宁再次被捕，被流放到西伯利亚。他在流放期间写了《俄国资本主义的发展》，阐述了社会主义革命的思想。1903年，列宁出席在伦敦召开的俄国社会民主工党第二次代表大会，以他为首的一派主张无产阶级专政和严格的党组织纪律，并和另一派展开了辩论。列宁领导的一派占多数，称布尔什维克（俄语中多数的意思），另一派称孟什维克（俄语中少数的意思）。

俄国1905年革命爆发后，列宁领导布尔什维克党制定了马克思主义的路线。他还回到国内，直接领导斗争。革命失败后，列宁在1907年被迫再次出国。1912年，俄国社会民主工党在布拉格召开第六次代表大会。在列宁的领导下，大会把孟什维克清除出党，使布尔什维克正式成为一个独立的政党。1914年第一次世界大战爆发后，列宁提出了"变帝国主义战争为国内战争的口号"。1917年，俄国爆发二月革命，推翻了沙皇政权。列宁回国后，提出了《四月提纲》，号召把革命从资产阶级民主革命推向社会主义革命阶段。1917年11月7日（俄历10月25日），列宁在彼得格勒领导起义，取得了十月社会主义革命的胜利。次日，列宁宣布由他起草的《和平法令》和《土地法令》，并当选为第一届苏维埃政府主席。

十月革命后的俄国面临着非常险恶的国内外环境，列宁以惊人的胆识和勇气，使苏维埃俄国退出了第一次世界大战，并粉碎了1918年至1920年的14个敌对

列宁主义

列宁主义产生于19世纪末20世纪初的俄国，是帝国主义和无阶级革命时代的马克思主义，是无产阶级革命和无产阶级专政的理论和策略。列宁分析了帝国主义的基本矛盾、本质和经济特征，揭示了帝国主义产生、发展和灭亡的客观规律，指出帝国主义是垄断的、腐朽的、垂死的资本主义。列宁依据帝国主义政治经济发展不平衡的规律，提出社会主义革命有可能首先在一国或少数几国取得胜利的理论。

国家对俄国的联合武装侵略和国内的多起大规模叛乱。在国内形势趋于稳定后，1921年初，列宁提出了振兴国民经济的新经济政策，指出要把俄国建设成为社会主义国家。

1924年1月21日，列宁因脑溢血去世，享年54岁。

名人作品欣赏

亲爱的妈妈，我一直在等着你的来信，但是直到今天音信全无，我去问邮局，也毫无结果。我就猜想，这大概是因为我到这里后没有能马上打一个电报给你们，而你们却在等电报，所以没有给我写信。我们之间信件递送时间很长（就是说，递送信件的路程太远）。所以，不必等我通知你地址再给我写信。如果他们要我离开此地，我可以给邮局留一个条子，要求按我的新地址把信转过来。因此，请按照你们最近所知道的地址更多地给我写信吧。否则我将因收不到家信而感到寂寞的。我只收到了玛尼亚莎托医师带来的一张便条。

这幅绘画描绘了列宁在彼得格勒群众集会上演说的情景。

名言佳句

判断一个人，不是根据他自己的表白或对自己的看法，而是根据他的行动。

今天我把医师送走了。他上伊尔库茨克去了。这里不让他继续待下去，也就是说，地方当局不允许他继续待下去。现在他们还没有来为难我，我想他们也不至于这样做，因为我已经向总督提出了请求书，现在正在等待他的答复。不过，要我也做这样一次旅行的可能性也不是绝对没有。这儿从今天开始已经进入泥泞期，乘驿马行路也就更贵更难了。天气好得很，已经完全是春天了。在这里，我把时间花在两件事上：第一，上尤金的图书馆去；第二，熟悉克拉斯诺雅尔斯克城及其居民（主要是流放者）。我每天都到图书馆去，图书馆离城2俄里，所以我来回要走5俄里左右（约1小时）的路。每天有这样的散步，我很满意，也很愉快，虽然它常常使我昏昏欲睡。在这个图书馆里，我所需要的书，比我根据这个图书馆的大小而估计的要少得多，不过这里有一些书对我还是有用的，我很高兴，我在这里的这段时间不至于白白浪费掉。我还常到市立图书馆去，在那里可以翻阅各种杂志和报纸，不过杂志和报纸要隔11天才能送到这里，而我总还不习惯看这种迟到"新闻"。如果要我住到离这儿数百俄里以外的地方去，那么邮件传递的时间将更长得多，那时就更有必要经常写信了，不要等回信，如果等收到回信后再写信，那就要过一个多月了！

非常遗憾的是我们那些人杳无音信。我已经不再等待阿纽塔（列宁的姐姐，是一位老共产党员）的电报了，我确定她没有打听到什么消息，或者是他们耽搁下来了。听说这里已经取消了押解囚犯的旅站，这就是说，我们那些人将坐火车到这里来。如果是这样，那我就不明白，为什么让他们在莫斯科耽搁下来呢？是否能够把书籍、食物和信件送给他们？如果这些问题提得还不晚的话，我很希望阿纽塔给我一个答复。

——《致母亲》（节选）

第二次世界大战时期的英国首相——丘吉尔

名人简介

　　丘吉尔从 7 岁开始，先后在阿斯科特贵族子弟预备学校、布赖顿预备学校读书。他任性而倔强，从来不肯用功读书，从而失去了上大学的机会，父母只好让他进入军校。1895 年军校毕业后，丘吉尔被分配到第四轻骑兵团，任骑兵少尉，开始了戎马生涯。此后到 1900 年，他先后以军官和随军记者的身份参加过英国镇压古巴及印度西北部起义的战争和南非的英布战争。

名人档案	
生卒年	1874～1965 年
国　籍	英国
出生地	爱尔兰
身　份	政治家／文学家

　　1900 年，丘吉尔以保守党候选人的资格竞选成为下议院议员。1904 年，他又转而加入自由党，自由党在 1906 年大选中获胜后，他先后出任了殖民副大臣、商务大臣、内政大臣。1908 年，丘吉尔与贵族之后克里曼珍·华芝亚结婚。第一次世界大战前夕，他出任地位显赫的海军大臣。然而，他在第一次世界大战中轻率发起的试图控制黑海海峡的战役却遭到惨败，英军伤亡人数高达 20 余万，他也因此被免职。

　　1922 年，丘吉尔出任鲍尔温保守党政府的财政大臣，直到 1929 年。1937 年张伯伦上台后，绥靖政策成为英国外交的主导策略。丘吉尔敏锐地意识到法西斯国家对和平的严重威胁，一再要求英国政府和人民提高警惕，但没有得到重视。1939 年 9 月 3 日，英国和法国向德国宣战，当天晚上，丘吉尔再次出任海军大臣。1940 年 5 月 10 日，张伯伦下台，英王乔治五世任命丘吉尔为首相。当时的英国处在极端困难之中：西欧诸国全部落入德国人之手，盟国法国投降，纳粹空军又对英国发动了大规模袭击，英国一时处在孤军作战的被动局面。面对逆境，丘吉尔以强硬而豪迈的誓言表示要与纳粹德国战斗到底，极大地坚定了人民的信心，鼓舞了士气。同时，他对外积极联合美国和苏联，对国际反法西斯统一战线的形成发挥了重要作用。

　　1945 年 5 月 7 日，德国宣布投降。两个月之后，正当丘吉尔在波茨坦与杜鲁门、斯大林举行高层会议时，他得知自己领导的保守党在新一届议会选举中惨败，而他也不再是英国的首相。就这样，在战争即将结束时，丘吉尔下了台。不过，他

多才多艺的丘吉尔

　　丘吉尔不仅是一位政治家，还是一位著名的演说家和作家。青年时代，他就著有《河上战争》。后来，他又写了《第二次世界大战回忆录》《英语民族史》《世界危机》和《马尔巴罗的生平与时代》等。由于《第二次世界大战回忆录》等历史著作和演说，他在 1953 年被授予诺贝尔文学奖。

并没有退出政治舞台,而是继续积极参加国内外的政治活动,并在1951年以77岁高龄再度拜相。

1965年1月初,丘吉尔因病逝世,享年91岁。

名人逸事

丘吉尔是著名的演说家,却不是一个很规矩的听众。在英国下议院当议员时,有一次在议会辩论的过程中,一位议员滔滔不绝地发表自己的意见。丘吉尔对这位议员的不合时宜的看法极为反感,愈来愈不耐烦,忍不住地摇头作态。结果其他议员都把注意力转向了他。正在演说的议员见状,对丘吉尔的行为非常恼火,愤怒地喊道:"我要提醒那位保守党的朋友,我现在只是在陈述我的意见而已。"丘吉尔却不慌不忙地抬起头说:"我也要提醒这位演说的朋友,我现在也只是在摇我自己的头罢了。"

名人作品欣赏

上星期五晚上,我接受了英王陛下的委托,组织新政府。这次组阁,应包括所有的政党,既有支持上届政府的政党,也有上届政府的反对党,显而易见,这是议会和国家的希望与意愿。我已完成了此项任务中最重要的部分。战时内阁业已成立,由五位阁员组成,其中包括反对党的自由主义者,代表了举国一致的团结。三党领袖已经同意加入战时内阁,或者担任国家高级行政职务。三军指挥机构已加以充实。由于事态发展的极端紧迫感和严重性,仅仅用一天时间完成此项任务,是完全必要的。其他许多重要身份已在昨天任命,我将在今天晚上向英王陛下呈递补充名单,并希望于明日一天完成对政府主要大臣的任命。其他一些大臣的任命,虽然通常需要更多一点的时间,但是,我相信议会再次开会时,我的这项任务将告完成,而且本届政府在各方面都将是完美无缺的。

我认为,向下院建议在今天开会是符合公众利益的。议长先生同意这个建议,并根据下院决议所授予他的权力,采取了必要的步骤。今天议程结束时,建议下院休会到5月21日星期二。当然,还要附加规定,如果需要的话,可以提前复会。下周会议所要考虑的议题,将尽早通知全体议员。

现在,我请求下院,以我的名义提出决议案,批准已采取的各项步骤,将它记录在案,并宣布对新政府的信任。

组成一届具有这种规模和复杂性的政府,本身就是一项严肃的任务,但是大家一定要记住,我们正处在历史上一次最伟大的战争的初期阶段,我们正在挪威和荷兰的许多地方进行战斗,我们必须在地中海地区做好准备,空战仍在继续,众多的

丘吉尔像

战备工作必须在国内完成。在这危急存亡之际，如果我今天没有向下院做长篇演说，我希望能够得到你们的宽恕。我还希望，因为这次政府改组而受到影响的任何朋友和同事，或者以前的同事，会对礼节上的不周之处予以充分谅解，这种礼节上的欠缺，到目前为止是在所难免的。正如我曾对参加本届政府的成员所说的那样，我要向下院说："我没什么可以奉献，有的只是热血、辛劳、眼泪和汗水。"

摆在我们面前的，是一场极为痛苦的严峻的考验，在我们面前，有许多许多漫长的斗争和苦难的岁月。你们问：我们的政策是什么？我要说，我们的政策就是用我们全部能力，用上帝所给予我们的全部力量，在海上、陆地和空中进行战争，同一个在人类黑暗悲惨的罪恶史上所从未有过的穷凶极恶的暴政进行战争。这就是我们的政策。你们问：我们的目标是什么？我可以用一个词来回答：胜利——不惜一切代价，去赢得胜利。无论多么可怕，也要赢得胜利。无论道路多么遥远和艰难，也要赢得胜利。因为没有胜利，就不能生存。大家必须认识到这一点：没有胜利，就没有英帝国的存在，就没有英帝国所代表的一切，就没有促使人类朝着自己目标奋勇前进，这一世代相因的强烈欲望和动力。但是当我挑起这个担子的时候，我是心情愉快、满怀希望的。我深信，人们不会听任我们的事业遭受失败。此时此刻，我觉得我有权利要求大家的支持，我要说："来吧，让我们同心协力，一道前进。"

——《热血、辛劳、眼泪和汗水》

现代舞的创始人——邓肯

名人简介

1877 年 5 月 26 日，邓肯出生于美国的旧金山。邓肯的父亲是个诗人，母亲是音乐教师。邓肯是家中最小的孩子，她还有三个姐姐。邓肯很小的时候，父母就离婚了，从此邓肯和三个姐姐就跟着母亲生活。家里的生活非常困难，

名人档案
- 生卒年　1877～1927 年
- 国　籍　美国
- 出生地　旧金山
- 身　份　舞蹈家

母亲为了生活整天奔波。不过母亲是一个坚强而乐观的人，她每天晚上回家后，不管多累都要教孩子弹琴、跳舞。在母亲的影响下，邓肯从小就对艺术产生了浓厚的兴趣。

邓肯 5 岁那一年，母亲找了好几份家庭教师的工作。于是，她不得不将孩子们都送到了学校。就这样，小邓肯也上了学。邓肯不喜欢学校里沉闷的生活，但她非常喜欢读书。离学校很远的地方有一个图书馆，邓肯稍大一点便到那里去借书看。为了能赶着将书看完，邓肯总是到处捡蜡烛头，这样，她便可以晚上看书了。邓肯小学的时候就读了许多书，尤其是文学作品。大量的阅读使小邓肯的眼界很开阔，这为她以后很好地理解艺术打下了扎实的基础。

邓肯很早便表现出极高的舞蹈天分。上小学以后，她总是召集许多同学到家中排练舞蹈。一次，母亲下班回家后，看到邓肯的小伙伴们都围坐在地上，邓肯正在给他们表演。小邓肯步伐灵便、舞姿优美，母亲都看呆了，于是便坐到一边给她伴奏起来。

名言佳句

我说算我运气，因为我所创造的舞蹈无非是表现自由，其灵感正是来自童年时代放荡不羁、无拘无束的生活。

邓肯喜欢跳舞，周围的很多人都知道。一次，母亲的一位朋友看过邓肯自编的舞蹈后向母亲建议："这个孩子在舞蹈方面很有天赋，应该送她到舞蹈学校学习，将来一定会有出息的。"母亲听了很高兴，在极度贫困的情况下，仍筹集了一笔学费，送13岁的邓肯到旧金山一个著名的舞蹈教师那里去学习，但邓肯只去了三次就告诉母亲自己不愿去学了。母亲很惊讶，也有些生气，便问她为什么会有这样的想法。邓肯便告诉母亲，老师教的舞蹈都是用脚尖跳出来的，这样跳舞不仅不美，而且非常丑，和自己理想的舞蹈不一样。听完邓肯的回答，母亲陷入了深深的思考，毕竟这次为送邓肯求学花了一笔数目不小的钱。然而她却没有责备这个富有个性的女儿，经过再三考虑她同意了邓肯的要求，并对女儿说："如果你认为自己的舞蹈才能真正表现自己，那么就勇敢地跳下去。孩子，自由地表现艺术的真理，也是生活的真理。"

在母亲的支持下，邓肯开始钻研自己的舞蹈方式。她对艺术的热爱到了痴狂的地步，她常常接连几个小时纹丝不动地站着，两手交叉地放在脑门，苦苦思索。在艺术面前，她表现出了比大人还要成熟的心智。一次，母亲看她这么辛苦，怕她"走火入魔"，便带她到郊外去散步。大自然中清新的空气、广阔的天地，让邓肯感到无比的舒服，她开始自由自在地跳起舞来，她就像一只翩翩起舞的蝴蝶，舞姿自然而优美。灵感让她的舞步无法停止下来，母亲站在原地静静地看着女儿，好半天，邓肯终于停了下来，呆立了片刻，她对母亲大声地喊道："妈妈，我终于知道该怎么跳了！我终于找到自己理想中的舞蹈了！将自己的心情自然地用身体表达出来，就是最成功的舞蹈！"这时的小邓肯对舞蹈艺术已经有了深刻的理解。

16岁那年，邓肯到芝加哥谋求发展。那时，刚好纽约大剧院的经理达利先生带领他的剧团来芝加哥大剧场演出。达利在当时是美国家喻户晓的人物，他被誉为"美国最喜好艺术、最有审美能力"的剧团经理，邓肯决定去见这位大人物。接连好几个下午和傍晚，邓肯站在剧场通往后台的门口，一次又一次将她的姓名通报给

邓肯与现代舞

受古希腊瓶绘和雕塑艺术的影响，邓肯创立了与古典芭蕾相对立的现代舞，其特点是动作自然、形式自由。邓肯开辟了抒情舞蹈的新领域，她运用当代或较早期的著名乐曲伴奏，主要作品有舞蹈《马赛曲》、贝多芬的《第七交响乐》、门德尔松的《春》和柴可夫斯基的《斯拉夫进行曲》等。她在舞蹈艺术中表现出的强烈创新精神，影响了同时代的许多戏剧家、导演、画家、作曲家，因此人们称她为"现代艺术的先驱"。

达利，求他接见。但是出来的人总是告诉她，达利先生太忙，没有时间。然而邓肯并没有气馁，她告诉自己一定要见到达利，这样才会争取到成功的机会。她一天天坚持着，终于到了第七天，达利被这个小姑娘不言放弃的精神感动了。他接见了邓肯，并看了她的舞蹈。达利非常欣赏邓肯的舞蹈才华，决定带她到纽约发展。

这年秋天，邓肯因为在纽约剧院的出色表演而一举成名。从此，邓肯拉开了现代舞的序幕。

20世纪最伟大的科学家——爱因斯坦

名人简介

爱因斯坦从小兴趣广泛，有强烈的求知欲和对新鲜事物的好奇心。他10岁时进了慕尼黑的路德波提中学，12岁时自学了欧几里得的几何学，13岁时就阅读了德国哲学家康德的著作。由于不满德国的军国主义教育，爱因斯坦在17岁时离开德国来到瑞士，考入苏黎世工业大学，主修数学和物理，1900年，以优异的成绩通过国家考试毕业。1903年，爱因斯坦同米列娃·马里奇结婚。

1905年，爱因斯坦在《物理学纪事》上连续发表了三篇科学论文，取得了科学研究的重大突破。一篇是讨论布朗运动的，用最有力的证据证明了分子的存在；一篇是发展普朗克的量子论的，提出了光量子的假设，他也因此获得了1921年的诺贝尔物理学奖；第三篇是《论运动物体的电动力学》，是爱因斯坦狭义相对论的第一篇，但在当时，他的相对论思想还没有几个人能够理解。就这样，爱因斯坦在不到一年的时间里在物理学的三个不同领域中取得了重大突破，这在科学发展史上是没有先例的，而他当时年仅26岁。此后，他先后被聘为苏黎世工业大学副教授、布拉格大学和瑞士联邦高等专科学校的教授。

1915年，在狭义相对论发表10年后，爱因斯坦终于发表了广义相对论。1916年，他完成了总结性的论著《广义相对论原理》，这本著作把哲学的深奥、物理学的直观和数学的技艺令人惊叹地结合在一起，被称为是20世纪理论物理学的巅峰。1916年，爱因斯坦又总结了量子论的发展，奠定了现代激光技术的理论基础。今天，相对论和量子论一起成为了现代物理学中最主要的理论

1933年爱因斯坦提出能量聚集的新理论，并邀请科学界的精英与记者一起参加他的学术论坛。

名人档案	
生卒年	1879～1955年
国　籍	美国
出生地	乌耳姆
身　份	科学家

基础，是宇宙航行和天文学的主要理论依据。20世纪20年代后，爱因斯坦集中力量探索统一场理论，并在1929年发表了研究论文《统一场论》。希特勒上台后，纳粹政权疯狂迫害犹太人，爱因斯坦宣布放弃德国国籍，于1933年11月移居美国新泽西州的普林斯顿，在那里继续开展科学研究，于1940年加入美国国籍。

爱因斯坦在发表狭义相对论时提出的质能转换公式在1939年时已经不再是一个纯理论问题了，因为科学家们已经进行了从原子核裂变中获得巨大能量的实验，而德国在当时的原子能实验中居于领先地位。爱因斯坦对此深感不安，他在1939年给美国总统罗斯福写信，介绍了原子弹的巨大威力，敦促美国政府加快对原子弹的研究。爱因斯坦本想使原子弹成为一种威慑力量，但是当1945年8月6日第一颗原子弹在日本广岛爆炸时，爱因斯坦感到无限的悲哀，并尖锐地指出原子弹作为战争武器会使人类灭亡的可怕后果。

1955年4月18日凌晨，爱因斯坦在睡梦中与世长辞，享年76岁。

名人逸事

有一次，一帮青年人问爱因斯坦什么叫相对论，爱因斯坦回答说："当你和一位漂亮的姑娘坐在一起待上两个小时，你以为只有一分钟，可是当你在一个烧热的火炉上坐上一分钟时，你却以为是两小时。这就是相对论。"

名人作品欣赏

我们的时代以其在人类智慧发展的进程中取得的进展而自豪。对真理和知识的探索与追求是人类最为崇高的品质之一，尽管大声叫喊这种自豪的常常是那些付出最少努力的人。当然，我们同时要注意别把理智看成我们的上帝，它当然具有强健的肌肉，但却没有人格。它不能引导，只能服务，而且它选择领袖时并不仔细。这个特点可从它的布道人——知识分子的品质中反映出来。理智对方法和工具有独到的眼光，但对目的和价值却是盲目的。因此毫不奇怪，这种致命的盲目性从老一代转到了年轻一代并牵涉到了当今整整一代人。

我们犹太祖先，即先知者，和中国古代贤哲们了解到并表明：铸就我们人类存在的最重要的因素是一个目标的产生与确立。这个目标就是要通过内心不断的努力摆脱反社会的、具有破坏性的天性，使人类变成一个自由幸福的群体。在这种努力过程中，理智会是最为得力的助手。理智努力的成果加上奋斗本身，同艺

爱因斯坦和中国

第二次世界大战期间，中国遭受日本军国主义的侵略。作为伟大的和平民主主义者，爱因斯坦十分关心和支持中国人民的抗战事业。九一八事变发生后，他多次在公众场合强烈谴责日军的侵略罪行。日军发动全面侵华战争后，他发表宣言，号召人们抵制日货。爱因斯坦还发起成立援助中国委员会，在遍布全美国的2000多个城镇组织援华捐款运动，他给予中国的是最纯洁、最光彩的帮助，中国人民永远也不会忘怀这位大洋彼岸的老朋友。

术家的创造性活动结合起来，就给生活提供了内容与意义。

但是如今人类的狂热比以往任何时候都不加节制地统治着全球。我们犹太人无论在哪里，都只算是很小的少数民族，一点武力自卫手段也没有，正置身于一场最严酷的苦难中，甚至要被完全灭绝，其程度比世上任何民族都要糟糕。对我们猖獗的仇恨源于如下事实：我们倡导了和谐共存的理想，并使之在我们民族中的佼佼者的言行中得到了体现。

——《人类生存的目标》

用毅力之光驱散黑暗——海伦·凯勒

名人简介

1880年，海伦·凯勒出生在美国亚拉巴马州的塔斯喀姆比亚。小海伦在19个月大的时候因患猩红热导致双目失明，双耳失聪。从此，小海伦与有声有色的世界隔绝了。她面前只有无边无际的黑暗和死一般的沉寂。

名人档案
- 生卒年　1880～1968年
- 国　籍　美国
- 出生地　亚拉巴马州的塔斯喀姆比亚
- 身　份　作家／教育家／社会活动家

生理上的缺陷使她不能与正常的孩子玩耍，不能倾诉心中的希望和要求。她的生活没有阳光，她的脾气越来越坏，有时候异常暴躁。这时，家庭教师安妮·沙利文小姐来到了海伦身边。她开始教小海伦摸盲文，但是小海伦的印象总是不深刻。一次，她们路过水井房，沙利文老师把海伦的小手放在水管口上，让一股清凉的水在海伦手上流过，然后沙利文在海伦的另一只手上拼写"水"这个单词。海伦露出甜蜜的笑容，原来"水"是这样清凉而奇妙的东西。她心中充满了前所未有的亢奋，她由此获得了新生。

在沙利文老师的悉心教诲下，海伦学会了拼写"泥土""种子"等许多单词，还学会了拼写自己的名字。一旦发现学习和生活的乐趣，海伦便不舍昼夜，拼命摸读盲文，不停地书写单词和句子，像一块干燥的海绵吮吸着知识的甘霖。她是这样的如饥似渴，以至小手指都磨出了血。沙利文老师心疼地用布把她的手指一一包扎起来。就这样，海伦学会了阅读、书写和算术，学会了用手指"说话"。

知识打开了海伦的心扉，增强了她生活的勇气和信心。她有时在林中漫步，有时和朋友们在湖上泛舟。海伦10岁的时候，越来越强烈地想开口说话，父母为她请来了萨勒老师。萨勒让海伦摸清舌头、牙齿、嘴唇和喉咙的位置，以此体会发音的步骤和过程。这种完全靠触觉学说话的方法，其难度可想而知，但她"夜以继日地努力，反复高声朗读某些词语或句子，有时甚至要读几个小时，直到自己觉得读对了为止……"

1900年，海伦在沙利文的帮助下就读于马萨诸塞州剑桥女子学校，旋即又入剑桥的拉德克利夫学院。在大学期间她发表了第一本书《我生活的故事》，叙述了自己战胜病残的动人故事，不仅给盲人而且给成千上万的正常人带来了鼓舞。这本书先后被译成 50 种文字，在世界各国流传。大学毕业后，她决心向沙利文老师学习，为更多和自己一样不幸的人服务。她把自己全部的爱倾注在残疾人身上。

1904 年，海伦·凯勒以优异成绩毕业。此后她为许多杂志撰写文章，还写了几部自传性小说——《我所生活的世界》《从黑暗中出来》《我的信仰》《中流——我以后的生活》和《愿我们充满信心》，以及著名散文《假如给我三天光明》。在这些作品中，作者没有因为黑暗与寂静而表现出丝毫的抑郁，而是异常乐观，充满活力与理智。1936 年，安妮·沙利文逝世，波丽·汤普逊接替了她，很快成为海伦·凯勒的新朋友。海伦后来成了卓越的社会活动家，她到美国各地，到欧洲、亚洲发表演说，为盲人和聋哑人的教育筹集资金。第二次世界大战期间她又访问多所医院，慰问失明的士兵，让他们鼓起生活的勇气。她的精神受到人们广泛的赞誉。

1964 年，海伦·凯勒被授予美国公民最高的荣誉——总统自由勋章。次年又被选为世界 10 名杰出妇女之一。著名的传记作家范怀克·布鲁克斯为她写了传记。1968 年 6 月 1 日，海伦·凯勒与世长辞。

名人逸事

作为盲人，海伦很难迅速整理大堆的材料，因为她无法及时有效地对照、检查这些手稿。有的时候，写了几个小时之后必须停下来，到布瑞尔克利夫或其他什么地方去讲演。当她重新回到打字机旁时，原来的思路早就忘得一干二净，这个时候，她往往须要重新思考写作的思路。先前所写的东西或许在后边能想起来一些，或许就完全忘记了，但海伦凭借她那超强的毅力克服重重困难，不断著述，给后人留下了大量生动感人的文字。

名人作品欣赏

第一天，我要去见那些好心亲切的人，因为他们的友谊我的生活才变得有意义。首先我要好好地看看亲爱的安妮·沙利文·梅西夫人。在我还是一个懵懂孩童的时候，她来到我身边，向我揭示了外面的世界。我不想仅仅模糊地看到她脸庞的轮廓，而要把她仔细端详，从她的脸上寻找深切的同情和耐心，这两种品性让她在教育我的过程中克服了重重困难。如此，就能把她的面容珍藏到我的记忆里面了。我还要凝视她的眼睛，她的眼里定然蕴藏着面对困难时的坚毅，以及她经常对我流露的对整个人类的同情心。

我不知道透过眼睛这"心灵的窗户"去看一个朋友的心意味着什么。我仅能通

海伦（右）与沙利文在一起

1887 年 3 月，沙利文走进了海伦的生活，她的出现成为海伦一生中决定性的转折。沙利文循循善诱，海伦不仅获得了知识、意识，还有对人生的理解，世界对于她不再是无边际的黑暗和恐惧。

海伦·凯勒的人生启示

海伦·凯勒凭借超乎想象的毅力，驱散了眼前的黑暗。成千上万健全的人从她的故事中汲取了无限勇气和决心。

海伦·凯勒对世界充满了爱。从她的身上我们可以看到爱可以促使人努力奋进，可以促使人努力去爱别人，可以使整个世界都充满友善。

海伦·凯勒让世人懂得了珍惜。也许只有失去的才是可贵的。凯勒让人们更加懂得健康的宝贵，更加懂得生命的意义。

过指尖"看见"一张脸庞的轮廓。我能觉察出欢笑、伤悲还有很多其他明显的表情。我是通过触摸朋友的脸了解他们的。当然我可以用其他方式来了解他们的个性，如通过他们向我表达的思想，通过他们与我交流的动作。我并不认为一定要看见他们才能更深地了解他们，不一定要观察到他们对各种思想和环境的反应才能更深地了解他们，不一定要觉察到他们一闪而过的眼神才能更深地了解他们，不一定要捕捉到他们脸上转瞬即逝的表情才能更深地了解他们。

和我亲近的朋友我都非常了解，因为随着岁月的流逝，他们在我面前展现了立体的自我，我了解他们的每一方面；但是对于一般的泛泛之交我只有一些不完整的印象，比如，一次握手留下的印象，还有我用手指从他们的嘴唇上读到的或者他们写在我手心的零星字句。

通过一个微妙的表情、一次肌肉的颤动、一次握手的摇摆就能发现一个人的素质和修养，这对于你——一个能够在一瞬之间把所有这些看在眼里的人是多么容易，多么让人满意的事情！但是你曾经用眼睛去发现一个朋友或者相识者的内心世界吗？你们之中的大部分人仅仅对面容的外在特点匆匆一瞥就停留在这一刹那的印象上了，不是吗？

比如说，你能准确地描述五个好友的容貌吗？其中一些人或许能，但是大部分人是做不到的。作为一项实验，我曾经问那些结婚多年的丈夫们他们妻子的眼睛是什么颜色，他们经常表现得很尴尬，承认自己并不知道。另外顺便提一下，一直以来，作为妻子的一方经常抱怨她们的丈夫注意不到她们的新衣服、新帽子，还有家里面摆设的改变。

对看得见的人来说，他们的眼睛已经对身边的景物和日常事务都习以为常了，他们只能注意到那些让人吃惊的事情和蔚为壮观的景色。但是即使遇上了最轰动的场面他们的眼睛也还是懒散的。法庭记录里面每天都有许许多多不确切的"目击"证词，同一事件会被很多目击者以各种不同的方式"看见"。有人能比其他人看到更多的东西，但是几乎没有人能看见视野范围内的全部事物。

噢，假如给我三天光明，我想看到的事物是何其的多啊！

第一天肯定是忙碌的一天。我会把所有亲爱的朋友叫来，长久地凝视他们的脸，要将能反映他们内在的美与善的姿态和表情镌刻在脑海里。当然了，我还会把目光投向婴儿的脸，捕捉人在婴孩时期所具有的热切和纯洁之美，这种美在人们觉察到生活所蕴涵的矛盾冲突之前才有。

我还要看我的宠物狗那双忠诚、信任的眼睛。毛色灰黑、活泼可爱的苏格兰狗小黑，还有体格健壮、善解人意的丹麦大狗海尔格，它们热情、驯服，与我耍玩，让我觉得十分欣慰。

在忙碌的第一天里面我还要看看家里面的那些小东西。我想看看脚底下的地毯温暖的颜色，墙上的字画，还有我喜爱的点心糖果。有了它们，一栋房子才会变成一个家。我将用一种虔诚的目光注视我阅读过的那些凸印书籍，不过明眼人阅读的印刷书籍可能会更加地吸引我。我热爱书籍，因为在我生命中漫长的黑夜里，是那些我自己阅读过的和别人给我读的书籍为我筑起了一座高耸、明亮的灯塔，为我了解人类生活的千姿百态指明了航道，引领我找到人类宝贵的精神宝藏。

——《假如给我三天光明》（节选）

"大陆漂移"学说的伟大创立者——魏格纳

名人简介

1880年11月1日，魏格纳出生于德国柏林。父亲是个探险爱好者，他年轻的时候去过很多地方。小魏格纳从小就喜欢听父亲讲他的探险经历，从父亲的口中，小魏格纳知道了世界上很多奇妙的地方，他梦想着自己有一天也能亲自到这些地方去看一看。父亲的书柜中有许多探险方面的书籍。魏格纳读书识字后，便开始翻阅这些书，在书中他认识了哥伦布、库克、约翰·富兰克林等许多探险家，他们的传奇故事震撼着魏格纳幼小的心灵，他下决心长大后，也要做个探险家，并把这个想法告诉了父亲。父亲拍着儿子的肩膀说："好孩子，有志向，不过要想当探险家必须具备两个条件：第一是丰富的科学文化知识，这样你才能解释你看到的东西；第二，必须有一个好身体，才能支撑你到达要去的地方。"

魏格纳像

魏格纳暗暗记下了父亲的话。从那以后，他便努力读书，发愤锻炼自己的身体。为了掌握丰富的科学文化知识，魏格纳读了许多课外书。他读书范围很广，包括天文、地理、生物、哲学、历史等各方面的书籍。他读书非常投入，经常到了废寝忘食的程度。为此，同学们都喊他"书痴"。为了使自己有一个强壮的身体，魏格纳每天都花费很多时间来锻炼。天寒地冻的时候，他咬着牙穿着一件单衣在雪地里一跑就是几个小时；酷热的夏天，他背着十几斤重的沙袋步行，一走就是10多千米。

名人档案
- 生卒年　1880～1930年
- 国　籍　德国
- 出生地　柏林
- 身　份　地质学家／气象学家

1900年，魏格纳以优异的成绩从中学毕业。他当时就想结束学业，参加一个北极探险队。后来，魏格纳到高中地理老师家去做客，把自己的想法告诉了老师。这位年近六旬的老人语重心长地对他说："孩子，人们探险的目的有很多种：有人是为了获得黄金、古董等奇珍异宝；有人是为了寻求刺激；还有人是为了人类的科学研究。前两者都是从个人的得失或喜好出发。只有后者是为了全人类的幸福，为了征服大自然。这三者，你选择那一个呢？"

名言佳句

无论发生什么事，必须首先考虑不要让事业受到损失，这是我们神圣的职责。

听了老师的话，魏格纳愣住了，他以前可从没考虑过这样的问题。老师接着说："你的文化基础好，又很聪明，我希望你能继续上大学，以后做一个真正有益于社会的大探险家。"老师的一番话对魏格纳的触动很大，他经过再三考虑，决定选择第三者，继续学业，以后做个对人类科学事业有所贡献的探险家。

这一年，魏格纳进了柏林因斯布鲁克大学，学习天文和气象学。毕业后，他又跟随著名气象学家柯彭教授学习高空气象学，并于1905年获得了气象学博士学位。这时，有许多研究院高薪聘请他，魏格纳都一一回绝了，他要实现自己探险家的梦想。1906年，魏格纳以官方气象学家的身份，应邀参加了丹麦一支著名的探险队，去世界第一大岛格陵兰岛东北部探险。这之后，魏格纳度过了两年异常艰辛的探险生活。探险经历中，他获得了大量珍贵的第一手的气象学、地质学资料，这些对他后来的"大陆漂移"学说的提出，起到了重要作用。

1910年的一天，魏格纳因风寒病躺在床上休息。不过他的大脑却闲不住，他看着对面墙上的世界地图不停地思索着。突然，他惊奇地发现，大西洋两岸，南北美洲的东海岸和欧洲、非洲的西海岸，轮廓非常吻合，这边大陆突出部分和那边大陆的凹进部分形状几乎完全一样。这是怎么回事呢？这些大陆板块之间有什么渊源吗？难道它们以前是一体的吗？魏格纳的大脑兴奋起来，他再也躺不住了，便起身去查阅地质学、地理学资料。这之后，魏格纳，坚持不懈地研究着这个问题。1915年，他写出《海陆的起源》，系统地提出了"大陆漂移"学说。

"大陆漂移说"一提出，就引起地质学界顽固派的抵制。他们坚持"海陆规定说"，认为这个看法证据不足，说它不过是"玩耍儿童七巧板的发明"。他们还组织了许多反对者和魏格纳辩论。面对巨大的压力，魏格纳没有退缩。为了找出坚实的证据，魏格纳组织了自己的探险队，到世界各地考察。为了研究事业，他长年累月在外奔波，健康状况受到了严重的损害。1930年4月，他第四次到格陵兰岛探险，10月份，在返回途中不幸遇到了暴风雪，在与风雪搏斗过程中心脏病

魏格纳的"大陆漂移说"

魏格纳的"大陆漂移说"认为：在3亿年前的古生代后期，全球只有一块大陆，称为泛大陆，泛大陆周围是广阔的泛大洋。大约在2亿年前，泛大陆开始分裂、漂移。"大陆漂移"的结果是，陆块泛大陆被分裂为几块大陆和许多岛屿，把泛大洋分割为四大洋和一些小海，就是今天地球的样子。魏格纳的"大陆漂移说"否定了自古以来人们一直认为大陆不变的观点，第一次成功地解释了地球上陆地和海洋分布现状的成因，为地质学研究开辟了新的道路；同时，它也为找矿、地震预报等提供了科学依据。

发作，不幸殉职。

魏格纳死后30年，他的"大陆漂移说"得到了地质界的肯定。魏格纳以其献身科学的大无畏精神，得到了世人的尊重，他被人们誉为"地学的哥白尼"。

青霉素的发现者——弗莱明

名人简介

弗莱明兄弟8人，他是最小的一个。在他7岁时，父亲去世，坚强而乐观的母亲挑起了家庭的全部重担。16岁时，弗莱明因为家道中落而半途辍学，他不得不自谋生计，在一家船运公司做工，一干就是4年。1901年，他的生活有了转机——他获得了姑母的一笔遗产，能够继续完成学业。在哥哥的建议下，弗莱明选择了医学，并考上了帕丁顿的圣玛丽医学院，在1909年获得博士学位。毕业后，弗莱明留在圣玛丽医院，并参加了由免疫学界先驱阿尔姆罗斯·赖特博士直接领导的预防接种科。

名人档案	
生卒年	1881～1955年
国　籍	英国
出生地	苏格兰艾尔郡
身　份	医学家

第一次世界大战爆发后，弗莱明参加了皇家军医部队，参与研究并协助治疗伤员所患的传染病。在战场上，弗莱明深刻感受到了病菌带给伤员的伤害和痛苦，这促使他努力地研究消灭细菌的方法。1919年退伍后，弗莱明又回到了圣玛丽医院研究抗菌物质。1928年9月的一天早晨，弗莱明来到了实验室，像往常一样，开始逐个检查培养器皿中细菌的变化。一只长了一团团青绿色霉花的培养皿引起了他的注意。他仔细地观察了一会儿，发现了一个惊异的现象：在青色霉菌的周围，有一小圈空白的区域，原来生长的葡萄状球菌消失了。弗莱明马上又在显微镜下进行观察，结果发现，青霉菌附近的葡萄状球菌已经全部死去，他意识到，这种青霉菌具有灭菌能力。后来的进一步研究表明，青霉菌是当时发现的最强有力的一种杀菌物质，而且对动物无害。弗莱明把他发现的青霉菌称为青霉素（英文名Penicillium，直译为盘尼西林），于1929年6月在英国的《实验病理学》杂志上发表论文，公布了他对青霉素的研究成果。

当时青霉素还无法马上用于临床治疗，因为青霉素培养液中所含的青霉素太少了，很难从中提取足够的数量供治疗使用。后来，在牛津大学主持病理研究工作的澳大利亚病理学家弗洛里对弗莱明有关青霉素的论文产生了浓厚的兴趣，他联合了德国生物化学家钱恩等人，制成了少量的青霉素，并在动物的实验上取得了巨大成功。于是他们开始了批量

名言佳句

如果我们要想过真正幸福的生活，那就必须尝尝更多的艰难与辛苦。只有这样，我们才知道幸福来之不易，才会分外珍惜它。

生产青霉素的研究工作。1941年6月，弗洛里带着青霉素样品来到不受战火影响的美国，经过艰苦的努力，终于制成了以玉米汁为培养基、在24℃的恒温下进行生产的设备，用它提炼出的青霉素纯度高、产量大，很快就开始在临床应用。最先，青霉素只限用于抢救战争中的伤员，1944年，开始在英国和美国推向民用，而到1945年大战结束时，青霉素的使用已经遍及世界各地，拯救了无数人的生命。

　　1944年，英国皇室为了表彰弗莱明对人类做出的突出贡献，授予他爵士封号。1945年，弗莱明、弗洛里和钱恩三人，因为在发现和利用青霉素方面做出的杰出贡献，共同获得了诺贝尔生理学及医学奖金。1955年，弗莱明与世长辞，享年74岁。

现代艺术大师——毕加索

名人简介

　　由于受父亲的影响和教育，毕加索从8岁就开始学习绘画，而且还将自己画好的作品，悬在一家雨伞店的门口，供人欣赏。15岁时，毕加索考进了马德里的圣菲迪南多皇家美术学院。1898年，毕加索因为患上猩红热而退学，病愈之后，父亲送他去了巴黎。

名人档案	
生卒年	1881～1973年
国　籍	西班牙
出生地	马拉加
身　份	艺术家

　　1900年，毕加索在巴黎举办了首次画展，引起了法国画界的注意。1904年，毕加索定居巴黎。这一时期毕加索的画以蓝色为主，表达人的痛苦，这可能和他贫困的生活有很大关系。在和女画家奥利维埃生活在一起以后，虽然生活依旧贫困，但毕加索的作品的色调明快了许多，进入"粉红色时期"——以玫瑰红为主调，代表作有《沙蒂姆邦克一家》《站在球上的少女》《拿扇子的女人》等。1908年以后，毕加索开创了"立体主义"的绘画风格，代表作品有《阿德尼翁姑娘》。他和另外一位法国画家布拉克画了许多风景和静物，追求形式上的奇异效果，努力从自然中抽调体积和空间，用一种小平面来表现物体。在此后很长的一段时间中，毕加索的画风不断发生变化，从立体主义到新古典主义，1925年以后，又变成了超现实主义。

　　1936年西班牙内战爆发后，毕加索积极参加反法西斯的社会活动，还把以卖画所得的40万法郎全部捐给西班牙共和国政府。1937年，德国法西斯空军对西班牙小镇格尔尼卡进行了长达三个多小时的狂轰滥炸，将小镇夷为平地。毕加索闻信后非常地气愤，以这一事件为题材创作了他最著名的代表作——油画《格尔尼卡》。这幅画的色调是黑、白、灰三色，结合立体主义、现

名言佳句

　　美术是揭示真理的谎言。
　　我想画一只杯子，我要向你显示它是圆的，但也许图画的总体旋律和结构迫使我把杯子的图形画成正方形。
　　我的每一幅画中都装有我的血，这就是我的画的含义。

实主义和超现实主义的风格表现痛苦、不幸和兽性，画中抱着孩子的母亲、哭泣的女人、着火的房屋、死人的尸体、慌乱的牛、被矛刺穿的马等，以深刻的内涵意义表达了对法西斯暴行的强烈抗议。德军占领巴黎后，毕加索仍旧留在巴黎，闭门谢客，潜心作画。同时，他积极参加反法西斯战争，以自己的画笔控诉法西斯的暴行。1944年巴黎解放后，毕加索举办了战时作品的大型展览，他本人作为象征抵抗精神的艺术家，获得了极高的荣誉。战后，他又特意为世界和平大会画了著名的《和平鸽》。

1973年，毕加索因病逝世，享年92岁。

名人逸事

毕加索的艺术风格和他生活中的女人有重要的关系。每次在他的生活中出现新的女主角时，他的画风就会随之发生变化。反之亦然，画风改变的时候就意味着新的女主角的出现。毕加索一生正式结婚两次，另外至少有过5位情人，而这7位女性中，有1位精神失常，还有2位死于自杀。他的第7个女人即第二任妻子，名叫杰奎琳·洛克，两人于1961年举行了秘密婚礼，当时毕加索80岁，而新娘只有38岁。

美国历史上任职时间最长的总统——罗斯福

名人简介

罗斯福小时候经常随父母游历欧洲，从小就积累了不少的生活阅历。他14岁进入马萨诸塞州的格罗顿预备学校，18岁考入哈佛大学攻读政治、历史和新闻，1904年从哈佛大学毕业后，又进入哥伦比亚大学法学院学习法律。

名人档案
- 生卒年　1882～1945年
- 国　籍　美国
- 出生地　纽约州的海德公园
- 身　份　政治家

1905年，他与埃莉诺·罗斯福结婚，妻子成为他以后从政的得力助手。1907年，罗斯福从哥伦比亚大学法学院毕业，取得了律师资格，被一家律师事务所聘为律师。1910年，他以民主党候选人的身份当选为纽约州参议员，开始涉足政界。

1912年，罗斯福帮助威尔逊赢得了竞选的成功，他本人也因为出色的政治手段和组织才干在民主党中初露头角，并在次年被威尔逊总统任命为海军部助理部长，任职7年。1920年，他被民主党提名为副总统候选人，竞选失败后，他担任了一家保险公司的副经理。1921年夏天，他因为在很凉的水中游泳，染上了当时流行的脊髓灰质炎（小儿麻痹症），但他以坚强的毅力战胜了病魔。1928年，罗斯福成功竞选成为纽约州州长，第二年，美国爆发了严重的经济危机（大萧条）。罗斯福在纽约州采取了多种措施来救济失业工人、稳定社会秩序，在民主党人中的威信大增。1933年3月4日，罗斯福就任美国第32届总统。一进入白宫，他就宣布实施旨在摆脱大萧条的"新政"，在100天的时间里，接连颁布了"紧急银行法""黄金储备法""国家工业复兴法""农业调整法"等15项重要法案，同时采取了大规模的以工代赈和改善社会福利等措施，终于使美国的社会经济走上正轨。1936年，他再次当选为美国总统。

1937年，罗斯福在芝加哥发表了著名的"防疫演说"，指出"战争是会传染的……与战争地点距离遥远的国家或民族，也会被卷入战争的旋涡"。明确表达了他希望参加反法西斯战争的思想。二战爆发初期，虽然美国采取了中立政策，但罗斯福积极备战，并迫使国会通过了一些有利于反法西斯国家的条款。1940年5月，不列颠战役爆发后，罗斯福在5个月的时间内，给英国送去了大量军火，成为英国实际上的盟国。1940年11月，罗斯福第三次当选为美国总统。此后，他发表了一系列重要谈话，最终摆脱了国内孤立主义的羁绊，使美国投身于世界反法西斯战场，成为世界反法西斯战争的中坚力量。1941年苏德战争爆发后，美国同苏联签订了租借议定书，给苏联支援了战争物资。同年，罗斯福与丘吉尔联合发表了《大西洋宪章》，奠定了世界反法西斯联盟的基础。

罗斯福是美国历史上一位伟大的总统，也是美国历史上唯一一位坐在轮椅上的、唯一一位连任四届的总统。他推行新政，帮助国家克服了经济大萧条，他领导美国参加反法西斯战争，并为二战的胜利做出了伟大的贡献。

1944年10月，罗斯福打破了美国建国近200年来的传统，第四次连任美国总统。但此时他的健康每况愈下，心脏病、高血压经常发作。1945年4月12日，他在佐治亚温泉的小白宫画像时突发脑溢血与世长辞，享年63岁。

名人逸事

1944年，罗斯福第四次当选为美国总统，《先锋论坛报》的一位记者请他谈谈这次连任的感想。罗斯福没有立即回答，而是很客气地请这位记者吃三明治，记者受宠若惊，一连吃下三块。哪知罗斯福在他吃完后说："请再吃一块吧！"记者听后哭笑不得，因为他实在吃不下去了。罗斯福微微一笑说："现在，你不须要问我对第四次连任的感想了。因为你自己已经切身感受过了。"

名人作品欣赏

副总统先生、议长先生、参众两院各位议员：

昨天，1941年12月7日——一个遗臭万年的日子——美利坚合众国遭到了日本帝国海空军部队突然和蓄谋的进攻。

合众国当时同该国处于和平状态，而且，根据日本的请求，当时仍在同该国政府和该国天皇进行着对话，对于维护太平洋的和平有所期待。实际上，就在日本空军中队已经开始轰炸美国瓦胡岛之后一小时，日本驻合众国大使及其同事还向我们国务卿提交了对美国最近致日方的信函的正式答复。虽然复函声言继续现行外交谈判似已无用，但它并未包含着有关战争或武装进攻的威胁或暗示。

应该记录在案的是：由于夏威夷同日本的距离，这次进攻显然是许多天乃至若干星期以前就已蓄意进行策划的。在策划过程之中，日本政府通过虚伪的声明和表示希望维系和平而蓄意对合众国进行了欺骗。

名言佳句

我们不得不恐惧的唯一事物，就是恐惧本身。

实现明天理想的唯一障碍是今天的疑虑。

请根据我的敌人的评论来评价我。

昨天对夏威夷群岛的进攻，给美国海陆军队造成了严重的损害，我遗憾地告诉各位，很多美国人丧失了生命，据报，美国船只在旧金山和火奴鲁鲁之间的公海上也遭到了鱼雷袭击。

昨天，日本政府已发动了对马来西亚的进攻。

昨夜，日本军队进攻了香港。

昨夜，日本军队进攻了关岛。

昨夜，日本军队进攻了菲律宾群岛。

昨夜，日本人进攻了威克岛。

今晨，日本人进攻了中途岛。

因此，日本在整个太平洋区域采取了突然的攻势。昨天和今天的事实不言自明。合众国的人民已经形成了自己的见解，并且十分清楚地关系到我们国家的安全和生存的本身。

作为海陆军总司令，我已指示，为了防备我们采取一切措施。

但是，我们整个国家都将永远记住这次对于我们进攻的性质。

不论要用多长的时间才能战胜这次预谋的入侵，美国人民以自己的正义力量一定要赢得绝对的胜利。

我现在断言，我们不仅要做出最大的努力来保卫我们自己，我们还将确保这种形式的背信弃义永远不会再危及我们。我这样说，相信是表达了国会和人民的意志。

敌对和行动已经存在。毋庸讳言，我国人民，我国领土和我国利益都处于严重危险之中。

信赖我们的武装部队——依靠我国人民的坚定信心——我们将取得必然的胜利——上帝助我。

罗斯福与他的佐治亚温泉医疗中心

罗斯福患上脊髓灰质炎后，在佐治亚州西南的温泉疗养区进行了精心的治疗，取得了非常显著的疗效。这使他萌生了将这里买下来，建成一个非盈利性质的、小儿麻痹患者治疗中心的念头。1926年，他花19.5万美元购买了温泉区原有的旅馆、游泳池、1200英亩山地，成立了非盈利性质的佐治亚温泉医疗中心。1927年，医疗中心接待了来自全国各地的众多小儿麻痹患者，各报纸对此做了报道。罗斯福的人道主义举措，使他在美国民众心目中树立起了更加完美的形象，为他在以后大选中获胜起到了一定的作用。

我要求国会宣布：自1941年12月7日——星期日日本进行无缘无故和卑鄙怯懦的进攻时起，合众国和日本帝国之间已处于战争状态。

——《一个遗臭万年的日子》

电影喜剧大师——卓别林

名人简介

卓别林2岁时，父母离异，他和母亲以及一个同母异父的哥哥相依为命。他小时候当过流浪儿、小听差、学徒，生活得十分艰辛。然而，卓别林很有表演天赋，能歌善舞，不到10岁时就参加了"兰开夏八童伶剧团"，随团在英国多次巡回演出。

名人档案
- 生卒年　1889～1977年
- 国　籍　英国
- 出生地　伦敦
- 身　份　艺术家

1907年，卓别林被卡尔诺剧团录用，他的第一场演出就获得了观众的热烈欢迎。卓别林刻苦训练、精益求精，他的节目始终保持着古典幽默剧优良传统，并逐渐形成了独特的哑剧风格。1910年，卓别林随剧团第一次到美国演出，在《英国杂耍剧场的一个晚上》和《哑鸟》等剧中，卓别林担当戏剧演员的头牌，获得了美国观众的热烈喝彩。1912年，他又在美国做第二次演出，名气也越来越大。1913年，他和美国制片商签订了合同，开始在美国拍摄电影。1914年，他的第一部电影《谋生》问世，这一年，他一共拍了35部短片，并自编、自导了其中的21部。从此，一个头戴小圆礼帽、留着刷子一般的胡子、手拿文明棍、摆着两条肥裤腿、一拐一拐迈着鸭子步的流浪汉夏尔洛进入了观众的视界，并成为世界电影史中最著名的角色之一。夏尔洛善良正直、纯朴憨厚，但在弱肉强食的资本主义社会中却受尽侮辱和打击，他的喜剧性遭遇在带给观众丰富的感官感受的同时，也不禁引起人们对诸多社会不平等现象的思考。

19世纪20年代，卓别林先后拍摄了许多著名影片，如《寻子遇仙记》《淘金者》《城市之光》等，这些影片都深刻地描绘了小人物在大社会中的坎坷生活经历。在《摩登时代》中，夏尔洛成了一个在传送带旁被上足马力工作的"机器"，他为了保住工作，拼命工作，但最后却精神失常，被送进了疯人院。病愈之后，他也失业了。卓别林的这部影片不仅思想深刻，在演技上也达到了炉火纯青的地步。1940年，卓别林在纽约首次公映了讽刺战争狂人希特勒的影片《大独裁者》，以自己的独特方式表达了对纳粹德国的憎恶和反感。

战后，卓别林因为一部谴责战争贩子和军火商的电影《凡尔杜先生》得罪了美国政府，因而受到了迫害，《凡尔杜先生》在很多美国大城市被禁止放映。1952年9月，卓别林带着家眷去欧洲参加《舞台生涯》的首映礼，当轮船横渡大西洋时，收音机广播了美国司法部的声明，拒绝卓别林再次进入美国。卓别林后来移居瑞士。

1954年5月，在柏林召开的世界和平理事会宣布，鉴于卓别林"丰富多彩的活动对和平事业及各国人民之间的友谊做出了特殊贡献"，决定颁发给他国际和平奖金。1966年，卓别林在伦敦拍摄了他的最后一部影片《香港女伯爵》。1977年12月25日，卓别林在瑞士与世长辞，享年88岁。

> **名言佳句**
>
> 人必须相信自己，这是成功的秘诀。
>
> 只要不失目标地继续努力，终将有成。

名人逸事

卓别林的母亲由于每天要赶好多场演出得不到休息，嗓子越来越不好了，但为了能维持家里的生活，日子再苦也不得不熬下去。在卓别林5岁的时候，有一次，小卓别林依然像往常一样站在幕后看母亲演出。母亲开始的声音十分动听，但不一会儿便发不出声来了，台下立刻乱了，有的观众甚至高声喊着要退票，老板急坏了，便大声训斥母亲。看到母亲受委屈，小卓别林从幕后跑出来，对老板说："你不许再骂我妈妈，我代我妈妈唱歌！"老板平常听过卓别林唱歌，感觉还过得去，而且又找不到合适的人替场，于是就对卓别林说："好吧，不过你只许给我唱好，唱砸了，你可小心点！"小卓别林不慌不忙地走到台上，接着母亲的调子便唱起来。他的声音清脆嘹亮，而且他还根据自己的理解加上了恰当的动作，骚动的人群立刻安静下来。一首曲子唱完，剧场响起了热烈的掌声，"好！再来一首！"台下观众一致要求。在观众的欢呼声中，卓别林又唱了好几首。

名人作品欣赏

遗憾得很，我并不想当皇帝，那不是我干的行当。我既不想统治任何人，也不想征服任何人。如果可能的话，我倒想帮助任何人，不论是犹太人还是基督徒，是黑种人还是白种人。

我们都要互相帮助。做人就是应该如此。我们要把幸福建筑在别人的幸福上，而不是建筑在别人的痛苦上。我们不要互相仇恨，互相鄙视。这个世界上有足够的地方让人生活，大地是富饶的，是可以使每一个人都丰衣足食的。

生活的道路可以是自由的，美丽的，只可惜我们迷失了方向。贪婪毒化了人的灵魂，在全世界筑起仇恨的壁垒，强迫我们踏着正步走向苦难，进行屠杀。我们发展了速度，但是我们隔离了自己；机器应当是创造财富的，它们反而给我们带来了贫困；我们有了知识，反而看破了一切；我们学得聪明乖巧了，反而变得冷酷无情；我们头脑用得太多了，感情用得太少了；我们更需要的不是机器，而是人性；我们更需要的不是聪明乖巧，而是仁慈、温情。缺少了这些东西，人生就会变得凶暴，一切也都完了。

飞机和无线电缩短了我们之间的距离。这些东西的性质，本身就是为了发挥人类的优良品质，要求全世界的人彼此友爱，要求我们大家互相团结，现在世界上就有千百万人听到我的声音——千百万失望的男人、女人、小孩——他们都是一个制度下的受害者，这个制度使人受尽折磨，把无辜者投进监狱。我要向那些听得见我讲话的人说："不要绝望啊！"我们现在受到苦难，这只是因为那些害怕人类进步的人在即将消逝之前发泄他们的怨毒，满足他们的贪婪。这些人的仇恨会消失的，独裁者会死亡的，他们从人民那里夺去的权力会重新回到人民手中的。只要我们不怕死，自由是永远不会消失的。

——《要为自由而战斗》（节选）

永不言败的硬汉作家——海明威

名人简介

少年时期的海明威身体强健、精力充沛，在校园生活中非常活跃，既是学校游泳队和足球队的队员，又是校刊的编辑和乐队的大提琴手。

名人档案	
生卒年	1899～1961年
国　籍	美国
出生地	芝加哥郊区
身　份	文学家

1917年中学毕业后，海明威到堪萨斯市的《星报》做记者。第一次世界大战末期，海明威参加了红十字会救护队，奔赴意大利战场，不仅经历了残酷的战争场面，还身负重伤，从他身上先后取出来的弹片，总计有237片之多。海明威也因为作战勇敢，获得了美国和意大利勋章。1921年，他与哈德莉·理查德结婚。同年12月，他担任加拿大《多伦多明星报》的驻巴黎特派记者。在巴黎期间，他结识了著名作家斯坦因等人，他们鼓励他努力使自己成为一名真正的作家，而他也深深受到了这些"迷惘的一代"作家们的早期思想的影响。在巴黎的这一时期，海明威通过坚持不懈的努力，逐步形成了含蓄和精炼的创作特色。

1922年，海明威返回多伦多，次年，他的第一部著作《三个短篇和十首诗》问世，显示出杰出的创作才能。整个20年代，海明威发表了短篇小说《在我们的时代里》（1924年）、《没有女人的男人》（1927年）和长篇小说《太阳照样升起》（1926年）、《春天的激流》（1926年），以及《永别了，武器》（1929年）。《太阳照样升起》是海明威的成名之作，描写了一群参加过第一次世界大战的青年人在战后欧洲的生活情景，他们精神苦闷、心灵空虚，以放荡不羁的生活来解脱自己精神上的痛苦。小说一经出版，就成为当时的畅销书，引起了青年人的共鸣，成为"迷惘的一代"的典范之作，很快被译成多种文字并被拍成了电影。《永别了，武器》是海明威早期的另一部代表作品，该书一出版就销售了10多万册，并被好莱坞以最高价买去了拍片权。西班牙内战爆发后，海明威曾经4次前往西班牙，不仅报道战况，而且与民主两派并肩作战。1940年，他出版了以西班牙内战为背景的《丧钟为谁而鸣》(《战地钟声》)，再次给自己带来了巨大的声誉。到1941年，海明威的著作在全世界的销售量已经超过了100万册。

四五十年代的海明威是媒体关注的焦点，他的多部著作被拍成电影，而他本人也被媒体塑造成豪放粗犷的传奇式人物。海明威从他的第一部短篇小说集《在我们的时代里》起，就一直在追求一种永不屈服的硬汉子精神，这在《老人与海》一书中得到了极致的体现。该书出版于1952年，在两年的时间内为海明威赢得了普利策奖、美国学院奖和诺贝尔文学奖。

名言佳句

一个人并不是生来就要给打败的，你尽可以把他消灭掉，可就是打不败他。

海明威一生豪放，以"硬汉子"的风格著称于世，但晚年身体状况的不断恶化却使他身心疲惫。1961年7月2日，海明威在家中用猎枪结束了自己的生命，享年62岁。

名人作品欣赏

我不善辞令，缺乏演说的才能，只想感谢阿尔雷德·诺贝尔评奖委员会的委员们慷慨授予我这项奖金。没有一个作家，当他知道在他以前不少伟大的作家并没有获得此项奖金的时候，能够心安理得地领奖而不感到受之有愧。这里无须一一列举这些作家的名字。在座的每一个人，都可以根据他的学识和良心提出自己的名单来。

要求我国的大使在这儿宣读一篇演说，把一个作家心中所感受到的一切都说尽是不可能的。一个人作品中的一些东西可能不会马上被人理解，在这点上，他有时是幸运的；但是它们终究会十分清晰起来，根据它们以及作家所具有的点石成金的本领之大小，他将青史留名或被人遗忘。

写作，在最成功的时候，是一种孤寂的生涯。作家的组织固然可以排遣他们的孤独，但是我怀疑它们未必能够促进作家的创作。一个在稠人广众之中成长起来的作家，自然可以免除孤苦寂寥之虑，但他的作品往往流于平庸。而一个在岑寂中独立工作的作家，假若他确实不同凡响，就必须天天面对永恒的东西，或者面对缺乏永恒的状况。

一战时期的海明威

年轻的海明威在米兰美国红十字会医院治疗在战争中留下的创伤，几十年后这位崇尚硬汉精神的美国作家因无法承受肉体和精神的双重折磨，用猎枪结束了自己的生命。

对于一个真正的作家来说，每一本书都应该成为他继续探索那些尚未到达的领域的一个新起点。他应该永远尝试去做那些从来没有人做过或者他人没有做成的事，这样他就会有幸获得成功。如果将已经写好的作品仅仅换一种方法又重新写出来，那么文学创作就显得太轻而易举了。我们的前辈大师们留下了伟大的业绩，正因为如此，一个普通作家常被他们逼人的光辉驱赶到远离他可能到达的地方，陷于孤立无援的境地。

作为一个作家，我讲的已经太多了。作家应当把自己要说的话写下来，而不是说出来。再一次谢谢大家。

注：本文为1954年诺贝尔文学奖获得者——海明威在授奖仪式上的演讲词，海明威本人未出席这次授奖仪式，此文由当时美国大使约翰·C.卡波特代读。

——《写作，是一种寂寞的生涯》

— 344 —

东方美的现代探索者——川端康成

名人简介

川端康成幼时的命运是孤苦而悲惨的，3岁的时候，父母相继去世，他在祖父家里长大，祖父家没有什么经济来源，生活贫苦。孤独而贫困的生活反而激发了川端康成的潜力，他从小就非常努力地读书，到小学高年级的时候，已经读遍了学校图书馆中的书。1915年，他以优异的成绩考进了大阪府的茨木中学，在学校里阅读了大量的日本古典名著，并开始向一些刊物投稿。1920年，他考入东京帝国大学文学系攻读英语并兼修日本文学。1924年大学毕业后，他开始了自己的文学创作生涯。

名人档案	
生卒年	1899～1972年
国　籍	日本
出生地	大阪市
身　份	文学家

川端康成与一些作家共同创立了《文艺时代》杂志，掀起了被称为是"新感觉派"的文学创作浪潮，希望用文艺来取代传统宗教在人民心中的地位，创造新的审美境界。1926年，他发表了成名作《伊豆的舞女》。这部小说以明朗、清新的笔调非常细致地刻画出了少男少女之间纯真的情谊，出版后获得了广泛的好评，1965年，在川端康成去过的伊豆半岛还专门建立了一座"伊豆的舞女"纪念碑。1935年，川端康成开始撰写他最著名的作品《雪国》。这是一幅关于20世纪30年代末日本艺妓的生活画卷，通过描写一个叫岛村的男人和艺妓驹子及叶子之间的感情纠葛，反映出生活在社会底层的妇女的悲惨处境和她们对理想生活的向往与追求。这部20世纪的世界文学名著，虽然只有10万字左右，却花费了12年的创作时间。小说的情节跨越了日本战前和战后的两个时代，具有巨大的艺术感染力，曾先后被译成英、德、法、意大利、瑞典、芬兰等多国文字。1949年，川端康成开始发表小说《千羽鹤》，历时两年，并在1951年获得日本艺术院奖。1957年，他当选为日本艺术院会员，并获得艺术院奖金和日本政府颁发的文化勋章。1962年，川端康成的又一部力作《古都》问世。这部小说以独特的创作风格把日本的传统文化与山川美景融入到主人公的生活之中，显示出作者对美的无限留恋和追求。

1968年10月18日，川端康成凭借在《雪国》《千羽鹤》和《古都》等著作上取得的突出成就获得了诺贝尔文学奖，成为继印度的泰戈尔之后第二位获得该奖的亚洲作家。在颁奖仪式上，川端康成发表了《美丽的日本和我》的演说，阐述了他认为与西方不同的东方文学艺术的审美体验。川端康成的创作风格除了受到日本古典文学的影响外，还颇受佛教禅宗的影响。他在《文学的自传》中曾经指出：佛教是世界上最大的文学，但佛教经典在他而言并不是宗教的训条，而是他创作的思想源泉。

诺贝尔奖给川端康成带来了巨大荣誉，也给他造成了无尽的烦恼。对于大批涌来的慕名者，他心里十分厌烦，曾对夫人发脾气说："家里并不是旅馆，我也不是为客人活着的。"1972年4月16日，川端康成口含煤气管自杀，没有留下只字遗书。但他早在1962年就说过:"自杀而无遗书,是最好不过的了。无言的死,就是无限的活。"

名人逸事

　　川端康成的一生经历了很多不幸:2岁丧父,3岁失母,7岁时祖母身亡,11岁时仅有的一个姐姐离世,16岁时祖父又逝世。他不仅接二连三地为亲人披孝送葬,即使是辗转寄宿在亲戚家中,也不断地碰上亲戚的丧葬。有一年暑假,川端康成参加了一次丧礼,又为中学的英文教师和一位好友送殡,所以他的表兄就送他一个"参加葬礼的名人"的绰号。

名人作品欣赏

　　我常常不可思议地思考一些微不足道的问题。昨天一来到热海的旅馆,旅馆的人拿来了与壁龛里的花不同的海棠花。我太劳顿,早早就入睡了。凌晨四点醒来,发现海棠花未眠。

　　发现花未眠,我大吃一惊。有葫芦花和夜来香,也有牵牛花和合欢花,这些花差不多都是昼夜绽放的。花在夜间是不眠的,这是众所周知的事。可我仿佛才明白过来。凌晨四点凝视海棠花,更觉得它美极了。它盛放,含有一种哀伤的美。

　　花未眠这众所周知的事,忽然成了新发现花的机缘。自然的美是无限的,人感受的美却是有限的。正因为人感受美的能力是有限的,所以说人感受到的美是有限的,自然的美是无限的。至少人的一生中感受到的美是有限的,是很有限的。这是我的实际感受,也是我的感叹。人感受美的能力,既不是与时代同步前进,也不是随年龄而增长。凌晨四点的海棠花,应该说也是难能可贵的。如果说,一朵花很美,那么我有时就会不由自主地自语道:要活下去!

　　画家雷诺阿说:只要有点进步,那就是进一步接近死亡,这是多么凄惨啊。他又说:我相信我还在进步。这是他临终的话。米开朗琪罗临终的话也是:事物好不容易如愿表现出来的时候,也就是死亡。米开朗琪罗享年89岁,我喜欢他的用石膏套制的脸型。

　　毋宁说,感受美的能力,发展到一定程度是比较容易的。光凭头脑想象是困难的。美是邂逅所得,是亲近所得,这是需要反复陶冶的。比如,唯一一件古代美术品,成了美的启迪,成了美的开光,这种情况确实很多。所以说,一朵花也是好的。

　　凝视着壁龛里摆着的一朵插花,我心里想道:与这同样的花自然开放的时候,我会这样仔细凝视它吗?只摘了一朵花插入花瓶,摆在壁龛里,我才凝神注视它。不仅是限于花,就说文学吧,今天的小说家如同今天的歌人一样,一般都不怎么认真观察自然,大概认真观察的机会很少吧。壁龛里插上一朵花,要再挂上一幅花的画。这画的美,不亚于真花的当然不多。在这种情况下,要是画作拙劣,那么真花就更加显得美,就算画中花很美,可真花的美仍然是很显眼的。然而,我们仔细观赏画中花,却不怎么留心欣赏真的花。

——《花未眠》(节选)

"迪斯尼"世界的创造者——迪斯尼

名人简介

1901年，迪斯尼出生于芝加哥城，他在家排行第四，有三个哥哥、一个妹妹。迪斯尼的父亲是一名木匠，自己经营农场，还建造房屋出售，家里的生活还比较富裕。不过由于家里人多，生活压力比较大，父亲的脾气十分火暴。迪斯尼的母亲是温柔善良、心灵手巧的人，她经常教孩子画画。

名人档案	
生卒年	1901～1966年
国　家	美国
出生地	芝加哥
身　份	有声动画片和彩色动画片的创制者

在母亲的影响下，迪斯尼从小就对绘画比较感兴趣。小迪斯尼画画非常有创意，经常突发奇想画一些东西，而且画出来的东西总是得到母亲的夸奖。6岁时，有一天，父母和三个哥哥都出门了，家里只剩下他和妹妹两个人。迪斯尼带着妹妹在屋里乱翻，后来找到了一大桶焦油，他经常听别人说起油画，便产生了用焦油画画的想法。于是他让妹妹给他当助手，在他们家房子的外面墙壁上画满了图案，有小猫、小狗，还有冒着浓烟的房子。迪斯尼画得正起劲的时候，父亲回来了，看到好好的墙上涂满了这么多东西，十分生气，将迪斯尼狠狠地训斥了一顿。迪斯尼从此虽然不敢再往墙上乱画了，但画画的兴趣一点也没减。

7岁的时候，迪斯尼上小学了。他一点也不喜欢老师讲的内容，学习成绩很不好。不过他一直对绘画有浓厚的兴趣，这段时间迪斯尼还喜欢上了音乐和电影。也是在这一年，父亲建造的房子赔了钱，农场又歉收，于是父亲便将农场卖了，带着全家来到堪萨斯市谋生。父亲在城里找了一份卖报纸的工作，为了更快地赚钱改变家里的情况，他一口气承揽了700份的投送差使。父亲让家里的孩子早晨上学之前都帮他送报纸，他这段时间的脾气尤其不好，动不动就训斥孩子们。因为难以忍受父亲的严厉和专制，三个哥哥都离家出走到外地谋生去了。哥哥们走后，送报纸的大部分工作到落在了迪斯尼和妹妹身上。

7岁的迪斯尼每天凌晨3点半就得起床，他先得走很远的路去领当天的报纸，然后得赶在上学前将报纸全部送出去。他每天都得走上几十里路，而且不管刮风下雨都必须坚持送报，有时候出了差错还要挨父亲的责骂。每天送完报纸还要去上学，小迪斯尼整天累得筋疲力尽，终日哈欠连天。这样的日子过了6年，迪斯尼不但没有被压垮，还在艰苦的生活中养成了坚强乐观的性格。在送报之余，他还保持着自己绘画的爱好。平常只要有一点空闲时间，迪斯尼便找来杂志照着上面的图画画。他尤其喜欢漫画，他愿意将自己生活中的喜乐表现在漫画中。迪斯尼在绘画上很有天赋，再加上他善于观察、勤于动笔，时间长了画技有了很大提高。迪斯尼上中学的时候，因为画画得好，还做了校刊的绘画编辑，并兼搞摄影。他感觉自己越来越离不开绘画了，下决心以后一定要做个画家。

　　1919年，迪斯尼中学毕业，父亲让迪斯尼去果冻厂工作，迪斯尼不肯去，他想找一份和绘画有关的工作。后来经人介绍，他到当地一家广告公司当学徒。由于做事认真而且在工作中有许多创新，迪斯尼得到了老板的赏识。后来老板便让他和一个摄影师学习动画制作。迪尼斯十分珍惜这样的学习机会，他总是虚心向师傅请教，有时为了学会一步程序经常很晚才回家。经过不懈的努力，他很快学会了动画制作的全过程。他还不断地钻研，不断改进制作方法，使得自己的动画作品有了更真实的效果。但不久这家广告公司因经营不善倒闭，迪斯尼也失业了。

> **名言佳句**
>
> 照天性来说，人人都是艺术家。他无论在什么地方，总是希望把"美"带到他的生活中去。

　　此后迪斯尼的日子过得很艰辛，为了生活他四处奔波。但他却从没有放弃自己的绘画创作，1922年，迪斯尼创作出了米老鼠系列卡通故事，后来他将自己的作品寄给了当时纽约动画片发行人温克勒小姐。他出色的作品立刻得到这位热情的女发行人的肯定。1932年，因创作的米老鼠动画片而获奥斯卡特别奖。后来他又创作出白雪公主、高飞狗等一系列受人欢迎的卡通形象，20世纪50年代他创办了"迪斯尼兄弟制片厂"和举世闻名的迪斯尼乐园。迪斯尼通过自己不懈的努力，实现了自己的人生价值，也为世界娱乐事业做出了巨大贡献。

"原子弹之父"——奥本海默

名人简介

　　1904年4月22日，奥本海默出生于美国纽约一个犹太后裔的家庭。父亲是当时纽约市一位十分有名气的纺织品进口商，母亲是一名出色的油画家。

　　奥本海默从小对周围的事物充满了好奇。5岁的时候，他跟着父母到德国故乡旅行，祖父送给他一些矿物标本，看着一块块五颜六色的岩石，奥本海默高兴极了，他将这些岩石按照形状大小进行分类，一边分类还一边思考，那样子还真像在搞科学研究，后来父母就十分注意培养他这方面的兴趣。11岁时，奥本海默成为纽约矿物俱乐部最小的会员。小奥本海默在这里遇到了许多收藏家、矿物专家和一些喜欢奇石收藏的自然科学家，这些人大多数都喜欢自然科学，他们经常在探讨矿物的过程中，将话题引向更广阔的自然科学领域。奥本海默经常和他们一起探讨问题，时间长了便对自然科学产生了浓厚的兴趣。

　　随着年龄的增长，奥本海默开始自己找有关自然科学方面的书籍看。他的阅读内容十分广泛，数学、物理、化学、天文、地理……广泛的阅读使奥本海默积累了大量的科学知识，也使他在书中

> **名人档案**
>
> ■ 生卒年　1904～1967年
> ■ 国　籍　美国
> ■ 出生地　纽约
> ■ 身　份　物理学家

结识了牛顿、伽利略、诺贝尔等在科学领域有过杰出贡献的人，他暗暗下决心长大后一定要像这些人一样做一名伟大的科学家。

1921年，21岁的奥本海默以优异成绩考入哈佛大学学习化学。他立志要做世界上最优秀的化学家，于是便拼命学习。每天上完课，除了在图书馆看书，就是在实验室做实验。奥本海默一学习起来便什么都忘了，经常是肚子饿得咕噜直叫，才想起该吃饭了，在他看来学习是生活中最大的快乐。就这样，聪明好学的奥本海默在大学三年级的时候，便学完了4年的课程，拿下了化学学士学位。

奥本海默像

然而科学的道路往往是越走越艰难。到了大四的时候，奥本海默对化学专业以后的研究方向产生了迷惑。这一年，他选修物理学家布里奇曼的物理课程，并产生了浓厚兴趣。经过冷静的分析，奥本海默放弃了化学专业，开始在布里奇曼的指导下学习实验物理学。为了弥补自己落下的物理学知识，奥本海默学习更加努力了。布里奇曼教授很欣赏这位勤奋好学、才华出众的学生，十分注意培养他。

为了继续深造，奥本海默到了世界一流的实验室——英国剑桥大学卡文迪许实验室，但当信心十足的奥本海默进入实际研究过程时，问题又出现了。由于他原先学的是化学，与物理学紧密相关的数学基础不太扎实，他开始感到有些吃力。尤其令奥本海默感到懊恼的是，他感觉自己好像做不好实验工作。一到做实验时，他的两手就不听使唤，这使奥本海默十分痛苦，有一段时间他甚至怀疑自己是否还能继续科学研究。但整天烦恼也解决不了根本问题，一段时间后，奥本海默让自己平静了下来。他再次冷静地对自己进行了分析，后来他终于为自己找到了方向：既然以实验为基础的物理学研究不是强项，那么何不试着向理论物理学发展呢？研究方向确定了，奥本海默再次有了干劲。此后，他便将全部精力都投入到理论物理学的研究上，并很快在这个领域崭露头角。

1926年，奥本海默因为发表了两篇重要的论文获得了进德国哥廷根大学攻读博士学位的奖学金。进入德国哥廷根大学后，他跟随老师玻恩——著名的理论物理学家进行了量子物理研究。这一年，师生合作发明了"玻恩－奥本海默近似法"，为世界量子理论的研究开辟了新道路。1941年，因为在理论物理学领域的许多重大的贡献，奥本海默当选为美国科学院院士。

第二次世界大战爆发后，传出了德国法西斯可能正在利用核裂变制造原子弹的可怕消息，为了抢在法西斯分子之前完成原子弹的研究，美国开始了一项研制原子弹的"曼哈顿工程"。1942年，在物理界享有很高声誉的奥本海默，被任命为"曼哈顿工程"的总工程师，开始了原子弹研究的历程。在他领导下，4000多名世界一流的科学家集中在美国洛斯阿拉莫斯实验室进行艰苦的研究。1945年7月16日，世界第一颗原子弹试爆成功，这个消息震惊了世界，奥本海默也从此被誉为"原子弹之父"。

但原子弹毕竟造成了众多无辜平民的伤亡,这使得奥本海默心灵上有了阴影。晚年的奥本海默对美国发展氢弹持反对态度,并为和平利用原子能做出了很大贡献。

名人逸事

奥本海默看书特别投入,还曾因此闹出过笑话。有一天下午,他到离家不远的图书馆去看书,拿了书后他便在一个角落看了起来,他读得太认真了,到了关门的时间也不知道。图书管理员锁门的时候,也没有注意到他,把门锁上便离开了,等奥本海默反应过来已经晚了。幸亏图书馆的墙上有一部电话,他给家里打了电话后,母亲才找图书馆的熟人将他"救"了出来。

钢铁是这样炼成的——奥斯特洛夫斯基

名人简介

1904年,奥斯特洛夫斯基出生于乌克兰维利亚河畔的一个小村庄。父亲是个酿酒工人,母亲是一个善良而温和的家庭主妇。奥斯特洛夫斯基是家里最小的孩子,他还有三个姐姐。由于父亲的工资微薄,孩子又多,一家人生活得十分艰难。

奥斯特洛夫斯基从小就很爱学习,4岁的时候,他便跟着姐姐们去上学。得到老师允许后,他就坐在姐姐们旁边,十分安静地听老师的讲解。聪明的小奥斯特洛夫斯基很快能认字了,他总是跟在姐姐们的旁边,和她们一起看书、写字。9岁的时候,奥斯特洛夫斯基上了一所教会小学,他学习十分用心,一有时间便捧着书看。可他真正的上学时间只有三年,由于他在课堂上对地球上生命的出现提出问题,反驳了"上帝创造说",受到神学教师的强烈指责,并被学校开除。此后家里的境况也越来越差,父母再也没有能力供他读书。

为了减轻父母的负担,小奥斯特洛夫斯基只好到处去做工。他先是在火车站的食堂做伙计,在那里他每天要承担10个多小时的繁重劳动,而且动不动就被老板打骂。在这样艰难的生活中,奥斯特洛夫斯基并没有放弃学习。为了读书,他经常省下自己的午饭,去和车站的报贩换杂志和报纸看。然而随着年龄和知识的增长,报纸杂志已经远远不能满足奥斯特洛夫斯基强烈的求知欲。怎么才能有书看呢?一次,奥斯特洛夫斯基看到车站停着几辆军车,一些士兵将自己不要的报刊书籍随手丢下了车,奥斯特洛夫斯基高兴极了,他将这些书捡了起来。从那以后,只要有军车停下来,奥斯特洛夫斯基便到车上,穿梭于这些开往前线的士兵之间,

奥斯特洛夫斯基像

收集他们不要的书刊。就这样，奥斯特洛夫斯基收集了大约200本各种各样的书籍和杂志，他视为珍宝，把它们整整齐齐地保存在自己的小屋里。

名人档案
- 生卒年　1904～1936年
- 国　籍　苏联
- 出生地　乌克兰沃伦
- 身　份　作家

后来，奥斯特洛夫斯基做过面包房学徒、锅炉工、材料厂工人。艰辛的生活磨炼了奥斯特洛夫斯基的意志，使他逐渐成熟起来。

十月革命胜利后，建立了苏维埃国家。奥斯特洛夫斯基以极大的热情参加了保卫新政权的斗争，由于表现出色，他得到了革命委员会的信任。1918年，14岁的奥斯特洛夫斯基加入了红军，然后随一支由共青团组成的队伍上了前线。

奥斯特洛夫斯基作战十分英勇。1920年，在一次战斗中，奥斯特洛夫斯基被一颗炮弹的碎片击中，头部和脊椎骨受了重伤，被送到医院。当从昏迷中醒来时，奥斯特洛夫斯基发现自己的右眼失明了。上级命令他立即退伍回家养伤，奥斯特洛夫斯基便回到了母亲身边调养身体，在母亲的精心照料下，他的身体一天天好了起来。

1923年冬天，身体有所好转的奥斯特洛夫斯基接到了新的任务，他被任命为军事训练第二营的政委，进行共青团组织工作。奥斯特洛夫斯基立即接受任务，来到了别列兹多夫开展工作。他工作起来从来不知道辛苦，在他的不懈努力下，几个月后，别列兹多夫地区的共青团工作有了很大进展。由于工作成绩显著，1924年8月，经舍佩托夫卡俄共州委员会批准，20岁的奥斯特洛夫斯基成为共产党员。之后，担任了共青团区委书记。

加入共产党后，奥斯特洛夫斯基工作更加努力，他经常一天只休息三四个小时。长期的劳累使他的身体情况再次恶化，他开始头疼，脊椎骨也总是隐隐作痛，在这种情况下，他还是坚持工作。1924年11月，在一次抢救浮运木材中，奥斯特洛夫斯基旧病复发，最后全身瘫痪。

然而，躺在床上的奥斯特洛夫斯基并没有消沉。他让人找来锻炼用的绳子和器材，每天坚持锻炼。他一边锻炼一边看书，不断地从书中汲取生活的力量，时间一长，奥斯特洛夫斯基便萌发了创作的念头。但由于长时间看书，奥斯特洛夫斯基的视力逐渐减弱，他开始《钢铁是怎样炼成的》写作时，双目已经失明，奥斯特洛夫斯基便摸索着在纸上写字。由于他看不见纸，他的字经常叠在一起，妻子每天下班后便将他的文章再重新整理一遍。为了让妻子整理时能看得清楚，他让人给他找来厚纸板，然后在纸板上划一道道的深槽，这样他便可以根据这些深槽来控制行距了。

这样写一段时间后，奥斯特洛夫斯基双手的关节疼痛难忍，后来连笔也握不住了，他只好每天等妻子下班后，由他口述，妻子笔录。经过奥斯特洛夫斯基几年不

《钢铁是怎样炼成的》

《钢铁是怎样炼成的》真实而深刻地描绘了十月革命前后乌克兰地区广阔的生活画卷，塑造了保尔·柯察金这一执着于信念，不断与苦难和厄运抗争的青年无产阶级革命者。小说故事情节曲折、人物形象丰满。作品中主人公保尔成了为人们钦佩的英雄人物，激励了许多国家青年人的成长。《钢铁是怎样炼成的》产生了世界性的影响，是20世纪30年代苏联文学中最优秀的作品之一。

懈的努力，《钢铁是怎样炼成的》终于完成了。《钢铁是怎样炼成的》一出版立即在苏联引起了轰动。这本书后来还被译成多国文字，受到世界各国读者的喜爱。

开创结晶学新时代——霍奇金夫人

名人简介

霍奇金夫人原名多萝西·玛丽·克拉福特，1937年与英国著名作家托马斯·霍奇金结婚后，人们称她为霍奇金夫人。多萝西生于1910年5月12日，父亲是英国著名的考古学家，母亲也

名人档案	
生卒年	1910～1994年
国　籍	英国
出生地	埃及开罗
身　份	化学家

是英国很有名气的植物学家。多萝西出生时，父亲正在当时英国的海外属国埃及首都开罗的教育机构当主管。1914年第一次世界大战爆发后，父母为了孩子们的安全，便将三个孩子送回了英国的南部城市沃辛，让他们和祖父母一起住。多萝西童年和父母在英国同住的时间不长，父母长期不在身边，使作为家中长女的多萝西养成了独立的性格。这种性格对于多萝西后来的成功起到了很大的作用。

多萝西从小就对科学有着很强的好奇心。当时英国著名化学家约瑟夫是她父亲的好朋友，她经常和弟弟妹妹们一起到他家玩。她喜欢看约瑟夫叔叔做实验，爱听他讲那些有趣的化学知识。约瑟夫也非常喜欢这个爱动脑筋的小姑娘，经常拿给她一些基础的化学书籍看。多萝西每次看完书后，便会向约瑟夫叔叔问许多问题。为了让她能真正理解这些问题，约瑟夫便开始指导多萝西做实验。

后来约瑟夫又送给多萝西一个便携式的实验箱，里边有许多做简单化学实验的工具——酒精灯、吹管、木炭、几十只装着矿物的小试管。多萝西高兴极了，她就在自己家里布置了一个"小实验室"，将这些工具放了进去。后来她又不断用自己的零花钱买来许多实验用品。她一有空便钻在自己的"小实验室"里做实验，有时候为了完成一个小小的实验，她连饭也顾不得吃。随着年龄的增长，多萝西对化学的兴趣越来越浓，她觉得自己已经离不开化学、离不开那些瓶瓶罐罐了。

1928年，18岁的多萝西以优异的成绩考入牛津大学萨莫维尔学院，她毅然选择了化学系。大学期间，多萝西学习十分刻苦，每个学期她的成绩都十分突出。大学三年级的时候，多萝西开始接触结晶化学，教他们结晶化学课的是当时英国著名的化学家H.M.泊威尔教授。泊威尔教授很欣赏这个思维敏捷、做事一丝不苟的学生，对她格外用心培养。在泊威尔教授的指导下，多萝西在结晶化学方面做了一些探索性的实验，发表了许多颇有见解的论文。到大学毕业的时候，多萝西在英国结晶学领域已经小有名气了。

1932年，多萝西来到剑桥大学J.D.贝尔纳教授的结晶学实验室深造，当时贝尔纳教授正在做淄醇类物质的化学实验，这正好与她的研究方向一致。在贝尔纳教授这里，多萝西又学到了许多新的东西。她喜欢实验室宽松的学习氛围，在这里

她的才能也得到了充分的施展。两年后多萝西走出 J.D. 贝尔纳教授的实验室时，在专业研究上已经取得了不小的成就。

这一年，多萝西被牛津大学聘为结晶化学助教，此后她便将全部的精力都用在了科学研究上。

> **名言佳句**
> 做什么事情都要首先弄清为什么做它，这样，你就有了行动的动力。

与剑桥大学相比，牛津大学的实验室要简陋得多，而且古老的牛津大学等级制度森严。不同级别的工作人员，在待遇上有着明显的差别。24 岁的多萝西虽然在结晶学研究上已经有了些成就，但她不过是一名普通的助教。她没有自己的实验室，只在学校实验室中有一个临时的空位，学校只安排了一名技师给她做助手，而且研究经费非常少。面对这样的情况，多萝西没有抱怨，她一如既往地将自己的热情倾注到科学研究上。没有实验设备，她就用自己平常节省下来的钱购置；实验台简陋，她就自己动手将它整理得好一些。

1937 年多萝西结婚了，第二年做了母亲。丈夫托马斯·霍奇金常年在国外工作，生活的重担便落在了霍奇金夫人一个人的身上。她又要带孩子，又得教学、搞研究，日子过得十分辛苦，但她从没有放弃过科学研究。为了争取时间，她每天很晚才睡，周末她从没有休息过，忙完了家里的活便一头扎在实验室里。

梅花香自苦寒来。霍奇金夫人的不懈努力终于换来了巨大的成功。1949 年，霍奇金夫人用 X 射线成功地测定了青霉素的结构，为青霉素药品的合成奠定了重要的基础。1956 年，她又成功地测定出了维生素 B_{12} 的结构，为合成维生素及其他复杂的高分子化合物提供了理论基础。1964 年，霍奇金夫人因在结晶学研究上的巨大贡献，荣获了诺贝尔化学奖。霍奇金夫人为世界现代化学开辟了一个新时代。

世界著名的火箭专家——布劳恩

名人简介

1912 年 3 月 23 日，布劳恩出生于德国的维尔锡茨市。父亲做过魏玛共和国教育部和农业部部长，母亲是一位天文学爱好者。布劳恩从小喜欢思考，他总爱自己搞一些小制作，家里的东西总是被他拆了装，装了拆。

名人档案
- 出卒年　1912～1977 年
- 国　籍　德国
- 出生地　维尔锡茨市
- 身　份　火箭专家

6 岁的时候，布劳恩上小学了。他不喜欢听老师课堂上讲的枯燥的内容，常常是眼睛盯着黑板，手上摆弄着自己从家带来的钟表、玩具等东西。他把心思都花在进行小发明、小制作上，学习成绩一塌糊涂。

当时的孩子们喜欢赛车，小布劳恩已经有一辆很快的滑坡车，但他想让自己的车子更快。后来，他听说柏林的发明家法利尔在竞赛用的汽车上绑了特大号的焰火，使得赛车创造了惊人的纪录。于是，他便决定在自己的车上也试验一下。

1969年7月20日，阿姆斯特朗踏上月球，实现了人类登月的梦想。

他从商店买了几个特大号的焰火，装在自己的滑坡车上，他坐上车子，然后用火柴点燃了焰火。这些特大号的焰火给了滑坡车动力，车子一下子冲了出去，并失去了控制，大街上的人们吓得四处躲闪，后来火焰熄灭了，车子才停了下来。父亲知道这件事后狠狠地训斥了布劳恩一顿。不过这次冒险"事件"非但没有吓倒布劳恩，却使他从此迷上了火箭。上初中后，布劳恩胆子更大了。他从杂志上看到有关火箭的知识，便自己用焰火学着制造"火箭"。结果他的"火箭"总是惹祸，不是落在别人的蔬菜摊上，就是落在面包铺里。布劳恩的学习成绩一天不如一天，父母特别着急，想了很多办法也无济于事。不过后来发生了一件事，改变了布劳恩的学习态度。

一天，布劳恩在一份天文学杂志上看到了一则图书广告，广告上介绍了一本有关火箭的书，书名为《通向星际空间之路》，是德国著名火箭专家赫尔曼·奥伯特写的。对火箭一直着迷的布劳恩立刻向出版商定购了一本，书很快邮到了他的手里，但当布劳恩带着激动的心情打开这本书时，却发现自己什么也看不懂，书上都是一些数学、物理公式，布劳恩便拿着书去向老师请教。面对这个头脑聪明却不爱学习的孩子，老师语重心长地说："走上太空是人类的梦想，这条路很不好走。要想研究航天，数学和物理是基础。你很聪明，但要想以后研究这些，不学好科学文化知识，只能算是空想。"

老师的话对布劳恩触动很大，他下决心要把学习赶上去。从那以后，他上课开始认真了，课下也不四处疯跑，总是一个人趴在课桌上默默地学习。一个学期下来，布劳恩的成绩有了很大提高，数学和物理还考了全校的第一名。老师们都为他的成绩高兴，还奖励了他一套专门介绍航空知识的书籍，布劳恩很受鼓舞，从此，学习更加用心。

1930年，布劳恩以优异的成绩考上了夏洛腾堡工学院航空工程系。他学习起自己的专业知识十分刻苦。后来他又加入了由德国宇航专家奥伯特组织的宇航协会，在火箭研究上得到奥伯特的亲

名言佳句

今天新颖奇特的事情，明天就会变得习以为常。人类要有点想像力。

自指导。1932年，20岁的布劳恩拿下了航空工程学士学位。之后，他又到柏林大学深造，他在自己学习的领域刻苦钻研，两年后获得了博士学位。他在博士论文中，分析和解决了液体火箭发动机的喷射、雾化、燃烧、气态平衡和反冲作用等问题，曾引起德国航空界的轰动。到1934年毕业的时候，布劳恩已经是一名小有名气的宇航专家了。

毕业后，布劳恩将全部心思用在了火箭研究上。他领导的试验小组在"柏林火箭飞行场"的实验中有了很大的进展，但这时德国法西斯部队却派人介入了他们的研究，逼迫他们为法西斯部队服务，为了继续进行科学研究，布劳恩他们只好答应。1942年，他的试验小组成功地研制出了"A系列"火箭，后几经改进，成为世界上第一枚弹道式导弹——"V-2"导弹。布劳恩十分清楚，如果"V-2"导弹被法西斯势力控制，会给世界带来不可想象的灾难。为了将人类这份宝贵的知识财富保存下来，1945年布劳恩带着他的试验小组和"V-2"导弹来到了美国，从此在美国开始了他新的科学研究。

1961年，布劳恩被任命为"阿波罗登月计划"的总设计师。"阿波罗"计划中共集中了15万科学家，有8000多家工厂为这个伟大的工程服务。为了早日实现人类登上太空的梦想，布劳恩夜以继日地工作。科学探索的道路太艰辛了，布劳恩为了工作费尽了心血，几年下来，他的头发全白了，不过他的不懈努力，也赢来了巨大的成功。1969年7月20日，"土星5号"运载火箭，成功地将第一艘载人飞船"阿波罗11号"送上月球，人类终于实现了登月的愿望。"阿波罗"计划的总设计师布劳恩也被人们誉为"现代航天之父"。

物理学大师——费曼

名人简介

1918年5月11日，费曼出生于美国纽约市布鲁克林区。父亲麦尔维尔自小由俄国移居美国，他迷恋科学，但是跟同时代的其他移民一样，没有太多的机会研究科学。在费曼出生之前，父亲麦尔维尔就发誓："如果生下的是男孩，我一定培养他当个科学家！"费曼两三岁的时候，父亲便开始着手教育他。他带回家一些小瓷砖，引导费曼去认识数字，他还总让费曼按一定的要求，给这些标着数字的瓷砖排序。费曼稍大一些，父亲便经常带他到科学博物馆去。在父亲的引导下，费曼从小就对自然科学产生了浓厚的兴趣。

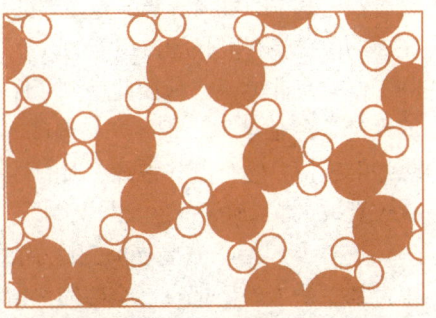

《费曼物理学讲义》中的插图

费曼和助手盖耳曼提出的基本粒子由更基本单位所组成的这种设想，即"夸克概念"，极大地推动了粒子物理研究向深层发展。

5岁的时候，费曼上了小学。他数学成绩特别好，总是能又快又准地做出老师留的数学题。随着知识的增长，老师课上讲的内容已经不能满足费曼的需要，父亲就给费曼买了许多数学方面的书，并指导他阅读。小费曼学习起来十分投入。他经常一放学就钻进自己的小屋里学习，他写呀、算啊，总是忘了时间，直到吃饭的时候被母亲从屋里拉出来。这期间，他积累了大量的数学知识，为他以后学

名人档案
- 生卒年　1918～1988年
- 国　籍　美国
- 出生地　纽约
- 身　份　理论物理学家／物理学教育家

习物理打下了扎实的基础。

上中学时，费曼喜欢上了物理。后来，他自己有了一个小型的物理"实验室"。当然，那不过是地下室里的一个小角落，里边放着旧木箱、蓄电池、电热盘、自制的灯座等等。就是用这些简单的设备，费曼学会了电路的并联和串联，学会了如何让每个灯泡分到不同的电压。当通过自己的操作，一排灯泡渐次慢慢地亮起来的时候，用他自己的话说："那情形真是美极了！"他总是钻在实验室搞小发明、小制作，邻居的孩子们都喊他"小发明家"。

父亲有一个做工程师的朋友约翰，对物理非常有研究。为了让孩子学习更多的知识，父亲便经常带费曼到这个朋友那里去。约翰非常喜欢聪明好学的费曼，每次都给费曼讲好多物理学知识，时间一长，约翰和费曼成了忘年交。后来，费曼一有时间便到约翰家去请教问题。在约翰的指导下，费曼阅读了大量的物理书籍。费曼每拿到一本书，就恨不得马上看完，他把书放在兜里，一有时间就拿出来看。有一次，放学的路上，他经不住书的诱惑，便拿出来一边走一边看，结果撞到了一根电线杆上，额头上撞了一个大包，这件事后来在同学之间传为笑谈。

1935年，17岁的费曼以优异的成绩考上了麻省理工学院物理系。大学期间，他几乎读遍了图书馆中的物理学书籍。1939年，费曼拿到学士学位后，到普林斯顿大学深造，三年后获得了物理学博士学位。毕业后，费曼服从国家需要，参加了研制原子弹的"曼哈顿工程"，由于才华出众，费曼被任命为计算组的组长。在那个时候，笨重的机械计算器是主要的计算辅助工具，所有的计算工作几乎都是人工完成的，费曼有很强的组织能力，工作起来也十分卖力。在费曼的领导下，计算组的工作效率非常高，他因此受到了许多老科学家的夸奖。总设计师奥本海默对他的评价是："他是这里最才华横溢的年轻物理学家，他对物理学的各个方面都有着热烈的感情。他有着非常吸引人的性格与个性，他应当是一名优秀的教师。"这一点还真被这位"原子弹之父"说中了，费曼后来果然成了一名了不起的老师。

1945年以后，费曼先后到康奈尔大学和麻省理工学院任教授。费曼从教学当中得到了活力，他把自己全部的热情都投入到了教学中。他将自己所有的物理研究成果都毫无保留地传授给了学生。他讲课从不知道累，总是充满激情，讲台上的他，总是能以优美的语言和深刻的观点，牢牢抓住学生的注意力。在麻省理工学院，他被学生们称为"天才老师"。

后来，麻省理工学院把他的一系列讲义收集在一起，于1963年出版了《费曼物理学讲义》，这本书马上成了经典著作，成为全世界的热销书。全世界的物理老师都把这部讲义视为教科书，费曼也被称作"老师的老师"。

名言佳句

对科学家来说，承认自己的无知，使自己的结论留有质疑的余地，是科学发展所必须的。

白手起家的传奇时装家——皮卡·尔丹

名人简介

1922年7月2日，皮尔·卡丹出生于意大利的威尼斯近郊。他的父母都是意大利人，以种植葡萄为生。第一次世界大战爆发后，父母带着两岁的皮尔·卡丹迁到了法国，皮尔·卡丹的童年是在法国的工业城市圣艾蒂安度过的。由于家里穷，皮尔·卡丹只读过几年书就不得不辍学了，不过皮尔·卡丹并没有放弃学习，他总是自己找书读，他平常节省下来的一点点钱都买了书。他在书中接触了广阔的世界，认识了历史上许多有成就的人，这些都鼓舞着皮尔·卡丹，他暗暗下决心，一定要做一个有所作为的人。

名人档案	
出生年	1922年
国　籍	法国
出生地	意大利威尼斯
身　份	服装设计师／企业家

12岁时，皮尔·卡丹便开始四处找工作，他到鞋店做过学徒，在杂货铺当过伙计，还贩卖过水果、玩具等。生活的艰辛使得皮尔·卡丹拥有了他那个年龄少有的成熟。17岁时，皮尔·卡丹到一家制衣厂当了一名小会计。当会计的这段经历使他积累了一些经济方面的知识，比如成本的核算、经济管理等，为他以后的创业积累了初步的经验。在做会计的同时，勤奋好学的皮尔·卡丹还向工厂师傅学习制衣技术。这段时间他对裁制衣服产生了浓厚兴趣，一有时间便跑到做衣间看老师傅缝制衣服。一开始他是静静地看，将裁缝师傅的做法都默默地记在脑子里，回到家里他便找来废报纸自己"缝制衣服"，"衣服"缝制好了他便拿给工厂里的师傅看。他用报纸缝制的"衣服"，常常令老裁缝师傅惊叹，他们想不到这个沉默寡言的"小会计"做出的"衣服"，比整天泡在制衣间的裁缝的还要地道得多。看到他这么聪明好学，师傅们都愿意将自己的经验传授给他，许多人还说他以后一定是个出色的裁缝。皮尔·卡丹很受鼓舞，他虚心向师傅们学习，并下决心要当个一流的裁缝。

皮尔·卡丹从小就很向往巴黎，不满20岁的他想去巴黎闯荡一番。一天，他把这个想法告诉了父母。当时第二次世界大战已经爆发，巴黎也被德国法西斯占领。父母觉得皮尔·卡丹一个人去巴黎很危险，但他们也十分了解这个孩子倔强的脾气，只好答应。第二天早晨，皮尔·卡丹便带着一只破箱子，骑着一辆破旧的自行车上路了。在前往巴黎的途中，由于皮尔·卡丹违反了德国法西斯的宵禁令，被德军关进了监狱，幸亏他不是犹太人，但也过了几天才被释放。皮尔·卡丹从监狱里出来后，许多好心人都劝他不要去巴黎了。皮尔·卡丹知道前面的道路会更加艰难，但他没有被困难吓倒，继续向巴黎前进。在路上，皮尔·卡丹不小心又弄丢了自己身上仅有的一点钱，这样到了巴黎后，皮尔·卡丹已经身无分文了，他找不到住的地方，也没钱吃饭，只好在大街上流浪。

一天，皮尔·卡丹看到一家男服装店门口贴着招募学徒的广告，便走进去面试。

由于他学过裁缝，便很顺利地被录用了。这家服装店专门缝制和出售男性时装。男式服装与女式的相比花样要少些，但制衣要求却相对要高一些，这又给了皮尔·卡丹很大的学习机会。他总是虚心地向师傅们学习制衣技术，在这里他打下了扎实的技术基础。

1945 年，23 岁的皮尔·卡丹经过自己的努力，已成为一个出色的服装设计师。这一年，他到了巴黎著名的帕坎时装公司做设计。老板帕坎十分欣赏皮尔·卡丹的才华和勤奋好学的精神，便有意培养他。在帕坎时装公司工作时，皮尔·卡丹为当时巴黎许多著名演员做过服装，他做的衣服款式新颖、做工精细，很受人们的喜爱。就是从这段时间起，皮尔·卡丹在时装界开始崭露头角。也是在这个时候，皮尔·卡丹结识了当时法国著名现代派作家让·郭都和画家克里斯蒂昂·贝腊。他们的美学思想给了皮尔·卡丹很大的启发，皮尔·卡丹一有时间便去拜访他们，抓住一切机会进行学习。皮尔·卡丹知道要想成为一个世界一流的服装设计师，必须得有开阔的眼界和很高的文化修养。他利用晚上时间看了许多书，文学的、艺术的，这些书使皮尔·卡丹在整体素养上有了很大提高。

皮尔·卡丹像

1950 年，皮尔·卡丹在巴黎的什庞斯街租了一个店面，开始展出自己设计的服装。他设计的服装时尚、大方、典雅，皮尔·卡丹的服装和他本人在巴黎也越来越有名气。1953 年，皮尔·卡丹开始改变自己的时装经营方式，将个人定制改为批量生产，他的服装事业有了很大的发展。后来他又逐步扩大自己的事业，涉足了许多领域。他不仅在服装界成了传奇式的人物，还经营化妆品、手表、家具等产业。今天，皮尔·卡丹的商业帝国在全世界拥有 400 多个商标代理合同，在 130 多个国家生产和销售，直接从业人员达到 20 万人。皮尔·卡丹用智慧和信心为自己赢得了一片天地。

现代基因学的奠基人——保罗·伯格

名人简介

1926 年 6 月 30 日，保罗·伯格出生于美国纽约。伯格一家是来自俄罗斯的犹太移民，1920 年，伯格的父母才来美国纽约市布鲁克林犹太人聚居区定居下来。

6 岁的时候，伯格开始上学。小伯格高兴极了，因为以后每天能和小朋友们一起坐在教室里学习了。不过，烦恼也随之出现。因为伯格一家生活在犹太人聚居区，父母和周围邻居讲的都是犹太民族的希伯来语，小伯格是听着希伯来语长大的，他根本听不懂学校的老师和同学们说的英语。父母只好把伯格领回家，先教他学习英语。小伯

名人档案

- 出生年　1926 年
- 国　籍　美国
- 出生地　纽约
- 身　份　科学家

格学习特别用心，教他的单词总是能很快就掌握。白天父母都上班，小伯格就自己在家背单词。一年下来，伯格已经能背2000多个单词，并且还能流利地用英语和别人交谈。这一年，伯格顺利地上了小学。

后来，伯格考上了著名的林肯中学。高中的时候，伯格遇到了对他以后走上生物学道路有很大影响的索非亚·沃尔顿老师。索非亚·沃尔顿老师讲课幽默风趣，她鼓励学生们自己查阅资料来学习生物学。索非亚·沃尔顿老师对聪明好学的伯格格外用心培养，在她的指导下，伯格阅读了大量生物科学的书籍。高中毕业的时候，伯格已经是学校里有名的小生物专家了。

17岁的时候，伯格以优异的成绩从中学毕业。当时第二次世界大战的战火燃遍了世界各地，美国也参战了。伯格接到入伍通知书，暂时中断了学业，加入了抗击法西斯的正义之战，他在美国海军潜艇部队中服役。参军的两年中，伯格没有忘记生物学，一有时间便拿出书来看。战争间歇中，当别人一起看电影、逛商店，尽情享受时，伯格总是一个人到附近的图书馆去看书。这期间，他查阅了大量的生物化学资料，还写了一篇上万字的论文。论文发表后，受到许多生物化学专家的好评。

1945年，世界反法西斯战争结束了，伯格来到宾夕法尼亚大学学习生物化学。受过生活洗礼的伯格，学习更加刻苦，他用三年的时间学完了4年的课程。1949年，他进入凯斯西部大学继续深造，4年后获得了博士学位。毕业后，伯格来到丹麦哥本哈根研究所从事生物化学研究工作。这期间他取得了很大的成就，成为一位年轻的科学家。1954年，伯格回到华盛顿大学担任生物化学系教授。这之后，他致力于遗传基因的研究，后来完成了脱氧核糖核酸（DNA）分子重组，为现代基因学的发展做出了巨大贡献，赢得了世人对他的尊重，并因此获得1980年度的诺贝尔化学奖。

名人逸事

伯格从小就对自然界充满了好奇。他喜欢听老师讲大自然的奥秘，喜欢看科普书籍，家里仅有的几本有关科普知识的书都被他翻烂了。四年级的一天，老师带他们去参观纽约自然博物馆。这座博物馆实在是太奇妙了！

名言佳句

或许教育做出的最重要的贡献，就是发展学生追求创造性方法的本能和好奇心。

里边可以看到奥秘无穷的自然知识、许多科学家的成长故事和大量栩栩如生的动植物标本。这下可乐坏了小伯格，他每到一个展览厅都睁大了眼睛看，他真想一下将这些东西都装进自己的脑袋里。后来，他到了生物展览厅，这里奇妙的生物世界深深吸引了他，同学们都走了他也没感觉到。到了该回学校的时间，老师们一点名发现少了伯格，于是一位老师便留下来去找他，老师找了很长时间，最后终于在生物展览厅的哺乳动物展览区发现他。只见他趴在玻璃柜上，脸紧紧地贴着玻璃，正目不转睛地盯着一个蝙蝠标本看呢。老师将小伯格从柜子上拉了起来，说："博物馆都关门了，你还不回学校吗？"小伯格却根本不理会这回事，只是一本正经地问："老师，蝙蝠怎么和我们看到的哺乳动物不一样呢？"老师又好气又好笑，只好一边将他拉出来，一边给他解释。

从那以后，伯格对生物产生了浓厚的兴趣，他总是想方设法找这方面的书来读。家里、学校图书馆里有关动物、植物的书都被他读遍了。读的书越多，伯格的疑问也越多，他非常想弄清楚，生物之间为什么会有那么大的差异。他暗暗下决心以后一定要做个生物科学家，专门研究这些问题。

为种族尊严呐喊的伟人——马丁·路德·金

名人简介

美国著名的黑人民权领袖马丁·路德·金于1929年1月出生于美国佐治亚州的亚特兰大市奥本街501号——一幢维多利亚式的小楼里，其父是一名牧师，母亲是教师。15岁时聪颖好学的马丁·路德·金以优异成绩进入莫尔豪斯学院攻读社会学，后获得文学学士学位（1948年马丁·路德·金获得莫尔豪斯大学学士学位）。1951年他又获得柯罗泽神学院学士学位，1954年马丁·路德·金成为阿拉巴马州蒙哥马利市的德克斯特大街浸信会教堂的一位牧师。1955年他从波士顿大学获得神学博士学位。

名人档案
- 生卒年　1929～1968年
- 国　籍　美国
- 出生地　亚特兰大市
- 身　份　基督教徒／民权运动领袖

在大学学习中，马丁·路德·金加深了对神学的认识，他坚信一个人的尊严是上帝赐予的荣誉，任何律法和威权都不能将其褫夺。马丁·路德·金认真研读了梭罗的名文《论公民的不服从》。而在来到蒙哥马利的教堂以前，他已经详细地钻研过甘地的著作，熟悉有关"非暴力抵抗"的各种论点。

1955年12月1日，一位名叫作罗沙·帕克斯的黑人妇女在公共汽车上拒绝给白人让座位，因而被当地警察逮捕。马丁·路德·金随即在1956年领导了蒙哥马利城55000名黑人抵制当地公共汽车歧视黑人的行动，即"蒙哥马利罢车运动"，掀起了一场著名的为黑人争取基本人权的罢乘运动。这是南方历史上第一次，也是整个美国历史上第一次黑人团结起来为自身权益而抗议的运动。1956年12月，美国最高法院宣布亚拉巴马州的种族隔离法律违反宪法，蒙哥马利市公车上的种族隔离规定也被废除。从此，马丁·路德·金成为民权运动的领袖。为了寻求蒙哥马利胜利后的进一步发展，马丁·路德·金和其他的南部黑人领袖于1957年建立了南方基督教领袖会议。1959年，马丁·路

名言佳句

对一个人的终极衡量，不在于他所曾拥有的片刻安逸，而在于他处于挑战与争议的时代。

生活失败的人注定不会赢得荣誉，那些活着只为了吃喝和积聚钱财的人肯定不是成功之人。

德·金到印度游历并进一步发展了甘地的非暴力策略。那年年底，马丁·路德·金返回亚特兰大，和他的父亲共同成为一名埃比尼泽浸信会牧师。

1960年1月31日，一个叫裘瑟夫·迈克乃尔的黑人大学生，来到一家连锁店的吧台买酒，遭到拒绝，理由是"我们不为黑人服务"。这时，马丁·路德·金的"非暴力抵抗"思想已在南方的大学中广为传播。裘瑟夫遭拒返校后，他的同学十分愤慨，决定以实际行动挑战这个酒吧的种族歧视，著名的"入座"运动就这样开始了。具体做法是，平静地进入任何拒绝为黑人服务的地方，礼貌地提出要求，得不到就不离开。不到两个月，运动就席卷了美国南部50多座城市。参加运动的大学生事先都经过严格的技术训练，包括：打不还手，骂不还口，以最有尊严的行为请求服务，得不到服务，就坐在那里做作业、读书、研究学问。马丁·路德·金对这次运动给予了大力支持，并向所有黑人发出了著名的口号——"填满监狱"。这个口号对大多数生活在自由世界的北方公民来说，无疑是惊世骇俗的，但对祖祖辈辈忍受着奴役、压迫和不公正对待的黑人来说，这口号里涵盖的仁爱和殉道精神几乎就是他们习以为常的生活方式。

1963年春天，马丁·路德·金和南方基督教领袖会议领导人在亚拉巴马州的伯明翰领导了群众示威。此地以白人警方强烈反对种族融合而著称。徒手的黑人示威者与装备着警犬和消防水枪的警察之间的冲突，作为报纸头条新闻遍及世界各地。

1963年8月28日，群众示威行动在"华盛顿工作与自由游行"的运动过程中达到高潮，此次示威运动中有超过25万的抗议者聚集在华盛顿特区。在林肯纪念馆的台阶上，马丁·路德·金发表了题为"我有一个梦想"的著名演讲。

当时，与会的黑人唱了一天灵歌，听了一天演说，身心疲惫到难以站着听讲。但当马丁·路德·金上台时，人群顿时沸腾起来，他在演说里，把美国关于自由和正义的许诺比作一张"期票"，当黑人兑付时，"银行"就贴上"资金不足"的字样。马丁·路德·金语音铿锵、雄浑苍凉，它让人想起黑人兄弟自被贩卖为奴以来几百年的苦难和眼泪——

我梦寐以求地希望，有一天这个国家将会觉醒起来，真正信守它的诺言："我们坚信这条不言而喻的真理：人人生来平等"；

我梦寐以求地希望，有一天佐治亚州红色的山丘上，从前奴隶的儿子和从前奴隶主的儿子将会像兄弟一样在一张桌子旁坐下来；

我梦寐以求地希望，有一天甚至密西西比这样一个不公正的狂热情绪使人透不过气来的地方也会变成一块自由和公正的绿洲；

我梦寐以求地希望，我的四个孩子生活的这个国家，有一天将不再根据他们的肤色，而是根据他们的品德来评定他们的为人。

……

这是20世纪最为惊心动魄的声音之一，穿过近半个世纪的时光隧道，我们仍然能够感到其中的悲悯和悲痛。但即使在这一场波涛汹涌、黑人的不满情绪一触即发的集会上，他仍然以他惯有的理性和基督之爱向人群宣讲：

"我必须对站在通往正义之宫的温暖入口处的人们进一言，我们在争取合法地位的进程中，决不能轻举妄动。我们决不能为了满足对自由的渴望，就啜饮敌意和仇恨的糖浆。我们必须永远站在自尊和教规的最高水平上继续我们的抗争。我们必须不断地升华到用精神的力量来迎接暴力的狂峰怒浪"。

在马丁·路德·金看来，"手段代表了在形成之中的理想和进行之中的目的，人们无法通过邪恶的手段来达到美好的目的。因为手段是种子，目的是树"。演讲发表后，在全国范围内引起了巨大反响，这也迫使美国国会在 1964 年通过《民权法案》宣布种族隔离和种族歧视政策为非法政策。

1964 年马丁·路德·金被授予诺贝尔和平奖。1967 年年底，马丁·路德·金发起了意在对抗经济问题的穷人运动。1968 年 4 月，马丁·路德·金来到孟菲斯支持清洁工人的罢工，下榻洛林汽车旅馆。4 日晚饭前，一名种族分子开枪射杀了马丁·路德·金。

马丁·路德·金一生都致力于为黑人谋求平等，极大地推动了民权运动的发展，功绩卓著，彪炳千秋。1986 年 1 月，总统罗纳德·里根签署法令，规定每年 1 月份的第三个星期一为马丁·路德·金全国纪念日，并且定为法定假日。

名人逸事

马丁·路德·金一生受到无数次的恐吓，曾被 10 次以各种名义监禁，三次入狱，三次被行刺，第一次被精神病人捅了一刀，第二次在教堂被扔进了炸弹，第三次是 1968 年 4 月 4 日，他在旅馆的阳台被一名种族分子刺客开枪正中喉咙致死。

从赤脚踢球到"一代球王"——贝利

名人简介

贝利是世界上第一个被三次评为"世界最佳足球运动员"的超级球星，他取得的巨大成绩和他不懈的努力是分不可的。

名人档案
- 出生年　1940 年
- 国　籍　巴西
- 出生地　特雷斯·科拉索内斯镇
- 身　份　超级球星

贝利原名埃德逊·阿兰德斯·多·纳西门托，1940 年 10 月 23 日出生于巴西的特雷斯·科拉索内斯镇。贝利的父亲是镇上一个职业球队的队员，工资微薄，母亲靠给别人打杂工挣些零花钱，一家人生活得非常艰难。贝利小的时候，由于家里没人照看他，父亲便带他一起去球场。由于天天看球，时间一长贝利就对足球产生了浓厚的兴趣。每天晚上回家，贝利便会围着母亲给她讲白天足球场上发生的事：今天谁进球最多，哪个球踢得最漂亮，谁犯规被罚下了场……他讲得头头是道，俨然是一名小球员。每当这时候，母亲都会叹口气说："唉，踢足球好是好，但是如果踢不好就永远没有出头之日。"母亲的话小贝利虽然似懂非懂，但他会认真地告诉母亲："妈妈，我以后一定会踢得很棒，我要做世界上最棒的球员！"

名言佳句
我为足球而生，正如贝多芬为音乐而生。

稍大一些，小贝利喜欢召集邻居的小伙伴一起在家所在的小胡同踢球。然而他们都是穷人的孩子，根本没钱买足球。于是贝利就自己想了一个办法：他用一只大袜子做外皮，里面塞满破布或者旧报纸，然后将袜子团成一个球形，再用绳子扎紧，这样便做成了他们的"布足球"。因为家里穷，贝利和小伙伴们都是光着脚踢球，然而，就是这样，贝利照样能踢得兴致勃勃。他4岁踢球，6岁便能带球过人了。

从7岁开始，贝利便出去做工赚钱补贴家用，他上街擦过皮鞋、卖过报纸、做过鞋店的学徒，小小年纪便尝尽了生活的艰辛。忙碌的一天中，贝利最快乐的时光便是每天下班回到家后和小伙伴们一起到胡同里踢球，贝利经常踢到大街上没有人了才回家吃饭。有些邻居见贝利每天都踢得这么卖力，就嘲笑他说："纳西门托，你整天这么玩命，难道还想做个没饭吃的球员！"每当听到类似的话，贝利总会大声说道："我就是要做个球员，等着瞧吧，我要当全世界最好的球员！"

随着年龄的增长，贝利和小队友们不再满足于踢"布足球"了。他们决心办个像样的球队，要踢真正的足球。于是，贝利便号召伙伴们集资买足球。为了能凑够钱，母亲给他的零花钱他从来舍不得花，还带头去捡废铜烂铁到废品收购站卖。就这样，他们终于凑够了钱，买了足球、球衣和球鞋，结束了光脚踢"布足球"的生活。这之后，贝利和队友们踢球更认真了，他们不管刮风下雨都会出现在运动场上。有时候天气不好，母亲就会对贝利说："孩子，今天就别去训练了，眼看要下雨了。""妈妈，我必须得去，如果不刻苦训练就不会成为世界上最好的球员。"贝利每次都这样回答。很快，贝利的球队便在市里踢出了名气，贝利也成为市里有名的球员。

15岁时，贝利进入巴西最好的球队——桑托斯队，成为一名职业球员，17岁入选巴西国家队。在1958、1962、1966、1970年的4次世界杯赛中，他作为国家队主力参赛，与队友合作，使巴西队获得第6、第7和第9届世界杯赛冠军。1974年，贝利转入美国纽约宇宙队踢球，1978年7月18日挂靴。贝利在22年的足球职业生涯中，共参赛1364场，射入1282球，被誉为"一代球王"。

名人逸事
贝利受父亲影响很大，父亲虽然没有太大名气，但他非常讲究足球场上的身份道德。一次，贝利与小队友们踢球，10分钟之内，他便连下三城。不一会儿，贝利再次得球，他三晃两晃过了防守队员，随后用一个不起眼的小动作把

贝利像

第三名防守队员放倒了。这个动作正好让场外观看的父亲看到，父亲气愤地冲进场地，照贝利便是一顿猛揍，还骂道："让你搞小动作，不好好踢球。"从那以后，贝利记住了只有技术过硬，才能成为一名好的球员，靠投机取巧永远不会真正取胜。从此，他练球更加用心了。

打不败的拳王——阿里

名人简介

1996年，身患帕金森综合征的阿里，作为特邀嘉宾出现在亚特兰大奥运会的开幕式上，他用颤颤巍巍的双手点燃了奥运圣火。这位昔日拳坛上不败的巨人，再次受到了人们的关注。

名人档案	
出生年	1942年
国　籍	美国
出生地	肯塔基州
身　份	拳王

1942年1月17日，阿里出生在美国肯塔基州路易斯维尔的一个黑人家庭中。美国的种族歧视很严重，对于这一点阿里从小就深有体会。有一次阿里和弟弟一起到街上去玩，他们感觉有些口渴，便到一家白人开的小店里买水喝，结果刚进门便被人赶了出来。回家后，阿里问母亲："为什么我们不能在店里喝水呢？"母亲摸着阿里的头，无奈地说："谁让我们的皮肤是黑色的呢？"这件事对阿里幼小的心灵触动很大，他暗暗下决心，长大后一定要为黑人争气。

阿里从小就是个要强的孩子，如他和伙伴们比赛摔跤，他会用尽全身的力气赢取胜利。如果有哪次输了，他就会开始天天打沙袋、做俯卧撑，准备下一次比赛。上学的时候，如果在这个期末他有哪科成绩没有考好，下一学期期末他一定会是班里该学科的最高分取得者。

12岁的时候，阿里开始练习拳击。到体育馆练拳的第一天，他的教练问他："练拳可是很苦，你能坚持下来吗？""当然，先生，我的目标是做世界上最好的拳击手！"阿里大声说。

为了实现自己的理想，阿里每天坚持4点钟起床锻炼身体，他每天早晨的第一项作业是跑步，一跑就是几千米，而且不管刮风下雨都要坚持。阿里最初练拳的时候，有一天清晨，天上下起了大雨，阿里4点钟准时起床要去跑步。被雨声吵醒的母亲，听到阿里在房间里来回走动的声音，起身喊道："孩子，别去跑步了，今天雨太大了。这样出门会感冒的！""妈妈，我必须得去，我自己规定每天跑步，怎么能一开始就不坚持呢！"就这样阿里出了门。一个半小时以后，阿里像往常一样跑了回来。母亲去给他开门时，看到他浑身都湿透了像个落汤鸡，赶紧把他拉进屋，母亲一边用毛巾给他擦脸，一边心疼地说："孩子，你太要强了，少跑一天又能怎么样呢！""我以后要做世界冠军，绝不能放松，妈妈。"阿里认真地说。

每天下午，阿里要到体育馆练拳。他练起拳来从不知道累，一直到大家都回家吃晚餐，他还留在那里练习。他的启蒙教练马丁曾回忆说："他很少不来，每次我到的时候他就已经来了，我走了以后他还在这儿练。……阿里是我这一生见过的最用功、最努力的运动员。"经过几年艰苦的训练，阿里的拳击水平有了很大提高。

> **名言佳句**
>
> 永远不要放弃。我要鼓励所有现在并不如意的人们，终有一天，一切都会好起来的。

1960年10月29日，对阿里来说是一个新的开始。这一天，他参加了自己的第一场职业比赛，并获得了胜利。在接下来一年多的职业拳击赛中，阿里几乎取得了全胜，其中有7次是直接将对手击倒在地而取胜。经过一场又一场的胜利，到1964年2月25日，22岁的阿里，终于赢得了与当时的世界拳王索尼·利斯顿争夺重量级拳王称号的机会。这场拳王争夺赛在美国迈阿密举行，比赛中，阿里以精湛的技艺和强大的力量击败了索尼·利斯顿，赢得了满场的喝彩。从此，职业拳击进入了阿里时代。

阿里的影响越来越大，他成为了黑人的骄傲。然而，阿里并没有因为自己的成功而沾沾自喜，而是利用自己日益扩大的声誉为黑人争取权利，他不断到美国各大学演讲，呼吁人们抛弃种族歧视。阿里还是美国著名的反战人士，20世纪60年代中期，美国发动了侵越战争，阿里在媒体上公开发表了反战宣言，拒绝到越南服兵役，并因此被美国地方法院吊销了拳击执照。直到1970年，美国最高法院才裁定恢复阿里的拳手资格。1974年阿里重夺拳王桂冠。此后，又连续10次蝉联拳王称号，1979年退出拳坛。

如今，阿里依然被人们视为世界体坛中的英雄人物。他凭着不懈努力，不仅改变了自己的处境，也为周围的人争取了幸福。

轮椅上的旷世奇才——霍金

名人简介

1942年1月8日，霍金出生于英国的牛津郡。父亲是当地一位很有声望的医生，兴趣广泛，对天文、哲学、历史、经济都有很深的研究。父亲尤其喜欢天文学，夏天的夜晚，他总是带着小霍金兄妹两个到院子中用望远镜观察夜景，还给他们讲一些相关的知识。在父亲的影响下，霍金从小就对星空、宇宙发生了浓厚的兴趣，他总爱缠着父亲问这问那。稍大一点，父亲就开始教小霍金认字，霍金的记忆力非常好，父亲教过的东西他掌握得特别快。小霍金认的字多了，开始自己找书看，他尤其喜欢到父亲书房中翻自然科学方面的书，而且边看还边问一些让大人都感觉不太好回答的问题。父亲见他这么喜欢科学知识，就经常带他到家附近的博物馆去。小霍金一进去就不想出来，他对什么都感兴趣，恨不得一下子将

> **名人档案**
>
> - 出生年　1942年
> - 国　籍　英国
> - 出生地　牛津郡
> - 身　份　物理学家

《果壳中的宇宙》

《果壳中的宇宙》是一本图文并茂的科普著作，受到了全世界广大读者的欢迎，并获得了该年度世界最知名的科普图书奖——安万特科学图书奖。书中使用了大量图形来解释宇宙学概念，使读者能够更加直观地理解科学知识。本书的书名"果壳中的宇宙"源自莎士比亚戏剧《哈姆雷特》中的台词"我即使被关在果壳之中，仍自以为无限之王"，表现了作者不向任何困难屈服的精神。

所有的东西都装进自己的脑袋里。

7岁的时候，霍金开始上学，不过他的成绩并不怎么好。他不喜欢老师课堂上讲的东西，更喜欢自己独立思考问题，他经常找来科学方面的书籍，课下一有时间就看。他看书特别投入，喜欢弄清楚每个问题的来龙去脉，而且他思考的总是一些在同龄孩子看来十分深奥的问题。为此，同学们给他起了个绰号叫"爱因斯坦"。

霍金很早就表现出了高超的逻辑思维能力。在霍金的中学时代，男孩们特别热中于发明各种棋盘游戏，霍金总是其中的关键人物。他制作的游戏内容丰富而奇特：有的反映了中世纪英国复杂的政治局面，有的根据第一次大战期间同盟国和协约国之间的战争情况而设计。不仅如此，霍金制定的游戏规则总是像迷宫一样复杂。他设计的游戏，别人每走一步都不得不绞尽脑汁，甚至很少有人能进行得下去。

17岁的时候，霍金进入牛津大学读书。父亲想让他选择与医学紧密相关的生物学，但霍金选择了物理学。因为在霍金看来，物理学是弄清整个宇宙情况的最好工具。1963年，霍金顺利地从牛津大学毕业。这一年他来到剑桥大学攻读理论物理学博士学位。这时候，霍金在学习上遇到了麻烦。他在牛津大学读书的时候放松了数学，而他的理论物理学的研究工作对数学能力的要求越来越高。为了能把数学赶上来，霍金开始拼命学习，他白天上自己的专业课，晚上补以前落下的数学课程。为了把学习赶上去，霍金一个学期内几乎没出去玩过。功夫不负有心人，到第二个学期时霍金的数学和物理已经齐头并进，这时他已经成为理论物理学研究领域出类拔萃的学者了。

然而，不幸却在这时降临在霍金身上。他开始感觉到身体活动不太灵便，而且经常无故摔倒。课堂上老师让他发言，他的嗓音含糊不清，甚至有时候说不出话来。后来霍金到医院做了检查，医生告诉他，他患的是"卢伽雷氏症"——一种极其特殊的运动神经细胞病。从医生的眼神中，霍金知道了这种病的严重性。这种病会影响脊柱神经索和控制运动功能的大脑区域。得了这种病的人，肌肉会逐渐萎缩，最终全身瘫痪，当呼吸肌失去作用时，便会引起肺炎或窒息而死。这对于21岁的霍金来说，无疑是一个重大的打击，他几乎陷入了绝望之中。他整天躺在医院中，不吃也不

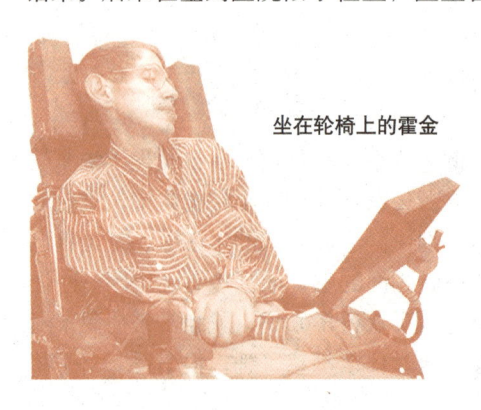

坐在轮椅上的霍金

> **名言佳句**
> 当你面临着夭折的可能性，你就会意识到，生命是宝贵的，你有大量的事情要做。

喝，这样的状态维持了很多天。后来有一件事，使霍金的思想发生了转变。他的病床对面有一个得了白血病的小男孩，小男孩见他这样痛苦，每天都过来和他说话，给他唱歌。霍金受到小男孩快乐的感染，心情渐渐开朗了起来，他悟出每个人的一生都会有许多不幸，关键看你怎么去对待。霍金决定换一种精神面貌来面对厄运。

霍金出院了，他重新回到学校。疾病使他更加成熟，他将自己全部的身心都投入到了学业中。他曾对别人说："只要有个大脑，能活动，没死亡，我就要继续生活下去，研究下去！"1965年，23岁的霍金拿下博士学位，并担任了剑桥大学的研究员。后来，霍金的病情又恶化了，到最后他的全身只剩下三根指头能活动，他只能依靠安装在轮椅上的小对话机和语言合成器与别人交流。1985年，霍金得了肺病，手术后丧失了说话能力，只能靠语言合成器来表达自己的思想。但霍金的大脑却非常清醒，他的头脑中始终没有间断过对科学问题的思考。

1974年，霍金发现太阳黑洞辐射，这一科学成果引起了世界的轰动。1988年，霍金出版了举世闻名的《时间简史》，这是一本探索宇宙最前沿问题的优秀科普著作，在全世界引起了巨大的反响。2001年，他又出版了《果壳中的宇宙》，再一次引起世界的轰动。霍金以其顽强的毅力实现着自己的人生价值。

微软公司的创始人——比尔·盖茨

名人简介

盖茨从小精力旺盛，喜欢思考，酷爱读书。他喜欢读《世界图书百科全书》，后来又喜欢名人传记和文学作品。广泛的阅读为他积累了丰富的知识营养，再加上良好的家庭教育，他从小就

名人档案	
出生年	1955年
国　籍	美国
出生地	西雅图
身　份	软件之神／世界首富

表现出了超越同龄人的非凡智慧。他幼时的同学曾经回忆说，盖茨绝不是那种在同学中无足轻重的角色，而他的超常聪明也是大家公认的。11岁时，盖茨的父母送他上西雅图的湖滨中学，这是一所以严格的课程要求而著称的学校，专门招收超常男生。在那里，盖茨进入了计算机软件世界。

盖茨和他的一个好朋友保罗·艾伦疯狂地迷上了计算机，他们热衷于解决难题，获得了越来越多的计算机知识。13岁时，盖茨就会自编软件程序，只不过当时是为了游戏。1972年，盖茨和保罗搞到了英特尔的8008微处理器芯片，摆弄出了一台机器，成立了交通数据公司。1973年，盖茨中学毕业后，进入哈佛大学。在哈佛上学的两年时间里，盖茨的大部分时间都用在编程序和打扑克上面，他还

比尔·盖茨和他的操作系统 Windows 95

在那里结识了同样爱好计算机的史蒂夫·鲍尔默，后者后来成为微软公司的总裁。1974年，世界上第一台微型计算机阿尔塔诞生，这给盖茨和艾伦的交通数据公司提供了编写BASIC 的机会，经过两个多月的艰苦奋战，他们编写的 BASIC 语言在阿尔塔计算机上运行成功。1975 年，盖茨最终说服了父母，从哈佛大学退学，和艾伦在新墨西哥州的阿尔伯克基建立了微软（Microsoft）公司。这时，盖茨刚刚 20 岁，爱伦 22 岁。微软是微型计算机（Microcomputer）和软件（Soft）的缩写，它明确地指明了公司的发展方向就是专门为微型计算机编写软件。如今，微软是世界软件业的霸主。

微软公司的第一次重大发展机遇出现在 1980 年，当时盖茨与 IBM 公司签订协议，为 IBM 公司新生产的个人电脑编写操作系统软件，即后来举世闻名的 MS－DOS。1982 年，盖茨 27 岁，他在软件开发方面取得的成就已经为世人所瞩目，这一年，美国著名的《金钱》杂志用他的照片做了封面。1986 年 3 月，微软公司的股票上市发行，一年后，微软股价急剧飙升至每股 90.75 美元，而且还有继续向上攀升的趋势。当年，美国《福布斯》杂志将盖茨列入美国 400 名富翁中的第 29 位，当时，年仅 31 岁的盖茨拥有的股票价值超过 10 亿美元。1990 年，微软推出了视窗 3.0。1992 年，盖茨成为美国最富有的人，拥有价值 60 亿美元的股票。

盖茨在 1994 年 1 月 1 日与琳达·法兰奇结婚，生育了三个孩子。盖茨与夫人一起创办了慈善组织——比尔与琳达·盖茨基金会，在为贫穷学生提供奖学金和艾滋病防治方面做出了很大贡献。2000 年，盖茨任命鲍尔默为微软首席执行官，而自己则为"首席软件设计师"。2004 年，盖茨被英国女王授予英帝国爵级司令勋章（KBE），这是女王可以授予外国公民的最高荣誉。

名人逸事

1975 年，比尔·盖茨在哈佛读大学二年级。这年母亲节，他寄给母亲的问候卡上用斜体英文写着这样一段话：我爱您！妈妈，您从来不说我比别的孩子差；您总是在我干的事情中，不断寻找值得赞许的地方；我怀念和您在一起的所有时光。从中不难看出，这位独步天下的亿万富翁，从他母亲那儿得到了一份被许多母亲忽略的东西——赏识。

名言佳句

我们永远离破产只有 18 个月。

市场只让一个公司背负着重担不断前进，生产出更好的产品，除此之外别无其他。我们没有退路可言。

有人不喜欢资本主义，有人不喜欢计算机。但喜欢计算机的人中没有一个人会不喜欢微软。